박영사

성공적 인간관계

_ Successful
_ Human Relations

홍대식 저

서 문

우리 인간에 대해 중요한 생활의 부분을 대라고 한다면, 대부분의 사람들이 사랑과 일을 댈 것이다. 사랑은 호감, 사랑, 정, 따뜻한 느낌, 도와 줌 등과 같은 여러 긍정적 정서들이나 관계 자체의 바람직스러운 성질들을 일컫는다. 한편, 일이나 직업은 우리들 자신이 먹고 사는 데에 직결된 활동들이다. 우리가 일을 갖지 않는다면, 우리는 궁핍과 가난에 시달리고 생활의 중요한 기반을 상실하게 될 것이다.

이와 같은 두 가지 인생 영역들에서 핵심적이거나 관건적 요소는 관계, 인간관계, 대인관계 등으로 일컬어지는 것이다. 사랑의 영역은 본래 관계를 내포하고 있으므로 관계에 직결된 것이다. 우리는 관계들 속에서 다정함, 친근함, 호감, 애정 등을 경험하고 이것들은 우리가 가장 갈구하는 인간적 욕망들이나 인생의 핵심적 의미를 이룬다. 두 번째의 일의 영역도 또한 그 대부분이 관계들에 기초되어 있다. 혼자 일하면서 사는 사람들은 아마 상상하기가 어려울 것이다. 대부분의 직업들이 사람들과 긴밀하게 관계를 맺으면서 수행되고 있고, 따라서 일의 효율성과 생산성과 아울러 만족을 위해 우리는 일의 세계에서의 인간관계들을 원만하고 효율적으로 형성하고 유지시킬 필요가 있다.

이와 같이 인간관계들이 우리의 생활에서 중요한 역할을 행하고 있음에도 불구하고, 체계적이거나 과학적 방법들에 기초된 이 분야의 저술들은 그리 많지 않다. 본서는 이러한 문제점을 개선하기 위해 마련되었다. 즉, 본서는 지금까지 과학적 연구들에 의해 밝혀진 지식들을 바탕으로 우리의 생활 속에서의 인간관계들을 이해하고 향상시키는 데에 도움을 주고자 집필되었다.

이미 지적된 바와 같이, 본서는 우리의 개인생활과 조직생활의 모두에서 필요한 인간관계의 지식과 기술을 취급하고자 했다. 여기에서 개인생활이란 우리가 개인적이거나 사적으로 갖는 여러 관계들을 일컫는다. 이것은 우리와 관계를 맺고 있는 배우자, 부모, 자식, 친구, 이웃 및 기타의 많은 아는 이들과의 관계를 포함한다. 우리의 직업생활에서 우리는 어떤 조직들이나 집단들 속에서 일하며, 그것들은 다양한 관계들을 포함하고 있다. 예컨대, 관계들은 우리와 관계를 맺고 있는 상사들, 부하들, 동료들, 고객들 등과의 관계들을 포함한다.

본서는 개인생활과 아울러 조직생활에서의 인간관계들의 향상에 대해 필요한 지식과 기술을 취급하기 위해, 관련된 주제들을 크게 세 부분으로 구분해서 제시했다. 제 1 부에서, 우리는 개인생활과 조직생활 모두에서 인간관계의 이해에 필요한 기초 지식을 취급하고자 했다. 비록 엄격한 분류기준이 부족할지라도, 이것들은 사람들의 성격을 비롯한 개인차들의 이해, 의사소통, 갈등해결 및 설득과 영향 주기를 포함했다. 제 2 부에서, 우리는 개인생활에서 이루어지는 관계적 측면들은 다루었다. 그것들은 개인적인 좋은 관계의 구축, 친밀하고 가까운 관계의 발전 및 가족관계, 특히 부모-자녀관계를 포함한다. 제 3 부에서, 우리는 조직생활이나 직장생활에서 이루어지는 관계적 측면들을 다루었으며, 본서의 가장 많은 부분을 차지하고 있다. 그것들은 집단 내의 상호작용이나 집단역학, 리더십, 집단적 문제해결, 동기 향상, 코치하기와 멘터하기, 팀운영과 팀워크기술, 직업적 관계의 관리 및 윤리적 행동 향상의 주제들을 포함한다. 이와 같이 본서는 개인적 관계들과 직업적 관계들을 모두 취급하고자 했다는 점에서, 하나의 포괄적 접근의 장점을 갖고 있을 것이다. 하지만, 두 영역을 모두 다루려는 시도에서 각 부분을 다소 소홀하게 취급할 수 있다는 단점도 또한 갖고 있을 수 있음을 지적하고 싶다.

본서의 집필 동안에 저자의 학문생활에서 큰 도움을 주신 여러분이 계속 머리에 떠올랐다. 여러분의 직접적 및 간접적 지도와 도움의 덕택으로 오늘날까지 살아 왔음을 감사하게 생각한다. 여러 선생들 중에서, 본인의 학문적 노력을 계속 북돋아 주신 정양은 교수님과 본인에 대한 무조건적 사랑을 대학시절부터 지금까지 계속 베풀어 주신 이창우 교수님께 머리 숙여 감사드린다. 본인과 관계를 맺어 온 여러 선배님들과 후배님들, 두륜회 회원님들, 심리학회 회원님들 모두에게 감사드린다. 마지막으로, 본서의 출간을 허락해 주시고 어려운 일들을 몸소 수행하신 박영사의 안종만 회장님, 박노일 영업부장님, 본서를 직접 편집해 주신 김양형 님 그리고 그 밖의 편집부 직원 여러분께 감사드린다.

아무쪼록, 본서가 우리나라에서의 인간관계의 이해와 향상에 있어서 작은 보탬이 되기를 바란다. 앞으로, 기회가 다시 주어진다면, 더 좋은 책을 만들 것을 스스로 기약해 본다.

2011년 7월 25일

저자 씀

차　　례

제1부　관계의 기초

제 2 부 개인적 관계

제13장 팀운영과 팀워크기술 461

제 1 부

관계의 기초

제 1 장

개인차의 이해

우리는 평생 동안의 개인생활과 직업생활을 통해, 수많은 사람들을 접하고 상대하며, 이들 중의 일부분에 대해서 수 년이나 수십 년 간의 장기적이고 깊은 관계를 맺는다. 따라서, 이러한 관계들을 구성하고 있는 자기 자신과 타인들을 이해하는 것이 관계들의 질이나 성패에 대해 매우 중요하다. 예컨대, 사람들은 직업들에 대한 선호에 있어서 큰 차이가 있다. 어떤 사람들은 타인들과 비교적 접촉이 적고 숫자를 꼼꼼히 따지는 회계직을 선호하는 반면에, 어떤 사람들은 많은 타인들을 만나고 대화하고 설득하는 판매직을 선호한다.

사람들은 성격 이외에도, 특수한 행동이나 행동습관, 능력과 기술, 인생목표, 흥미, 가치 등의 여러 측면들에서도 또한 차이가 있다. 행동적 측면만을 고려하더라도, 사람들은 도박, 음주, 흡연의 행동들에서 매우 큰 차이가 있다. 이와 같은 사람들 간의 차이들은 우리의 자기 이해와 타인 이해에서 하나의 관건이 된다. 기본적으로, 자기 이해와 타인 이해는 행동, 성격, 능력, 태도 등에 관한 자기평가, 타인들의 반응을 통한 평가, 다양한 사람들과 상황들에 대한 폭넓은 경험 등을 통해 이루어질 것이다. 이 장에서는 자기 이해와 타인 이해의 모든 측면을 다루지는 않는다. 그 대신에, 이 장은 자기와 타인 이해에 기초가 되는 세 가지 측면의 개인차들, 즉 성격, 능력 및 가치의 차이들을 취급할 것이다.

성 격

일반적으로, 성격은 개인의 지속적이고 장기적인 행동, 사고 및 정서의 패턴들이라고 정의된다. 예컨대, 내향적인 사람은 여러 상황들에서 그리고 연령이 증가되더라도 일관성 있게 내향적 특성을 보인다. 성격은 개인의 특징들을 취급하며, 개인의 특징들이 매우 복잡하기 때문에 어떤 단일한 접근에 의해 이해되기가 곤란하다. 따라서, 성격에 대한 접근은 여러 관점들에서 이루어져 왔고, 대표적인 접근들은 특성적, 학습적, 인지적, 인본주의적 및 정신분석적 접근들이다. 이들 접근은 성격에 대한 상이한 시각들을 갖고서, 각각 성격의 이해에 대해 독특한 기여를 해 왔다.

사람들의 성격을 묘사하거나 기술하는 데에 있어서, 인기 있는 특성들은 비록 연구자들에 따라 차이가 있을지라도, 아래의 7개 정도로 요약되고 있다.

7개의 주요 성격요인들

많은 성격심리학자들은 인간 성격특성이 5개의 요인으로 기술될 수 있다고 생각한다. 이러한 성격특성들에 관한 모형은 5요인 모형(Five Factor Model 또는 Big Five)이라고 일컬어지며, 이것들은 외향성, 유순성(또는 친밀성), 정서안정성, 성실성 및 개방성이다(표 1-1 참조). 이러한 5개의 성격요인들 이외에도, 행동의 자기검색과 아울러 모험하기와 스릴추구가 추가적으로 많은 관심을 받아 왔다(도 1-1 참조).[1]

외향성(extraversion)

이 요인은 사회적 상호작용의 양과 강도, 사회적 자극에 대한 욕구, 자신감 및 경쟁성을 반영한다. 외향성에 연관된 특성들은 사교적인 것, 교제를 좋아하는 것, 주장성 있는 것, 말이 많은 것 및 적극적인 것이다. 사교적인 사람은 흔히 외향적이라고 기술되는 반면에, 비사교적인 내향적인 사람은 말이 없고, 소심하고, 조용한 것으로 기술된다.

유순성(agreeableness)

이 요인은 대인관계의 자세의 질을 반영한다. 유순성에 관련된 특성들은 예의바른 것, 융통성 있는 것, 신뢰하는 것, 마음씨가 착한 것, 협동적인 것, 용서하는 것, 부드러운 마음씨 및 관용적인 것이다. 이 요인에서 반대쪽은 비상냥성, 냉

표 1-1 5개 성격요인(Big Five)의 측정질문지

지시문: 아래의 각각의 숫자로 된 척도상에서 당신을 일반적으로 더 잘 기술하는 점수에 표시하라. 만일 양쪽 끝에 있는 두 개의 기술어들이 똑같이 해당된다면 중간점수 위에 표시하라.

		5	4	3	2	1	
1.	열심이다	5	4	3	2	1	조용하다
2.	타인들과 함께 있기를 좋아한다	5	4	3	2	1	혼자 있기를 좋아한다
3.	몽상가이다	5	4	3	2	1	허튼 일을 생각하지 않는다
4.	친절하다	5	4	3	2	1	무뚝뚝하다
5.	단정하다	5	4	3	2	1	지저분하다
6.	조심한다	5	4	3	2	1	대담하다
7.	낙관적이다	5	4	3	2	1	비관적이다
8.	이론적이다	5	4	3	2	1	실제적이다
9.	관대하다	5	4	3	2	1	이기적이다
10.	확고하다	5	4	3	2	1	상황에 따라 변경한다
11.	낙담한다	5	4	3	2	1	낙관적이다
12.	자기공개적이다	5	4	3	2	1	자기 비밀을 지킨다
13.	자신의 상상력에 따른다	5	4	3	2	1	권위에 따른다
14.	따뜻하다(다정하다)	5	4	3	2	1	차갑다(냉정하다)
15.	주의집중을 유지한다	5	4	3	2	1	쉽게 주의분산된다
16.	쉽게 당황한다	5	4	3	2	1	당황하지 않는다
17.	사교적이다	5	4	3	2	1	냉담하다
18.	새로움을 추구한다	5	4	3	2	1	일상적인 것을 추구한다
19.	팀플레이어이다	5	4	3	2	1	독립적이다
20.	질서를 선호한다	5	4	3	2	1	무질서에 대해 편안하다
21.	침착하지 못하다	5	4	3	2	1	침착하다
22.	대화적이다	5	4	3	2	1	사색적이다
23.	애매한 것에 대해 편안하다	5	4	3	2	1	일들이 명확한 것을 좋아한다
24.	사람을 의심하지 않는다	5	4	3	2	1	사람을 의심한다
25.	시간을 지킨다	5	4	3	2	1	시간을 지키지 못한다

위의 질문지의 각각 5개 분항들로 묶여신 질문들의 첫 번째 질문들은 정서안정성, 두 번째 질문들은 외향성, 세 번째 질문들은 개방성, 네 번째 질문들은 유순성, 그리고 다섯 번째 질문들은 성실성을 측정하는 질문들이다. 5개 범주에 속하는 점수들을 합계하라. 점수들을 비교해서 평가할 수 있는 기준은 마련되지 않았으므로 친구들이나 동료들의 점수들과 비교해 보라.

담함 및 적대적인 것이다.

정서불안정성(또는 신경증성; neuroticism)

이 요인은 정서적 불안정성, 심리적 고통의 성향 및 비생산적 방식으로 문제들에 대처하는 것을 반영한다. 이 요인에 관련된 특성들은 불안한 것, 불안정한 것, 분노, 당황한 것, 정서적인 것 및 걱정하는 것이며, 이것에서 낮은 사람은 정서적 안정성이 큰 사람으로서 침착하고, 자신감 있고, 대개 자신을 통제하고 있다.

성실성(또는 양심성; conscientiousness)

이 요인은 조직화, 자기절제, 인내 및 목표달성의 동기를 반영한다. 성실성에 관련된 특성들은 열심히 노력하는 것, 신뢰성 있는 것, 잘 조직화되어 있는 것 및 철저함이다. 이와 반대되는 특성들은 게으른 것, 비조직화된 것 및 비신뢰성이다.

도 1-1 7개의 주요 성격요인

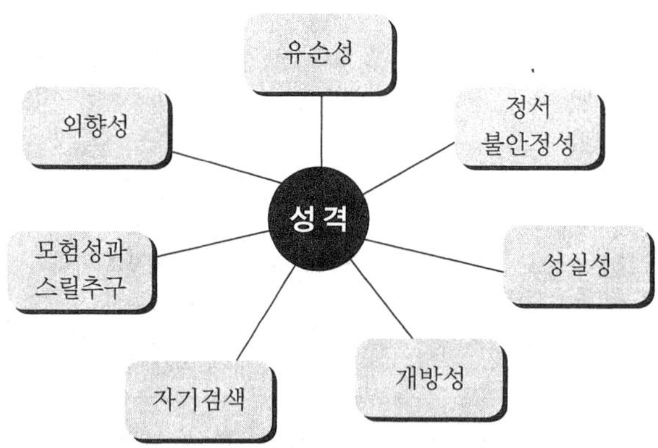

7개의 주요 성격요인들은 5요인 성격모형에서 발견된 5개의 성격특성요인들과 모험하기와 자기검색의 두 개의 요인들을 합친 것이다. 연구들은 5요인 모형이 직무수행과 신뢰롭게 관련되어 있다는 것을 증명해 왔다. 가장 일관성 있는 발견은 성실성(또는 양심성) 특성에서 높은 점수를 받은 사람들이 여러 직업들에서 우수하게 수행한다는 것이다.

개방성(openness)

이 요인은 경험 자체를 적극적으로 추구하는 것을 반영한다. 개방성에 관련된 특성들은 창의적인 것, 교양 있는 것, 지적인 호기심, 마음이 넓은 것 및 예술적 감수성이 있는 것이다. 개방성상에서 낮은 특성들은 실제적인 것, 흥미의 폭이 좁은 것이다.

자기검색(self-monitoring of behavior)

이 요인은 자기 자신이 타인들에 의해 어떻게 지각되고 있는지를 주목하고 통제하는 것을 일컫는다(표 1-1 참조). 자기검색이 높은 사람들은 실제적이며, 사회집단들 속에서 카멜레온처럼 융통성 있게 행동하는 사람들이다. 자기검색이 낮은 사람들은 상황에 따른 상이한 역할들과 같이 외양적 이미지들에 적응하도록 요구하는 상황을 피하고, 따라서 이들의 행동은 이들의 내적 가치들과 일치된다. 자기검색이 낮은 것은 흔히 비융통성을 일으킬 수 있다.

모험하기와 스릴추구(risk taking and thrill seeking)

이 요인은 모험을 행하는 경향과 스릴을 추구하는 것을 일컫는다. 이 요인에서 높은 사람은 새롭고 강하고, 복잡한 감각들을 추구하는 감각추구자들(sensation-seekers)이다. 이들은 이러한 경험들 자체를 위해 모험하려고 든다. 커다란 보상들과 일상적 스릴들은 모험하기와 스릴추구에 대한 강한 욕구를 지닌 사람들을 강력하게 동기화시킨다.

성격특성들에 관한 5요인 모형은 수 천 명의 사람들을 조사한 문화비교연구에서 지지받았다. 한국인, 일본인, 중국인, 독일인, 포르투갈인 등에서 5개 요인이 발견되었으며, 이들 성격특성이 인체구조처럼 인간의 보편적 특성들이라고 주장되었다.[2]

직업에 따라 직업성공에 관련된 성격특성들이 차이 있을 것이다. 성실성의 특성이 많은 직업들에서의 직무수행에 관련 있으며, 직업성공에 가장 일관되게 관련 있었다. 외향성 특성은 관리자들과 판매직 종사자들의 성공에 관련 있는데,[3] 이는 이들이 타인들과 많은 상호작용을 행하고 있기 때문일 것이다. 높은 자기검색을 가진 사람들은 더 좋은 직무수행의 평가를 받기 쉽고, 리더나 최고위직

표 1-2 자기검색 질문지

아래 진술문들에 대해, 적절한 번호에 "ㅇ"표함으로써 그 진술문들이 당신에게 해당되는 정도를 나타내라. 채점기준으로서 아래의 기준을 사용하라.

5=확실히, 항상 그렇다
4=일반적으로 그렇다
3=다소 그렇지만 예외들이 있다
2=다소 그렇지 않지만 예외들이 있다
1=일반적으로 아니다
0=확실히, 항상 그렇지 않다

1.	사회적 상황들에서 나는 만일 내가 어떤 다른 것이 요구되고 있다고 느낀다면 나의 행동을 바꿀 능력이 있다	5 4 3 2 1 0
2.	나는 타인들의 두 눈을 보기만 해도 정확하게 그 사람들의 진짜 정서들을 간파할 수 있다.	5 4 3 2 1 0
3.	나는 내가 타인들에게 주고 싶어하는 인상에 따라 타인들을 대하는 방식을 조절할 수 있다.	5 4 3 2 1 0
4.	대화에 있어서 나는 내가 대화하고 있는 사람의 안면표정상에서의 매우 작은 변화라도 감지해 낸다.	5 4 3 2 1 0
5.	나의 직관력은 타인들의 정서들과 동기들을 이해하는 데에 있어서 매우 좋다.	5 4 3 2 1 0
6.	나는 비록 타인들이 겉으로는 웃고 있을지라도, 그들이 어떤 농담에 대해 내심으로 기분 나쁘게 느끼는 것을 대개 알 수 있다.	5 4 3 2 1 0
7.	내가 나 자신의 보이고자 하는 이미지가 제시되고 있지 않다고 느낄 때, 나는 의도하는 이미지가 제시되게끔 그것을 즉각 바꿀 수 있다.	5 4 3 2 1 0
8.	나는 듣는 이의 두 눈을 보기만 해도 대개 내가 어떤 부적절한 것을 말했다는 것을 알 수 있다.	5 4 3 2 1 0
9.	나는 상이한 사람들과 상이한 상황들에 적합하게끔 나의 행동을 바꾸기가 곤란하다.	5 4 3 2 1 0

10.	나는 내가 당면하고 있는 어떤 상황의 요구들에 부합되게끔 나의 행동을 조절할 수 있다는 것을 발견해 왔다.	5 4 3 2 1 0
11.	만일 어떤 사람이 나에게 거짓말을 하고 있다면, 나는 대개 그 사람의 매너나 표정으로부터 그것을 즉각 안다.	5 4 3 2 1 0
12.	심지어 나에게 이익이 될 수도 있을지라도 기분이 나쁠 경우에 나는 좋은 안색을 가장하기가 곤란하다.	5 4 3 2 1 0
13.	일단 내가 상황이 요구한다는 것을 알게 되면, 나는 그에 따라 나의 행동을 조절하는 것이 쉽다.	5 4 3 2 1 0

채점: 9번과 12번의 질문들에 대해 점수들을 거꾸로 채점하는 것을 제외하고서, "○" 표한 숫자들을 합계하라. 9번과 12번에 대해 5는 0, 4는 1…… 등으로 채점하라. 높은 자기검색자들은 53점 이상인 사람들로서 정의된다.

에 이르게 되기 쉽다는 것이 다수의 연구들에서 발견되었다.[4] 단일 성격특성보다 성격특성들의 조합이 직업성공에 더 밀접하게 관련되어 있다. 예컨대, 성실성과 유순성에서 높은 사람들이 성실성에서만 높은 사람들보다 직무수행평가가 더 높을 수 있다. 연구들은 성실성과 낮은 정서불안정성이 다수의 직업들에서 직업성공의 예측요인이라는 것을 보였다.

인지스타일들

성격특성들을 정보로부터 지각하고 판단하는 정신과정 또는 인지스타일의 측면에서 접근하는 시도가 있다. 인지스타일들은 사람들이 의사결정을 행하는 방식들에 관련되어 있으며, 이것들에 관한 이해가 대인관계향상에 도움이 될 수 있다. 사람들이 정보를 수집하고 평가하는 방식은 그들의 인지스타일들을 결정짓는다고 융(Jung)이 주장했으며,[5] 이러한 분석은 성격과 인지스타일에 관한 널리 쓰이는 검사인 유형지표(Myers-Briggs Type Indicator)라는 검사의 기초가 되었다.

정보의 수집스타일들

문제들을 해결하기 위해서 우선적으로 정보를 수집할 필요가 있다. 사람들이 정보를 수집하는 스타일들은 감각(sensation)과 직관(intuition)으로 구분될 수 있다. 감각형의 사람들은 일상적인 일들과 질서를 선호한다. 이들은 문제해결을 위해 정보를 수집할 때에 정밀한 세부사항들을 찾는다. 이들은 새로운 가능성을 찾는 것보다 확립된 사실을 갖고서 작업하기를 선호한다. 이와 달리, 직관형의 사람들은 사물에 대한 전체적 관점, 즉 큰 그림을 선호한다. 이들은 새로운 문제의 해결을 즐기며, 일상적인 일들을 싫어하고 사실들을 갖고서 작업하기보다도 가능성들을 찾는 것을 선호한다. 예컨대, 자동차를 구입함에 있어서, 감각형의 사람들은 연비, 보증조건들, 재정부담들 및 중고차가격과 같은 다수의 사실들을 수집하고 싶어한다. 이와 달리, 직관형의 사람들은 차의 전체 스타일과 차의 소유자가 되었을 때의 긍지와 같은 것들에 더 많은 관심을 둘 것이다.

정보의 평가스타일들

문제해결의 평가측면은 정보수집 후에, 정보의 처리방법에 대한 판단을 포함한다. 정보평가의 스타일들은 감정을 강조하는 것과 사고를 강조하는 것이 있다. 감정형의 사람들은 타인들의 원함에 따르고 적응하려는 욕구를 갖고 있다. 이러한 욕구 때문에, 이들은 의견불일치를 일으킬 수 있는 문제들을 피하려고 든다. 이와 달리, 사고형의 사람들은 문제를 처리함에 있어서 이성과 지성에 의지한다. 이들은 문제해결과 의사결정에 있어서 정서를 경시한다. 예컨대, 어떤 팀리더가 팀원들에게 새로운 제품에 대한 어떤 아이디어에 관한 각자의 의견을 물었다고 하자. 감정형의 팀원들은 그 아이디어에 대한 장점을 찾고 그 아이디어에 대한 동의를 표현하는 경향이 있다. 사고형의 팀원들은 새로운 제품에 관한 아이디어의 평가에 있어서 더 독립적인 경향이 있다. 그 결과로, 이들은 팀리더가 원하는 여부에 관계없이 자신의 독자적 의견을 표현할 것이다(감정형의 사람들은 높은 자기검색자들인 반면에, 사고형의 사람들은 낮은 자기검색자들인 점에 유의하라).

4개의 인지스타일들

정보의 수집과 평가의 2개의 차원들이 조합될 때, 4개의 인지 또는 문제해결 스타일들이 생긴다.

a. 감각-사고 스타일

표 1-3 4개의 인지(문제해결)스타일들과 직업적합성

감각-사고형	감각-감정형
결단성 있고, 믿을 수 있고, 세부사항에 예민함. • 회계와 부기 • 컴퓨터 프로그래밍 • 제조기술	실용적이고, 분석적이고, 질서 있고, 성실함. • 감독 • 판매 • 협상
직관-사고형	**직관-감정형**
창의적이고, 진취적이고, 지각력 있음. • 시스템 설계 • 법률, 변호사 보조직 • 중간 관리자	발랄하고, 사람중심적이고, 잘 도와 줌. • 고객 서비스 • 기업 커뮤니케이션 • 인사업무

b. 직관-사고 스타일
c. 감각-감정 스타일
d. 직관-감정 스타일

위의 4개의 스타일은 직업수행들과 관련이 있다(표 1-3 참조).[6] 만일 당신이 마이어스-브릭스(Myers-Briggs)의 유형지표검사를 검사전문기관에서 받거나 당신 스스로 실시한다면, 당신은 당신의 인지적 성격유형을 진단받을 수 있다. 자기 자신의 인지스타일을 파악하는 것은 당신이 잘하기 쉬운 일을 알아내는 것을 도울 수 있다. 예컨대, 직관-감정형의 사람은 고객의 불평을 처리하는 것을 능숙하게 수행할 것이지만, 도서관의 사서직과 같이 꼼꼼한 주의를 요하는 직업에 대해 적합하지는 않을 것이다.

자기개념과 그 영향

성격특성의 요인들에 관한 연구들은 개인의 성격을 기술해 주는 요인들을 규명하는 것에 초점을 둔다. 개인의 성격특성들의 기술은 타인들에 의한 객관적 기술과 개인 자신에 의한 주관적 기술을 모두 포함한다. 이와 달리, 인본주의적이거나 현상학적 성격이론은 개인의 성격특성에 대한 주관적 기술의 중요성을 강조한다. 즉, 개인이 자기 자신에 대해 어떻게 보는가가 개인의 인생과 행동에 대해 큰 영향을 준다고 본다. 예컨대, 자기 자신을 유능하고 사교적이라고 보는 사람과 무능하고 비사교적이라고 보는 사람은 자신의 생활에 대한 만족, 열정, 행동 등에서 큰 차이를 보일 것이다. 따라서, 개인이 자기 자신의 특성들에 관해서 어떻게 보는가, 즉 개인의 자기개념(self-concept)은 개인의 이해에 대해 매우 중요한 도구가 될 수 있다.

자기개념의 발달

우리는 자기 자신의 특성들이나 특징들을 어떻게 알거나 이해하게 되는가? 언뜻 생각하기에, 우리는 자신의 특성들에 대해 자기성찰, 반성 또는 사색에 의해 알게 되는 것 같이 여겨진다. 그러나 대부분의 경우에 우리는 자신의 경험의 외부적 관찰을 통해 자기 자신을 이해한다. 예컨대, 여러 사람들 앞에서 말할 때에 말을 자주 더듬는 사람은 자신의 경험이나 자기관찰을 통해 자신이 수줍음이 많다고 생각하게 될 것이다. 이러한 수줍어 하는 특성은 또한 자기에 대한 타인들의 반응이나 평가에 관한 관찰로부터 나올 수 있다. 따라서, 우리의 자기개념은 다음의 4가지 근원에서 나온다고 볼 수 있다.

1. 자신과 타인들과의 상호작용
2. 자신과 타인들의 비교
3. 자기에 대한 타인들의 말들이나 진술들
4. 자신의 감정, 사고 및 행동에 대한 주의깊은 관찰이나 검토

사람들이 갖고 있는 자기개념들은 얼마나 정확한가? 이것을 알아보기 위한 한 가지 방법은 개인의 자기개념들 또는 주관적인 개인적 특징들과 그 개인에 대해 가까운 주위 사람들의 평가들을 비교하는 것이다. 예컨대, 어떤 사람은 자신이 무능하다고 생각하지만, 주위의 사람들은 그 사람을 유능하다고 생각할 수 있다. 또는 개인 자신은 수줍음이 많다고 생각하지만, 주위의 사람들은 그 사람이 사교성 있다고 생각할 수도 있다. 개인의 자기개념의 정확성을 알아보기 위해서

자신의 자기개념에 관한 5개의 특성들을 종이 위에 쓰고 나서, 자신에 대한 주위에 있는 10명의 가까운 사람들의 특성 판단들을 얻고서, 그 특성들이 일치하는 정도를 평가해 볼 수 있을 것이다(당신 스스로 이것을 해 보라).

자기존중의 영향

개인의 자기개념들이 긍정적인지, 아니면 부정적인지가 개인의 행동과 정서에 큰 영향을 줄 수 있다. 자기존중은 개인의 자기개념의 긍정성이나 부정성의 정도를 일컫는다. 예컨대, 자기 자신을 재능 있고 성실한 사람이라고 보는 사람은 높은 자기존중을 갖고 있는 반면에, 자기 자신을 무능하고 쓸모 없는 사람이라고 보는 사람은 낮은 자기존중을 갖고 있다. 많은 연구들은 사람들이 자기 자신에 대해 긍정적 자기존중을 가질 때, 즉 자기 자신에 대해 좋게 느끼고 있을 때에 그들의 만족, 동기 및 생산성이 향상되고, 부정적 자기개념을 가질 때, 즉 자기 자신에 대해 나쁘게 느끼고 있을 때에는 이와 정반대라는 것을 나타낸다.

부정적 자기존중이 특히 문제가 된다. 낮은 자기존중을 가진 사람들은 높은 자기존중을 가진 사람들보다 직업탐색의 성공도가 더 낮았다. 즉, 그들은 친구들과 친척들과 같은 개인적 취업 소스들이나 직접 응시하는 것과 같은 높은 주도성을 요하는 취업 소스들을 활용하는 경향이 더 적었다. 또한 자기존중이 낮은 학생들은 캠퍼스와 아울러 회사들에서 실시된 면접에서 더 낮은 면접점수를 받았고, 따라서 더 적은 취직제안을 받았다.

낮은 자기존중이 갖는 이러한 피해를 방지하기 위해, 낮은 자기존중을 보다 더 높은 자기존중으로 변화시킬 수 있다는 증거들이 있다. 높은 자기존중을 가진 사람들은 자신의 성공을 내부 원인(예: 기술이나 능력)의 탓으로 돌리고, 자신의 실패를 외부 원인(예: 운이 나쁨)의 탓으로 돌린다. 이와 반대로, 낮은 자기존중을 가진 사람들은 자신의 성공을 외부 원인(예: 운이 좋음)의 탓으로 돌리고, 자신의 실패를 내부 원인(예: 기술이나 능력)의 탓으로 돌린다. 따라서, 낮은 자기존중을 가진 사람들에게 높은 자기존중을 가진 사람이 행하는 성공과 실패의 원인귀속을 행하게끔 훈련시킨다면, 그들의 자기존중이 향상될 수 있다.

직업상황에서의 성격의 영향

사람들은 동일한 사람이 거의 없을 정도로 무수한 방식으로 차이가 있다. 이러한 모든 차이들이 직업상황에서의 행동이나 인간관계에 영향을 주지는 않는다. 설사 사람들 간의 차이가 직업상황에서 영향을 줄지라도, 그 영향들은 직업의 종류나 일의 유형에 따라 다를 수 있다. 판매직에서, 친절하고 사교성 있는 성격이 개인직 싱공에 밀접하세 관련 있시반, 타인들과 많은 상호작용이 없는 회계직에서의 개인적 성공에는 그러한 성격이 관련이 적을 것이다. 그러나 몇 가지 성격특성들은 직업상황의 다양한 맥락들에서 직업에 관련된 행동과 성공에 대해 큰 영향을 준다. 우리는 이러한 성격특성들 중에서 A형-B형 행동들과 성취동기의 영향을 살펴볼 것이다.

A형(Type A)과 B형(Type B) 행동들

시초에 심장마비를 갖기 쉬운 사람들을 특징짓는 특수한 행동패턴이 확인되었다.[7] 이것은 A형 행동패턴으로서, 정력적이고, 경쟁적이고, 조급하고, 공격적인 행동특징들을 포함한다. A형 행동패턴과 반대되는 행동특징들은 태평하고, 이완하고, 사교적이고, 비경쟁적인 행동특징들을 포함하며, B형 행동패턴이라고 명명된다. 대부분의 사람들이 두 범주 중의 하나에 해당되며, 약 40%의 사람들이 A형에 속하고 60%가 B형에 속한다.[8]

A형과 B형의 사람들 사이의 차이들은 직업상황에서의 행동에 관련되어 있다. 정력적이고 경쟁적인 A형의 사람들과 태평하고 이완되어 있는 B형의 사람들은 직무수행 동안에 상이하게 행동한다. 우리는 이러한 차이들 중에서 개인적 건강과 직무수행에 대한 차이들을 검토한다.

A형 행동패턴과 건강

A형과 B형의 행동특징들은 정력적이고 경쟁적이고 조급한 A형의 사람들의 높은 압력을 갖는 생활스타일이 개인적으로 큰 대가를 요구한다는 연구결과로 매우 높은 관심을 받았다. 즉, A형의 사람들은 B형의 사람들보다 두 배 이상의 심각한 심장병을 가질 가능성이 있으며,[9] 첫 번째의 심장마비로 사망하지 않았을 경우에 두 번째의 심장마비를 갖는 경향이 더 많다.

A형의 사람들이 B형의 사람들보다 더 높은 건강 위협을 갖는 것은 A형의 사람들이 스트레스에 대해 더 높은 수준의 생리적 반응을 갖는 것으로 설명될 수 있다. 의대생들에 대한 연구는 휴가기간보다 긴장되는 시험기간 동안에 시끄럽고 폭발적인 말과 반응속도가 증가되었고, 시험기간 동안에 B형의 사람들보다 안정 심장박동률이 더 크게 증가된다는 것을 보였다.[10]

A형 행동패턴과 직무수행

A형과 B형의 사람들이 행동특성들상에서 차이가 있으므로, 직무수행에서도 차이가 있을 것으로 가정할 수 있다. 간단하게 생각할 때, 정력적이고 경쟁적인 A형의 사람늘이 이완되고 태평한 B형의 사람들보다 직무수행에서 더 우수할 것이다. 실제로, A형의 사람들은 아무런 압력이나 마감시간이 없을 때에도 B형의 사람들보다 많은 과업을 더 신속하게 수행한다. 또한 A형인들은 B형인들보다 일과 일상생활에서 더 많은 도전을 추구한다. 예컨대, A형인들은 B형인들보다 스스로 선택하도록 했을 때에 더 곤란한 과업을 선택한다.[11] 그러나 A형인들은 인내, 조심 및 숙고를 요하는 과업들에서 B형인들보다 더 나쁘게 수행한다. 이것은 아마 A형인들이 너무 많이 서두르기 때문일 것이다.[12]

최고위 관리자들에 관한 조사들은 그들의 대부분이 A형보다 B형 특성들을 갖는다는 것을 나타낸다. 이러한 발견은 몇 가지 요인으로 설명될 수 있다. 첫째로, A형인들이 나쁜 건강 때문에, 그들이 최고위수준으로 승진하기에 충분하게 오랫 동안 직무를 계속하지 못할 수 있다. 둘째로, A형인들의 성급한 행동특징은 최고위수준의 간부직원들에게 필요한 특징들과 부합되지 않을 수 있다. 최고위수준의 간부직원들은 많은 중요한 의사결정을 행하고, 이러한 결정을 효과적으로 수행하기 위해서는 엄청난 양의 정보를 체계적으로 처리해야 되는 반면에, A형인들의 성급한 특성은 이러한 과업에 맞지 않는다. 셋째로, A형인들의 성급하고 공격적 스타일은 업무수행과정에서 많은 적을 만들 수 있으며, 이것이 그들이 상위직으로 승진하는 것을 방해할 수 있다.

A형과 B형 차원의 이론적 수정

A형과 B형의 성격 구분이 너무 단순하다는 것을 주목하고서, A형과 B형의 범주들 내에서의 차이들을 규명하려는 시도가 있어 왔다. 즉 모든 A형인들이 성급하고 공격적이고 긴장하지는 않으며, 모든 B형인들이 침착하고 이완되어 있지는 않다. 그 대신에, 몇몇 A형인들은 정력적이고 카리스마적인 반면에, 몇몇 B형

도 1-2 A형과 B형의 확장

연구자들은 정서적 적응과 활동수준(즉, 속도)이 결합되어서, 4가지 유형을 만든다고 시사한다.

		정서적 적응수준: 좋음	정서적 적응수준: 나쁨
활동수준(속도)	높음	카리스마적임 정력적임	적대적임 성급함 =A형
	낮음	만족함 조용함 =B형	긴장함 억제됨

인들은 긴장되고 억제되어 있다. 연구자들은 이와 같은 현상들을 포괄하는 모형을 발전시켜 왔다.[13]

이들 연구자는 A형과 B형의 구분이 활동수준과 정서적 적응수준의 2개의 차원 속에 포함되어야 한다고 주장한다(도 1-2 참조). 이러한 틀에 의하면, A형인들은 활동수준(즉, 속도)이 높고 정서적 적응수준이 나쁜 특징들(적대적이고 성급함)을 갖고 있다. 이와 달리, B형인들은 활동수준(즉, 속도)이 낮고 정서적 적응수준이 좋은 특징들(만족하고 침착함)을 갖고 있다. 그리고 A형과 B형 이외의 두 개의 다른 스타일들이 있다. 연구들은 정서적 적응수준이 나쁜 사람들이 질병에 걸리는 경향이 있다는 것을 나타내고, 따라서 적대적이고 성급한 특성들과 긴장되고 억제된 특성들이 건강에 해로운 요소들이라는 것을 시사한다.

성취동기

사람들 중에서, 정력적이고 부지런하고 어떤 목표를 달성하려는 야심을 가진 사람들이 구분될 수 있다. 이러한 특성들은 성취동기 또는 성취욕구와 관련되어 있으며, 지속적이고 안정적인 개인의 패턴이라는 성격의 정의와 합치된다. 따라서, 동기의 한 측면인 성취동기가 성격의 한 측면으로도 취급될 수 있다.

성취동기에서 높게 평정된 사람들은 몇 가지 특징을 갖고 있다. 첫째로, 이들은 과업중심적이다. 이들의 주된 관심은 구체적 목표를 달성하는 것에 있으며, 타인들과의 좋은 관계를 갖는 것은 이차적 중요성이 있는 것으로 간주된다. 둘째로, 이들은 중간수준의 모험이나 곤란도를 갖는 상황을 선호한다. 이들이 중간수준의 모험을 선호하는 것은 과업성공의 가능성이 중간의 모험수준에서 노력에 의한 성과가 최대로 가치 있게끔 되기 쉽기 때문이다.

이와 달리, 성취동기가 낮은 사람들은 성공의 위험성이 매우 낮거나 높은 과업들을 선호한다. 매우 낮은 위험성에서 이들은 확실하게 성공하지만, 그러한 과업들은 대개 성과의 가치가 낮다. 매우 높은 위험성에서, 이들은 자신의 실패를 외부 요인의 탓으로 돌릴 수 있어서 자기개념이나 자기존중에 대한 손상을 피할 수 있다. 셋째로, 높은 성취동기를 가진 사람들은 자신의 수행에 대한 결과 정보나 피드백을 강하게 원한다. 이러한 수행결과의 정보는 이들에게 자신의 목표를 현재의 조건들에 적합하게끔 조정할 수 있고 자신이 어느 정도로 성공했는지를 평가할 수 있게끔 해 준다.

높은 성취동기를 가진 사람들이 우수성을 추구하려는 욕망이 강하기 때문에, 우리는 이들이 낮은 성취동기를 가진 사람들보다 직업이나 경력에서 더 큰 성공을 거둘 것이라고 예상할 수 있다. 이러한 예상은 어느 정도 지지받는다. 이들은 성취동기가 낮은 사람들보다 최소한 그들의 경력의 초기에서 더 빠르게 승진한다. 그러나 이들은 관리자수준에서는 훌륭하지 못할 수 있다. 이들이 모든 일들을 자신이 하기를 원하고 책임을 위임하지 않는 성향은 이들에게 심각한 곤란에 당면하게끔 만들 수 있다. 또한, 이들이 자신의 수행에 대해 즉각적 결과 정보를 원하는 경향은 이러한 결과 정보가 없을 경우에 이들의 효율성을 방해할 수 있다.

직장에서의 성격검사의 사용

대부분의 조직이나 기업이 효율적인 조직운영을 지향하고 있다. 이러한 지향의 일부로서, 조식들은 "석재석소", 즉 식무에 석합한 사람을 쓰는 것을 하나의 원칙으로 삼고 있다. 이러한 원칙은 기본적으로 사람들의 개인차를 인정하고 이것을 조직운영에 활용하려는 의도를 갖고 있다. 그러면, 사람들의 개인차들 중에서 어떤 특성들이 직무나 직업에 관련 있고, 이것들은 개인과 조직에 대해 어떤 가치를 갖고 있는가의 의문이 제기된다.

21세기에 들어서면서, 직장에서 심리검사의 사용이 증가되고 있다. 미국에서의 조사들에 의하면, 채용절차의 일부분으로서 심리검사를 사용한 기업들이 1985년에 22%, 1991년에 36%, 그리고 1998년에 48%라는 것을 나타냈다. 이들 심리검사의 사용이 윤리적 의문들(예: 검사문항에 대한 거짓 답변)을 제기할지라도, 많은 사람들이 자신의 경력 속에서 이것들에 접하게 될 가능성이 충분히 있다.

직업(또는 경력) 선택을 위한 흥미와 적성의 검사

직업이나 경력을 선택하는 것은 개인에 대해 매우 중요하고도 곤란한 것이다. 특정의 사람이 특정의 직업에 대해 적절한지를 예측하는 확실한 방법은 없을지라도, 이런 면에서 다소의 도움을 주고자 고안된 도구들이 있다. 그것들은 흥미검사들과 적성검사들이다.

흥미검사들은 활동들을 수행하는 것에 대한 개인의 선호를 측정한다. 흥미검사들 중에서 가장 보편적으로 사용되는 것은 스트롱-캠벨 흥미검사(Strong-Campbell Interest Inventory: SCII)이다. 이 검사는 광범한 활동들에 대한 개인의 선호를 측정하고서, 여러 분야의 직업을 가진 사람들의 선호들과 개인적 선호들을 비교한다. 개인의 선호들이 특수 분야의 사람들의 선호들과 유사할수록 개인이 그 직업에 대해 더 많은 흥미를 갖고 있다고 가정되고 있다. 사람들은 자신의 일반적 흥미를 파악하고, 자신이 흥미를 가진 직업을 알아보기 위해 이 검사를 이용할 수 있다. 개인의 직업선택을 위해 여러 정보들과 함께 이 검사의 결과를 이용할 수 있다.

적성검사들은 특수한 훈련으로부터 이익을 얻을 수 있는 개인의 잠재능력을 측정해서, 개인이 특수한 기능에 얼마나 적합한지를 예측해 준다. 예컨대, 기계추리에 대해 적성을 가진 사람은 엔지니어 훈련으로부터 이익을 얻을 것이다. 여러 직업들이 상이한 기능들을 요하기 때문에, 개인적 적성들에 관한 정보를 얻는 것이 직업 결정에 도움이 될 수 있다.

많은 적성검사들이 사용될 수 있다. 그 가운데에서, 일반적성 종합검사(General Aptitude Test Battery: GATB)는 언어능력, 수리능력, 운동조정, 기민성 등의 몇 개의 적성들을 측정한다. SCII와 마찬가지로, 이 검사에 대한 개인의 점수가 특수 분야들에서 성공적인 사람들의 점수들과 비교되고, 개인의 점수가 그들과 더 가까울수록 그 직업에서 성공을 거둘 가능성이 더 많다. 많은 대규모 회사들은 인사선발도구로서 사용하기 위해 자체의 적성검사를 개발하고 있다.

조직이나 기업에서의 적성검사의 활용

적성검사들은 채용에 지원한 사람들의 특정의 직무를 수행하는 데에 필요한 능력들이나 특성들을 지니고 있는 여부를 알아보기 위해 실시된다. 예컨대, 주장성, 예의성, 인내성 등의 특성들을 측정하는 검사들이 고객불평처리나 판매전화를 계속적으로 거는 직무들에 대해 개인이 적합한 성격을 가진 정도를 평가하기 위해 사용되고 있다.

회사들은 또한 개인의 신뢰성을 알아보기 위해 검사들을 사용한다. 예컨대, 은행들과 중개업소들과 같이 보안이 매우 중요한 직업들에서 개인적 신뢰성에 대한 관심이 높다. 신뢰성 검사들로서 거짓말탐지기검사들과 약물검사들이 보편적으로 사용되고 있다.

적성검사의 결과들은 단지 어떤 사람의 잠재능력에 관한 부분적 정보를 제공하며, 이것들이 채용결정에 대해 전적으로 사용되는 일은 드물다. 적성검사들과 흥미검사들은 개인의 특성들과 직업적 요구사항들 간의 일치정도를 나타내 주므로, 직무상에서의 개인적 만족과 성공에 도움이 될 수 있고, 따라서 개인과 아울러 채용자들에 대해서 도움이 될 수 있다.

여러 성격유형의 사람들을 상대하기

우리가 사람들의 성격의 다양성을 이해하려는 목적들 중의 하나는 타인들과의 원만하고 효과적인 관계를 유지하고 발전시키는 것이다. 특정의 성격유형에 적합한 상호작용을 위한 지침들이 시사되었다.[14] 이러한 지침들에 의하면, 우리는 먼저 개인의 성격에 대한 진단을 하고 나서 특수한 성격에 적합한 상호작용을 하도록 노력해야만 된다.

걱정과 긴장의 증후들을 가진 신경증적인 사람의 상대

느긋하게 대하고 안심시키도록 한다. 당신 자신의 불안과 두려움을 드러내지 않는다. 훌륭한 듣는 이가 된다. 가능한 경우에, 마감시간에 대한 강조나 과제실패의 심각한 결과들의 언급을 최소화시킨다. 상대방의 복지에 대한 관심과 걱정을 표현한다.

외향적인 사람의 상대

친밀성, 온정 및 수다스러움을 보인다. 일, 아이디어 및 자료보다 사람들에 관한 이야기를 더 많이 한다. 지속되는 좋은 관계에 대한 관심을 표시한다.

내향적인 사람의 상대

좋은 관계를 형성하는 데에 있어서, 천천히 이동한다. 말이 없음을 관심의 부족과 혼동하지 않는다. 침묵의 순간들을 인내한다. 사람들보다 일, 아이디어 및 자료를 더 많이 강조한다.

경험에 개방적인 사람의 상대

문제들의 해결에 대한 정보 공유, 아이디어 생산 및 창의적 접근들을 강조한다. 일상적 잡담과 뒷공론보다 실질적 주제들을 토의함으로써 지적 호기심을 자극시킨다.

경험에 폐쇄적인 사람의 상대

취급하고 있는 상황의 사실들에 한정한다. 상대방이 적게 생각하고 당면한 것을 취급하기를 선호한다는 것을 인식한다.

유순한 사람의 상대

이완하고 진정한다. 잠재적으로 원만한 관계를 유지시키기 위해 친절로서 대한다.

비(非)유순한 사람의 상대

참을성 있고 아량 있게 대한다. 이와 동시에 당신이 얼마나 많이 나쁜 대우를 허용하게 될지에 대해 한계를 정한다. 비상냥한 사람들은 때로는 타인들이 자신의 반사회적 행동에 대해 제동을 거는 것을 마음 속으로 원한다.

성실한 사람의 상대

자유를 주고 잔소리를 하지 않는다. 이런 사람은 재촉받음이 없이도 약속을 지킬 것이다. 성실한 사람은 흔히 당연한 것으로 여겨지기 쉬우므로, 그 사람의 신뢰성을 인정해 준다.

성실성이 낮은 사람의 상대

특히 당신이 당신의 일에 대해 이 사람의 작업 결과가 필요할 경우에 독촉한다. 이 사람이 정직한 얼굴과 기분좋은 미소를 보이기 때문에 약속을 지킬 것으로 가정하지 않는다. 당신의 요구들이 이행되는지를 점검하고, 당신이 권위를 갖고 있을 경우에 마감시간을 부과한다. 이 사람이 약속을 지킬 때에 깊은 감사를 표시한다.

높은 자기검색의 사람의 상대

이 사람이 진정으로 당신의 입장을 지지한다고 생각하는 것에 대해 조심하라. 이 사람은 단지 타인들을 기분좋게끔 만드는 것처럼 보이려는 자신의 자연적 성향에 따를 뿐이며, 진정으로 그런 식으로 느끼지는 않고 있다.

모험하기와 스릴추구의 높은 성향이 있는 사람의 상대

당신이 잘 알고 있는 활동들의 모험성과 대담성을 강조한다. 매우 경쟁적인 시장에서의 어떤 새로운 제품, 주식매입 선택권(스톡 옵션)들, 하이 테크의 상장회사들에 투자하기, 번지점프하기 및 경주차 운전하기에 관해 이야기한다.

모험하기와 스릴추구의 낮은 성향이 있는 사람의 상대

당신이 잘 알고 있는 활동들의 안전과 안심을 강조한다. 안정된 시장에 있는 기성 제품에 관해 이야기하고, 국채에 투자하는 것, 생명보험에 가입하는 것, 캠핑하기 및 정원가꾸기에 관해 이야기한다.

감각형의 사람의 상대

당신 자신의 가치들을 희생시킴이 없이 사실들, 수치들 및 관습적 사고를 강조한다. 감각형의 사람을 설득하기 위해 정서적 호소보다 논리를 강조한다. 전체 양상보다 세부사항들에 초점을 둔다.

직관형의 사람의 상대

느낌들, 판단들, 아이디어들의 논의, 상상 및 창의성을 강조한다. 세부사항들보다 전체 양상에 더 많이 초점을 둔다.

정신능력

성격 이외에 정신능력 또는 지능은 사람들의 학업적 및 직무적 수행과 행동에 영향을 주는 개인차들의 근원들 중의 하나이다. 일반적으로 정신능력은 경험이나 학습에 의해 얻어진 성취들과 이것들과는 비교적 독립적인 분석, 추상적 개념의 이해 및 새로운 문제의 해결에 이전의 경험을 응용하는 적성들로 구분된다. 고등학교 졸업생들이 대학진학을 위해 치르는 수학능력검사는 과거에 학습한 것을 검사한다는 측면에서 성취를 재는 검사이다. 다른 한편으로, 단순한 암기나 학습을 측정하지 않고 문제해결을 포함해서 지식을 획득하고 응용하는 잠재능력들을 예측하기 위해 마련된 지능검사들은 주로 적성을 재는 검사이다. 지능의 본질을 이해하는 것은 개인생활과 직장생활에서 효과적 대인관계들에 대해 도움이 된다. 예컨대, 만일 당신이 어떤 사람이 총명하다고 생각한다면, 당신은 문제해결들에서 이 사람의 아이디어들을 받아들이기 쉬울 것이다. 또한, 만일 당신이 여러 유형의 정신능력들이 존재한다는 것을 깨닫고 있다면, 당신은 사람들의 장점들을 이해하기가 더 쉬울 것이다. 따라서, 당신은 사람들을 단순하게 훌륭한 잠재능력을 소유하거나 소유하지 않았다고 판단하지는 않게 될 수 있다.

이하에서, 우리는 정신능력이나 지능의 4가지 중요한 측면들을 제시한다. 그것들은 (1) 전통적 지능의 요소들, (2) 실제적 지능, (3) 다중 지능들 및 (4) 정서지능이다.

전통적 지능의 요소들

지능은 하나의 일반요인과 여러 특수요인들로 구성되어 있다. 일반요인은 개인이 일반적으로 총명하거나 우둔한 정도를 일컬으며, 특수요인들은 언어능력이나 수리능력과 같이 서로 독립적인 능력들을 일컫는다. 증거들은 지능이 문제해결능력에 기여하는 일반요인(g 또는 general factor)과 특수요인들(s 또는 special factors)로 이루어져 있다는 것을 시사한다. 거의 모든 유형의 검사점수들, 예컨대 수학, 컴퓨터 프로그래밍, 독해에 관한 검사점수들이 g요인에 의해 다소 영향받는다. g요인은 어떤 사람들이 많은 상이한 정신과업들에서 잘하는 이유를 설명한다. 상당한 증거가 높은 지능을 가진 사람들이 업무수행성적이 우수한 경향이 있다는 것을 나타낸다. g요인과 직무수행 간의 관계는 문제해결과 기술적 전문성과 같이, 사고와 지식을 포함하는 직업들에서 가장 강한 경향이 있다.[15] 또한 더욱 지적인 사람들은 그들이 또한 잘 발달된 s요인들을 갖고 있기 때문에 g요인에 덜 의존한다. 덜 지적인 사람들은 그들이 덜 다양한 특수능력들을 갖고 있기 때문에 g요인에 더 크게 의존하는 경향이 있다.[16]

많은 연구자들은 전체의 지적 능력에 기여하는 여러 특수요인들을 주장해 왔다. 아래의 7개 요인이 일관성 있게 확인되어 왔다.[17]

언어 이해

단어들의 의미, 단어들 간의 관계 및 글로 된 정보와 말로 된 정보를 이해하는 능력이다.

단어 유창성

언어 이해에 대한 강조가 없이, 단어들을 신속하고 용이하게 사용하는 능력이다.

수리능력

숫자들을 취급하고, 수학적 분석을 행하고, 산술적 계산을 행하는 능력이다.

공간 지각

공간 속에서 형태들을 시각화시키고 대상들을 정신적으로, 특히 3차원 속에서 조작하는 능력이다.

기 억

다른 연상들과 함께 상징들(기호들), 단어들 및 숫자목록들에 대한 단순한 기억을 행하는 능력이다.

지각속도

시각적 세부들을 지각하고, 유사성들과 차이들을 찾아내고 시지각을 요하는 과업들을 수행하는 능력이다.

귀납추리

어떤 법칙이나 원리를 알아내고 이것을 문제해결에 응용하고, 논리적으로 타당한 판단과 의사결정을 행하는 능력이다.

상기의 정신능력들 중의 어느 것에서 우수한 것이 흔히 그러한 적성과 연관된 직무에 대한 즐김을 일으킨다. 역으로, 어떤 유형의 정신활동을 즐기는 것이 그 활동에 대한 적성의 발달을 일으킬 수도 있다.

실제적 지능

심리학자들을 포함해서 많은 사람들이 전통적인 지능의 이해가 정신능력을 부적절하게 기술하고 있다고 우려하고 있다. 지능검사의 내용에 대한 검토는 전통적으로 계산된 지능이 주로 학업에 관련된 과업들의 수행능력을 취급한다는 것을 나타낸다. 따라서, 어떤 지능검사에서 매우 높은 점수를 얻은 사람은 복잡한 지시문을 잘 이해하고 따를 수 있겠지만, 일상생활에서 똑똑하지는 못할 수 있다.

지능이 주로 추상적 문제들을 해결하는 능력을 포함한다는 한정된 아이디어를 극복하기 위해 지능의 3요소이론(triarchy theory of intelligence)이 제안되었다. 이 이론은 지능이 3개의 하위 유형들, 즉 분석, 창의성 및 실제성으로 구성되어 있다고 주장한다. 분석적 유형은 곤란한 문제들을 해결하는 데에 필요한 전통적 지능이다. 창의적 유형은 상상력과 새로운 방식으로 사물들을 결합하기 위해서 필요한 지능이다. 실제적 유형은 당신의 욕구들을 충족시키기 위해 자신의 환경에 적응하기 위해 필요한 지능이다.[18]

실제적 지능이라는 아이디어는 학교를 졸업하는 데에 큰 곤란을 가졌던 사람이 그럼에도 불구하고 성공적인 사업가, 정치인 또는 운동선수가 될 수 있었던 이유를 설명하는 데에 도움이 된다. 실제적 지능은 상식, 지혜 및 현실파악의 아이디어들을 종합한다. 실제적 지능에 대해 몇몇 연구자들이 갖고 있는 하나의 주된 유보사항은 전통적 의미에서 매우 지적인 사람들이 실제적 사고자가 못 된다는 것이다. 실제로, 대부분의 간부임원들과 기타의 고위수준의 직원들이 정신능력검사들에서 우수한 점수를 받는다. 그런데 이들 검사는 대개 분석적 지능을 측정하고 있다.

다중 지능

정신능력의 다양한 성질을 이해하는 다른 접근은 다중 지능(multiple intelligencies) 이론이다. 가드너(Gardner)에 의하면, 사람들은 세상을 명백하게 상이한 방식으로 알고 이해하고 상이한 방식으로 배운다. 사람들은 아래의 8개의 지능이나 재능을 상이한 정도로 갖고 있다.[19]

언어 지능

사람들에게 읽기, 쓰기 및 말하기를 포함해서 언어를 통해 의사소통하게끔 해 준다.

논리-수리 지능

대상들 사이의 관계들을 파악하고 대수와 통계에서와 같이 문제들을 해결할 수 있게끔 해 준다.

음악 지능

소리들에서 생기는 의미들을 생성하고 이해하며, 여러 유형의 음악을 즐기게끔 해 준다.

공간 지능

뇌 속에 있는 이미지들을 지각하고 조작하고 그래픽 디자인을 행하는 데에 요구되는 것과 같이, 기억으로부터 그것들을 재생하게끔 해 준다.

신체 및 운동 지능

댄스하기, 스포츠를 행하기 및 안면표정을 통해 정서를 표현하기와 같이 능숙한 방식으로 자신의 신체와 지각 및 운동 계통들을 사용하게끔 해 준다.

개인 내부지능

자기 자신의 느낌들을 구별하고 정확한 자기지식을 획득하게끔 해 준다.

대인관계 지능

관리하기와 양육하기에서처럼 타인들의 감정, 동기 및 의도를 인식하고 식별하게끔 해 준다.

자연 지능

외부의 물리적 환경의 여러 특징들을 식별하고, 분류하고, 이용하게끔 해 준다.

지능들에 대한 당신의 프로파일은 당신이 어떻게 가장 잘 학습하는가와 어느 유형의 직업들이 당신에게 가장 적합한가에 대해 영향을 준다. 가드너(Gardner)는 집중적 노력을 통해 이들 별개의 지능들을 발달시킬 수 있다고 생각했다. 그러나 이들 지능은 사용하지 않을 경우에는 사라질 수 있다.[20] 다중 지능의 요소들은 또한 상이한 재능들이나 능력들이라고 간주할 수도 있다. 높은 일반적 문제해결능력(g)을 갖는 것은 8개의 지능들의 각각에서 높은 위치에 있는 것에 기여할 것이다.

정서 지능

실제적 지능의 아이디어를 개선하고 확장시킨 그 후의 연구들은 사람들이 자신의 정서들을 얼마나 효과적으로 사용하는가가 그들의 성공에 대해 큰 영향을 준다고 시사해 왔다. 정서지능(emotional intelligence)은 자기 자신의 감정들을 이해하는 것, 타인들에 대해 공감을 갖는 것 및 생활을 향상시키기 위해 자신의 정서를 조절하는 것과 같은 성질들을 일컫는다(표 1-4 참조). 높은 정서지능을 가진 사람은 사람들을 간파하는 것, 타인들을 기분좋게끔 만드는 것 및 타인들에게 영향 주는 것과 같은 행동들을 잘 할 수 있다. 그 동안, 몇 개의 정서지능들이 제안되어 왔다. 하나의 널리 수용되는 정서지능 속에 포함된 5개의 핵심요인들은 아래와 같다.[21]

자기인식

자신의 기분들, 정서들 및 욕구들과 아울러 타인들에 대한 이것들의 영향력을 이해하는 능력이다. 자기인식은 또한 자신이 행복하게 살 수 있는 의사결정을 행하는 데에 직관을 사용하는 것을 포함한다. 또한 훌륭한 자기인식을 가진 사람은 자신이 타인에게 너무 심하게 압력을 가하고 있는지를 안다.

자기조절

충동성을 통제하고, 불안을 진정시키고, 상황에 대해 적절한 분노로 반응하는 능력이다. 낮은 자기조절을 가진 사람은 일이 좌절을 주고 있기 때문에 과제를 포기하기로 갑자기 결정할 것이다.

동 기

과업 자체에서 즐거움을 찾는 것과 같이 금전이나 지위 이외의 이유들로 일하려는 열정이다. 또한, 방해들에 당면했을 때에 동기, 인내 및 낙관성을 갖는다. 이러한 유형의 동기를 가진 사람은 주요 고객을 잃는 것과 같은 심각한 장애에 부딪쳤을 때에 계속 시도하려는 결정을 내릴 것이다.

공 감

타인들의 말로 표현되지 않은 감정들에 반응하는 능력이다. 또한, 사람들의 정서반응들에 합치되게끔 반응하는 기술이다. 공감은 매우 많은 상호작용이 타인들의 정서반응들을 처리하는 것을 포함하기 때문에 중요하다. 공감을 가진 상

표 1-4 정서지능검사(Emotional Intelligence Test)

적절한 칸에 체크함으로써 아래의 질문들에 응답하라.

1.	나는 내가 느끼고 있는 미세한 감정적 느낌들이라도 인식한다.	항상 대개 때로는 드물게 전혀
2.	나는 나의 인생에서의 큰 결정들을 행하는 것을 돕기 위해 나의 느낌들을 사용하고 있다는 것을 발견한다.	항상 대개 때로는 드물게 전혀
3.	나쁜 기분들이 나를 압도한다.	항상 대개 때로는 드물게 전혀
4.	내가 화가 날 때, 나는 말이 없이 불같이 노하거나 성나서 씩씩댄다.	항상 대개 때로는 드물게 전혀
5.	나는 나의 목표들의 추구에 있어서 충동에 의해 휩쓸리는 것 대신에 만족을 참고 기다릴 수 있다.	항상 대개 때로는 드물게 전혀
6.	내가 어떤 시험이나 대중연설과 같은 어떤 큰 일에 대해 불안을 느낄 때, 나는 잘 준비하기가 곤란하다.	항상 대개 때로는 드물게 전혀
7.	좌절들이나 실망들에 당면해서 포기하는 것 대신에, 나는 계속 희망을 갖고 낙관적이다.	항상 대개 때로는 드물게 전혀
8.	사람들은 그들이 느끼고 있는 바를 나에게 이야기해 줄 필요가 없다. 이것은 내가 그것을 알아챌 수 있기 때문이다.	항상 대개 때로는 드물게 전혀
9.	타인들의 느낌들에 대한 나의 예리한 느낌은 나에게 그들의 곤경에 대해 동정하게끔 만든다.	항상 대개 때로는 드물게 전혀
10.	나는 관계들에서 갈등과 정서적 동요들을 처리하기가 곤란하다.	항상 대개 때로는 드물게 전혀
11.	나는 어떤 집단이나 관계의 분위기를 감지할 수 있고 말로 표현되지 않은 느낌들을 진술할 수 있다.	항상 대개 때로는 드물게 전혀
12.	나는 괴로운 느낌들이 내가 해야 될 필요가 있는 일들을 방해하지 않게끔 진정시키거나 억제할 수 있다.	항상 대개 때로는 드물게 전혀

사는 부하들에게 영향을 주는 결정을 행하기 이전에 그들의 가장 일어나기 쉬운 반응들을 고려할 것이다.

사회적 기술

관계들을 관리하고 지원 관계망들을 구축하고, 타인들과 좋은 관계를 갖는 능력이다. 사회적 기술의 다른 측면은 얼굴 찌푸림과 미소의 유형들과 같은 비언어적 의사소통을 해석하는 능력이다. 사회적 기술을 가진 직원은 특수한 집단이나 개인에 대해 효과 있기 쉬운 설득방법을 사용할 것이다.

따라서, 정서지능은 효과적 대인관계들을 이룩하는 데에 필요한 기술들과 태도들 중의 많은 것을 포함한다. 본서의 주제들의 대부분, 즉 갈등해결, 타인들의 발전을 돕기 및 긍정적 정치기술들이 정서지능 속에 포함될 것이다.

가치: 개인차의 한 근원

개인의 행동방식에 대해 영향을 주는 다른 요인은 개인의 가치들과 신념들이다. 가치(value)는 개인이 어떤 것에 대해 부여하는 중요성을 일컫는다. 가치들은 또한 개인 자신의 행위방식이 다른 행위방식보다 더 좋다는 지속적인 신념에 연관되어 있다. 만일 당신이 훌륭한 인간관계들이 당신의 인생의 가장 중요한 부분이라고 믿는다면, 당신의 인간주의적 가치들은 강하다. 이와 비슷하게 당신은 인간관계들에 관해 높은 관심을 두지 않는 사람들이 나쁜 가치들을 갖고 있다고 생각할 수 있다.

가치들은 윤리 또는 개인이 행하는 도덕적 선택들과 밀접하게 연관되어 있다. 개인의 가치들은 개인이 어떤 종류의 행동들이 윤리적이라고 믿는가에 대해 영향을 준다. 윤리는 가치들을 행위로 전환시킨다. 이익들에 대해 강한 가치를 두는 간부직원은 부가적 비용들을 충당하는 데에 필요한 것보다 더 높게 가격을 인상하는 것이 비윤리적이라고 간주하지 않을 것이다. 가정생활에 강한 가치를 두는 간부직원은 회사가 구내의 보육센터에 돈을 투자할 것을 제안할 것이다. 윤리는 조직들 속의 대인관계들의 하나의 중요한 부분이어서, 이 주제는 15장에서

별도로 취급된다. 사람들 간의 가치의 차이들은 흔히 연령이나 세대의 차이들에서 나온다. 일반적으로, 50세 이상의 직원들은 훨씬 더 젊은 직원들과 상이한 가치들을 가질 수 있다.

가치들의 학습

사람들은 성장과정에서 가치들을 획득하며, 많은 가치들이 4세 경에 학습된다. 우리가 가치들을 획득하는 하나의 중요한 방법은 타인들에 대한 관찰 또는 모델링을 통하는 것이다. 모델들은 부모, 교사들, 친구들, 형제자매들 및 심지어 공적 인물들이 될 수 있다. 만일 우리가 어떤 특정인(예: 어렸을 때 곤란한 시절에 큰 도움을 주었던 사람)과 동일시한다면, 우리는 그 사람의 주된 가치들의 어떤 것을 발달시킬 가능성이 높다.

우리가 가치를 학습하는 다른 방법은 태도들의 의사소통을 통하는 것이다. 당신이 들은 직접적이거나 간접적으로 표현된 태도들이 당신의 가치들을 형성하는 것을 돕는다. 만일 상품들과 서비스들을 구입하기 위해 신용카드를 쓰는 것이 당신의 가족과 친구들에서 나쁜 행위로 간주되었다면, 당신은 할부구입들에 대해 부정적 가치들을 갖게 될 것이다.

말로 진술되지 않았지만, 암시된 태도들이 또한 당신의 가치들을 형성시킬 수 있다. 만일 당신의 인생에서 매우 중요한 사람들이 당신이 공부나 일의 성취에 관해 이야기할 때에 아무런 열광을 보이지 않았다면, 당신은 걸출한 결과들을 성취시키는 것에 대해 높은 가치를 두지 않을 수 있다(그렇지 않으면, 당신은 그러한 가치가 더 이완된 생활스타일을 방해했기 때문에 그러한 가치에 대해 반항할 수 있다). 많은 주요 가치들이 또한 종교를 통해 학습되고, 따라서 사회도덕들의 기초가 된다. 예컨대, 대부분의 종교들이 타인들을 공평하고 친절하게 대하는 것을 강조한다. 또한 배신하는 것은 개인생활과 직업생활에서 비도덕적이라고 간주된다.

가치들을 명료화시키기

당신이 인생의 초기에 발달시킨 가치들은 당신의 사람됨의 종류와 당신이 형성하는 관계들의 질에 직접 관련되어 있다. 이러한 사실에 대한 인식은 사람들이 그들 자신의 몇 가지 가치들을 명료화시키고 이해하는 것을 돕기 위해 고안된 연습들을 낳아 왔다. 거의 모든 이러한 가치명료화 연습들은 사람들에게 어떤 식으로 상이한 대상들과 활동들에 대해 사람들이 부여하는 상대적 중요성을 비교하도록 요구한다. 표 1-5는 당신에게 당신의 가치들을 명료화시킬 기회를 제공한다.

개인적 가치와 직업적 가치의 조화

대개의 경우에 직장인들의 개인적 가치들은 직업에서 요구되는 가치들과 연관된다. 이것들이 조화상태에 있을 때, 직무수행이 더 높게 되기 쉽다. 관리자들에 대한 하나의 전국적 조사는 관리자들의 가치와 그들의 조직의 가치 사이의 합치를 연구했다(그러한 하나의 합치는 매우 윤리적인 사람이 매우 윤리적인 회사를 위해 일하는 것일 것이다). 하나의 주요 발견은 좋은 합치를 경험했던 관리자들이 더 성공적이었으며 자신의 경력목표들을 달성할 수 있다고 믿는 경향이 더 많았다는 것이다. 그들은 또한 그들의 현재의 회사에서 계속 일하는 것에 대해 더 많이 확신했고 더 긴 시간을 일하려는 의사가 더 많았다.[22]

조직이나 상사의 요구들이 개인의 기본적 가치들과 충돌할 때, 그 사람은 개인-역할(person-role) 갈등으로부터 고통을 당한다. 그 사람은 명령들에 복종하기를 원하기는 하지만, 자신의 가치들과 합치되지 않는 것 같은 행위들을 수행하기를 원치 않는다.

대인관계의 향상을 위해 가치들을 사용하기

가치들은 무형이고 추상적이고, 따라서 사람들의 대인관계를 향상시키는 것을 돕기 위해 조작하기가 쉽지 않다. 비록 애매하기는 하지만 가치들은 대인적 효과성의 하나의 중요한 동기원이다. 다음의 지침들을 숙고하라.

① 당신이 타인들과의 관계들에서 사용할 가치들을 확립하고, 그러한 가치들을 타인들과 함께 일하는 데 대한 확고한 지침들로서 사용한다. 예컨대, 황금률("당신이 받고 싶은 대로 타인에게 행하라")에 따라 당신은 당신이 대우받고 싶어하는 대로 타인들을 대하는 것의 가치를 확립할 수 있다. 그 다음에 당신은 개인적

표 1-5 당신의 가치들을 명료화하기

지시: 아래의 가치들이 한 개인으로서의 당신에 대해 중요한 순서대로 1에서부터 20까지의 순위를 매겨라. 목록에서 가장 중요한 가치는 1의 순위를 받으며, 가장 적게 중요한 가치는 20의 순위를 받는다. 만일 이 목록이 당신의 인생에서 어떤 중요한 가치를 빠뜨렸다면, "기타" 란의 옆 공란을 사용하라.

- 나 자신의 주택을 소유하는 것
- 한 명 이상의 자녀를 갖는 것
- 흥미있는 직업과 경력을 갖는 것
- 자동차를 소유하는 것
- 동료직원들과의 좋은 관계를 갖는 것
- 좋은 건강을 갖는 것
- e-메일 메시지들을 보내고 받고, 웹을 사용하는 것
- 핸드폰으로 친구들과 자주 접촉을 유지할 수 있는 것
- 내가 좋아하는 TV프로들을 보는 것
- 스포츠나 기타 오락들에 참가하는 것
- 어떤 스포츠팀, 운동선수, 음악그룹 또는 기타의 연예인을 따라다니는 것
- 종교적인 사람이 되는 것
- 나보다 더 불행한 사람들을 돕는 것
- 다른 사람을 사랑하고 그 사람의 사랑을 받는 것
- 다른 사람과 육체적 친밀성을 갖는 것
- 평균 이상의 소득을 갖는 것
- 좋은 신체조건을 갖는 것
- 식견이 있고 지식이 넓은 사람이 되는 것
- 나의 공식적 교육을 마치는 것
- 기타:

① 당신과 당신의 옆 자리에 있는 사람과 이들 가치의 순위들을 토의하고 비교하라.
② 당신의 강의자의 도움을 받아서, 당신의 학급이 이들 가치의 각각에 대한 평균치를 계산할 수 있을 것이다. 학급의 평균 순위에 비해서 당신의 순위들은 어떠한가?
③ 당신 자신의 순위들을 다시 살펴보라. 이것은 당신을 놀라게끔 만드는가?
④ 학급의 순위들에서 어떤 의외의 것이 있는가? 당신은 어느 가치들이 가장 높고 가장 낮은 순위들일 것으로 생각했었는가?

이익을 얻기 위해 타인들에게 거짓말을 하지 않고, 당신의 경쟁자들을 중상하지 않을 것이다.

② 당신을 하나의 조직원으로서 인도할 가치를 확립시킨다. 당신이 당신의 가치들이 무시되고 있다고 믿을 때, 재치 있고 건설적인 방식으로 사람들에게 당신 자신의 걱정을 표현하라.

요 약

개인차들은 사람들의 행동에 영향을 주는 가장 중요한 요인들이다. 그러한 차이들에 대해 반응하는 방법을 아는 것은 효과적 대인관계들의 초석이 된다.

성격은 개인차들의 주요 근원들 중의 하나이다. 7개의 주요 성격요인들은 신경증, 외향성, 개방성, 유순성, 성실성, 행동의 자기검색 및 모험하기와 스릴추구이다. 직무에 따라 이들 성격요인들 중의 어느 하나가 성공에 대해 중요할 수 있으며, 이것들은 또한 대인관계들에 영향을 준다.

성격은 또한 개인의 인지적 스타일 또는 지각하고 정보로부터 판단을 행하는 데에 사용되는 정신과정에 영향을 준다. 사람들이 정보를 수집하고 평가하는 방식이 그들의 인지스타일을 결정짓는다. 정보를 수집하는 두 개의 상이한 스타일들은 감각과 직관이다. 감각형의 사람들은 일상적 습관과 질서를 선호한다. 직관형의 사람들은 전체적 조망을 선호하고 새로운 문제의 해결을 즐긴다.

정보를 평가하는 스타일들은 한쪽 극단에서 감정이나 다른쪽 극단에서 사고에 강조를 두는 경향이 있다. 감정형의 사람들은 동조주의자들이고 의견불일치를 피하는 반면에, 사고형의 사람들은 문제해결에 있어서 정서보다 더 지성에 의지한다.

정보의 수집과 평가의 두 차원은 조합되어서, 인지스타일의 4가지 분류를 일으킨다. 감각-사고형, 직관-사고형, 감각-감정형 및 직관-감정형이다. 인지스타일들은 개인이 가장 적합한 일의 유형들에 대해 함의를 갖고 있다(표 1-3 참조).

정신능력이나 지능은 직무수행과 행동에 영향을 주는 개인차들의 주요 근원들 중의 하나이다. 지능의 성질을 이해하는 것은 효과적 대인관계들에 기여한다. 예컨대, 상이한 유형의 지능들이 존재한다는 것을 이해하는 것은 개인에게 타인들의 장점들을 이해하게끔 도와 준다.

지능은 많은 요소로 구성되어 있다. 전통적 관점은 지능이 문제해결능력에 기여하는 하나의 일반요인과 아울러 특수요인들을 포함하고 있다는 것이다. 하나의 관련된 관점은 지능이 7개의 요소로 구성되어 있다고 본다. 즉 언어이해, 어휘 유창성, 산수능력, 공간지각, 기억, 지각속도 및 귀납추리이다.

지능이 주로 추상적 문제를 해결하는 능력을 포함한다는 아이디어의 문제를 극복하기 위해 3요소 지능이론이 제안되었다. 이 이론에 의하면, 지능은 3개의 하위유형, 즉 분석적, 창의적 및 실제적 능력들이다. 정신능력을 이해하려는 다른 접근은 사람들이 다수의 지능들이나 능력들을 갖고 있다고 주장하는데, 이것들은 언어, 논리-수리, 음악, 공간, 신체-운동감각, 개인 내부, 대인 및 자연 지능들이다.

정서지능은 개인의 성공에 영향을 주는 전통적 정신능력 이외의 요인들을 일컫는다. 정서지능의 5개 요소들은 자기인식, 자기조절, 그리고 과업의 즐김과 탄력성에 관계되어 있는 동기, 공감 및 사회적 기술이다.

가치들과 신념들은 행동에 영향을 주는 다른 요인들이다. 가치들은 개인이 행하는 도덕적 선택들인 윤리와 밀접하게 관련되어 있다. 사람들은 성장하고 타인들을 모델링하는 과정에서 가치들을 획득한다. 개인이 인생의 초기에서 발달시키는 가치들은 개인이 성인기에 갖게 되는 성품의 종류와 형성된 관계들의 질에 직접 관련되어 있다. 가치명료화 연습들은 사람들이 자신의 가치를 알아내는 것을 돕는다. 개인-역할갈등은 조직이나 상사에 의한 요구들과 개인의 기본적 가치들이 충돌할 때에 일어난다.

제 2 장

의사소통

개인적 관계와 직업적 관계를 포함하는 모든 관계는 의사소통을 통해 이루어지며, 의사소통이 없을 경우에 대인적 상호작용과 아울러 모든 관계가 존재하지 않을 것이다. 효과적 의사소통은 모든 긍정적 관계를 발전시키고 유지시키는 것을 도우며, 비효과적이거나 잘못된 의사소통은 대부분의 관계의 곤란원이 된다. 이런 점에서 사람들 사이에서 일어나는 사랑과 미움, 그리고 심지어 전쟁과 평화까지도 의사소통에 직결되어 있다고 볼 수 있다.

대인적 의사소통에 관한 대부분의 연구가 부부들에 대해 집중되어 왔다. 부부관계의 문제와 장점에 관한 연구는 의사소통이 가장 문제가 되고 가장 좋은 점이 된다는 것을 확인했다.[1] 조사받은 부부들의 85% 이상이 지속적 부부관계에 대해 의사소통능력이 가장 필수적이라고 응답했다.[2]

혼전 남녀관계에 관한 연구에서도, 의사소통기술이 관계에 대해 가장 도움이 되었다고 보고했으며, 훌륭한 결혼생활에 필요한 가장 중요한 3개의 요인을 대도록 요구받았을 때에, 응답자들의 81%가 의사소통을 댔으며 의사소통은 애정과 우정보다 더 중요하다고 간주되었다. 따라서, 만족스러운 장기적 관계를 원하는 커플들은 의사소통기술의 향상에 시간과 에너지를 쏟는 것이 현명할 것이다.

의사소통은 남녀간의 애정관계뿐만 아니라, 친구관계에 대해서도 매우 중요하다. 당신 자신의 친구관계를 생각해 보라. 좋은 친구관계에 대해 의사소통이나 대화가 잘 이루어지는 것이 얼마나 중요한지는 두말을 할 필요가 없을 것이다. 의사소통이 곤란한 사람과 친구관계로 남아있을 가능성은 매우 적다. 의사소통은 직장생활의 성공에서도 가장 중요한 요인이 된다. 직장생활에서 일어나는 취업, 근무 및 승진에 있어서 타인들과의 원만한 의사소통능력이 필수적이다. 특히, 사람들을 주로 상대하는 서비스직업에서 의사소통능력은 필수적 능력의 하나이다. 예컨대, 의사와 환자의 관계에서, 의사소통은 치료에 있어서 약만큼 중요할 수 있다.[3] 결론적으로, 효과적 의사소통의 능력은 일상생활, 취업, 직장에서의 승진과 아울러 모든 관계에 대해 우리에게 도움을 준다.

의사소통의 중요성을 전제할 때, 우리는 과연 의사소통기술을 체계적으로 학습하거나 훈련받았는가? 우리는 의사소통기술에 관해 체계적으로 훈련받지 않았다. 거의 모든 사람들이 자신의 주위에 있는 사람들, 예컨대 부모, 교사, 선배, 친척 등을 보고서 배워 왔으며, 이들은 체계적 훈련을 받지 않은 사람들이다. 따라서, 사람들이 의사소통의 곤란을 많이 겪는다는 사실은 하등 이상스러울 것이 없을 것이다. 따라서, 이하에서 취급되는 내용들은 당신의 의사소통기술을 체계적으로 학습하는 데에 도움이 될 것이다.

의사소통이 일어나고 있을 때에 기본적으로 무엇이 일어나는가? 의사소통은 사람들 간에 어떤 의미를 공유하는 것이다. 예컨대, 점심시간이 되어서 한 사람이 "자, 점심식사를 합시다"라고 말했다고 하자. 이것은 "이제 점심식사를 하겠다"는 의미를 갖고 있다. 여기에서 이러한 말을 한 사람은 의미를 전달하고 있는 송신자이다. 이 말을 듣고 있는 상대방은 수신자이며, 수신자가 "자, 점심식사를 합시다"라는 말에 대해 송신자와 동일한 의미로 해석하게 되면, 송신자와 수신자는 점심식사에 관련된 의미를 공유하게 된다. 기본적으로, 송신자와 수신자는 송신(즉, 말하기)과 수신(즉, 듣기)의 과정을 통해 의사소통을 행한다. 따라서, 이하에서 우리는 말하기와 듣기의 두 개의 기본적 주제를 취급한다. 이 두 개의 주제 이외에, 관계들에서 보편적으로 전달되는 메시지의 내용들이 있다. 우리는 다양한 관계들에서 자기에 관한 정보들을 드러내고, 칭찬을 행하고, 비평을 행하고, 불쾌한 말에 대해 반응한다. 따라서, 우리는 사람들 사이에서 전달되는 모든 의사소통의 내용을 취급할 수는 없지만, 몇 가지 공통적으로 전달되는 메시지의 내용들을 말하기의 주제와 관련해서 취급할 필요가 있을 것이다.

의사소통의 모형

사람들 간의 의사소통과정을 단순화시켜서 이해하기 위해, 두 사람 간의 의사소통을 고려해 보자.

두 사람 간의 의사소통은 메시지의 송신과 수신으로 이루어지는데, 이 과정은 포함된 과정들을 어느 정도로 상세화시키는가에 따라 여러 형태의 모형으로서 제시될 수 있다.[4] 여기에서, 우리는 우리의 목적을 위해 두 사람 사이의 메시지의 송신과 수신의 과정을 도 2-1과 같이 제시한다.

효과적 의사소통이 일어나기 위해 6개의 요소가 작용한다. 즉, 송신자, 수신자, 메시지, 채널, 환경 및 방해물(noise)이다.

송신자(sender 또는 source)

타인에게 메시지를 보내고자 하는 사람이다.

메 시 지

전달하게 될 의도, 목적 또는 생각이다. 메시지의 명료성, 수신자의 주의상태, 메시지의 복잡성과 길이 및 메시지의 조직화방식이 메시지의 수신에 영향을

도 2-1 의사소통과정의 한 모형

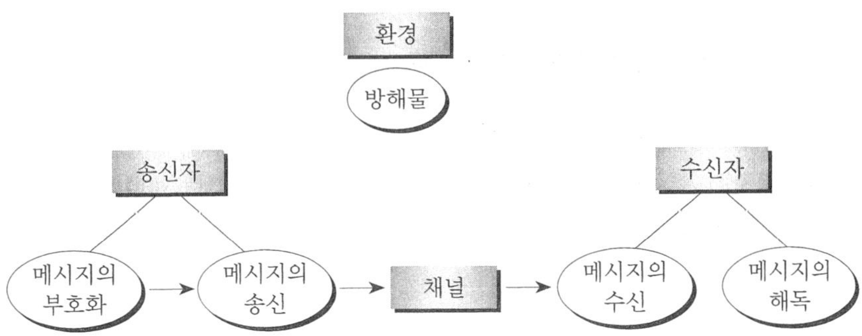

위의 그림에서,

- 메시지의 부호화: 말하고자 원하는 것,
- 메시지의 송신: 말하는 것,
- 메시지의 수신: 상대방이 말한 것을 듣는 것,
- 메시지의 해독: 상대방이 의도하거나 의미한 것을 생각(또는 해석)하는 것을 나타낸다.

준다.

채널(또는 매체; channel 또는 medium)

메시지는 몇 가지 의사소통 채널이나 매체를 통해 전달된다. 메시지는 인쇄된 채널(예: 프린트, 필기, 전자메일)이나, 송신자가 행하는 말(spoken channel), 또는 이 둘의 어떤 종합을 통해 전달될 수 있다. 말을 통한 메시지는 전해지는 메시지의 언어적 내용(또는 언어적 채널)과 몸짓이나 음성의 질과 같은 비언어적 신호들의 형태로 전달되게 된다.

수 신 자

메시지를 받고 이해하는 사람이다.

환 경

메시지의 전달과 수신에 영향을 주는 외부요인들이다. 사람들의 태도들이나 분위기와 같은 조직문화, 사람들 사이의 신뢰나 존경과 같은 것들이 이것에 속한다.

방해물(또는 소음; noise)

의사소통을 방해하는 요인들이다. 방해물들은 환경요인들로 구성된다.

이러한 의사소통모형은 의사소통의 핵심과정인 말하기와 듣기의 과정들을 다소 상세화시킨 것이다. 이하에서, 우리는 의사소통과정의 두 개의 핵심요소인 말하기와 듣기의 주제들을 좀더 자세하게 살펴보자.

말 하 기

사람들이 상대하거나 상호작용하는 전체 과정 속에서, 정보와 의미가 전달된다. 말하기, 즉 정보의 전달은 무엇을(내용), 어떻게(방법) 전달하는가에 의해 결정된다. 여기에서, 우리는 전달하는 방법에 초점을 두고, 내용은 다음 절에서 취급한다.

이 절에서 우리는 메시지들을 언어적으로 그리고 비언어적으로 전달하는 방법을 향상시키는 데에 초점을 둔다. 의사소통이나 정보전달을 향상시키기 위해 유의할 사항들이 많이 있지만, 특히 중요한 사항은 개방성, 효과성 및 비언어적 의사전달이다.

개방성은 의사전달자들이 서로 기분 좋고 관계를 발전시키고 유지시키는 방식으로 의사소통을 수행하는 것을 의미한다. 효과성은 자신의 의도를 효과적으로 표현함으로써 의사소통을 향상시키는 것을 의미한다. 마지막의 비언어적 의사전달은 전달되는 언어내용, 즉 언어적 의사전달에 부수되거나 동반되는 비언어적 의사전달을 향상시키는 것을 의미한다. 비언어적 의사전달은 주로 청각적 단서들과 시각적 단서들로 구성되는데, 청각적 단서들은 언어에 부수되는 음성의 질이나 차이들을 포함하고, 시각적 단서들은 일반적으로 몸짓이나 신체언어(body language)를 포함한다.

개 방 성

말하기스타일들 중에서, 개방성과 폐쇄성의 스타일이 구분될 수 있다. 개방적 스타일(open style)은 상대방에게 의견이나 생각을 표현할 기회를 제공하는 식의 말하기스타일이다. 이와 반대로, 폐쇄적 스타일(closed style)은 자기 주장만을 행하고 상대방에게 주장이나 의견을 표현할 기회를 제공하지 않음으로써 긍정적인 대화를 막는 스타일이다.

개방적 스타일에 비해서, 폐쇄적 스타일은 긍정적이고 건설적인 대화를 막으므로, 폐쇄적 스타일을 인식하고 이것을 개방적 스타일로 바꾸는 것이 중요하다. 폐쇄적 스타일은 세 가지 유형으로 구분될 수 있다. 이것들은 독단적 진술, 강요적 진술 및 과장적 진술이다.

독단적 진술보다 자기표현적 진술의 사용

독단적 진술은 개인적 의견을 사실이나 진리인 것처럼 표현하는 것을 일컫는다. 독단적 의사전달자는 자기 자신이 최종적 권위자인 것처럼, 개인적 의견을 분명하고, 확고하고, 절대적이고, 비융통적으로 표현한다. 독단적 진술은 닫힌

마음자세(closed mindedness)를 갖고 있다고 볼 수 있다.[5]

독단적 진술에 관한 몇 개의 예가 아래에 제시되어 있다.

> "오늘의 날씨는 최고입니다." 또는 "오늘의 날씨는 엉망입니다."
> "학교 앞의 떡볶기가게는 가장 맛있는 음식을 만듭니다." 또는 "학교 앞의 떡볶기가게는 가장 형편없는 음식을 만듭니다."
> "현재의 대통령은 매우 훌륭합니다." 또는 "현재의 대통령은 매우 형편없는 인물입니다."
> "종교는 인간생활에서 꼭 필요합니다." 또는 "종교는 우리의 행복에 필요 없는 것입니다."

위의 진술들은 하나의 개인적 의견이나 생각이라기보다 마치 하나의 사실이나 진리인 것처럼 표현되고 있다. 이러한 독단적 진술은 개인적 의견을 강조하는 식으로 표현함으로써, 상대방의 의견을 표현하거나 대화참가를 증가시키도록 만들 수 있는데, 개인적 의견을 강조하는 것은 이른바 "나"진술("I" statement)을 사용하는 것에 의해 이루어질 수 있다.

"나"진술의 방식은 자신이나 자신의 의견에 관해 말하고 있기 때문에 독단적 진술을 막아 주고, 자기 자신에 관해 말하고 있으므로 자기주장적이라고 간주되며, 어떤 의견에 대해 자신의 책임을 강조하고 따라서 덜 선동적인 것이다. 그럼으로써 "나"진술방식은 상대방으로부터 더 잘 청취받게 될 수 있다.

"나"진술방식은 "나"라는 단어를 직접 사용하거나 "나"라는 의미를 제공하는 어구들을 사용함으로써 이루어질 수 있다. 예컨대, "나"라는 단어를 직접 사용하는 말들은 "나는 ~라고 생각합니다," "나는~을 좋아합니다," "나는~이라고 느낍니다," "나는~을 원합니다," "나는~을 싫어합니다," "나는~을 원치 않습니다," "나는~이라고 느끼지 않습니다"라는 식으로 말하는 것이다. "나"라는 의미를 제공하는 어구들은 "나의 생각으로는," "나에 대해서는," "나의 생각은," "나의 사고방식으로는"과 같은 어구들을 대화에서 사용하는 것이다. 앞에서 제시했던 진술의 예들을 "나"진술방식을 사용해서 진술하면, 다음과 같이 될 것이다.

> "나는 학교 앞의 떡볶기가게가 가장 맛있다고 생각합니다." 또는 "나는 학교 앞의 떡볶기가게가 형편없다고 느낍니다."

"나는 현재의 대통령이 매우 훌륭하다고 생각합니다." 또는 "나는 현재의 대통령이 매우 형편없는 인물이라고 느낍니다."
"나는 종교가 인간생활에서 꼭 필요하다고 생각합니다." 또는 "나의 생각으로는, 종교가 우리의 행복에 필요 없다고 생각됩니다."

"나"진술방식이 모든 진술에서 사용될 필요는 없다. 이 진술방식은 개인적 의견, 선호, 태도 등을 진술할 때에 적절하며, 객관적 사실을 진술할 때에는 적절치 않다. 예컨대, 문 밖에서 눈이 내리고 있을 때에는 "문 밖에서 눈이 내리고 있습니다"라고 진술할 필요가 있으며, "나의 의견으로는, 문 밖에서 눈이 내리고 있습니다"라고 진술할 필요가 없다.

닫힌 마음의 의사전달자보다 열린 마음의 의사전달자가 되기 위해서, 자신의 독단적 진술에 대해 조심하고 "나"진술방식의 사용에 주의하라. 독단적이거나 닫힌 마음자세의 말하기방식은 상대방의 대화참가를 막으며, 따라서 원활한 대화의 진행을 방해한다. 우리는 독단적이어서 자기주장만이 옳다고 주장하거나, 상대방의 말에 귀를 기울이려고 들지 않는 사람과의 대화를 피하기 쉬울 것이다.

강요적이거나 압력적 진술보다 잠정적이거나 융통적 진술의 사용

강요적이거나 압력적 진술들은 "~을 해야만 된다"나 "~을 할 필요가 있다"와 같은 단어들이나 어구들을 포함하는 것들이다. 이러한 진술들은 대안적 의견이나 진술을 허용하지 않으므로, 강요적이고 압력을 주는 진술방식이다. 이것들은 또한 권위주의적이고 명령적인 성질을 갖고 있다.

강요적인 단어들의 사용과 더불어, "너"진술("you" statement)이 선행되어 사용될 때, 강요나 압력은 매우 커진다. 예컨대, 아래의 진술들을 고려해 보자.

"너는 남들보다 더 열심히 공부해야만 된다."
"너는 나의 충고를 받아들여야만 된다."
"너는 부모의 말에 순종해야만 된다."

위와 같은 진술들은 상대방에게 강요하거나 압력을 주는 진술들이다. 이것은 상대방에 대해 명령하고 자유를 제약하는 진술들이다. 예컨대, 부모와 아울러 선생님들로부터 계속적으로 강요적인 말을 들어 온 10대들은 "너"진술을 포함한 강요적 진술들에 대해 분개하고, 반항하고, 수동적으로 반응한다. “나”진술보다 “너”진술은 이와 같이 말하는 사람에 대해 적대적 반응들을 일으켜서 부정적이고 냉담한 관계를 일으키게끔 만든다. 강요적인 진술들은 독단적인 방식으로 표현되며, 열린 마음보다 닫힌 마음을 가진 것으로 간주받게 된다.

강요적 진술들을 잠정적이거나 융통적 진술로 바꾸기 위해, 우리는 먼저 자신의 진술이 독단적이거나 일방적 진술인지를 검토해야 된다.

만일 자신의 진술이 독단적이고 강요적이라면, “나”진술방식을 사용하고, 강요적 부분을 융통적이고 잠정적인 어구들로 대치시킨다.

그러한 예들은 아래와 같다.

“나는 이 방법이 네가 수학과목을 공부하는 하나의 좋은 방법이라고 생각한다.”

“나는 네가 규칙적으로 운동을 함으로써 체중을 줄일 것으로 믿는다.”

“내 생각으로, 나의 충고가 너에게 도움이 될 것으로 여겨진다.”

“만일 네가 매일 한 시간씩 운동한다면(잠정적 어구임), 너는 효과적으로 체중을 줄일 것이다..”

“네가 규칙적으로 생활하는 것이 너의 학업을 위해 현명할 것이다(잠정적 어구임).”

과장적 진술보다 온건한 진술의 사용

과장적 진술들은 모두를 포함시키거나 배제시키고, 흔히 극적인 것이다. 이러한 형태의 진술은 사실들을 부정확하거나 왜곡되게 표현함으로써, 진술에 대한 신뢰성을 훼손하고 따라서 진술에 대한 수용성을 감소시킨다.

과장된 표현은 과장된 단어들을 포함하고 있다. 모든, 누구나, 아무도, 전혀, 항상과 같은 단어들은 모두를 포함시키거나 모두를 배제시키는 성질을 갖고 있으며, 따라서 과장되고 부정확하기 쉽다. 과장된 진술의 몇 가지 예는 아래와 같다.

“오늘날의 모든 젊은이들은 예의가 없다.”

“그 사람은 전혀 열심히 일하지 않는다.”

“체중을 줄이는 단 한 가지 길은 체중감소의 약을 먹는 것이다.”

"나는 일거리가 전혀 없다."

"나는 학교등교에 지각하지 않을 도리가 전혀 없었어요."

과장적 진술을 수정하기 위해, 과장적 단어들 대신에 온건한 수식어들을 사용하는 것이 좋다. 모든, 항상, 전혀와 같은 단어들은 많은, 대부분의, 몇몇, 흔히, 드물게, 일반적으로, 때때로 등과 같은 단어들로 대치시키다. 예컨대, "모든 젊은이들이 예의가 없다"라는 진술은 "많은 젊은이들이 예의가 없다"라고 진술될 수 있다.

온건한 수식어를 사용하는 것 이외에, 앞의 과장적 진술에서 제시된 "나"진술의 방식을 사용하는 것이 좋다. 예컨대, "나의 의견으로는 오늘날 많은 젊은이들이 예의가 없다" 그리고 "나는 봄철에 입을 옷이 많지 않다"라는 식으로 표현하는 것이 좋다. 이와 같이, "나"진술의 방식과 온건한 수식어들의 사용은 당신의 진술이나 말을 더욱 정확하고 개방적이고 수용적이게끔 만들 것이다.

대화에 있어서, 독단적, 강요적 및 과장적 진술들은 개방적이고 솔직한 상호작용에 대한 장애물이 된다. 이러한 형태의 진술들은 대화를 중단시키거나, 의견불일치나 말다툼이 일어나기 쉽게끔 만든다. 개방적 의사전달자가 되기 위해, 우리는 개방적 의사전달자가 되려는 높은 동기를 갖고, 자신의 일상적 스타일에 주의를 기울이고, 문제가 되는 진술방식을 교정하기 위해 반복적으로 연습하는 것이 필요하다.

효 과 성

의사소통을 향상시킴에 있어서 개방적 스타일 이외에 자기 자신을 효과적으로 표현하는 것이 또한 필요하다. 효과적 표현을 위해, 아래의 몇 가지 지침이 제시될 수 있다.

직접성(directness)

의사소통에 있어서, 직접성은 당신 자신이 전달하고 싶은 메시지를 직접 진술하는 것을 의미한다. 우리는 자신의 어떤 기분이나 태도를 표현할 경우에, 상대방의 기분이 상할 것을 두려워해서 그것들을 직접 말하지 않을 때가 있다. 예컨대, 어떤 친구가 자기와 함께 여기서 시간을 보내자고 당신에게 요구한다고 하자. 그런데 당신은 여가시간 동안에 이미 계획한 일이 있고 마음 속으로 그 일을 완수해야겠다는 생각을 갖고 있다. 또한 그 친구와 많은 여가시간을 보내는 것은 매우 즐겁지는 않다. 이러한 상황에서, 당신은 그 친구의 요구에 따라 별로 즐겁지도 않은 일로 많은 여가시간을 보냈다. 당신은 함께 여가시간을 보내면서, 짜증이 나고 마침내 기분 나쁜 말이 오고 갔다. 만일 당신이 그 친구와 함께 많은 여가시간을 보내는 것에 대한 거부를 직접적으로 표현했더라면, 당신과 당신의 친구는 기분 나쁜 일을 경험하지도 관계가 악화되는 결과를 갖지도 않았을 것이다.

우리가 자신의 기분이나 태도를 직접 표현하지 못하는 것은 개인적 성격에 일부 기인될 수 있다. 타인의 기분에 과잉 민감하거나, 결정을 내리지 못하고 우유부단하거나, 수줍음이 많거나 주장성이 부족한 성격을 가진 사람들은 자신의 의견이나 감정을 직접 표현하지 못한다. 그 결과로, 그 사람은 내심으로 기분 상하고 분개하게 된다. 우리는 대개 타인들이 입으로 말하지 않은 것을 알지 못하며, 타인들도 또한 우리가 입으로 직접 말하지 않은 것을 알지 못한다. 따라서 우리는 상대방에게 전달할 만한 가치가 있는 메시지를 적절한 시기에 직접적으로 전달해야만 된다.

직설성(straight forwardness)

대화에서, 직접성과 관련되어 있는 것은 직설성이다. 직설성이란 전하려는 정보나 의도를 감추거나 위장하지 않고서, 정직하게 표현하는 것을 의미한다. 우리의 진정한 의도가 솔직하게 표현되지 않는다면, 우리의 의도는 결코 정확하게 전달되지 못하기 쉽다.

많은 사람들에 대해 가능한 많은 로맨틱한 관계가 개인적 호감과 사랑을 솔직하게 표현하지 못함으로써 이루어지지 못하고 있다. 어떤 남자가 마음에 드는 여자를 상대하면서, 자신의 의사를 어떻게 표현해야 될지를 마음 속으로 고민한다. 만일 이 남자가 자신의 호감을 "나는 당신이 마음이 들어요. 앞으로, 나는 당신과 교제하고 싶어요"라고 직설적으로 표현할 수 있다면, 두 사람의 관계는 원만하게 긍정적으로 진행될 수 있고, 두 사람에게 행복을 느끼게끔 만들 수 있을 것이다. 이런 경우에서, 이 남자가 자신의 관심과 호감을 상대방에 대해 단순히 미소짓거나, "함께 아이스크림을 사먹자"고 말하거나, "어렸을 적에 어디에 살았어요?"라는 말로 표현한다면, 상대방은 그러한 관심과 호감을 명확하게 인식하지 못하게 될 것이다.

명료성(clarity)

메시지 전달의 효과성은 메시지의 명료성이나 명확성을 요한다. 명료치 못한 단어들이나 어구를 사용하는 것은 의사소통의 문제를 일으키고, 나아가서 관계상의 문제를 일으킨다. 예컨대, "지하철 대기실에서 만납시다"라고 약속했는데, 그 지하철의 승객 대기실이 여러 곳이 있다면, 약속한 장소에서 두 사람이 만나게 될 가능성은 줄어들 것이다. "내가 곧 연락할께"하는 진술 속에서 "곧"이라는 단어는 어느 정도의 기간을 의미하는가? 이 단어는 1시간, 하루, 일주일 또는 한 달인지가 분명치 못할 수 있다.

명료성은 진술에 포함된 단어나 어구의 의미의 애매성에 의해서 영향받지만은 않는다. 어떤 말을 하면서 행동이나 신체언어가 그러한 말과 모순될 때에 명료성은 떨어진다. 예컨대, "나는 당신의 말을 듣고 있어"라고 말하면서, 부지런히 다른 일(예: 책을 읽기, 글을 쓰기)을 하는 경우에, 듣는이는 언어적 진술을 믿어야 될지, 아니면 목격하고 있는 행동(즉, 듣고 있지 않는 것)을 믿어야 될지 헷갈릴 수 있다.

즉각성(immediacy)

두 사람 간의 의사전달은 메시지 전달을 지연시키기보다 즉각적으로 행할 때에 효과적으로 이루어질 것이다. 주의집중을 요하는 과업을 수행하고 있는데, 옆의 사람이 큰 소리로 떠들고 있다면, 주의집중은 크게 방해받을 것이고, 그에 따라 작업의 실수들이 발생하고 작업자는 분개나 분노를 느끼게 될 것이다.

이런 상황에서, 옆 사람에게 즉각적으로 "내가 주의집중을 요하는 일을 하고 있는데, 잠시 조용히 계십시오"라고 말한다면, 행동으로 인한 문제들은 적게 일어날 것이다. 특히, 친구들, 연인들 및 부부들과 같은 가까운 관계들에서, 관계에 관련된 갈등이나 문제들을 즉각적이거나 적극적으로 해결하지 않는 것은 장차 큰 관계문제를 발생시킬 수 있다.

지원성(supportiveness)

말하는 사람은 듣는 사람에게 긍정적 태도를 보일 때에, 더 효과적으로 의사전달을 행할 수 있다. 듣는이에 대해 지원적이고, 이해를 보이고, 좋은 관계를 이룩하려는 의사를 보일 때에, 듣는이도 또한 마찬가지의 태도를 갖고서 적극적으로 그리고 수용적으로 들으려고 할 것이다. 듣는이에 대해 빈정거리는 말투, 과거의 잘못이나 실수의 반복적 언급, 제삼자와의 악의적 비교, 부정적 판단자세를 보임, 위협적 언사를 사용함과 같은 비지원적 행동을 행할 때에 원활한 의사소통은 이루어지기 어렵다.

대화에서, 상대방을 자기 의도에 따라 설득하려는 자세나, 대화에서 논리적으로 이기려는 자세를 보이는 것은 상대방을 방어적으로 만듦으로써 원활한 의사소통이 이루어지기 곤란하다. 당신 자신도 이와 같은 경험을 가졌을 것이다.

효율성과 대화의 공유

대화의 효율성은 진술에서 불필요한 첨가어들의 과용, 불필요한 세부사항들의 언급 및 두서 없이 이것 저것을 말하기에 의해 훼손된다. 사람들은 습관적으로 특별한 의미가 없는 어구들을 사용한다. "알고 있겠지만," "기본적으로," "그래, 그렇지" 등과 같은 불필요한 첨가어들은 듣는이를 지루하거나 좌절하게끔 만든다. 또한 상대방이 관심을 두지 않는 불필요한 세부사항들을 장황하게 진술하는 것도 마찬가지로 부정적 반응을 일으킬 수 있다.

대화를 재미 없고 좌절되게끔 만드는 더욱 중요한 요인은 대화의 독점이다. 대화를 독점하는 것은 상대방에게 말할 기회를 주지 않고 계속 이야기하는 것, 똑같은 이야기를 반복해서 행하는 것 및 듣는이가 개인적으로 이미 알고 있는 자기 자신이나 타인들에 관해 끊임없이 이야기하는 것을 포함한다. 효과적 의사소통을 위해 주고 받기 식의 대화가 매우 중요한다.

비언어적 의사전달의 중요성을 인식하기

의사소통에서 정보는 기본적으로 두 가지 통로나 채널을 통해 전달된다. 그것들은 언어적 의사소통(verbal communication)과 비언어적 의사소통(nonverbal communication)이다.

언어적 의사소통은 말의 내용을 나타내고, 비언어적 의사소통은 말의 내용과 부수되는 음성과 신체운동의 특징을 나타낸다. 예컨대, "사랑해요"라는 말을 할 때에는 "사랑해요"라는 말의 내용이 제시되고, 이것과 관련된 음성의 특징(예: 부드럽고 낮은)과 신체운동의 특징(예: 두 눈을 바라보고 손을 잡는)이 부가된다. 후자의 말의 내용 이외의 여러 단서들을 비언어적 의사소통, 즉 말의 내용이 아닌 의사소통이라고 일컬으며, 비언어적 의사소통에서 가장 중요한 역할을 하는 것은 음성의 질이나 특징과 개인적 신체운동이나 제스처이다. 음성의 질은 청각적 측면을 나타내고 부언어(paralanguage) 또는 준언어라고 일컫는다. 신체운동이나 제스처는 시각적 측면을 나타내고 신체언어(body language)라고 일컫는다.

의사소통에서 언어적 채널에 비한 비언어적 채널의 영향에 대해 학자들 간에 논쟁이 제기되고 있다. 후자의 영향을 강조하는 학자들은 의사소통이 언어적 채널, 즉 단어들에 의해 주로 전달되지 않고, 대부분의 정서적 표현(약 93%)이 비언어적 채널에 의해 전달된다고 주장한다.[6] 따라서, 비언어적 의사소통을 인식하고 효율적으로 사용하는 것이 개인에 대해 매우 유익할 수 있다.

부언어(paralanguage)

의사소통에서 의미의 중요한 부분이 부언어, 즉 음성의 변화들이나 변동들에 의해 전달된다. 부언어는 아래의 몇 가지 차원을 갖고 있다.

리 듬

의사전달에서 사용되는 단어들에 대해 강조나 액센트가 주어지면, 말소리의 리듬이 변화된다. 긍정적 의미를 전달할 때에, 강조가 두어지는 부분에 따라 의미가 달라진다. "나는 당신만을 사랑해요"라는 말을 할때에 "나는"에 강조가 두어지면 자신의 확고한 결심을 전할 수 있는 반면에, "당신만을"에 강조가 두어지면 다른 사람은 전혀 관심없고 상대방만을 사랑한다는 것을 전할 수 있고, "사랑해요"에 강조가 두어지면 상대방에 대한 애정의 진실성을 전할 수 있다. 비평이나 빈정거림과 같은 부정적 의미를 전달할 때에도, 단어들에 대한 강조의 차이에 따라 상이한 의미가 전달될 수 있다. "그렇지 않아, 당신은 그런 식으로 말하지 않았어"라고 말할 때에 어느 부분을 강조하는가에 따라 상이한 의미가 전달될 수 있다.

억양과 음성의 높이

억양은 음성의 높이나 음성의 질이나 음색의 변화이며, 음성의 높이는 낮음에서부터 높음까지의 범위를 갖는다. 사람들은 심리상태나 흥분에 따라 상이한 음성의 높이를 사용한다. 예컨대, "당신은 왜 그런 짓을 했습니까?"라고 흥분하거나 의문을 갖고서 질문할 때에 음성은 매우 높아질 수 있다. 이와 반대로, 방금 잠에서 깨어났거나 우울하거나 피로할 때와 같이 흥분이 낮을 때에는 음성의 높이는 매우 낮고 억양 또한 평이할 것이다. 음성의 높이가 신체적 흥분에 대해 매우 민감하다는 사실에 기초해서 음성분석기가 개발되어 기계적으로 음성의 변화들을 분석해서 사람들의 거짓말을 탐지하는 데에 이용하려는 시도들이 이루어지고 있다.

음성의 크기(volume)

음성의 크기나 부드러움이 또한 전달되는 의미를 변화시킬 수 있다. 동일한 진술이라도 음성의 크기에 따라 상이한 의미를 전달할 수 있다. 큰 목소리로 말하는 것은 진술에 대한 더 큰 확신감을 전달한다. 예컨대, 군대에서 병사들은 상급자들의 질문에 대해 큰 목소리로 대답하도록 훈련받는다. 큰 목소리에 비해서, 낮고 부드러운 목소리는 상대방에 대한 호감과 말하는이의 친절성이나 상냥함에 관한 정보를 전달할 수 있다.

음성의 크기의 변화는 상대방으로 하여금 대화에 주의를 기울이게끔 만드는 효과를 가질 수 있다. 어떤 강의자가 큰 목소리로 강의하다가 갑자기 작은 목소리로 변화시킬 때에 평이한 목소리로 계속할 때보다 수강자들은 흥미와 주의를 더 많이 기울일 수 있다.

속　도

말하기 속도가 듣는이의 이해와 아울러 흥미에 영향을 줄 수 있다. 빨리 말하는 것은 주제에 대한 높은 이해수준을 인상지우고, 상대방을 압도하는 반면에, 듣는이의 이해수준을 낮추거나 오해를 일으킬 수 있다. 반면에, 느리게 말하는 것은 상대방을 지루하게끔 만들거나 좌절감을 느끼게끔 만들 수 있다.

발　음

발음의 명료성이 의사전달에서 중요하다. 발음이 명확치 않거나 중얼거리는 식의 말소리는 듣고 이해하기가 곤란하다. "방금 무슨 말씀을 하셨어요?"라는 질문이 대화에서 가끔 제기되는데, 이것은 발음이 명확치 못한 데에 주로 기인될 것이다.

요약하면, 부언어는 말하는 내용에 대해 의미를 첨가시키며, 대인관계에 대해 긍정적이거나 부정적 영향을 줄 수 있다.

신체언어(body language)

신체언어는 비언어 의사소통의 시각적 채널을 구성한다. 신체언어가 전달되는 메시지의 의미의 55%를 구성할 정도로 큰 영향력을 갖는다는 주장이 있다.[7] 신체언어의 세 가지 영역이 메시지의 진달에서 중요하다.

신체운동(body movements)

말하는 동안에, 안면표정, 눈마주침, 제스처 및 기타의 신체부분들이 다양하게 변화할 수 있다. 다양한 정서들이 안면표정에서 인식될 수 있다. 기쁨, 슬픔, 당황, 분노 등의 정서들이 특징적 안면근육들의 패턴으로 나타난다. 심지어, 이러한 패턴들은 배우들과 같이 의식적으로 배워지고 연습된다.

사람들이 대화할 때에, 눈마주침이 매우 중요하다. 눈마주침은 상대방에 대한 주의, 관심, 존중 등을 나타내기도 하고, 상대방에 대한 미움, 혐오, 위협 등을 나타내기도 한다. 눈마주침의 긍정적 및 부정적 의미들은 상황이나 맥락에 의해 주로 좌우된다. 긍정적 맥락이나 상황에서, 눈마주침은 사랑하는 이를 바라볼 때처럼 호감, 애정 및 기쁨을 의미할 수 있다. 이와 반대로, 미워하는 사람이나 싸움이나 경쟁의 상대를 바라볼 때에 눈마주침은 미움, 적개심 및 공격성을 의미할 수 있다.

제스처들은 의사소통에서 일어나는 손과 발의 운동들이다. 말에 부수되는 것들로서, 이것들은 의미를 전달하는 데에 도움을 줄 수 있다. 웅변가들이나 대중연설가들은 자신의 언어적 메시지를 효과적으로 전달하기 위해 일부러 다양한 제스처를 연습해서 사용한다.

제스처들은 단어들처럼 의미를 전달하는 상징들이나 기호들이다. 이것들은 문화에 따라 공통적이거나 차이 있는 의미를 전달한다. 일반적으로, 승리의 기쁨은 검지와 중지로 "V"자의 형태로 표현된다. 그러나 엄지와 인지를 사용해서 원을 만드는 것은 미국에서는 좋다(OK)는 뜻으로 사용되지만, 독일에서는 무례한 것을 의미한다.

신체 위치

대화하는 사람들이 취하는 신체의 위치가 또한 여러 의미를 전달할 수 있다. 예컨대, 강의실에서 바른 자세로 듣는 학생과 구부정한 자세로 듣는 학생은 강의에 대한 상이한 열의를 전달할 것이다. 부모나 선생 앞에서 공손한 자세를 보이는 것은 존경, 애정 및 주의를 의미할 것이다. 이와 반대로, 경쟁자나 싫어하는 이에 대해 직립된 자세는 지배, 위협 및 대결의 의미를 전달할 것이다. 취업면접시에, 면접자들은 피면접자들의 신체자세에 유의한다. 똑바로 그리고 다소 이완된 자세로 앉는 것은 면접에 임하는 적극적 태도와 자신감을 의미하는 반면에, 팔과 다리를 꼬거나, 머리를 외면하거나, 구부정한 자세들은 면접에 대한 불성실이나 자신감 부족을 전달할 것이다.

대인적 거리

대화자들 간의 공간관계, 즉 물리적 거리가 상이한 의미를 갖고서 사용된다. 대인적 거리는 4개의 종류로 구분된다.[8]

친밀한 거리: 손을 뻗어서 닿는 거리~45cm 거리
개인적 거리: 45cm~120cm 거리
사회적 거리: 120cm~360cm 거리
공적 거리: 360cm 이상의 거리

친밀한 거리는 부모와 아기 사이, 다정한 친구들 사이, 애인이나 부부 사이와 같이, 정서적으로 가까운 관계의 사람들끼리 유지되는 거리이다. 개인적 거리는 일상생활에서 타인들과 편안하게 상대할 수 있는 거리이다. 사회적 거리는 사업이나 공식적 상호작용들에서 사용되는 거리이다. 공적 거리는 강의, 공연, 행사와 같은 공식적 모임들에서 사용되는 거리이다.

일반적으로, 거리의 근접성이 클수록 관계는 더 친밀하며, 사람들은 친밀한 관계를 보이거나 만들기 위해 일부러 거리를 좁히려고 든다. 개인적 거리는 문화의 영향을 받는다. 예컨대, 대부분의 라틴 문화들에서 사람들은 상호작용시에 더 가까이 선다.

개인적 공간은 타인에 대한 개인의 태도와 정서를 전달한다. 가까이 다가서는 것은 상황에 따라 호감이나 애정, 지배나 침입, 또는 의존성을 의미할 수 있다. 거리를 크게 유지하는 것은 싫어함, 불편 및 흥미 없음을 의미할 수 있다. 적절한 공간거리를 인식하고 그에 따라 거리를 조정하는 것이 원만한 관계를 위해 도움이 된다.

신체언어의 중요성

비언어적 의사소통이 정서표현, 메시지전달 및 타인들에 대한 통제를 위해 사용된다. 더욱이, 신체언어가 대부분의 언어적 메시지들에서 의미의 절반 이상을 전달하기 때문에 그 영향이 매우 크다.

신체언어를 포함한 비언어적 행동들은 타인들에게 개인의 성격특징들을 나타내 줄 수 있다. 상대방을 오래 바라보는 것은 개인적 공격성이나 무례함을 의미할 수 있다. "왜 째려보냐?"라는 청소년들의 시비상황에서 오래 바라보거나 상대방의 두 눈을 직시하는 것은 공격성이나 도전성으로 해석될 수 있다. 또한 상대방을 쳐다보지 않는 것은 상황에 따라 무례함, 수줍음, 무관심 등을 의미할 수 있다. 이와 같이, 신체언어는 타인들에 대한 인상과 아울러 관계의 질에 영향을 준다.

신체언어가 타인들에 대한 개인적 인상에 크게 영향을 주므로, 이것은 자기표현이나 자기제시에서 의도적으로 사용될 수 있다. 취업면접에서, 응시자들은 개인적 유능성과 사교성을 보이기 위해 최대로 노력한다. 넥타이를 포함한 정장을 입는 것, 구두를 깨끗이 닦는 것, 머리를 단정하게 빗는 것, 좌석에 바르게 앉는 것, 면접자의 두 눈을 직시하는 것, 면접자와 힘차게 악수하는 것 등이 그러한 노력들에 포함된다. 남녀가 결혼을 위해 선을 보는 상황에서도 이와 비슷한 노력들이 이루어진다. 얼마나 많은 취업기회들이나 연애기회들이 부정적 첫인상이나 신체언어로 인해 사려져 버렸는가를 생각해 보라.

신체언어에 관해 쓰여진 책들이 있으며, 신체언어의 과학은 신체언어학(kinesics)이라고 일컬어진다.[9] 신체언어의 해석이 상황, 개인 및 문화의 요인들에 의해 달라질 수 있으므로, 단순하거나 단일한 해석이 곤란하다. 예컨대, 한국인들이 이리로 오라고 하는 손짓은 서양인들에게는 그 자리에 서라는 의미로 해석될 수 있다. 우리에게 중요한 것은 신체언어들이 우리에 대한 타인들의 인상과 관계에 대해 큰 영향을 줄 수 있다는 것을 명확하게 인식하고, 자신의 신체언어를 타인들의 관찰이나 비디오테이프 등을 통해 파악하고 적극적으로 수정하는 것이다.

말의 내용

앞에서 기술된 말하기 방법뿐만 아니라, 효과적으로 말하는 내용이 훌륭한 의사소통과 긍정적 관계의 증진에 필요하다. 사람들이 말하는 내용의 범위는 거의 무한정에 가까울 것이다. 따라서, 이것들을 모두 취급하기는 매우 곤란할 것이다. 여기에서, 우리는 개인적 관계들에서 훌륭한 의사소통과 긍정적 관계의 향상에 관련된 의사소통이나 말의 몇 가지 핵심 주제에 국한해서 이 주제를 취급할 것이다.

그것들은 대화의 내용의 일반적 분석, 자기 드러내기 또는 자기개방, 찬사를 주고 받기, 자신의 지각의 인식, 인식의 차원의 사용, 비평의 전달 및 비평에 대한 효과적 반응이다.

대화내용의 일반적 분석

대화내용의 수준

대화내용의 분류가 유용할 수 있다. 개인적 관계들에서 대화내용은 개인이 자기에 관련된 부분들을 얼마나 많이 공개하거나 공유하는가에 따라 5개 수준으로 구분될 수 있다.[10] 이들 수준을 가장 적은 공유로부터 가장 많은 공유의 순으로 제시하면, 아래와 같다.

상투적 대화

이것은 관습적이고 피상적인 말들(예: "안녕하세요," "만나서 반갑습니다.")과 그에 대한 예측가능한 반응들(예: "예, 좋습니다," "좋은 하루가 되십시오")로 구성되어 있다. 이러한 말들은 자기에 관한 공유가 없으면서, 안전하고, 사회생활의 윤활제로서 유용하다.

타인에 관한 사실의 보고

이것은 말하는 이에 관해서 아무 것도 드러내지 않으면서 가족, 친구, 동료 직원 또는 이웃에 관해 말하는 내용들이다.

자신의 생각과 판단의 제시

말하는 이가 자신의 사고와 의견을 드러내는 것으로서, 상대방의 거부가능성의 위험이 있다. 따라서, 통상적 패턴은 충분한 정도만을 이야기하고, 부정적 반응이 인식될 경우에 후퇴하는 것이다.

자신의 느낌과 정서의 제시

개인적 느낌과 정서를 표현하는 것은 하나의 생물체로서 인간이 살아가는 데에 있어서 자연적이고 필수적이다. 그러나 상황에 적절한 정서를 표현하는 것은 타인들의 부정적 반응들로 인해서 곤란하다. 예컨대, 화나거나 아니꼬움을 느낀다고 해서 이러한 감정을 직접 표현하는 것은 흔히 매우 모험적이고 위험한 일이 될 수 있다.

완전한 의사소통(peak communication)

이 수준에서 솔직하고, 개방적이고, 공유하려는 충분한 의사가 있다. 대부분의 사람들에 대해 이 수준은 절친한 친구들이나 사랑하는 이들에 대해서만 이룩된다. 불행하게도, 부부나 애인 관계들에서도 이 수준의 의사소통이 부족하고, 그에 따라 장기적으로 관계문제들을 일으킬 수 있다.

훌륭한 의사전달자들은 모든 수준을 상황에 따라 적절한 양으로 사용한다. 효과적인 사람들은 친한 친구들과 가족들에게 깊은 것을 개방하고, 타인들에 대해 적절한 수준으로 자신을 드러낸다. 날씨와 같은 피상적 주제들만을 제시하는 사람들, 특정 수준에서 부적당한 양을 제시하는 사람들, 그리고 아는 이들에 대해서만 가장 깊은 수준을 제시하는 사람들은 효과적 의사전달자가 못된다.

말의 내용의 이해

대화에서 상대방이 제시하는 말들이나 단어들을 이해하는 것이 필수적이다. 그럼에도 불구하고, 이것들에 대한 불이해와 오해가 흔히 일어나고, 따라서 이것들의 근원을 인식하는 것이 중요하다. 말이나 단어의 이해에서 불이해나 오해의 근원들은 어의, 방언, 편견적 언어, 외국어, 정서적 어구, 은어와 비속어 및 어휘와 문법이다.

어의(semantics)

대화문제들 중의 공통적인 것은 어의, 즉 단어들의 의미의 차이이다. 상대방이 이해하지 못하는 단어들을 사용할 때에 우리는 그 의미를 알지 못하기 쉽다.

"저 사람이 지금 무슨 말을 하고 있는 거야?"라는 말이 특히 전문분야가 다른 사람들 사이에서 흔히 일어난다. 특히, 한 단어의 의미를 상이하게 이해하는 사람들 사이에서 오해가 쉽게 일어날 수 있다. 어떤 이성에 대해 "나는 그 사람을 사랑해"라고 말했을 때에 듣는이는 "사랑"이라는 의미에 대해 상이하게 인식할 수 있다. 한쪽이 "사랑"을 단순한 호감 정도로 인식하고 다른 쪽이 이것을 열정적 애정과 몰입이라고 인식할 때에 큰 오해가 일어날 수 있다. 하나의 극단적 실례로서, 친구 사이인 한 사람이 친구의 딸에게 "자네는 여관에 가 보았어?"라는 질문을 했다. 이 사람은 주로 "여관"이라는 단어를 여행이나 숙박을 위해 사용되는 곳이라고 인식하고서 사용했다. 그러나 상대방인 친구는 "여관"이라는 말을 남녀가 은밀한 애정을 나누기 위해 사용하는 곳이라고 인식하고 있었고, 딸에 대한 그런 말은 무례한 것이라고 생각했다. 이러한 인식의 차이로 두 사람은 큰 갈등을 갖게 되었다.

단어들의 의미에 대해 이해가 되지 않거나, 맥락에 부적절한 때에, 상대방에게 그 의미를 직접 질문하는 것이 가장 좋다. 어의의 문제들을 방지하기 위해서, 명료한 단어들의 사용, 단어들의 의미에 대한 진술 및 구체적 예들의 제시가 도움이 된다.

방언(또는 사투리; dialect)

문화와 지역에 따라 사용되는 말들이 크게 다양하다. 우리나라에서 충정도, 경상도, 전라도 등의 지역들 사이에 사용되는 말들에서 상당한 차이가 있다. 심지어, 어떤 지역 내에서도 사람들의 말들이 지역에 따라 미묘하게 다를 수 있다. 예컨대, 한 경상도 사람은 경상도 내에서라도 여러 지역들 간에 방언의 차이들을 구별할 수 있다고 주장한다. 방언의 의미는 사람들에 대해 많은 호기심을 불러일으킬 수 있으며, 어떤 TV프로들은 재미로서 방언을 말하고 그 의미를 질문한다. 방언의 사용에서, 특히 문제가 되는 것은 방언을 사용하는 사람들이 상대방이 당연하게 자신의 방언을 이해할 것으로 가정하는 것이다. 이것은 그들이 방언을 일상적으로 사용하고 있으므로, 그것을 마치 표준말인 것처럼 잘못 인식하고 있기 때문이다.

편견적 언어

상대방을 천대하는 편견적 단어들이나 말들이 흔히 사용되어서, 듣는이로 하여금 기분 상하게끔 만들고 반감을 일으키기 쉽다. 지역, 성별, 인종, 종교 등의 차이들이 편견적 단어들의 사용에 밀접하게 관련되어 있다.

편견적 언어를 수정하는 노력이 바람직스럽다. 예컨대, 미국인들에서 여권론자들의 노력에 힘을 입어서, 성차별이 없는 단어들의 사용이 보편화되고 있다. 문장의 진술에 있어서 그(he)와 그녀(she)를 함께 사용하고 chairman(회장)은 chairperson으로, firemen(소방관)은 firefighters로, policemen(경찰관)은 police officers로 사용되는 식으로 관례화되고 있다.

외 국 어

문화교류에 따라 외국어의 사용이 보편화되고 있다. 우리나라의 경우에, 영어가 제 2 의 언어로서 학교에서 가장 많이 가르쳐지는 과목들 중의 하나가 되고 있다. 그리하여, 영어가 우리의 언어에 엄청나게 많이 밀려들고 있다. 일상적 대화에서 영어단어들이 흔히 사용되고, 각종 상호들(예: KBS, SBS, MBC, SK회사, KT&G 등), 여러 방송 프로그램들(예: VJ 특공대 스페셜), 심지어 대통령이나 정치인들의 이름들(예: YS, DJ, JP, MB)이 영어로 불리어지고 있다. 아마 당신은 이러한 예들 이외의 많은 예들을 제시할 수 있을 것이다.

많은 언어를 사용하는 것이 불가피하겠지만, 오해와 불이해를 방지하기 위해 노력하는 것이 필요할 것이다. 자기만이 아는 외국어를 말하는 것이 가장 큰 문제가 된다. 외국어의 사용에 있어서, 한국어로 재진술해 주는 것이 상황에 따라 유용할 수 있다.

정서적 의미가 실린 말들

부정적 정서가 실린 말들이나 어구들이 무심결에 사용될 수 있다. 이것은 특히 "당신"이나 "너" 진술의 형태를 취하는 경향이 있다. 자녀들이나 부하에 대해, "내가 네 나이이었을 때는," "당신은 다 잘 알아야 돼," "당신이 나만큼 오래 근무한 후에" 등과 같은 어구나 말을 사용할 때에 듣는이는 무시당함을 느끼기 쉽고, 반감을 가질 수 있다. 이러한 말들을 인식하고 제거시킬 수 있는 것이 현명할 것이다.

부인하는 언어들(disclaimers)

말의 의도나 진실성에 대해 혼란을 주는 말들은 어떤 말을 하고 나서, 그 말을 부인하거나 부정하는 말을 첨가시키는 것이다. 이러한 말들은 "그러나"나 "하지만"과 같은 접속사를 사용하거나, 앞의 진술을 무효화시키는 농담을 사용하는 형태를 취한다. "나는 당신을 돕고 싶어. 하지만, 당신의 문제는 당신이 해결해,"

"나는 몸이 아프다. 하지만, 나에 대해 걱정하지 마라." 이러한 진술들은 하나의 진술 속에서 긍정과 부정을 모두 포함시키는 진술의 형태이다. 따라서, 듣는이는 혼란과 불편함으로 성가심과 분개를 느낄 수 있다.

농담을 사용한 부인하는 말도 마찬가지 결과를 갖는다. 예컨대, "당신은 거북이 같군, 그렇게 느려서 무슨 일을 이룩하겠어"라고 말한 직후에, "아니야, 이 말은 실제로 농담이야"라고 말하는 것을 들을 경우에, 당신의 기분은 어떠할 것인가?

은어(slang)**와 비속어**(vulgarity)

은어는 특정의 시대에 특정의 집단들 내에서 널리 사용되는 용어들이다. 이것들은 사용하기에 편리하고 재미있지만, 오용되고 과잉 사용될 수 있다. 젊은이들 사이에서, 그리고 특히 최근에 컴퓨터상에서 널리 사용되는 은어들이나 약어들이 있다. 중고등 학생들에서 "존나"라는 말이 많이 사용됨을 접하고서 황당한 느낌이 든 적이 있다. "존나"라는 말은 아마 군대에서 "좆이 나게 궁둥이를 맞었다"라는 말을 할 때에 쓰이던 용어에서 나왔을 것이다. 이러한 말을 순진한 남녀 중고등 학생들이 사용할 때에 그렇게 받아들이는 성인들의 기분은 어떠할 것인가?

비속어나 불경어(profanity)의 사용이 흔하다. 욕설을 사용하거나 조야한 말들을 사용하는 것은 듣는이에게 큰 불쾌함을 일으킬 뿐만 아니라, 말하는 이에 대한 극단적 거부감을 일으키기 쉽다. 취업면접시에, 자신도 모르게 평소에 사용하던 욕설을 행하게 되면, 취업 거부의 대가를 치르게 되기 쉽다. 저자가 들은 하나의 극단적 예가 여기에서 적절할 것이다. 저자가 공기업에 잠시 근무할 때에 들은 이야기로서, 그곳에 있는 사람들이 널리 알고 있는 이야기이다. 한 중년 이상의 간부직원이 자기 딸이 오래 교제하던 남자와 결혼하기로 작정하고 부모들의 상견례가 있게 되었다. 딸의 아버지는 평소에 습관적으로 "X같이"라는 말을 자주 사용했다고 한다. 그런 자리에서 그는 습관적으로 "X같이"라는 말을 사용했고 신랑감의 부모는 이에 대해 놀라서 그런 사람의 딸과의 결혼을 거절하게 되었다. 많은 사람들에게 이러한 일이 흔한 일은 아니지만, 비속어나 조야한 말의 사용은 말하는 이의 인품과 교양에 대한 매우 부정적 인상을 일으키고 관계를 결정적으로 해칠 수 있다.

어휘와 문법

어휘와 문법의 사용이 부족하거나 부적절한 사람들은 자기 자신을 서투르게 표현하고, 따라서 부정적 인상이나 대우를 받을 수 있다. 어휘와 문법에서 훌륭하게 되기 위해, 관련된 교과목을 다시 공부하거나, 글쓰기기술을 연습하는 것이 도움이 될 것이다. 가장 좋은 언어를 적절할 때에 구사할 수 있는 것은 당신 자신을 더 훌륭한 의사전달자가 되게끔 만들 것이다.

자기를 드러내기: 자기개방

자기개방(self-disclosure)이나 자기공개는 개인적 정보를 드러내 놓음으로써 자기를 알리게끔 만드는 것을 일컫는다. 관계들이 깊게 그리고 원만하게 이루어지기 위해서는 참가자들이 서로를 알고 이해할 수 있어야만 되고, 이를 위해서는 서로에 대한 많은 정보가 필요하고 그러한 정보의 중요한 부분이 자기를 드러내는 것이나 자기개방을 통해 얻어지게 된다. 미혼자들이 자기의 아버지, 남자친구들 및 여자친구들보다 자기의 어머니에게 더 많이 드러내고, 결혼자들이 자기의 배우자에게 더 많이 드러낸다. 비록 성격의 차이들이 크게 영향을 줄지라도, 여자들이 남자들보다 이성과 아울러 동성의 관계들에서 더 많이 드러낸다. 이하에서, 우리는 자기개방에 관련된 주요 주제들, 즉 자기개방의 수준, 정보의 공유정도, 자기개방의 장애 및 자기개방의 이점을 취급할 것이다.

자기개방의 수준

자기개방의 수준이나 정도는 개인에 관한 정보들이 얼마나 개방하기가 용이한가에 따라 4개의 수준으로 구분될 수 있다.[11]

기본자료(basic data)

개인에 관한 기본적 신상정보들을 일컫는다. 연령, 출생시, 거주시, 직업, 거주형태(예: 아파트) 등이 이것에 포함된다.

선호(preference)

개인적으로 좋아하는 것들과 싫어하는 것들, 즐거움들과 불쾌함들, 행하는 것들과 행하지 않는 것들이 이것에 포함된다. "나는 빈대떡을 좋아한다," "나는 커피를 싫어한다," "나는 등산을 좋아한다," "나는 시골로 여행하는 것을 좋아한다," "나는 일찍 자고 늦게 일어난다" 등이 그 예들이다.

신념(belief)

개인적 사고들, 의견들 및 태도들이 이것에 포함된다. "나는 젊었을 때에 많은 경험을 가져야 된다고 생각한다," "나는 사람들이 이기적이라고 생각한다," "나는 현재의 정권이 일을 잘못하고 있다고 생각한다," "나는 경마와 같은 사행성 오락들을 금지시켜야만 된다고 생각한다" 등이 그 예들이다.

느낌(feeling)

개인적 정서들의 드러냄이 이것에 포함된다. "나는 나의 직장에 대해 자랑스럽게 느낀다," "나는 해군 함정이 침몰했다는 소식을 듣고서 슬프고 겁이 났다," "나는 자식 때문에 속썩이고 있다" 등이 그 예들이다.

위의 4개의 수준들은 개방의 위험성에서 차이가 있다. 즉, 개인이 자기에 관련된 정보들을 드러냈을 경우에, 개인은 상대방으로부터 거부당하거나, 비평받거나, 심지어 이용당할 수 있는 위험성을 갖는다. 대개의 경우에, 개인에 관한 기본자료가 위험성이 적고, 따라서 드러내기가 가장 쉽다. 예컨대, 처음 만난 사람들이 "고향이 어디입니까?," "고등학교는 어디에서 다녔습니까?"와 같은 질문을 주고 받는 일이 흔하다. 개인적 선호들에 관한 정보를 드러내기는 다소 쉽다. 예컨대, "나는 칼국수를 좋아합니다," "나는 등산을 좋아합니다" 등과 같은 진술들이 신경을 쓰지 않으면서 이루어질 수 있다. 그러나 개인적 선호들의 드러냄에서는 위험이 뒤따를 수 있다. 어떤 사람이 "나는 개고기를 좋아합니다"나 "나는 골프치기를 즐깁니다"와 같은 말을 했을 때에, "어떻게 사람들의 가족과 같은 개의 고기를 먹을 수 있습니까?"나 "골프와 같은 돈이 많이 드는 운동을 하는 사람들은 저질의 사람들입니다"와 같은 이견이나 반대에 부딪쳐서 불쾌한 언쟁을 행할 수 있다.

신념이나 느낌의 드러냄은 어느 정도의 위험을 포함한다. "나는 현재의 정부가 일을 잘하고 있다고 생각합니다"라는 사고나 신념의 표현에 대해, 뜻밖에 강한 이견이나 공격에 당면할 수 있다. 더욱이, 느낌이나 정서는 드러냄의 위험성을 포함한 다양한 이유로 감추어지기 쉽다.

자기개방의 위험성에도 불구하고, 자기개방은 관계의 참가자들이 서로를 알고 이해하는 데에 필수적이다. 따라서, 개방의 위험성을 무릅쓰고 개방을 어느 수준으로 할 것인지의 판단이 관계의 발전과 유지에 매우 중요하다.

개인적 정보의 공유

관계의 참가자들의 개인적 정보들이 자기개방을 통해 드러내지고, 그 결과로 각자는 상대방에 대한 정보를 공유하게 된다. 한 사람에 관한 정보를 중심으로 고려할 때, 개인에 관한 정보는 개인 자신과 아울러 상대방에 의해 인식될 수 있다. 개인은 자기에 관한 정보들 중에서 인식하고 있는 부분과 인식하고 있지 못한 부분을 갖고 있다. 또한 상대방도 개인에 대한 정보를 인식하고 있는 부분과 인식하고 있지 못한 부분을 갖고 있다. 따라서 두 명의 관계참가자들이 특정의 개인에 대해 갖고 있는 인식들은 표 2-1과 같이 4가지 형태를 취할 수 있다.

1유형은 개인에 관해 자기와 타인에게 알려져 있는 부분이며, 2유형은 자기는 모르지만 타인에게 알려져 있는 부분이다. 3유형은 자기는 알고 있지만 타인에게는 알려져 있지 않은 부분이고, 4유형은 자기와 타인에게 알려져 있지 않은 부분이다. 각 유형은 관계의 발전정도나 개인차들 때문에 크기가 다를 수 있다. 개방적인 사람은 폐쇄적인 사람보다 1유형에서 더 클 것이다. 낯선이와 함께 있을 경우에, 3유형이 클 것이다. 2유형은 개인이 자기를 모르고 타인이 아는 것으로서, 일상적으로 "제 주제를 파악하지 못한다"고 비평당하는 사람의 특징을 이룰 것이다. 일반적으로, 1유형의 크기가 클수록 의사소통은 더 훌륭할 것이다. 이와 반대로, 자기를 드러내지 않는 사람은 3유형에 속할 것이다.

자기개방의 균형정도가 개인과 관계에 대해 유익할 수 있다. 자기에 관해 과도하게 드러내거나 과도하게 많이 말하는 사람은 그로 인해 자신과 아울러 상대

표 2-1 두 명의 관계참가자들의 정보인식의 형태들

	개인 자신이 아는 부분	개인 자신이 알지 못하는 부분
상대방이 아는 부분	개인이 앎; 상대방이 앎(1)	개인이 모름; 상대방이 앎(2)
상대방이 알지 못하는 부분	개인이 앎; 상대방이 모름(3)	개인이 모름; 상대방이 모름(4)

방에게 불안과 당혹감을 일으키기 쉽다. 결론적으로, 자기개방은 관계의 발전정도나 질과 상황에 따라 적절할 필요가 있다.

자기개방의 장애

사람들은 타인들에 대해 자기에 관한 정보를 드러냄으로써 서로를 알고 이해하게 될 수 있다. 그럼에도 불구하고, 사람들은 흔히 자기개방에 대해 저항하거나 곤란해 할 수 있다. 자기개방의 장애의 원인들로서 몇 가지를 들 수 있다.

첫째로, 자기개방의 장애의 흔한 이유는 자기개방에 대한 두려움이다. 사람들은 자신이 믿고 있는 바를 이야기할 때에 조소나 핀잔을 당하여 기분상할 수 있고, 심지어 배척당할 수도 있다. 또한 자기 자랑을 하면, 잘난 척하는 사람이라고 조소당하기 쉽다. 이성애적인 사람들과 동성애적인 사람들에서 친밀함에 대한 두려움이 자기개방을 감소시킨다는 것이 발견되었다.[12]

둘째로, 사람들은 자기개방을 하지 않게끔 가정적으로 그리고 문화적으로 학습받는다. 사람들은 "부부관계, 성생활, 집안의 경제사정 등에 대해 남들에게 말하지 않도록 부모나 이웃들로부터 충고받는다" "침묵은 금이다"라는 속담이 있으며, 사람은 "입으로 망한다"라는 입조심이나 말조심에 관한 말들이 널리 사용되고 있다. 문화적 학습의 대표적인 예가 성역할에 대한 인식이나 고정관념이다. 특히, 남자들에 대해 "과묵함"에 대한 문화적 강조가 있어서 남자들이 말이 많은 것이 금기시되어 왔다. 그 결과로, 남자들은 여자들보다 자신의 정서들과 약점들을 덜 드러내놓는 경향이 있으며,[13] 이것은 그들과 아울러 그들의 배우자와의 관계에 대해 불행한 결과를 낳는다.

셋째로, 개인적 성격들과 태도들이 자기개방을 막을 수 있다. 고독한 사람들은 깊은 개방수준을 부정적인 것으로, 그리고 모험적이고 바람직스럽지 않은 것으로 본다.[14] 타인들의 말이나 약속이 믿을 수 있다는 기대, 즉 대인적 신뢰가 낮은 사람들은 자기개방에서 더 많은 곤란을 갖기 쉽다.

위와 같은 자기개방의 장애들을 극복하기 위해, 자기개방에 대한 훈련과 고무가 필요할 수 있다. 개인적 친밀성과 관계발전에서 적절한 자기개방이 필수적이므로, 사람들은 적절한 자기개방을 훈련받고 고무받을 필요가 있다. 그리하여, 자기개방에 따른 부담들보다 더 많은 보수들을 받게 되고, 자기개방에 대해 더 적극적으로 될 것이다.

자기개방의 이점

자기개방이 관계발전과 친밀성증진을 위해 크게 도움이 될 수 있다는 것이 이미 지적된 바 있다. 여기에서, 자기개방의 이점들을 좀더 자세하게 취급해 보자.

첫째로, 자기개방은 자기이해와 아울러 자기존중을 향상시키는 데에 도움을 준다. 타인에 대해 자기를 드러낼 때, 타인은 그에 대한 긍정이나 부정의 피드백이나 되돌림 정보를 제공한다. 예컨대, 어떤 사람이 "나는 친구들과 술마시는 것을 좋아합니다"라고 말할 때에, 만일 상대방이 "술마시는 것이 사교에 도움이 될 수 있겠지만, 과음은 실수를 저지르게끔 만들기 쉽습니다"라고 말한다면, 그 사람은 자신의 음주량을 고려하고 이해하고 음주에 대해 조심하게 될 수 있다.

또한 자신의 두려움이나 공포를 드러내면, 타인들은 그것을 극복하는 방법을 알려줄 수도 있다. 속담에 "병은 널리 알려라"라는 말이 있다. 타인들에게 자신의 병을 알리면, 그에 대한 이해나 치료방법에 대한 도움을 얻을 가능성이 높아진다. 또한, 자기개방을 통해, 개인은 스스로 자기지식을 넓힐 수 있다. 정직하게 자기를 드러내고 그것을 종합하게 되면, 진정한 자기의 모습이 마음 속으로 정리되게 되고, 자기에 대한 적극적이고 긍정적인 마음자세를 갖게 될 수 있다.

둘째로, 자기개방은 정신건강과 신체건강을 향상시키는 데에 도움을 줄 수 있다. 사람들이 큰 스트레스나 불안을 주는 사건에 당면했을 때에, 그것을 혼자서 곰곰이 생각하고 해결책을 찾는 것은 효과적 대처방법이 못된다. "친구는 기쁨을 두 배로 크게 하고, 슬픔은 절반으로 줄여 준다"라는 속담이 시사하듯이, 우리의 공포와 불안은 친밀한 사람과의 공유를 통해 더 정확하게 이해되고, 위안받고, 실제적 도움을 받을 수 있다. 그리하여, 우리의 공포와 불안은 훨씬 더 감소되고, 적극적으로 대처하는 생활자세를 갖게 될 것이다.

자기의 사고와 감정을 드러내지 않고 과도하게 억압하는 것은 점차적으로 면역기능, 심장과 혈관계통의 활동 및 뇌와 신경계의 생화화적 구조에 대해 나쁜 영향을 준다. 자기개방이 낮은 것이 천식, 당뇨병, 거식증, 통증에 대한 민감성 및 혈압에 나쁜 영향을 준다.[15]

셋째로, 자기개방은 가까운 관계들의 발전, 의사소통 및 관계의 즐거움의 관계적 측면에 대해 도움을 준다. 가까운 관계의 발전에 있어서 친밀성을 구축하는 것이 중요하며, 이것은 자기개방이 없으면 불가능하다. 사회적 침투이론(social penetration theory)은 가까운 관계가 자기개방의 증가의 결과로 발전한다고 주장한다.[16] 데이트하는 남녀들에서, 자기개방이 관계만족의 유의한 예측요인이었다.[17] 자기개방은 또한 관계발전과 유지에서 핵심적 역할을 하는 의사소통을 촉진시킨다. 자기개방을 통해, 사람들은 솔직하고 수용적인 의사소통을 이룩할 수 있다.

자기개방은 관계를 재미있게끔 만들어 준다. 자기개방이 없으면, 우리의 관계는 따분하고 활력이 없게 될 것이다. 상대방에 대한 새로운 배경, 선호, 신념 및 정서에 관한 정보들은 상대방에 대한 주의와 관심의 활력소로서 작용하게 될 것이다.

자기개방의 방법

자기개방의 이점들과 장애들을 고려한 후에 우리는 자기개방의 방법에 대해 의문을 갖게 될 것이다. 자기개방의 방법들을 요점적으로 제시하면 아래와 같다.

1. 폐쇄적 스타일보다 개방적 스타일을 갖는다.
2. “나” 진술방식을 사용한다.
3. 언어메시지와 조화되거나 일치되는 비언어메시지를 사용한다.
4. 명확하고, 특수하고, 기술적(descriptive) 진술을 사용한다.
5. 대화를 독점하거나, 너무 많이 이야기하지 않는다.
6. 자기개방 후에, 타인의 반응을 받을 준비를 하고, 원활한 상호 개방을 유지시킨다.

찬사를 주고 받기

타인의 행동과 그 결과에 대한 칭찬과 감탄의 표현인 찬사(compliment)를 주고 받는 것이 관계를 개시시키고 향상시키고, 사람들 간의 유대를 강화시킨다.

찬사를 주기

우리는 일상생활에서 타인들에게 칭친과 감탄을 표현하는 데에 인색한 경향이 있다. 이것은 타인들이나 가까운 사람들이 자신의 인생, 존재 및 정체성에 대해 얼마나 도움을 주고 있는지를 간과하고, 그들이 자신의 주위에 당연히 존재하는 대상으로 여기거나, 찬사를 줄 적절한 상황을 파악하지 못하는 데에 기인될 것이다. 예컨대, 부부관계에서 부부는 생활의 거의 모든 측면에 대해 서로 의지하고 도움을 주고 있음에도 불구하고, 그러한 사실에 대한 감사의 표현보다 부정적이고 마음의 상처를 주는 비난, 비평, 조소, 심지어 폭행을 흔히 저지른다.

찬사의 제공은 타인과 아울러 관계에 대해 극적인 효과를 지닐 수 있다. 부부간에 "정말로, 고마워요"나, "참 잘했어요"라는 말이 하루에 한 번만이라도 제공된다면, 부부관계는 깨가 쏟아지는 신혼기와 같은 관계를 유지할 것이다. 훌륭한 성취를 보인 운동선수들, 연예인들, 학자들, 군인들, 사업가들의 성공담들에서, 지원과 격려를 해 주는 부모, 선생님, 코치의 역할이 얼마나 컸는지를 당신 자신도 기억할 수 있을 것이다. "칭찬은 고래도 춤을 추게끔 만든다"는 책이 나올 정도로 칭찬은 인간을 포함한 모든 동물들의 동기와 활력을 좌우할 수 있다.

타인들에 대해 심하게 목마를 때에 제공되는 한 대접의 시원한 물과 같고, 기진맥진해서 처져 있을 때에 제공되는 강심제와 같은 찬사를 제공하기 위해 몇 가지 지침에 유의하는 것이 도움이 될 것이다.

첫째로, 타인에게 찬사를 제공할 수 있는 상황을 인식한다. 대부분의 사람들이 찬사를 제공할 만한 상황을 무시하거나 간과하고 있다. 자기의 배우자, 자식, 친구, 동료, 부하직원 등을 상대할 때에, 우리는 그들의 훌륭하거나 바람직스러운 행동을 분명히 목격하거나 경험하고 있다. 그럼에도 불구하고, 우리는 흔히 그러한 행동들에 대해 찬사의 말을 한 마디도 하지 않고서 지나쳐 왔다. 예컨대, 가장 가까운 관계인 부부관계에서 배우자들은 수많은 찬사의 기회를 무시하고서, 상대방이 나의 감사의 마음을 이심전심으로 알 것이라고 단정하면서 한 마디 찬사도 제공하지 않을 수 있다. 이러한 찬사에 대한 무관심이나 인색함으로부터 벗어나기 위해서, 찬사의 기회를 인식하는 것이 우선적으로 필요하다. 찬사의 기회는 기본적으로 개인과 관계에 대해 바람직스러운 행동이나 결과가 발생되었을 때이다. 그것들은 훌륭한 목표를 달성하기 위해 열심히 노력하는 것, 노력에 의해 목표가 달성되었거나 좋은 결과가 생긴 것, 원하거나 요구한 행동을 하는 것 등이다. 예컨대, 남편은 아내가 식구들을 위해 밤늦게까지 일하는 것, 알뜰한 살림으로 다소 큰 돈을 저축한 것, 자기와 함께 있기 위해 친구들과 쇼핑하는 데에 하루를 보내는 것을 그만 두는 것, 아침에 일찍 일어나는 것 등의 일들이 일어났을 때, "당신 참 수고 많았어, 고마워요," "당신은 참 멋있어요"라는 식으로 찬사를 제공할 수 있다. 찬사의 대상이 되는 행동들을 인식하는 것뿐만 아니라, 찬사의 상황이나 시기를 인식하는 것이 또한 중요하다. 행동이 발생한 직후에 찬사를 제공하는 것이 행동원리상으로 가장 바람직스럽지만, 생일날, 기념일(예: 결혼기념일, 학교 졸업이나 입학의 날) 등과 같이 의미 있는 날에 제공되는 것이 찬사의 기억의 면에서 마찬가지로 바람직스러울 것이다. "찬사의 기회와 상황"을 열심히 찾는 것이 찬사제공의 첫걸음이라는 것을 인식하라.

둘째로, 찬사의 대상들의 면에서, 능력들이나 자질들보다 노력들에 대해 더 많이 초점을 둔다. 일반적으로, 성공이나 바람직스러운 결과는 능력, 노력 및 상황(또는 우연)에 의해 결정된다. 여기에서, 능력과 상황은 개인이 좌지우지하기가 곤란한 요인들이며, 노력은 개인의 의도나 의지에 의해 변화될 수 있는 것이다. 우리가 타인에 대해 칭찬을 제공할 경우에, 타인이 가진 능력이나 외모에 대한 칭찬은 이것들이 비교적 변화불가능한 것이므로 타인의 행동에 대해 영향이 적다. 능력이나 외모에 대한 칭찬은 칭찬받는이에게 "제가 잘났다"는 인식만을 증가시킬 뿐이며, 장차의 행동변화에는 별로 소용이 없다. 그 대신에, 노력이나 성실함에 대한 칭찬은 이것이 개인에 의해 증감될 수 있으므로 효과적일 수 있다. 예컨대, 공부하는 자녀에 대해 "너의 성적은 능력보다 노력의 결과이었어," "앞으로 더 노력하면 좋은 결과가 나올꺼야"라고 칭찬해 주면, 자녀는 앞으로 더욱 노력하게 될 수 있다. 이와 반대로, "너의 성적은 네가 재주가 많아서 좋게 나왔지, 너는 우등생의 능력을 갖고 있다"고 칭찬해 주변, 본래 능력이라는 것이 쉽게 변화될 수 없는 것이므로, 자녀는 행동상의 아무런 변화를 이룩하지 못하고 따라서 발전하지 못할 수 있다. 어떤 의미에서, 능력이나 외모는 자존심만을 높이고 실제의 성취를 높이지 못하는, 따라서 허영심만을 높이는 결과를 초래할 수 있음에 유의해야 할 것이다.

셋째로, 찬사의 진실성이 찬사의 효과에 대해 중요하다. 찬사를 제공할 때에, 듣는이는 그 말이 진정한 것인지, 아니면 인사치레나 습관적인 말인지에 대해 의문을 갖기 쉽다. 이것은 일상생활에서 사람들이 진정성이 없이 상대방의 비위를 맞추거나 아첨하는 것과 같은 순수치 못한 의도를 갖고서 찬사를 제공하는 일들이 많기 때문이다. 여기에서 찬사는 진실된 것이 아니라 의례적인 것이고, 의례적 찬사는 흔한 것이므로 가치가 없는 것이다. 진실된 찬사를 제공하기 위해 언어적 의사전달과 비언어적 의사전달이 일치되어야만 된다. 즉, 당신이 입으로 하는 말, 음성 및 신체언어가 일치되어야만 된다. 당신은 어떤이에게 찬사를 제공할 때에 당신이 전하는 찬사의 내용을 부정하는 식으로 말하고 행동할 수 있다. 이것은 긍정적으로 들리는 말 속에 부정적이거나 가시돋친 말과 의문을 품거나 진실성을 감소시키는 말들을 포함시키는 형태를 취할 수 있다. "네가 어쩌다가 잘했는지 믿을 수가 없다"거나 "곰도 구르는 재주가 있다던데, 어떻게 그렇게 했니?" 등과 같은 것들이 그 예들이다.

넷째로, 찬사의 진실성을 높이기 위해 제삼자의 칭찬을 인용하는 것이 효과적이다. 앞에서 진술한 바와 같이, 찬사들이 의례적으로 제시되는 일이 흔하므로, 듣는이는 직접적 찬사들의 진실성에 대해 의문을 갖기 쉽다. 따라서, 찬사의 객관성을 증가시키기 위해, 제삼자의 찬사를 인용하는 것은 그러한 의문을 해소시키는 데에 도움을 줄 수 있다. 그것은 찬사를 받는이가 좋아하거나 존경하는 사람의 찬사를 인용함으로써 최대화될 수 있다. 예컨대 "국전 심사위원인 ○○씨가 네 그림을 소질 있는 그림이라고 칭찬했다"거나 "학계의 권위 있는 분이 당신의 논문이 우수하다고 말했다"는 칭찬은 찬사의 권위와 신빙성을 높혀 줄 수 있다.

요컨대, 찬사의 제공은 듣는이들의 자존감, 즐거움, 활력, 노력 등을 증진시킴으로써 타인들과 관계들에 대해 유익한 효과를 갖는다. 당신의 아는이들, 친구들 및 가족들과 아울러 이웃들(예: 점원들, 택시기사들, 접대원들 등)에 대해 찬사를 아끼지 않도록 노력하는 것이 당신 자신과 아울러 많은 사람들에게 유익할 것이다.

찬사를 받기

칭찬을 긍정적으로 받는 하나의 기본적 방법은 찬사를 보내는 사람의 칭찬을 그대로 인정해 주는 것이다. "감사합니다" 또는 "정말로 감사합니다"로서 충분할 수 있다. 찬사에 대해 다소 과분한 것을 느꼈을 때에는 "감사합니다, 과분한 칭찬을 해 주셨습니다"와 같이 겸손한 자세를 보이는 것이 적절하다. 찬사에 대해, 당연한 것으로 반응하거나, 자신의 자랑거리를 길게 늘어놓는 것은 주착없는 일이다.

만일 찬사에 대해 내심으로 동의하지 않는다면, 당신은 침묵하거나 찬사를 거부함이 없이 받아들일 수 있다. 예컨대, 만일 당신이 입은 옷에 대해 마음에 들지 않고 있는데, 상대방이 그 옷에 대해 칭찬한다면, 당신은 "감사합니다, 나는

이 옷에 대해 별로 만족하고 있지 않고 있는데, 좋게 보인다고 말해 주니까 기분이 좋네요"식으로 말할 수 있다.

상대방의 찬사를 받기만 하는 것이 부담으로 느껴질 경우가 있다. 이러한 경우에, 상대방을 도로 칭찬해 주는 것이 좋다. 예컨대, "칭찬해 주시니 감사합니다. 당신은 나에 비해 훨씬 더 많은 칭찬을 받을 만하지요"라고 반응하는 것이 더욱 바람직스러울 것이다. 상호 칭찬하기는 긍정적 관계를 위해 매우 유익한 것이다.

비평을 받기

사람들 사이에서 타인에 대해 부정적 비평이나 비난을 행하는 것이 흔한 일이며, 그에 대해 적절하게 반응하기는 매우 곤란한 일이다. 기본적으로, 부정적 비평은 어떤 개인이 부정적인 일들과 관련되어 있거나 부정적 특성들을 소유하고 있다는 것을 의미하며, 일종의 개인적 공격의 형태이다. 비위협적이고 지원적 방식으로 제시되는 비평은 비록 비평의 말을 듣고 있는 것이 매우 괴롭기는 하지만, 적절하게 반응하고 처리하기가 더 쉽다. 하지만, 많은 비평적인 말들이 적절하게 반응하기가 어려울 정도로 매우 부정적이고 명확치 않은 이유들로 이루어진다. 비평의 합당함에 관계없이, 비평에 대한 반응방식이 상호작용의 과정과 아울러 관계의 질에 큰 영향을 준다.

비평에 대한 부적절한 반응들

비평에 대한 반응은 그 반응이 개인과 관계에 대해 도움이 되는 여부에 따라, 부정적 반응과 긍정적 반응으로 구분될 수 있다. 우선적으로, 부정적이거나 비효과적 반응방식들을 이해하고 배우는 것이 중요할 것이다. 일반적으로, 부정적 반응방식들은 적극적 반응과 수동적 반응으로 구분될 수 있고, 적극적 반응은 다시 공격적 반응과 방어적 반응으로 구분될 수 있다.

비평에 대한 공격적 반응은 비평자에 대해 역공격을 행하는 것이다. 개인은 비평이 정당하거나 정당치 못하다고 느끼든 간에 비평이 잘못되었고 하나의 공격이라고 느끼고 비평자에 대해 폭언과 같은 부정적 행동을 저지른다. 비평에 대한 공격적 반응으로 비평이 중지될 수는 있겠지만, 비평자는 역공격에 대해 분개를 느끼게 되고 상황은 점점 더 악화된다. 가정이나, 직장이나, 일상적 상황에서,

이러한 역공격은 응분의 대가(예: 해고, 따돌림)를 치르게 될 것이다.

비평에 대한 방어적 반응은 비평의 근원을 자신의 것으로 받아들이지 않고 외부적인 것들이나 타인들에게 탓을 돌리는 것이다. 이것은 대개 비평을 부인하거나 거부하는 것과 변명의 형태를 취한다. 비평을 부인하거나 비평의 근원을 외부의 탓으로 돌리는 것은 비평자의 주장을 무시하는 것으로 비평자에 의한 계속적 비평을 유발하거나, 비평당하는 사람이 무책임하거나 미숙한 사람으로 생각되게끔 만든다.

비평에 대한 수동적 반응들은 언어적이거나 비언어적으로 비평에 대해 사과를 하거나 비평을 묵인하는 것이다. 비평을 묵인하는 것은 대개 비평에 대해 침묵으로 반응하는 형태를 취한다. 사람들은 관계의 평화를 위해 비평에 대해 수동적으로 반응할 수 있다. 비평에 대한 적극적인 역공격이나 방어가 비평을 계속되게끔 만들 것이라고 생각하는 사람은 비평을 수동적으로 받아들일 수 있다. 하지만, 비평에 대한 수동적 반응이 대개 더 많은 비평을 유발시키므로, 비평의 수동적 수용자들의 심리적 행복과 관계의 질이 손상받을 가능성이 충분히 남아 있다. 흔히, 비평에 대한 수동적 반응 뒤에는 역공격적 반응이 뒤따른다. 예컨대, 어떤 부하직원이 상사로부터 업무처리방식에 대해 비평당했을 때, 그 직원은 말없이 비평을 듣고 나서 후에 상사의 일을 망치는 방법을 찾거나 상사의 비리를 감독기관에 고발함으로써 등 뒤에서 역공격을 행할 수 있다.

비평에 대한 긍정적 반응들

비평에 대한 긍정적 반응들이 비평당하는 사람의 자존감과 관계를 온전하게 유지시키거나 향상시키는 것을 좌우한다. 비평에 대한 하나의 바람직스러운 반응방식은 주장적 반응스타일을 사용하는 것이다. 이 반응스타일은 비평에 대해 역공격을 행하거나 굴복하거나 거부하지 않고서, 비평자를 "무장해제시키는 효과"를 갖는다.[18] 주장적 스타일의 핵심은 비평에 대해 과잉 반응을 하지 않고 문제를 악화시키지 않는 것이다. 비평에 대한 주장적 반응스타일의 사용은 상황에 따라 다소 상이한 절차를 따른다. 즉, 비평을 당하고 있는 사람이 비평에 동의할 경우, 비평을 이해하지 못할 경우 및 비평에 부동의할 경우에 따라 주장적 반응스타일은 상이한 절차로 진행된다.

비평에 대해 동의할 경우

비록 비평이 정당한 것이라고 여겨질지라도, 비평이 본래 당신 자신이 나쁘고 잘못되어 있다는 것을 의미하므로 당신은 기분상함을 느끼고 방어적 태세를 갖추게 될 것이다. 그에 따라 당신은 상황을 더욱 악화시키는 방식으로 반응하게 되기가 쉽다. 이를 방지하기 위해 다음의 단계들을 밟는다. 모든 단계에서 비난에 대한 책임을 자기 자신에게 돌리는 "나" 진술방식을 사용한다.

① 비평에 대한 동의의 표현: "나"는 동의합니다, 알고 있습니다, 이해합니다와 같은 어구들을 사용하면서, 비평에 대한 동의를 표현한다.
② 이유의 진술: 비평에 대한 이유들을 간단하게 진술하는데, 이유들이 변명이 아니라 사실이라는 것을 강조한다. 이유의 진술은 상황에 따라 포함시키거나 제외시키는 하나의 선택사항이다.
③ 해결방안의 제시: 문제의 발생을 예방하거나 해결하기 위한 당신의 계획을 진술한다.

예컨대, 당신이 회사업무로 상사인 과장과 함께 출장을 가게 되었는데, 당신이 약속시간에 늦었고, 상사는 당신을 무책임한 사람이라고 비평한다고 하자. 이러한 상황에서 당신이 습관적으로 행했던 변명이나 다른 탓들에 원인을 돌리려는 충동을 억제하라. 그리고 상호 명랑하고 바람직스러운 결과를 일으키기가 쉬운 위에서 제시된 과정을 따르라.

① 나는 약속시간을 지키지 못했습니다. 그리고 나는 과장님의 기분 나쁘신 심정을 이해합니다.
② 나는 교통혼잡으로 차가 막혀서 약속을 지키지 못했습니다(이것은 행할 수도 있고 행하지 않을 수도 있는 당신의 선택사항이다).
③ 나는 앞으로 약속을 지키기 위해 적어도 30분 정도 일찍 출발하겠습니다.

경우에 따라, 당신은 두 번째 단계를 생략하고서, 비평에 동의한 후에, 바로 비평에 대한 해결방안을 제시하라(예: "앞으로 이 문제를 고치겠습니다," "시정하겠습니다," "주의하겠습니다" 등).

비평을 이해하지 못할 경우

때로는 비평이 추상적으로 제시되고, 따라서 그 의미나 의도를 명확하게 이해하지 못할 수 있다. 어떤 직원이 술좌석에서 신입사원인 당신에게 매우 "건방진 사람"이라고 비평한다고 하자. 이 경우에 당신은 매우 당혹스럽고 아마 방어적으로 반응하기가 쉬울 것이다. 역공격으로 되고, 방어적으로 되려는 유혹을 물리쳐라. "나"진술방식을 사용하면서 아래의 과정을 사용하라.

① 이해 부족의 진술: "나는 당신이 그렇게 생각하는 이유를 잘 알지 못하겠습니다," "나는 당신이 그렇게 말한 이유를 이해하기 어렵습니다," "나는 당신이 그런 인상을 갖게 된 이유를 모르겠습니다"와 같은 말들을 사용한다.

② 이해의 향상을 위한 질문의 실시: 비평에 대한 당신의 이해를 증진시키기 위해 당신이 필요한 사항을 질문한다. "나는 당신이 그런식으로 생각하는 이유를 듣고 싶습니다," "나는 당신이 그렇게 생각하게 된 나의 구체적 행동을 제시해 주기를 바랍니다," "나는 당신이 무슨 근거로 그렇게 생각하는지를 알고 싶습니다"와 같은 말들을 사용한다. 비평자에 대해 의문을 제기할 때, 사람들은 공격적으로 되거나 언성을 높이기 쉽다. 당신의 마음을 진정시키면서, 당신의 의문을 정직하고 예의 있게 제시하는 것이 중요하다.

비평에 대해 동의하지 않을 경우

처리하기가 가장 곤란한 상황은 당신이 비평에 대해 부동의하는 것이다. 예컨대, 당신이 "건방진 사람"이라는 비평을 듣고 나서, 비평의 이유를 질문했다. 이런 질문에 대해, 비평자는 당신이 그 사람의 인사에 대해 답례하지 않았다는 사실을 제시했다. 그런데 당신의 기억으로 당신은 상대방의 인사에 대해 분명히 답례했다고 생각된다. 여기에서 당신의 행동에 대해 보고 들은 바, 즉 감각자료에서 두 사람 간에 차이가 있다. 비평자는 당신이 답례인사를 하지 않았다고 보고 들었고, 당신 자신은 자신이 답례인사를 분명히 했다고 보고 들었다. 당신은 분명히 비평자의 진술에 동의하지 않는다. 이러한 상황에서도 마찬가지로 예의 있고 긍정적인 반응이 최선이다. 그것은 다음의 과정에 의해 이루어질 수 있다.

① 부동의의 진술: 부동의의 진술은 상대방의 진술에 대한 부정을 의미하기 쉬우므로, 상대방을 기분상하게끔 만들 수 있다. 이를 피하기 위해, 당신

은 조용한 음성으로 그리고 비위협적 방식으로 부동의를 진술할 필요가 있다. 특히, 신속한 부동의의 표현은 공격적으로 들리기 쉬우므로 조심해야만 된다. 당신은 "나는 그 말에 대해 동의하지 않습니다," "나는 우리가 이 점에 대해 의견이 일치하지 않는다고 생각합니다," "나는 이것에 대해 당신이 하는 식으로 보지는 않습니다" 등으로 반응한다.

② 부동의의 이유의 제시: 당신이 부동의에 대한 이유들을 제시한다. 이것들은 당신이 보고 들은 바, 즉 당신의 감각자료(예: "당신이 행한 답례인사에 대한 기억들")의 형태로 제시될 수 있다. 그러나 부동의의 이유가 항상 제시될 필요는 없다. 논의의 중요성, 가용한 시간, 주위상황, 시간제약, 피로 등의 요인들에 따라 당신이 부동의하는 비평에 대한 이유를 토의하는 것이 불가능하거나 불필요할 수도 있다.

비평에 대한 동의나 부동의를 선택하지 않을 수도 있다. 상대방의 비평을 그대로 시인하지만, 비평에 대한 당신의 반응선택을 결정하지 않거나 지연시킬 수도 있다. 예컨대, 어머니가 딸의 집을 방문하고서 딸의 방이 지저분하다고 비평할 때, 딸은 비평을 시인하고서, "예, 매우 지저분하지요, 나도 이렇게 살게 된 것이 놀라워요," "어머니 말씀이 옳은지도 몰라요," "그것이 사실일 수도 있어요" 등으로 응답할 수 있다. 이러한 반응방식은 비평의 주제의 중요성에 따라 그 적절성이 다르다. 두 사람에 대해 중요치 않은 주제일 경우에, 이러한 반응방식이 허용될 수도 있다. 비평에 대한 다른 반응방식은 비평에 대한 반응을 지연시키는 것이다. 당신이 비평에 대해 당황하고 분노하고 있다면, 비평에 대한 당신의 당황이나 놀라움을 표현하고 그에 대한 반응을 지연시킬 수 있다. 이러한 경우에서, "나는 어떻게 대답해야 할지 모르겠습니다," "나는 이 문제에 대해 더 많이 생각해 봐야겠습니다. 그리고 뒤에 당신과 다시 대화하겠습니다" 식으로 반응할 수 있다.

비평에 대한 긍정적 반응들을 배우도록 힘써라. 이것들은 개인에 대해 자존감과 통제감을 향상시키고, 관계들을 긍정적 방향으로 이동시켜 준다.

불쾌한 언어패턴에 대해 반응하기

타인의 성가시거나 불쾌한 언어패턴들에 대해 자기주장적으로 반응하는 것이 하나의 유용한 기술이다. 우리는 흔히 모욕, 듣기 싫은 농담, 타인에 대한 과도한 헐뜯음, 고집불통식의 자기주장 등과 같이 성가시거나 불쾌한 말들을 듣는다. 이러한 경우들에서 계속 인내하고 침묵하는 것은 이것들이 계속될 수 있기 때문에 현명한 것이 못된다. 불쾌한 언어패턴들에 긍정적으로 반응하는 몇 가지 방법이 있다.

자신의 의견의 주장적 진술

자신의 의견과 태도를 주장적으로 진술함으로써 상대방의 패턴을 변화시키고, 한계를 설정한다. 예로서 다음과 같이 진술할 수 있다.

"나는 그런 식의 농담을 듣는 것을 일종의 놀림이라고 생각해요."
"나는 그런 식의 말을 모욕이라고 생각해요."
"나는 다른 사람들을 헐뜯는 것을 듣기를 좋아하지 않아요."
"나는 고집불통식으로 남의 주장을 무시하는 것을 싫어해요."

자신의 느낌의 표현

자신이 상대방의 불쾌한 언어패턴에 대해 느끼는 바를 진술한다.

"나는 당신이 나의 말을 가로 막을 때에 화나는 것을 느껴요."
"나는 당신이 내가 젊었을 때라고 자주 말할 때에 무시당함을 느껴요."
"나는 그런 종류의 말을 들을 때에 기분나빠요."

다른 대안들을 제시하기

불쾌한 언어패턴들을 긍정적으로 변화시키기 위한 대안적 방법들을 제시한다.

"내 생각으로는 사람들에 대해 부정적으로 이야기하기보다 긍정적으로 이야기하는 것이 훨씬 좋습니다."
"나는 당신이 그런 식으로 말하지 않는 것을 더 좋아합니다."
"나는 나의 생각과 감정을 강요당하지 않을 권리가 있습니다."
"나는 다른 주제에 관해 이야기하고 싶습니다."

언어적 학대에 대해 대처하기

일반적으로 학대는 신체적 학대와 언어적 학대로 구분해서 취급된다. 여기에서, 우리는 말하기의 주제와 관련해서 언어적 학대의 주제를 간략하게 취급한다. 모욕이나 욕설과 같은 언어적 학대는 신체적 학대와 마찬가지로 고통스러우며 상처로부터 회복하는 데에 훨씬 더 오래 걸린다.[19] 장기적인 언어적 학대는 개인적 즐거움, 활기 및 생동성을 감소시킨다.

언어적 학대에 대한 대처의 첫 단계는 언어적 학대를 인식하는 것이다. 비평, 잔소리, 놀림, 모욕, 욕설 등은 이것들의 심함과 빈도에 의해 학대적 행동으로 간주될 수 있다. 이것들이 얼마나 자주 그리고 얼마나 괴롭게 느껴지는가에 따라 언어적 학대의 여부를 판단할 수 있다. 학대는 또한 농담의 형태를 취할 수 있다. 농담의 형태로 위장된 언어적 학대도 다른 형태의 언어적 학대와 마찬가지로 마음에 대해 큰 상처를 입히고 학대자는 승리자나 지배자의 느낌을 즐긴다. 예컨대, "너는 낫 놓고 ㄱ자도 모르는 자이다," "당신은 곰과 같이 우둔해," "머리는 두었다가 무엇에 쓸려고" 등과 같은 경멸하는 말을 하고 나서, 피해자가 항의하면, "아니야, 그것은 농담이었어" 또는 "너는 농담도 받아들이지 못하니?"와 같은 말로 비난으로 응수한다.

학대에 대한 대처의 두 번째 단계는, 학대에 대해 자기주장적 반응을 행하는 것이다. 나는 "그런 행동으로 인해 매우 괴로움을 느낀다," "나는 나를 얕잡아 보거나 바보로 만드는 그런 말이나 농담을 용납하지 않을꺼야" 등의 형태로 자신의 의견, 태도 및 느낌을 명확하게 진술한다. 이러한 자기주장적 진술들은 당신이 수용할 학대의 한계를 설정해 준다. 만일 상대방이 이러한 당신의 한계설정을 존중하지 않는다면, 다른 대안들을 찾아야만 된다. 그것들은 당신을 지원해 줄 수 있는 상담자를 찾는 것과 학대자에게 당신에게 협조하도록 요구하는 것이다. 만일 당신에 대한 학대가 계속된다면, 당신은 최후의 수단, 즉 관계를 끝내는 것을 고려할 수 있다.

행동을 정확하게 지각하기

타인의 행동을 정확하게 지각하는 것이 관계들과 아울러 대화에서 매우 중요하다. 예컨대, 당신의 친한 친구가 식당에서 다른 사람들과 함께 지나가면서, 당신을 빤히 바라보고서 못본 척 외면했다고 하자. 당신은 순간적으로 당황하고 그 친구가 당신을 무시했다고 분개를 느낄 것이다. 그 후에 당신은 그 친구에게 자기를 보고서 못본 척한 것에 대해 당신을 무시했다고 따지면서 말다툼을 벌인다. 이와 같이, 타인에 대한 행동의 지각이 흔히 사람들의 대화의 내용을 이루고 있으므로, 이 주제가 여기에서 다룰 자격이 있을 것이다.

지각이란 감각기관들의 자극을 통해 얻어진 감각자료(sensory data)로부터 의미를 생성하는 하나의 정신과정이다. 우리는 시각, 청각, 후각, 미각 및 접촉의 감각들을 통해 자료를 얻고 이것에 대해 의미를 부여하게 되는데, 후자는 감각자료의 해석이라고 일컬어진다. 따라서, 지각은 감각자료와 해석의 과정을 통해 형성된다. 사람들의 지각들은 감각자료와 해석이 사람들에 따라 차이가 있을 수 있기 때문에 동일하지 않고, 상황에 따라 부정확할 수 있다. 예컨대, 당신의 친한 친구가 식당에서 당신을 보고서 당신을 외면했고, 따라서 당신을 무시했다고 지각했다고 하자. 당신은 그 친구가 행했던 행동들을 두 눈으로 보았으므로, 당신의 감각자료는 정확하다. 그러나 그 친구의 행동을 당신을 무시했다고 해석하는 것은 정확한 것인가? 아마 그러한 해석이 정확한 것인지는 여러 해석들이 가능하기 때문에 명확하게 판단하기가 곤란할 것이다. 그 친구가 당신을 보고서 외면했고 따라서 당신을 무시했다고 해석하는 것은 여러 가능한 해석들 중의 하나에 불과할 수 있다. 그 친구는 당신을 무시하기보다 "당신을 정말로 알아보지 못했거나, 당신에 대해 화났거나, 그 자리에서 당신과 당장 이야기를 나누고 싶지 않았거나, 본래 거만한 성격을 갖고 있을 수도 있다. 이러한 지각의 차이들이 대인관계와 의사소통에서 매우 중요하므로, 사람들은 지각의 정확성을 점검할 필요가 있다.

지각의 정확성을 점검하기 위해, 지각을 구성하는 감각자료와 해석의 정확성을 검토해야만 된다. 정확성을 검토하기 위해 감각자료와 해석을 기술하는 것이 필요하다.[20] 부가적으로, 지각의 정확성에 대한 검토는 사람들의 지각의 정확성에 대해 의문을 갖고 있을 경우에 필요하고, 그러한 의문이 없을 경우에는 불필요하다. 예컨대, 어떤이가 "나는 당신이 미워"하면서, 당신의 뺨을 때린다면, 이것은 미워서 때린 것이 매우 분명할 것이다. 이러한 경우에는 당신의 지각을 점검할 필요가 없다.

지각의 정확성에 대한 점검은 세 단계를 포함한다. 첫 번째 단계는 감각자료들을 기술하는 것이다. 당신이 실제로 보았고, 들었고, 냄새맡고, 맛보고, 접촉된 것들을 사실적으로 기술하는 것이 필요하다. 두 번째 단계는 당신의 감각자료에 대한 해석을 제시하는 것이다. 첫 번째와 두 번째 단계에서 "나" 진술방식이 사용된다. 예컨대, "나는 당신이 식당에서 나를 쳐다본 것을 보았다" 그리고 "나는 당신이 나를 무시했다고 생각한다"라고 기술한다. 세 번째 단계는 기술된 감각자료와 해석을 점검하거나 질문하는 것이다. 이 단계는 하나의 질문의 형태로서 제시된다. 질문은 "나의 감각자료와 해석이 옳은가?"로서 진술된다. 질문의 진술 후에, 상대방은 당신의 감각자료와 해석을 인정하거나, 수정하거나, 부인할 수 있다.

사람들의 지각점검에 있어서 흔히 저지르는 실수는 감각자료를 기술함이 없이, 해석을 제시하거나 주장하는 것이다. "너는 나에게 화냈지?," "너는 더 이상 나를 좋아하지 않아," "나는 네가 나를 무시한 것을 알고 있어"와 같은 말들은 감각자료를 제시함이 없이 특정의 해석 쪽으로 비약하는 형태들이다.

행동에 대한 해석만을 제시하는 것보다 관계에 대해 더 큰 부정적 영향을 주는 것은 감각자료와 해석을 솔직하게 공유하지 않는 것이다. 많은 경우들에서 사람들은 자신의 감각자료와 해석이 옳다고 가정하고서, 흥분하고, 상대방을 부정적으로 평가하고, 아무런 말도 하지 않는다. "나는 그 사람이 했던 대로 그 사람을 피할 것이다"라는 말은 감각자료와 해석의 공유나 대화가 결여되어 있다는 것을 시사할 것이다. 건전한 관계를 위해 직접적이고 정직한 지각점검이 중요하다.

인식의 차원들을 사용하기

지각점검은 타인의 행동에 관한 지각의 정확성을 높이기 위해 사용된다. 타인과의 상호작용에서 충분한 자기표현이 상호 이해를 위해 필요하며, 자기표현의 내용은 타인의 행동에 대한 개인적 인식들로 구성되어 있다. 개인적 인식들에 있어서 기초적인 것들은 지각, 즉 감각들과 해석으로서 이것에 관해 우리는 이미 논의했다. 지각적 인식들 이외에도, 우리는 타인의 행동에 관한 느낌이나 정서, 원함 그리고 자신의 행위에 대한 인식들을 갖고 있다. 따라서, 타인의 행동에 관한 개인적 인식은 아래의 5개 차원으로 구성되어 있다.[21]

감각(sensations)

사람들의 행동에서 나오는 언어적 및 비언어적 정보들과 개인이 보고, 듣고, 냄새맡고, 맛보고, 접촉하는 여러 감각들이다.

사고(thoughts)

감각들로부터 나오는 의미들, 해석들 또는 결론들이다. 해석들은 객관적 사실이 아니라, 주관적 구성들이다. 이것은 개인이 자료에서 의미를 만드는 방식이다.

느낌(feelings)

타인의 행동에 대한 정서반응들로서, 대부분의 관계들에서 대화하거나 공유하는 데에 있어서 중요하다.

원함(wants)

개인 자신, 타인 및 관계를 위한 의도들, 원함들 및 소망들이다.

행위(actions)

과거, 현재 및 미래의 행위들이다. 원함들과 미래의 행위들 사이에 혼동이 있을 수 있다. 둘 사이의 차이는 행동의 의도와 실제의 행동 사이의 차이이다.

5개의 개인적 인식차원들을 인식하고 사용하는 것이 충분한 자기표현에 도움이 된다. 여기에서, "나" 진술방식이 또한 유용하다. 길거리에서 친구가 자기를 보고서도 외면한 상황을 예로서 사용해 보자.

감각: 오늘 오후에 가게들이 있는 길거리에서, 나는 네가 나를 정면으로 마주 보고서도 나를 못본 체하는 것을 보았다.

사고: 나는 네가 나를 보고서 당황해 하는 것으로 여겨졌다.

느낌: 나는 이 일에 대해 기분상한 것을 느낀다.

원함: 나는 이 일을 명확하게 밝히고 싶다.

행위: 그 후에, 나는 다른 친구에게 너에게 어떤 문제가 발생했는지를 물어보았다. 그 친구는 알지 못했고, 따라서 나는 너와 함께 이것을 논의하고 있다.

관계들에서 자신의 인식들을 파악하고 이것들을 충분하게 표현하는 것이 매우 중요하므로, 이들 차원을 기억해 두는 것이 좋다. 실제의 대화에서, 인식차원들은 고정된 순서로 표현될 필요는 없다. 당신은 어느 차원이나 자유롭게 시작하고 편안하게 말할 수 있다.

듣 기

듣기는 의사소통의 두 가지 주요 과정들, 즉 송신과 수신 중에서 후자의 과정을 일컫는다. 기본적으로, 메시지의 수신은 여러 감각기관들을 통해 이루어진다. 시각(인쇄물을 읽는 것), 청각(말소리를 듣는 것) 또는 시각과 청각의 종합(시청각)의 감각들에 의해 메시지들이 주로 수신되는데, 여기에서는 주로 직접적 대화에서 이루어지는 수신, 즉 시청각적 듣기가 취급된다.

듣기는 여러 기술들을 포함하며, 이들 기술은 선천적인 것이기보다 학습된 것이다. 듣기에는 말하는 이에 대해 주의하기, 정확하게 청취하기, 메시지를 해석하기 및 메시지를 이해했다는 것을 표시하기의 과정들이 포함되고 이것들은 각각 학습될 수 있는 기술들이다. 이와 같은 기술들이 의사소통에서 중요함에도 불구하고, 우리는 이들 기술을 체계적으로 훈련받지 못했으며, 그 결과로 우리들은 좋지 못한 듣는이들이 되어 왔다. 그러나 듣기기술들이 학습되는 것이므로, 듣기기술들의 향상의 가능성은 충분히 있다.

듣기의 목적

듣기는 의사소통에서 메시지를 수신하는 것으로 정의되므로, 듣기의 기본적 목적은 메시지의 정확한 수신이다. 그러나 메시지의 수신이 관계에서 참가자들에 대해 어떤 기능이나 효과를 제공하는가에 따라 듣기의 목적은 즐김, 정보획득 및 도움의 세 가지로 세분될 수 있다.

즐김(enjoyment)

우리는 듣기가 단순히 즐겁기 때문에 듣는다. 즐거운 음악을 듣는 것, 익살스러운 코미디를 시청하는 것, 재미있는 드라마를 시청하는 것, 흥미있는 주제에 관해 듣는 것은 즐거움을 주고 우리는 즐거움의 경험 자체를 위해 듣는다.

정보획득(information)

사람들은 대화와 매스 미디어 속에서 정보를 얻고자 한다. 학생들은 강의에서 주로 알기 위해 듣는다. 즐김과 정보획득을 위한 듣기가 흔히 일치된다. 재미있는 유익한 강의를 듣는 것이 가장 좋은 듣기상황들이다.

도움 제공(help)

사람들은 듣기에 의해 도움을 받고 줄 수 있다. 관계들은 긍정적이고 적극적인 듣기환경 속에서 잘 되어간다.

듣기과정에서의 장애의 제거

효과적 듣기를 위해, 듣기과정에 대한 몇 가지 부정적 영향을 피하거나 감소시키는 것이 중요하다.

몰입이나 흥미의 부족

듣기에 대한 하나의 주된 장애는 몰입이나 흥미의 부족이다. 예컨대, 당신이 흥미 없는 과목에 관한 강의를 들을 때에 당신은 거의 듣고 싶지 않을 것이다. 이러한 상황에서, 당신은 듣는 척하거나, 강의자에 대해 그 강의에 대해 당신이 관심이 없다고 말하거나, 억지로 강의를 들으면서 흥미를 발전시키려고 들 수 있다.

흥미 부족은 메시지에 대한 당신의 주의나 몰입을 감소시키는 한 요인이다. 주의나 몰입을 감소시키는 하나의 중요한 요인은 당신이 메시지를 듣는 동안에 행하는 다른 활동들이다. 사람들이 대화자 이외의 사람들이나 활동들에 주의를 기울이고 있을 때, 대화에 대한 주의가 분산된다. 당신이 대화하는 동안에, 신문을 보거나, TV를 보거나, 제삼자와 이야기를 하는 것은 당신의 대화에 대한 주의 집중을 감소시켜서 상대방의 말의 내용이나 의미를 완전하게 인식하지 못하게끔 만든다.

듣는이의 만성적 몰입 부족은 의사소통과 아울러 관계에 대해 매우 부정적 영향을 준다. 결혼 성공을 예측하려는 연구에서,[22] 부부들의 담쌓기 또는 돌담쌓기(stonewalling)라는 극단적 몰입 부족의 형태가 결혼만족과 이혼을 확실하게 증가시킨다는 것이 발견되었다. 담쌓기에서, 듣는이는 얼굴을 많이 움직이지 않고, 눈마주침을 피하고, 목을 뻣뻣한 채로 유지하고, 아무런 듣기반응을 사용하지 않는다.

환경요인

환경요인들이 주의의 분산이나 방해를 일으켜서 정확하게 듣는 것을 방해한다. 강의실 밖에서 공사의 소음이 클 때에 강의를 제대로 듣기가 곤란하다. TV가 켜져 있는 상태에서 가족들이나 부부 사이의 대화는 잘 이루어지지 않는다. 그 밖에, 시각적 주의분산, 매우 춥거나 무더운 기온, 환기의 부족 등이 듣는이의 주의를 대화자 이외의 곳으로 돌림으로써 메시지를 주의깊게 듣는 것을 방해한다.

심리적 필터

듣는이의 여러 개인적 특성들이 수신되는 메시지를 선택적으로 듣게끔 만들거나 왜곡시킬 수 있다. 개인의 선입견적 생각들, 태도들, 기분들, 가정들, 고정관념들, 과거 경험들, 희망들, 기억들 및 자기개념들이 수신하는 메시지들의 의미를 거르는 일종의 체들로서 작용한다. 예컨대, 당신은 자신과 정치적 견해가 반대되는 사람의 이야기를 들으려고 하지 않고, 설사 들었다고 하더라도 당신과 반대되는 의견을 제시한 것으로 왜곡되게 기억할 것이다. 다른 예로서, 만일 당신이 어떤 사람이 과거에 비논리적이고 어거지식의 이야기를 했다는 것을 기억한다면, 당신은 그 사람의 말들을 들으려고 하지도 않고, 설사 들었다고 하더라도 그 사람의 일부의 어거지식의 주장을 주로 기억할 것이다. 따라서, 훌륭한 듣는이는 자신의 듣기에 있어서 작용할 수 있는 필터들을 제거하도록 노력한다.

정서상태

듣는이의 정서상태가 듣기를 방해할 수 있다. 큰 좌절이나 분노는 확실히 명확한 듣기를 방해한다. 듣는이의 높은 흥분과 정서적 사건들에 대한 주의집중은 정보처리를 방해한다. 따라서 듣기와 아울러 우리의 지각들은 일반적으로 정서에 의해 변화된다. 예컨대, 아기가 다쳤다는 전화를 받은 직장에 다니는 어머니는 정신이 산란해서 남들의 말에 대한 듣기와 아울러 정상적 근무에 대한 주의집중을 행하기 어렵다.

말의 속도

너무 빠르거나 느린 말이 듣기에 영향을 줄 수 있다. 너무 빠른 말은 듣는이의 순간적 수신용량을 초과하기 때문에 이해하기 곤란하다. 당신이 잘 알지 못하는 어떤 주제에 대한 빠른 설명이나 강의는 당신을 어리둥절하게끔 만들 수 있다. 듣는이의 수신능력보다 훨씬 더 느린 말은 듣는이의 주의를 다른 곳으로 분산시켜서 오히려 듣는 것을 방해할 수 있다. 우리의 뇌는 분당 500 내지 1,000개의 단어의 속도로 사고할 수 있는 반면에, 평균의 말 속도는 분당 125 내지 175개의 단어이다. 이러한 차이가 듣기에 대한 계속적 주의집중을 방해할 수 있다.

부정적 의도

듣는이들의 부정적 의도들이 명확한 듣기를 방해한다. 예컨대, 대화에서 대화를 지배하려고 혼자 대부분을 말하려고 드는 사람들이 있다. 이들은 자신이 말할 내용에 관해 생각하고 마음 속으로 연습하기 때문에 듣기를 등한시한다. 이들은 잠깐 듣고 나서 신속하게 결론으로 비약하고, 상대방의 부동의를 막고, 자신의 관점이나 해결책을 상대방에게 강제로 부과하려고 든다. 그 결과로 이들은 상대방의 말을 방해하고 신성으로 듣지 않는다.

다른 부정적 의도들은 이익을 취하거나, 말에서 이기려고 들거나, 상대방을 조작하려는 방법을 짜내거나, 가십의 경우에서처럼 정보를 나쁜 식으로 이용하거나, 실제로 관심이 없으면서도 듣는 척하기 위해서만 듣는 것이다. 거짓말을 일삼는 사람들이 마침내 그들의 정체를 드러내는 것과 같이, 부정적 의도를 가진 사람들은 일반적으로 대인관계에서 실패자가 되기 쉽다.

듣기행동을 향상시키기

위에서 제시된 듣기의 장애들을 제거하는 것이 듣기의 좋은 분위기를 조성하는 데에 도움이 된다. 그 다음에, 당신 자신의 듣기행동들을 인식하고, 듣기기술들을 향상시키고, 적극적으로 듣기에 임하는 것이 긍정적 듣기를 일으킨다.

개방적이고 주의를 기울이는 자세

듣는이의 신체 위치와 자세가 말하는이에 대해 이야기를 들으려는 의도를 전달해 준다. 우선적으로, 편안한 대화거리를 갖는 것이 기본이 된다. 앞 절에서 비언어적 의사전달의 주제에서 취급된 물리적 거리를 고려하는 것이 도움이 될 것이다. 물리적 거리뿐만 아니라, 물리적 높이가 또한 중요하다. 대화자들이 동일한 높이를 유지하는 것이 상호 교환의 좋은 분위기를 만든다. 이와 반대로, 말하는이가 서고 듣는이가 앉는다면, 듣는이는 불편을 느낄 것이다. 신체 방향이 또한 적극적 듣기에 대해 중요하다. 듣는이가 말하는이를 마주 보는 것이 필요하다. 듣는이가 말하는이를 마주 대하지 않고 옆으로 몸을 돌리는 것은 듣는이의 무관심을 전달하고 대화에 대한 관여를 감소시킨다. 말하는이를 정면으로 대하고 몸을 약간 앞쪽으로 기울이는 것이 주의깊은 듣기를 전달해 준다.

개방적이고 관심을 기울이는 신체자세를 취하는 것은 듣는이의 높은 수준의 흥미, 솔직성 및 관여를 나타내 준다. 두 다리와 두 팔을 꼬고서 앉거나, 구부리고 앉거나, 말하는이로부터 먼 쪽으로 기대는 것은 부정적 인상을 주기 쉽다. 이와 반대로, 두 팔을 양쪽에 가지런히 두거나 무릎 위에 두고, 직립된 자세를 갖는 것은 당신의 주의집중을 나타내 준다. 그러나 과도한 직립자세나 뻣뻣한 자세는 듣는이의 높은 긴장상태를 전달할 것이다. 다소 편안하고 자유로운 자세가 이상적일 것이다.

긍적적 눈마주침

대부분의 문화에서, 대화시에 눈마주침을 유지하는 것이 기대되고 있다. 실제로, 대개 눈마주침이 이루어지기 전까지 대화가 시작되지는 않는다. 말하는이를 바로 보지 않거나 눈마주침을 자주 피하는 사람은 불쾌감을 일으킬 수 있다.

예컨대, 면접시험에서 면접자를 바라보지 않는 응시자들은 부정적 인상을 받기 쉽다. 눈마주침이 부적절한 사람은 수줍음, 자신감 부족, 속임 등의 부정적 인상들을 받기 쉽다.

눈마주침을 갖는 적절한 방법들을 아는 것이 중요하다. 눈마주침은 두 사람의 시선이 서로 일치되는 것을 의미하지는 않는다. 당신은 말하는이의 코, 입 또는 귀를 포함해서 얼굴의 어느 곳에 초점을 둘 수 있다. 눈마주침의 시간을 고려하는 것이 또한 중요하다. 말하는이의 얼굴을 1 내지 7초간 지속되면서, 대화시간의 약 3/4을 바라보는 것이 권고되고 있다. 일반적으로, 말하는이는 대화시간의 절반 이하로 듣는이를 바라보며 간헐적 바라봄들은 1초 이상 지속되는 것이 드물다.[23] 듣는이를 노려보는 식으로 바라보는 것은 확실하게 권고되지 않으며, 이완된 마음자세를 갖고서 눈마주침을 갖는 것이 좋다.

안면표정

대화에서, 듣는이의 반응은 안면표정의 변화에 의해 매우 많이 전달된다. 무표정은 듣기에서 무용하며 흔히 대화를 활기 없게끔 만든다. 대화내용에 부적절한 안면표정을 피하는 것이 필요하며, 이것은 거울을 바라보면서 연습함으로써 성취될 수 있다.

머리와 신체의 운동들

듣는이의 여러 동작들이 비언어적 의사전달의 기능을 해 준다. 여러 동작들 중에서, 듣기에서 중요한 기능을 하는 것은 머리를 끄덕이는 것이다. 머리를 아래와 위로 끄덕이는 것은 당신이 주의해서 듣고 있다는 것뿐만 아니라, 상대방의 말에 동의한다는 것을 나타내 준다. 머리끄덕임을 적절한 빈도로 그리고 적절한 상황에서 행하도록 노력하라. 그 밖에, 머리를 기울이거나 어깨와 같은 신체부위를 움직이는 것이 듣는이의 반응을 전달해 줄 수 있다.

터치하기

적절한 터치나 손을 대기와 같은 것들이 효과적 듣기에 도움을 준다. 예컨대, 말하는이가 놀라거나 당황해서 제대로 말을 하지 못할 때, 두 손을 잡아 주거나 등을 가볍게 두드려 주는 것이 말하는이를 진정시키게끔 만들 수 있다. 그러나 신체부분들에 대한 터치는 허용되거나 편안한 정도에서 차이가 있다. 예컨대, 등을 가볍게 두드리는 것은 당황한 친구들이나 자녀들에 대한 하나의 격려의 신호가 될 수 있지만, 연령이나 직위에서 웃사람에 대해 사용하는 것은 부적절한 것으로 간주된다. 일반적으로 취약성 있는 신체부분들은 가까운 사람들에게만 허용된다. 일반적으로, 팔은 중립적이거나 취약성이 적은 영역으로 간주되고 있어서 편안하게 터치될 수 있는 부분이다. 터치하기가 긍정적 듣기행동의 하나가 될 수 있을지라도, 이것이 대화상대에 대해 적절하고 수용가능한 것인지를 확인할 필요가 있다.

언어반응

듣기의 주요 부분이 머리를 끄덕이는 것과 같은 비언어적 반응들에 의해 이루어지지만, 언어적 반응들이 또한 긍정적 듣기에 포함된다. 이것들은 음, 오, 저런, 그래, 알겠어, 재미있는데 등과 같은 말들로 구성된다. 비록 언어반응들이 긍정적 듣기에 도움이 될 수 있을지라도, 이것들은 말하는이의 말의 진행을 방해하지 않게끔 적절하게 사용되어야만 된다. 말하는이가 말할 때마다 정말로, 알겠어 등으로 반복해서 반응하는 것은 말하는이의 주의를 분산시키고 성가신 느낌이 들게끔 만들 수 있다.

"음"이나 "알겠어"와 같은 단순한 언어반응들 이외에, 말하는 이에게 적절한 질문을 던지는 것이 말하는 이를 고무시키는 하나의 훌륭한 방법이다. 예컨대, "당신은 그 일에 대해 어떻게 느끼고 있습니까?," "당신의 대안적 의견들은 무엇입니까?," "그 후에 무슨 일이 일어났나요?"와 같은 질문들은 말하는이가 이야기를 계속하도록 만들고, 이야기의 전체 내용과 흐름을 더 잘 이해하게끔 만들어준다. 대화의 주제와 관련 없는 엉뚱한 질문을 던지거나, 지엽적인 일들에 대해 너무 상세하게 질문하는 것은 원활한 대화를 방해할 수 있다. 질문의 유형에 있어서, 예나 아니오로 대답할 수 있는 폐쇄형의 질문보다 대화 주제에 관해서 많은 것을 이야기할 수 있는 개방형의 질문이 대화를 진전시키고 고무시키는 데에 유익하다. 예컨대, 당신은 대화를 고무시키기 위해 "당신이 말하는 내용이 흥미있습니다. 더 자세하게 이야기해 주실 수 있겠습니까?"라고 질문할 수 있다.

짧은 언어적 반응(예: 그래서, 그래요)과 질문 이외에, 말하는이의 이야기를 당신 자신의 말로 바꾸어말하기(paraphrasing)가 당신이 메시지를 받았고 이해한다는 것을 나타내 줌으로써, 말하는이의 이야기를 고무시킨다. 바꾸어말하기는 당신이 받은 메시지의 의미를 당신이 이해했던 대로 말하는이에게 되돌려 주는 것이다. 예컨대, "당신이 한 말은 ~처럼 들리네요," "당신이 말하고자 하는 것은 ~이군요," "너는 다른 아이가 너를 놀리는 것에 대해 화났나보구나" 등과 같은 반응방식들은 자주 사용되는 바꾸어말하기 형태들이다. 바꾸어말하기는 말하는이를 고무시키고 이해해 주는 데에 효과적이므로, 전문적 심리상담가들이 집중적 훈련을 통해 체득하는 중요한 상담기술의 하나이다. 따라서 이것은 그러한 훈련을 받지 못한 일반사람들이 사용하기에는 다소 부자연스러운 반응방식이다. 그러나 일반 사람들이라도, 이러한 반응방법을 익히는 것이 대화나 개인적 관계를 위해 유익하다. 바꾸어말하기의 장점은 다음과 같다.

① 말하는이는 자기의 말을 성실하게 들어 준 데 대해 고마워한다.
② 말하는이의 이야기들에 대한 듣는이의 잘못된 해석이 즉각 교정될 수 있으므로, 대화가 원활하게 진행된다.
③ 분노, 수치감, 억울함과 같은 부정적 정서들이 듣는이의 공감에 의해 이해받음으로써 감소되거나 완화될 수 있다.
④ 듣는이의 반복에 의해 말했던 것에 대한 기억이 향상된다.

요컨대, 바꾸어말하기는 말하는이의 말들과 정서들에 대해 열심히 들어 주고 공감해 주는 효과적 듣기 방법이다.

명료화시키기(clarifying)는 바꾸어말하기에서 한 단계 더 나아가서, 상대방의 이야기를 재진술할 뿐만 아니라, 질문을 통해 더 많은 정보를 얻는다. 예컨대, 한 친구가 직장에서 자기의 상사의 부당한 지시를 논리적으로 따져서 수정하게끔 만들었다고 이야기하는 것을 들었다고 하자. 이 경우에서, 듣는이는 "상사의 부당성을 논리적으로 따져서 수정했다고 했는데, 그러면 구체적으로 어떻게 논리적으로 따졌어?"라고 말할 수 있다. 이러한 반응양식에서 듣는이는 말하는이의 이야기를 자기식의 말로 바꾸어서 말했고, 자신이 궁금해 하는 점, 즉 "구체적인 논리적 대처방법"을 질문을 통해서 명확하게 규정하도록 만들었다.

짧은 언어적 반응들, 질문들, 바꾸어말하기 및 명료화시키기에 이어서, 듣기의 최종 단계인 피드백이 있다. 앞의 언어반응들은 주로 말하는이의 이야기에 대한 당신의 수용이나 이해를 나타내는 것들로서 듣는이의 느낌들, 생각들 및 관점들이 적극적으로 제시되지는 않았다. 듣기에서 피드백단계는 듣는이의 주관적 생각, 느낌 및 감각을 토대로 반응하는 단계이다. 명료화시키기에서 행했던 질문들(예: "이것이 당신이 의미했던 것입니까?," "이것이 당신이 느끼고 있는 것입니까?")을 통해 말하는이의 이야기를 명료화시킨 다음에, 말하는이는 자신의 관점과 시각을 제시하는 것으로 반응한다. 피드백을 제공하는 몇 가지 요령을 제시하면, 아래와 같다.

시 의 성

말하는이의 이야기의 흐름에 맞추어서 원활하게 자신의 생각, 느낌 등을 제공한다.

긍 정 성

말하는이의 이야기에 대해 마음의 상처를 주지 않는 방식으로 반응한다. 이것을 위해 "너" 진술방식보다 "나" 진술방식을 사용해서 정직하게 반응한다. 예컨대, "당신은 그런 상사 밑에서 어떻게 견디고 있습니까?, 당신은 결단성과 뱃장이 부족하군요"라고 말하는 대신에, "나는 당신이 그런 상사 밑에서 일하는 것이 안타깝게 여겨지네, 나는 그런 상사에 대해서 자기주장적으로 상대하는 것이 현명하다고 생각하네"라고 말한다.

지 원 성

긍정적 대화를 위해, 말하는이를 도와 주고 지원하려는 자세가 중요하다. 자신의 생각과 느낌을 제시할 때, 말하는이를 무시하거나, 깔보거나 비평하는 식으로 반응하는 것은 말하는이를 기분 나쁘게끔 만들거나 대화를 중단시킬 수 있다.

주 의

말하는이의 생각과 느낌을 정확하게 이해하는 것이 피드백의 기초가 된다. 따라서, 말하는이의 말의 내용(즉, 언어적 의사소통)뿐만 아니라, 음성과 행동(즉, 비언어적 의사소통)에 주의를 기울이는 것이 필요하다. 특히, 말하는이의 정서가 안면표정이나 음성에서 표출되기 쉬우므로, 이것들상의 미묘한 변화들에 주의를 기울여야만 된다.

부정적 듣기행동을 제거하기

훌륭한 듣기행동을 위해서 해야 될 일들을 행하고, 하지 말아야 될 일들을 행하지 않는 것이 필요하다.

하지 말아야 될 일로서, 우선적으로 말을 가로막는 것을 들 수 있다. 말을 가로막는 것이 일상적 대화와 토론에서 흔하다. 말을 가로막는 것은 진정으로 듣고 있지 않다는 분명한 신호들 중의 하나이다. 듣는이가 말을 가로막고 자기가 하고 싶은 말을 한다면, 말하는이는 말을 중단하거나, 자기의 말을 계속하거나, 상대방에 따라 주제를 바꾸어야만 된다. 만일 말하는이가 자기의 말을 계속한다면, 두 사람은 모두 듣는이가 없는 말하는이가 된다. 이렇게 되면, 의미의 전달과 공유는 불가능하게 된다.

듣는이의 제스처들과 소리들이 말하는이를 괴롭히고 부정적 의사소통 분위기를 만들 수 있으며, 그것들의 몇 가지는 아래와 같다.[24]

① 두 볼을 부풀리거나, 입가장자리를 쳐지게끔 만들거나, 눈을 동그랗게 뜨는 것
② 관심이 없다는 것을 나타내기 위해 어깨를 으쓱하는 것
③ 발이나 다리를 빠르게 위아래로 흔들거나, 손가락으로 두드리거나, 손이나 팔을 탁 치거나, 혀로 "츳", "쳇" 등의 소리를 내거나, 한숨을 짓는 것

만일 당신 자신이 위에서 제시된 행동을 행한다면, 그것들을 제거하고 감소시키려고 노력하라.

여러 듣기유형을 사용하기

위에서 제시된 긍정적 듣기행동들이 긍정적 대화를 위해 필수적인 것들일지라도, 모든 듣기가 동일하지는 않다. 상황에 따라 상이한 듣기유형들이 효과적이다.

공감적 듣기(empathic listening)

당신 자신을 상대방의 입장에 두고서, 상대방의 관점에서 보고 듣는 것, 즉 공감이나 감정이입은 매우 소중한 듣기기술이다. 공감적 듣기는 듣는이가 말하는이의 경험과 정서를 인식하고, 이것을 전달하는 것을 의미한다. "나는 당신이 그렇게 느끼거나 생각하는 것을 이해할 수 있습니다"와 같은 말은 듣는이에게 이해받고 지원받고 있다는 느낌을 주어서 대화를 유쾌하고 마음 편하게끔 만든다.

두려움, 불안, 걱정과 같은 부정적 정서들은 쉽게 표현하거나 언어화하기가 곤란하고, 따라서 개인은 그러한 불쾌한 정서들을 마음 속에 두고서 계속 괴로워할 수 있다. 그러한 상태에서 공감적 듣는이의 걱정과 배려가 실린 말을 듣는 것은 하나의 커다란 위안과 격려가 될 수 있다. 이러한 면에서, 공감적 듣기는 마음이 아픈 사람들을 상담해 주는 사람들이 갖추어야만 될 하나의 필수기술에 속한다.

공감적 듣는이는 말하는이의 부정적 정서들에 대해 언어적으로 이해해 주는 말을 사용한다. 예컨대, 친구가 취직시험에 떨어졌다고 하자. 공감적 듣는이는 그러한 말을 듣고 나서 말하는이의 정서들을 자상하게 이해하는 말을 한다. 이해해 주지 못하는 말들은 상대방의 말을 듣고 나서, 정서들을 무시하거나 부정확하게 기술하는 진술들이다. 상대방의 말의 내용과 관계없는 "자, 이제 무엇을 좀 마시자," "우리, 야구구경이나 하자" 또는 "너는 정말로 황당하겠구나"와 같은 말들이 그 예들이다. 대표적인 이해해 주는 말들은 아이가 밖에 나가서 덩치가 더 큰 아이에게 장난감을 빼앗기고 울면서 들어 왔을 때, 어머니가 해 주는 걱정과 배려가 있는 말이다(예: "네가 아끼는 장난감을 빼앗겨서, 매우 화가 나고 분통이 터졌겠구나"). 위의 취직시험에 실패했다는 말을 들은 경우에서, "네가 취직시험에 떨어졌다니 나도 걱정이 된다. 네가 그 말을 할 때, 너는 안색이 창백하고 당황하고 의기소침한 것처럼 들렸어. 그리고 나는 그 기분을 이해할 수 있어"라고 말하는 것은 상대방의 감정의 상태와 정도를 자상하게 파악하고 있으므로, 공감적 듣기에 포함시킬 수 있다.

공감적 듣기는 말의 내용뿐만 아니라, 음성과 신체언어를 통해 이루어질 수 있다. 짧은 언어반응들에 수반되는 음성이나 신체동작이 상대방의 정서상태에 대한 이해를 전달할 수 있다. 예컨대, 상대방이 좌절당한 데 대한 분노감정을 말한 경우에, "네가 매우 난처한 상황에 처했던 것처럼 들리는구나," "나라도, 그런 상황에 처했더라면 매우 좌절되었을꺼야," "네가 당했던 과정을 거의 짐작할 수 있겠어, 너는 정말로 화났겠구나"와 같은 짧은 말과 그에 일치되는 음성과 신체동작이 공감적 듣기를 위해 바람직스러울 것이다.

공감적 듣기가 대부분의 상황에서 바람직스럽다. 그러나 가끔 당신은 객관적이고 정직하게 말함으로써 말하는이를 더 잘 도와 줄 수 있다. 만일 말하는이가 판에 박힌 생각을 하고 있거나, 상황에 부적절한 감정을 나타낼 경우에, 당신은 먼저 말하는이의 정서에 대한 이해를 표현한다. 그 다음에 당신은 말하는이의 기분을 상하게 하지 않으면서 자신의 진정한 생각을 정직하게 표현한다.

감수적 듣기(receptive listening)

감수성 있는 듣기는 듣기에 충실한 것을 일컫는다. 대화할 때, 사람들은 대개 자신이 상대방의 진술을 충분하게 듣고 이해했다고 가정하고서, 자기의 진술을 행한다. 그러나 많은 경우에서, 사람들은 상대방의 말을 충분하게 듣지 않고 있다. 특히, 성급한 사람들은 상대방의 말을 대충 듣고서 자기의 말을 행하기 쉽다. 감수적 듣기의 기본 행태는 말하는이가 말하는 동안에 침묵을 지키는 것이다. 감수적 듣기에 있어서, "침묵은 금이다"라는 속담이 적절하다. 단순한 침묵에 부가해서, 성실한 듣기자세를 나타내 주는 비언어적 행동들(예: 몸을 앞으로 기울임, 얼굴을 상대방 쪽으로 돌림, 상대방의 두 눈을 바라봄)을 수반하는 것이 필요할 것이다. 상대방의 말을 충분하게 경청하기 위해, 침묵 이외에도 아래의 주의사항을 기억해 두는 것이 좋다.

말을 가로막음이 없이 듣는다

상대방의 말을 방해하는 것은 극히 성가시게 느끼게끔 만들고 또한 실제로 말을 중단시키므로, 감수적 듣기가 아니다. 대화나 토론에서, 만일 당신이 상대방의 말을 방해했다면, 상대방에게 "미안합니다"라고 말하고 상대방이 계속 말하도록 하라.

판단이나 비평이 없이 듣는다

사람들은 상대방이 말할 때에 습관적으로 판단하고 비평하면서 듣는다. 비록 판단이나 비평이 듣기에 있어서 필수적인 것일지라도, 이것들이 듣는 동안에 불쑥 튀어나와서는 안 된다. 그러면 말하는이는 말을 방해받고, 방어적으로 반응하게 되고, 결과적으로 충분한 진술을 행하지 못하게 된다. 판단이나 비평은 듣는이가 반응할 차례가 될 때에 비로소 제시되더라도 늦지 않는다. "오, 저런"이나 "똑똑한 당신이 그렇게 행동하다니" 등과 같은 상대방의 말에 대한 언급들은 부정적 판단의 형태들이다. 부정적 판단이나 비평을 들은 사람은 자신이 잘못되었다는 일종의 공격을 당하는 입장에 처하게 되고, 그 결과로 방어적 반응(예: 할 말을 다하지 않거나, 부정적 감정을 드러내는 것)을 보이게 된다. 감수적 듣기에서 판단과 비평에 대한 충동을 억제하는 인내가 필요하다.

한 술 더 뜨기(one-upping)가 없이 듣는다

습관적으로 또는 말하는이의 진술에 관련시키기 위해, 사람들은 말하는이가 진술하는 것보다 더 극적이거나, 흥미있거나, 좋거나, 나쁜 것을 이야기한다. 이러한 말은 상대방의 경험을 무시하거나 부정하는 의미를 전달하고, 따라서 말하는이는 좌절을 경험하고 더 이상 이야기를 하고 싶어하지 않게 된다. 예컨대, 어떤 사람이 첫 데이트에서 거절을 당해서 기분이 매우 나쁘다고 말하는 데 대해, 듣는이가 "그것은 아무 것도 아니야, 나는 3년간 사귄 사람과 헤어졌어, 내 기분이 어떤지 알겠니?"라고 말할 수 있다. 또는 어떤이가 자녀가 돈을 대주어서 처음으로 제주도여행을 가게 되었다고 이야기하는 데 대해, 듣는이가 "그래요, 나는 자녀가 돈을 대주어서 남미여행을 가게 되었어요, 지난 번에는 자녀가 유럽여행을 보내 주었어요"라고 말할 수 있다.

한 술 더 뜨기의 듣기방식은 일종의 자기자랑의 형태로서 대화나 관계에서 필요한 겸손과 반대되는 것이며, 결코 좋은 반응이나 인상을 일으키지 못한다. 만일 당신이 이것을 인식했다면, 앞으로 실수하지 않게끔 조심하라. 그리고 대화중에 당신이 이러한 실수를 알아챘다면, 당신의 대화 지배를 인정하고, 말하는이가 이야기를 계속하도록 만들어라.

성급한 충고와 문제해결을 제시하지 않고서 충실하게 듣는다

사람들은 타인의 곤경이나 문제를 듣고서, 신속하게 충고하거나 문제해결방법을 제시하려고 든다. 성격적으로, 사고형(또는 논리형)의 사람들은 신속하고 효과적인 문제해결을 추구하기 때문에 즉각적으로 충고하고 문제해결방법을 제시하려고 든다. 이와 비슷하게, 감정형의 사람들은 타인의 정서에 너무 많이 공감하기 때문에 강박적으로 충고하고 문제해결방법을 제시하려고 든다. 예컨대, 어떤 사람은 자녀와의 대화에서 곤란을 겪는다는 말을 듣고서, "나는 자녀와의 대화를 위한 좋은 책들을 알고 있는데, 노트에 적어 드릴테니 읽어보십시오"라고 반응한다. 또한 어떤 사람이 데이트상대와의 관계에 대해 곤란을 겪고 있다는 말을 듣고서, "나는 당신이 그러한 관계를 하루 빨리 끝내야 된다고 생각합니다"라고 반응한다.

사람들이 곤경이나 문제를 이야기할 때, 그들은 불안하고 괴로운 심정을 갖고 있다. 그들에 대해 우선적으로 필요한 것은 충고나 문제해결이 아니라, 불안하고 괴로운 심정을 표현하고 위안을 받는 것이다. 따라서, 그들에 대해서는 공감적으로 그리고 감수적으로 들음으로써, 그들이 자신의 정서를 표현하고 진정시킬 기회를 갖는 것이 우선적으로 중요하다. 충고와 문제해결방법의 제시는 그 다음의 일이다.

지시적 듣기(directive listening)

듣는이는 말하는이에 관련된 어떤 문제들을 효과적으로 해결하거나, 말하는 이에 대해 의사결정을 신속하게 행하기를 원할 수 있다. 예컨대, 취업면접자는 응시자의 경력과 능력을 알아보기 위해 몇 가지 질문을 사용해서 응답하도록 만든다. 여기에서, 면접자는 피면접자의 말이나 응답을 특정의 방향으로 지시하거나 통제하고 있다. 취업면접의 상황뿐만 아니라, 사업적 거래들과 각종 상담들에서도 지시적 듣기가 사용된다. 학교와 가정에서 교사들과 부모들이 또한 지시적 듣기를 사용할 필요가 있을 수 있다.

지시적 듣기에서 말하는이보다 듣는이가 더 많은 말을 행하며, 그러한 말들은 기본적으로 질문형태를 취한다. 5가지 종류의 질문들이 지시적 듣기에서 사용되며, 이것들은 효과성이 많은 순서에 따라 개방형질문, 다수질문, 폐쇄형질문, 유도질문 및 이유질문이다.

개방형질문(open questions)은 말하는이가 대화내용을 자유롭게 선택해서 말하도록 만드는 질문들이다. 예컨대, 취업면접자는 응시자의 경력과 능력을 알아보기 위해 "당신은 지금까지 어떤 일을 해 왔습니까? 언제, 어디에서, 무엇을 그리고 어떻게 해 왔는지를 말해 주십시오"라고 질문한다. 이러한 형태의 질문에 대해, 말하는이는 길게 자신의 경력이나 능력에 관해 답변하게 된다.

다수질문(multiple questions)은 말하는이에게 한 번에 한 개 이상의 응답을 요구하는 것이다. 예컨대, 취업면접자는 "당신의 장단점들은 무엇이고, 당신은 어떻게 향상할 수 있겠습니까?"라고 질문할 수 있다. 이러한 형태의 질문은 말하는 이에게 혼란을 일으켜서 조리 있고 충분한 답변을 하지 못하게끔 만들고, 따라서 듣는이는 원하는 완전한 답변을 얻기가 곤란하다.

폐쇄형질문(closed questions)은 선택형시험과 비슷하게 "예"나 "아니오" 또는 한두 마디나 소수의 단어로 대답할 수 있는 질문이다. 이러한 질문에서, 말하는 이의 응답의 선택 폭은 매우 좁다.

유도질문(leading questions)은 말하는이에게 특정 방식으로 반응하도록 의도적으로 고안된 질문형태이다. 이것은 말하는이에게 지시를 행하는 하나의 위장된 방법이다. 예컨대, “당신은 그들이 제시한 방법을 따르는 것이 현명하다고 생각되지 않습니까?”라는 질문은 그러한 방법들을 따르라는 지시를 질문의 형태로 제시하고 있는 것이다.

마지막으로, 이유질문(“why” questions)은 말하는이에게 자신의 선택과 의사결정의 이유를 질문하는 것이다. “당신은 무슨 이유로 그런 선택을 했습니까?” 또는 “당신은 왜 그런 행동을 했습니까?”와 같이, 말하는이의 행위에 대한 질문은 말하는이의 행위에 대한 의문과 비난을 내포하기 쉽다. 그에 따라, 말하는이는 변명과 같은 방어적 반응들과 긴장의 반응들을 보이기 쉽다. 이러한 이유를 직접 묻는 것 대신에, 말하는이의 결정과정이나 결정의 근거들을 질문하는 것이 더 바람직스러울 것이다.

이 장에서, 논의된 주요 주제들에 관한 하나의 요약적 제안들을 보기 위해 표 2-2와 표 2-3을 참조하라.

표 2-2 의사소통의 문제들과 장애들을 극복하기

1. 수신자(듣는이)를 이해하라.
2. 패러다임들의 차이를 논의하라.
3. 방어적 의사소통을 최소화하라.
4. 다수의 채널을 사용하라.
5. 언어적 및 비언어적 피드백을 사용하라.
6. 긍정적 태도를 보여라.
7. 설득 커뮤니케이션을 사용하라.
8. 적극적 듣기를 행하라.
9. 스트레스가 있는 대화에 대비하라.
10. 메타 커뮤니케이션(즉, 주고 받는 말 자체의 의미에 관한 의사소통)을 행하라.
11. 의사소통 스타일상의 성차들을 인식하라.

표 2-3 적극적 듣기를 위한 제안들

1. 당신의 상대가 말하고 있는 동안에, 열심히 바라본다. 이와 동시에, 계속적 눈마주침을 유지한다.
2. 당신이 말할 차례를 참고서 기다린다. 효과적 듣기에 대한 하나의 공통적 장애는 상대방이 말하고 있는 동안에 정신적으로 어떤 대답을 준비하고 있는 것이다.
3. 가끔 동의의 표시로서 당신의 머리를 끄덕인다.
4. 계속적으로는 아니지만, 주기적으로 "음음," "어어"와 같은 듣고 있다는 표시를 말한다.
5. 상대방이 말하는 것을 고무시키기 위해서 개방형 질문을 행한다. 예컨대, "당신은 그 점에 대해 동의합니까?"라고 질문하는 것 대신에 "당신은 그 점에 대해 어떻게 생각합니까?"라고 말함으로써 더 많은 대화를 고무시킬 수 있다.
6. 상대방의 말의 내용이나 의미를 반성해 본다. 상대방이 말하고 있는 바를 다른 말로 표현하고 요약한다.
7. 상대방의 느낌들을 반영해 본다. 느낌의 반영 반응들은 대개 "당신은 …을 느끼는군요"라고 말하는 것이다.
8. 당신의 말하기와 듣기의 비율은 대충 1 대 5로 유지한다. 다시 말하면, 당신의 대화 시간 중의 20%를 말하기에 사용하고 80%를 듣기에 사용하는 것이 훌륭한 듣는이로서 지각되게 된다.
9. 상대방이 말하고 있는 어떤 것이 당신에게 유익할 수 있는지를 스스로 생각해 본다. 이러한 시각의 유지는 당신에게 대부분의 듣기에서 유익함을 얻게 해 줄 것이며 당신이 열심히 듣게끔 동기를 높여 줄 것이다.

요 약

의사소통은 모든 관계의 핵심 요소를 이룬다. 효과적 의사소통능력은 일상생활, 취업, 직장에서의 승진 등과 같은 상황들에서 우리에게 도움을 준다.

의사소통의 한 모형은 효과적 의사소통이 일어나기 위해 송신자, 수신자, 메시지, 채널, 환경 및 방해물의 6개 요소가 관여된다고 본다. 의사소통의 과정은 기본적으로 말하기와 듣기로 구성되어 있다.

정보의 전달과정인 말하기는 무엇을, 어떻게 전달하는가에 의해 결정된다. 말하기에 있어서 특히 중요한 사항은 개방성, 효과성 및 비언어적 의사전달이다. 말하기의 개방적 스타일은 상대방에게 의견이나 생각을 표현할 기회를 제공하는 식의 스타일이다. 말하기의 효과성에 관련된 지침들은 직접성, 직설성, 명료성, 즉각성, 지원성 및 효율성과 대화의 공유이다.

의사소통에서 정보는 언어적 의사소통과 비언어적 의사소통이 두 가지 채널을 통해 전달된다. 비언어적 의사소통은 음성의 변화들인 부언어와 제스처와 같은 신체언어로 이루어진다. 부언어는 리듬, 억양과 음성의 높이, 음성의 크기, 속도 및 발음의 요인들을 갖고 있다. 신체언어는 신체운동, 신체위치 및 대인적 거리의 요인들을 갖고 있으며, 대부분의 언어적 메시지들에서 의미의 절반 이상을 전달한다.

효과적 말의 내용이 훌륭한 의사소통과 긍정적 관계의 증진에 필요하다. 대화내용은 개인이 자기에 관련된 부분들을 얼마나 많이 공개하는가에 따라 5개 수준으로 구분될 수 있다. 대화에서, 상대방이 제시하는 말들이나 단어들을 이해하는 것이 필수적이다. 말이나 단어의 이해에서 불이해나 오해의 근원들은 어의, 방언, 편견적 언어, 외국어, 정서적 어구, 은어와 비속어 및 어휘와 문법이다.

자기개방은 개인적 정보를 드러내 놓음으로써 자기를 알리게끔 만드는 것이다. 자기개방의 수준은 기본자료, 선호, 신념 및 느낌의 4개의 수준으로 구분될 수 있으며, 이것들은 개방의 위험성에서 차이가 있다. 두 사람 사이에서 개인에 대한 정보의 인식은 4가지 패턴을 가질 수 있다.

사람들이 자기개방에 의해 서로를 알고 이해할 수 있지만, 자기개방에 대한 몇 가지 장애들이 있다. 그것들은 자기개방에 대한 개인의 두려움, 자기개방을 금지하는 학습경험 및 개인적 성격과 태도이다. 자기개방은 관계발전과 친밀성증진에 도움이 되며, 특히 자기이해와 자기존중을 향상시키고, 정신건강과 신체건강을 향상시키고, 가까운 관계의 발전, 의사소통 및 관계의 즐거움의 면에서 유익하다. 효과적 자기개방에 관련된 몇 가지 방법이 있다.

찬사를 주고 받는 것이 관계향상에 큰 도움이 된다. 찬사를 제공하기 위한 지침들은 찬사의 제공의 상황 인식, 능력이나 자질보다 노력에 더 많이 초점두기, 찬사의 진실성과 제삼자의 칭찬을 인용하기가 포함된다. 찬사를 받는 데에 있어서, 겸손한 자세와 상호 찬사의 제공이 필요하다.

비평에 대한 반응양식이 관계에 대해 큰 영향을 준다. 비평에 대한 반응은 부적절하고 부정적인 반응들과 긍정적 반응들로 구분될 수 있다. 비평에 대한 부정적 반응들은 공격적 반응과 방어적 반응이 있다. 비평에 대한 긍정적 반응은 주장적 반응스타일을 사용하는 것이다. 비평에 대한 주장적 반응스타일은 상황에 따라 상이한 절차를 따른다. 그것들은 비평에 동의할 경우, 비평을 이해하지 못할 경우 및 비평에 부동의할 경우를 포함한다.

타인의 불쾌한 언어패턴에 대해 긍정적으로 반응하는 방법들은 자신의 의견의 주장적 진술, 자신의 느낌의 표현 및 다른 대안들을 제시하기를 포함한다. 언어적 학대에 대한 대처의 첫 번째 단계는 언어적 학대의 인식이고, 두 번째 단계는 학대에 대한 자기주장적 반응이다.

타인의 행동을 정확하게 지각하는 것이 대화와 아울러 관계에 대해 중요하다. 지각은 감각자료와 해석의 과정을 통해 형성된다. 지각의 정확성을 검토하기 위해 감각자료와 해석을 기술하는 것이 필요하다.

타인의 행동에 대한 지각 이외에도, 우리는 타인의 행동에 대한 정서, 원함 그리고 자신의 행동에 대한 인식들을 갖고 있다. 타인의 행동에 대한 개인적 인식은 감각, 사고, 느낌, 원함 및 행위의 5개 차원으로 구성되어 있다. 실제의 인식차원들은 고정된 순서로 표현될 필요는 없다.

듣기는 여러 기술을 포함하며, 주로 학습된 것이다. 듣기의 목적은 즐김, 정보획득 및 도움의 세 가지로 구분될 수 있다. 효과적 듣기를 위해 듣기과정에서의 장애들을 제거시키는 것이 중요하다. 그것들은 몰입이나 흥미의 부족, 환경요인, 심리적 필터, 정서상태, 말의 속도 및 부정적 의도를 포함한다.

듣기행동을 향상시키기 위해, 개방적이고 주의를 기울이는 자세, 긍정적 눈마주침, 안면표정, 머리와 신체의 운동들, 터치하기, 언어반응, 부정적 듣기 행동의 제거가 필요하다. 듣기에서, 언어적 반응들은 짧은 언어적 반응, 질문, 말을 바꾸어말하기(paraphrasing), 명료화시키기 및 피드백을 포함한다. 피드백을 제공하는 요령에서 중요한 것들은 시의성, 긍정성, 지원성 및 주의이다.

상황에 따라, 상이한 듣기유형들이 효과적이다. 그것들은 공감적 듣기, 감수적 듣기 및 지시적 듣기를 포함한다.

제 3 장

갈등해결

개인생활과 아울러 직장생활에서 갈등은 매우 보편적이고 심각한 문제이다. 갈등은 가까운 개인적 관계들에서 매우 흔하다. 가까운 친구 사이에서도 때때로 의견차이와 그로 인한 말다툼으로 서로 괴로워한다. 심지어, 가장 큰 사랑과 행복이 기대되는 연인들과 부부들 사이에서도 갈등은 매우 보편적이고, 이것으로 인한 정서적 및 사회적 결과들은 매우 심각하다. 예컨대, 산업화된 국가들에서 이혼율은 거의 50%에 가깝다. 그리고 이혼으로 인한 관여된 당사자들과 자녀들의 정신적 및 신체적 스트레스는 그들의 건강과 안녕을 위협하는 수준에 이른다.

갈등은 또한 직장을 포함하는 다양한 집단들 속에서도 매우 보편적이다. 직원들 간의 의견불일치나 말다툼, 부하와 상사 간의 갈등, 노조측과 경영자측 간의 갈등 등은 집단들 내에서 일어나는 갈등의 대표적 예이다. 우리는 노사갈등으로 인한 데모와 파업으로 회사원들과 경영자들의 고통과 경제적 손실을 수없이 목격해 왔다. 양측의 매우 큰 손해에도 불구하고, 그들은 서로 양보하지 않고 타협하지 않는다. 그리하여 극단적인 경우에서, 회사가 파산하여 경영자와 아울러 직원들이 모두 심각하고 결정적인 경제적 및 정신적 타격을 입는다.

이와 같이, 우리의 개인생활과 아울러 직장생활에서 갈등이 보편적이라는 증거들은 사람들의 전반적 삶에 있어서 갈등이 매우 보편적이라는 결론을 내리게끔 만든다. 그리하여 갈등을 취급하는 대부분의 교과서들은 갈등이 인간의 불가피한 현상이라는 것을 지적하면서 시작한다. 갈등이, 특히 집단들에서 하나의 불가피한 현상이 되는 이유는 집단 내의 사람들이 서로 영향을 준다는 사실에 기초되어 있다. 이것은 집단들에서의 사람들의 상호의존성(interdependency)이라고 한다.[1] 사람들은 생각이나 의견의 면에서 타인들에게 영향을 주고(정보 상호의존),

이익이나 이해관계의 면에서 타인들에게 영향을 준다(결과 상호의존). 이러한 상호의존성은 사람들 간에 생각이나 의견 그리고 이익에 있어서 불일치나 차이를 내포하고, 따라서 갈등이 사람들의 관계에서 필연적이라는 결론을 내리게끔 만든다.

갈등에 관해서 다양한 정의들이 제시되고 있다. 갈등이란 목표들, 가치들 또는 사건들이 부조화하거나 배타적인 상황이라고 정의되기도 하고,[2] 더욱 간단하게, 의견들이나 이익들의 차이에 기인되는 불일치들이라고 정의된다.[3]

따라서, 갈등은 생각이나 의견, 성격이나 행동, 목표나 가치(이익을 포함함)의 차이들, 불일치들 또는 부조화들이 있는 상황이라고 정의될 수 있다.

이러한 정의와 관련해서, 갈등은 경쟁, 투쟁이나 싸움, 말다툼, 방해, 혼란 등과 같은 부정적 상호작용이나 영향의 상황들을 포함한다. 일반사람들이나 재벌들에서, 재산상속에 관련한 가족들 간의 갈등으로 인한 말다툼, 폭행, 심지어 살인과 법적 소송들이 대표적 예에 속할 것이다. 또한 북한의 게릴라부대가 남한의 전방이나 후방에 침투해서 혼란과 방해를 일으킨 사건들, 천안함사건 등도 갈등에 속할 것이다.

이 장에서, 우리는 갈등의 구분, 갈등의 보편적 근원, 갈등의 결정요인과 과정, 갈등의 결과 및 갈등예방기법을 포함하는 갈등관리기법을 취급할 것이다.

갈등의 한 구분

갈등은 남편과 아내나, 부하와 상사와 같이 두 명의 개인들 사이에서만 존재하는 것은 아니다. 갈등은 개인 내에서도 존재할 수 있다. 개인적 갈등 또는 심리적 갈등은 개인의 사고, 행동 및 동기 사이에서 존재하는 불일치나 부조화를 일컫는다. 이러한 개인 내 갈등의 분야에서, 개인적 건강, 스트레스 또는 적응에 대한 중요한 한 근원으로서 갈등이 취급되고 있다. 갈등은 또한 개인과 개인 사이, 개인과 집단 사이, 그리고 집단과 집단 사이에서 존재할 수 있다.

개인 내 갈등

이것은 개인의 생각이나 의견, 욕구나 목표 및 행동 사이의 불일치나 부조화가 존재하는 상황이다. 이것은 개인적 또는 심리적 갈등이라고 일컬어지며, 정신건강, 스트레스, 적응에 큰 영향을 주는 것으로서 밝혀지고 있다. 예컨대, 부모의 잔소리에 대해 부모에게 충동적으로 반항하는 말을 하고서 후회하는 청년을 고려해 보자. 이것은 부모의 잔소리로 인한 고통이나 좌절에 기인된 공격욕구의 표현과 부모에 대해 순종하고 효도하라는 도덕적 가치나 목표 사이의 부조화 상태이다. 이러한 개인 내 갈등은 개인에 대해 심한 죄의식과 그로 인한 심리적 고통으로, 개인의 정신건강과 신체건강을 해칠 수 있다.

개인 내 갈등은 차후에 제시되는 다른 갈등들에서도 생길 수 있으며 또한 그것들에 영향을 줄 수도 있다.

개인 간 갈등

이것은 두 사람의 생각이나 의견, 성격이나 행동, 욕구나 가치가 차이 있거나 부조화한 상황이다. 두 명의 친구들과 부부 사이의 갈등이 대표적 예들이다. 미디어에서 흔히 보도되는 상속재산을 둘러싼 형제들 간의 말다툼, 폭행 및 법적 소송의 예들은 개인 간 갈등의 심각한 수준에 속한다.

개인과 집단 간 갈등

여러 집단들에서, 집단의 욕구와 가치가 개인의 것들과 불일치하거나 부조화할 수 있다. 가정적 수준에서, 집안의 전통이나 가문을 이어서 의사나 학자가 되라는 가족들의 압력에 반항해서 예술분야를 택하는 청년이 한 예일 수 있다. 직업수준에서, 어떤 사원은 직장의 임금이나 분위기가 자신의 개인적 기대수준이나 취향과 맞지 않을 수 있다.

집단과 집단 간 갈등

집단과 집단 간에 가치나 이익 또는 생각들이나 이데올로기가 불일치되거나 부조화할 수 있다. 회사 내에서 팀과 팀 사이의 경쟁, 팀들과 관리측 사이의 견해 차이, 회사들 간의 사업경쟁, 지역주민들 간의 경쟁(예: 영·호남 간 갈등) 또는 국가들 간의 불화와 전쟁이 대표적 예들이다.

갈등 당사자들을 개인과 집단의 차원에서 구분하는 위의 갈등의 구분들 이외에도, 갈등의 근원(예: 의견이나 이익), 갈등의 표면화(숨겨져 있는 것과 표면적인 것), 갈등의 표현(예: 냉전과 열전) 등의 차원들에 따라 여러 가지 갈등의 구분이 있을 수 있다. 이하에서 우리는 개인과 집단 차원의 갈등의 구분 중에서, 주로 개인 간 갈등을 취급할 것이다.

갈등의 보편적 근원

많은 다양한 갈등들이 개인들 간에 존재하며, 그것들은 갈등의 당사자들이나 외부 관찰자들이 쉽게 확인할 수 있는 것들과 확인하기 곤란한 것들의 범위에 걸쳐 있다.

쉽게 확인가능한 갈등의 근원들은 부루퉁한 목소리로 인사한 것이나, 약속시간에 늦은 것과 같이 갈등의 당사자들이 쉽게 확인할 수 있고, 흔히 논쟁이나 말다툼의 주제가 되는 것이다. 이것들은 숨겨져 있는 갈등원들에 대비되어서, 표면적 갈등(surface conflict)이라고 일컬어진다. 이와 달리, 갈등의 당사자들이나 외부 관찰자들이 갈등의 근원을 확인하기 곤란한 갈등들이 있다. 이것들은 대개 부정적 정서들, 예컨대 싫어함이나 기분상함, 당황, 분노, 불신 또는 질투와 같은 것들에 바탕을 둔 것들이다. 이것들은 주로 개인의 내부에서 진행되는 심리적 과정들로서, 외부적으로 드물게 드러나고, 따라서 숨겨져 있는 갈등원으로서 갈등 당사자들이 확인불가능하거나 곤란하고, 따라서 갈등의 당사자들에 의해 처리되거나 해결되기가 곤란하다. 이러한 갈등원들에 기초된 갈등은 숨겨져 있는 갈등(hidden conflict)이라고 일컬어진다.

많은 표면적 갈등들이 숨겨져 있는 갈등에서 비롯될 수 있다. 예컨대, 앞에서 지적된 부루퉁한 목소리로 인사하는 것이나, 약속시간에 늦은 것은 상대방에 대한 싫어함, 즉 부정적 정서의 표출들이나 표면화일 수 있다. 숨겨져 있는 갈등이 표면적 갈등을 일으키는 것만은 아니다. 표면적 갈등들이 장기간에 걸쳐 자주 발생하게 되면, 그에 부수되는 부정적 정서들이 계속 증가되고, 따라서 숨겨져 있는 갈등으로 전환될 수 있다.

숨겨져 있는 갈등은 갈등의 당사자들에 의해 확인되기가 곤란하기 때문에, 당사자들에 의한 집중적이거나 심층적 토론에 의해서 또는 전문 심리상담가들의 도움을 받아서 비로소 확인되고 처리될 수 있다. 반면에, 표면적 갈등은 갈등의 당사자들에 의해 비교적 쉽게 갈등원들이 확인되고 처리될 수 있다. 사람들 사이의 갈등들에서 보편적으로 발생되는 갈등원들은 아래와 같다.

자원에 대한 경쟁

사람들에 대해 가치 있는 많은 자원들이 있다. 이러한 자원들은 금전, 재물, 주택, 그리고 조직의 경우에서, 부서의 예산, 사무실공간, 장비, 인력과 같은 자원들은 물리적 형태를 취하고, 따라서 유형자원들이라고 한다. 반면에, 중요한 타인들로부터 얻을 수 있는 사랑이나 애정, 주목, 안정 및 수용은 심리적이고, 따라서 물리적 형태를 취하지 않으므로, 무형자원들이라고 한다.

이러한 유형과 무형의 자원들은 사람들에 대해 가치 있는 것이므로, 이것들에 대한 소유욕구를 일으키고, 소유욕구가 대개 과도하거나 무한하므로 사람들 간의 경쟁을 낳게 된다.

특정한 직위에 승진하려고 노력하는 사원들이나 군인들, 일류대학에 진학하려는 대입수험생들, 정부예산을 사용하고자 하는 정부의 각 부처들, 심지어 미국이나 중국과 같은 강대국들의 영토확장과 자원확보의 경쟁들의 예에서 보이는 것처럼, 자원경쟁은 개인수준에서 조직수준과 국가수준에 이르기까지 매우 보편적이며, 사람들은 이러한 현상의 보편성에 인상을 받아서 현대 사회를 "무한경쟁"의 사회라고 일컫고 있다. 이러한 갈등원들은 자원들이 개인, 조직, 사회 및 국가 수준들에서 매우 가치 있고, 따라서 무한하고 강력한 소유욕구를 유발시키므로 불가피하고 필연적인 갈등원들이다.

목표의 차이

집단들이나 조직들 내에서, 개인들이나 하위집단들과 전체 집단의 목표들 사이에서 차이가 있을 수 있다. 한 집단 내에서 멤버들 사이에 목표의 차이들은 집단 내 갈등(intragroup conflict)을 일으키고, 하위집단들 사이의 목표의 차이들은 집단 간 갈등(intergroup conflict)의 형태들을 취한다.

집단 내 갈등과 하위집단 간 갈등은 한 끈으로 묶여 있는 사람들이 서로 다른 방향(또는 목표)으로 가려고 할 때에 생기는 결과를 낳는다. 전체 집단의 면에서, 멤버들이나 하위집단들은 각각 제갈길로 가려고 들며, 따라서 집단의 목표는 달성되기가 곤란하다.

가정수준에서, 남편은 여가와 유흥 활동들을 좋아하고 아내는 저축과 재산 증식을 소망할 때, 이들 부부의 목표는 불일치되며 갈등의 소지는 매우 크다. 조직수준에서, 개인들은 개인적 이익의 목표를 갖고 조직은 조직생산성의 목표를 갖고 있을 수 있다. 매스 미디어에서 자주 보도되는 바와 같이, 정부공무원들(특히, 세무공무원, 경찰공무원과 같이 권력이 많은 기관의 공무원들)은 횡령이나 착복의 개인목표에 초점을 두기 쉽다. 다른 한편으로, 이들 정부기관은 공정, 청렴, 국가이익과 같은 개인이익과 상충되는 목표를 갖고 있다. 한 조직 내에서도, 하위부서들 간에 목표의 차이가 있을 수 있다. 어떤 회사에서, 재무부서는 비용을 절감하려는 목표를 갖고 있고, 광고와 마케팅부서는 광고와 선전비를 증액시키려는 목표를 갖고 있다. 따라서 이 두 부서는 갈등상황에 당면하게 되기 쉽다.

태도, 가치 및 지각의 차이

많은 갈등이 태도들, 가치들 및 지각들에서의 차이들로부터 생긴다. 사람들은 타인이 자신과 여러 측면에서 유사한 태도를 가질 때에 호감을 갖고, 비유사한 태도를 가질 때에 비호감이나 싫어함을 갖는다. 태도유사성의 비율에 따라 타인에 대한 호감과 비호감의 정도가 좌우된다는 연구들이 있다.[4] 일상생활의 예로서, 당신과 상대하는 사람이 여러 면에서 다른 태도를 갖고 있다고 하자. 당신은 운동을 좋아하고, 담배를 피우고, 술을 마시고, 남들과 어울리는 것을 좋아하고, 성미가 느긋하고, 털털한 복장을 좋아한다. 반면에, 상대방은 이러한 당신의 행동들이나 습관들을 모두 싫어한다. 이런 경우에서 두 사람은 서로 어울리는 친구가 될 것인가? 아마 이 두 사람은 여러 면에서 상이한 태도를 갖고 있고, 따라서 서로 비호감을 갖고, 사소한 다른 일들에 대해서도 또한 상이한 태도를 갖게 될 때 갈등상황에 처하기 쉽다. 다른 예로서, 회의석상에서 어떤 사람이 당신이 매우 좋은 아이디어라고 제안한 것에 대해 혹평하는 발언을 했다고 하자. 당신은 정반대되는 의견에 당황하고 좌절을 느끼고 자신이 바보처럼 여겨질 수 있고, 그 사람에 대해 매우 기분나쁜 감정을 발전시킬 수 있다.

역사적으로, 종교의 차이나 이데올로기의 차이(예: 공산주의 대 자본주의)는 집단들 간과 개인들 간의 큰 갈등을 일으켜 왔다. 종교의 차이에서 비롯된 갈등은 오늘날의 마호메트교와 기독교 간의 갈등이나 아프카니스탄 전쟁과 같이 전인류와 세계적인 문제가 되고 있고, 이데올로기의 차이는 수백만 명 이상의 살상을 일으켜 왔다(예컨대, 우리나라의 6·25전쟁에서 군인과 민간인의 대량살상, 캄보디아의 공산화과정에서 수십만의 지식인들이 살해된 것).

태도들 중에서, 특수한 행위방식이나 인생의 궁극적 상태에 관련된 태도를 가치(value)라고 한다. 우리의 가치들은 우리의 행동을 인도한다. 우리의 속담에 "개같이 벌어서 정승같이 산다"라는 것이 있다. 이러한 속담을 개인적 가치로서 갖고 있는 사람은 부지런함과 부유함에 가치를 두고 있는 사람이다. 따라서, 이 사람은 남들에 대한 체면을 고려하지 않고 부지런하게 일하고, 부유함을 증가시켜 나갈 것이다. 사람들이 중요한 가치들에서 차이가 있을 때, 그들은 태도의 차이들의 경우에서처럼 서로 비호감이나 갈등을 경험한다. 예컨대, 신앙생활에 가치를 두는 사람은 이것을 무시하는 사람과 갈등상태에 빠지기 쉬울 것이다.

태도들과 가치들은 사물들에 대한 신념들이나 믿음들을 내포하며, 이러한 신념들은 관련된 사물들과 사람들에 관한 믿음들에 영향을 준다. 예컨대, 매우 신앙적인 사람은 타인의 신앙적 행동을 긍정적으로 보거나 지각할 것이며, 신앙심이 없는 사람은 타인의 신앙적 행동을 미신적이거나 괴상한 짓으로 지각할 것이다. 이러한 지각의 차이들은 사람들 간의 근본적 차이로서 해석될 수 있으며, 갈등의 한 근원이 될 수 있다.

태도와 가치의 차이와 이것들에 기인된 갈등에 관련해서, 문화들 간의 차이에 기인된 갈등을 고려할 수 있다. 오늘날, 경제활동은 지구화되어 가고 있고, 교통과 통신의 발달은 지구화를 촉진시키고, 따라서 문화차이에 기인된 갈등을 고려할 필요가 있다. 조직이나 집단 상황에서 상호작용할 때, 문화적 가치들의 차이가 다국적 회사의 직원들 간의 효과적 상호작용을 방해할 수 있었으며, 문화차이에 기인된 갈등을 관리하기 위해 양측은 서로의 관점을 이해할 필요가 있다. 문화차이를 이해하는 방법 중의 하나는 문화들의 가치들을 조사하는 것이다. 연구자들은 8개의 문화적 가치를 확인했다. 이것들에는 개인주의-집단주의 차원, 권력위계의 인정-불인정 차원, 불확실성 회피 차원, 물질주의-타인들에 대한 배려 차원, 장기적 시각-단기적 시각 차원 등이 있다. 이러한 가치차원들상에서 상이한 문화의 사람들이 함께 일하거나 상대하게 될 때, 이들은 가치들의 차이에 기인되는 갈등을 불가피하게 겪게 된다.

성격차이와 곤란한 성격들

일상생활과 직장생활에서 많은 갈등이나 의견불일치들이 사람들이 성격적 차이나 충돌로 인해서 서로 싫어하기 때문에 생긴다. 사람들은 성격적 속성들, 선호들, 흥미들, 가치들 및 여러 가지 스타일들(예: 대인관계스타일, 리더십스타일, 의사소통스타일 등)상에서 차이가 있다. 이러한 차이들은 부정적 관계들을 일으켜서 긍정적이거나 호감 있는 개인관계나 직장 내 관계를 유지시킬 수 없게 되지만, 관여된 사람들은 흔히 자기들이 왜 서로 싫어하는지를 명확하게 이해하거나 설명하는 데에 곤란을 갖는다.

특히, 곤란한 성격을 지닌 사람들(difficult people)은 갈등의 발생가능성을 더욱 증가시킨다. 이들은 비합리적이고 비이성적인 행동패턴들에 사로잡혀 있으며, 곤란한 행동패턴을 계속 유지하고 그로 인해 갈등을 처리하는 방식이 부적응적이고 파괴적으로 되기 쉽다.[5] 곤란한 사람들은 자기 자신을 표현하거나, 타인들의 행동을 고의로 조작하거나, 타인들을 열등하게 느끼게끔 만들기 위해 고함치거나, 불평하거나, 비꼬는 것과 같은 문제가 되는 대인적 행동을 만성적으로 사용한다.

곤한한 사람들은 두 가지 행동패턴들 중의 하나를 과도하게 보인다. 즉, 이들은 과잉 공격적이거나 과잉 수동적이다. 과잉 공격적인 사람들은 일상적인 의견불일치들에 대해 상대방을 깔보고 상대방의 자존심에 상처를 주는 공격을 저지른다. 공격은 언어적 및 신체적 형태를 취한다. 언어적 공격은 상대방의 성품, 능력, 배경, 외모 등에 대한 모욕, 골림, 조롱 및 모독의 형태를 취한다. 이들은 또한 직장 내 난폭자들(workpalce bullies)이라고 일컬어지며, 타인들을 방해하거나, 큰 소리로 고함치거나, 위협하거나, 부하의 제안을 어리석은 것이라고 면박한다. 그 결과로, 타인들이나 부하들은 불안, 잠을 못이룸, 두통, 속이 불편한 증후, 피부문제, 낮은 자존감 등의 심리적 및 신체적 증후들을 가질 수 있다.[6] 신체적 공격형태는 칼이나 총과 같은 흉기를 사용하는 살상들, 재떨이나 컴퓨터 키보드를 집어 던지는 것, 폭행 등을 포함한다.

과잉 수동적인 사람들은 아무 말도 하지 않거나, 아무 것도 행하지 않거나, 모든 일에 대해 동의하고 처리할 수 있는 것 이상을 책임맡거나 의사결정을 행하지 못하는 것을 포함한다. 이들은 낮은 자존심, 타인의 호감을 받으려는 높은 욕구 및 높은 실패의 두려움을 가질 수 있으며, 갈등과 배척의 가능성을 줄이기 위해 아무 것도 행하거나 말하지 않고, 포기하거나 상황으로부터 철수할 수 있다.

의사소통 문제들

의사소통은 인간관계의 핵심적인 요인이다. 의사소통이 없이 이루어질 수 있는 관계는 없다고 해도 과언이 아니다. 따라서 의사소통에서 문제나 장애가 있게 되면 관계가 제대로 이루어질 수 없고, 이것의 심한 결과는 갈등의 발전과 심화이다. 많은 경우들에서, 개인적 및 직업적 갈등은 좋지 못한 의사소통에 기인된다.

나쁜 의사소통의 원인을 몇 가지 제시하면, 아래와 같다.

① 정보전달의 명료성의 부족: 의사소통할 시간이나 노력이 부족할 경우에 오해가 일어나기 쉽다. 예컨대, 데이트 남녀나 회사원들이 버스시간에 쫓겨서 뛰어가면서 상대방에게 "내일, 우리가 만났던 장소에서 만나요"라고 말했다고 하자. 여기에서, 이들이 만났던 장소에 대한 기억이 각자 다를 수 있고, 이들은 다음 날에 동일한 장소에서 만나지 못할 수 있다.

② 문화차이와 성차이: 문화들은 언어사용과 관습에 있어서 큰 차이가 있다. 남녀들도 또한 상이한 의사소통스타일을 갖고 있다. 이러한 차이들은 사

표 3-1 의사소통의 성차들

성별요인은 사람들의 언어사용에 대해 영향을 주는 중요한 한 요인이다. 이 분야의 한 전문가(Tannen, 1986, 1990, 1994)는 남성과 여성이 매우 상이한 언어를 사용하고 상이한 의사소통스타일들을 갖고 있다고 주장한다. 제시된 중요한 성차들은 아래와 같으며, 우리는 이것들을 이해하고 극복하도록 노력함으로써 남녀 간의 의사소통을 극적으로 향상시킬 수 있다.

남자의 특징	여자의 특징
주요 사건들에 관해 이야기한다.	일상생활에 관해 이야기한다.
요점을 말한다.	세부사항을 말한다.
더 직설적이다.	더 간접적이다.
동의에 대해 "어어"라는 말을 사용한다.	듣는 데에 "어어"라는 말을 사용한다.
침묵에 대해 편안하다.	침묵에 대해 덜 편안하다.
말한 단어들에 주의한다.	메타 메시지들, 즉 말의 의미에 대해 주의한다.
불쾌한 주제들을 슬쩍 피한다.	불쾌한 주제들에 초점을 둔다.

람들 간의 의사소통을 곤란하게끔 만든다(표 3-1 참조).

③ 어의들이나 말의 뜻의 차이

④ 언어메시지와 비언어메시지(즉, 제스처와 말소리)의 불일치

⑤ 전문용어의 사용

⑥ 의사소통의 과정과 규칙들의 차이: 인쇄된 메시지와 구두로 전달된 메시지는 상이한 정보를 전달할 수 있다.

⑦ 물리적 장애들: 원거리에 있는 사람들은 서로 쉽게 자주 만나기 곤란하다. 예컨대, 원거리에서 연애하는 두 사람은 서로 만나지 못하는 것을 애정부족 때문이라고 해석할 수 있다.

기타의 갈등원들

위에서 제시된 갈등의 근원들 이외에도, 다양한 근원들이 갈등을 일으킬 수 있다. 이것들의 몇 가지를 제시하면 아래와 같다.

① 권한, 책임 및 역할의 애매성: 이것들에서의 명확한 경계선의 부족이 갈등을 일으킬 수 있다. 예컨대, 지리적 경계선의 애매성은 국가 간의 분쟁을 일으킨다(예: 도서 영유권 분쟁, 국경분쟁 등). 책임이나 역할의 애매성 또한 갈등의 근원이 될 수 있다. 신혼부부들에서, 가사일(예: 청소와 육아)에 대한 갈등이 일어날 수 있다. 권한의 애매성은 여러 수준의 조직들에서 일어날 수 있다. 예컨대, 시민들에 대한 민원업무는 정부의 각 부처와 전담부서에서 동시에 담당하고 있는 경우에 그 책임소재에 대한 공방이 일어날 수 있다.

② 과업 상호의존성: 조직들에서 한 팀의 작업이 완료되어야만 다른 팀이 작업을 완수할 수 있는 경우들이 있다. 이러한 경우에서, 한 팀이 작업을 제때에 완수하지 않으면, 다른 팀은 작업을 완수할 수 없고, 따라서 두 팀은 갈등상황에 처하게 된다.

③ 부정적 인상들: 타인과의 상대에서, 시초에 부정적 사건이 일어나고(예컨대, 의도가 없이 무심코 무례한 말을 하는 것), 이것은 매우 부정적인 첫인상을 일으킨다. 이러한 부정적 인상은 상대방에 대한 혐오감으로 발전되어서, 차후의 정직하고 솔직한 상호작용을 막는 극복불가능한 장애물(담쌓기; building stonewall)이 될 수 있다.

갈등의 심리적 결정요인과 과정

위에서 논의된 갈등의 근원들은 사람들 간의 갈등을 유발시킬 수 있는 잠재적인 갈등유발상황들이다. 그러나 갈등은 갈등에 관여된 사람들의 주관적인 심리적 지각에 의해 일어나는 반응의 결과이다. 예컨대, 친구 사이인 두 남자가 한 여자를 사랑하는 삼각관계의 상황은 객관적으로 심한 경쟁을 유발하는 하나의 갈등상황이다. 그러나 두 남자가 그러한 상황을 전혀 경쟁상황이 아니라고 생각하거나 지각한다면, 이들 사이에서 갈등은 발생하지 않을 것이다. 갈등상황이 실제로 갈등을 일으키기 위해서는 심리적 요인들이나 과정들이 결정적 역할을 한다. 여기에서, 우리는 갈등에 영향을 주는 몇 가지 심리적 요인들과 갈등의 전체 과정을 검토한다.

갈등에 영향을 주는 심리적 요인들

갈등에 대한 태도들, 갈등상황에 대한 지각들, 상황 통제력 및 결과의 중요성이 갈등의 발생과 과정에 영향을 준다.

갈등에 대한 태도

많은 가까운 관계들에서, 사람들은 갈등을 일으키는 것을 피한다. 이것은 갈등이 관여된 사람들에 대해 큰 괴로움과 고통을 주고 관계를 해칠 수 있을 것이라는 두려움을 일으키기 때문이다. 그들은 갈등상황을 자기들에 대해 나쁜 것이고 파괴적인 것으로 보고서, 갈등상황에 직면했을 때에 처리하려는 시도를 피할 수 있다. 갈등을 인식하고 처리하기 위해서, 갈등의 당사자들은 갈등에 대해 적극적 자세를 갖고서, 갈등의 존재를 인식하고 갈등에 관해 대화할 의사를 가져야만 된다. 따라서, 갈등상황은 고통을 주는 파괴적 상황으로 접근하는가 아니면, 관계를 개선시킬 수 있는 건설적 상황으로 접근하는가가 갈등에 대한 인식, 처리방식 및 처리결과에 대해 결정적 역할을 한다.

갈등상황에 대한 지각

우리가 세상이나 상황에 대해 감각하거나 시청하는 것에 대해 어떤 의미를 부여하는 과정을 지각이라고 하며, 지각은 갈등을 정의하고 갈등에 영향을 주는 데에 있어서 핵심적 요인이 된다.[7] 지각들은 사람들이 어떤 상황을 갈등상황으로서 평가하고 서로에 대해 반응하는 데에 있어서 매우 중요하다. 상황에 대한 오지각(misperception)이나 오해는 갈등과는 무관련한 상황을 갈등으로 확대시키거나 갈등해결을 방해할 수 있다. 예컨대, 직원회의에서 한 사원이 상사의 발언에 대해 건설적 제안을 했는데, 그 상사는 그의 발언을 자신에 대한 개인적 공격으로 오해할 수 있다. 즉, 여기에서 사원의 발언에 대한 이해나 오해(즉, 지각)가 갈등발생과 그 과정에서 관건적 역할을 하게 된다. 몇 가지 요인들에 대한 지각이 갈등가능성에 관련되어 있다.

결과 상호의존성의 지각

두 사람이 공동활동을 할 경우에, 그 성패나 결과가 각자의 책임완수에 어느 정도 관련되어 있는가를 지각하는 것이 갈등가능성에 큰 영향을 준다. 결과의 상호의존성이 크다고 지각하는 상황에서, 어느 한쪽이 과업을 태만하게 할 경우에 갈등의 가능성과 심함은 매우 크게 될 것이다.

목표와 방법의 차이 지각

두 사람이 그들의 공동 목표에 대해 의견이 다르다고 지각하게 되면, 갈등의 가능성이 증가될 것이다. 예컨대, 부부가 한 달 동안 저축할 금액에 대해서 남편은 50만원을 그리고 아내는 100만원을 결정했는데, 남편이 유흥비로 많은 돈을 쓴다면, 부부 간에 갈등이 클 것이다. 목표 자체에 대한 지각뿐만 아니라, 목표달성의 방법에 대한 견해가 중요하다. 남편은 자기의 봉급만으로 목표를 달성하려고 하는 반면에, 아내는 맞벌이에 의해 목표를 달성하고자 할 수 있다. 이러한 방법들에 대해 부부의 큰 의견차이의 지각은 갈등의 가능성과 심도를 증가시킬 것이다.

목표달성의 방해 지각

두 사람의 공동 목표달성에 있어서, 어느 한 쪽이 상대방이 목표달성에 지장이나 방해를 일으킨다고 보면, 갈등이 일어나기 쉽다. 팀들에서, 어느 한 사람이 무능이나 노력부족으로 목표달성이 곤란할 때에 팀원들은 그 사람에게 압력을 가하거나 심지어 팀으로부터 추방하려고 들 것이다.

기대들과 규범들의 위반 지각

사람들은 관계들과 행동들에 대해 많은 기대나 규범(또는 규칙)을 갖고 있다. 두 명의 친구들에서 비밀을 지키는 것, 어려울 때에 상대방을 돕는 것, 공동 활동의 보수를 공평하게 나누어 갖는 것, 예의를 지키는 것 등의 많은 기대들과 규범들이 있다. 이러한 기대들이나 규범들이 위반되고 있다고 지각될 때에 갈등가능성은 크다.

이와 같이, 갈등을 결정짓는 데에 있어서 당사자들의 지각이나 이해가 매우 중요하다. 따라서, 갈등관리에서 상황에 대한 당사자들의 지각을 이해하고 변화시키는 것이 관건적 요소가 된다.

결과의 중요성(outcome importance)

사람들은 자신이나 집단에 대해 중요한 문제에 관해 의견일치가 되지 않을 때에 갈등상태에 빠지기 쉽다. 개인이나 집단에 대해서 중요치 않은 문제들은 사람들의 관심이나 주목을 끌지 못하고, 따라서 이것들에 대한 의견불일치는 문제가 되지 못하고, 갈등상황이 되지는 않는다. 예컨대, 한 사원이 상사에 의해 승진에서 탈락되었다고 하자. 이러한 경우에 이 사원이 승진이 별로 중요치 않다고 본다면, 사원과 상사 사이의 갈등은 발생하지 않을 것이다. 이와 반대로 이 사원이 승진탈락을 개인적인 인생실패라고 본다면, 이 사원은 큰 좌절과 분노를 느끼게 되고 나아가서 상사와의 심한 갈등을 갖게 될 것이다.

상황 통제력(control)

사람들이 상황에 대한 통제력을 상실할 때에 실패나 부정적 결과로 인한 좌절과 고통이 더 크다. 앞에서 제시된 예에서, 어떤 사원이 승진을 매우 중요하게 여기는 데에도 불구하고 승진에 실패했을 경우에, 자신의 노력이나 타인의 도움을 통해 곧 승진할 수 있게 된다면, 그 사원은 훨씬 더 적은 좌절과 고통을 느끼고, 상사와의 갈등의 가능성도 줄어들게 될 것이다.

갈등의 과정

갈등은 순간적이거나 일시적인 것이 아니다. 갈등은 인생의 다른 과정들처럼 한동안 또는 심지어 평생 동안 지속될 수 있는 과정이다. 갈등은 상황분석, 좌절, 언어화, 행동, 상대방의 반응 및 결과의 6단계로 일어나는 하나의 과정으로 볼 수 있다.[8]

상황분석(analysis) 단계

갈등상황에 당면했을 때, 우리는 우선적으로 상황을 분석한다. 이 분석은 상황에 대한 지각의 결과로서, 상황에 대한 진술이나 정의의 형태를 취한다. 직장에서 낮은 근무평정점수를 받은 사원은 "상사가 자신을 불공정하게 대우하고 자신을 싫어함에 틀림없다"고 규정한다. 만일 이러한 상황정의가 사원에 대해 중요하다면, 사원은 좌절되어서 당황, 분노, 불안 등의 부정적 정서상태에 있게 된다.

좌절(frustration) 단계

타인이 자신의 목표를 방해해 왔다고 지각할 때에 좌절이 일어난다. 승진을 하지 못하거나, 손해를 보거나, 반대되는 의견을 듣거나, 자신의 재산이나 소유물을 빼앗길 때에, 개인의 욕망이나 소망은 성취되지 못한다.

언어화(verbalization) 또는 개념화(conceptualization) 단계

이 단계에서, 개인은 문제와 우려를 더욱 상세하고 명확하게 정의하고자 한다. 승진에서 누락된 사원은 이것을 불공정한 근무평가라고 정의하고 이에 대한 우려를 상사에게 이야기한다. 그러면, 상사는 근무평가의 기준들을 이야기함으로써 갈등의 상황을 기술하게 될 것이다.

행동(behavior) 단계

개인은 갈등상황에 대한 언어화나 개념화를 통해 상황에 대한 주관적 정의나 결론에 도달한다. 갈등상황에 대한 정의는 대개 부정적 의미를 가지며, 개인은 이러한 상황에 대해 부정적 행동으로 반응하게 된다. 이러한 행동적 반응은 갈등과정에서 결정적인 역할을 하며, 관여된 타인들에게 영향을 주기 쉽다. 승진에 누락된 사원이 고함을 치고 언쟁하면서 상사에게 접근한다면, 갈등은 확대되기 쉬울 것이다. 이와 반대로, 사원이 상사와 싸우고 논쟁하고 적대시하는 행동 대신에, 상의하고 협력하고 상황을 이해하려는 행동을 보일 경우에는 갈등이 감소될 수 있다.

갈등상황에 당면해서, 사람들은 문제의 이해와 해결보다도 전투적이고 논쟁적이고 소송하기를 좋아하는 행동을 강력하게 선호하며, 이러한 문화는 언쟁문화(argument culture)라고 일컬어진다. 문제상황에 대한 주의깊은 듣기, 토의 및 문제해결보다도 싸우려고 드는 경향은 갈등에 대한 충동적 접근이다. 갈등상황에 대해 충동적인 언쟁경향을 감소시키기 위해, 당사자들은 싸움, 적대, 논쟁보다 상의, 객관적 이해, 건설적 해결의 자세로 접근할 필요가 있다(의사소통에 관한 장을 참조할 것).

타인들의 반응(response) 단계

이 단계에서 갈등당사자들 중의 한 쪽의 행동에 대해 타인들의 반응이 일어난다. 타인들의 반응이 유화적이고 우호적인지 아니면, 논쟁적이고 적대적인지의 여부에 따라 갈등의 결과가 좌우될 수 있다.

결과(outcome) 단계

이 단계는 최종적으로 갈등이 해결되는 방식이다. 갈등의 성공적 해결은 갈등당사자들에 대해 만족한 해결을 의미하며, 비성공적 해결은 그들에 대해 불만족한 해결을 의미한다. 만족한 해결은 문제가 해결되고 따라서 종결되고, 당사자들의 관계가 개선되는 것을 포함한다. 불만족한 해결은 문제가 해결되지 않고, 따라서 갈등상황이 계속되고 당사자들의 관계가 개선되지 않거나 계속 악화상태에 있는 것을 포함한다.

이러한 갈등과정의 모형에 의하면, 갈등과정의 최종 결과는 이전 단계들인 갈등상황의 분석, 좌절, 언어화 또는 개념화, 행동 및 타인들의 반응의 성질에 따라 달라질 것이다.

갈등처리의 개인차

사람들은 갈등에 접근하는 태도들과 아울러 갈등을 처리하는 방식들에서 상당한 차이가 있다. 어떤 사람들은 갈등에 대해 적극적으로 임하고 차분하게 해결방법을 찾는 반면에, 다른 사람들은 갈등에 대해 두려워하고 회피하고 흥분해서 어쩔줄을 모른다. 사람들이 갈등을 처리하는 데에 있어서 보이는 이와 같은 차이들은 몇 개의 요인들에 관련되어 있다. 이것들은 성격특성들, 갈등처리에 관한 과거의 학습경험, 당사자들 간의 관계의 성질, 성차 및 갈등관리스타일들이다.

성격 특성

사람들은 여러 차원에서 서로 차이가 있다. 예컨대, 사람들은 외향성-내향성, 상냥함-무뚝뚝함, 안정성-불안정 등의 차원들에서 차이가 있으며, 자기 자신을 보는 시각, 즉 자기개념에서도 차이가 있다. 예컨대, 어떤 사람들은 자신을 유능하다고 생각하는 반면에, 다른 사람들은 자신을 무능하다고 생각한다. 이러한 성격 특성들은 사람들이 당면하는 갈등상황의 종류들과 아울러 갈등관리의 방법들에서 차이를 일으킬 것이다. 예컨대, 상냥한 성격의 사람들은 무뚝뚝한 성격의 사람들보다 대인적 갈등상황에 덜 자주 당면하고 그러한 상황들을 더 잘 처리할 수 있다.

과거 경험

개인의 과거 갈등경험이 당면한 갈등을 처리하는 방식에 영향을 준다. 어떤 부류(예: 지역, 인종)의 사람들에 대해 매우 부정적 경험을 가진 사람들은 그러한 사람들에 대해 마찬가지로 부정적으로 대하거나 회피할 수 있다. 예컨대, 이성관계에서 계속 실패한 사람들은 이성관계를 개시하는 것을 꺼릴 것이다.

당사자들 간의 관계

동일한 의견불일치 상황에서, 낯선이들이나 평소에 적대적인 사람들은 매우 부정적인 반응을 즉각적으로 행할 것이다. 그러나 동일한 상황에서, 매우 친하거나, 사랑하거나, 체면을 고려해야만 되는 관계를 가진 사람들은 부정적 반응을 자제하고 유화적 자세를 보일 것이다.

성 차

갈등을 일으키는 상황들의 종류와 갈등상황에 대한 대처방식에서 남녀 간의 차이가 있다. 대부분의 문화들이 남자와 여자에 대해 상이한 행동과 역할을 규정하고, 기대하며 이러한 기대들은 갈등에 대해서도 적용된다. 예컨대, 부부관계에서, 일반적으로 여자들은 남자들보다 갈등상황에서 더 많은 정서적 요구와 불평을 행하는 반면에, 남자들은 여자들의 이러한 행동들에 대해 철수하거나 수동적으로 행동한다.

갈등관리스타일들

사람들이 갈등상황에 대해 상이한 태도들과 신념들을 갖고 있고, 갈등에 대한 상이한 원인추론이나 원인귀속을 보이고, 행동적으로 타협적, 파괴적 및 회피적 전략들을 상이하게 선택할 수 있다. 사람들의 이와 같은 갈등관리의 차이들이 갈등에 대한 상이한 결과를 낳을 수 있다.

갈등관리의 스타일들이나 전략들을 분류함에 있어서, 자기의 이익이나 관심사들을 추구하는 것과 상대방의 이익이나 관심사들을 고려하는 것의 두 가지 차원의 조합으로서 접근하는 것이 있다.[9] 이 접근은 전자의 차원을 자기주장성(assertiveness)으로서 명명하였고, 이 두 차원의 조합에 의해 5개의 갈등관리스타일이 구분된다(도 3-1 참조).

경쟁 전략

이 전략은 개인이 상대방의 욕구와 상대방과의 관계를 무시하고서, 자신의 욕구와 목표를 달성하려는 전략으로서, 일방적이고 강요적인 전략이다. 이것은 자기가 이기고 상대방이 지는 전투적 전략이다. 경쟁하기나 강요하기 전략은 위기상황, 시간적 여유가 없을 때, 상대방이 선호하지 않는 결정을 내릴 때, 또는 집단이나 조직의 생존이나 복지에 긴요한 조치를 취할 때에 적절할 수 있다. 예컨대, 회사가 긴급한 파산위기에 처했을 때, 사장은 관리자들이나 사원들의 모든 의견이나 요구를 들어 줄 겨를이 없다. 그들의 요구을 전부 충족시키려고 꾸물대다가는 회사가 곧 망할 수도 있다. 이런 경우에, 사장은 자신이 최선의 방법이라

도 3-1 주장성과 협조성의 정도에 따른 갈등처리스타일들

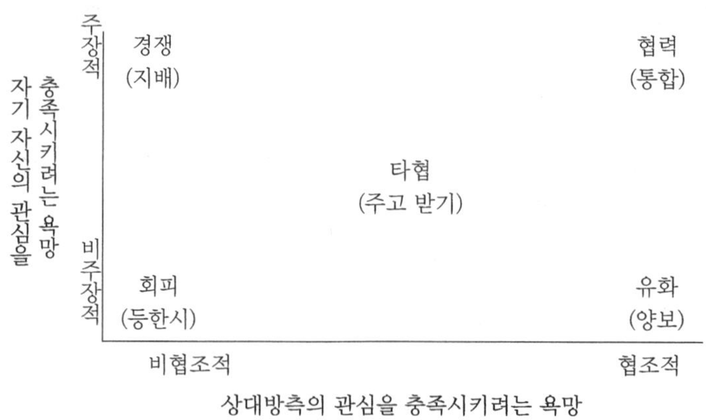

자료원: Thomas, K. W. (1979).

고 간주하는 조치를 취해서 우선적으로 위기를 넘겨야만 될 것이다. 물론, 이러한 강요적 전략은 위기상황을 넘기는 것과 권력감을 느끼는 것과 같은 장점들을 갖고 있지만, 타인들을 소외시키고, 장차의 협조를 얻기 곤란하게 되고, 심지어 갈등을 확대시킬 수 있는 단점들을 갖고 있다.

협력 전략

이 전략은 양측의 욕구나 목표를 모두 충족시키려는 통합적이며, 상호이익(win-win)을 추구하는 전략이다. 이것은 갈등해결을 위한 에너지, 몰입과 아울러 의사소통, 문제해결 및 협상의 기술을 요한다.

이 전략은 갈등해결을 위한 시간이 충분할 때, 문제가 관여된 당사자들에 대해 매우 중요할 때, 그리고 모든 당사자들이 자기들의 목표를 충족시키고 관계를 계속 유지시키기를 원할 때에 적합하다. 모든 당사자들이 만족할 수 있는 통합적 해결책을 발견하고 합의하는 것은 상당히 많은 시간과 노력을 요하고, 모든 사람들이 자신의 반대의견을 자유롭게 표현하는 것을 요한다.

타협 전략

타협하거나 차이를 분담할 때, 당사자들은 합의에 도달하기 위해 자신의 욕구나 목표의 일부분을 포기하기로 동의해야만 한다. 이것은 다소를 얻고 다소를 잃는 주고 받기식의 교환을 포함한다. 이것은 양측이 비등한 권력을 갖고 있을 때, 그리고 시간적 압력이 있을 때에 일시적 해결책을 강구하는 데에 효과적이다.

회피 전략

갈등상황의 회피나 철수전략은 당사자들이 당면한 이슈들이나 관여된 사람들을 처리하거나 상대하지 않는 것이다. 이 전략은 문제들이 중요하지 않을 때, 당사자들의 정서들이 강할 때, 자신의 욕구나 목표를 충족시키거나 달성시킬 수 없을 때에 적절하다. 문제가 중요하고 지속적일 경우에, 회피는 효과적 전략이 되지 못한다. 예컨대, 부부 중의 한 쪽이 애정문제로 매우 흥분되어 있을 때에 문제해결을 회피하는 것은 고통을 지속시킬 뿐만 아니라, 갈등을 증대시킬 수 있다. 갈등문제가 관계에 대해 매우 중요한 것일 경우에, 갈등을 즉각 처리하는 것이 장차의 시간과 정력을 절약해 주고 관계의 악화를 막아 준다. 회피는 양측에 대해 손해가 되므로, 일종의 손해-손해(lose-lose) 전략이다.

유화 전략

갈등상황에서, 이슈를 직접 처리할 경우에 상대방이 매우 부정적으로 반응하고 관계가 위험해질 수 있다. 이 때에 상대방의 욕구충족을 허용하고 자신의 욕구충족을 억제하는 것이 일시적으로 도움이 될 것이다. 즉, 상대방을 위해 자신이 희생하는 것이 관계의 화목을 위해 필요할 수 있다. 예컨대, 남편이 다른 여자와 바람피우는 것을 목격했을 때에, 아내는 부부 평화를 위해 그 문제를 제기하지 않고 언젠가는 남편이 자기에게 돌아올 것을 기대하며 참을 수 있다. 그러나 이러한 전략은 아내에 대해 당장의 관계 평화의 이익이 있을지라도, 궁극적으로 큰 고통이나 손해를 주는 전략이다. 따라서, 유화 전략은 전체적으로 손해가 되는 전략이다. 이 전략은 상대방이 이익을 얻고 자신이 손해를 보는 이익-손해(win-lose)의 접근이다.

유화 전략은 시초에는 자기희생의 덕택으로 전체 관계의 질이 향상되거나 유지될 수 있지만, 개인의 손해나 손실의 지속에 기인된 분개가 쌓이면서 결국 관계에 대해 해를 입히는 전략이다.

위에서 본 바와 같이, 5개의 전략은 각각 장점과 단점을 지니고 있다. 하나의 전략이 모든 갈등상황에서 가장 적합한 것은 아니다. 상황, 관여된 당사자들 및 개인적 성격에 따라 최적의 전략을 택하는 것이 가장 바람직스러울 것이다.

갈등의 결과

사람들이 동일하지 않으므로, 관계들에서 갈등은 필연적인 것이고, 삶의 조건들로서 주어진(given) 것이다. 사람들이 할 수 있는 것은 갈등에 대해 어떻게 반응하고 대처하는가이다. 갈등들이 관계의 정상적이고 불가피한 점이라는 것을 인정하고, 갈등이 일어날 때에 정서적으로 과잉 반응하지 않고, 갈등에 대한 효과적 대처전략을 가질 때, 갈등은 성공적으로 해결될 수 있다. 갈등의 결과들은 성공적이거나 파괴적일 수 있으며, 이것은 갈등이 어떻게 관리되고 해결되는가에 달려 있다.

갈등의 결과가 생산적이거나 파괴적인 정도에 영향을 주는 한 요인이 갈등량 자체라는 주장이 있다. 이러한 주장에 의하면, 갈등과 최적의 수행(또는 결과) 사이에 곡선관계가 있다.[10] 즉, 만일 갈등이 너무 적으면, 사람들과 조직들은 정체되고, 무감각하고, 현재상태를 수용하려고 들게 된다. 이와 반대로, 갈등이 너무 많으면, 관계들이 깨지고, 불신이 생기고, 나쁜 수행(또는 결과)을 일으킬 수 있다. 따라서, 어느 정도 또는 중간의 갈등이 있을 때에 가장 생산적으로 된다. 이러한 주장은 갈등이 결코 부정적 결과만을 갖지는 않으며, 적절하게 대처되었을 때에 긍정적이거나 생산적인 결과를 가질 수 있다는 것을 시사하고 있다.

갈등이 건설적으로 처리되었을 때, 다음과 같은 긍정적 결과들을 낳는다. 이것들은 주로 과업과 관계의 두 가지 측면을 포함한다.

공동활동과 관계에 대한 관여의 증가

멤버들은 목표를 발전시키고, 아이디어를 공유하고, 의견을 제시하고, 타인들과 상황들에 대한 통찰을 얻게 된다.

문제의 표면화와 명료화

문제들에 대한 건설적 제기와 개방적이고 솔직한 표현으로, 숨겨진 갈등원이 표면화되고, 표면적 갈등원이 더욱 명료해진다. 토의를 통해, 멤버들은 문제의 애매성을 감소시키고, 갈등의 진정한 근원에 대해 노력을 집중하고, 취급될 필요가 있는 다른 이슈들을 해결하기 위해 함께 노력해 나간다.

창의적인 아이디어와 접근의 산출

갈등에 대한 건설적 접근에 따라, 갈등을 해결하는 새로운 아이디어나 접근 방법이 제시될 수 있다.

집단의 의사결정의 질의 향상

갈등 당사자들의 공동 노력과 토의는 전체 집단의 의사결정을 더욱 합리적이고 현실에 부합되게끔 만든다.

집단 수행의 검색

멤버들의 활동과 수행이 목표나 기준에 합치되는지를 검색함으로써 목표달성 가능성을 촉진시킨다.

문제해결에 대한 학습경험의 제공

멤버들이 문제를 확인하고, 목표를 결정하고, 다양한 관점들에 관해서 들음으로써, 갈등에 관련된 중요한 학습이 일어난다. 이러한 학습은 차후에 유사한 문제에 대한 대처능력을 크게 증진시킬 수 있다.

응집성의 증가

문제의 건설적 해결은 멤버들의 의견일치나 합의를 포함하며, 이것은 멤버들 간의 긍정적 감정을 증가시키고, 나아가서 전체 집단에 대한 충성을 증가시킨다. 멤버들 간의 긍정적 감정과 집단에 대한 충성심은 차후에 여러 과업들에 대한 멤버들 간의 협조와 협력을 촉진시킨다.

의사소통의 향상

갈등을 해결하는 과정에서 의사소통이 필수적이므로, 건설적 문제해결은 멤버들 간의 원활한 대화나 의사소통을 포함한다. 이러한 의사소통의 향상은 갈등에 관련된 문제들과 멤버들에 대한 이해를 증가시킬 수 있다.

갈등이 파괴적으로 처리되었을 때, 다음과 같은 부정적 결과들을 낳는다. 일반적으로, 이것들은 갈등이 건설적으로 처리되었을 때에 나타나는 결과들의 반대 측면들이다.

집단 효과성의 저하

멤버들은 책임이나 역할에 대해 상이한 기대들을 갖고, 함께 일할 의사가 적거나 함께 일하기가 불가능하다고 결정하고, 인적 및 물적 자원들을 중복되거나 비효율적으로 사용한다. 그리하여, 집단의 과업수행의 효과성이 감소된다.

문제의 미해결

멤버들은 갈등을 일으키는 이슈들에 대해 불명확하고, 따라서 갈등은 해결되지 않은 채로 계속 지속된다.

멤버들 간의 부정적 감정

멤버들은 갈등해결과정에서 경험한 상대측의 부정적 행동들에 의해 기분이 상하거나 분노하게 되고, 문제해결이 막히거나 지연되는 것에 의해 좌절된다. "차라리, 상대방이 없으면, 문제가 없거나 해결될 것이다"라고 생각하면서, 상대방을 적대시할 수 있다. 이러한 부정적 감정들은 당사자들 간의 의사소통을 방해하고, 협조를 격감시키고, 나아가서 집단의 화합, 단결 및 충성을 해치게 된다.

상대방에 대한 부정적 고정관념화

갈등의 지속은 갈등당사자들 간의 부정적 고정관념화(negative stereotyping)를 증가시킨다. 각 집단의 멤버들은 자기측과 상대측 사이의 차이들을 강조하고 상대측을 점점 더 부정적으로 본다. 예컨대, 우리나라에서 영남인들과 호남인들 간의 부정적 고정관념들이 있으며, 진보진영측이 보수진영측을 "수구, 꼴통"이라고 일컫고 있다.

상대방에 대한 타협의 거부

갈등의 당사자들은 자기측에 대해서 화합, 단결 및 충성을 보일 수 있는 반면에, 상대측에 대해 적대시하고 따라서 타협을 거부하는 경향이 있다(예: 북한정권의 남한과의 대화거부).

갈등관리기법들

지금까지 우리는 갈등의 일반적 측면들을 살펴보았다. 이러한 검토는 갈등에 대한 이해를 높이며, 갈등의 관리에 직결되어 있다. 이미 지적된 바와 같이, 대인적 갈등이 개인생활과 직장생활에서 불가피한 것이므로, 효과적 적응을 위해서 우리는 갈등해결의 방법을 배우고 익혀야만 된다.

갈등해결에 있어서, 그 목표는 갈등의 당사자들이 모두 만족하고 이익을 얻는 것이다. 이러한 목표는 모두가 승리하거나 이익을 얻는 이익-이익(win-win)의 접근에 의해 최대로 달성될 수 있다. 이 접근은 갈등의 양측 당사자들에 대해 이익을 독립적으로 얻게끔 해 주는 것이 아니라, 모두가 이익을 얻는 것, 즉 이익의 통합적 획득을 지향한다. 따라서, 갈등의 당사자들은 협력적으로 노력함으로써 갈등을 유지시키기보다 갈등을 해결하는 것으로부터 더 많은 이익을 얻게 된다.

갈등관리의 단계들

갈등관리는 일회적인 것이 아니라, 과정으로 이루어져 있다. 이러한 과정은 세 개의 단계로 구분될 수 있다. 즉, 분석(analysis), 대결(confrontation) 및 해결(resolution)이다.[11]

분석 단계(analysis stage)

이 단계는 갈등관리 전략과 갈등의 근원을 결정하는 두 개의 하위단계를 갖고 있다. 갈등관리 전략들은 지시, 중재, 중개 및 협상으로 분류된다. 지시(dictation)는 당사자들이 비이성적이거나(위협하고 있거나 술취한 것 등), 너무 화가 나거나 큰 스트레스를 받아서 현실적으로 되지 못하거나, 원활하게 의사소통하지 못하고 차이들을 해결할 기술을 갖고 있지 못할 때에 최선의 그리고 유일한 해결책이다. 예컨대, 두 아이가 한 개의 장난감을 가지려고 싸우거나, 두 부하가 동일한 기간에 휴가를 가려고 우길 때에 부모나 상사가 해결책을 지시할 수 있다.

중재(arbitration)는 부모, 상사, 외부 자문가 등이 갈등의 양측 당사자들의 주장을 듣고서 해결책을 지시하거나 부과하는 것이다. 중재의 장점은 이것이 갈등을 신속하게 종식시키고 양측이 자기주장을 행할 기회를 갖는 것이다. 단점은 외부의 통제력에 의해 갈등이 해결되기 때문에 해결책에 대해 당사자들의 통제력이나 관여가 적게 되고, 따라서 결정에 대해 승복하지 않고 갈등이 지속될 수 있다는 것이다.

중개(mediation)는 갈등의 당사자들이 갈등을 감소시키고 자의적 합의를 이룩하게끔 돕는 중립적인 제삼자를 포함하는 비위협적 과정이다.[12] 중개자는 의사소통의 촉진자로서, 당사자들이 상호 주장을 듣고 해결책을 결정하게끔 도와 준다. 중개자가 중개과정 동안에 중립적 자세를 견지하는 것이 매우 중요하다. 갈등 당사자들이 이성적이고 어떤 해결책에 이르기를 원하고, 그들과 아울러 중개자 사이에 다소의 신뢰가 있고, 시간적 제약이 적을 경우에 중개가 효과적이다.

협상(negotiation)은 협상될 수 있는 목표들이 있고, 당사자들이 덜 중요한 점들을 포기할 의사가 있고, 좋은 의사소통기술을 갖고 있고, 이익-이익(win-win)의 관점에서 상황에 임할 때에 효과적이다. 협상에서, 양측은 자기들의 주장들(예: 임금인상 비율)을 제시하고서, 상호 수용가능한 타협에 이를 때까지 서로의 주장들을 조정해 나간다.

네 가지 갈등관리 전략들 중의 하나가 결정된 후에 갈등해결에 필요한 두 번째 하위단계, 즉 갈등의 근원을 결정하는 단계로 이행한다. 이 단계에서, 갈등의 당사자들은 갈등에 대한 각자의 지각들과 목표들에 초점을 두어서, 문제의 근원이 무엇으로 생각되는지와 가능한 해결책을 제시한다. 예컨대, 조직에서 한 팀원이 팀회의에 자주 지각하는 것이 문제가 된다. 팀원들은 문제의 지각에 대한 견해들과 해결책들을 제시할 수 있다. 갈등의 관리방법이 갈등의 근원에 달려 있기 때문에 이 단계가 매우 중요하다.

대결단계(confrontation stsge)

이 단계에서, 갈등 당사자들은 마지막의 갈등해결단계로 이동하는 것을 돕는 대화에 동의한다. 갈등 당사자들은 개인적 문제와 목표보다 공동의 문제와 목표의 관점에서 문제를 기술하며(예: "이것이 바로 우리의 문제이고 우리의 목표입니다"), 이런 의미에서 이 단계는 공동적 또는 상호적 문제기술단계(mutual problem description stage)라고도 일컬어진다.[13] 갈등 당사자들은 각자의 생각을 명료화시키기 위한 진술을 행한다(예: "내가 사실을 제대로 이해하고 있는지를 알아보기 위해 몇 마디 질문을 해도 되겠습니까?," "당신의 말의 의미를 제대로 이해하고 있는지를 알아보기 위해 질문해도 되겠습니까?" "당신의 주장에 따를 경우에 내가 부딪치는 문제를 제시해도 되겠습니까?"). 이와 같이, 명효화시키기 위한 진술은 비위협적이고 비대결적 방법들이 되어 준다.

해결 단계(resolution stage)

모든 갈등이 해결될 수 있는 것은 아닐지라도, 협동적 문제해결은 해결가능성을 증가시킨다. 협동적 문제해결에는 6개 단계가 있다(이 주제에 대한 자세한 내용을 보기 위해서는 10장 참조).

① 문제의 인식: 갈등의 당사자들이 어떤 문제가 존재한다는 것을 인식한다. 이 단계는 주로 분석 단계에서 이루어지며, 당사자들에 의한 각자의 지각들에 관한 솔직하고 정직한 대화를 요한다.

② 문제의 원인의 결정: 앞의 분석과 대결의 단계들을 거치면서, 문제의 원인에 대한 견해들과 상호 해결할 문제가 명료하게 제시되었다.

③ 해결을 위한 대안들의 제시와 토의: 문제를 해결할 수 있는 여러 대안들이나 아이디어들이 머리짜내어지고(brainstorming) 토의된다. 머리짜내기는 갈등 당사자들이 가능한 모든 해결책을 자유롭게, 그리고 판단받음이 없이 제시하는 것이다. 모든 당사자들이 아이디어를 제시한 후에, 각각의 아이디어에 대해 토의하고, 반대하는 아이디어를 거부하고, 아이디어를 더욱 효과적이게끔 만들기 위해 수정한다.

④ 최선의 해결책의 선택: 당사자들은 상호 만족하는 최선의 해결책을 선택한다.

⑤ 합의된 해결책의 실천: 합의된 해결책을 사용해서 문제를 해결한다.

⑥ 해결책의 효과검증: 선택된 해결책이 실제로 문제를 해결했는지를 확인한다. 만일 그것이 문제를 해결하지 못했다면, 다른 해결책이 계속해서 다시 선택되고 시도된다.

갈등관리과정에서 유의할 사항

갈등해결과정에 관한 단계별 중요사항들에 대한 간략한 취급에서 누락되었거나, 전체 과정에 대해 중요한 사항들이 특별하게 고려될 필요가 있으며, 그것들 중의 몇 가지를 아래에서 제시한다.

문제에 대해 직면해서 해결하려는 자세

갈등을 일으키는 문제들이 관계들이나 조직들에서 진정으로 문제가 되고 있다면, 문제들을 적극적으로 이해하고 해결하는 것이 가장 바람직스럽다. 실재하는 문제들은 과업과 관계에 대해 해를 끼치고, 결국 해결하기 위해 노력하는 것이 최선의 방책이다. 문제에 대해 직면하는 것은 문제들이나 차이들에 대해 문제해결의 접근을 취하고서, 그것들을 이루고 있는 기본적 사실, 논리 및 정서를 확인하는 것이다. 문제들에 대한 직면은 문제제기의 형태를 취하고 따라서 부정적 정서반응이나 스트레스를 일으키기 쉽다. 하지만, 문제제기는 반드시 심한 부정적 반응을 수반하지 않게끔 수행될 수 있다. 예컨대, 여러 사람이 있는 장소에서 흡연하는 사람으로 인해 괴로울 때에, 자신이 흡연으로 인해 괴로움을 겪고 있는 사실을 상냥하게 설명하는 식으로 문제를 제기한다면, 흡연자도 기분 상하지 않고서 행동을 중지할 수 있다. 중요한 것은 문제를 해결하는 것이며 상대방을 괴롭게끔 만들거나 공격하는 것이 아니라는 것이다.

부정적 정서반응을 통제하기

갈등상황은 기본적으로 문제가 있는 상황이며, 따라서 귀찮거나 괴로움을 수반한다. 예컨대, 남편이 자주 밤늦게 술에 취해 귀가해서 큰 곤란을 겪는 아내는 남편의 음주문제로 부부싸움을 하게 될 수 있다. 부부싸움은 부부 모두에 대해 부정적 정서를 일으키고, 따라서 부부는 성질을 부리면서 자기변명이나 욕설을 할 수 있다. 이러한 부정적 정서반응들은 문제해결을 위한 협력적 분위기를 훼손하고 상대방에 대한 싫어함을 증가시킨다. 즉, 갈등상황에서의 부정적 정서반응들은 문제해결을 막는 동시에 관계 또한 해칠 수 있다.

부정적 정서반응을 통제하는 가장 효과적인 방법은 갈등상황에 대한 상대방의 감정들이나 정서들을 존중해 주는 것이다. 자신에게는 갈등상황이 별것도 아닌 사소한 문제로 여겨지더라도, 상대방에 대해 하나의 진정한 문제가 된다는 점을 인정하는 것이 중요하다.[14] 갈등상황을 하나의 엄연한 사실로서 인정하는 것은 피차의 솔직하고도 정직한 관계를 증진시킨다. 앞의 남편의 음주로 인한 늦은 귀가의 경우에, 남편은 아내의 고통을 인정하고 자신의 부정적 정서반응을 자제할 수 있을 때에, 비로소 부부는 문제해결양식으로 진전할 수 있다.

비평을 건설적으로 처리하기

갈등상황에 대한 부정적 정서반응과 관련해서, 특히 상대방의 비평에 대해 건설적으로 반응할 필요가 있다. 비평은 비평을 당하는 사람이 행동이나 성품의 면에서 나쁘다는 것을 함의하므로, 대부분의 사람들이 고통스러워하고, 따라서 부정적으로 반응하게 되기 쉽다. 비평은 자기에 관한 정보이므로, 개인적인 결함이기보다 사실로서 받아들일 수 있다면 유익할 수 있다. 비평이 일상생활에서 흔한 일이기 때문에 비평을 건설적으로 처리할 수 있는 것이 필수적이며, 몇 가지 건설적 방법을 아래에 제시한다(또한 2장 참조).

첫째로, 자기 자신을 제삼자적 시각에서 객관적으로 보도록 노력한다. 비록 매우 곤란한 일일지라도, 자기 자신을 제삼자나 외부 관찰자의 입장에서 보고 생각하면서 비평에 포함되어 있는 유용한 정보를 열심히 찾으려고 노력한다.

둘째로, 비평에 포함된 상세하고 명료한 정보를 요구한다. 비평의 내용이 당신에 대해 매우 중요하다면, 비평의 세부사항들을 정중하게 요구한다. 예컨대, 만일 당신의 상사가 당신에게 건방지다고 비평한다면, 상사에게 "나는 건방진 것을 확실히 원치 않습니다. 내가 어떻게 건방진지에 관한 예를 들어 주십시오. 나는 이 문제의 해결을 위해 도움이 필요합니다" 라고 진정한 자세로 도움을 구한다. 그런 다음에 당신은 상사의 비평이 타당하고, 따라서 자신의 행동을 고쳐야 될지를 결정할 수 있다.

셋째로, 비평에 대해 겸손하게 반응한다. 당신이 비평에서 언급된 자신의 행동에 대한 비평에 동의한다면, 그런 행동에 대해 사과를 표시하고 장차 그런 행동을 고칠 것을 다짐한다. 그럼으로써, 당신은 행동면에서 더욱 성숙해지고 상대방과의 관계도 향상시키게 될 수 있다.

마지막으로, 비평자가 갖게 되기 쉬운 적대적 감정을 촉발시키지 않게끔 비평에 대해 동의를 표시한다. 만일 비평자 자신이 정당한 비평을 하고 있다고 생각하는 데 당신이 비평을 부정한다면, 비평자는 계속 동일한 비평을 행하고 당신의 문제는 해결되지 않은 채로 지속되게 된다.

특히, 상위의 공식적 직위를 가진 사람이 당신에 대해 비평하는 것에 대해 동의하는 것이 당신의 인간적 성장과 적응에 매우 유익하다. 만일 당신의 작업이 어떤 이유로 지연되어서 상사로부터 비평을 받는다면, 그 비평에 대해 적극적으로 동의함으로써 상사의 적대적 감정이나 태도를 누그러뜨리는 것이 좋다. 당신 자신이 작업의 지연을 인정하고 개선책을 상의한다면, 당신은 적이 될 수도 있는 사람을 아군으로 만들 수 있게 된다.

갈등문제를 조감적으로 이해하기

협동적 문제해결은 문제와 그 원인의 정확한 인식과 이해에서 출발한다. 이것을 촉진시키기 위해서, 우리는 문제의 객관적 상황뿐만 아니라, 그에 대한 상대방의 시각과 자신의 시각을 이해할 필요가 있다. 그럼으로써, 갈등 당사자들은 문제해결에 대한 더 큰 조감적 이해를 구축할 수 있다. 갈등 당사자들이 상대방의 갈등문제에 대한 주관적 시각을 이해하기 위해서, 자신의 주장과 상대방의 주장에 대한 자신의 주관적 생각을 교환하는 방법, 즉 이미지 교환하기(image exchanging)라고 일컬어지는 것이 사용된다. 개인적 측면에서, 갈등상황에 대한 자신의 시각을 이해하고 건설적으로 변화시키기 위해, 인지적 재구성하기(cognitive restructuring)가 사용된다.[15]

이미지 교환하기

이미지 교환하기는 갈등 당사자들이 서로의 시각을 명료하게 이해하게끔 돕는 한 방법이다. 당사자들이 서로의 시각을 이해하면, 문제의 요소들에 대한 공감이나 의견일치가 인식되고 그에 따라 생산적인 타협이 촉진될 수 있다. 이 방법을 사용하는 하나의 기법은 갈등 당사자들이 각각 갈등문제에 대한 ① 자신의 주장과 ② 상대방의 주장이라고 생각되는 것을 종이 위에 기입한 후에, 서로 종이를 교환한다. 각자는 상대방과 상의 없이 이미지 종이(image sheet)를 작성하고, 이 종이를 교환한 후에 기입된 내용들에 관해서 토의를 실시한다(표 3-2 참조). 토의에서 각자의 견해들이나 주장들이 비교되며, 일치되는 견해들은 곧바로 개선방안을 마련하는 활동으로 진행되고, 불일치되는 견해들은 집중적 토의를 통해 타당성을 검토하고 그에 따라 개선방향을 마련하는 활동으로 진행된다.

인지 재구성하기(cognitive restructuring)

대인적 갈등을 해결하는 하나의 방법은 갈등문제를 더 긍정적 시각에서 봄으로써, 갈등문제의 심각성을 감소시키는 것이다. 예컨대, 한 부하직원이 회의 때마다 과도하게 많은 발언을 해서 많은 팀원들이 불편하게 느끼고 상사 또한 불편한 느낌을 갖는다. 이 경우에서, 상사는 그 부하직원이 "건방지거나 너무 자기 주

표 3-2 부하직원과 상사 사이의 고객접대에 관한 갈등문제에 대한 주장과 주관적 시각(예측)

부하직원: 자신의 주장	부하직원이 상사의 주장이나 생각이라고 생각하는 것
1. 나는 고객들에 대해 친절하게 대한다. 2. 나는 너무 많은 고객을 상대한다. 3. 고객들 중에는 성질이 나쁜 사람이 많다.	1. 당신은 고객들에 대해 매우 친절하지는 않다. 2. 당신은 많은 고객들을 상대하는 요령이 부족하다. 3. 당신은 고객들을 나쁜 측면에서 본다.
상사: 자신의 주장	**상사가 부하직원의 주장이나 생각이라고 생각하는 것**
1. 당신은 고객들과 자주 다툰다. 2. 당신은 고객을 접대하는 데에 필요한 사회성이 부족하다. 3. 당신이 고객들에 대해 더 많은 관심을 기울였다면, 고객과의 다툼을 줄였을 것이다.	1. 나는 고객들에 대해 대체로 친절하다. 2. 나는 나의 사회성 부족이 아니라, 너무 많은 고객을 상대하므로 고객들과 다툰다. 3. 나는 고객들을 부정적 시각에서 보면서 대한다.

장적"이라고 생각할 수 있다. 이러한 부정적 시각에서 볼 때, 부하직원의 모든 발언이 부정적으로 평가되고 무시되기 쉽다. 이와 반대로, 부하직원의 과도한 발언의 문제를 그 부하직원이 "과업에 열성적이고 적극적인 것"이라고 생각할 수 있다면, 부하직원의 행동은 갈등문제가 되지 않고 오히려 격려의 대상이 될 수 있다. 인지 재구성의 기법은 갈등상황의 긍정적 측면들을 찾아냄으로써, 사고의 부정적 측면들을 긍정적 측면들 쪽으로 정신적으로 전환시키는 것이다.[16] 인간의 행동과 사고는 서로 영향을 주며, 이 기법에서는 사고를 변화시켜서 행동에 영향을 주고자 한다. 비록 사고의 긍정적 전환이 머리 속에서 진행되는 것에 불과하다고 여겨질 수 있을지라도, 사고의 긍정적 전환은 갈등을 건설적으로 처리하는 중요한 한 바탕이 될 수 있다.

한 부하직원이 업무에 대해 주도적으로 처리하지 못하고, 상사에게 일일이 지시를 요구한다고 하자. 이런 일들로 상사는 자신의 업무에 대해 주의집중을 못하게 되고 성가신 느낌을 받으며, 그 직원이 업무에 대한 자신감이 부족하다고 여기게 된다. 이러한 시각은 그 부하직원의 행동들을 부정적 시각에서 보는 것이다. 이와 반대로, 상사는 부하직원의 지시에 대한 요구들을 들어 주는 것이 상사로서의 책임의 하나이고, 부하직원의 질문에 답변하는 것이 상사로서의 자신의 당연한 역할이라고 생각을 바꿀 수 있다. 이러한 긍정적인 인지 재구성은 갈등문제를 더욱 긍정적으로 처리할 수 있게끔 만들 수 있다. 부하직원의 질문행동을 긍정적으로 보게 되면, 질문행동을 상사의 업무에 덜 지장을 주게끔 수정할 수 있는 방법을 찾을 수 있다. 예컨대, 질문행동을 근무시간의 일정한 부분을 정해서 행하게 함으로써, 상사의 업무에 대한 지장도 감소시키고 부하직원에 대한 업무교육도 실시될 수 있다.

협상기술을 이해하고 적용하기

갈등관리의 네 가지 전략들, 즉 지시, 중재, 중개 및 협상 중에서, 갈등 당사자들이 직접 만나서 문제해결을 상의하는 전략인 협상이 많이 사용되고 있다. 많은 조직들에서 협상은 집단이나 조직의 내부 구성원(예: 관리자들, 팀리더들, 동료직원들 및 부하직원들 사이) 그리고 외부 대상(예: 정부기관들과 납품업자들 사이)에 대해서 일어난다. 따라서 협상(negotiation)의 전략을 더 자세하게 이해하는 것이 필요하다.

협상은 양측이 어떤 요구들을 제시하고, 요구들의 범위(예: 임금인상에 있어서, 노조측의 50% 인상요구와 사용자측의 20% 인상요구 사이) 내에서 양측이 만족하는 요구수준을 상의에 의해서 결정한다. 양측의 요구수준들은 다소 가변적이어서 요구수준이 가감될 수 있으며, 따라서 협상은 요구수준들의 흥정하기(bargaining)를 내포한다.

협상을 상호 유익하고 효과적으로 실행하기 위한 여러 방법이 있으며, 이하에서는 그것들 중에서 핵심이 되는 5가지 방법이나 책략을 살펴본다.

특정의 입장들이 아니라 전체 이익에 초점을 둔다

협상의 진정한 대상은 양측의 기본적 이익을 충족시키는 것이다. 노사협상에서 노조측이 20%의 임금인상을 기본적 입장으로 정했는데, 이 협상항목에 대한 합의에 이르지 못할 때에 협상이 결렬될 수 있다. 노조측은 기본 입장인 20%의 임금인상이 좌절되자 협상을 중단했지만, 20%의 임금인상과 동등하거나 비슷한 효과가 다른 협상 조건들의 제시를 통해 달성될 수 있다. 예컨대, 임금인상을 15%로 요구하고서, 기타 교통비, 특근비, 후생복리비, 회사소유의 주택제공 등의 여러 협상 항목들에서 합의에 이르도록 노력할 수 있다. 따라서 기본 입장의 관철만이 노조측에 대해 만족을 주는 것이 아니고, 다른 대안적 항목들의 합의를 통해 노조측의 전체 이익을 획득할 수 있다. 협상 당사자들이 흥정과정에서 표출하는 주장들을 주의깊게 듣는 것은 상대측의 특수한 이익들과 동기들을 알아내는 데에 도움이 될 것이다.

타협한다

상호양보에 의해 입장의 차이를 해결하는 것인 타협은 가장 널리 사용되는 협상전술이다. 타협에서, 양측은 상대측이 어떤 것을 행하기로 동의한다면, 자기측이 어떤 것을 행하기로 동의한다. 예컨대, 부부관계에서 남편은 주말에 자신이 즐기는 낚시를 가겠다고 주장하고 아내는 자기 혼자 집안일을 하는 것이 너무 힘이 들기 때문에 주말에 함께 집안일을 하자고 주장한다. 이런 상황에서 아내는 남편이 평일에 집안청소를 해 줄 경우에 남편이 주말에 낚시를 가는 것을 허락할 수 있다고 요구할 수 있다. 이 경우에서, 아내는 집안일을 줄일 수 있으므로 이익이 되고, 남편은 마음 편하게 낚시를 갈 수 있으므로 이익이 된다(win-win 전술의 사용임).

타협은 대개 주고 받기식의 흥정방법이므로, 양측이 모두 자기측의 주장을 100%로 충족시킬 수 없는 것이다. 100%로 주장을 관철시키기 위해서, 즉 100%를 받기 위해서는 어느 정도를 주어야만 된다. 따라서 타협은 양측이 완전히 만족하는 상태에 이르지는 못하고 다소 만족하는 상태에 머물게 되고, 따라서 양측은 타협안에 대해 합의에 이르기가 어려울 수 있다. 하지만 양측을 최대로 만족시키는 것은 타협안에 동의하는 것이고, 따라서 양측은 타협이 자기측에게 유익한 것이라는 것을 깨달아야만 된다.

상대측이 수용가능할 것처럼 여겨지는 제안들을 갖고서 시작하지만, 협상의 여지를 남긴다

협상이 양측의 요구수준들의 범위 내에서 최종 결정이 이루어지는 것이므로, 이상적으로 볼 때에 각측은 최대의 극단적 요구수준으로 주장하는 것이 유익할 수 있다. 그러나 극단적 요구수준은 수용자에 대해 상대측이 비합리적이고, 비이성적이고, 적대적이라는 인상을 줄 수 있고, 따라서 그러한 요구수준에 동의

하거나 협력할 동기를 저하시킬 수 있다. 이와 반대로, 그럴 듯하거나 다소 합리적이라고 여겨지는 요구수준으로 주장하는 것은 수용자에 대해 상대방이 성심으로, 그리고 협력적으로 협상에 임하고 있다는 인상을 주기 때문에, 그러한 요구수준에 동의하거나 협력할 동기를 증가시킬 수 있다. 이것에 관한 예들은 시장에서 물건을 흥정하는 상황에서 자주 목격된다. 예컨대, 어떤 젊은 여자가 시장에서 마음에 드는 옷을 발견했고, 자신이 50,000원 정도로 구입하겠다고 마음 속으로 생각한다. 이 때에 상인이 70,000원을 호가한다면, 젊은 여자는 흥정을 계속해서 그 옷을 사고자 노력할 것이다. 그런데 만일 상인이 구매자의 요구수준보다 10배나 더 많게, 즉 500,000원을 요구한다면, 그 여자는 흥정을 포기하고 자리를 떠나게 될 것이다.

협상이 성공적으로 이루어지기 위해서, 타협과 양보의 여지를 남기는 것이 대개 성공적 협상을 일으킨다. 그럴듯한 요구수준에서 출발하지만, 요구수준의 범위 내에서 융통성을 허용하는 것이 유용하다.

점차적으로 작은 양보를 행한다

점차적으로 상대방에게 약간씩 양보하는 것이 대부분의 상황에서 만족스러운 합의를 일으킨다. 강경하게 양보하지 않는 것은 협상을 중단시키기 쉽다. 예컨대, 컴퓨터를 구입할 때, 당신은 자신이 원하는 다소 싼 가격으로 흥정을 하면서, 다수의 추가 부품들에 대한 지불을 동의할 수 있다.

협상된 합의에 대한 최선의 대안을 알고 있다

협상의 목표는 양측이 단순하게 합의에 이르는 것이 아니라, 협상하지 않았을 경우보다 더 가치 있는 것을 얻는 것이다. 자기 자신의 협상된 합의에 대한 최선의 대안(best alternative to a negotiated agreement: BATNA)을 인식하고 있을 때, 이것은 당신이 수용하려고 하는 합의에 대한 기초를 설정한다. 이것은 협상에서 얻고자 하는 만족할 수 있는 최저의 요구수준이다. 당신이 BATNA는 유익할 수 있는 합의를 거부하거나, 너무 손해가 되는 합의를 수용하는 실수를 막아 주는 기준선이 되어 준다.

BATNA의 예로서, 어떤 사람이 임금협상을 한다고 가정하자. 이 사람은 연봉 5,000만원을 희망하고 있다. 그런데 모든 것을 고려한 생활비로서 4,000만원이 최소한 필요하고 이 사람은 이것을 자신의 BATNA로 결정한다. 한편, 회사측은 경력이 더 적은 사람을 채용해서 인건비를 줄이고자 하며, 연봉 3,500만원을 최소 기준으로 정하고 있다. 이런 상황에서, 양측은 서로의 BATNA를 아는 것이 중요하다. 이것은 양측이 흥정할 수 있는 범위(bargaining zone)를 설정하며, 이것을 이해하는 것이 상호 이익이 되는 협상에 용이하게 도달할 수 있게끔 해 준다.

곤란한 사람들을 처리하기

이미 지적된 바와 같이, 곤란한 성격을 가진 사람들은 자신을 표현하기 위해, 타인들의 행동을 조작하기 위해, 또는 타인들을 열등하게 느끼게끔 만들기 위해, 고함지르기, 불평하기, 비꼬기와 같은 문제가 되는 행동을 만성적으로 사용한다. 이들은 이성적 사고와 행동이 결여되어 있기 때문에, 지금까지 논의된 많은 갈등관리전략들이 이들이 포함된 상호작용상황들에서 효과적이지 못할 수 있다. 이들에 대해서 상위의 권위를 가진 사람들이나 조정자들의 지시가 최선의 갈등관리전략일 수 있다. 연구자들은 곤란한 사람들과의 갈등을 처리하기 위한 4가지 접근들, 즉 직접적 및 간접적 처리, 그리고 직접적 및 간접적 대처를 개발했다.[17]

직접적 처리(direct intervention)

외현적 조치들이 곤란한 행동을 변화시키기 위해서 사용된다. 곤란한 직원이 타인을 괴롭히고 있다면, 그 직원은 그러한 행동이 처벌적 조치를 초래한다는 것을 알게끔 만들어야만 된다.

간접적 처리(indirect intervention)

곤란한 사람들의 행동을 변화시키기 위해 간접적이거나 미묘한 방법들이 사용된다. 예컨대, 저돌적이고 공격적인 사람에 대해서 비평이나 비난을 피하고, 바람직스러운 행동을 칭찬해 줄 수 있다. 또한 만성적으로 잘난 체하는 사람에 대해서 전문성과 능력을 인정해 주면서 특수한 과업을 맡길 수 있다.

직접적 대처(direct coping)

곤란한 직원들이 다른 직원들과 분리되도록 만든다. 예컨대, 곤란한 직원들이 타인들과 함께 작업하지 않게끔 그들에게 혼자 일할 수 있는 직무를 부과한다.

간접적 대처(indirect coping)

이 접근은 가장 흔히 실시되는 것으로서, 훈련이나 교육의 형태를 취한다. 관리자들이나 직원들이 그들의 동료들의 곤란한 행동에 대처하는 방법에 관한 훈련과 워크숍에 참가하게끔 만든다.

갈등관리에서 유용한 의사소통기법들

원만한 대인관계와 성공적 과업수행을 위해서 효과적 의사소통이 필요하며, 특히 갈등상황에서 이것이 더욱 유용하다. 지시, 조정, 중개 및 협상의 모든 갈등관리전략들에서 아래에 제시된 의사소통방법들이 도움이 된다.

적극적 듣기(active listening)

갈등상황에서, 당신이 상대방의 말을 듣고 이해하고 있다는 것을 인식시키는 한 가지 방법은 적극적 듣기이다. 이것은 비언어적 제스처들(예: 머리를 끄덕임, 눈마주침 등)에 의해 전달된다. 이것 이외에, 당신은 아래에서 논의되는 반영시켜 주기, 말을 바꾸어 하기와 같은 언어적 기술들을 사용할 수 있다.

반영시켜 주기(reflecting)

이것은 상대방이 말한 것을 명료화시키기 위해 사용된다. 이것은 상대방의 말을 그대로 반복하는 것이 아니라, 상대방의 말에 대해 당신이 들었다고 생각되는 것을 말을 바꾸어서 행하고(paraphrase) 요약하는 것으로 상담에서 상담자가 보편적으로 사용하는 기법이다.

반영시켜 주기는 상대방의 말에 대해 당신이 주의를 기울이고 있다는 것을 표시하는 효과적 방법이다. 반영시켜 주기의 예들은 아래와 같다.

> "당신이 말하고 있는 것은 내가 늦게 귀가하는 것이 내가 당신을 무시한다는 기분이 들게끔 만든다고 말하는 것같소."
>
> "당신이 말하는 것을 내가 들은 바로는, 내가 늦게 귀가하는 것이 당신을 무시한다고 여겨지게끔 만들기 때문에, 그것이 싫다는 것으로 생각되오."

반영시켜 주기는 또한 듣는이가 상대방이 정의하고 있는 대로 문제를 이해하고 있는지를 확인할 수 있게끔 해 준다. 이와 동시에, 이것은 말하는이가 상대방에게 자신이 의도한 대로 말했는지를 확인할 수 있게끔 해 준다. 말하는이는 상대방의 반영시켜 주기에서 자신의 의도대로 의미가 정확하게 전달되었거나 잘못되었다고 생각될 때, "그래요, 그것이 바로 내가 말하려고 의도한 것입니다" 또는 "아닙니다, 그것은 내가 말하고 있는 것이 아닙니다. 내가 의도했던 것은 그것이 아닙니다"와 같은 반응을 통해, 대화내용을 명료화시킬 수 있다.

공감하기(empathy; 또는 감정이입하기)

이것은 문제의 상황을 상대방의 입장에서 보려고 노력하는 행동이다. 늦게 귀가해서 아내의 비난을 받은 남편은 "내가 당신의 입장에 처했다고 생각할 때, 나의 행동이 당신에게 큰 괴로움을 주었음을 이해할 수 있어요"와 같은 말로서, 아내의 심정에 동감할 수 있다. 이와 같은 반응은 상대방에게 자신의 걱정거리가 이해받고 있다고 느끼게끔 만들고, 갈등을 해결하려는 의사가 있다는 것을 전달해 준다.

질문하기(questioning)

갈등상황에서, 여러 유형의 질문들이 문제해결단계에서 유익하게 사용될 수 있다.

인도하기 질문(leading question)

질문에 의해 어떤 아이디어를 암시한다(예: "여러 해결방법들 중에서 이 해결방법을 먼저 고려해 보는 것이 어떻겠습니다?")

자극하는 질문(stimulating question)

새로운 아이디어를 내놓게끔 고무시키는 질문이 사용될 수 있다(예: "이 문제를 해결할 수 있는 다른 방법이 있습니까?").

참여시키는 질문(participation question)

이것은 갈등에 관여된 모든 사람의 참여를 고무시키기 위한 질문이다(예: "다른 사람들은 어떤 아이디어를 갖고 있습니까?").

대안적 질문(alternative question)

이것은 제안된 둘 이상의 해결책 중에서 선호나 선택을 표시하게끔 만든다(예: "두 개의 해결책 중에서 당신은 어느 쪽이 가장 좋은 것 같습니까?").

종결적 질문(closure question)

이것은 당사자들에게 어떤 결정을 고무시킨다(예: "이 문제에 대한 논의는 이것으로 끝마치는 것이 어떻겠습니까?").

평가적 질문(evaluation question)

이것은 당사자들에게 해결책을 평가하도록 고무시킨다(예: "다른 방법보다 이 방법을 사용할 경우에 무엇이 일어나겠습니까?").

공통 목표를 강조하기

타인과 갈등상태에 있을 때, 사람들은 흔히 차이들과 같은 부정적인 것들에 초점을 둔다. 이와 달리, 효과적 갈등관리기술들은 당사자들의 목표, 의견 및 해결책의 유사성을 강조하는 것을 포함한다. 이렇게 되면, 갈등되는 다른 목표들과 그 해결방법을 결정하는 것이 더 용이해질 수 있다.

신뢰를 조성하기(creating trust)

신뢰는 타인의 진술들이나 행동의 진실성과 정확성을 믿고 확신하는 정도라고 정의된다. 신뢰는 갈등의 다른 조건들에 대해 가장 큰 영향을 주는 변인으로 확인되어 왔다.[18] 사람들이 서로 신뢰하는 정도는 그들이 해결책을 향해 함께 일하려는 의사에 영향을 준다.[19] 상대방에게 자신이 경청받고 비웃음을 받지 않을 것이라는 것을 보여 주는 것이 성공적 협상과정을 일으킨다.

신뢰를 조성함에 있어서, 상대방이 당황하거나 체면을 상하지 않게끔 만드는 것이 중요하다. 어느 한 쪽이 갈등이 자신의 잘못 때문이었다고 인정하거나 타협을 하기만 하면, 갈등이 해결될 수 있는 많은 경우들이 있다. 하지만, 당사자는 잘못을 시인하거나 양보하는 것이 지금까지의 갈등상태가 자신의 결함 때문이었다는 것을 시인하는 것으로 느껴져서 당황과 체면상실을 경험한다.

대화를 초청하는 침묵(inquiring silence)

상대방의 발언을 촉진시키기 위해 사용되는 유용한 비언어적 기법이 침묵이다. 많은 사람들이 상대방의 침묵에 대해 불편함을 느끼므로, 상대방이 자신의 의견이나 느낌을 제시하는 것에 대해 망설이거나 저항하고 있을 때에 잠깐 동안의 침묵이 대화의 개시에 유용할 수 있다.

갈등예방기법들[20]

개인관계와 아울러 조직상황에서 갈등이 불가피한 것이고 갈등의 해결방법에 따라 긍정적 결과들을 제공할 수 있을지라도, 갈등이 시작되기 이전에 갈등의 근원들을 제거시키는 것이 대부분의 경우에서 현명하다. 불필요하고 파괴적인 갈등들을 효과적으로 예방함으로써 사람들은 갈등에 쏟는 에너지를 낭비함이 없이, 관계들에서 바람직스러운 많은 결과를 얻을 수 있다. 아래에서 우리는 갈등을 감소시키거나 피할 수 있는 몇 가지 방법을 검토한다.

공정한 자원분배

정부와 같은 거대한 조직으로부터 부부와 같은 가까운 관계에 이르기까지 자원들을 분배하는 것은 대부분의 관계들에서 보편적인 부분이고, 따라서 자원분배의 객관적 및 주관적 공정성의 문제는 갈등의 기본적 근원이 된다. 자원분배에 관한 갈등은 조직수준에서 생산성과 사기를 낮출 수 있으며, 개인관계수준에서 관계의 만족과 유지에 대해 나쁜 영향을 준다. 우리나라의 정치영역에서, 지역간 갈등이 역사적으로 계속 진행되어 왔고 집권하지 못한 지역인들은 매우 큰 불만을 계속 표출해 왔다. 가족의 경우에서, 부모의 유산에 대한 자녀들 간의 갈등은 형제자매 간의 수십 년의 정을 하루 아침에 깨뜨리고 언쟁, 신체적 싸움, 법적 소송의 회복할 수 없는 파괴적 결과를 일으키고 있다.

자원분배에 대한 불만족이나 갈등을 감소시키는 한 가지 효과적 방법은 모든 당사자들이 이익이 되는 이익-이익(win-win)의 모두가 승리하는 분배방식이다. 그러나 대개의 경우에 자원이 한정되어 있어서, 모든 당사자들이 원하는 이익을 얻을 수가 없고 이익-손해(win-lose)의 분배결과를 갖게 되기 쉽다. 이러한 이익-손해의 분배가능성을 줄이기 위해, 관계당사자들은 동등성이나 형평성(즉, 투입한 것에 비례해서 자원을 분배하는 것)의 규범이나 규칙을 설정하는 것이 큰 도움이 된다. 그 예들은 공정한 인사정책들(예: 채용, 승급, 승진)과 유산의 동등한 분배이다.

자원의 공정한 분배에 관한 지각이나 인식에 큰 영향을 주는 것은 분배의 규칙들을 정하는 데에, 당사자들이 참여하는 정도이다. 따라서, 관계들과 조직들에서 자원분배의 결정과정에 당사자들을 참여시키는 것이 자원의 공정한 분배의 지각을 증가시킬 것이다.

과업 목표와 과정의 명료화

모든 수준의 관계들에서, 여러 가지 공동활동들이 있으며, 이것들은 목표와 과정을 포함한다. 조직수준에서 많은 목표들이 있으며, 구성원들은 이것들에 대해 의견이 일치되거나 불일치될 수 있다. 기업들은 여러 사업들 중에서 어느 것에 중점을 둘 것인가에 대해, 학교들은 학생들에게 무엇을 가르칠 것인가에 대해, 부부들은 자녀 수, 수입의 사용, 여가활동 등에 대해 의견이 일치되거나 불일치될 수 있다. 이러한 면에서 불일치나 갈등을 줄이기 위해, 아래와 같은 몇 가지 방법을 사용할 수 있다.

- 명료한 목표를 설정한다.
- 공동 목표를 발전시킨다.
- 규범들이나 규칙들을 정한다.
- 과업수행의 과정들이나 단계들을 이해한다.
- 과업을 계획하고 완료기한을 지킨다.

기대의 전달

갈등을 일으키는 행동들 중의 많은 것이 사람들의 기대와 불일치된다. 부모는 자식에게 자신이 기대하거나 원하는 것(예: 공부시간을 지키는 것, 용돈을 절약해서 쓰는 것 등)을 행하기를 바란다. 이러한 기대에 대해 자식이 불일치되는 행동을 할 때에 부모와 자녀 간의 갈등이 생긴다. 부모가 자식에게 자신이 기대하는 바를 명확하게 전달할 때, 자식이 그 기대에 일치되는 행동을 할 가능성이 가장 많다. 애인관계, 상사와 부하관계, 교사와 학생관계에서 관계 당사자들이 자신의 기대를 명확하게 전달하는 것이 갈등의 소지를 감소시키는 가장 좋은 방법 중의 하나이다.

상대방의 기대가 과도하거나 부적절할 때에 그 기대를 수정할 필요가 있다. 예컨대, 상사가 너무 많은 일을 짧은 기간 내에 수행하도록 지시할 때, 부하는 상사의 기대가 너무 높다는 것을 분명하게 지적해서, 과도한 기대로 인한 갈등을 사전에 피할 수 있다. 이러한 기대들은 관계들에서 규범이나 규칙을 명확하게 설정하는 것과 관련 있다. 규범들이나 규칙들은 행동에 대한 일반적 기대이므로, 이것들에 따르게 되면, 기대의 불일치는 대개 일어나지 않게 된다.

열린 의사소통

사람들 간의 문제나 갈등이 일이나 사람에 관한 정보의 부족에서 생길 수 있으므로, 사람들 간의 열린 의사소통이 갈등감소에서 중요할 수 있다. 예컨대, 남편이 직장에서 겪은 스트레스를 아내에게 말하지 않고서 사소한 일로 집에서 짜증을 내었을 때, 아내는 남편의 짜증이 남편의 스트레스가 아니라 남편이 자기를 싫어하는 것의 탓이라고 해석할 수 있고, 따라서 남편에 대해 공격적인 언사로 반응할 수 있다. 직장에서 업무와 사람들에 대한 정보 부족이 직원들 간이나 상사와 부하 간의 갈등의 근원이 될 수 있다. 이러한 정보 부족의 문제를 해결하기 위해 조직들은 정기적 직원회의를 개최하고, 내부의 뉴스레터를 발간하고, 직원들의 의견을 조사하고, 직원들이 상사, 부하 및 동료로부터 근무평가를 받는 360도 피드백제도를 실시하는 등의 조치를 취할 수 있다.

갈등관리훈련의 실시

부부와 같은 가까운 관계들과 조직 내의 인간관계를 개선하기 위한 다양한 프로그램들이 개발되어 왔고, 이러한 훈련프로그램들이 관계와 효율성을 증진시키고 갈등을 감소시키는 것으로 보고되어 왔다. 이들 프로그램은 다음과 같은 것을 가르친다.

- 관계만족과 사기의 결정요인들
- 갈등의 건설적 처리
- 타인들의 관점, 정서 및 지각의 정당성에 대한 존중
- 적극적 듣기
- 주장적으로 의사소통하기
- 협력적 문제해결
- 관계증진을 위한 의사소통기술
- 잠재적 문제들을 파악하고 대처하기

요 약

갈등은 목표들, 가치들 또는 사건들이 부조화하거나 배타적인 상황으로 정의된다. 갈등은 개인 내 그리고 개인과 개인, 개인과 집단 및 집단과 집단 사이에서 존재할 수 있다.

갈등의 보편적 근원들은 자원에 대한 경쟁, 목표의 차이, 태도, 가치 및 지각의 차이, 성격 차이와 곤란한 성격들, 의사소통문제들 등이다.

갈등에 영향을 주는 심리적 요인들은 갈등에 대한 태도, 갈등상황에 대한 지각, 결과의 중요성 및 상황통제력이다. 갈등은 하나의 과정으로서, 상황분석, 좌절, 언어화, 행동, 상대방의 반응 및 결과의 6단계로 진행된다.

갈등처리의 개인차에 관련 있는 요인들은 개인적 성격특징들, 갈등처리에 관한 학습경험, 당사자들 간의 관계의 성질, 성차 및 갈등관리스타일이 포함된다. 또한 갈등은 성공적으로나 파괴적으로 해결될 수 있다. 갈등관리의 기법들은 갈등관리의 과정, 즉 분석, 대결 및 해결의 단계들을 포함한다. 갈등관리의 과정에서, 문제에 대해 직면해서 해결하기, 부정적 반응을 통제하기, 비평을 건설적으로 처리하기, 갈등문제를 조감적으로 이해하기 및 협상기술을 이해하고 적용하기가 필요하다.

곤란한 사람들을 처리하기 위해, 직접적 처리, 간접적 처리, 직접적 대처 및 간접적 대처의 4가지 접근들이 있다. 갈등관리에서 의사소통기법들이 유용하며, 이것들은 적극적 듣기, 반영시켜 주기, 공감하기, 질문하기, 신뢰를 조성하기 및 침묵하기를 포함한다.

갈등예방의 기법들이 사용될 수 있다. 이것들은 공정한 자원분배, 과업 목표와 과정의 명료화, 기대를 전달하기, 열린 의사소통 및 갈등관리훈련을 포함한다.

제 4 장

설득과 영향 주기

사회적 관계와 상호작용은 기본적으로 사람들 사이의 영향으로 이루어진다. 가정생활에서, 부부를 비롯한 모든 가족들은 서로 영향을 주고 받는다. 예컨대, 술을 마시고 늦게 귀가하는 남편에 대해 아내는 술을 마시지 않고 일찍 귀가해 달라고 요구한다. 또한 남편은 아내에게 친구들과의 모임에서 너무 늦게 귀가하지 말라고 요구한다. 부모들은 자녀에게 규칙적인 생활을 하고 열심히 공부하고 컴퓨터게임을 하지 말라고 타이른다. 자녀들은 부모에게 자신이 원하는 용돈과 입고 싶은 옷이나 신발을 사달라고 조른다.

이와 같은 사회적 영향과정들은 조직 수준에서도 마찬가지로 일어난다. 조직의 모든 수준에서 구성원들은 서로 영향을 주고 받는다. 사장이나 관리자들은 부하직원들이 자신이 요구하는 일을 완수하도록 설득하거나 명령한다. 동료직원들 사이에서도 어떤 의사결정을 행하기 위해 서로 주장하고 논쟁한다. 부하직원들은 맡은 직무의 수행과 아울러 봉급인상의 협상에 있어서 자신의 상사에 대해 자신의 의사를 표현하고 요구한다. 특히, 오늘날의 조직들에서의 팀제 운영방식의 도입과 실시는 팀구성원들 간의 빈번한 상호작용을 요구한다. 팀제의 운영방식에 있어서, 상사가 일방적으로 의사결정을 행하는 일은 드물다. 팀의 직무들은 자기관리팀의 구성원들에 의해 분배되고 감독되는 경향이 더 많아지고 있다. 이러한 조직풍토에서, 설득과 같은 사회적 영향은 하나의 필수적 직무수행방법이 되고 있다.

사회적 영향과정에는 몇 가지 형태가 있다. 우선적으로, 설득(persuasion)은 설득자의 의사전달을 통해 피설득자가 어떤 행동, 신념 또는 태도를 택하게끔 영향을 주는 과정이다. 이것은 설득자가 자신의 주장들과 지지적 증거들을 적절하게 제시하는 것을 포함하며, 압력, 명령 또는 조작적 술수에 의하지 않는다. 이것은 대개 피설득자의 장기적인 신념들과 행동들을 변화시키기 위해 사용된다. 사회적 영향의 두 번째 유형은 동조(conformity)이다. 동조는 사람들이 타인들이나 집단이 행하는 행동을 동일하게 수행하는 것을 일컫는다. 우리들은 남들에 따라 학교에 다니고, 단체들에 가입하고, 직장에 다니고, 놀러갈 수 있다. 남들이 하는 대로 따라 하는 것이 하나의 편리한 사회적 적응수단이 될 수 있으므로, 사람들은 타인들의 행동, 의견, 신념 및 태도를 그대로 따르거나 자기 것으로 삼는다. 사회적 영향의 세 번째 유형은 응종(compliance)이다. 응종은 타인들의 요구에 따르거나 응하는 하나의 사회적 영향과정이다. 우리는 부모의 요구, 가족들의 요구, 상사의 요구나 명령, 부하의 요구, 심지어 길거리에서 구걸하는 사람의 요구에 따른다. 이러한 모든 현상들은 타인의 요구에 그대로 따른다는 의미에서 응종에 속하는 것이다. 응종의 범주 내에서, 권위자의 명령에 따르는 것을 복종(obedience)이라고 일컫는다.

이 장에서 우리는 설득, 동조 및 응종의 세 가지 사회적 영향과정을 취급한다. 설득의 주제에 대해, 우리는 하나의 설득모형을 제시하고 모형 내의 요소들로서 설득자, 피설득자, 메시지 등을 취급한다. 응종의 주제에 대해 타인들을 요구에 따르게끔 만드는 6가지 특수기법을 취급한다. 마지막으로, 응종의 특수한 한 형태로서 권위자의 명령에 복종하는 주제가 명령의 효과와 문제를 중심으로 제시된다.

설 득

설득의 한 모형

설득의 과정 속에는 많은 요소들이 포함되어 있다. 그것들은 설득자(또는 의사전달자), 설득메시지(또는 커뮤니케이션), 피설득자의 특성들과 피설득자의 심리과정, 상황 및 시간(또는 변화의 기간)이다.[1] 이들 요소들은 또다시 많은 하위요소로 구성되어 있다. 예컨대, 설득자의 요소만 고려하더라도 설득자의 전문성, 신

도 4-1 설득과정에 관한 하나의 개괄적 모형

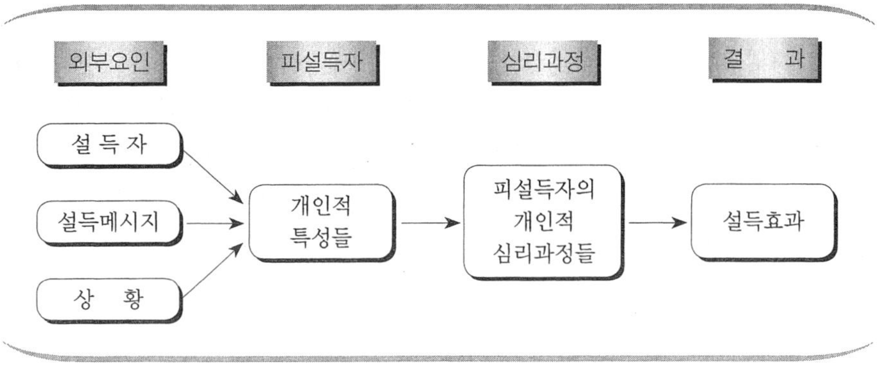

뢰성, 호감성 및 동일한 집단소속(또는 준거집단) 여부 등의 많은 하위요인이 관련되어 있다. 이와 같이, 설득과정에 많은 요인이 포함되어 있고, 그 과정이 매우 복잡할 수 있으므로, 우리는 전체 양상을 조감할 수 있는 어떤 틀이나 모형이 필요하다. 이와 같은 필요를 충족시키기 위해, 제시된 한 모형은 도 4-1과 같다. 도의 제시에 있어서, 설득과정에 관한 개요의 형성을 위해 주된 요인들만이 제시되었으며, 각 요인에 속하는 하위요인들은 본문에서 다소 상세하게 제시될 것이다.

이 모형은 설득의 과정 속에 4개의 기본요소들이 관여되어 있다고 간주한다. 즉, 외부요인들, 피설득자, 심리과정 및 설득의 최종 효과이다. 외부요인들은 피설득자에게 영향을 주는 외적 요인들을 일컫는다. 이것들은 설득자(또는 의사전달자), 메시지 내용 및 상황의 하위요인들을 포함한다. 피설득자 요인들은 피설득자의 개인적 특징들을 일컫는데, 주제나 특정의 태도에 대한 몰입이나 경험, 반대되는 입장에 접했거나 면역된 정도, 성격(지능, 자기존중 등) 등의 하위요인들을 포함한다. 심리과정은 설득상황에서 피설득자의 마음 속에서 무엇이 진행되는가를 일컫는다. 설득상황에서 중요한 피설득자의 심리과정들은 이론들에 따라 강조되는 측면에서 차이가 있는데, 다음의 5가지 이론이 이 분야에서 영향력 있다.

메시지의 학습

설득과정에서 메시지내용의 학습이나 기억이 설득효과에 대해 중요하다는 관점이다.

감정의 전이

메시지의 학습과정에서 일어나는 감정의 전이(또는 이동) 현상을 중시하는 관점이다. 예컨대, 새로운 차를 광고할 때에 인기 있는 연예인이 새로운 차를 칭찬한다면, 인기 있는 연예인에 연관된 긍정적 감정이 새로운 차로 전이되어서, 마침내 새로운 차에 대해서도 마찬가지로 긍정적 감정이나 태도를 갖게 된다는 주장이다.

인지적 일관성

개인이 갖고 있는 생각들이나 사고들은 서로 일관성 있게 유지되려는 경향이 있으며, 이것이 설득에 영향을 준다는 관점이다. 이 관점에 의하면, 인지적 비일관성은 심리적으로 불쾌하며, 개인은 자신의 인지들 중에서 비일관적이거나 모순되는 인지요소를 변화시키고, 따라서 의견이나 태도변화가 일어나기 쉽다. 예컨대, 당신이 20년 동안 흡연을 해 왔고 흡연이 좋다고 생각해 왔는데, 어떤 의사가 흡연이 폐암을 일으키는 주범이라고 주장하는 것을 들었다고 하자. 이러한 상황에서, 당신은 인지부조화를 경험하게 되는데, 20년 동안 흡연해 왔고 흡연이 좋다는 생각과 흡연이 몸에 해로운 폐암을 일으킨다는 생각(또는 주장)이 서로 조화되거나 일치되지 않기 때문이다. 만일 당신이 이러한 상황에 처했다면, 당신은 20년 동안 흡연해 왔고 흡연이 좋다는 생각을 계속 지지하고 그 의사의 주장을 받아들이지 않을 수 있다. 이와 달리, 당신은 의사의 주장을 받아들이고 당신의 흡연에 대한 긍정적 생각을 부정적 생각(예: 흡연은 나쁜 것이다) 쪽으로 변화시킬 수 있다. 이 관점은 인지적 일관성이 설득이나 태도변화에서 결정적 역할을 할 수 있다고 주장한다.

반대주장의 발생 여부

설득상황에서, 메시지에 대해 반대되는 주장이나 생각이 일어나는 여부가 설득의 효과에 큰 영향을 준다는 관점이다. 예컨대, 당신의 회사에서 회사의 경영사정이 어려워서 직원들의 임금을 인상하지 못하겠다는 회사측의 주장을 들었다고 하자. 이러한 주장에 대해, 물가인상이 매우 높아져서 직원들의 생활이 곤란하고, 자녀들의 학비도 인상되었고, 다른 회사들은 임금을 올리고 있는 실정이라는 회사측의 주장에 대해 반대되는 생각이 당신의 머리 속에서 즉각 떠올랐다면, 당신은 그러한 주장을 받아들이지 않을 것이다. 이와 달리, 만일 당신이 회사의 경영사정이 어려워서 임금인상이 곤란하다는 주장에 전적으로 찬성한다면, 당신은 임금인상의 동결을 받아들이고, 따라서 회사측의 입장 쪽으로 자신의 태도가 변화될 것이다.

체계적 처리와 말초적 처리

이 관점은 피설득자가 메시지를 받을 때에, 제시되는 메시지의 내용에 주의를 기울여서 반응하는 경우와 메시지의 내용 이외의 피상적인 말초적 단서들에 주의를 기울여서 반응하는 경우가 있다고 가정한다. 예컨대, 피설득자가 전문성이 매우 많다고 생각되는 전문가의 주장을 들을 때, 그 사람은 메시지의 실제 내용보다도 설득자의 전문성에 의해 더 많이 영향받을 것이다. 이와 달리, 전문성은 높지 않지만 여러 관련자들이 동일한 주장을 제시한다면, 피설득자는 메시지의 내용을 면밀하게 검토해서 자신의 입장을 결정할 것이다. 이와 같이, 이 관점은 피설득자들이 메시지내용에 주의를 기울여서 정보를 처리하는 경우와 메시지 내용 이외의 말초적 요인들(예: 설득자가 누구인가?, 메시지가 긴가?, 주장들이 많은가?)에 주의를 기울여서 정보를 처리하는 경우가 있고, 이러한 정보처리의 차이에 대해 많은 요인들이 관련되어 있다고 주장한다.

설득모형에서, 마지막 단계는 설득이 피설득자에 미치는 궁극적 효과이다. 설득은 의도된 대로 피설득자의 사고, 감정 및 행동을 변화시켜서 성공적 결과를 낳을 수 있다. 이와 반대로, 설득은 의도된 효과들을 거두지 못할 수 있다. 피설득자는 설득의 기도에 저항하는 여러 대안적 반응을 행할 수 있다. 그것들은 설득자의 신빙성을 깎아내리는 것, 메시지의 내용을 자신의 입장을 지지하는 쪽으로 왜곡시키거나 오지각하는 것 및 심지어 아무런 논리적 근거나 이유 없이 메시지의 내용을 거부하거나 부인하는 것을 포함한다. 물론, 후자의 설득효과는 설득의 실패를 의미한다.

설 득 자

설득과정에 포함된 두 주체자는 설득자와 피설득자이다. 따라서 설득자와 피설득자의 특성들이 설득효과에 영향을 줄 것으로 우선적으로 가정될 수 있다. 설득자의 특성들로서, 설득자의 전문성, 신뢰성, 침착성, 확신성, 카리스마성, 매력성, 동일한 집단소속 여부 등의 많은 요인들이 설득력에 관련되어 있다는 것을 보여 왔다.

또한 이들 요인이 메시지의 내용에 따라 상이한 영향을 주는 것으로 나타났다. 메시지의 내용이 사실에 관한 것일 때(예: 새로운 영업장소로서 최적의 장소는 어디인가?)와 의견이나 가치에 관한 것일 때(예: 대통령으로서 누가 가장 훌륭한 후보자인가?)에 설득자의 개인적 특성들이 설득력에 미치는 효과가 다르다. 메시지의 내용이 사실에 관한 것일 때에 설득자의 전문성, 신뢰성 및 확신성이 중요한 반면에, 의견이나 가치에 관한 것일 때에는 설득자의 매력성, 유사성, 카리스마성 및 확신성이 중요하다.[2] 이하에서, 우리는 설득에 영향을 주는 설득자의 몇 가지 특성, 즉 전문성, 신뢰성, 침착성, 매력성 및 동일한 집단소속 여부를 살펴볼 것이다.

전문성(expertness)

설득자의 특성으로서 시초에 관심을 받은 것은 설득자의 권위(prestige)이었다. 그러나 “권위”라는 개념이 애매하다는 비평에 따라 설득자의 신빙성(credibility)이 관심을 받았다. 그런데 신빙성은 전문성과 신뢰성으로 구성되어 있다고 주장되었다. 일반적으로, 연구들은 주제에 관해서 전문성을 갖고 있거나 갖고 있다고 지각되는 설득자가 그렇지 못한 설득자보다 더 설득력 있다는 것을 발견해 왔다. 예컨대, 군사문제에 대해서는 군사전문가나 고위직의 군인의 의견이 영향을 주고, 경제문제에 대해서는 대기업의 경영주나 경제전문연구원의 발언이 설득력을 갖는다.

또한 고도의 기술분야들에서는 해당분야에 대한 전문적 지식을 가진 사람이 설득력을 갖는다. 그러나 만일 피설득자들이 해당분야에 대해 설득자와 마찬가지로 잘 알고 있다면, 설득자의 전문성은 더 작은 역할을 할 것이다.

신뢰성(trustworthiness)

설득자가 높은 전문성을 갖고 있다고 하더라도, 그 사람은 자신의 이해관계에 따라 편파적 주장을 행할 수 있다. 예컨대, 여러 부품들의 장단점을 잘 알고 있는 기계부품에 대한 전문가라도, 거액의 돈을 받고서 부품의 품질들에 대한 평가를 편파적으로 할 수도 있다. 신뢰성은 객관적 진실을 제시하고, 따라서 믿을 수 있다는 것을 일컫는다. 한 지역에서 평생 동안 장사를 해 온 사람은 신용을 중시하고, 따라서 지역주민들은 그 사람을 "신용 있는 사람"이라고 믿고 그 사람이 제시한 물건을 의심 없이 구입한다. 이와 반대로, 뜨내기 장사꾼은 물건의 품질을 속이는 일이 많고, 따라서 구매자는 그 사람을 불신하고 그 사람이 제시한 물건을 의심의 눈초리로 보고 그 사람이 말하는 주장을 믿지 않고 흘려 보낸다. 또한 고위 공직자, 군수나 시장과 같은 지방단체장, 대기업체 사장 등도 거액의 뇌물을 주고 받은 것으로 차후에 밝혀졌는 데도, 초기의 신문과 방송보도시에는 그러한 범죄행위의 혐의를 거의 모두 부인한다. 따라서 일반시민들은 그들의 주장을 거의 받아들이지 않는다.

신뢰성은 타인들이 설득자를 신뢰롭고, 양심적이고, 확신감 있다고 지각하게 되는 개인적 관계들과 직업적 관계들을 통해 장기적으로 획득된다. 그리고 이것은 피설득자에 대한 설득자의 공감, 겸손, 훌륭한 성품, 공동이익의 추구 및 최대의 이익을 제공해 주려는 심적 자세의 표출들을 통해 획득된다.

침착성(composure)

설득자의 신빙성, 즉 전문성과 신뢰성에 큰 영향을 줄 수 있는 것은 설득자가 메시지를 전달하는 동안에 보이는 침착성이다. 침착성은 메시지의 전달에 대한 주의 깊은 계획, 메시지내용에 대한 이해 및 메시지전달에 대한 효과적 연습에 의해 획득되며, 궁극적으로 설득자의 자신감과 확신감에 의해 나타내진다. 메시지 전달이나 발표시에, 긴장하고 당황해서 말을 더듬거나 땀을 흘리는 모습을 보이는 것은 설득자의 침착성을 크게 훼손시키고, 따라서 설득력을 잃게끔 만든다.

매 력 성

매력적이거나 호감이 가는 사람들이 그렇지 못한 사람들보다 더 설득력이 있다. TV광고에서 인기 있는 연예인들이나 운동선수들을 내세우는 것도 이러한 현상을 고려한 것이다. 심지어, 대통령 후보자들이나 국회의원 입후호자들도 매력성을 높이기 위해 성형을 하거나 분장을 한다. 매력성은 외모(복장, 몸치장), 제스처(악수, 자세) 및 행동(매너나 예의) 및 여러 자격증들(직함, 평판)을 통해 시초에 형성된다. 장기적으로, 매력성이나 호감은 타인과의 상호작용과정에서 형성된다. 상호작용과정 속에서 제시되는 생각과 아이디어들의 적합성과 일치성, 타인들에 대해 깊은 관심을 갖는 것 및 상호작용과정에 대해 열성적으로 몰입하는 것이 매력성을 증가시킨다.

매력성에 영향을 주는 주요 요인들로서 외모나 신체매력뿐만 아니라, 설득자와 피설득자 간의 유사성이 포함된다. 사람들은 동일한 주장에 대해 유사한 생각, 태도 및 행동을 보이는 사람들에 의해 더 많은 영향을 받는다. 예컨대, 특정 정당을 지지하는 사람들은 그 정당소속의 국회의원의 주장을 반대측의 정당소속의 국회의원의 주장보다 더 받아들이려고 든다.

집단소속

설득자와 피설득자의 집단소속이 설득에 영향을 준다. 만일 피설득자가 설득자가 자기와 동일한 집단에 속해 있다고 지각한다면, 피설득자는 설득자와 자기 자신이 유사하다고 보고, 설득자에 대해 동일시하고, 그에 따라 설득자의 주장을 자기의 것으로 받아들인다. 개인이 특정 집단에 자신이 소속해 있다고 지각하게 되면, 개인은 집단의 기준들이나 규범들을 따르게 되고, 이것들은 개인의 사고와 행동의 표준이나 준거로서 작용한다. 그러한 집단들을 준거집단들(reference groups)이라고 일컫는다. 준거집단들은 일반적으로 개인이 호감을 갖고 유사성을 지각하는 집단들이며, 그로 인해 개인은 준거집단들에 의해 크게 영향을 받으며, 그 중의 하나가 설득이다.

사람들은 대개 여러 집단들에 소속해 있으며, 그러한 집단들이 준거집단들로 되는 정도, 또는 개인이 그러한 집단에 대해 동일시하는 정도가 설득에 차이있는 영향을 준다. 사람들에게 크게 영향을 주는 대표적 준거집단들은 주로 학연(또는 동창생 관계), 지연(동일한 출신지역이나 동향 관계) 및 혈연(가족이나 친척 관계)의 연고관계들로 구성된 집단들이다. 따라서, 정치가들이나 기업가들은 당선이나 사업활동의 목표를 성취시키기 위해 자기들의 동창들, 동향인들 및 친척들을 찾고 이용하게 된다. 예컨대, 우리나라의 지방 국회의원들은 지역의 명망 있는 고등학교출신이어야만 국회의원에 뽑히기가 쉽다. 이것은 동일한 집단소속, 예컨대 출신학교가 사람들에 대해 더 큰 설득력을 갖는다는 것을 뜻한다.

메 시 지

설득의 효과에 영향을 주는 두 번째의 외부요인은 메시지의 특징들이다. 여러 메시지 특징들이 설득효과에 영향을 줄 수 있는데, 그것들은 메시지의 신뢰성, 상위, 동기유발, 일방적 주장과 양방적 주장, 주장의 강력성, 결론의 제시 및 제시의 반복을 포함한다.

메시지의 신뢰성

제시되는 주장의 내용이 피설득자가 얼마나 받아들일 수 있는가가 설득에 대해 결정적 영향을 줄 것이다. 주장들은 피설득자가 수용할 수 있는 정도에 있어서 큰 차이가 있다. 어떤 주장들은 피설득자가 받아들이기 곤란하다. 예컨대, 기독교를 믿는 사람들은 일반적으로 토속적 신앙이나 제사를 지내는 것과 같은 의례들을 지지하는 주장을 받아들이지 않는다. 주장이나 메시지의 내용을 받아들일 가능성에 큰 영향을 주는 주요 변인은 메시지의 신뢰성 또는 믿을 수 있는 정도이다. ACE이론에 의하면, 설득자의 주장을 수용하는 데에 있어서 사람들은 메시지의 신뢰성이나 믿음직성을 중시하고 이것은 3가지 기준이나 준거에 의해 평가된다.[3] 즉 적합성(appropriateness), 일관성(consistency) 및 효과성(effectiveness)이다. 이러한 기준들을 가장 잘 충족시키는 주장들이 가장 성공적 설득효과를 갖게 될 것이다.

적 합 성

적합성 또는 적절성은 일반적으로 인정받는 기준들이나 규범들, 또는 법이나 도덕의 규칙들에 기초된 주장들로서 사람들이 올바르다고 판단하는 행위들을 일컫는다. 적합성이 있는 주장들은 피설득자의 신념체계들과 관심들과 합치된다.

일 관 성

메시지의 내용이 피설득자의 과거 행동, 피설득자가 채택하고 있는 기존의 신념, 또는 피설득자와 유사한 사람들의 행위나 신념과 일치되는 정도이다. 설득자가 피설득자의 과거 행동, 피설득자의 신념 또는 피설득자와 유사한 사람들의 행위나 신념과 일치되거나 조화되는 주장을 할 때, 이것은 피설득자의 입장과 일치되거나 일관성 있는 것이 된다.

효 과 성

메시지에서 주장된 생각이나 행위가 바람직스러운 상태나 결과를 일으키는 정도이다. 어떤 주장이 피설득자가 원하고 필요로 하는 것들을 충족시킬 수 있다는 것을 증명할 때, 피설득자는 그러한 주장을 믿고 수용하게 될 것이다.

ACE이론을 적용하기 위해, 직장에서 자신의 임금인상을 주장하는 한 직원을 예로 들어보자. 이 직원은 3가지 준거를 사용해서 주장하기로 작정하고서, 임금인상을 협상하는 간부임원에 대해 다음과 같이 주장한다.

첫째로, 적합성준거의 면에서 이 직원은 노동법과 회사의 업무규정에 따라 자신이 임금인상을 제공받을 자격이 있음을 주장한다. 이에 더해서, 회사가 열심히 일하는 직원에게 적절한 보상을 주어야만 된다는 사회규범이나 통념을 지적한다.

둘째로, 일관성준거의 면에서 이 직원은 간부임원이 자신을 채용할 때에 일정한 근무기간이 지나면 임금을 인상시켜 주겠다고 약속한 일을 상기시키고, 과거부터 지금까지 다른 직원들에 대해 일정한 근무기간이 지났을 경우에 임금을 인상시켜 주었던 일을 지적하며, 비슷한 다른 회사에서 근무하는 친구들이 임금인상을 제공받았다는 사실을 지적한다.

셋째로, 효과성준거의 면에서 이 직원은 자신에 대한 임금인상이 업무와 아울러 회사에 대한 자신의 개인적 만족과 사기를 높이고, 결과적으로 자신의 열성적 근무로 인해서 회사가 이익을 볼 수 있을 것이라고 주장한다. ACE이론에서 제시된 메시지내용의 3가지 준거는 메시지의 논리성과 합리성의 지각들을 증가시켜 줌으로써 설득력에 대해 영향을 준다.

상 위

기본적으로, 설득은 피설득자의 입장과 차이 있는 주장들로 구성되어 있다. 피설득자의 시초의 입장과 동일한 입장을 주장하는 메시지는 아무런 설득효과를 갖지 못할 것이다. 그러면 메시지에서 제시되는 입장과 피설득자의 입장이 얼마나 상위한가가 문제가 된다. 연구들에 의하면, 매우 작은 상위는 매우 작은 설득효과를 가지며, 매우 큰 상위는 피설득자의 거부를 초래하고, 중간의 상위가 가장 큰 효과를 낸다. 예컨대, 당신이 회사직원으로서 임금협상을 행하려고 한다고 하자. 당신은 월간 100만원의 임금인상을 원하며 회사측도 이 정도의 인상을 허락할 것으로 예상한다. 이 경우에서, 당신은 100만원의 임금인상을 위하여, 어떻게 요구하는 것이 좋을 것인가? 이 직원은 세 가지 전략을 생각하고 있다.

첫 번째 전략은 당신이 진정으로 원하는 100만원을 요구하는 것이다. 두 번째 전략은 월간 200만원의 인상을 요구하고나서 100만원으로 낙착하는 것이다. 세 번째 전략은 130만원을 요구하고서 100만원으로 낙착하는 것이다. 이 세 가지 전략 중에서, 이 직원이 100만원의 인상을 얻어낼 가능성이 가장 큰 것은 어느 것인가? 첫 번째 전략은 당신의 입장과 회사측의 입장 사이에 상위가 매우 작으며, 두 번째 전략은 상위가 매우 크고, 마지막 전략은 상위가 중간 정도이다. 연구들은 중간 정도로 상위한 입장의 제시가 가장 효과적이라는 것을 나타낸다.[4] 너무 큰 요구나 너무 상위한 주장은 당신의 주장의 신빙성을 감소시키고, 너무 작은 상위는 주장이나 협상에서 얻어지는 성과가 너무 작다.

동기유발

피설득자의 동기상태가 주장의 수용에 영향을 준다. 높은 동기상태는 그러한 동기를 충족시키려는 높은 압력을 갖는다. 예컨대, 매우 분노한 사람은 분노를 해소시키려는 높은 욕구를 갖고 있고, 큰 두려움을 느끼는 사람은 두려움을 감소시키려는 높은 욕구를 갖고 있다. 따라서, 만일 설득적 주장이 분노한 사람의 공격욕구를 충족시켜 준다면, 피설득자는 그러한 설득적 주장을 받아들일 것이다. 만일 설득적 주장이 두려움을 느끼는 사람의 두려움의 회피욕구를 충족시켜 준다면, 피설득자는 그러한 설득적 주장을 받아들일 것이다.

많은 연구들이 위협에 의한 공포의 유발이·설득에 미치는 영향을 취급해 왔다. 일반적으로, 위협에 의한 공포유발이 클수록, 공포를 회피하는 방법에 관한 주장의 수용이 더 컸다. 예컨대, 질병의 위험성에 대한 메시지에서, 질병의 위험성이 심각하고, 때로는 생명이 위협당하고, 걸리기가 쉽다는 것이 강조된 높은 공포집단이 이것들이 덜 강조된 낮은 공포집단보다 병에 대한 예방주사를 맞으려는 의도와 아울러 실제로 보건소에서 예방주사를 맞은 것에서 더 높은 설득효과를 가졌다. 위협에 의한 공포유발의 효과들은 이를 닦는 구강위생, 자동차 안전운전, 원자폭탄실험과 같은 다른 주제들에서도 동일하게 나타났다.[5]

일방적 주장과 양방적 주장

만일 당신이 어떤 입장을 찬성하는 주장을 하는데, 당신의 입장에 반대되는 주장을 하는 사람들도 있다고 하자. 당신은 자신의 주장(예컨대, 정부의 4대강 정비사업)에 있어서 자신의 찬성입장만을 제시할 것인가, 아니면 자신의 찬성입장을 제시하면서 동시에 반대입장을 반박할 것인가? 이러한 주제는 일방적 주장과 양방적 주장의 명칭들로서 취급되어 왔다.

이 주제에 관한 연구들은 일방적 주장과 양방적 주장의 효과들이 피설득자의 시초의 태도에 의해 좌우된다는 것을 나타낸다. 일반적으로, 피설득자가 메시지의 찬성적 주장에 대해 긍정적 태도를 갖고 있다면, 반대적 주장이 없이 찬성적 주장만을 제시하는 것이 더 좋다. 그러나 만일 피설득자가 당신과 반대되는 입장을 갖고 있다면, 반대되는 입장이 있음을 지적하고 그것을 반박한 후에, 찬성하는 입장을 주장하는 것이 더 좋다. 이것은 당신과 반대되는 입장을 가진 피설득자가 당신의 찬성입장만을 듣게 될 때에 당신이 편향되어 있다고 판단하게 되기 쉽고, 더 나아가서 편향된 주장에 대해 심리적 반발(psychological reactance)을 느껴서 당신의 입장을 거부하기 쉽기 때문이다.[6]

주장의 강력성

메시지 속에 있는 주장들은 그것들의 질이나 양에 의해 강력하거나 약하다고 지각된다. 이와 같은 지각들이 설득에 영향을 줄 수 있다고 가정되어 왔다. 즉, 주장의 질이나 양의 면에서 강한 주장들이 약한 주장들보다 더 큰 설득력을 가질 것으로 가정되어 왔다. 메시지의 질과 관련해서, 메시지의 앞 부분에서 주장에 관련된 질문들(예: 졸업시험제도는 학생들의 대학원진학에 도움을 줄 것인가?)이나 결론들을 제시하는 것이 강한 주장의 조건에서 더 큰 설득력을 가졌다. 메시지의 양과 관련해서, 주장을 지지하는 증거들의 양과 주장들의 숫자가 클수록, 더 큰 설득력을 가졌다.

결론의 제시

메시지의 제시에 있어서 결론을 명백하게 진술하는 것이 더 좋은가, 아니면 피설득자로 하여금 당신의 주장을 근거로 해서 스스로 결론을 내리도록 해야 되는가? 연구들은 설득자에 의해 결론이 명백하게 제시되었을 경우에 더 큰 설득력이 있다는 것을 나타냈다. 그러나 결론 제시의 효과는 주장의 명백성에 의해 좌우될 수 있다. 주장의 명백싱이 클 때에 결론을 명확하게 제시하는 것은 메시지의 이해에 도움이 적을 것이다. 또한 결론중심의 과잉 일반화된 메시지는 주장의 신뢰성을 잃게끔 만들 수 있다.

제시의 반복

TV에서, 라면과 같은 식품에서부터 의약품, 건강보조식품, 운동화, 접착제, 자동차, TV, 냉장고 등에 이르기까지 동일한 내용의 광고가 매일 여러 번 반복된다. 일반적으로 메시지의 반복은 메시지에 대한 정보처리나 기억을 향상시킴으로써 설득력을 증가시킬 것이다. 그러나 과도한 반복은 메시지에 대한 지루함을 증가시켜서 설득력을 감소시키고 부정적 반응들을 발전시킬 수 있다. 따라서, 메시지의 반복은 설득효과와 포물선적 관계, 즉 시초에서 중간까지의 증가와 과다에서의 감소를 나타낸다. 메시지의 과잉 반복에서 오는 부작용이나 지루함은 메시지내용의 변화에 의해 극복될 수 있다.

효과적 설득의 비결들[7]

설득은 간단한 일상적 대화와는 다른 것이다. 이것은 설득자 자신, 피설득자나 청중, 취급되는 주제나 대상 및 상황의 요소들에 대한 고려를 요하는 복잡한 의사소통과정이다. 타인들을 설득할 때에 고려해야 될 몇 가지 전술들과 행동들이 아래에 제시되어 있다.

자기 자신을 확신한다

설득가능성에 대한 확신과 이것으로부터 나타나는 자신감 있는 외모와 태도가 설득에 도움이 될 수 있다. 당신이 자신을 믿을 때에 당신은 성공을 거둘 수 있는 반면에, 자신을 믿지 못할 때에는 성공을 거둘 수 없다. 사람들은 설득자의 확신감을 민감하게 감지하며, 할 수 있는 사람을 할 수 없는 사람, 즉 주저와 망설임을 보이는 사람보다 더 지원해 주고 협력해 준다.

청중을 안다

주제에 관한 청중의 시각들이나 관점들을 우선적으로 조사하고 검토한다. 청중은 그들 자신의 지각들에 기초해서 동기를 가지며, 당신은 청중의 지배적 지각이나 신념을 파악하고 활용함으로써 매우 설득력 있게 될 것이다. 당신의 청중이 믿고 원하는 것이 무엇인지를 이해할 때, 당신은 청중이 당신과 함께 일하게끔 그들을 더 잘 동기화시킬 수 있다.

청중의 수준에 맞게끔 당신의 메시지를 작성한다

청중의 수준에 맞게끔 이야기하라. 그리고 청중의 수준 이상이나 이하로 이야기하지 말아라. 청중에 맞게끔 당신의 스타일을 조정하고, 청중에게 관련성 있고 흥미있게끔 메시지를 작성하라. 청중이 쉽게 관련지울 수 있는 실제의 예들이나 사례들을 사용하라.

청중에게 최대의 이익이 되는 이유를 제시한다

당신이 제시하는 아이디어가 청중에게 이익이 되는 근거들을 설명한다. 당신의 목표와 청중의 목표가 합치되게끔 만드는 아이디어들을 청중과 함께 협력해서 고안하는 방식을 사용한다.

제시되는 아이디어들에 대한 당신의 몰입과 열정을 보여 준다

논의되는 주제에 관해 청중이 어떻게 생각하는지를 파악한다. 만일 당신이 이것을 파악할 수 없다면, 청중에게 물어본다. 당신이 청중의 입장을 이해하고 청중의 문제해결을 돕기 위해 계속 노력할 것이라는 점을 보여 준다.

사실, 자료 및 논리를 사용한다

청중에게 제시하기 이전에, 당신의 논리와 명제들에 대해 스스로 의문을 제기한다. 만일 이것들에 허점이 있다면, 수정하고 보완한다. 자료의 제시에 있어서, 당신의 신빙성을 훼손시킬 수 있는 실수를 저지르지 않게끔 조심한다.

제시할 내용을 인간적 용어들로 제시한다

청중은 복잡한 기술적 용어들을 싫어한다. 만일 당신이 복잡한 기구나 기계를 판매하려고 한다면, 그것들에 관련된 재미있는 일들과 그것들이 제공하는 편안함과 편리함을 강조한다.

정서적 설득, 논리 및 신빙성을 균형시킨다

주장의 정연한 논리성과 높은 신빙성뿐만 아니라, 정서적 호소를 사용한다.

정서적 호소는 청중의 불안, 걱정, 불만족과 같은 부정적 정서들과 즐거움, 기쁨, 만족과 같은 긍정적 정서들을 어루만져 주는 것을 포함한다.

주장을 뒷받침해 주기 위한 지지되는 자료를 사용하고, 대충대충 넘기려고 들지 않는다

차트나 그래프와 같은 자료들과 물건이나 제품의 표본들을 준비해 두고 필요할 때에 활용할 수 있도록 한다. 청중이 자료와 표본에 주의집중할 때에는 이야기를 잠시 멈추고 나서, 여유 있게 이야기를 계속한다.

주장적 의사전달기법을 사용한다

당신의 주장이나 요구를 명확하게 전달하는 의사전달기법들을 사용한다. 이것들은 다음의 것들을 포함한다.

- 명료하고 특수한 주장을 행한다.
- 주장에 적절한 행동을 사용한다.
- 솔직함을 유지시킨다.
- 말씨나 어조를 차분하고 고르게 한다.
- 눈마주침을 유지한다.
- 자신의 감정을 표현하는 동안에, 청중의 감정을 인식한다.
- 불확실성을 시사하는 어구들(예: 당신이 동의하실지는 확실히 모르겠지만…, 내가 틀릴 수도 있지만…)을 피한다. 이것은 당신의 신빙성을 훼손시킬 수 있다.

적절한 비언어 의사전달기법들을 사용한다

타인과의 적극적 의사소통에 필요한 비언어적 의사전달기법들을 사용한다. 몸을 상대방 쪽으로 기울이고, 미소짓고, 개방적이고 편안한 자세를 취하고, 열심히 듣는다. 당신의 생각들에 대한 확신감과 상대방의 생각들에 대한 개방성이나 열린 마음자세를 보인다.

침착성을 유지한다

문제들이 논란의 여지가 있을 경우라도, 그 문제를 적극적으로 토의하려는 자세를 보인다. 논리성 있게 보이고, 부정적 정서들의 표출에 대한 자제력을 갖는다. 고함, 모욕, 무시, 신경질, 의자와 같은 물건을 던지기 등의 행동들은 침착성이 부족한 것들이다.

들어 준 데 대해 강화를 제공하고 철저하게 끝마친다

설득과정이 끝난 후에, 청중에게 감사와 칭찬을 제공하고 설득활동에 대한 참가에 대한 청중의 논리적 정당화를 위해서 긍정적 강화나 보수를 제공한다.

효과적 발표의 기법들

설득자로서 우리는 피설득자들을 개인적으로(또는 1 대 1로), 소집단으로, 또는 대집단으로 상대할 수 있다. 마지막의 대집단에 대한 설득은 대개 개인적 대화보다 공식적 발표나 연설의 형태를 취하게 된다. 대집단을 상대로 공식적 발표를 행하는 것은 이것이 효과적으로 실행될 경우에 단 한 번의 제시에서 다수의 사람들에게 영향을 줄 수 있으므로, 최소 노력으로 최대 성과를 얻을 수 있는 좋은 기회가 된다.

당신의 아이디어를 설득력 있게 제시하는 방법을 아는 것은 당신에게 여러 가지 이점을 제공해 줄 수 있다. 우선적으로, 당신은 성공적 발표에 의해 자신의 직무에 대한 자신감과 만족을 증가시킬 수 있다. 더 나아가서, 당신은 당신에 대한 타인들의 평판을 높이고, 판매를 증가시키고, 경력을 발전시키고, 새로운 직업적 기회를 창출할 수 있다. 이와 반대로, 설득력 있는 발표능력의 부족은 당신의 생산성, 효과성 및 승진기회를 손상시킬 수 있다. 따라서, 오늘날의 조직환경에서 개인적 아이디어를 제시하고 방어하고 수용받을 수 있게끔 만드는 능력은 하나의 필수기술이다.

설득력 있는 발표의 내용을 결정할 때에, 주제나 아이디어의 필요성과 목적을 제시하고, 이것을 뒷받침해 주는 정보나 자료를 선정하고, 이것들을 청중의 수준에 맞게끔 메시지로서 작성해야만 된다. 메시지의 작성에 있어서, 특히 중요한 것은 청중의 관심사들과 동기를 이해하고 이것들을 충족시키는 방법이나 아이디어를 명확하게 제시하는 것이다. 이하에서, 우리는 효과적 발표의 비결들을 제시한다. 효과적 발표는 발표 이전에 준비할 일, 발표 동안에 해야 될 일 및 발표 후에 해야 될 일을 모두 제대로 수행할 때에 비로소 성취될 수 있다.[8]

발표 전에 할 일

청중 연구

청중의 관심사들은 무엇인가? 청중의 신념들이나 믿음들은 무엇인가? 그들이 익숙해져 있는 제시양식들, 즉 발표의 길이, 방식 및 사용되어 온 기술들은 무엇인가? 청중은 재료를 사전에 보기를 원하는가? 발표될 보고서의 인쇄물이나 사본이 필요한가?

복장 결정

평상복, 제복 또는 정장이 기대되는가?

발언사항들의 준비

발언할 사항들에 대한 철저한 사전준비가 필요한가, 아니면 이미 준비된 것으로서 특별한 준비가 없이도 충분한가? 대개의 경우에, 철두철미한 준비가 필요할 것이다.

연 습

발표문안을 준비하고, 순서에 따라 발표를 연습한다. 발표문안은 두 가지 유형으로 작성될 수 있다. 하나는 전체의 발표문안을 완전하게 작성해 두는 것이다. 다른 하나는 발표하고자 하는 요점들의 목록을 작성하고 각 요점에서 제시할 하위요점들을 개발하는 것이다. 어느 쪽 문안이 사용되든 간에, 자연적인 대화의 형태를 사용해서 요점들을 이야기하는 것을 여러 번 연습한다.

이완과 집중

발표 전에, 자신의 발표에 주의를 집중하고 발표 이외의 일들은 가급적 차후에 처리하도록 한다. 마음을 차분히 가라앉히고서 발표의 일에만 전념한다.

발표 중에 할 일

청중의 주의의 획득

당신의 발표에 대해 청중의 주의를 집중시키는 것이 발표의 목적을 달성하기 위해 우선적으로 필요하다. 당신이 제시하는 주제나 청중에게 관련 있는 주제로부터 시작한다. 주제에 관련된 흥미있는 일화나 인용을 사용해서 시작한다. 농담이나 유머는 청중의 일부로부터 반감이나 부정적 인상을 일으킬 수 있으므로 피하는 것이 좋다.

전체의 발표내용을 조직화시키는 틀의 제공

발표에서 취급될 전체의 요점들이나 핵심개념들을 제시하면서 시작한다. 발표할 요점들을 특별하게 두드러지게끔 만들어 주는 인쇄물, 차트 또는 기타의 시각자료를 사용해서 제시한다.

주장의 핵심의 제시

시작 무렵에 당신이 주장하고자 하는 바를 지적하고나서(예: “제가 말씀드리고자 하는 것은 상품 포장지의 재료 변경에 관한 것입니다”), 주장의 구체적 내용(예: “상품 포장지를 비닐소재에서 종이소재로 변경하는 것에 관한 것입니다”)을 이야기한다. 이것은 주제에 대한 당신의 열의를 보여 주고, 청중에게 당신의 열의에 몰입하도록 만들어 준다. 당신의 주장의 주제와 핵심내용을 제시한 후에, 핵심내용을 지지하는 자료나 사실을 제시한다. 이것은 당신의 주장의 논거를 구축해 준다.

청중과의 상호작용

발표의 궁극적 목적은 청중이 당신의 주장에 귀를 기울이고, 주장에 몰입하고, 주장을 수용하는 것이다. 청중과의 상호작용이 없이 일방적으로 발표를 행하는 것은 청중을 수동적 입장에 두어서 당신의 발표에 대해 관심을 잃거나 몰입되지 않게끔 만든다. 전체의 발표 동안에 질문을 받고 그에 대해 응답한다. 만일 청중과 상호작용할 시간이 없다면, 기대되거나 예상되는 청중의 질문을 당신이 자진해서 질문하고, 그 질문에 대해 응답하는 식으로 진행한다.

발표를 위한 도구와 장비의 사용

발표를 위한 도구와 장비가 적절할 경우가 있지만, 과도하게 사용하지는 않는다. 이것들의 사용은 청중과의 개인적이거나 인간적 연결을 방해하거나, 내용보다 형식에 치우친다는 부정적 인상을 주기 쉽다.

발표에 대한 재미

청중이 발표에 대해 몰입하는 것이 매우 중요하다. 청중을 웃기는 것이 몰입을 증가시킬 수도 있지만, 반드시 그렇지는 않다. 따라서 발표가 반드시 재미있어야만 될 필요는 없으며, 청중이 발표내용에 대해 생각하게끔 만드는 것이 더욱 중요하다.

결론의 명확성

청중이 당신의 발표의 핵심사항들이나 교훈들에 주의를 집중하는 것이 중요하다. 이를 위해, 강력한 결론과 인상에 남을 만한 인용문을 사용해서 발표를 끝맺는다.

발표 후에 할 일

발표에 대한 평가

당신의 발표가 소기의 목적을 달성했는지를 평가하는 것이 당신 자신과 청중을 위해 필요하다. 평가는 발표의 성과에 대한 인상과 기억이 선명할 때인 발표 직후에 갖는 것이 좋다. 당신 자신과 아울러 참가한 청중에게 발표에서 잘된 점들과 장차 고치거나 개선해야 될 점들을 질문한다. 질문의 결과들은 당신의 차후의 발표를 위한 기준들을 설정하는 것을 돕는다. 발표의 개시, 주요 개념들, 지지하는 핵심자료들, 결론 및 끝맺음으로 구성된 발표의 흐름이 확정되고, 필요할 경우에 내용의 변화가 있게 될 수 있다.

사후활동

발표 동안에 청중에게 약속했던 재료나 자료를 준비해서 보내 준다. 또한 발표행사의 주관자에게 공식적 사의를 전달한다.

발표에 대한 두려움을 극복하기

많은 사람들이 다수의 청중 앞에서 이야기하거나 노래하는 것을 꺼려한다. 특히, 어떤 주제에 대해 공식적 발표를 행하는 것은 사람들에 대해 경험이 매우 부족한 것이며, 따라서 사람들은 발표에 대해 최대의 두려움을 갖는다. 당신 자신이 어떤 주제에 대한 권위 있는 전문가나 천부적인 세일즈맨이 아니라면, 공식적 발표를 예상하는 것만으로도 충분히 기가 죽을 수 있다. 만일 당신이 청중 앞에서 발표하는 것이 곤란하고 "무대공포"로 고민을 한다면, 아래의 지침들을 고려하라.

철저하게 준비한다

당신의 발표가 결정되자마자 준비를 시작하라. 매일 10분 내지 15분 간의 시간을 내어서, 자연스럽게 느껴질 정도로 취급될 재료를 개요한다. 발표의 시작 무렵에 가장 불안하므로, 개시하는 말들이나 이야기를 미리 결정하고 연습한다.

발표장소를 미리 방문한다

발표장소를 미리 방문해서, 당신에 대해 발표상황을 친숙하게끔 만들고, 발표에 대한 일반적 불안, 발표상황이나 청중의 규모에 대한 당황이나 놀람을 감소시키거나 예방한다. 참석할 청중의 배경(연령, 학력, 참석이유 등)과 인원수를 미리 알아낸다.

발표의 성공을 시각화한다

발표장소에서 청중 앞에 서 있는 자신을 상상한다. 당신의 머리 속에서, 당신 자신이 완전히 자신감 있고, 상황을 잘 통제하고, 청중이 당신의 발표에 대해 즐거워하는 장면을 그린다. 발표장면에 대한 시각화 동안에 모든 부정적 사고를 피한다. 이것은 자신감을 손상시킬 수 있는 생각들을 감소시키고, 자신에 대한 부정적 이미지를 긍정적 이미지로 대치시키게끔 해 준다.

현실적 기대를 유지시킨다

당신은 완전하게 할 수도 없고 또한 그럴 필요도 없다. 당신이 할 일은 최선을 다하는 것이다. 당신은 청중과 마찬가지로 또는 청중보다 더 많이 주제에 관해 알고 있다. 자신이 느끼는 것보다 당신이 훨씬 더 자신감 있게 보인다는 것을 기억하라. 청중은 당신에게 정보를 얻거나 배우기 위해 그 곳에 와 있으며, 당신의 실패를 보기 위해 그 곳에 와 있는 것이 아니다.

발표연습을 행한다

청중에 대한 연설이나 이야기를 더 많이 연습할수록, 당신은 발표에 대해 더 좋게 느껴진다. 친구들이나 동료들 앞에서 발표연습을 행하고, 그들로부터 잘했던 점들과 개선할 점들에 관한 피드백을 얻는다. 철저한 연습과 준비가 연설자의 공포를 75% 가량 줄여 준다는 것을 유념하라.[9]

당신 자신이 흥미를 갖고 있는 것에 관해 이야기한다

당신이 흥미를 갖고 있지 않았던 것에 관한 이야기는 당신 자신을 이야기에 대해 몰입시키거나 자신감 있게끔 만들지 못한다. 당신이 흥미를 갖고 있는 친숙한 것에 관한 이야기는 당신 자신을 더욱 긍정적으로 느끼게끔 만들 것이다.

이완습관을 발전시킨다

마음과 신체는 서로 영향을 준다. 즉, 긍정적 정신자세가 신체적 긴장을 감소시키고, 역으로 신체적 이완이 정신적 긴장이나 불안을 감소시킨다. 따라서, 신체의 긴장을 이완시키는 것이 필요할 것이다. 당신의 신체 속에 있는 긴장을 미리 해소시키기 위해 운동, 심호흡 및 명상을 실시한다.

발표 전과 중에 심호흡을 갖는다

발표 전의 심호흡은 신체를 이완시키고 긴장을 누그러뜨린다. 발표 중에 문장들 사이에서 호흡을 갖는 것은 일을 빨리 끝내려는 성급함을 감소시키고 청중과 동일한 대화속도로 머무르는 것을 돕는다. 심호흡이 무대공포의 15% 정도를 감소시킨다.

뻣뻣한 자세 대신에, 이완된 자세로 선다

뻣뻣한 자세는 신체적 불편을 일으키고 자연스러운 호흡을 제약한다. 당신의 두 어깨를 다소 낮게 그리고 이완되게 유지하고, 두 무릎을 약간 굽힌다. 발표 전에, 거울 앞에서서 당신의 이완된 자세가 어떻게 보이는가에 대한 시각적 및 신체적 이미지를 얻는다. 발표 중에 긴장이 느껴진다면 이 이미지를 회상한다.

시각 보조물을 활용한다

이것들은 청중의 주의를 당신으로부터 돌려 주고, 당신 자신이 주의의 초점이 되는 것 같은 느낌을 줄여 주어서, 당신을 더욱 이완되게끔 만든다. 당신이 최고의 불안을 느끼기 쉬운 발표의 시작 무렵에 이것을 사용하는 것이 좋다.

제스처를 사용한다

발표 중에 자연적 대화에서 사용하는 것과 동일한 제스처를 사용한다. 이러한 신체적 움직임들은 당신의 신체를 자유롭게끔 만들고 당신의 신체근육들을 이완시켜 줄 것이다. 또한 미소나 기타의 안면 제스처들은 당신의 자신감을 전달하고 청중의 마음을 끌 것이다.

동 조

사람들이 타인들에 의해 영향받게 되는 두 번째 방식은 타인들의 판단이나 행동에 따라 판단이나 행동을 행하는 것이며, 이러한 현상은 동조(conformity)라고 일컬어진다. 예컨대, 사람들이 착용하는 복장을 고려해 보자. 성별에 따라, 남자들은 남성복장을 착용하고 여자들은 여성복장을 착용한다. 오늘날 복장의 착용에 있어서 동성화의 추세가 있을지라도(예: 여직원이 남성적 복장, 즉 자켓과 바지를 착용하는 것), 만일 어떤 남자직원이 치마를 입고 있다면, 많은 사람들이 이상한 논초리로 보고, 심지어 비평하거나 시비를 걸 수 있다. 연령에 따라 복장의 차이도 있다. 10대들은 같은 10대들이 입는 옷을 착용하고, 20대 이상의 성인들은 자기 연령대에 맞는 옷을 착용하고, 노인들도 또한 노인들이 입는 옷을 착용한다. 만일 70대의 노인이 10대의 복장을 착용한다면, 주위에서 이상하게 보고, 그

노인의 가족들은 노인의 복장을 나무라거나 변화시키려고 들 것이다.

사람들 중에서, 매우 주관이 뚜렷하고 독립적이라고 생각하는 사람들이 있으며, 이들은 비동조주의자들이라고 일컬어질 수 있다. 많은 사람들이 자신을 남들의 의견이나 행동과 독립적으로 판단하고 행동한다고 생각할 수 있으며, 실제로 독립적으로 행동할지라도, 모든 사람들은 어떤 식으로든 간에, 타인들에게 동조한다.

사람들은 심지어 자신의 판단이 거의 100%로 옳다는 것을 알면서도, 타인들의 잘못된 판단에 따른다. 이러한 현상이 하나의 고전적 연구에서 증명되었다.[10] 예컨대, 사람들에게 10cm의 직선 그림을 보여 주고서, 이 직선이 제시된 3개의 직선들 중에서 어느 것과 가장 비슷한 길이인지를 판단하게 했다. 세 개의 직선들은, 예컨대 9cm, 10cm 및 11cm로 제시되었다. 이러한 판단은 초등학생들이라도 거의 틀리지 않고서 정확하게 판단할 수 있는 것이다. 그럼에도 불구하고, 대학생들에서조차 어떤 학생이 4명의 타인들이 동일하게 틀린 대답을 행하는 것을 총 12회 목격하였을 때, 75%의 대학생들이 최소한 12회 중 1회에서 틀린 대답에 동조했다. 그리고 전체 대학생들 중의 35%가 12회 모두에서 틀린 대답에 동조했다. 따라서, 많은 사람들이 자신이 거의 확실히 옳다고 생각할지라도, 타인들의 판단과 행동에 따르는 강력한 경향이 있다고 볼 수 있다.

동조의 이유

설득에 있어서 사람들이 신뢰성 있고 호감이 가는 사람에 의해 가장 큰 영향을 받는 것과 마찬가지로, 동조에 있어서도 사람들은 신뢰성 있고(즉, 올바른 판단을 행하고) 호감이 가는 타인들에게 가장 큰 영향을 받는다. 따라서, 사람들이 동조하는 주요 동기들이나 이유들은 올바른 사람이 되려는 욕망과 타인들로부터 호감을 받으려는 욕망이다. 그리고 전자의 욕망에 기초된 동조를 정보적 영향이나 정보적 동조라고 하고, 후자의 욕망에 기초된 동조를 규범적 영향이나 규범적 동조라고 한다.

정보적 동조에서, 사람들은 자신이 처한 상황에서 어떻게 행동해야 되는지를 알지 못하고, 따라서 자신감이 없이 혼란에 빠진다. 이러한 상황에서 사람들은 타인들이 올바르거나 유용한 정보를 갖고 있다고 생각된다면, 그들의 행동에 따르는 것이 현명하다는 것을 경험을 통해 잘 알고 있다. 예컨대, 당신이 등산을 좋아하는데, 길을 잃었다고 하자. 그런데 주위에 있는 전문등산가들로 보이는 사람들이 자신 있게 길을 따라 걸어가고 있다. 당신은 그들을 따라가게 되기가 쉬울 것이다. 사람들은 애매하거나 곤란한 판단과제들에서 타인들에게 더 많이 동조하는 경향이 있고, 자신이 그러한 과제들에서 더 유능하거나 자신감 있다고 생각할 때에 더 적게 동조한다는 것이 발견되었다.

규범적 동조에서, 사람들은 타인들의 호감을 받고 불인정이나 처벌을 피하기 위해 동조한다. 타인들의 판단이나 행동에 따르지 않을 때에, 사람들은 이탈자로 낙인 찍히게 되고, 그에 따른 큰 부정적 대가를 치르게 된다. 예컨대, 만일 당신이 친지의 장례식장에 화려한 복장을 착용하고 참석했다면, 주위에 있는 사람들의 주의를 끌고, 눈쌀의 찌푸림이나 수근댐에 처하게 된다. 친목단체, 사교단체, 군대, 회사 등의 다양한 집단들에서, 집단의 규칙을 어기는 사람들은 타인들로부터 나쁜 대우를 받는다. 그러한 대우는 설득의 대상이 되는 것, 따돌림을 당하는 것, 여러 가지 불리한 대우를 받는 것(예: 힘든 일을 맡기는 것, 승진에서 탈락시키는 것), 심지어 처벌이나 폭행을 받는 것 및 감옥이나 수용소에 감금되는 것을 포함한다.

동조에 영향 주는 요인들

과업의 애매성

앞에서 제시된 바와 같이, 사람들은 직선의 길이를 판단하는 것과 같이 정답이 매우 분명한 상황에서도 타인들의 틀린 판단에 따라 판단을 제시하는 강력한 경향이 있다. 그러면 판단과제들의 정답이 애매할 때에는 어떠할 것인가? 연구들은 정답이 애매한 상황에서 훨씬 더 많은 사람들이 타인들의 판단에 따른다는 것을 보였다.[11]

집단규모

동일한 판단이나 행동을 수행하는 타인들의 숫자, 즉 집단규모가 클수록 동조는 증가한다. 그러나 집단규모의 증가에 따른 동조량의 증가는 판단과제에 따라 차이가 있다. 직선의 길이를 판단하는 것과 같은 단순한 과제에서 동조량은

3~4인의 타인들에서 최대로 나타나고 그 이상의 인원수의 증가는 동조의 증가에 거의 기여하지 않는다. 하지만, 버스를 타기 위해 줄을 서는 타인들의 숫자가 그 다음에 오는 사람이 줄을 서는 데에 미치는 영향에 관한 연구는 2~4인 집단에서 거의 동조가 없었지만, 6인 이상의 집단에서는 집단규모가 클수록 동조가 더 컸다.[12] 길에 서서 맞은편의 높은 빌딩 위쪽을 쳐다보는 연구에서는 쳐다보고 있는 집단의 규모가 클수록 동조량이 더 크다는 것이 발견되었다.

집단의 만장일치

집단에 대한 동조에 영향을 주는 하나의 결정적 요인은 집단의 의견의 통일이나 만장일치이다. 집단의 의견에 불일치되는 사람이 단 한 명이라도 있을 때, 집단의 동조량은 1/4 정도로 뚝 떨어진다. 집단의 의견에 비동조하는 사람이 누구인가, 즉 전문가인가, 아니면 비전문가인가도 문제가 되지 않고, 심지어 비동조자가 틀린 대답을 하더라도 동조량은 떨어진다. 즉, 단순히 집단 속에 비동조자가 있다는 사실만으로도 동조량은 떨어진다. 이와 같은 현상은 공산주의를 채택하고 있는 국가들이나 특정 종교를 신봉하는 단체들에서 이탈자나 반대자를 가혹하게 처벌하는 현상을 설명해 줄 것이다.

소수파의 영향

동조에 관한 초기의 연구들은 통일된 다수의 사람들이 개인이나 소수측에게 주는 영향에 초점을 두었다. 그러나 만장일치가 깨어진 집단 내에서 부동의하는 개인이나 소수파가 동조의 감소에 있어서 중요한 역할을 한다는 사실이 밝혀짐에 따라, 역으로 소수파가 다수파에 대해 미치는 영향에 관심이 두어지게 되었다. 단일 개인이나 소수측이 다수측에게 영향을 주는 일상적 예로서, 많은 사람들이 길을 건너기 위해 기다리고 있는데, 한 사람이 적색 신호등인 데도 불구하고 길을 건너면, 나머지 사람들이 우르르 길을 건너는 경우를 들 수 있다. 또한 사람들이 많이 모여 있는 깨끗하게 청소된 광장이나 대기실에서, 한 사람이 쓰레기를 버린다면, 나머지의 많은 사람들이 그에 따라 쓰레기를 버린다. 소수파가 다수파에게 영향을 주는 상황들은 이와 같은 부정적 상황들에 국한되지는 않는다. 여권운동, 새로운 발명품의 보급(예: 한글), 시민운동, 환경보호운동, 정치운동(예: 우리나라의 민주화운동) 등의 긍정적 상황들에서, 소신 있고 희생적인 소수의 인물들로부터 다수의 사람들이 영향을 받아서 사회의 변화나 개혁이 가능해졌다.

영향력의 면에서, 소수파가 다수파에 미치는 영향은 다수파가 소수파에 미치는 영향보다 숫자의 면에서 불리하다. 소수파가 다수파에게 영향을 주기 위해서 소수파의 행동스타일이 매우 중요하다.[13]

첫째로, 소수파는 주장과 행동에 있어서 일관성 있고 조리성이 있어야만 되며, 그렇게 되기 위해서는 자신의 입장에 대해 확신을 갖고 있어야만 된다. 소수파의 일관성 있고 조리 있는 언동은 다수측에 대해 유능성과 신뢰성의 인상을 증가시켜 줄 수 있다. 둘째로, 소수파는 자신의 주장을 완고하지 않고 융통성 있게 제시해야 된다. 이것은 완고한 주장이 큰 저항에 부딪히는 반면에, 융통성 있는 주장이 다수측의 수용준비성을 증가시키는 데에 기인될 것이다. 셋째로, 소수파는 댜수파와 여러 측면에서 유사하고 특수한 측면에서만 차이 있어야만 된다. 만일 소수파가 많은 측면에서 다수파와 다르거나 차이 있다면 그들은 다수파로부터 비호감이나 싫어함을 받기가 더 쉽고, 따라서 그들은 자기들을 싫어하는 다수파에게 어떤 영향을 주어야만 되는 곤란한 입장에 처하게 된다.

응 종

타인들에게 영향을 주는 기본 양식들 중의 하나는 그들에게 직접 요구하거나 요청하는 것이다. 관리자는 부하직원에게 초과시간을 근무하도록 요구하고, 선생은 학생에게 숙제를 해 오도록 요구하고, 부모는 자식에게 제때에 식사하도록 요구하고, 남편은 아내에게 자신이 더 많은 용돈을 사용하도록 요구하고, 애인은 상대방에게 만나자고 요구한다. 이와 같이, 사람들이 타인들의 요구에 대해 따르는 것을 응종(compliance)이라고 한다.

우리는 때로는 타인들의 요구에 따르지만, 때로는 요구에 따르지 않는다. 우리는 흔히 타인들의 사소한 요구를 들어 준다. 수퍼마켓에서, 사람들이 급하지 않을 때에 어떤 사람이 "내가 급히 가야 될 일이 있으니 먼저 계산하겠습니다"라고 말하고 계산대의 맨 앞에 서겠다고 요구하면, 우리는 별 생각 없이 그 사람에게 먼저 계산하도록 해 준다. 이와 같이, 우리는 타인들의 시시한 요구와 그럴 듯한 설명이 있다면, 우리는 무심결에 타인들의 요구에 응해 주는 경향이 있다. 아마 이러한 현상은 사람들이 타인들의 요구에 자주 당면하고 대개의 경우에(특히, 사소한 요구인 경우에) 습관적으로 응해 온 데에 기인될 것이다. 그러나 사소한 요구에 대한 습관적 응종은 모든 응종현상들을 설명하기 곤란할 것이다. 중요하거나 부담이 큰 요구에 대해 사람들은 순순하게 응해 주지 않는다. 이와 같은 상황에서 요구에 따르는 것을 결정짓는 요인들은 무엇인가? 연구자들은 요구에 따르게끔 만들거나 영향을 주는 데에 결정적 역할을 하는 것이 요구자가 갖고 있는 자원들이나 권력들이라고 생각한다. 예컨대, 사장이 직원들에게 초과시간 근무를 지시할 때에 사원들이 지시에 따르는 것을 결정짓는 것은 초과시간 근무에 대한 금전적 보수나, 지시를 따르지 않을 시에 당하게 되는 처벌(예: 승진탈락이나 해고)일 수 있다. 기본적으로, 영향을 주기 위해 사용되는 자원들이나 권력들이 많을수록 요구에 대한 응종은 더 커진다. 영향을 주기 위해 사용되는 자원들이나 권력기반들에 대한 분석이 이루어졌고, 6개의 자원들이 제시되었다.[14]

응종을 결정짓는 6가지 자원들

타인들에게 영향을 주는 힘이나 권력은 다음의 6가지 종류의 자원들에 기초되어 있다. 또한 이것들을 많이 갖고 있을수록 영향력은 더 크다.

보 수

타인이 원하는 긍정적 결과를 제공하거나 약속하는 것이다. 부모는 아이에게 말을 잘 들을 경우에 아이가 갖고 싶어하는 장난감을 사 주거나 사 주겠다고 약속한다. 남편은 아내에게 자신의 뜻에 따라주는 데 대해 보석반지를 사 준다. 연애하는 애인들은 데이트해 준 데 대해 미소나 포옹으로 보답해 준다. 보수는 일반적으로 물질적인 것과 심리적인 것으로 구분될 수 있다. 물질적인 것들은 금전, 선물, 상품 등과 같이 유형의 것들이고, 심리적인 것들은 미소, 칭찬, 애정적 표정과 같이 개인적인 것들이다. 보수의 제공은 요구된 행동에 대해 직접 제공될 수도 있고, 언어적 약속에 의해서 요구된 행동을 했을 경우에 제공을 보장할 수도 있다. 일반적으로, 사람들은 은혜(즉, 보수를 받은 것)를 갚으려는 경향이나 규범을 갖고 있다. 이것은 상호성규범이라고 일컬어지는데, 상대방으로부터 받은 은혜를 갚는 것에 관한 하나의 사회적 규칙이다. 또한 제공되는 보수가 클수록 요구에 대한 응종의 동기는 더 커진다.

강 제

보수와는 반대로, 타인이 싫어하는 것들을 제공하는 것이 응종을 일으킬 수 있다. 강제도 또한 보수와 마찬가지로 물질적 형태와 심리적 형태를 가질 수 있다. 물질적 형태의 대표적 예들은 요구에 응하지 않는 데 대해 매로 때리거나, 벌금을 매기거나, 감봉을 행하는 것이다. 심리적 형태의 대표적 예들은 눈쌀을 찌푸리는 것, 상대방을 거들떠보지 않는것, 욕하는 것, 무시하는 것을 포함한다. 요구된 행동을 행하는 데에 있어서, 보수와 강제는 응종의 자발성이나 자의성의 측면에서 차이가 있다. 일반적으로, 보수는 사람들에게 자발적으로 행동하게끔 만드는 반면에, 강제는 사람들에게 비자발적으로 행동하게끔 만든다. 예컨대, 일당 10만원이라는 다소 후한 보수를 받고서 일하는 막노동꾼은 일을 시키는 사람이 감시하지 않더라도 열심히 일한다. 이와 반대로, 일하는 데 대해 아무런 보수가 없이 처벌로 위협받은 사람은 자발적으로 요구받은 일을 하지 않고 감시받을 경우에만 요구받은 일을 한다. 예컨대, 지시받은 일을 하지 않을 경우에 체벌이나 구타를 당하는 사람들(예: 집단적으로 작업하는 군인들, 일꾼들, 운동선수들)은 요구를 행하는 감독자가 감독할 때에는 열심히 일하지만, 감독자가 자리에 없을 때에는 적당히 넘기고 단순히 일하는 체한다.

전 문 성

전문적 지식과 기술이 영향력이나 권력의 한 근원이다. 사람들은 전문가들의 지식과 기술이 자신에게 도움이 될 것이라고 믿기 때문에 전문가들의 지시나 요구에 따른다. 사람들은 병의 치료에 도움이 되는 약을 먹는 데에 있어서 의사의 지시에 따르고, 자동차를 고치는 데에 있어서 자동차 수리기술자의 지시에 따르고, 수영을 배우는 데에 있어서 수영코치의 지시를 따르고, 영어를 배우는 데에 있어서 영어교사의 지시에 따른다. 여기에서, 영향의 주된 근원은 전문성을 갖고 있다고 간주되는 개인이다.

정 보

이것은 정보 자체 또는 메시지 내용에 기초된 영향력이나 권력을 일컫는다. 정보자원은 앞에서 기술된 영향의 한 형태인 설득과정을 일으키는 주요 근원이다. 즉, 설득에서는 메시지내용이 주로 영향력을 갖는다. 보다 더 단순한 예들은 단지 정보를 제공해 줌으로써 행동에 영향을 주는 상황들이다. 우리는 어느 백화점에서 세일을 행한다는 것을 남들로부터 전해 듣고서 물건을 사러 가고, 새로운 볼 만한 영화가 상영된다는 소식을 듣고서 영화구경을 가고, 내일 비가 올 것이라는 일기예보를 듣고서 이튿날에 우산을 들고서 출근한다.

긍정적 감정

이것은 타인이 갖고 있는 전문성이나 정보보다도 타인에 대한 긍정적 감정 때문에 타인에게 영향을 받는 것을 일컫는다. 우리가 어떤 사람을 존경하거나, 그 사람과 동일시하거나, 그 사람처럼 되기를 원할 때에 우리는 그 사람의 행동을 자발적으로 모방하거나 그 사람의 요구에 따른다. 따라서, 개인이 높은 긍정적 감정을 가진 사람이나 집단은 개인의 행동의 기준이나 준거가 되어 주고, 이러한 기준이나 준거의 힘을 갖고 있는 것을 준거세력(referent power)이라고 한다. 예컨대, 아이들은 자기가 존경하고 좋아하는 선생님, 형, 심지어 연예인들의 행동을 모방하고 그러한 사람이 되고자 노력한다.

이와 반대로, 자기가 몹시 싫어하거나 경멸하는 사람에 대해서 정반대의 영향을 받을 수 있다. 예컨대, 술주정을 부리는 아버지나 친척을 보고서 자란 사람은 전혀 술을 마시지 않게 되거나, 노름이나 춤바람으로 주위의 여러 사람들의 속을 썩인 가족이나 친척을 가진 사람들은 노름이나 춤바람을 매우 싫어하는 사람이 될 수 있다. 이들은 타인들에 대해 자신의 행동과 반대되는 영향을 주고, 따라서 부적 준거세력(negative referent power)을 갖고 있다고 일컬어진다.

합법적 권위

이것은 타인에 대해 명령이나 요구를 행할 수 있는 권리나 권위에 기초된 영향력이나 권력이다. 법률이나 도덕에 근거해서 타인들에 대해 명령하거나 요구할 권리나 권위를 가진 사람들이 있다. 예컨대, 군대의 장군이나 장교는 부하 군인들에 대해 명령을 내릴 수 있는 합법적 권위를 갖는다. 부모들은 자녀들의 먹고 잠자고 공부하는 행동을 지시할 권리늘 갖고 있다고 생각하고 자녀들도 또한 그렇게 생각한다. 다양한 사회적 역할들이 요구와 명령에 대한 합법적 권위를 지시한다. 부모-자녀관계, 교사-학생관계, 상사-부하관계와 같은 다양한 관계들에서 명령이나 요구를 행하는 자와 따르는 자의 권리와 책임이 규정되어 있다.

특수 응종기법들

요구에 대한 응종에 대해 결정적 영향을 주는 자원들이나 권력을 밝혀내려는 기본적 연구들과는 달리, 사람들이 응종을 얻기 위해 의도적이거나 고의적으로 사용하는 기법들에 관한 연구들이 있다.[15] 연구자들은 자동차 외판원들, 사기꾼들 및 기타 전문가들이 돈벌이를 위해 상품을 판매하거나 특수한 술책을 쓰는 기법들을 연구해 왔다.

문간에 발 들여놓기 기법(foot in the door technique)

이 기법의 명칭이 시사하는 바와 같이, 장사꾼이나 외판원들은 남의 집에 찾아가서, 물건을 판매하려고 한다는 말을 하기 전에 잠시 문간에서 쉬어가겠다고 말을 한다. 그러는 동안에, 그 사람은 자신의 물건에 대해 이야기를 이끌다가 마침내 물건을 팔게 된다. 이 기법에서, 요구자는 피요구자에게 매우 사소해서 습관적으로 요구에 대해 수락할 수 있는 요구에서 시작한다(즉, 일단 문간에 발을 들여 놓는다). 일단 작은 요구에 대해 수락이 이루어진 후에, 요구자는 자기가 실제로 요구하려는 더 큰 요구를 제시한다.

많은 연구들이 문간에 발 들여놓기 기법의 효과를 지지했다.[16] 하나의 대표적 연구에서, 주민들에게 교통안전 캠페인을 위한 "조심운전"이라는 광고판을 그들의 앞마당에 세워두게끔 만들고자 했다. 통제조건에서, 연구자들은 주민들에게 접근해서 단순하게 그 광고판을 세워달라고 요구했고, 17%의 주민들의 승락을 받았다. 문간에 발 들여놓기 조건에서, 연구자는 먼저 주민들에게 안전운전을 촉구하는 청원서에 서명하도록 요구했다(이것은 수락하기가 쉬운 사소한 요구이다). 그 후 몇 주일 후에, 다른 연구자가 그들의 앞마당에 광고판을 세워달라고 요구했다. 이 조건에서, 55%의 주민들의 승락을 받았다. 이와 비슷한 다른 연구는 암협회를 위한 기금을 증가시키고자 했다.[17] 연구자들은 사람들에게 접근해서 단순하게 작은 기부를 해 달라고 요구했으며, 46%의 동의를 얻었다. 그러나 그들이 하루 전에 사람들에게 암협회를 지지하는 브로치를 착용하도록 요구하고나서, 돈을 기부하도록 요구했을 때에는 90%의 동의를 얻었다.

문간에 발 들여놓기 기법이 이와 같이 효과가 좋은 이유는 분명치 않다. 두 가지 설명이 제시되고 있다. 하나는 사소한 요구에 수락한 것이 그러한 행동을 행했다는 생각에 몰입되고 관여되게끔 만들었다는 것이다. 다른 하나는 사소한 요구에 수락한 것이 그 사람의 자기지각이나 자기상을 변화시켰을 것이라는 것이다. 예컨대, 안전운전을 촉구하는 청원서에 서명했던 사람은 자신이 안전운전에 관심 있는 사람이라고 스스로 생각하는 경향이 증가될 것이고, 이러한 자기상에 합치되게끔 만들기 위해 더 큰 요구에 대해 수락했을 것이다.

면전의 문기법(door in the face technique)

사람들에게 찾아가서 값비싼 물건을 구입해 달라고 요구하면, 대개 사람들은 큰 요구에 대해 부담을 느껴서 "안 삽니다"라고 말하면서 면전에서 문을 닫으려고 한다. 그러면 문이 닫히기 전에 요구자는 부담이 더 작은 요구를 행한다. 따라서 이 기법은 문간에 발 들여놓기 기법의 정반대의 과정을 거친다. 이 기법에 대한 최초의 연구에서, 대학생들은 하루 동안 10대 비행자들의 한 집단을 동물원에 데리고 가는 일을 해 줄 의향을 질문받았으며, 17%가 수락했다.[18] 실험집단인 다른 집단의 대학생들에 대해서, 2년 동안 주당 2시간의 일을 10대 비행자들을 위해 일해 줄 의향을 질문했다(대학생들에 대해 너무 부담이 큰 요구로서 거절당하기 쉬운 요구이다. 즉, 거절하면서 면전에서 문을 닫아버리게 되는 큰 요구이다). 이 요구가 거절된 다음에, 이들은 하루 동안 10대 비행자들의 한 집단을 동물원에 데리고 가는 일을 해 줄 의향을 질문받았으며, 50%가 수락했다. 즉, 실험집단은 통제집단보다 3배나 더 많이 요구에 대해 응종했다.

이러한 방법은 물건을 파는 시장 상인들과 물건을 사는 아줌마들, 중고차 판매원을 비롯한 여러 세일즈맨들, 노사협상을 하는 노조측이나 경영자측의 대표들, 심지어 국가 간의 외교교섭에 관계하는 사람들이 잘 알고 있는 것이다. 이 기법은 시초에는 터무니 없는 것을 요구하고, 그 다음에 더 작은 것으로 낙착을 보는 것이다. 당신이 시초에 더 많은 것을 요구할수록 당신은 종국에는 더 많은 것을 얻어내게 될 것을 기대할 것이다. 이러한 아이디어의 기초는 요구자가 큰 요구에서 작은 요구로 줄이게 되면, 요구자가 타협하고 양보할 줄을 아는 사람으로 여겨지게 되고, 요구의 양도 더 작게 여겨지게 된다는 것이다. 사람들은 상호 양보할 줄을 아는 사람을 합리적인 사람으로서 좋게 평가하고, 그에 따라 호감 있는 사람의 요구에 대해 긍정적으로 반응하게 될 것이다.

한 푼만이라도 기법(또는 단 돈 10원 기법; even a penny technique)

이 기법은 어떤 요구사항과 그 이유를 말하고 나서, 어떤 작은 제공이라도 유용할 것이라는 말로 끝맺는 것이다. 한 연구에서, 통제조건의 대학생들은 자선활동단체의 활동내용을 설명받았고 기부를 요청받았다.[19] 실험조건인 한 푼만이라도 기법의 대학생들은 동일한 설명을 받았지만, "한 푼만이라도 좋을 것입니다"라는 말을 들었다. 통제조건의 대학생들의 29%에 비해서, 한 푼만이라도 조건의 대학생들의 50%가 돈을 기부했다.

일상생활에서, 사람들은 흔히 이 기법을 사용한다. 어린아이들은 더 놀고 싶을 때에 엄마에게 "엄마, 5분만 더 놀께"라고 말하고, 용돈이 더 많이 필요한 중학생들은 " 한 푼만이라도 더 줘요"라고 말하고, 임금인상을 요구하는 회사원은 "한 푼만이라도 더 올려 주세요"라고 말하고, 부하직원에게 초과 근무시간을 일하도록 요구하는 상사는 "10분 만이라도 더 일해 주면 좋겠어요"라고 말한다.

이 기법이 효과를 내는 이유는 두 가지로 설명될 수 있다. 첫째로, 이 기법은 개인에게 요구에 대해 거절할 기회를 주지 않는다. 단 돈 10원의 금전이나 몇 분간의 시간의 여유가 없는 사람은 거의 없을 것이다. 만일 그럴 만한 여유가 없는 사람은 자신이 불쌍하거나 한심한 사람으로 여겨지게 될 것이다. 둘째로, 이 기법은 작은 도움이나 기여라도 대의를 위해 정당화될 수 있기 때문에 효과를 낸다는 것이다. 당신이 교통사고 피해자를 위한 기부를 요청받았는데, 주머니에 500원밖에 없다고 하자. 단순하게 기부를 요구받았을 때에, 당신은 500원밖에 기부할 수 없는 것에 대해 체면손상을 느끼고서 기부를 거절할 것이다. 그러나 "단 돈 100원이라도 도움이 될 것입니다"라는 말을 듣게 되면, 500원을 내는 데 대해 편안하게 느끼게 될 것이다.

낮은 공기법(low ball technique)

야구에서, 투수들은 타자가 공을 치지 못하게끔 공이 높고 낮게 가는 것을 의도적으로 변화시킨다. 투수의 공은 때로는 높게 출발했다가 낮게 떨어지고, 때로는 낮게 출발했다가 높게 올라간다. 후자의 방법을 요구상황에서 사용하는 것을 낮은 공기법이라고 일컫는다. 이 기법에서, 요구자는 작은 요구인 것처럼 여겨지는 애매하거나 일반적인 요구를 하고나서, 피요구자가 대수롭지 않은 요구로 간주해서 요구에 수락한 다음에, 실제로는 큰 요구를 행한다. 이 기법에 관한한 연구에서, 통제조건의 대학생들은 오전 9시에 등교하기도 힘든데, 오전 7시에 실시되는 실험을 돕기 위해 참가해 달라는 연구자의 전화요청을 받았으며, 25%만이 참가요구에 동의했고 실제로 참가했다. 이에 비해서, 실험조건의 대학생들은 연구에 대한 참가의 시간을 알려 주지 않고서(낮은 공임), 참가에 대한 전화요청을 받았고, 이러한 애매한 요청에 동의한 후에 연구참가의 시간이 오전 7시라는 말을 들었는데, 55%의 대학생들이 참가요구에 동의했고 이들의 거의 모두가 실제로 참가했다.

기본적으로 이 기법은 어떤 매력적 제안이나 요구에 대해 속임으로 동의하게끔 만들며, 피요구자는 동의한 후에 비로소 요구조건들이 기대했던 것과 실제로 다르다는 것을 알게 된다. 이 기법이 효과를 내는 이유는 일단 어떤 행동코스에 몰입되거나 개입되게 되면, 사람들이 취소를 꺼려하기 때문인 것 같다. 이 기법이 효과를 낼지라도, 이것은 분명히 기만적이거나 사기적인 것이다. 이러한 기법을 사용하는 보험회사들이나 자동차판매 회사원들과 같은 업체들로부터 피해를 입는 소비자를 위해 이 기법의 사용에 대한 법적인 규제가 실시되고 있다.

"이것이 전부가 아닙니다" 기법(that's not all technique)

이것은 사람들에게 요구나 제안을 보다 더 긍정적으로 여겨지게끔 만들기 위한 한 기법이다. 예컨대, 김치냉장고나 빵을 판매할 때, 본래 김치냉장고와 보관통 5개를 함께 팔거나, 케이크와 과자 4개를 함께 팔고자 한다고 하자. 구매에 대한 매력을 증가시키기 위해서, 김치냉장고나 케이크의 가격을 제시하고나서, 고객이 그것을 구입하려고 고려하고 있는 동안에 "이번의 특별한 판매를 위해서" 또는 "당신에 대해서만" 김치냉장고에 보관통 5개를 추가시켜 준다거나, 케이크에 과자 4개를 추가시켜 준다고 제안한다(즉, 이것이 전부가 아니고 추가로 제공되는 매력 있는 것들이 있다고 제안한다). 케이크판매에 관한 한 연구는 통제조건의 40%에 비해서, "이것이 전부가 아닙니다"의 실험조건에서 73%의 구입을 보였다.[20]

귀인 암시기법(suggest an attribution technique)

이 기법은 어떤 행동을 하려는 동기나 이유를 암시해 줌으로써, 행동에 대한 요구에 동의하게끔 만드는 기법이다. 예컨대, 가수들의 노래를 듣거나, 춤을 추는 사람들에게 사회자들은 "당신들은 본래 노래를 사랑하는 사람입니다. 자, 다 함께 큰 목소리로 노래합시다"라고 말하거나, "당신들은 본래 춤을 좋아하는 사람들입니다. 다함께 신나게 춤을 춥시다"라고 말함으로써 흥을 돋군다. 사회자의 말(즉, 청중들이 그러한 행동을 하는 원인이나 특성을 이미 갖고 있다는 말)에 따라 청중들이나 참가자들은 더욱 신이나서 다 함께 큰 목소리로 노래하거나 춤을 추게 된다.

한 실험연구에서, 교사들이 아이들에게 자발적으로 쓰레기를 줍게끔 만드는 데에 도움을 주고자 실험을 실시했다. 첫 번째 집단의 학생들은 단순하게 쓰레기를 주우라는 지시를 받았다. 두 번째 집단의 학생들은 자신의 쓰레기를 줍는 것이 중요한 이유에 관한 설득적 주장을 제시받았다. 세 번째 집단의 학생들은 "귀인암시" 조건의 학생들이었다. 이들은 이들 자신이 자신의 쓰레기를 항상 줍기 때문에 교사가 매우 좋아하는 학급이라는 말을 들었다. 자신의 쓰레기를 항상 줍는 책임감 있는 학급이라는 말을 들었던 세 번째 집단의 학생들의 80%가 자기의 쓰레기를 주운 반면에, 지시받는 학생들의 25%와 설득적 주장을 들었던 학생들의 45%가 자신의 쓰레기를 주웠다.

효과 상상기법(imagine the effect technique)

이 기법은 사람들에게 이떤 요구에 응했을 경우에 일어나는 긍정적 징면이나 효과를 상상하거나 시각화하도록 요구하는 것이다. TV에 방영된 상품을 보고서 구매하는 텔레쇼핑 판매자들이 사람들에게 케이블 TV의 구입을 주문하라고 전화 요청을 했다. 통제조건의 사람들에게는 통상적 판매선전이 제공되었다. 효과 상상조건의 사람들에게는 TV 앞에서 개봉영화를 시청하는 자신의 가정상황을 상상하도록 요구했다. 통제조건의 약 20%에 비해서, 효과 상상조건의 47%가 케이블

TV를 구입하기로 서명했다.[21]

죄의식 유발기법(guilt technique)

이 기법은 사람들에게 요구에 응종하게끔 만들기 위해 요구 전에 죄의식을 갖게끔 만드는 것이다. 죄의식을 느끼는 사람은 죄의식을 감소시키려는 동기를 갖고 있으며, 만일 어떤 요구받은 일을 수행하는 것이 죄의식의 감소에 도움이 된다면, 그 사람은 그 요구에 따르게 될 것이다. 이 기법은 요구에 대한 응종을 얻어내는 하나의 효과적 방법이지만, 사람들이 죄의식을 느끼게끔 만들어진 것에 대해 분개를 느낌에 따라 부정적 부작용을 가지며, 따라서 권고할 만한 것이 못된다. 그러나 요구에 대한 응종에 있어서 죄의식이 얼마나 중요한지를 증명하기 위해 두 개의 실험연구를 소개한다.

한 연구에서, 실험조건의 실험참가자들은 실험에서 실시되는 검사에 대한 정답을 다른 사람에게서 전해 들었다. 이들은 연구자로부터 실험에 관해 들은 바가 있는지를 질문받았으나, 들었다고 솔직하게 대답하지 못하고 “아니오”라고 대답했고, 그 결과로, 이들의 실험결과는 쓸모없게 되고 실험자에게 피해를 주게 되었다. 통제조건의 사람들은 이러한 거짓말을 하지 않고서 검사를 받았다. 그 다음에 연구자는 모든 피험자들에게 검사지들을 채점해 달라고 요구했다. 죄의식이 없었던 통제조건의 사람들의 2%에 비해서, 죄의식이 유발되었던 실험조건의 사람들의 63%가 요구에 동의했다. 다른 연구에서, 쇼핑하는 사람들에게 부부 여행객인 척하는 사람이 접근해서 사진을 찍어달라고 요청했다. 그런데 요청받은 사람이 사진을 찍으려고 했을 때에, 카메라가 작동되지 않게끔 만들어졌다. 죄의식조건의 사람들에 대해, 부부 여행객은 “카메라가 종전까지는 잘 작동되었어요. 당신이 내 카메라를 고장냈어요”라고 말함으로써 죄의식을 유발시켰다. 통제조건의 사람들에 대해, 부부 여행객은 “괜찮아요, 카메라가 고장난 것 같네요”라고 단순하게 말했다. 그 다음에 다른 사람이 쇼핑꾸러미를 바닥에 떨어뜨린 장면에 당면했을 때, 죄의식이 유발되지 않았던 통제조건의 사람들의 15%에 비해서, 죄의식조건의 사람들의 55%가 떨어뜨린 쇼핑꾸러미를 주워 주는 것을 도왔다.

복 종

합법적 권위를 가진 사람의 요구나 명령에 따르는 것이 매우 흔한 일이고 때때로 큰 인도적 및 사회적 문제를 일으키기 때문에, 특별한 주목을 받아 왔다. 권위에 대한 복종현상이 응종의 한 형태라는 것이 이미 지적되었다.

요구에 대한 응종을 일으키는 6가지 자원들의 하나로서, 합법적 권위가 있다. 인간의 사회조직들은 다른 동물들의 사회조직들과 마찬가지로 위계적이거나 서열적 특징들을 가지며, 이러한 특징들은 인간사회에서 다양한 도덕과 법률로서 규정되어 있다. 예컨대, 정부의 조직들이나 기업의 조직들은 기본적으로 위계적 서열들로서 구성되어 있으며, 그 밖의 여러 개인적 관계들도 위계적 서열들로서(예: 부모-자녀, 선생-학생, 선배-후배 등) 구성되어 있다. 일반적으로, 위계적 서열관계들에서 상위자는 하위자에 대해 합법적으로 명령하거나 요구할 권리를 갖고, 하위자는 명령에 대해 복종할 의무를 진다.

명령에 대한 복종은 이것이 이성적이고, 도덕적이고, 합법적일 경우에는 사회조직들에 대해 순기능적 결과를 갖는다. 이것은 인간의 사회조직들을 강화시키고 발전시켜서 인간사회를 이롭게끔 만들어 준다. 그러나 명령에 대한 복종이 인간사회에서 매우 보편적이고 일상적인 현상들이기 때문에, 때로는 비이성적이고, 비윤리적이고, 불법적인 명령복종현상들이 끼어들기 쉽다. 그러한 부작용들 중의 하나가 권위에 대한 맹목적 복종(blind obedience)이다.

맹목적 복종의 보편성과 강력성

어떤 사람이 당신에게 불법적이고 비윤리적인 행동을 하도록 권위자나 상급자가 명령할 때에 당신이 그 명령에 대해 복종할 것인지를 당신에게 질문했다고 하자. 당신은 어떻게 대답할 것인가? 당신은 아마 자신이 불법적이고 비윤리적인 명령에 대해 단호하게 거절할 것이라고 답변할 것이다. 그러나 현실은 그렇지 않다는 많은 증거들을 보인다. 다음과 같은 많은 맹목적 복종의 실제의 사례들을 살펴보자.

- 제2차 세계대전 때에, 나치 독일의 히틀러정권은 유럽에 거주하는 600만 명의 유태인들을 총으로, 몽둥이로, 가스로 죽였다. 그것은 히틀러정권의 명령과 그 지시에 복종한 수천 명이나 수만 명의 하급관료들에 의한 것이다.
- 월남전 때에, 미군은 밀라이읍에서 노인, 부녀자, 아기들을 비롯한 모든 마을주민을 총으로 쏘아 죽였다.
- 많은 공무원들이 상사의 명령에 따라 특정인들에게 불법적으로 특혜를 주고, 공금을 횡령하고, 뇌물을 받은 것이 신문지상에서 자주 보도되고 있다.
- 박정희정권 때에, 많은 민주화인사들이나 일반인들이 친공산주의나 간첩활동을 행했다는 죄목으로 가혹한 처벌과 고문을 당했는데, 이것들도 모두 상관의 명령에 복종한 부하들에 의한 것이었다.
- 1990년대 말에 유고연방공화국이 해체될 당시에, 세르비아 병사들은 지도자들의 명령에 따라 인종청소 프로그램의 일부로서, 이민족의 시민들을 살해했고, 부녀자들을 강간했고, 도시들을 파괴했다.

우리는 상기와 같은 "복종범죄"들이 복종하는 사람들의 나쁘거나 못된 특성들(예: 윗사람에게는 잘 보이려고 들고 아랫사람에게는 못되게 구는 것) 때문에 일어났다고 생각할 수도 있다. 그러나 심리학자들에 의한 연구들은 맹목적 복종현상이 일반사람들에서도 매우 보편적이라는 것을 실험적으로 증명했다. 하나의 대표적 연구에서, 피험자들로서 자의적으로 참가한 일반시민들은 연구자의 명령에 따라 다른 사람에게 죽음에 이르게끔 만들 수도 있는 처벌(즉, 전기쇼크)을 주었다.[22] 모든 실험참가자들이 연구자의 명령에 따라 매우 강한 전기쇼크인 240볼트를 실시했고, 약 2/3인 65%가 죽음에 이를 수 있는 450볼트의 전기쇼크를 실시했다(실험과정에서 실제의 전기쇼크가 실시되지는 않았음).

많은 실험참가자들이 다른 사람에 대해 매우 위험스러운 전기쇼크를 실시하는 것에 대해 땀을 흘리고, 말을 더듬고, 신경증적인 웃음을 보이는 것과 같이 큰 스트레스의 징후들을 보였지만, 그럼에도 불구하고 실험자의 명령에 대한 큰 복종을 보였다.

복종의 요인들

몇 가지 요인이 명령에 대한 복종에 영향을 준다.

첫째로, 권위의 유무가 복종에 대해 중요하다. 명령에 대한 복종은 명령자의 지위가 낮을 경우에 감소하게 된다. 예컨대, 나이가 어린 사람이 나이가 든 사람에게 명령하거나, 부하가 상사에게 명령할 경우에는 복종효과는 사라질 것이다. 실험연구에서도, 전기쇼크를 실시하라는 명령을 받은 사람들은 저명한 학자인 연구자가 명령을 내렸을 경우에 65%가 복종을 보인 반면에, 저명하지 않은 연구자와 권위가 없는 학생이 명령을 내렸을 경우에는 각각 48%와 20%로 복종이 감소됨을 보였다. 따라서, 복종은 명령자가 높은 존중을 받고 있을 때에 가장 효과적이다.

권위가 영향력을 발휘하기 위해, 권위자는 명령을 받는 사람에게 가까이 있는 것이 좋다. 실험연구에서 연구자가 대면해서 명령을 내리는 것 대신에, 전화로 명령을 내렸을 때에 전기쇼크를 주라는 명령에 대한 복종은 65%에서 25%로 떨어졌다. 군대와 같은 작업집단들에서 감독자가 없을 경우에 병사들은 열심히 일하지 않는다. 교사가 학생들에게 수업시간에 떠들지 말라고 지시하더라도, 교사가 교실을 떠나면 학생들은 시끄럽게 떠든다.

권위를 손상시킬 수 있는 상황들이나 조건들이 또한 명령에 대한 복종을 감소시킬 수 있다. 권위자의 동기, 전문성 및 판단의 올바름이 의문시될 경우에 사람들은 복종하려고 들지 않을 것이다. 권위를 손상시키는 데에 있어서 결정적인 역할을 하는 요인은 불복종하는 타인들을 목격하는 것이다. 불복종하는 타인들은 불복종하는 방법들을 가르쳐 주는 하나의 모델이 되어 주며, 또한 권위자의 합법성이나 정당성에 대한 의문을 유발시킨다.

둘째로, 명령에 대한 심리적 반발이 복종에 대해 중요하다. 사람들은 자신의 선택이나 행동의 자유가 제약당한다고 느낄 때에 자신의 자유를 확보하려는 동기나 반발심을 갖게 된다.

예컨대, 7살의 어린아이들은 부모가 하라고 지시하면 흔히 "싫어요"라고 반발하고, 고등학교에 다니는 딸은 부모가 말리는 남학생과 고집을 세우고서 데이트하려고 들며, 직원들은 지시하지 않았을 경우에는 스스로 결정해서 할 일을 지시받고나서 그렇게 하지 않기로 결정한다. 이와 같은 많은 경우들에서 명령이나 지시는 역효과를 내며 차라리 명령이나 지시를 내리지 않은 것이 명령자의 의도와 더 합치되는 결과를 내었을 수도 있다.

요 약

사회적 관계와 상호작용은 기본적으로 사람들 사이의 영향으로 이루어진다. 사회적 영향과정에는 설득, 동조 및 응종의 형태들이 있으며, 응종의 특수 형태로서 복종이 있다.

설득은 설득자의 의사전달을 통해 피설득자가 어떤 행동, 신념 또는 태도를 택하게끔 영향을 주는 과정이다. 설득의 한 모형은 설득에 있어서 외부요인, 피설득자, 개인의 심리과정 및 설득효과의 4개의 요소가 포함되어 있다고 간주한다.

설득의 심리과정에 관한 이론들은 메시지의 학습, 감정의 전이, 인지적 일관성, 반대주장의 발생 여부 및 메시지의 체계적 처리와 말초적 처리를 강조한다.

설득에 영향을 주는 설득자의 몇 가지 특징은 전문성, 신뢰성, 침착성, 매력성 및 집단소속을 포함한다.

설득효과에 영향을 주는 메시지의 특징들은 메시지의 신뢰성, 상위, 동기유발, 일방적 주장과 양방적 주장, 주장의 강력성, 결론의 제시 및 제시의 반복을 포함한다. 메시지의 신뢰성은 주장이나 메시지의 내용을 수용할 가능성을 일컬으며, ACE이론에 의하면, 메시지의 신뢰성은 적합성, 일관성 및 효과성에 의해 결정된다. 설득자와 피설득자 사이의 입장의 차이가 중간 정도일 때에 메시지의 효과가 가장 크다. 공격성과 공포와 같은 동기가 유발되었을 때, 이들 동기를 감소시켜 주는 메시지의 수용이 높아진다. 피설득자가 메시지의 주장에 대해 긍정적 태도를 갖고 있을 경우에는 일방적 주장이 유리한 반면에, 부정적 태도를 갖고 있을 경우에는 반대되는 주장을 반박한 후에 주장에 대해 찬성하는 입장을 제시하는 것이 유리하다. 주장의 강력성은 메시지의 질과 양에 의해 결정된다.

효과적 설득의 비결들은 자기 자신에 대한 확신, 청중의 이해, 청중에 적합한 메시지, 주제에 대한 몰입과 열정, 사실, 자료 및 논리의 사용 등의 많은 주의사항을 포함하고 있다.

소집단이나 대집단에 대한 설득은 공식적 발표나 연설의 형태를 취할 수 있다. 효과적 발표는 발표의 이전, 동안 및 후에 해야 될 일을 제대로 수행할 때에 비로소 성취될 수 있다.

발표에 대한 두려움이나 "무대 공포"를 극복하기 위한 지침들은 철저한 준비, 발표장소의 사전 방문, 발표성공의 시각화, 현실적 기대, 발표의 연습 등을 포함한다.

동조는 타인들의 판단이나 행동에 따라 행하는 것을 일컫는다. 사람들은 심지어 자신의 판단이 완전히 옳다는 것을 알면서도, 타인들의 잘못된 판단에 따른다. 사람들이 동조하는 주요 동기나 이유는 올바른 사람이 되려는 욕망과 타인들의 호감을 받으려는 욕망에 기초되어 있으며, 전자를 정보적 동조 그리고 후자를 규범적 동조라고 한다. 동조에 영향을 주는 요인들은 과업의 애매성, 집단규모, 집단의 만장일치 여부 및 소수파의 영향을 포함한다.

소수파가 다수파에 대해 영향을 주기 위해 소수파의 행동스타일들이 중요하다. 소수파는 주장과 행동에 있어서 일관성 있고 조리성 있으며, 자신의 주장을 완고하지 않고 융통성 있게 제시하고, 다수파와 많은 측면에서 유사성이 있어야만 된다.

응종은 타인들의 요구에 따르는 현상이다. 요구에 대한 응종은 요구자의 자원들이나 권력들이 많을수록 증가된다. 자원들이나 권력들은 6개 종류의 자원들에 기초되어 있는데 이것들은 보수, 강제, 전문성, 정보, 긍정적 감정 및 합법적 권위이다. 사람들이 응종을 얻기 위해 의도적이거나 고의로 사용하는 특수 응종기법들에는 문간에 발 들여 놓기 기법, 문전의 문 기법, 한 푼만이라도 기법, 낮은 공기법, "이것이 전부가 아닙니다" 기법, 귀인 암시기법, 효과 상상기법 및 죄의식 유발기법이 있다.

응종의 특수 유형으로서, 복종은 합법적 권위를 가진 사람의 요구나 명령에 따르는 현상을 일컫는다. 명령에 대한 복종이 인간사회에서 매우 보편적이고 일상적인 현상이기 때문에, 비윤리적이고 불법적인 명령에 대한 복종현상들이 발생되기 쉽다. 이러한 부작용들 중의 하나는 권위에 대한 맹목적 복종으로서, 이것은 "복종범죄"라고 일컬어지며, 인간의 보편적이고도 강력한 하나의 현상이다. 복종에 영향을 주는 주요 요인들은 명령자의 권위 유무와 명령에 대한 심리적 반발의 발생 여부이다.

제 2 부

개인적 관계

- 제5장 좋은 관계의 구축
- 제6장 친밀한 관계의 발전
- 제7장 가족관계의 강화: 부모-자녀관계

제 5 장

좋은 관계의 구축

우리 인간은 관계적 동물이다. 우리는 관계 속에서 태어나고 관계 속에서 살아간다. 가족관계의 측면에서, 우리는 부모, 자식, 형제자매 및 친척들, 인척들과 관계들을 갖고 있다. 학업과 직장과 같은 과업적 측면에서, 우리는 선생, 선배, 후배, 동창생, 상사, 부하 등과 관계들을 갖고 있다. 이러한 다양한 관계에서 우리는 타인들과 원만하고 애정 있고 효과적인 관계를 형성하고 유지하거나, 서로 적대시하고 미워하고 비효과적인 관계들을 형성하고 유지한다. 따라서, 우리는 개인적 관계들에서 성공을 거두거나 실패를 경험할 수 있다.

관계들에서의 성공은 우리에게 많은 이점을 제공하며, 실패는 우리에게 많은 고통을 가져다 준다. 성공적 관계들은 우리에게 유대감, 안정, 인정, 애정과 같은 심리적 행복을 제공하고 우리가 살아가는 데에 필요한 돈과 식량과 같은 물질적 자원들을 제공해 준다. 이와 반대로, 관계들에서의 실패는 소외감, 고독감, 불안정, 불인정 및 미움과 같은 심리적 불행을 제공하고 우리가 먹고 살아가는 데에 필요한 돈과 식량과 같은 물질적 자원들을 박탈하거나 제약한다. 따라서, 관계들에서의 성공과 실패는 우리들의 생존에 대해 결정적으로 중요한 문제이고, 우리는 이 주제에 대해서 배우고 익힐 필요가 있다.

일반적으로, 관계는 사람들 사이의 상호 영향력이나 상호 의존으로서 정의된다.[1] 사람들이 관계를 맺게 될 때, 그들의 삶은 서로 뒤얽히게 된다. 즉, 그들은 서로 영향을 준다. 타인들은 우리를 행복하거나 슬프게끔 만들 수 있고, 우리에게 최신의 뒷소문을 알려주고, 우리의 의견에 대해 비평하거나 동의해 주고, 일의 완수를 도와 주거나 방해하고, 우리에게 선물을 주거나 돈을 쓰게끔 만든다. 이러한 예들이 시사하는 바와 같이, 관계들에 포함된 사람들은 서로 신념이나 사고, 감정 및 행동의 광범한 측면들에 대해 서로 영향을 준다.

우리는 이 장에서 긍정적 관계들의 기본적 측면들을 취급한다. 그것들은 좋은 인상의 형성, 건전한 관계의 특징, 관계의 유형, 상호작용의 개시, 상호 연결(즉, 호감과 매력)의 증진, 관계향상 요인들 및 고독과 대처를 포함한다.

좋은 인상의 형성

우리는 타인들을 처음 만나든 오래 사귀었든 간에, 그들의 특성들을 인식하고 그에 따라 좋은 사람이라거나 나쁜 사람, 또는 유능한 사람이라거나 무능한 사람이라고 평가한다. 이러한 현상을 인상(impression)이라고 일컫는다. 사람들은 심지어 타인과 한 마디의 대화를 나눔이 없이도 인상을 형성하고, 심지어 그 사람의 성명만을 듣고서도 인상을 형성한다. 인상의 형성은 이것이 사람들에게 큰 영향을 주는 반응을 결정하고, 장차의 사람들 간의 관계의 성질에 영향을 줄 수 있으므로 매우 중요하다.

예컨대, 우리는 타인을 잠깐 보고나서 그 사람을 신용하거나, 직원으로서 채용하거나, 친구나 애인으로 삼기로 결정하거나, 심지어 재판상황에서 피고의 유죄 여부를 결정한다. 이 점에서, 우리는 인상형성의 요인들, 인상을 관리하는 방법들 및 인상관리의 한 응용으로서 취업시의 이력서 작성방법을 취급한다.

인상형성의 요인들

기본적으로, 인상형성에 대해 3개의 요인, 즉 개인요인, 상황요인 및 판단자 요인이 작용된다.

개인요인

매 력 성

사람들이 타인에 관해 우선적으로 주목하는 것들 중의 하나는 신체매력도이다. 연구들은 신체매력이 타인에 대한 인상에 영향을 주는 가장 중요한 요인들 중의 하나라는 것을 밝혀냈다. 이것은 이성에 대한 우리의 시초의 매력, 취업면접에서 응시자가 지각되고 평가되는 방식, 피고의 유죄성, 연사의 설득력, 학생에 대한 선생의 평가, 정치인들에 대한 유권자의 평가에 대해 영향을 주는 하나의 중요한 요인이다.[2] 매력성이 인상형성에서 중요한 요인이 되는 이유는 사람들이 "아름다움은 좋은 것이다," 그리고 아름다운 사람들은 그렇지 못한 사람들보다 더 많은 긍정적 성격 특징들을 갖고 있다"고 믿는 데에 있을 것이다.[3]

유 사 성

일반적으로, 우리는 인종, 출신지역, 성별, 성격, 태도, 가치, 유머감 등의 많은 측면에서 자신과 유사한 사람들에 대해 긍정적 인상을 형성한다. 예컨대, 우리는 우리와 연고관계가 있는 사람들에 대해 긍정적 감정을 갖는다. 우리의 친척들, 동향인들 및 동창생들에 대해 우리는 긍정적 인상을 갖는다.

비언어 단서들

사람들이 보이는 비언어적 행동들이 인상형성에 영향을 준다. 사람을 처음 만날 때에 똑바로 서고, 눈마주침을 갖고, 활기 있게 악수하고, 상대방이 이야기할 때에 몸을 앞으로 기울이고 머리를 끄덕이고, 미소짓는 것은 긍정적 인상을 형성시킬 수 있다.

상황요인

근접성과 친숙성

물리적으로 가까이 있고, 따라서 자주 볼 수 있는 사람에 대해 우리는 긍정적 인상을 형성한다. 예컨대, 우리는 물리적으로 근접성 있었던 동향인들을 좋게 보고, 같은 조건이라면 동향인을 채용하고 동향인의 물건을 팔아 주고, 좋은 자리에 동향인을 밀어 주는 강력한 경향이 있다. 우리나라의 주요 정당들도 동향이나 지역을 중심으로 한 것들이다. 한나라당원들은 주로 영남사람들로 구성되어 있고, 민주당원들은 주로 호남사람들로 구성되어 있다. 그리고 중요한 투표들에서, 이들 지역의 사람들은 경쟁이 되는 지역의 정당보다 자기 지역의 정당의 후보자들에 대해 80% 이상이나 90% 이상의 지지를 보인다. 특히, 개인적 만남들에서 친숙성, 즉 자주 보는 것이 중요하다. 사람들은 자주 듣는 음악, 자주 보는 그림, 사진, 사람 등을 긍정적으로 평가한다. 이와 같이 자주 보고 듣는 것의 긍정적 효과를 단순접촉효과라고 일컫는다.[4] 친숙한 사람들에 대해 호의적 인상을 갖는 것은 단순접촉효과 이외에 앞으로 다시 만날 것이라는 상호작용의 예상효과에 기인될 수 있다. 우리는 장차 다시 만나거나 자주 만나게 될 사람에 대해 어떤 유대감을 느끼고, 그 결과로 그 사람에 대해 호의적 감정을 갖게 된다.

상황에 대한 경험

사람들은 어떤 상황에서 경험한 유쾌한 감정이나 불쾌한 감정을 함께 있는 사람에게 연결시키는 경향이 있다. 즉, 우리는 유쾌한 경험에 연관된 사람을 긍정적으로 평가하고, 불쾌한 경험에 연관된 사람을 부정적으로 평가한다. 이것은 파블로프(Pavlov)의 고전적 조건형성에 의한 연합적 학습의 효과로서 설명된다. 이러한 설명에서, 타인은 그 사람과 함께 존재하는 환경적 경험과 연합되거나 연결되어서, 경험의 성질에 따라 타인에 대한 감정이 영향받게 된다. 간단히 말해서, 즐거운 경험과 연관된 타인은 긍정적으로 평가되고, 불쾌한 경험과 연관된 타인은 부정적으로 평가된다. 예컨대, 당신과 어떤 사람이 즐거운 파티에 함께 참석했다면, 당신은 즐거움과 그 사람을 연결시키고, 따라서 그 사람에 대해 좋은 기억과 아울러 긍정적 감정을 가질 것이다. 이와 반대로, 당신과 어떤 사람이 실증나거나 매우 기분 나쁜 상황에 함께 있었다면, 당신은 실증과 불쾌함을 그 사람에게 연결시키고, 따라서 그 사람에 대해 나쁜 기억과 아울러 부정적 감정을 가질 것이다.

판단자 요인

판단을 행하는 사람이 갖고 있는 타인들에 관한 지식들이나 도식들, 기본적 믿음들 및 평가적 성향이 또한 타인에 대한 인상형성에 영향을 준다.

도식(schemas)

개인의 어떤 대상에 대한 조직화된 인지들이나 지식들을 도식(schema)이라고 일컫는다. 사람들은 자기, 인물들, 역할들, 집단들, 일의 과정들 등에 관해 구조화된 인지들이나 사고들을 갖고 있다. 예컨대, 집단들에 대한 도식들은 고정관념들이라고 한다. 우리는 영남인, 호남인, 충청인, 서울인에 대한 어떤 구조화된 생각들이나 고정관념들을 갖고 있다. 그리고 이러한 도식들은 개인을 판단하고 평가하는 데에 적용될 수 있다. 지역편견이 심한 사람은 명료한 지역적 고정관념들을 갖고 있고, 이것들을 개인적 친구, 직장동료 또는 정치인으로서 다른 사람들을 평가하거나 선택할 때에 적용시킬 수 있다.

공정한 세상가설(just world hypothesis)

사람들은 세상 일에 대해 실제보다도 더 통제가능하다고 믿는 경향이 있다. 사람들은 우연적으로 일어나는 결과들(예: 복권에 우연하게 당첨되는 것)에 대해 자신의 노력과 의지에 의해 좌지우지할 수 있다고 믿는 경향이 매우 크며, 이러한 경향은 착각에 이를 정도라는 주장이 있다. 그리고 이러한 현상을 통제력의 착각이라고 일컫는다.[5] 통제력의 착각은 사람들이 실제보다 자신의 운명이나 결과에 대해 더 많은 통제력을 갖고 있다는 것을 의미한다. 이러한 착각의 한 결과는 사고나 범죄와 같이 개인이 통제할 수 없는 피해를 당한 사람에 대해 탓이나 허물을 뒤집어 씌우는 것이다. 교통사고, 강간, 도난, 차별대우, 화재, 태풍피해 등을 당한 사람들은 그들이 적절한 대책, 준비, 예방방법 또는 노력을 기울이지 않았기 때문에 그러한 피해를 당했다고 간주되며, 심지어 피해자들까지도 자신의 우연적이거나 사고에 의한 결과를 자신의 탓으로 여긴다. 예컨대, 강간을 당한 여자는 경찰관들로부터 어떻게 처신했기에 강간을 당했느냐는 식의 힐문을 당하는 것이 예사이다. 여기에서의 요점은 불운한 개인적 사고나 피해를 당한 사람에 대해서까지도 사람들이 부정적 시각에서 평가하거나 부정적 인상을 갖는다는 것이다.

피해자를 탓하거나 비난하는 이러한 현상은 사람들의 마음 속에 공정한 세상에 대한 믿음이 있다는 것, 즉 공정한 세상가설로서 일부 설명될 수 있다.[6] 공정한 세상가설은 우리가 선한 사람들에 대해 좋은 일이 일어나고, 나쁜 사람들에 대해 나쁜 일이 일어나는 공정한 세상(just world) 속에서 살고 있다는 하나의 비합리적 믿음이다. 따라서 어떤 사람이 도둑을 맞았고, 지갑을 잃어버렸고, 강간을 당했다면, 그것은 그 사람의 과실 탓이었고 그것은 그 사람이 잘못되었거나 나쁜 사람이라는 것을 의미한다. 공정한 세상가설의 한 결과로서, 우리는 나쁜 일을 당한 사람들에 대해 동정하기보다도 오히려 나쁜 인상을 형성하는 경향이 있다. 피해자들 자신도 이러한 결과로서 자신을 비난하고 자신이 그러한 일에 미리 대처하지 못한 것을 한탄한다.

정보에 대한 비중의 부여

우리가 타인에 관한 인상을 형성하는 것은 기본적으로 정보처리과정을 통해 일어난다고 볼 수 있다. 앞에서 언급된 매력성, 유사성, 비언어 단서들은 우리가 타인에 대한 인상을 형성하는 데에 사용되는 주요 정보들인 셈이다. 우리의 타인에 대한 인상형성이 정보의 성질에 의해 영향받는다고 전제한다면, 어떤 정보들이 인상형성에 대해 더 많은 영향을 주는가에 관한 의문이 제기된다. 그것들은 다음과 같은 몇 가지 요인을 포함한다.

초두성(primacy)

여기에서, 초두성이란 개인에 관한 여러 정보들 중에서 맨 먼저 제시되는 정보가 뒤에 제시되는 정보보다 더 큰 영향력을 갖는 것을 일컫는다. 타인에 대한 우리의 첫인상이 차후의 인상들보다 더 큰 무게를 갖는다. 우리가 어떤 사람이 무례하다는 첫인상을 갖게 되면, 뒤에 제시되는 정보들이 별로 영향을 줌이 없이 우리는 그 사람을 부정적으로 평가하는 경향이 있다. 첫인상의 중요성이 연구들에 의해 지지되고 있다. 취업 면접자들이 5분 이내에 응시자에 대한 결정을 내리며, 주택 구입자들이 집에 대한 첫인상에 의해 주택에 대한 관심을 결정지으며, 특정의 교회에 다니는 것을 교회에서 예배의 첫 12분 이내에 결정한다.[7]

최신성(recency)

타인에 관한 여러 정보들 중에서 초두성효과 이외에, 최신성효과도 있다. 즉, 차례로 제시되는 정보들에서 중간에 제시되는 정보보다 가장 최근에 제시되는 정보가 더 많은 영향력을 갖는다. 만일 어떤 남편이 아내에게 6개월 동안 꽃을 선물하지 않다가 어제 꽃을 선물했다면, 아내는 6개월 동안 꽃을 선물하지 않은 사실은 잊어버리고서 어제 꽃을 선물한 것에 주로 인상을 받아서 남편에 대해 고마운 마음을 갖게 될 것이다.

부정적 정보편향(negative information bias)

타인에 대한 인상평가에 있어서, 긍정적 정보보다 부정적 정보가 더 큰 무게를 갖는다. 만일 어떤 사람이 매력 있고, 유머감이 있고, 자녀와 동물을 사랑하고, 남의 돈을 떼어 먹었다는 말을 듣는다면, 여러 긍정적 특성들보다 돈을 떼어 먹었다는 한 개의 부정적 특성에 의해 인상이 주로 결정될 것이다.

특이한 정보

사람들은 평상적 정보보다 특이한 정보에 대해 더 많은 무게를 둔다. 어떤 사람이 빈대떡을 좋아하고 TV보기를 좋아한다고 말한다면, 우리는 특별한 인상을 받지 못할 것이다. 하지만, 그 사람이 매일 음주를 한다거나 전국 도보여행을 했다고 말한다면, 우리는 특별한 인상을 받게 될 것이다.

관련성(relevancy)

사람들은 무관련한 정보보다 관련 있는 정보에 더 많은 무게를 둔다. 예컨대, 데이트상대를 평가함에 있어서 잘 생겼고 재미있다는 정보는 규칙적으로 운동하고 정리정돈을 잘한다는 정보보다 더 큰 영향력을 지닐 것이다.

대비효과(contrast effect)

한 사람에 대한 인상이 다른 사람에 대한 인상에 대해서 영향을 줄 수 있다. 만일 당신이 매우 잘 생긴 사람을 보고나서 보통으로 생긴 사람을 본다면, 후자는 더 못생긴 것으로 여겨질 것이며, 만일 매우 못생긴 사람을 보고나서 보통으로 생긴 사람을 본다면, 후자는 더 잘 생긴 것으로 여겨질 것이다. 연구는 매력있는 여배우들이 출연하는 영화를 방금 보았던 대학생들이 보지 않았던 대학생들보다 대학 내의 여대생들의 매력도를 훨씬 더 낮게 평정한다는 것을 보였다.[8] 이러한 대비효과는 면접 상황에서도 나타났다.[9] 면접 응시자의 성적은 이전 응시자의 성적과 상대적으로 평가된다. 예컨대, 보통의 응시자는 앞에서 열등한 응시자가 있었을 때보다 응시자가 없었거나 매우 유능한 응시자가 있었을 때에 더 낮은 평가를 받게 될 것이다.

점화(priming)

사람들에 대한 정보는 우리가 그들에 대해 들은 이전의 정보에 의해 그 효과가 점화될 수 있다. 예컨대, 당신이 데이트상대를 소개받을 때에 그 사람이 재미있고 유머 있다고 들었는데, 그 사람이 실제로 재미있는 이야기를 했다면, 당신의 그 사람에 대한 인상은 당신의 이전의 지식이나 선입견을 확증시켰기 때문에, 그 사람을 재미있다고 생각하게 될 것이다. 이와 달리, 그 사람이 공부를 잘하고 규칙적 생활을 한다고 이전에 들었는데, 그 사람이 재미있는 이야기를 했다면, 당신은 그 사람의 재미있는 특성에 대해 특별한 인상을 받지 않을 것이다. 취업면접에서, 이력서의 좋은 기재사항들이나, 면접 전의 어떤 사람에 의한 긍정적인 말은 응시자에 대한 긍정적 평가를 유발시키거나 점화시킬 수 있다.

귀인(attribution)

타인의 행동이 인상에 미치는 영향은 행동의 원인에 대한 판단이나 추론에 의해 영향받는다. 만일 어떤 사람이 빌린 돈을 오랫 동안 갚지 않았다면, 이 행동이 인상평가에 미치는 효과는 행동의 원인판단에 따라 차이가 있을 것이다. 이 사람이 갚을 돈이 충분히 있는 데도 불구하고 갚지 않았다고 생각된다면, 이 사람은 신용이 없는 사람이라고 평가될 것이다. 이와 달리, 이 사람이 사정이 매우 어려워서 갚지 않았다고 생각된다면, 그러한 행동은 그 사람의 불성실한 성격에 기인되는 것으로 평가되지는 않을 것이다.

사람들이 행동의 원인을 판단할 때에 세 가지 정보, 즉 특이성, 일관성 및 일치성에 관한 정보가 사용된다. 특이성 정보는 행동이 특수한 상황에서만 일어나는가에 관한 것이다. 예컨대, 어떤 사람이 빌린 돈을 항상 제날짜에 갚았는데 이번에만 제날짜에 갚지 않았다면, 이 행동은 특이한 것이다. 일관성 정보는 타인의 행동이 일관되게 발생되는 것에 관한 정보이다. 어떤 사람이 항상 제날짜에 돈을 갚거나, 항상 돈을 갚지 않았다면, 이 행동은 일관된 것이다. 일치성 정보는 어떤 사람의 행동이 타인들의 행동과 일치되는 것에 관한 정보이다. 어떤 사람이 빌린 돈을 갚지 않았는데, 마찬가지로 돈을 빌린 모든 사람들이 또한 갚지 않았다면, 이 사람의 행동은 타인들의 행동과 일치되는 것이다.

만일 타인의 어떤 행동의 일관성이 높다면, 그 행동은 타인의 내부 원인이나 성격의 탓으로 해석된다. 만일 어떤 행동의 일치성이 높다면, 그 행동은 타인의 내부 원인이나 성격보다 외부 원인의 탓으로 해석된다. 만일 어떤 행동의 특이성이 높다면, 외부 원인이나 우연의 탓으로 해석된다. 여기에서의 요점은 우리가 타인의 행동의 원인을 어떻게 해석하는가에 따라 인상평가가 영향을 받으며, 원인판단에서 세 종류의 정보가 고려된다는 것이다.

이론적으로, 사람들의 타인의 행동의 원인판단은 세 종류의 정보를 사용해서 객관적으로 그리고 논리적으로 외부와 내부의 원인들에 대해 공정하게 이루어질 것이다. 하지만, 사람들의 타인의 행동에 대한 원인판단은 내부와 외부 원인들에 대해 공정하게 이루어지지 않고, 내부 원인들 쪽의 방향으로 편향되게 이루어지며, 이를 기본적 귀인오류(fundamental attribution error)라고 일컫는다. 예컨대, 어떤 사람이 운전을 하다가 접촉사고를 냈다고 하자. 이에 대해 우리는 어떻게 원인을 부여할 것인가? 그 원인은 내부적이거나 외부적일 수 있다. 우리는 내부적으로 그 사람의 운전기술과 조심성의 부족으로 원인을 돌릴 수도 있고, 외부적으로 다른 운전자의 과실이나 도로상황의 탓으로 원인을 돌릴 수도 있다. 이러한 상황에서 대부분의 사람들은 기본적 귀인오류를 저지른다. 특히, 타인의 행동이 부정적일 때에 이러한 오류를 저지르기 쉽다. 비록 사람들이 일반적으로 타인과 아울러 자신의 행동에 대해 내부귀인을 행하는 경향이 있을지라도, 자신의 행동에 대해서는 성공에 대해 내부귀인을 행하고, 실패에 대해서는 외부귀인을 행하는 경향이 있다.

인상관리

사람들은 타인들이 자기에 대해 갖게 되는 이미지들이나 인상을 형성하기 위해 노력하며, 이를 인상관리(impression management)라고 한다. 사람들이 사용하는 인상관리의 주요 책략들은 아첨, 자기선전, 위협, 모범 및 탄원이 있다.[10]

아첨(ingratiation)

타인들이 우리를 좋아하게끔 만드는 데에 사용되는 한 가지 방법은 타인들을 칭찬해 주는 것이다. 비록 대부분의 사람들이 칭찬받기를 좋아할지라도, 칭찬은 진심에서 나온 것이라고 여겨져야만 긍정적 효과를 낼 수 있다.

자기선전(self-promotion)

아첨이 타인들이 우리를 좋아하게끔 만들기 위한 하나의 시도인 반면에, 자기선전은 타인들이 우리가 유능하다고 생각하게끔 만들기 위한 하나의 시도이다. 자기선전은 타인들에게 자신의 성취나 성공을 이야기하는 것, 이것 저것을 자랑하는 것, 자신의 업적이나 졸업장을 전시하는 것을 포함한다. 자기선전은 타인의 질문에 의해 자연스럽게 이루어질 때에 효과적이지만, 자발적으로 대화 중에 갑자기 맥락에 관계없이 행하는 경우에는 역효과를 내기 쉽다. 당신은 후자의 사람들을 알고 있을 것이며, 결코 그 사람에 대해 좋은 인상을 갖지는 않을 것이다.

위협(intimidation)

사람들이 우리를 좋아하게끔 만드는 것 대신에, 우리는 타인들이 우리를 강력하다고 생각하게끔 만들기를 원할 때가 있다. 예컨대, 직원들이나 신병들을 훈련시키는 임무를 맡은 사람들은 자기 자신이 강력하고 통제력 있다고 믿게끔 만들 필요가 있다. 이러한 경우에 사람들은 자신의 인상관리를 위해 위협을 사용할 수 있다. 위협은 자신의 권력, 권위 및 통제력을 보이기 위한 말들(예: 회사에서의 해고의 위협), 상징들(예: 큰 방과 큰 책상) 및 비언어 단서들(예: 타인에게 가까이 다가서거나 계속적으로 눈마주침을 갖는 것)을 포함한다.

모범(exemplification)

타인들에 대한 인상관리의 목표가 자신을 훌륭하고 도덕적으로 우수한 사람이라고 생각하게끔 만드는 것일 경우에, 우리는 모범의 인상관리기법을 사용할 수 있다. 모범을 보이는 행동들은 타인을 위해 희생하기, 타인들을 돕기, 순교하기 등을 포함한다.

탄원(supplication)

탄원 또는 애원은 위협과는 반대되는 인상관리방법으로서, 여기에서 사람들은 자신이 약하다는 인상을 주고자 한다. 그 목표는 타인들로부터 동정이나 원조를 얻으려는 것이다. 기본적으로, 탄원은 무력하고 불쌍한 자신에 관한 인상을 형성시키고자 한다. 예컨대, 일을 제때에 끝마치지 못한 직원은 자신이 그러한 일에 대해 능력이 모자란다고 말하거나, 몸이 아팠다고 말함으로써 동정을 얻으려고 들 수 있다.

건전한 관계의 육성

우리 인간에 대해 관계들은 불가피한 것이며, 따라서 다양한 관계들이 존재할 수 있다. 하지만, 모든 관계들이 바람직스럽거나 유익한 것은 아니다. 어떤 관계들은 친밀하고 행복한 반면에, 어떤 관계들은 많은 좌절과 고통을 수반한다. 건전한 관계들과 불건전한 관계들 사이의 차이를 인식하는 것은 우리가 불건전한 관계들에 관여되지 않거나, 그러한 관계들을 향상시키는 첫 단계가 될 것이다.

기본적으로, 건전한 관계들과 불건전한 관계들을 구분짓는 중요한 요인들은 정서적 행복과 생산적 결과들이다. 따라서, 행복하고 생산적인 관계들을 다소 자세하게 검토할 필요가 있으며, 이하에서 우리는 그것들 중에서 중요한 6가지 특징을 제시한다.[11]

진실성과 신뢰성

건전한 관계의 우선적 특징들 중의 하나는 진실성이나 정직성이다. 진실성이 없거나 속임이 많은 관계들은 일종의 적대적 관계이거나 착취적 관계이다. 관계들 속에서 사람들은 진정한 자기를 보여 주고 편안함을 느낄 수 있어야만 된다. 물론, 진정한 자기를 보여 줄 때에 우리 자신이 상대방의 마음이나 기대에 못 미칠 수도 있지만, 그러한 고통을 감수할 수 있어야만 된다.

진실성과 밀접하게 관련된 특성은 신뢰성이다. 기본적으로, 신뢰성은 상대방이 자신에게 해를 끼치지 않고 유익한 것을 제공하고자 한다는 믿음이다. 진실성 있는 사람은 자신의 마음을 상대방에게 정직하게 드러내 보이며 상대방에 대해 해를 끼치지 않겠다는 의사를 갖고 있다. 따라서, 진실성 있는 사람은 상대방에 대해 신뢰하는 마음을 갖게끔 만들 수 있다. 또한, 신뢰성 있다는 것은 상대방의 행동이 예측가능하다는 것을 의미한다. 입으로 말한 것과 실제의 행동 사이에 차이가 큰 사람들은 행동에 대한 예측이 곤란하고, 따라서 신뢰성이 없게 되고 관계를 해치게 된다.

온정성과 공감성

건전한 관계들은 상호의 따뜻한 느낌을 요구한다. 따뜻한 느낌은 상대방의 존재에 대해 편안하게 느끼는 것을 의미한다. 차가운 느낌은 상호의 거리감과 연관되어 있으며, 인간적 거리감은 장차의 문제와 갈등에 대해 파괴적 해결을 초래하기 쉽다. 아마 가장 이상적인 관계들은 상대방의 인간적 결함들이나 성격적 차이들까지도 자연적 현상으로서 인정하고 수용하고, 심지어 감사하는 무조건적 사랑이 있는 관계들일 것이다.

온정성의 느낌을 일으키는 데에 중요한 요인은 공감성이다. 상대방의 고통, 갈등, 괴로움, 슬픔, 분노, 공포, 실의와 같은 부정적 감정들을 인식하고 인정하고, 위로해 주는 능력은 가장 큰 심리적 위안과 안심을 주고, 대처할 힘을 준다. 공감성은 고통스러운 삶의 과정들에서 하나의 안식처나 안전지대로서 기능할 수 있고, 이것에 기초된 관계들은 집의 초석들처럼 관계를 튼튼하게 안정시킬 수 있다.

즐거움과 활력

건전한 관계들은 고통이나 괴로움보다 즐거움이 더 많은 관계들이다. 계속적으로 고통을 주는 관계들은 사람들을 불행하게끔 만들고 원기나 활력을 감소시키거나 고갈시키게끔 만든다.

즐거움은 즐거운 활동들(예컨대, 담소, 운동, 노래, 춤)을 통해 경험할 수도 있고, 따뜻한 인사, 위로, 칭찬, 격려 등을 통해서도 경험할 수 있다. 관계에 관여된 사람들이 서로 상대한 후에 기분 나쁜 감정을 느끼고 앞으로 가급적 서로 만나기를 피하고 싶다는 생각을 하게 된다면, 그 관계는 원만하고 행복하게 진행되기가 곤란하다.

자기개방(self-disclosure)

관계들의 기초는 상대방에 대한 지식이나 이해이다. 상대방에 대한 지식은 외모나 행동과 같은 외부적으로 관찰될 수 있는 특징들에서 얻어질 수 있다. 하지만, 이러한 외부적인 것들에 기초된 지식은 개인의 정서와 신념, 그리고 개인의 내력들에 관한 지식을 결여하고 있다. 관계들에서 상대방에 대한 지식은 개인이 마음 속에 갖고 있는 정서들과 느낌들, 세상사에 대한 생각들과 믿음들과 같은 엄청나게 많은 정보들을 제공함으로써 풍부해진다. 이러한 정보들은 개인의 입을 통해 자기에 관한 정보들을 털어놓음으로써 전달될 수 있다. 어떤 사람이 배고프거나, 실망을 느꼈거나, 분노를 느꼈거나, 부끄러움을 느끼고 있는 것을 상대방이 어떻게 완전히 이해하고 그것에 대해 대처할 수 있겠는가? 물론, 우리는 외면적인 표정이나 행동을 통해 어느 정도 상대방을 이해할 수 있겠지만, 보다 더 풍부하고 직접적인 정보는 상대방의 언어적 개방이나 마음 열기를 통해서 얻어질 수 있다. 자기개방이 거의 없는 관계는 피상적이고 일시적이기 쉽다. 하지만, 자기개방이 관계를 위해 필요하기는 하지만, 적절한 자기개방이 중요하다. 관계의 수준이나 깊이에 따라 공개할 필요가 있는 자기에 관한 정보가 있으며, 자기에 관한 모든 정보를 공개하는 것이 때로는 자신에 대해서나 관계에 대해 좋지 못할 수도 있다.

상호적 관심

원만하고 긍정적인 관계의 사람들은 서로 관심을 보이고, 각자의 관심을 보이기 위해 다가간다. 이와 반대로, 갈등이 많고 부정적인 관계의 사람들은 상호작용이나 만남이 불쾌하므로, 서로 멀어지기를 택하고 심지어 대화의 단절이나 담쌓기를 행한다. 상호적 관심은 상대방에 대한 정보를 증가시켜서, 서로에 대한 풍부한 지식을 갖게 된다. 상대방의 성장배경, 친한 친구들, 취미와 흥미, 성격스타일, 욕구나 희망, 불안과 공포 등에 관한 풍부한 정보는 두 사람 간의 갈등을 방지하고 장차의 행동을 예측하게끔 도와 줌으로써 관계를 향상시킨다. 더 나아가서, 상대방에 대한 관심은 서로의 인간적 매력과 애정에 대한 지각을 일으킴으로써 상대방에 대한 긍정적 감정을 증가시켜 준다.

공동적 피해가 없음

설사 관계를 맺고 있는 사람들이 서로 관심을 보이고 상호의존되어 있을 때에라도, 한쪽의 행동이 상대방을 무책임하거나, 파괴적이거나, 역기능적으로 만들 경우에는 그 관계는 건전한 것이 못된다. 약물중독자들의 경우에서, 관계의 파트너가 중독자의 중독을 조장하는 식으로 행동할 때에 중독자는 생활과 약물획득에서 파트너에게 의존되고, 파트너의 생활 또한 중독자를 뒷바라지하는 데에 바쳐지기 때문에 종독자에게 의존되게 된다. 이러한 현상은 공동의존(codependency)이라고 일컬어진다. 결국, 공동의존은 관계의 파트너들이 부정적 결과들(예: 중독자는 중독이 계속되고, 파트너는 중독자의 중독생활을 조장하고 스스로 희생당함)에 상호의존되어 있는 것이다. 이러한 현상들은 약물중독 이외에도, 도박이나 게임에 관여된 사람들, 범죄공모자들, 마음에 내키지는 않지만 돈을 계속 빌려 주면서 분노의 감정을 갖게 되는 돈을 빌려 주는 사람과 빚쟁이관계, 서로 관계를 정리할 처지가 못되는 남녀 사이의 불륜관계에서 나타날 수 있다. 이러한 부정적 결과들을 내포하는 관계 속의 어느 한쪽이나 양쪽이 부정적 결과들을 방지하기 위한 결단이나 행동을 취하지 않을 경우에, 관계 속의 두 사람의 인생은 종국에 가서 파멸되게 될 것이다.

관계의 유형

우리는 다양한 사람들과의 많은 관계들을 갖고 있다. 가족들, 친구들, 선후배들, 직장 동료들, 사제관계들 등의 많은 관계들이 우리의 일상생활에서 언급되고 있다. 이와 같이 일상적으로 언급되는 관계들은 대개 관계형성의 기초들, 예컨대 관계에 포함된 사람들의 역할들과 유사성들에 따라 명명되고 있다. 사제관계, 부모-자식, 배우자 관계 등은 역할들에 주로 기초를 두고 있고, 학년, 지연, 혈연관계들은 학교, 지역, 혈족상의 유사성들에 기초되어 있다.

관계들에 대한 심리적 구분들은 주로 상호작용이나 상대하기의 수준들에 의해 구분되고 있다. 두 사람이 상호작용할 때, 그들은 각각 상대방에 대해 영향을 주며, 이를 상호의존이라고 일컫는다. 상호의존은 여러 수준을 포함한다. 그것은 일방적 인식, 표면적 접촉 및 여러 수준의 상호성 수준들로 구성되어 있으며,[12] 엄격한 의미에서, 표면적 접촉으로부터 여러 수준의 상호성 수준들을 진정한 관계들이라고 일컬을 수 있다. 표면적 접촉수준은 대개 두 사람이 대화함으로써 처음 상호작용할 때에 시작되며, 가게점원과 몇 마디의 말을 주고 받거나, 버스나 기차 여행에서 옆 좌석의 승객과 잡담할 때에 일어난다. 이러한 상호작용들은 대개 시간적으로 짧고, 대화의 주제들은 개인의 내면보다 피상적인 것들에 관한 것이고, 상호작용의 영향은 한정되어 있다. 많은 관계들이 이러한 최소의 상호의존을 넘어서 발전되지는 않는다.

상호작용이 장기간 계속될 때에 상호성단계, 즉 상호의존이 증가되는 단계로 이동된다. 상호의존은 작은 범위에서 큰 범위에 걸쳐 있어서, 큰 상호성단계에서, 파트너들은 오랜 시간에 걸쳐서 빈번하게 상호작용하고, 다양한 종류의 활동들에 관여하게 된다. 상호성이 높은 관계들은 가까운 관계들이나 밀접한 관계들(close relationships)이라고 일컬어지며, 파트너들 사이의 영향력이 매우 강해지고, 따라서 서로 강한 정서들을 일으킬 잠재력을 갖고 있다.

여기에서, 우리는 상호의존의 표면적 수준에 있는 아는이들(acquaintances)과 높은 상호성수준에 있는 친구들을 주로 살펴보고, 높은 상호성수준에 있는 연인들, 부부들 및 가족들 사이의 관계는 다음 장들에서 취급한다.

아는이들

우리들이 낮은 상호의존상태 속에서 가끔 만나고 몇 마디 인사말이나 간단한 잡담을 행하는 많은 사람들이 있다. 이러한 사람들은 식당여종업원, 우편배달부, 슈퍼마켓의 점원, 가끔 보는 이웃들을 포함하며, 그 밖에 수많은 사람들을 포함한다. 예컨대, 당신이 고등학교에 다닐 때를 회상해 보라. 당신과 친한 사람들은 몇 명에 불과하지만, 서로 안면을 알고 간단한 인사나 미소를 보내는 수십 명 내지 수백 명의 동급생들이 있으며 이들은 상호의존수준이 매우 한정되어 있으므로, 단순하게 아는이들로 분류될 수 있을 것이다. 단순하게 아는이들과의 상호작용들이 매우 제한되어 있고 중요한 것 같지 않을지라도, 이들과의 명랑하고 다정한 미소, 인사, 격려와 같은 긍정적 상호작용들은 개인에 대한 긍정적인 정서적 느낌들과 삶의 가치들을 인식하게끔 만들어서 사람들을 활기 있게끔 만들고, 따라서 사람들의 자기존중감에 대해 중요한 기여를 제공할 수 있다.

친구관계들

가까운 관계들 중에서 개인에 대해 매우 중요한 것이 친구관계들이다. 친구들과의 다정하고 재미있는 관계는 삶의 가치들 중에서 거의 최상위에 있을 정도로 개인에 대해 매우 중요하다. 친구들과의 상호작용을 통해서, 사람들은 인생의 많은 시간을 보내고, 재미있게 지내고, 다양한 정서들을 공감하고, 지원을 받고, 가르침을 받는다. 가장 친한 친구들에게 우리는 자신의 자랑스러움, 부끄러움, 불안, 걱정, 두려움, 희망 등의 내면적 정서들이나 속마음을 표현한다. 이러한 진정한 자기표현은 사람들에게 긍정적 정서들을 증가시키고 부정적 정서들을 감소시켜 준다. "친구는 기쁨을 누 배로 만들고, 슬픔은 절반으로 줄여 준다"라는 속담에서처럼, 친구들은 우리의 삶을 활기 있게끔 만들고 고통에 대한 위안을 제공해 준다. 하지만, 아는이들에 비해서 친구관계들을 발전시키고 유지시키기 위해서는 많은 시간과 노력을 요한다.

친구관계의 발전단계들

모든 아는이들이 가까운 친구로 되지는 않는다. 대개 친구들은 빈번한 만남과 상호작용을 통해 형성되며, 이러한 만남과 상호작용은 지리적 근접성과 여러 측면들(예: 학교, 직장)에서의 유사성을 요한다. 두 사람 간의 만남과 상호작용이 긍정적일 때, 상호작용은 계속되고 그 결과로 공동활동과 동반이 지속된다. 동반과 공동활동이 증가됨에 따라, 친구들은 자기의 여러 측면들(예: 성장배경, 가치, 흥미, 정서, 동기 등)을 서로 공개하고 상대방의 자기에 관한 많은 지식을 획득하고, 그 결과로 상대방에 대한 지식이 증가되고 갈등들은 점점 감소되게 된다. 모든 관계들에서처럼 두 사람 사이의 여러 차이들이 존재하고, 이것들은 갈등의 발생과 심화를 결정지을 것이다. 갈등의 증가에 따라 관계들이 위기에 처할 수 있다. 하지만, 갈등이 원만하게 해결되고, 상호작용의 긍정성이 강하게 되면, 즉 부담들에 비해 보수들이 훨씬 더 많게 되면, 관계는 장기적으로 지속될 수 있다.

중요성의 주기들

친구관계들이 사람들의 인생의 모든 단계들에서 개인적으로 중요하지만, 중요성의 정도에 있어서 다소 차이가 있다. 청소년들어 학교에 다니고 가정 밖에서 지내는 시간이 많게 됨에 따라, 친구들과 어울려 지내는 시간이 많아지고 친구들이 개인의 사고와 행동에 미치는 영향도 점증한다. 중·고등학교나 대학에 다니는 학생들에서, 친구들은 부모나 기타 가족들보다 더 큰 영향력을 갖게 되고 가족갈등의 주요 근원이 될 수 있다.

개인적 친구들은 가까운 애정관계들, 즉 연애와 결혼관계들이 형성되게 될 때에 중요성이 감소된다. 애정관계를 갖게 될 때, 사람들은 친구들과 어울려 지내는 시간이 크게 줄어들게 된다. 어떤 사람들에서 친구관계와 애정관계가 양립되지 못해서 갈등에 빠지는 사람들이 있다. 예컨대, 친구들과 어울려 놀거나, 게임하거나, 음주를 하는 것이 애정관계에 대한 몰입을 방해해서, 애정관계의 갈등과 파탄을 일으킬 수도 있다. 하지만, 대부분의 사람들에 대해 친구들은 가끔의 사교적 동반자들과 막역한 사람들로서 개인에 대해 중요하게 남아 있다. 사람들이 이혼하거나 과부가 되었을 경우에, 친구들은 또다시 개인생활의 중심이 될 수 있다.

성 차 들

동성의 친구관계들에서 남자와 여자 간의 차이가 관심의 대상이 될 수 있다. 대부분의 심리적 특성들에 대한 성차와 마찬가지로, 친구관계들에서의 성차는 매우 크지는 않다. 일반적으로, 남자들은 여자들보다 더 활동적인 경향이 있어서 스포츠와 실외활동과 같은 즐거운 활동들을 행하고 이야기하는 경향이 있는 반면에, 여자들은 관계와 정서들에 관해서 이야기하는 경향이 더 많다. 비록 남자들이 자신의 남자친구들에 대해 여자들과 마찬가지로 많은 관심을 두고 있을지라도, 남자들은 여자들보다 자기 자신의 감정을 언어적으로 표현하거나 드러내 보이는 경향이 더 적다. 양성은 또한 동등한 권력의 친구관계들을 비동등한 권력의 친구관계들보다 더 좋게 평가한다.[13]

타인들과의 상호작용의 개시

관계들이 시작되고 유지되는 데에 있어서 핵심적 요소들은 사람들 사이의 상호적 행동들 또는 상호작용들이다. 상호작용들을 개시하는 데에 능숙한 사람들이나 능숙하지 못한 사람들이 있으며, 관련된 성격요인으로서 내향성과 외향성 요인이 있다. 예컨대, 외향적인 사람들은 내향적인 사람들보다 타인들에 대한 관심이 더 많고 더 적극적으로 상호작용을 시도할 것이다. 하지만, 관련된 성격의 차이들 이외에, 상호작용을 개시하는 데에 관련된 더 직접적인 태도들과 행동들이 있다.

열린 마음자세(open mindedness)

우리가 사람들을 처음 만날 때, 우리는 그들의 외모, 행동 또는 타인들로부터 전해 들은 말들에 의해 그 사람에 대한 첫인상을 형성하거나, 즉각적 판단을 행하기 쉽다. 예컨대, 당신이 어떤 지역의 말씨나 사투리를 사용하는 사람을 만나게 되면, 당신은 그 지역에 대한 고정관념을 적용해서 그 사람을 타인을 이용해 먹거나, 공격적이라고 판단하게 되고, 이러한 판단은 상대방의 행동에 대한 기대들을 이루게 된다. 그리고 이러한 부정적 기대들을 갖고서 그러한 사람을 대하게 될 때, 개인은 부정적 행동들이나 반응들을 사용하고, 결과적으로 그 사람은 공격적이거나 부정적 방식으로 응대하게 된다. 이와 같이 타인에 관한 사전의 기대들이나 편견들이 실제로 확증되는 현상을 자기실현적 예언(self-fulfilling prophecy)이라고 일컫는다. 예컨대, 한 연구는 대학생들에게 대리 강사에 대한 성격을 기술했는데, 한 조건의 학생들에게는 그 강사가 매우 온정성 있는 사람이라고 소개했고, 다른 조건의 학생들에게는 동일한 강사를 다소 냉정한 사람이라고 소개했다. 그 강사가 강의를 했을 때, 매우 온정성 있다고 소개받은 학생들이 다소 냉정하다고 소개받은 학생들보다 강의에 대해 더 적극적으로 참여했고 그 강사에게 더 높은 강의평정치를 주었다. 즉, 강사에 대한 온정성 있다거나 냉정하다는 기대를 형성한 것이 실제로 학생들의 차이 있는 행동으로 나타난 것이다.

우리가 타인들을 처음 만날 때, 자신의 첫인상이나 기대들이 무엇인지를 따져 보아야 된다. 특히 편견적 기대들은 대부분 특정의 개인에 대해 틀리기 쉽다. 예컨대, 어떤 지역의 사람들이 공격적이라는 기대를 고려해 보자. 그 지역의 대부분의 사람들이 공격적인 것은 단연코 아니라고 주장될 수 있다. 우리가 첫인상이나 선입견을 갖고서 타인들과 상호작용하는 것은 불가피한 일이지만, 이것들이 틀릴 수 있다는 열린 마음자세를 갖고서 사람들을 대하는 것이 현명한 사람이 되는 한 가지 방법일 것이다.

아량, 수용 및 존중의 태도를 갖기

열린 마음자세로 타인들을 시초에 대하는 것이 타인들을 처음 대할 때의 하나의 기본적 자세일 수 있지만, 우리는 이것에서 더 나아가서 낯선이들이나 자신과 차이 있는 사람들에 대해 부정적인 감정이나 태도와 행동을 자제하고서 그러한 것들을 표출하지 않는 것이 필요하다. 이러한 태도를 아량(tolerance) 또는 관용이라고 일컫는다.[14] 부정적 태도와 행동을 표출하지 않는 것이 타인들에 대한 인간적 수용으로 발전되고, 이것이 발전되게 되면 모든 사람들에 대한 인간적 존중의 태도나 박애적 태도를 갖는 폭넓은 대인적 자세(大人的 姿勢)를 갖춘 사람이 될 수 있을 것이다.

사람들을 대할 때에 부정적 고정관념들을 갖거나 그들에 대해 꼬리표(label)

을 붙이는 것이 마침내 부정적 행동과 상호작용으로 표출되기 쉽다는 것은 이미 진술된 바 있다. 이것에서 더 나아가서, 부정적 고정관념들이나 꼬리표 붙이기는 상대방이 열등하거나 부족하다는 태도를 전달하고, 그 결과로 상대방 역시 개인적인 싫어함이나 미워함의 태도와 행동을 갖게 된다. 우리는 타인들을 대할 때에 자신이 이와 같은 부정적 태도를 갖고 있는지를 항상 조심해야만 된다. 이를 위해서, 우리는 타인들에 대해 속 좁은 협량 대신에 아량, 거부 대신에 수용 및 멸시나 천대 대신에 존중의 기본 태도들을 함양하는 데에 계속 노력해 나가야만 될 것이다.

타인들에게 접근하고 대화하기

타인들과의 원만하고 성숙한 상호작용을 방해하는 부정적 선입견들과 비관용적 태도를 인식하고 극복한 후에, 우리는 자신이 타인들에게 접근해서 상호작용하는 데에 방해가 되는 개인적 능력들이나 특성들을 이해하고 개선하는 노력을 게을리해서는 안 될 것이다. 타인들에 대한 접근을 방해하는 개인적 특성들로서 수줍음과 타인들로부터의 거절이나 당황의 두려움 및 접근가능성의 단서를 포착하는 능력을 들 수 있다.

수줍음(shyness)은 타인들과의 만남을 개시하거나 요청하는 것에 대해 곤란을 갖는 개인적 특성이다. 많은 사람들이 수줍은 성격으로 인해서 관계들에서 곤란을 겪고 있다. 약 절반의 사람들이 수줍음을 갖고 있고 75~95%의 사람들이 가끔 수줍음을 가졌다.[15] 수줍음이 많은 사람들에 대해, 수줍음을 고칠 수 있는 구체적 행동들(예: 사람들에게 "안녕하세요"라고 명랑하게 인사하기)을 적극적으로 실행할 것이 권고되고 있다.

수줍음 이외에도, 어떤 상황에서 우리는 타인들이 상호작용을 거절하거나, 잘못된 상호작용에서 생길 수 있는 심리적 당황을 두려워해서, 타인들에 대한 접근을 망설일 수 있다. 거절이나 당황의 두려움을 갖는 것은 자연스러운 현상들 중의 하나이다. 우리는 경험을 통해 낯선 사람들이나 새로운 사람들을 만나고 상호작용하는 것이 대개 불쾌함이나 당황을 일으킨다는 것을 알고 있다. 그 결과로, 우리는 사람들을 처음 만나고 대할 때에 "사람 조심이 최선이다"라는 태도를 갖게 되었다. 하지만 두려움 때문에 너무 조심하거나 망설이게 되면, 가치 있는 많은 관계들이 생성되지 못할 수 있다(예: 사랑을 고백하지 못하고서, 후회하는 많은 사람들이 있다). 대개의 경우에, 거부나 당황은 개인에 대해 무서운 결과를 일으키지는 않는다. 원하고 만족스러운 관계들을 두려움 때문에 포기한다는 것은 너무 용기가 부족한 것일 것이다. 우리가 타인들에 대해 접근하고 상호작용을 개시할 때에 적절한 접근가능성의 단서들을 파악하고, 원만하게 대화를 이끄는 것이 중요하다.

접근가능성의 단서들을 점검하기

타인들에게 접근하고 대화를 사작하기 위해, 그들이 심리적으로 접근을 수용할 수 있는지를 고려해야만 된다. 사람들은 개인적 기분, 신체상태 및 상황의 요인들에 따라 접근과 상호작용을 원하는 정도에서 차이가 있다. 기분이나 신체상태가 침울한 이른 아침 또는 어떤 과업이나 게임에 몰두하고 있는 상황들에서 접근하는 것을 피한다. 안면표정이나 신체언어에 관한 단서들을 살피고, 한가한 시간이나 기다리는 상황들에서 접근하도록 한다.

접근가능성에 대한 당신의 주관적 판단이 확실할 수도 있지만, 때로는 그러한 판단이 애매하거나 불확실할 수도 있다. 이러한 경우에, 상대방에게 접근가능성을 직접 물어보는 것이 좋다. 예컨대, "지금 대화할 시간이 있습니까?, "지금 바쁘신가요?, 5분 정도 이야기할 여유가 있습니까?"와 같은 질문에 의해 접근가능성을 질문한다. 전화로 대화를 할 경우에, 우리는 접근가능성에 관한 단서들이 거의 없고, 따라서 상대방으로부터 자신을 방해한다는 분개의 느낌을 일으킬 수도 있다. 이러한 경우에, "지금 대화할 시간이 있습니까?" 또는 "지금 전화로 이야기해도 괜찮겠습니까?" 식으로 접근가능성을 점검한다.

대화하기

우리가 잘 알고 있는 사람들에 대해 대화를 개시하기는 쉽다. 우리는 그러한 사람들의 관심사, 흥미, 활동들에 대해 어느 정도 알고 있고, 따라서 그러한 주제들을 중심으로 다소 용이하게 대화를 시작할 수 있다. 그러나 당신이 모르지만 사귀고 싶다거나 대화하고 싶은 사람들에 대해 대화를 시작하기는 매우 어렵다. 예컨대, 데이트상대를 소개받은 남녀들은 무슨 말로 시작해야 할지를 모르고 불편하거나 고통스러운 침묵 속에서 시간을 보내거나, 상대방의 기분을 거스르는 엉뚱한 말(예: "얼굴에 기미가 많으신데, 혹시 소화가 잘 되지 않는가요?")로 첫만남을 망칠 수 있다.

대화의 시작이 곤란한 상황에서, 대화주제를 선택하는 한 가지 방법은 주위 상황에서 단서를 찾는 것이다. 예컨대, 월드컵 축구경기가 진행되는 상황에서는 축구, 축구선수, 축구경기성적 등에 관해서 이야기를 꺼내는 것이 좋을 것이다. 만일 강의시간에 옆 좌석에 앉아 있는 사람에게 대화를 하고 싶다면, 그러한 계통의 강의에 대한 수강경험, 강의자, 강의와 장래의 취업계획 등에 관한 주제들로 이야기를 꺼내는 것이 좋을 것이다.

어떤 대화주제를 갖고서 대화를 계속하는 한 가지 방법은 대화주제와 관련 있는 다른 주제들로 이동시키는 것이다. 예컨대, 어떤 강의에 대한 대화는 다른 강의들과 강의자들에 관한 이야기나 질문으로, 그리고 장래의 직업계획에 대한 이야기나 질문으로 연결되어서 이동될 수 있다.

대화를 계속하기 위한 다른 방법은 개인적 정보를 제공하는 것이다. 대화 중에 상대방의 질문에 대하여 단답형의 대답을 하는 것은 대화의 계속을 막기 쉽다. 예컨대, "당신은 이 강의에 대해 어떤 것을 들은 바 있습니까?"라는 질문에 대해, "아니요"나 "예"라고 간단하게 대답하고 말거나, 다른 질문들에 대해, "모르겠는데요," "별로요" 등의 식으로 대화를 자르는 식으로 응답하게 되면, 상대방은 대화에 관심이 없거나 자기를 싫어한다고 생각하고서 더 이상의 대화를 원치 않게 되고 대화는 종료되고 만다. 이러한 방식 대신에, 주제에 대한 자신의 경험이나 느낌을 상세하게 기술하는 것은 대화를 더 재미있고 활발하게끔 만들 수 있다. 하지만, 상대방의 질문에 대해 개인적 정보를 너무 장황하고 길게 제시하면, 대화에 대한 독점이 생기게 되고, 상대방은 이야기를 오랫 동안 듣게 되는 데에서 생기는 지루함과 상대방이 너무 말이 많다거나 수다쟁이라는 부정적 인상을 갖게 될 수 있다.

대화를 계속 진행하기 위해서 상대방에게 질문을 행하는 것이 하나의 우수한 방법이다. 질문하기는 상대방에게 자신이 말하는 내용과 아울러 자기 자신에 대해 질문자가 관심을 두고 있다고 느끼게끔 만듦으로써 대화를 계속할 동기를 유발시킨다. 결국, 질문을 행하지 못하는 것은 상대방에게 관심을 두지 않거나, 자기중심성에서 벗어나지 못함을 의미한다. 성공적 대화는 양방향적인 것이며, 이것은 대화자들이 서로 질문을 행하고 정보를 제공하는 것을 의미한다.

질문의 유형들이 있으며, 이것들은 응답자에게 상이한 정보를 제공하게끔 만든다. 개방형(open-ended) 질문들은 응답자에게 단답형이 아니라 자유서술형으로 응답하게끔 만드는 질문들로서, 응답자는 자신이 갖고 있는 개인적 경험과 정보를 자유롭게 제시할 수 있다(예: "당신의 직업계획은 무엇입니까?"). 초점형(focused) 질문들은 자유서술형이 아니라, 특정의 주제에 한정된 질문을 제시하는 것이다(예: "당신은 어떤 동기에서 교직과정을 이수하기로 결정했습니까?"). 초점형 질문보다 더 세부적인 질문들은 특수형(specific) 질문들을 이룬다. 이것은 주제에 관련된 부가적 세부사항들, 특수한 예들 및 특수한 인상들에 관해 묻는 것이다(예: "당신이 부산을 떠난 것은 언제였나요?"). 대부분의 사람들이 질문에 대해 즐겁고 감사하게 생각하며, 소수의 사람들이 질문에 대해 기분 나빠하거나 분개한다. 질문들이 너무 캐어묻는 것이거나, 부적절하게 개인적인 것들에 관한 것이 아니라면, 대화와 아울러 관계는 질문들의 사용에 의해 향상될 수 있다.

타인들과 관계를 맺기

사람들이 서로 상호작용한 후에, 그들은 앞으로 더 가까운 관계를 이룩할 것인지를 선택할 수 있다. 개인적 관계들에서, 이러한 선택의 바탕은 타인에 대해서 갖는 매력과 호감의 정서들이다. 타인에 대한 호감(liking)은 두 개의 차원을 갖고 있다.[16] 애정(affection)은 타인이 개인적으로 당신과 상대하는 방식에 기초되며 온정성과 가까움의 느낌이다. 존경(respect)은 타인의 창찬할 만한 특징들이나 행위들에 기초되며 더 냉정하고 거리가 있는 느낌이다.

사람들이 타인에 대해 매력과 호감을 느끼는 이유들에 관해 많은 연구가 실시되어 왔다. 우선적으로 개인적 특징들이 호감을 결정짓는다. 성실한 성격, 온정적 성격, 유능성 및 신체매력이 타인에 대한 호감에 영향을 준다. 개인적 요인들 이외에도 아래의 몇 가지 요인이 호감에 영향을 준다.

근접성과 친숙성

사람들이 함께 어울려지내고 관계를 맺기 위해서는 생태학적으로 손쉽게 접근하고 상호작용할 수 있어야만 되며, 이것은 물리적 근접성에 의해 충족된다. 물리적 근접성에 의해 사람들이 서로 만나고 상대하게 되면, 서로 좋아지거나 싫어지게 될 수 있다. 하지만, 물리적 근접성에 의해서 싫어지는 것보다 좋아지는 것이 훨씬 더 우세하다. 연구들은 아파트건물 내에서 이웃집들간의 물리적 거리에 비례해서 사교관계가 결정되며 옆 자리에 배치받은 훈련생을 가장 친한 친구로 삼으며, 심지어 결혼자들도 물리적으로 가까운 거리에 거주한다는 것을 증명했다.

근접성과 밀접하게 연관된 요인은 친숙성이다. 사람들은 자주 접촉하거나 만날수록 타인에 대해 더 많은 호감을 갖는다. 이러한 현상을 단순접촉효과(mere exposure effect)라고 한다.[17] 사람들이 실제의 인물들이나 사진들을 더 자주 보았을수록 호감이 증가되었다는 것이 실험적으로 증명되었으며, 이러한 현상은 인물들뿐만 아니라, 건축물, 예술품, 노래, 도시, 꽃들에 대한 호감도에서 나타난다. 하지만, 시초에 매우 부정적 인상을 주는 인물들(예: 죄수복 차림의 인물)이나 갈등되는 관계나 성격을 가진 사람에 대한 빈번한 접촉은 호감을 증가시키지 않는다. 또한, 결혼부부들의 경우에, 결혼한지 오래된 부부들에서 나타나는 권태기의 현상은 친숙성효과의 한계를 나타내 주며, 이마 친숙성효과를 최대로 일으키는 접촉수준이 있을 것이다.

유 사 성

"유유상종"이라는 말과 같이, 서로 유사한 사람들이 서로 좋아하고 함께 지내는 반면에, 차이 있는 사람들이 신선하고 재미있고 따라서 긍정적일 수 있다. 하지만, 연구들은 유사성이 비유사성보다 매력의 강력한 예측요인이라는 것을 증명해 왔으며, 비유사한 사람들은 서로 거절할 수 있다.[18]

태도, 가치, 종교, 흥미, 지능, 연령, 출신 학교나 지역 등의 유사성들이 호감을 증가시킨다. 특히, 태도들과 가치들의 유사성은 우리 자신이 옳다는 것을 의미하고, 우리를 지지해 주는 것으로 해석된다. 유사성들이 사람들이 서로 호감을 갖고 결속하게끔 만드는 반면에, 차이들은 사람들 사이의 상호작용을 막아서 그들을 단절시키고 적대시하게끔 만들 수 있다.

상 보 성

사람들은 자신이 갖고 있지 않은 어떤 특성들을 갖고 있는 사람에게 매력을 가질 수 있다. 이것은 유사성효과에 어긋나는 현상이다. 일반적으로, 상보성효과는 행동이나 욕구의 영역들에서 일어난다. 만일 한 사람이 사교적이고 농담을 잘하고, 다른 사람이 조용하고 듣기를 좋아한다면, 두 사람은 모두 자기들의 욕구를 충족시킬 수 있고, 따라서 서로 만족하고 원만한 관계를 가질 수 있다. 행동과 관련해서, 역할의 상보성이 중요하다. 손과 발이 척척 맞는 관계들은 직업이나 스포츠 분야들에서 쉽게 찾아질 수 있다. 이러한 사람들은 서로 부족한 것을 보완해주는 관계들이다. 또한 남자는 돈을 벌어오고 여자는 집안살림을 하는 상호보완적 관계들은 전통적 가치를 가진 부부들에서 만족을 주는 관계가 될 수 있다.

상 호 성

상호성(reciprocity) 또는 호감의 상호성은 사람들이 자신을 좋아하는 사람을 좋아하는 현상이다. 사람들은 "눈에는 눈, 이에는 이" 식으로 호감과 오감을 되갚으려는 강력한 경향이 있다. 우리가 호감을 받고 칭찬을 받을 때에 우리는 이러한 행동들을 상대방에게 되돌려 주려는 경향이 있다. 우리가 적대감을 받고 비난을 받을 때에도 마찬가지이다. 거의 모든 사람들이 타인으로부터의 긍정적 평가를 좋아하고 부정적 평가를 싫어한다. 비록 긍정적 평가가 부정확하거나, 과장된 것이거나, 분명한 아부일지라도 우리는 이것을 받는 것을 좋아한다. 사람들은 심지어 긍정적이거나 부정적 평가들이 어떤 다른 사람들이나 사물들에 대한 것이라도, 그것들에 대해 긍정적이거나 부정적으로 반응한다. 예컨대, 어떤 사람이 타인들이나 세상일들에 대해 긍정적으로 평가하는 것을 목격할 때, 우리는 그 사람이 온정성 있는 사람이고 마음씨가 착한 사람이라고 간주하는 경향이 있다. 또한 사람들은 오감을 받기보다 호감을 받는다고 믿는 사람에게 더 많은 눈마주침을 갖고, 더 다정한 어조로 말하고, 자기 자신을 더 많이 개방한다.

매력과 호감의 요인들은 관계의 개시, 유지 및 향상에 기여한다. 매력과 호감은 어떤 신비한 힘들에 의해 생기지는 않으며, 몇 개의 결정요인에 의해 강력하게 예측될 수 있다.

관계의 향상

앞 절에서, 우리는 매력과 호감을 결정짓는 요인들을 살펴보았다. 매력과 호감이 관계의 발전과 질에 대해 매우 중요하므로, 우리는 이들 요인을 잘 검토해서 관계를 향상시키기 위해 활용할 수 있는 방법들을 강구할 수 있다. 이러한 요인들을 고려하는 것 이외에도, 관계향상을 위해 도움이 되는 기본적 태도들과 행동들을 검토하고 실행하는 것이 필요할 것이다.

현실적 기대를 갖고 충족시키기

관계들에서, 사람들은 상대방과 상대방의 역할들에 대해 어떤 기대들을 갖고 있다. 예컨대, 아내는 남편에 대해서 퇴근 후에 바로 귀가하고, 가끔 가족들에게 외식을 시켜 주고, 술을 과음하지 않고, 처가집 식구들에 대해 배려해 주기를 기대한다. 남편도 아내에 대해서 이와 비슷한 기대들을 갖고 있다. 하지만, 인간은 완전한 동물이 못된다. 자신의 인품과 역할에서 완전한 사람은 거의 없다. 따라서, 우리는 상대방의 마음에 들지 않거나 기대에 못미치는 행동에 대해 관용하고 인내할 수 있어야만 원만하고 화목한 관계를 유지할 수 있다.

현실적 기대들은 관계당사자들에 의해 인식되고 있지만 실현되지 않는 경우들이 많다. 예컨대, 아내들의 남편들에 대한 잔소리는 남편들 자신이 인식하지 못하거나, 알고 있지 않은 것들은 아니다. 대개, 기대들이 실천되지 않는 데에서 문제가 생긴다. 기대들의 실현을 위해서, 관계당사자들은 기본적 예절이나 에티켓을 중시하고 지킬 필요가 있다. 옛말에 "친한 친구 사이에서도 예절을 지켜라"는 말이 있다. 예절을 통해서 관계에 대한 기본적 기대들을 실현시키고, 그로 인해서 인간적 정과 존중이 육성될 수 있다.

만일에 관계들에서 기대들이 충족되지 않을 경우에는 기대들을 명확하게 전달하고 합의하는 것이 필요할 것이다. 이를 위해서 솔직한 의사전달이 도움이 될 것이며, 어떤 경우들에서는 상호의 기대들에 관한 서면상의 합의적 계약이 적절할 것이다. 기대들을 논의하고 합의하는 것이 기대들이 어느 때에 이루어질 것이라고 막연하게 기다리는 것보다 개인들과 아울러 관계에 대해 더 유익할 것이며, 결혼치료나 부부관계치료에서도 적극적으로 권고되고 있다.

민감성과 협조자세를 갖기

민감성(sensitivity)은 타인들의 지각들과 관점들에 대한 인식이나 센스를 갖고 있는 것이다. 이것은 기본적으로 타인들에 대한 주의와 관심에서 생긴다. 자녀에 대한 관심이 많은 부모들은 자녀의 신체적 · 심리적 고통들을 재빨리 인식하고 고통을 위로해 주고 해소시켜 줄 수 있다. 학생들의 학습상태에 대해 민감한 선생들은 학생들이 모르거나 의문을 갖고 있는 학습문제들을 쪽집게식으로 잘 이해시키고 고쳐 줄 수 있다. 친구들과 애인에 대해 민감한 사람들은 원만하고 다정한 관계를 이룩하고 오랫 동안 유지시킬 수 있다.

민감성과 더불어, 사람들이 상대방과 공동목표를 향해 긍정적으로 일해 나가는 것이 중요하다. 협조적인 사람들은 파트너의 부족함이나 필요를 잘 보완해서 과업들을 성공시키거나 완수할 수 있다. 그럼으로써 관계들은 더욱 돈독해지고 상생적으로 될 수 있다.

자기주장성

양보가 미덕이고 자기주장은 좋지 못하다는 일반적 인식이 있다. 물론, 갈등시에 자기를 내세우지 않고 상대방에게 양보하는 것이 갈등을 신속하게 해결하는 첩경이 될 수 있다. 하지만, 건전한 관계들에서는 자신의 합법적 권리를 유지시키고 자신의 사고와 감정을 비위협적으로 표현하는 것, 즉 자기주장성에 의해 큰 도움을 받을 수 있다. 주장성에서는 양보를 하되, 자신의 합법적 권리를 화해적으로 제시하는 것을 강조한다. 어떤 사람이 수동적으로 되어서 자신의 사고와 감정을 표현하지 못하게 되면, 그 사람은 상대방의 지배를 받게 되어서 상대방이 하자는 대로 행동하게 된다. 이렇게 되면, 그 사람은 자신의 욕구를 충족시키지 못하고 좌절과 분개의 상태에 있게 된다. 관계에 대해 어느 한 사람의 좌절과 분개가 결코 도움이 되지 못하므로, 주장성의 부족은 결국 관계에 대해 해가 된다.

예컨대, 남편이 친구들과 어울려서 매일 밤에 술을 마시고 만취되어서 자정이 지나서 귀가한다고 하자. 이런 경우에, "참는 것이 아내의 덕이다"라고 생각해서 자신과 가족들에 대한 고통을 계속 감수하는 것은 너무 희생이 크고 바람직스럽지 않다. 아내가 남편의 늦은 귀가로 인해서 자신과 나머지 가족들이 고통을 겪고 있다는 사실을 남편에게 알리고 그러한 습관을 고치도록 건설적으로 제의하는 것이 관계를 위해 더욱 바람직스러울 것이다. 주장성에서 강조되어야 될 점은 자기주장이 자신의 심신상태에 대한 진솔한 진술이고 공격적인 말로 자기를 내세우는 것이 아니라는 것이다.

지 원 성

가장 이상적인 관계들은 관계의 파트너들이 서로 도움을 받는 관계들이며, 이것은 실제적 도움이나 지원에 의해 이루어진다. 친구들이 어려울 때에 서로 돕고, 선생이 학생들의 학업적 성취를 위해 헌신적으로 돕고, 부부가 성심으로 서로 도우며 열심히 살아가는 것은 관계의 파트너들에 대해 상호 감사하는 돈독한 관계를 이루는 지름길이다. 상대방에 대한 도움은 과업적 측면과 정서적 측면으로 구분될 수 있는데, 정서적 측면의 도움도 과업적 측면의 도움과 마찬가지로 중요하다. 정서적 측면에서 도움이 되는 두 가지 기본적 방법이 있다.

첫째로, 고통을 당하는 사람들은 정서적으로 불안하고 비참함을 느낀다. 이들에 대해서는 정서적 위안이 매우 중요하고, 이것은 고통에 대한 관심과 걱정을 표현함으로써 충족될 수 있다. 마치 어린 아이가 넘어져서 울고 있을 때에 어머니가 달려와서 안아주고 다친 곳을 물을 경우에 아이가 크게 안심하고 위안을 받듯이, 고통을 당한 사람에 대해 관심과 걱정을 표현하는 것이 그와 비슷한 효과를 갖는다.

두 번째 방법은, 감수성 있게 이야기를 들어 주는 것이다. 고통을 당한 사람들은 자신의 고통에 대해 이야기하고 싶은 강한 욕구를 갖고 있다. 이들에 대해 감수성 있게 그리고 고통과 슬픔에 대해 공감적으로 들어 주는 것이 큰 위안이 될 수 있다.

온정과 애정의 표현

건전한 관계들은 온정과 애정의 긍정적 정서들이 많이 있다. 이들 정서는 다른 정보들처럼 언어적으로나 비언어적으로 전달되며, 따라서 이것들의 표현이 중요하다. 우리의 동양문화에서 그리고 특히 남성들에서, 정서표현들은 다소 억제적 경향이 있다. 전통적으로, 불안, 슬픔, 온정, 애정 등의 정서들의 자연스러운 표현들은 경박한 행동으로 금기시되어 왔다. 과거의 대가족사회에서는 심지어 부부만의 분리된 공간도 부족하고 다른 가족들이 가까이 있는 상황에서 애정표현이 매우 제약되었다.

온정과 애정의 표현은 “사랑해, 당신을 정말로 사랑해”라는 유행가의 가사처럼 언어적으로 직접 표현될 수 있다. 언어적 표현보다 비언어적 표현들이 더 많이 사용되고, 따라서 더 중요할 수 있다. 어린 자녀가 놀랐거나 다쳤을 때에 부모는 아이를 끌어안고, 토닥거려 주고 입맞추기를 행한다. 애인들과 부부들도 이러한 애정표현을 보편적으로 사용하며, 관계들의 발전과 유지에서 매우 중요하다.

온정과 애정의 표현에 있어서 비언어적인 신체적 표현들에서의 사회규범들에 대해 유의해야만 된다. 상황에 따라 그러한 표현들은 온정과 애정이 아니라, 성추행이나 성폭력으로 해석될 수도 있다. 예컨대, 국회의원, 사장, 상사 등이 여직원에 대해 상황에 적절치 못한 행동들로 사회적 물의를 일으키거나 고소당하는 일을 흔히 볼 수 있다.

온정과 애정의 표현과 관련해서, 행하기가 매우 곤란하지만 매우 가치 있을 수 있는 것은 용서이다. 용서는 타인의 부정적 행위로 인해 피해를 입은 경우에서 일어난다. 피해를 입었을 경우에, 사람들은 보복하고 도로 고통을 입히려는 강한 동기를 갖는다. 하지만, 그 결과로 소중하고 가치 있을 수 있는 관계들이 깨어져 버리고 두 사람은 평생을 소원하거나 적대적 관계 속에서 살아가기 쉽다. 여기에서, 하나의 중요한 갈등이 존재한다. 이것은 계속 소원하고 적대적 관계를 지속할 것인지, 아니면 과거의 부정적 행동을 너그러이 수용하고 관계를 원만하게끔 회복시킬 것인지에 관한 선택이다.

용서의 선택에 있어서, 몇 가지 기준이나 가치를 고려할 수 있다. 인도주의적이거나 종교적 가치들에서, 용서는 모든 사람에 대해 무조건적으로 이루어지는 것이 강조된다. 대자대비하신 부처님이나 예수님처럼 인류애를 강조하는 종교가들은 인간의 비완전성을 고려해서 타인들에 대한 무조건적 용서를 권고할 것이다. 그러나 일반사람들은 그러한 도덕적 수준에 이르지 못하고 그런 식의 용서를 행하기가 곤란하다. 한 가지 인간적 기준으로서, 상대방의 입장에서 문제를 보는 것이 권고될 수 있다. 이러한 입장은 피해를 당한 일에 대해 "나는 완전하며, 가해자처럼 행동할 가능성이 없는가?"라는 질문을 스스로 제기하는 것이다. 이러한 질문에 대해 부정적으로 답변할 수 있다면, 우리는 가해자에 대한 인간적 수용과 용서를 선택할 수 있을 것이다.

협상기술을 익히기

관계에 관여된 사람들이 심리적이거나 행동적으로 서로 차이가 있으므로, 갈등은 관계들에서 불가피한 것이다. 따라서, 관계의 원만성과 화목은 거의 전적으로 갈등의 건설적이거나 파괴적인 해결에 달려 있다. 여기에서, 건설적이거나 파괴적인 해결은 갈등의 당사자들에 대해 문제를 유익하게 해결하는 정도를 일컫는다. 사람들은 갈등의 해결에 있어서 피차 도움이나 이익이 되게끔 만드는 데에 있어서 차이가 있다. 이것에 관련된 중요한 요인은 갈등해결에 있어서 자기주장을 내세우거나 이기려는 태도와 양보하고 관계를 위해 모두가 도움이 되려는 태도이다. 사람들은 서로 약간 양보해서 관계를 원만하게끔 만드는 것보다 자기주장을 내세우고 갈등협상에서 이기려는 태도를 더 강하게 갖고 있다. 따라서, 피차의 이러한 경향들의 결과는 갈등의 파괴적 해결로서, 그 결과는 관계에 대한 불만족과 관계의 파탄이다.

관계에서 고충과 불만과 같은 갈등들에 당면하는 것은 당사자들에 대해 당황스럽고 고통스러운 것이다. 그 결과로, 사람들은 당면한 갈등을 직면해서 해결하기보다 회피하고 덮어두려고 드는 경향이 있다.[19] 이러한 경향은 사람들의 비주장성, 대결의 두려움 및 어떤 대가를 치르고서라도 평화를 유지시키려는 소망에서 비롯된다. 갈등을 회피하고 덮어두는 전략은 관계 당사자들에 대해 몇 가지 나쁜 결과를 제공한다. 갈등의 괴로움을 참고 억제하는 것은 사람들에게 많은 스트레스를 주고, 건강을 해치고, 자기존중감을 해치고, 관계의 질이나 만족에 대해 나쁜 영향을 준다. 갈등을 회피하고 덮어두는 전략은 갈등이 증폭되어 폭발할 때에 관계에 대해 회복하기 어려운 큰 손상을 입힐 수 있다.

갈등의 회피와 덮어두기 전략의 반대인, 공격적 갈등관리스타일도 또한 마찬가지로 관계에 대해 해를 끼친다. 공격적 갈등관리스타일에서 공격적 행동 후에 의사소통의 단절이 일어나기 쉽고, 이것은 갈등을 건설적으로 해결할 기회를 빼앗는다. 더욱이, 공격적 스타일을 가진 사람들은 모든 이슈들에 대해 상대방을 지배하고 통제하려고 들며, 사용가능한 어떤 갈등확대적 방법들이라도 사용하려고 든다. 이러한 사람들은 모든 갈등을 경쟁이나 싸움으로 전환시키고 겉으로는 승리할 수도 있겠지만, 그 결과로 관계는 망치게 되거나 상실될 수 있다. 장기적 관계들에서 공격적 스타일은 특히 위험스럽다.

갈등의 건설적 관리에 대해 매우 유익한 것은 갈등을 당사자들에게 부과된 문제를 협력해서 해결하는 상황으로서 접근하는 것이다. 이것은 어떤 이슈를 다루기로 결정하고, 시간과 장소를 정하고, 솔직한 의사소통을 사용하고, 강압적이고 장황한 진술을 피하고, "나"진술과 적극적 듣기를 사용하는 것을 포함한다. 문제해결은 문제의 정의, 해결책의 제시, 해결책의 평가, 선택 및 실행과 결과평가의 단계들로 진행된다. 해결책을 제시하는 단계와 평가하는 단계에서 당사자들은 비위협적이고 수용적이며, 변화가능하고 잠정적인 제안을 하는 것이 요구되며, 이러한 방법을 협력(collaboration)이라고 한다.[20] 이것은 당사자들이 어떤 것을 포기하면서 이익-손해(win-lose)로 결말짓는 것을 의미하는 타협(compromise)과는 차이가 있다. 협력은 공동 목표들이 달성되고 모두가 이익을 얻거나 승리하는 것이다. 갈등에 대해 특히 도움이 되는 것은 당사자들이 갈등을 하나의 배우고 성장하는 인생의 기회로서 보는 것이다.

곤란한 사람들을 효과적으로 상대하기

일상적으로 상대하거나 함께 잘 지내기가 매우 어려운 사람들이 있다. 이러한 사람들은 싸우려고 드는 적의적 고객들, 성질을 부리는 동료직원들, 뒤에서 괴롭히는 소극적-공격적인 상사들, 사소한 일로 문제를 삼는 이웃들을 포함하며, 심지어 가족들을 포함할 수도 있다. 어떤 사람이 곤란한 사람에 속한다고 판단하기 이전에, 당신의 판단이 올바른지를 먼저 고려하라. 어떤 사람들은 매우 내향적이어서 말이 없고, 따라서 상대하기 곤란할 수 있다. 그러나 이들에 대해 곤란한 사람들이라고 단순하게 명명하는 것은 비현실적인 것이다. 이들은 단지 성격적 선호상에서 당신과 차이 있을 뿐이며, 성격적 문제를 갖고 있지 않을 수도 있다.

어떤 사람이 곤란한 사람에 속하는 것이 분명하다면, 몇 가지 전략이 도움이 될 수 있다.

첫째로, 회피전략이 이러한 사람에 대해 최선의 해결책이 될 수 있다. 당신은 그 사람과 상대하는 시간을 가능한 한 줄임으로써 불쾌한 상호작용의 기회를 줄일 수 있다.

둘째로, 인지적 전략이 도움이 될 수도 있다. 당신은 곤란한 사람에 대한 자신의 사고나 생각을 변화시킬 수 있다. "그러한 사람이 결코 당신을 좌지우지할 수 없다"거나 "그러한 사람은 단지 성질이 급한 사람이고 나의 하루를 망치지는 않는다"라고 긍정적 사고를 갖도록 한다. 이러한 사고의 변화가 실제의 현실을 바꿀 수 있다. 인지적 전략의 다른 한 기법은 곤란한 사람의 행동 원인을 달리 해석하는 것이다. 사람들은 타인의 행동을 목격하고 그 행동의 원인을 개인의 내부의 성격이나 노력이나 외부의 상황이나 운의 탓으로 돌린다. 이를 내부-외부귀인차원이라고 한다.

그런데 사람들은 타인의 행동을 내부적으로 일어났다고 강하게 믿는 경향이 있으며, 이를 기본적 귀인오류라고 한다.[21] 우리가 어떤 사람을 곤란한 사람이라고 명명하는 것은 기본적 귀인오류의 탓일 수도 있다. 우리는 그러한 사람들이 처한 곤란한 상황이나 여건을 생각하거나 고려하지 못하고서, 성급하게 그들을 본래 곤란한 사람이라고 간주해 버릴 수도 있다. 따라서, 우리는 타인의 행동의 원인이나 동기에 관해서 섣불리 비약하지 않도록 조심해야만 된다. 곤란한 사람으로 여겨지는 상대방에 대해 참을성 있고, 한 번 이상의 기회를 제공하고, 공감적으로 되는 것이 필요하다.

곤란한 사람들에 대해 효과적일 수 있는 또다른 전략은 행동이나 반응을 변화시키는 것이다. 예컨대, 어떤 상사가 당신을 비난하는 잔소리를 계속해서 괴로움을 겪는다면, 그 사람에 대해 당신의 행동방식을 변화시켜 볼 수 있다. 그 사람에 대해 칭찬해 주고, 잔소리에 대해 하나의 충고로서 감사를 표한다면, 그 사람의 행동이 크게 달라질 수도 있을 것이다. 행동적 전략으로서, 가장 권고할 만한 것은 주장성을 사용하는 것이다. 이것은 상대방의 행동이 당신 자신에 대해 어떻게 영향을 주는지를 "나"진술을 사용해서 알려 주거나 주장하는 것이다. 곤란한 사람들은 자신의 행동이 상대방에게 어떻게 영향을 주는지를 고려하지 않을 수 있으므로, 주장성에 의한 이러한 정보전달이 그들의 행동변화에 대해 효과적일 수 있다.

요 약

우리 인간은 관계적 동물이다. 우리는 관계들에서 성공하거나 실패할 수 있으며, 이것은 우리의 인생에 대해 큰 영향을 준다.

우리는 타인에 대해 순간적으로 인상을 형성할 수 있으며, 때로는 이러한 첫인상이 개인의 장래와 관계들에 결정적 영향을 줄 수 있다. 인상은 개인의 매력성, 유사성 및 비언어적 단서들이나 행동들과 같은 개인요인들, 근접성과 친숙성과 아울러 상황에 대한 유쾌하거나 불쾌한 경험과 같은 상황요인들 및 판단자의 인지적 도식들과 세상에 대한 가정과 같은 판단자요인들에 의해 영향받는다.

우리가 타인에 대해 형성하는 인상들은 타인에 관한 정보처리의 결과라고 간주될 수 있다. 이러한 정보처리에 있어서, 정보들의 영향력이나 비중에 영향을 주는 요인들이 있다. 이것들은 초두성, 최신성, 부정적 정보편향, 특이성, 관련성, 대비효과, 점화, 귀인과 같은 많은 요인들을 포함한다.

사람들은 자기에 대한 이미지들이나 인상을 관리하기 위해 몇 가지 방법을 사용하며, 이것들은 아첨, 자기선전, 위협, 모범 및 탄원의 행동들을 포함한다.

건전한 관계들과 불건전한 관계들이 구분될 수 있으며, 이것들 사이를 구분짓는 특징들은 진실성과 신뢰성, 온정성과 공감성, 즐거움과 활력, 자기개방, 상호적 관심 및 공동적 피해가 없음이다.

우리는 다양한 관계들을 갖고 있다. 관계들은 상호의존의 수준에서 차이가 있으며, 이것은 일방적 인식, 표면적 접촉, 상호성의 수준들로 구분될 수 있다. 상호성의 수준들은 큰 범위를 가지며, 가끔 만나거나 상대하는 아는이들로부터 친구들, 애인들, 가족들, 동료들과 같은 가까운 관계들의 범위에 걸친다. 단순하게 아는 많은 사람들이 있으며, 이들은 우리의 정서적 느낌들과 삶의 가치들에 대해 큰 영향을 줄 수 있다.

친구관계는 빈번한 만남과 상호작용을 통해 형성되고, 지리적 근접성, 유사성, 긍정적 상호작용, 동반과 공동활동의 요인들에 영향을 받아서 발전된다. 친구관계의 중요성은 연령에 따라 변화한다. 집 밖에서의 활동이 크게 증가하는 청소년들에 대해 친구들의 영향은 점증한다. 개인적 친구관계들은 가까운 애정관계들이 형성될 때에 중요성이 감소된다. 친구관계들에서 작은 성차들이 발견된다. 남자들은 여자들보다 더 활동적이고, 여자들은 남자들보다 관계와 정서에 관한 대화를 더 많이 행하는 경향이 있다. 남자들은 여자들보다 자신의 감정을 언어적으로 표현하거나 드러내보이는 경향이 더 적다.

타인들과의 상호작용을 개시하는 데에 있어서 내향성과 외향성과 같은 개인요인들이 영향을 줄 수 있다. 개인요인 이외에도, 상호작용의 개시에 관련된 태도들과 행동들이 영향을 줄 수 있다. 이것들은 열린 마음자세, 아량, 수용 및 존중의 태도, 타인들에게 접근하고 대화하기를 포함한다.

타인들과 가까운 관계를 맺는 데에 있어서, 성격특징들과 신체매력과 같은 개인요인들이 영향을 준다. 그 밖에, 호감에 영향을 주는 변인들은 근접성과 친숙성, 유사성, 상보성 및 상호성을 포함한다.

관계의 향상을 위해 가까운 관계의 결정요인들을 고려하는 것 이외에도 관계향상에 도움이 되는 몇 가지 기본적 태도들과 행동들을 고려하고 실행하는 것이 필요할 것이다. 이것들은 현실적 기대를 갖고 충족시키기, 민감성과 협조자세를 갖기, 자기주장성, 지원성, 온정과 애정의 표현, 협상기술을 익히기 및 곤란한 사람들을 효과적으로 상대하기를 포함한다.

제 6 장

친밀한 관계의 발전

우리의 인생에 있어서 다양한 관계들이 긍정적이고 건전할 때에, 우리의 인생은 좀더 평안하고 희망에 차 있고 행복하다. 우리가 맺는 여러 관계들 중에서 우리의 일상적 개인생활과 밀접하게 관련되어 있고, 따라서 우리의 인생의 만족과 행복, 그리고 심지어 성공에 대해서 지대한 영향을 주는 부부관계는 우리의 우선적 관심을 받을 만한 주제이다. 이성간의 밀접한 관계의 최종적 형태가 결혼이지만, 결혼은 결혼 전의 남녀 간의 만남, 상호작용 그리고 이것들로부터 생기는 애정과 친밀성에 의해 이룩되고 영향받는다. 따라서, 우리는 이성과의 밀접한 관계를 논의하기 위해서, 데이트하기, 배우자선택이나 결혼결정, 결혼생활의 주제들을 취급할 필요가 있다.

이성교제: 데이트

인간사회의 기본 단위는 가족이며, 가족은 기본적으로 젊은 남녀의 결합에서 시작된다. 따라서, 거의 모든 사회는 배우자들이 결합되고 가족이 출발되는 체제나 문화를 갖고 있다. 전통적 문화들에서, 결혼은 엄격한 사회규범에 따랐으며 춘향선의 춘향과 이노령이나 로미오와 줄리엣과 같은 당사자들이 주도하는 자유분방한 연예나 결혼은 거의 없었거나 소설적 이야기들에 속하는 것이었다. 전통적 사회에서, 결혼은 사회계층, 가문 및 전체 가족을 유지시키고 발전시키는 하나의 기본 제도에 속했다. 하지만, 현대의 발전된 국가들, 특히 자본주의와 개인주의가 우세한 국가들에서 젊은 남녀들은 서로 자유롭게 만나고 사랑하고 동거하고 결혼한다. 그러나 우리나라와 같은 전통주의가 뿌리 깊게 남아 있는 국가들에서 결혼은 연애(또는 데이트하기)와 중매의 두 가지 패턴이 혼재하고 있다. 예컨대, 우리나라의 결혼형태에 관한 통계치들은 중매결혼과 연애결혼이 1982년에는 59%와 39%이었고, 1987년에는 50%와 44%이었다.[1] 이러한 통계치들에서, 비록 연애결혼의 비율이 증가되고 있을지라도, 더 큰 비율이 아직도 중매결혼에 의해 이루어지고 있음을 알 수 있다. 그럼에도 불구하고, 중매결혼에서도 젊은 남녀는 비록 부모, 친척 등에 의해 소개되었다고 하더라도, 그들의 요구나 지시에 의해 배우자를 선택하는 것이 아니라, 당사자들의 만남과 동의가 대개 포함되고 있다는 점에서 순수한 형태의 중매결혼은 매우 적을 것이다. 즉, 대부분의 중매결혼형태에서도 중매 플러스 연애의 과정들이 포함되어 있다고 간주될 수 있다. 이러한 점에서, 우리는 남녀의 데이트하기의 주제를 다소 더 상세하게 취급할 필요가 있을 것이다.

오늘날, 데이트의 주제는 사람들의 생활스타일이 변화됨에 따라 점점 더 복잡해지고 있다. 우리는 데이트가 혼기에 접어든 젊은 남녀들에서 주로 이루어지는 것으로 여기기 쉽다. 하지만, 데이트는 이들에게 한정되어 있지는 않다. 절반 정도의 남녀들이 이미 고등학교 시기에 데이트를 행하고, 생존기간의 연장으로 점증하는 과부들과 홀아비들이 데이트하며, 심지어 70대의 노인들도 데이트를 행한다. 사람들이 데이트를 통해 어떤 친밀하거나 가까운 관계를 형성하기 때문에, 데이트는 대부분의 사람들에 대해 인생의 어느 기간에서 의미 있는 역할을 행한다. 데이트는 남녀가 서로 이해하고, 배우자로서의 적절성을 평가하고, 마침내 배우자를 결정하는 배우자선택의 기능을 해 준다. 이 밖에도, 데이트는 남녀들이 여가와 사교 활동을 행하는 레크레이션, 서로 가치, 행동, 성역할, 사교기술들을 배우는 학습이나 사회화, 인정과 배려를 받고 싶은 자아욕구들의 충족, 데이트상대의 사회적 지위에 부수되는 개인의 사회적 지위의 상승이나 획득 등의 여러 기능들을 제공해 준다.

데이트는 사람들이 서로 이해하고 적응하는 과정으로서 비교적 장기적 과정으로 일련의 단계들을 거친다. 교제기간의 측면에서 1년이나 2년의 기간이 서로를 이해하고 적응할 수 있는 적절한 기간이라는 주장들이 있다. 그러나 사람들에 따라 이 기간은 5년 이상과 같이 더 길거나 몇 개월과 같이 더 짧을 수도 있다. 일반적으로, 미국과 같은 서구 제국들에서 데이트는 일련의 단계들로 진행되는 것으로 개념화되고 있다.[2] 그것은 다음의 단계들로 구분된다.

- 많은 사람들과의 우연적인 레크레이션적 데이트
- 소수의 사람들과의 다수의 데이트
- 한 사람과의 단독 데이트(going steady)
- 기념반지와 같은 결혼에 대한 비공식적 약속
- 동거 또는 약혼
- 최종 결혼약속
- 결혼

위와 같은 서구적인 데이트과정이나 단계들은 문화에 따라 큰 차이를 보일 수 있으므로, 보편적인 데이트과정이라고 간주될 수는 없을 것이다. 예컨대, 우리나라와 같이 전통적인 성역할 개념들을 가진 나라들에서 어떤 여자가 많은 남자들과의 우연적인 레크레이션적 데이트를 갖는 것에 대해 사람들이 부정적 태도를 갖게 되기 쉽다. 아마 서구적인 자유롭고 개방적인 사교제도를 갖지 못한 우리나라와 같은 문화들에서는 한 사람과의 단독 데이트에서 시작할 것이다. 또한 서구에서 유행하고 있는 동거의 단계나 패턴도 우리나라에서 지배적인 패턴이 되지 못하고 있다. 또한 요즈음 우리나라에서 약혼이나 최종의 결혼약속의 단계들도 사회적 편의에 따라 생략되고 있는 추세이다.

연구자들은 우연수준의 데이트하는 이들에서 의사소통과 관계지속의사 또는 몰입(commitment)의 부족의 관계문제들을 제시한다는 것을 발견했다.[3] 오늘날 미국을 비롯한 여러 나라의 젊은이들 사이에서 성적 친밀성에 대한 강조가 증가되고 있으며, 이것은 관계의 다른 중요한 측면들에 대한 등한시를 낳는 것 같다. 사람들이 장기적으로 지속되는 관계를 갖기 위해서, 그들 사이의 사회적 조화성, 공통적 흥미들의 발전, 상대방과 자신에 대한 지식의 증가가 필수적이다. 만일 이른 성적 관여나 활동이 관계를 위해 필요하고 중요한 영역들을 지배해 버린다면, 그러한 활동이 관계의 발전에 대해 역작용을 행할 수 있다.

흔히, 데이트하는 남녀들은 데이트 당시에 그들이 갖고 있는 관계문제들이 그들의 성공적 결혼의 가능성을 방해한다는 것을 깨닫지 못한다. 예컨대, 연구자들은 혼전 갈등의 높은 수준이 낮은 결혼만족을 예측한다는 것을 발견한다.[4] 데이트 동안에 만족스러운 방식으로 관계문제들을 해결하는 것은 지속적인 친밀한 관계가 이룩되는 것을 돕는 문제해결의 훌륭한 연습이 되어 준다.

데이트관계에서의 성패 정도는 차후의 결혼생활에서의 성패와 직결되는 경향이 있다. 연구들은 데이트 남녀들에 대한 관계향상과 의사소통기술에 관한 훈련이 그들의 관계문제의 발생을 예방하고 결혼관계로 이동하는 것을 돕는다는 것을 발견한다.[5]

데이트관계에서, 남녀들이 관계의 핵심으로서 가장 중시하는 것은 사랑이다. 또한 남녀들이 서로 친밀성을 발전시키는 것이 관계의 장기적 발전과 유지에 대해 관건이 된다. 이하에서, 우리는 이들 주제, 즉 사랑과 친밀성을 취급할 것이다.

사 랑

남녀 간의 교제에서 "사랑"이라는 단어가 밀접한 관계의 상태를 기술하는 데에 널리 사용되고 있다. 역사적으로 이러한 현상은 최근의 일이라고 할 수 있다. 비록 춘향전이나 로미오와 줄리엣과 같은 옛날 소설들에서 두 남녀가 서로 사랑하는 관계를 묘사하고 있지만, 옛날에는 두 남녀가 직접 만나서 서로 사랑하는 것이 사회적으로 금기시되어 왔다. 최근에, 남녀의 자유로운 교제가 하나의 인정받는 사회제도로서 확립됨으로써 남녀 간의 사랑이 사람들의 큰 관심을 부여받게 되었다. 오늘날, 남녀교제에서 사랑이 이렇게 중요한 위치를 차지한다는 것을 전제할 때, 중요한 의문이 제기된다. 그것은 바로 "사랑이란 도대체 무엇인가?"이다.

역사 이래로, 남녀 간의 사랑은 소설과 시와 같은 문학작품들, 음악, 미술, 연극 및 영화에서 하나의 주된 주제가 되어 왔다. 그럼에도 불구하고, 사랑의 정의는 문화와 시대 그리고 개인에 따라 상이한 의미를 포함한다. 어떤 사람들은 가슴이 두근대거나 얼굴이 빨개지는 것과 같은 신체적 · 생리적 반응들을 사랑이라고 일컫는다. 어떤 사람들은 이성에 대한 성적 욕망이나 행위를 사랑이라고 한다. 어떤 사람들은 영적이거나 종교적인 의미에서의 두 사람의 일치를 사랑이라고 한다. 어떤 사람들은 꽃과 같은 선물을 주는 것을 사랑이라고 한다. 어떤 사람들은 상대방에 대해 순간적으로 홀딱 반하거나 얼빠진 것과 같은 상태를 사랑이라고 한다. 어떤 사람들은 평생 동안 오래 살아온 배우자에 대한 은근한 배려와 걱정을 사랑이라고 한다. 이와 같은 사랑의 다양한 의미들이나 신비는 사랑에 관한 심리학적 연구와 이론들의 발전을 저해해 왔으며, 대체로 1970년대 이후에 비로소 사랑에 관한 과학적 연구들과 이론들이 나타나기 시작했다.

비록 사랑의 본질과 유형에 관한 과학적 연구들이 최근에 이르러 시작되고 발전되어 왔을지라도, 사랑의 몇 가지 유형들은 고대 그리스인들에서 구분되었다. 그 중에서, 3개의 가장 중요한 것은 에로스(Eros: 육욕적 또는 육체적 사랑), 아가페(agepe: 영적인 사랑) 및 필로스(philos: 형제애 또는 친구애)이다. 에로스는 사랑의 육체적이거나 성적 측면이다. 이것은 큐피드의 화살처럼 타인을 육체적으로 원하고, 필요로 하고, 욕망하는 것이다. 에로스는 우리의 두 다리를 떨리게끔 만들고, 우리의 일상생활을 혼란시키고, 우리를 사랑하는 이에 대한 생각으로 강박되게끔 만드는 사랑의 측면이다. 아가페는 사랑의 이타적이고, 제공하고, 요구함이 없는 측면이다. 이것은 사랑하는 사람의 생활과 성장에 대한 적극적 관심을 나타낸다. 이것은 자식에 대한 부모의 사랑에서 가장 분명하게 보여진다. 이것은 다른 사람에 대한 무조건적 긍정이며, 보살펴 주고, 돕고, 제공하려는 비이기적 사랑이다. 필로스는 깊고 지속적인 친구관계들에서 발견되는 사랑이다. 이것은 또한 이웃을 자신처럼 사랑하라는 기독교적 사랑이다. 이것은 특수한 사람들에 대한 깊은 우정일 수도 있고, 모든 사람들에게 일반화되는 사랑일 수도 있다. 이것은 사회의 인도성이나 박애의 기초이다. 따라서, 이것은 성공적 사회를 이룩하는 데에 있어서 가장 중요한 것이다.

현대의 사랑에 관한 심리학적 연구들은 사람들이 경험하는 사랑경험의 차이들에 초점을 두고 있다. 이러한 접근은 사랑에 관한 몇 개의 유형론을 내놓았다. 사랑에 관한 이들 모형은 사랑에 대한 시각상에서의 차이들을 반영한다.

사랑과 호감

연애연구의 한 선구자는 사랑과 호감이 질적으로 다른 것들인지, 아니면 단일 차원에 속하는지에 관심을 두었다.[6] 만일 사랑과 호감이 단일 차원에 속한다면, 사랑은 단지 호감의 강한 형태라고 간주될 것이다. 만일 두 가지가 상이한 차원의 것들이라면, 사랑과 호감이 일치되지 않을 수 있다. 예컨대, 우리는 좋아하지만 사랑하지 않을 수 있거나, 좋아하지는 않지만 사랑할 수도 있을 것이다. 그의 연구결과는 사랑과 호감이 상이한 성질을 갖는 구별되는 태도들이라는 것을 나타냈다. 예컨대, 대학생들은 자기의 친구를 사랑하는 것보다 연애상대를 훨씬 더 많이 사랑했지만, 자기의 친구를 좋아하는 것보다 연애상대를 약간 더 많이 좋아했다. 이 연구는 비록 사랑과 호감이 서로 관련된 긍정적 경험들일지라도, 질적으로 차이 있는 경험들이라는 것을 나타냈다.

열정애와 동반애

사랑과 호감 사이의 구분보다 더 뚜렷한 구분은 열정애(passionate love)와 동반애(companionate love)이다.[7] 열정애는 격렬한 정서상태로서, 감정들의 혼합 속에서 공존하는 다정하고 성적인 느낌들, 의기양양함과 고통, 불안과 안심, 이타심과 질투심이라고 정의된다. 이와 달리, 동반애는 개인의 생활과 깊게 얽혀 있는 사람에 대해 느끼는 애정이라고 정의된다. 열정애에서는 정서들이 핵심 역할을 하는 반면에, 동반애에서는 신뢰, 염려 및 파트너의 단점들과 특이성들에 대한 관용이 핵심을 이룬다. 동반애에서 정서적 분위기는 더 온건하며, 극단적 열정들보다 따뜻함과 애정이 더 보편적이다. 예쁜 여자에게 홀딱 반해서 흥분상태에 있는 청년과 평생 동안 상대방의 흉과 허물을 수용하고 친구처럼 다정하게 살고 있는 노부부가 각각 열정애와 동반애의 대표적 예가 될 것이다.

열정애에 관한 대표적 설명들에는 흥분명명설과 사고설이 있다. 흥분명명설은 정서에 관한 2요인설에 의지하면서, 열정애가 하나의 정서로서 다른 정서들과 같이 분석될 수 있다고 주장한다.[8] 정서의 2요인설에 의하면, 열정애는 높은 생리적 흥분상태와 그 흥분이 사랑하는 상대에 의해 유발되었다는 믿음(또는 신념)에 의해 인식되게 된다. 예컨대, 우리는 멋있는 어떤 이성을 보고나서 큰 성적 흥분이나 매력을 느끼고, 그 다음에 그 사람을 사랑한다고 인식하거나 판단할 수 있다. 때로는 자신이 상대하는 이성과 관련 없이 생긴 흥분상태가 상대에 대한 열정애의 인식으로 이어질 수 있다. 이러한 현상은 오인식이나 오귀인, 즉 원인을 잘못 인식한 것에 의한 애정인식의 결과이다. 여기에서, 개인은 상대와 관련없는 흥분을 상대에 대한 애정에서 생긴 것이라고 잘못된 해석을 하고 있는 것이다. 예컨대, 매우 높은 곳에 설치되어 있는 흔들리는 다리는 사람들을 매우 겁나게끔 만드는데, 흔들다리를 건넌 남자들이 안정된 다리를 건넌 남자들보다 예쁜 여자에 대해 더 큰 매력을 보였다.

여기에서, 흔들다리를 건넌 남자들은 자신의 흥분상태(불안과 공포)를 관련없는 여자에 의해 느껴진 것으로 잘못되게 해석을 하고, 이것을 바탕으로 그 여자에 대한 사랑을 인식하게 된 것이다. 그 후에 많은 연구들은 개인의 부정적이며 고통스러운 다양한 경험들, 즉 불안과 공포, 당혹감, 불쾌함, 질투, 고독, 분노, 슬픔 등이 이성에 대한 열정애를 증가시킬 수 있다는 증거를 보였다.[9] 심지어, 제자리뛰기나 고정된 운동용 자전거를 타는 것과 같이, 흥분의 성질이 중립적인 신체적 흥분상태라도 이와 비슷한 효과를 낸다. 결론적으로, 흥분의 성질, 즉 부정적이거나, 중립적이거나, 긍정적인(예컨대, 황홀감이나 즐거움) 것에 관계없이, 흥분의 증가는 이성에 대한 열정애를 증가시킨다. 이러한 연구결과들은 생활이 힘들거나 고생하는 사람들이 쉽게 사랑에 빠진다는 일상적 관찰과 매우 일치된다.

이와 달리, 열정애에 관한 사고설은 2요인 정서설보다 더 간단하게 열정애를 설명한다.[10] 이 이론에 의하면, 우리가 어떤 대상에 대해 더 많이 생각할수록 그 대상에 대한 태도가 더 극단화된다. 예컨대, 우리가 더 많이 생각할수록, 원수는 더 미워지고 애인은 더 사랑스럽게 느껴진다. 열정애에 관한 사고설은 열정애의 상사병적이거나 강박적인 성질을 잘 설명할 수 있다. 즉, 상사병적인 열정애는 우리의 사고가 정서(예컨대, 사랑)를 강화시키고, 사랑이 또한 사고를 강화시킴으로써 더 강박적으로 되며, 상대에 대한 정보나 접촉이 없는 상태에서 상대에 대한 이상화시킨 사고가 단기적이거나 비현실적 열정애의 성질을 갖게끔 만들을 것이다.

동반애는 열정애의 강렬하고 정서적이고 성적인 성질에 비해서, 친한 친구들, 연인들 및 부부들에서 존재하는 하나의 애정형태이다. 이것의 핵심 특징은 친밀성(intimacy) 또는 친근함이나 가까움이다. 동반애는 열정애에 비해서 덜 강렬한 정서이지만, 더 깊고 더 지속적인 성질을 갖고 있다. 동반애는 정서와 행동상으로 몇 가지 특징을 갖고 있다. 동반애는 높은 자기개방이나 자기공개의 특징을 갖고 있다. 동반애가 높은 친한 사람들은 서로 자신에 관한 사실이나 감정을 털어 놓으려고 든다. 그들은 자신의 가장 당혹스러운 경험이나 부끄러운 점들, 마음 속에 품고 있는 꿈과 야망, 심지어 자신의 성생활에 관한 사실을 털어 놓는다. 친밀한 사람들은 또한 서로 세심하게 마음을 쓴다. 따라서, 그들은 상대방과의 관계상태에 따라 다양한 정서들을 강하게 느낄 수 있으며, 때로는 강한 갈등적 정서들을 함께 경험할 수도 있다. 친밀한 사람들은 또한 서로 신체적으로 근접한 상황에서도 편안하게 느낀다. 그들은 서로 눈을 마주치고, 기대고, 가까이 서고, 상대방의 몸에 손을 댄다.

애착스타일들

사람들이 중요한 타인과 상대하는 특징적 양식으로서 애착스타일들(attachment styles)에 대해 관심을 두는 연구자들이 있다. 어린 아동이 자기 부모에 대해 보이는 애착스타일들이 있으며, 이것들은 부모에 대해 안심하고 접근하는 안심애착, 부모에 대해 안심하지 못하고 심지어 회피하는 회피애착, 안심애착과 회피애착을 모두 보이는 양가감정애착으로 구분된다. 아동의 부모, 특히 어머니에 대한 애착을 바탕으로 성인의 애착에 관한 이론이 제시되었는데, 이것은 성인들이 보이는 애정관계들이 유아의 애착스타일들과 몇 가지 측면에서 유사하다고 가정한다. 성인의 애정경험들은 아동의 자기 부모에 대한 애착유형들과 마찬가지로, 안심, 회피, 불안-양가감정의 유형들로 분류될 수 있다. 아동들의 비율과 비슷하게, 성인들의 약 60%가 안심애착유형이고, 약 25%가 회피애착유형이며, 약 10%가 불안-양가감정애착유형이다.[12] 하지만, 성인들과 아동들 사이에 애착에서 차이가 있다. 성인들의 애착은 대개 상호적이며, 대개 비슷한 연령의 사람들 사이에서 형성되고, 흔히 성적 매력을 포함한다. 하나의 중요한 생각은 아동이 어렸을 때에 부모에 대해 갖는 애정관계들이 그들의 성인기의 애정관계들에 대해 영향을 줄 수 있다는 것이다. 예컨대, 안심애착된 아동은 성인기에서도 애정상대에 대해 안심애착스타일을 보이고 만족스럽고 장기적인 관계를 형성한다. 회피적 아동은 친밀함을 두려워하고 타인들을 불신하는 성인이 된다. 불안-양가감정형의 아동은 이들 두 스타일의 중간형태로서, 애정을 추구하기는 하지만 거절을 두려워하게 된다. 따라서, 이들은 불안정하고 변덕스러운 애정형태를 보이게 된다. 애착스타일들이 성인들의 애정관계의 질에 대해 영향을 준다는 증거가 점증하고 있다.

사랑의 성분들

이성 간의 애정이나 애정관계를 열정애와 동반애로서 구분짓는 것이 너무 단순하고, 따라서 충분치 못하다는 주장이 있다. 사랑의 삼각형이라고 하는 이 이론은 사랑이 친밀성(intimacy), 열정(passion) 및 의사결정-몰입(decision-commitment)의 세 개의 성분으로 구성되어 있다고 가정한다.[13]

친밀성요소는 사랑의 정서적 요소로서 호감, 가까움, 정, 유대감 및 편안함의 느낌들로 구성되어 있다. 열정요소는 사랑의 동기적 요소로서 열정, 신체적 매력, 성적 흥분 및 호감의 충동들로 구성되어 있다. 성적 욕구, 자존심욕구, 지배욕구 등이 이 요소에 기여할 수 있다. 마지막으로, 의사결정이나 몰입요소는 사랑의 인지적 요소로서, 관계의 단기적 및 장기적 유지의 측면을 일컫는다. 단기적으로, 개인은 어떤 사람을 사랑하기로 결정할 수 있다. 장기적으로, 개인은 자신의 애정관계를 유지시키기 위한 몰입이나 개입의 조치를 취할 수 있다(예: 약혼, 사랑의 고백, 사랑의 약속). 흔히 사랑의 의사결정이 몰입에 선행된다.

사랑의 3개의 요소들의 조합은 8개 종류의 사랑을 낳을 것이다(도 6-1 참조). 이것은 사랑이 전혀 없음으로부터 완전한 사랑의 범위에 이를 것이다.

도 6-1 사랑의 삼각형

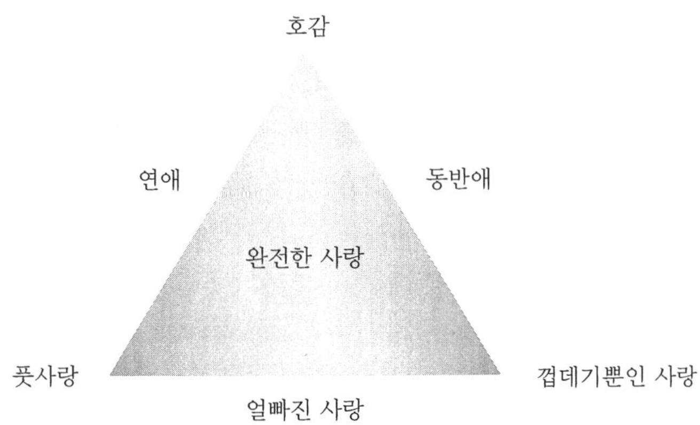

호감(liking)

열정과 몰입이 없이, 친밀성만 있는 것이다(예: 단순한 친구관계).

풋사랑(infatuated love)

친밀성과 몰입이 없이, 열정만 있는 것이다. 관계유지에 대한 고려가 없다(예: 첫눈에 반하는 사랑, 상사병식의 사랑).

껍데기뿐인 사랑(empty love)

열정과 친밀성이 없이, 몰입이나 관계유지의 의사만 있는 관계이다(예: 무미건조하거나, 외양만 있거나, 부부의 역할만을 수행하는 부부관계).

연애(romantic love)

몰입이나 관계유지의 의사가 없이, 열정과 친밀성이 있는 사랑이다(예: 단순한 연애감정에 빠진 남녀로서, 이들은 상황이 나빠지면 헤어지기 쉽다).

동반애(companionate love)

열정이 없이, 친밀성과 몰입이 있는 사랑이다(예: 열정이 없는 장기적 결혼생활).

얼빠진 사랑(fatuous love)

친밀성이 없이, 열정과 몰입이 있는 사랑이다(예: 서로를 잘 알지 못하지만, 첫눈에 반해서 관계를 지속하거나 결혼하는 것).

완전한 사랑(consummate love)

사랑의 3요소를 모든 갖춘 사랑이다(예: 성인의 장기적인 원만한 애정관계 또는 부모와 자식 간의 애정관계).

애정 없음(nonlove)

3요소가 없이, 우연적으로 상대하거나 사무적인 관계들

위에서 제시된 8개의 대표적 애정유형들 이외에도, 사랑의 3요소의 각각의 강도와 균형의 정도에 따라 다양한 형태의 애정이 묘사될 수 있다. 이 이론은 다양한 형태의 사랑을 종합하려는 한 시도로서, 연구들에 의해 지지받고 있다.

사랑의 색깔들

사랑의 성분이론처럼, 사랑의 색깔이론은 사랑을 호감과 사랑이나, 열정애와 동반애로 구분짓는 것을 넘어서고 있다. 이 이론은 사랑이 그림물감의 색깔들로 간주될 수 있다고 가정한다. 이 이론은 고대로부터 내려오는 문학작품들에서의 사랑에 대한 묘사들을 기초로 해서, 사랑이 삼원색과 비슷하게, 3개의 일차적 유형들을 갖고 있다고 보았다. 3개의 일차적 유형들의 조합에 의해서 3개의 이차적 유형들이 생길 수 있으며, 삼원색의 조합에서처럼 그 밖에 다양한 사랑유형들이 생길 수 있다. 사랑의 일차적 유형들과 이차적 유형들은 다음과 같이 6개로 분류될 수 있다.

사랑의 일차유형들

- 열정애(eros): 강하고 정서적이고 열정적인 사랑이다.
- 게임애(ludus): 관계를 일종의 게임으로서 보는 장난치는 식의 사랑이다.
- 친구애(storge): 우정과 동반성의 특징이 있다.

사랑의 이차유형들

- 미혹애(mania): 불안과 흥분이 높은 홀린 것과 비슷한 강박적이고 요구적인 사랑이다.
- 이타애(agape): 자기보다 상대방을 우선시하는 이기심 없는 사랑이다.
- 실용애(pragma): 사랑과 관계의 저변에 실제적 관심이 깔려 있다. 사회적으로 인정받는 적합한 기준들에 합치되는 파트너를 구하려고 한다.

일반적으로, 이 이론에 의해 제시된 6개 유형들은 연구들에 의해 지지받고 있다. 연구들은 데이트관계의 파트너들이 사랑의 유형들상에서 서로 유사하며, 열정애와 이타애가 관계만족에 대해 정적 상관이 있고, 게임애가 관계만족에 대해 부적 상관이 있다는 것을 나타냈다.

위에서 제시된 사랑에 관한 5가지 접근들을 살펴볼 때, 우리는 다소 혼돈된 생각을 갖기 쉽다. 여러 이론들은 사랑을 2유형, 3유형, 6유형 및 8유형으로 구분짓는 데에 더해서, 그 내용에 있어서도 차이가 있다. 이러한 문제를 해결하기 위해, 사랑의 요인들이나 유형들에 관한 이론적 제안들을 종합적으로 평가해 보려는 시도들이 있어 왔으며, 이것들 중에서 한 국내연구는 다음과 같은 6개의 사랑의 요인들을 제시했다. 그것들은 아래와 같으며, 독자는 이 요인들과 앞에서 제시된 사랑의 유형들이나 요소들을 비교해서 음미해 주기 바란다.

① 열정성
② 친밀성
③ 갈등과 양가감정성
④ 일치성
⑤ 친구성
⑥ 실용성

배우자의 결정

미혼 남녀가 직접 만나서 자유롭게 교제해 왔건 부모나 친지의 소개로 서로 알게 되었건 간에, 그들은 궁극적으로 사회적으로 인정받는 관계를 위해 상대방을 배우자로서 결정하고 마침내 결혼하게 된다. 여기에서, 우리는 배우자를 고르거나 결정하는 데에 관련된 몇 가지 주제들을 취급하고자 한다. 그것들은 배우자 선택의 사회구조적 요인들, 결혼상대에 대해 원하는 특징들 및 중매결혼과 연애결혼의 특징들을 포함한다.

결혼상대의 만남의 사회구조적 요인들

남녀의 교제와 배우자 결정의 전체 과정에 대해 관련 있는 많은 사회구조적 변인들이 있다. 그것들은 파트너들의 성별, 연령, 지역, 가문, 학력, 사회계층, 직업, 종교, 인종 등의 변인들을 포함한다. 이러한 사회구조적 변인들은 사람들의 생활에 대해 매우 중요하고 따라서 큰 영향을 주며, 그 중의 하나가 배우자선택이다. 대표적 사회구조적 변인들로서 파트너들의 연령과 직업을 간략하게 살펴보자. 1960년과 1970년에 남녀 간의 초혼연령의 차이가 3.8세였지만, 1998년에는 2.8세로서 1세 정도 줄어들었고, 최근에는 그 차이가 더 줄어들었을 것으로 추정된다. 그 결과로, 최근에는 남녀가 동일한 연령이거나, 심지어 여자가 남자보다 약간 더 나이가 많은 연상의 여자와의 결혼이 사회적으로 인정받는 시대가 되고 있다. 직업 면에서, 여자들의 취업이 점점 증가되고 결혼을 위해 유리한 조건으로 되고 있다. 그리하여, 맞벌이가정들이 늘어나고, 자녀양육문제로 인한 출산감소와 자녀돌봄의 커다란 사회문제들이 제기되고 있다.

사회구조적 변인들은 누가 누구와 결혼해야 되는가에 관한 사회규범들을 결정짓는다. 예컨대, 사람들은 자기의 배우자의 조건으로서, 특정 수준의 연령, 학력, 직업 등을 마음 속으로 정하고 있다. 배우자선택에 관한 사회규범들의 결과로, 인구적 차원상에서 미혼 남녀들은 자신과 결혼가능한 사람들의 전체 숫자를 갖게 된다. 이러한 결혼적격자수(pools of eligibles)는 사람들이 배우자를 만나고 선택할 수 있는 전체적 기회에 대해 큰 영향을 준다. 남녀에 대한 결혼적격자수를 결정짓는 여러 요인들이 있으며(예: 성별, 연령, 사회계층, 지리적 근접성), 가장 중요한 2개의 변인은 결혼상대자수의 부족과 결혼경사이다.

결혼상대자수의 부족(marriage squeeze)

사회적 수준에서, 사람들이 결혼을 원하더라도 결혼상대가 부족할 수 있다. 이것은 특정 연령범주의 인구수의 변동에 주로 기인된다. 예컨대, 큰 전쟁 후에 출산이 증가되는 일반적 추세가 있는데, 이러한 출산증가와 여자들이 남자들보다 2~3세 연령이 낮아야 된다는 사회규범이 결합되어서, 인구증가의 시기에 출산된 여자들은 결혼상대로서 적절한 결혼가능한 남자들의 숫자의 부족에 당면하고, 그 결과로 결혼할 기회가 제약받게 될 것이다. 이러한 현상은 대도시 인구 중에서 30세 이상의 여자들의 숫자가 남자들의 숫자들보다 더 클 때에도 일어나게 된다. 미혼인 노처녀들은 적령인 남자들의 숫자의 부족으로 결혼하지 못할 수 있다. 학력의 측면에서, 고학력 여성들은 적격의 고학력 남성들이 대부분 결혼했기 때문에 결혼상대의 부족으로 결혼하지 못할 수 있다. 예컨대, 박사학위를 가진 대학교수인 여자들은 비슷한 사회적 지위를 가진 결혼상대의 부족으로 결혼을 하지 못하고서 평생 혼자 살아야만 되는 처지에 당면할 수 있다.

결혼경사(marriage gradient)

적격한 결혼상대자수에 직접 영향을 주는 요인들로서, 상향과 하향의 결혼규범들, 즉 결혼경사나 기울기가 있다. 대부분의 사회에서, 여자들은 자신과 동등하거나 더 높은 사회경제적 지위를 가진 남자와 결혼할 것을 기대받는다. 예컨대, 미국에서 대졸 이상의 학력을 가진 여자들의 33%가 자기보다 더 낮은 학력을 가진 남자와 결혼한 반면에, 대졸 이상의 학력을 가진 남자들의 50%가 자기보다 더 낮은 학력을 가진 여자와 결혼했다.

사회적 지위에 있어서, 자기보다 더 높은 상대와 결혼하는 경향을 상향결혼(hypergamy)이라고 하고, 자기보다 더 낮은 상대와 결혼하는 경향을 하향결혼(hypogamy)이라고 한다. 대부분의 문화들에서 여자들은 상향결혼을 행하고, 남자들은 하향결혼을 행한다. 이에 따라, 사회적으로 상위의 남자들은 하위의 남자들보다 더 큰 적격한 결혼상대자수를 갖고 결혼상대로서 유리한 이점을 즐기게 된다. 이와 반대로, 사회적으로 하위의 남자들은 적격한 결혼상대자수의 큰 부족으로 인해서 결혼할 가능성이 매우 적게 되고 결혼불가능이라는 불리한 위치에 처하게 된다. 우리나라에서, 농촌 총각들과 도시의 하위의 사회계층의 남자들이 적격한 결혼상대자수의 큰 부족 때문에 결혼을 하지 못해서 애를 태우고 있다. 그들의 부모는 자식을 키워서 결혼시키고 독립시켜야만 되는 부모로서의 도리를 다하지 못함을 한탄하고 자책하고, 본인들은 사회적으로 부적응한 자신들의 모습에 실망하고 희망을 잃고, 심지어 자살까지 행하게 된다. 우리나라에서 사회적으로 하위계층에 속하는 남자들은 할 수 없이, 우리보다 못살고 있는 동남아를 비롯한 여러 나라의 신부들을 맞이해서 결혼생활을 하지만, 언어와 문화 차이로 인해서 매우 어려운 결혼생활을 하고 있다. 우리나라 농촌 총각들의 결혼의 약 1/3이 외국인 신부들과 결혼을 행하고 있고, 이것은 국제화시대라는 문화간 혼합을 낳고, 한국인의 정체성과 아울러 사회의 여러 측면에서 큰 문제를 낳고 있으며, 앞으로도 계속될 전망이다.

결혼상대에 대해 원하는 특징들

혼인은 "인륜지대사(人倫之大事)"라고 불리울 정도로 결혼당사자들뿐만 아니라 가족들에 대해서 매우 중요한 일이다. 따라서, 배우자선택에 관련된 사람들은 장차의 남편과 아내로서 훌륭한 자질을 세심하게 따져 보게 된다. 예컨대, 사람들은 후보 배우자들에 대해, 외모, 학력, 직업이나 사회적 지위, 재산, 종교 등의 측면에서 얼마나 훌륭하거나 어울리는지를 마음 속으로나 공공연하게 평가한다.

결혼상대의 자격으로서 원하는 특징들의 문화적 보편성과 차이

대부분의 문화와 사회에서 남녀들은 배우자에 대해 많은 동일한 특징들을 원한다. 37개 국가의 10,000명 이상의 남녀들에 대해 배우자후보에 대해 가치를 두는 18개의 특징들이 연구되었다.[16] 전세계의 남녀들에서 배우자후보의 특징들로서 평정된 18개의 특징들 중에서 중요한 것으로 평정된 10개의 특징들을 남녀 각각에 대해 순위별로 제시하면 다음과 같다.

남자들	여자들
① 상호 매력(사랑)	① 상호 매력(사랑)
② 신뢰성 있는 성품	② 신뢰성 있는 성품
③ 정서적 안정성과 성숙성	③ 정서적 안정성과 성숙성
④ 재미있는 성격	④ 재미있는 성격
⑤ 건강함	⑤ 교육과 지능
⑥ 교육과 지능	⑥ 사교성
⑦ 사교성	⑦ 건강함
⑧ 가정과 자녀를 원함	⑧ 가정과 자녀를 원함
⑨ 세련됨, 말쑥함	⑨ 야망과 근면성
⑩ 외모	⑩ 세련됨, 말쑥함

위에서 보이는 바와 같이, 전세계의 남녀들에서 가장 중시되는 특징들은 상호 매력과 사랑, 신뢰성, 정서적 안정성과 성숙성, 재미있는 성격, 건강함, 교육과 지능, 사교성 등이었다. 상위의 네 번째 순위까지는 남녀가 동일했으며, 그 밖의 특징들은 한 개나 두 개의 순위의 차이로 남녀가 거의 비슷한 순위를 보였다.

한편, 문화비교이론가들은 상이한 문화, 국가 및 인종의 사람들이 배우자나 이성상대에 대해 매우 상이한 특징들을 원한다고 시사한다. 예컨대, 순결성(즉, 성경험이 없음)의 특징에 대해, 중국, 인도, 인도네시아, 이란 및 태국의 사람들은 상당히 중시하는 반면에, 필란드, 프랑스, 노르웨이, 네덜란드, 스웨덴 및 독일의 사람들은 비교적 중시하지 않는다.[17]

배우자선택의 선호 특징들에 대한 문화요인과 성별요인의 상대적 영향이 또한 검토되었다. 전체적으로, 배우자 선호특징들을 결정짓는 데에 있어서 문화요인(14%)이 성별요인(2%)보다 더 중요했다. 하지만, 소수의 특징들(예: 외모, 경제적 장래성)에 대해서는 문화요인(8~17%)보다 성별요인(40~45%)이 훨씬 더 중요했다. 연구자는 이러한 결과들을 바탕으로, 배우자선택의 선호들에 있어서 문화차이의 관점이 진화적 관점(즉, 생물학적 성차를 강조하는 관점)보다 더 강력하다고 결론지었다.

결혼상대의 자격으로서 원하는 특징들의 성차와 이론들

배우자선택의 선호들에 관한 연구들은 선호들상에서의 남녀차이에 대해 많은 관심을 두어 왔다. 이러한 성차를 설명하는 2개의 주요 이론들은 사회생물학적 이론들과 사회적 학습이론이다.

사회생물학적 이론

사회생물학자들은 남녀가 배우자에 대해 원하는 특징들에서 몇 가지 문화적 보편성이 있다고 결론지어 왔으며, 이러한 보편성은 사람들이 인간으로서 공통적 유전자들을 진화시켜 왔다는 것으로 설명되고 있다. 한편, 진화과정 속에서 남자와 여자는 유전적으로 서로 다르게 프로그램되어 왔고, 따라서 배우자에 대해 상이한 특징들을 원하게 되었다고 가정되었다.[18] 이 이론에 의하면, 양성에 대해 자신의 유전자들을 최대로 전달하기 위해서 가능한 한 많은 자녀와 후손을 갖는 것이 진화적으로 유리하다. 하지만, 남자와 여자는 자식의 생존을 보장하기 위해 요구되는 투자의 양에 있어서 차이가 있다. 유전자의 전달에 있어서, 남자는 한 자식에게 작은 에너지만을 투자할 필요가 있다. 예컨대, 남자는 순간적인 성교에 의해서도 자신의 유전자를 전달할 수 있다. 이와는 달리, 여자는 자식의 생존을 위해 상당히 많이 투자한다. 여자는 자식의 생존을 위해서 장기간 임신하고, 수유하고, 양육하는 커다란 노력이 요구된다. 따라서, 여자는 성파트너와 배우자선택에 있어서 까다롭게 고르는 것이 유리하다.

진화심리학자들은 전세계의 남녀가 배우자에 대해 약간 상이한 특징들을 원한다는 것을 지지하는 상당한 증거를 수집해 왔다. 전술된 연구에서, 양성이 동일한 특징들을 원한다는 것이 분명했다.[19] 하지만, 그 연구는 또한 양성이 중시하는 특징들상에서 약간 차이가 있다는 것을 발견했다. 남자는 여자의 생식능력(reproductive capacity)을 신호해 주는 특징들을 더 중시하는 것 같다. 예컨대, 남자들은 자신보다 2~3년 더 젊은 여자를 선호했고, 여자들보다 젊음을 상징할 수 있는 외모를 더 중시했고, 몇몇 문화들에서는 여자들보다 순결성을 더 중시했다. 이와는 달리, 여자들은 남자들보다 자원획득(resource acquisition), 즉 임신과 육아 동안에 자신과 자식을 부양하기 위해 필요한 자원들을 신호하는 단서들을 더 중시하는 것 같다. 예컨대, 여자들은 자신보다 3~4세 더 나이가 많은 남자를 선호했고, 남자들보다 사회적 지위, 경제적 전망, 직업적 야망성과 근면성을 더 중시했다. 아마 여자들이 남자들의 큰 키와 체격을 선호하는 것도 이와 관련되어 있을 것이다.

사회적 학습이론

많은 학자들이 성관계와 배우자선택에 있어서의 선호요인들상의 성차들을 설명하기 위해, 유전적 부호들의 차이보다도 남자와 여자가 경험하는 상이한 사회화들과 사회적 기회들에 초점을 두어 왔다. 사회적 학습이론가들은 모든 문화에서 사람들의 선택이 이익과 손실의 고려에 의해 형성된다고 주장한다. 전통적인 남성지배의 사회에서, 여자들은 사회적, 경제적 및 교육적 수단들이나 자원들이 부족하다. 따라서, 여자들은 할 수 없이 자원획득을 위해서 후보 파트너의 능력과 아울러 자신과의 관계에서 그것들을 투자할 의사에 대해 초점을 두어 왔다. 사회생물학자들과는 달리, 사회적 학습이론가들은 사회적 조건들의 변화에 따라 성파트너와 배우자에 대한 남자들과 여자들의 선호가 점점 더 비슷해진다고 예언한다. 그것들은 우연적인 성관계가 더 안전하게 되는 것, 피임기법들이 더 효과적으로 되는 것, 여성의 사회경제적 지위의 향상 등을 포함한다.

사회적 학습이론가들의 주장을 지지하는 다소의 증거가 있다. 또한 시대와 장소에 따라 남자와 여자가 매우 상이한 사회적 현실들에 대해 쉽게 적응해 왔으며, 그 결과로 연애와 성파트너에 대한 그들의 선호가 급격하게 변화해 왔다는 증거가 또한 있다.[20] 연구자들은 또한 여성이 독립성을 가진 사회들에서, 성파트너를 선택함에 있어서 실제성보다 성적 매력에 대해 더 많은 초점을 둔다는 것을 발견해 왔다.

진화심리학자들은 성차들이 어느 정도 유전적으로 결정될 수 있다는 생각에서 옳을 수도 있다. 즉, 유전이 어느 정도로 성차를 만들 수도 있다. 하지만, 남자와 여자는 항상 사회적 상황에 대해 적응력 있어 왔으며, 많은 성차들이 사회변화의 추세에 의해 사라질 수 있다.

한국인이 결혼상대에 대해 원하는 특징들

한국인의 배우자선택의 선호들을 직접 이해하기 위해, 이전 연구들을 검토해서 235개의 긍정적 및 부정적 특징들을 수집해서 대학생들에게 배우자로서의 바람직스러움을 평정시킨 연구가 있다.[21] 이 연구에서 전체 대학생들이 가장 바람직스러운 것으로 평정한 특징들 중의 상위 10개는 아래와 같다.

① 서로 사랑함
② 서로 좋아함
③ 대화가 통함
④ 상대의 부모에게 잘 대함
⑤ 성격(인간성)이 좋음
⑥ 서로 이해가능함
⑦ 성품이 따뜻함
⑧ 서로 존경(존중)할 수 있음
⑨ 건강함
⑩ 공통의 관심사가 있음

남녀대학생들의 비교에서, 대체로 5위까지의 특징들은 남녀가 동일했다. 그러나 여자들은 남자들보다 결혼상대의 경제적 능력(예: 장래성 있음, 직업이 있음, 경제적 능력이 있음, 성실함)과 일반적 능력(예: 건강함, 능력 있음, 자신감 있음)을 더 중시했다. 이와 달리, 남자들은 여자들보다 일반적으로 여성적 성품을 더 중시하는 것 같았다(예: 긍정적 사고를 가짐, 도덕적임, 상대방을 배려함, 사려성 있음, 친절하고 이해성 있음, 상냥함, 착함, 마음이 넓음).

또한 여자들은 남자들보다 긍정적 특징들에 대해 더 높은 바람직스러움의 평정치들을 부여한 반면에, 부정적 특징들에 대해 더 낮은 바람직스러움의 평정치들을 부여했다. 즉, 여자들은 남자들보다 결혼상대의 특징들에 대해 더 민감하거나 극단적 반응을 보였다.

전술한 남녀 간의 차이들은 결혼상대의 특징들에 대한 통계분석의 하나인 요인분석의 결과들에서도 나타났다. 남자들은 여자들보다 신체매력, 검소함, 예술성의 여성적 특징 요인들에 대해 더 높은 비중을 두었다. 이와 달리, 여자들은 남자들보다 자원, 부정적 성품, 개성 없음, 유사성 없음, 사교성 및 미래 대비능력 요인들, 즉 자원과 능력 요인들에 대해 더 높은 비중을 두었다. 그 밖에 긍정적 성품, 개인적 착실성, 부정적 자기중심성, 상호 매력의 요인들상에서, 남녀 간의 요인점수들상에서 차이가 없었다.

남녀의 성별 이외에, 개인요인과 사회적 요인이 결혼상대에 대해 원하는 특징들의 수준에 대해 영향을 준다.[22] 하나의 개인요인으로서, 사람들이 자신이 결혼상대의 긍정적 특징들상에서 더 높다고 지각할수록, 그러한 특징들상에서 더 높은 배우자를 원했다. 즉, 사람들은 자기 자신의 특성들과 유사한 수준의 특성들을 가진 배우자를 원했다. 특히, 대학생들은 자원, 성품, 신체매력, 개성, 개인적 착실성 및 예술성에서 자기 자신과 유사한 배우자를 원했다. 사회적 요인으로서, 사람들은 자기의 부모와 친구들의 기대수준이 높을수록, 더 높은 수준의 배우자를 원했다. 특히, 자원, 개인적 착실성, 신체매력 및 검소함에서 부모와 친구들의 기대수준(규범적 기대수준이라고 일컬음)이 높을수록, 더 높은 수준의 배우자를 원했다.

결혼의 결정과 준비

모든 사람이 결혼을 해야만 되는가? 그리고 결혼은 반드시 사랑하는 상대와 해야만 되는가? 반드시 그렇지는 않다. 모든 사람이 결혼하는 것도 아니고, 중매결혼에서처럼 모든 사람이 사랑하는 상대와 결혼하는 것도 아니다. 결국, 이러한 결정들은 개인적 선택사항이다. 개인적 선택사항임에도 불구하고, 대부분의 사람들이 자기 자신이 결혼할 것이라고 가정하고 있고 실제로 결혼율은 매우 높다. 우리나라의 경우에 1980년대 이전까지만 해도 99% 이상의 사람들이 결혼했으며 구미 제국들에서도 결혼율은 계속 높다. 예컨대, 미국인들의 결혼율은 90%를 넘고 있다.[23]

오늘날, 사회변화로 인해서 결혼연령이 늦어지고, 결혼하지 않거나 결혼하지 못하는 사람들이 증가되고 있는 추세이다. 이러한 측면에서, 결혼이라는 것이 반드시 해야만 되는 것이라는 것도 다소 잘못된 것이라고 할 수 있다. 하지만, 당신이 만일 결혼하기로 선택한다면, 결혼에 대해 철저하게 준비함으로써 잘못된 결혼으로 인한 불행과 이혼이라는 장기적으로 엄청나게 큰 고통을 주는 결과들을 피할 수 있다. 결혼은 히말라야산과 같이 거대한 산을 등반하는 것에 비유될 수 있다. 자연이 제공해 준 높고 멋진 산을 두 사람이 함께 즐겁고 행복하게 오를 수 있는 것은 아마 많은 사람들이 간절히 원하는 것일 것이다. 하지만, 만일 당신들 둘이서 준비를 게을리한다면, 즐거움과 행복은 고통과 불행으로 바뀔 가능성이 매우 높은 것이다. 히말라야산을 등반하는 데에 있어서 뒷동산에 오르듯이 눈과 폭풍을 피할 수 있고 잠을 자고 먹을 수 있는 장비들과 식량들 그리고 사전 훈련이 없이 임한다면, 당신들은 거의 틀림없이 재난을 당하고 목숨을 잃게 될 것이다.

만일 행복한 결혼이 히말라야산을 오르는 것과 같이 매우 험난한 하나의 모험이라면, 우리는 사전에 충분하게 대비해야만 될 것이다. 그렇다면, 우리는 어떻게 준비해야만 되는가? 간단하게 한 마디로 어떻게 대비해야만 되는가에 대해 답변할 수는 없다. 역으로 질문해서, 만일 당신이 히말라야산을 등반하기로 결정했다면, 당신은 어떻게 준비를 해야 되겠는가? 그것은 유경험자를 찾아서 상의하고, 필요한 준비사항들의 목록을 작성하고 준비하는 것을 포함할 것이다. 아마 등반에 관련된 서적을 읽고, 등반에 필요한 기초체력을 단련하고, 실제의 등반과 비슷한 상황을 찾아서 여러 번의 훈련을 반복하는 것이 필요할 것이다. 여기에서 저자는 당신이 결혼하는 데에 필요한 모든 준비사항을 제시하지는 못한다. 단지 중요한 몇 가지 사항을 지적해서 당신의 점검목록의 작성을 돕고자 한다. 준비사항들에 관해 더 구체적으로 검토하기 위해서, 다음 절에서 취급하는 결혼성공의 주제하에서 제시된 여러 정보를 검토해 주기 바란다.

의학적 측면에서, 결혼에 대한 하나의 준비로서 두 사람의 신체검사가 권고되고 있고, 그 가치는 대부분의 사람들이 인정하고 있다. 결혼이 두 사람의 생물학적 결합이고, 따라서 생물학적이거나 신체적 측면에서 이상이나 문제가 발견된다면, 미리 고치고 대비할 필요가 있을 것이다. 예컨대, 장래의 배우자들이 어떤 유전병을 지니고 있다면, 그 병을 치료함은 물론, 자녀에 대한 영향이나 발병에 대해 대비해야만 될 것이다.

여기에서, 우리의 주된 관심사는 결혼의 관계적 측면이다. 따라서 관계의 성공에 관련된 몇 가지 측면을 지적하고자 한다.

첫째로, 파트너들은 둘 사이의 의사소통이 잘 이루어지는지를 따져 보아야만 된다. 인간관계의 핵심과정은 의사소통이다. 만일 의사소통이 원활하고 기분좋게 진행된다면, 그 관계는 성공할 가능성이 매우 높다. 서로 대화가 잘되는 부부는 대개 서로를 잘 이해하고 수용할 수 있고, 따라서 서로 상대하는 동안에 마음이 편하고 좌절이 적다. “편안하게 대화할 수 있는 사람들”은 친구처럼 친근한 사람들이다. 그리고 친구성은 모든 장기적 관계의 튼튼한 기초이다.

둘째로, 파트너들은 혼전의 갈등해결이 용이하게 그리고 기분좋게 이루어지는지를 따져보아야만 된다. 남녀의 갈등해결의 과정과 결과는 관계에 대해 큰 영향을 주고, 혼전의 갈등패턴은 결혼 후에도 장기적으로 지속된다. 따라서, 혼전의 싸움양상이 결혼 후에 좋게 바뀔 것이라고 기대하는 것은 큰 잘못이다. 결혼생활의 과정 속에서 대부분의 부부들이 갈등에 부딪치고, 갈등의 주제들은 대체로 유사하다. 그럼에도 불구하고, 어떤 부부들은 행복하게 잘 살고, 어떤 부부들은 분노의 고통으로 괴로움을 겪고 항상 불행감을 느끼면서 산다. 이러한 차이는 주로 부부들이 당면한 갈등을 건설적으로 그리고 화해적으로 해결하는가, 아니면 파괴적으로 그리고 전투적으로 해결하는가에 달려 있다. 연구에 의하면, 부부가 자기들의 문제를 토의할 때에 보이는 긍정적 행동들과 부정적 행동들의 비율에 따라, 부부관계의 만족도와 이혼이 결정된다는 것을 보였다. 부부들의 문제토론을 오랫 동안 관찰할 필요도 없이, 단지 몇 분간 만 관찰하더라도, 문제토의시의 행동패턴이 나타나고 이것이 결혼만족과 이혼을 90% 이상으로 예측한다는 것이다.[24]

셋째로, 파트너들은 결혼생활에 지장이 되는 심리적 및 행동적 문제들이 있는지를 따져보아야만 된다. 이상적으로, 결혼생활에 대해 지장을 주는 심각한 심리적 및 행동적 문제가 있는지를 알아보기 위해 심리검사를 받아보아야만 될 것이다. 예컨대, 우울증, 정신분열증, 불안장애들, 반사회적 성격, 경계선적 성격장애를 지닌 사람들은 개인적 적응에서 심각한 문제를 갖고 있고, 그에 따라 관계적 적응에서도 문제를 갖기 쉽다. 이러한 사람들은 조기에 진단되고 치료받지 않으면, 개인생활은 물론 결혼생활에서 장기적으로 큰 문제와 불행에 처하기 쉽다. 또한 패가망신을 일으키는 것으로서 약물중독과 게임이나 놀이중독이 있다. 사교적 수준을 넘어서 습관적으로 매일 음주하는 사람들은 마침내 알코올중독자가 되이시 신체, 특히 뇌의 손상이 일어나고 일상생활에 적응하지 못하고 폐인이 된다. 각종 도박, 경마, 경륜, 화투, 바둑 심지어 춤의 습관적 쾌락에 빠져있는 사람들도 결혼생활을 온전하게 할 수 없다. 얼마 전에 중국에서 이혼의 1/3가량이 게임중독에 기인된다는 보도가 있을 만큼 게임이나 놀이 중독이 만연되어 있고, 이것은 어린이들과 아울러 성인들 모두를 포함한다. 오늘날, 인터넷의 보급으로 많은 사람들이 인터넷게임에 빠져 있고 이것은 완전히 중독수준에 있다. 게임업체들은 돈을 벌기 위해 사람들을 컴퓨터 앞으로 끌어당기는 게임들을 기를 쓰고서 개발하고 여러 이유로 이를 제지할 사회적 조치도 부족한 실정이다. 직업에 너무 몰입되어서 가정생활에 지장을 줄 정도로 일에 빠져있는 상태를 "일중독"이라고 일컫는다. 먹고 사는 데에 도움이 되는 직업에 대해서까지도 중독수준에 이르면 개인생활과 가정생활에 대해 나쁜 해를 끼치는데, 먹고 사는 것과 관련 없거나 방해가 되는 게임이나 노는 일에 중독이 된다면, 그 사람의 개인생활과 가정생활이 제대로 이루어지겠는가?

넷째로, 파트너의 외모보다 성실성에 더 많은 무게를 두어서 결혼상대를 결정해야 된다. 우리 인간은 외모에 의해 타인의 특성들을 판단하는 강력한 경향이 있다. 외모는 우리가 타인에 대해 즉각적으로 얻는 매우 명확한 정보이다. 따라서 우리는 타인의 외모에 의해 큰 영향을 받아서 인상을 형성하고 사람됨을 판단한다. 잘생긴 사람은 못생긴 사람보다 여러 측면에서 "부당하게" 더 긍정적으로 평가받는다. 사람들은 잘생긴 사람들이 많은 긍정적 성질들을 갖고 있다고 가정하고 있다. 그들은 더 잘 적응하고 있고, 성공적이고, 사교적이고, 섹시하고, 흥미있고, 침착하고, 독립적이고, 지배적이라고 간주받는다. 따라서, 잘생긴 사람들은 데이트상대나 배우자로서 높게 평가받는다. 그러나 실제에 있어서 잘생긴 사람들은 사교기술이나 인기도를 제외하고서 긍정적 고정관념들과 합치되지 않는다는 것이 증명되었다.[25] 결론적으로, 외모에 대한 개인적 판단은 정확치 않다.

외모보다 훨씬 더 중요한 특성은 성실성이다. 일상적 용어로서 성실성이라는 단어의 뜻은 매우 많은 의미를 포함하고 있어서 다소 애매하다. 예컨대, 어떤 사람들은 성실성을 열심히 일하는 것에 국한해서 사용할 수도 있다. 하지만, 성실성이라는 개념을 심리학적으로 책임감, 참을성, 침착성과 안정성, 지적임 및 부드럽고 고집이 없는 특성들을 포함하는 하나의 복합적 성질을 지닌 개념이다. 이것은 인간의 주요 성격특성의 차원들 중에서, 친밀성, 양심성, 정서안정성 및 세련성을 포함하는 개념이다. 따라서, 성실성은 정확하게 평가하기는 곤란하지만, 그래도 어느 정도 평가되거나 판단될 수 있는 속성이다. 성실성에 포함된 성격특성의 차원들은 이것들이 과업과 아울러 사람들의 측면에서 훌륭하게 적응할 수 있게끔 만들어 줄 수 있는 특성이라는 것을 함의한다. 예컨대, 직업측면에서 양심적이고 정서적으로 안정된 사람들은 훌륭한 업적을 내기 쉽다. 관계적 측면에서, 친밀성, 양심성, 정서안정성 및 세련성이 높은 사람은 타인들과 호감을 주고 받고, 긍정적 상호작용을 행할 수 있다. 따라서, 결혼상대의 결정에 있어서 미신적인 고정관념들이 지배적인 외모에 너무 초점을 두는 것은 현명치 못한 일이다. 장기적인 결혼생활에 더 크게 관련 있는 것은 개인의 성실성이다.

다섯째로, 파트너들은 결혼 전에 자기들의 결혼생활스타일들에 관해 진지하게 토의하는 것이 좋다. 결혼식을 앞에 둔 사람들은 대개 예식장과 살림살이의 장만에 정신이 팔려 있기 쉽다. 보다 더 근본적으로 중요한 것은 장차의 결혼생활방식들이다. 결혼생활의 주요 문제들과 갈등들은 맞벌이 여부, 가사일의 분배, 자녀수, 금전관리, 부모나 시부모관계 등의 주제들을 중심으로 일어난다. 이것들은 대부분의 부부들의 경우에 당장 급하게 해결할 성질의 것이 아니므로, 결혼 후에 차차 해결해 나갈 것으로 가정되고 있다. 하지만, 결혼을 진정으로 원하고 중시한다면, 결혼 전에 이러한 주제들에 대해 진지하게 대화하고, 미리 의견일치를 갖는 것이 장래의 문제의 소지를 줄이고 둘이서 합심해서 노력해 나갈 수 있는 기초가 되어 줄 수 있다.

결혼성공(marital success)

대부분의 사람들이 결혼하고, 결혼이 개인의 직업적 성공과 개인적 행복에 대해 결정적 영향을 주기 때문에, 사람들은 성공적으로 결혼생활을 행하는 것을 매우 중시한다. 그러면 결혼성공이란 무엇을 일컫는가? 일반인들은 결혼성공을 이야기할 때에, "검은 머리가 파 뿌리가 될 때까지 행복하게 사는 것"을 흔히 언급한다. 이러한 언급 속에서, 사람들은 행복, 잘사는 것 및 오랫 동안 관계를 유지하는 것을 결혼성공의 기준으로서 염두하고 있다. 하지만, 이러한 일반인들의 결혼성공의 준거들이나 기준들은 결혼성공의 개념을 완전히 포함시키고 있지는 않다. 예컨대, 어떤 사람들은 쪼들리는 가정살림을 부유하게 만들고, 시어머니의 잔소리나 학대를 잘 견디어 내고, 자녀들을 많이 낳아 잘되게끔 기르고, 가족들과 화목하게 지내는 것과 같은 가정적 성취를 많이 거둔 것을 결혼성공이라고 일컫는다. 이러한 언급들 속에는 개인적 만족이나 행복보다도 가정생활의 어려움을 얼마나 잘 극복하고 대처했는가가 더욱 중시되고 있다.

결혼생활을 연구하는 많은 학자들도 일반인들과 마찬가지로 결혼성공을 다양하게 정의하고 있다. 이 분야의 학자들은 결혼성공을 기술함에 있어서, 결혼생활에 대한 만족, 결혼생활의 질, 결혼생활에 대한 적응, 고통이 없음, 부부로서의 통합 등의 다양한 준거들을 사용한다. 이러한 준거들의 사용을 통해서, 결혼성공의 정의는 결혼적응, 결혼만족 및 결혼의 안정성(또는 지속성)의 3개의 개념들로 좁혀져 왔다. 따라서, 어떤 학자들은 결혼성공을 결혼적응, 행복 및 지속성을 포함하는 것으로 넓게 정의한다.[26] 그러나 이러한 정의는 결혼적응, 행복 및 지속성이 완전히 독립적인 개념들이 아니므로 매우 애매하다. 특히 결혼적응, 즉 "결혼생활의 상황에 대해 적절하게 대처해 나가는 것"의 개념이 애매하다. 이러한 개념은 결혼생활의 모든 측면들이 잘 이루어지는 것을 의미하고 있다. 앞에서 언급된 바와 같이, 어떤 부인이 술만 먹고 일하지 않는 남편, 잔소리하거나 학대하는 시어머니, 많은 자녀들이 있는 상황 속에서, 모든 고난을 이기고 결혼생활을 숙명처럼 받아들이고 만족하면서 안정된 가정을 이룬 예는 분명히 어떤 의미에서 결혼성공에 해당될 것이다. 결혼적응을 직접 취급한 한 연구자는 결혼적응을 측정하는 검사를 만들었는데, 이 검사는 결혼적응을 측정하기 위해 의견일치, 만족, 응집성 및 애정표현의 요인들을 측정하고 있다.[27]

결혼적응의 개념이 결혼생활의 여러 상황들에 대해 얼마나 잘 대처해 나가는지를 취급하는 다소 복합적이고, 따라서 다소 애매한 개념이므로, 연구자들은 결혼성공의 준거들로서 결혼만족과 안정성의 두 가지를 사용한다. 결혼만족(marital satisfaction)은 자신의 결혼생활에 대한 주관적인 긍정적이거나 부정적 평가를 일컬으며, 결혼행복이나 결혼생활의 질의 개념들과 상호 교환적으로 사용된다. 결혼안정성(marital stability)은 부부가 결혼을 유지하고 이별이나 이혼을 피해 온 여부를 나타낸다. 결혼만족과 결혼안정성은 일치되거나 일치되지 않을 수 있다. 예컨대, 결혼생활에 만족한 사람이 결혼생활을 유지할 수 있거나, 결혼생활에 불만족한 사람이 결혼생활을 유지할 수도 있다. 일반적으로, 학자들은 결혼성공의 두 가지 준거들 중에서, 결혼만족이 결혼안정성에 영향을 주는 주요 요인으로서 취급하고 있다. 결론적으로, 결혼성공은 결혼만족과 결혼안정성의 기본 측면들을 포함하며, 궁극적으로 결혼적응과 밀접하게 관련되어 있다고 볼 수 있다.

이하에서, 우리는 결혼성공의 준거로서 결혼만족과 결혼안정성의 측면들을 중심으로 하면서, 결혼성공에 관련된 연구들에 의해 밝혀진 요인들을 검토한다. 결혼만족과 결혼안정성은 다소 상이한 개념들이다. 결혼만족은 결혼생활 속에서 배우자들이 경험하는 보수(즉 즐거움)와 손실(즉 괴로움)의 총계에 의해 결정된다고 간주된다. 이와 달리, 결혼안정성이나 이혼은 결혼만족 이외의 사회규범들, 법률들, 경제상황 등에 의해 영향받는 독특한 요인이다. 하지만 제시의 편의를 위해 이들 두 요인이 함께 취급될 것이다. 결혼성공, 즉 결혼만족과 이혼에 영향을 주는 수많은 연구들이 수행되어 왔으며, 이들 연구에서 취급된 주된 변인들은 배우자들의 배경요인들, 개인요인들, 상호작용요인들 및 상황요인들의 4가지로 정리될 수 있다.

배경요인들

일반적으로, 부부들의 배경요인들은 결혼만족과 이혼에 대해 다른 요인들에 비해서 가장 적게 예측을 한다. 다음의 몇 가지 요인들이 결혼성공에 관련되어 있는 것으로 밝혀지고 있다.[28]

부모의 결혼생활의 질

많은 연구들이 부모의 결혼생활의 질이 높을수록 그들의 자녀의 결혼생활의 질이 더 높다는 것을 발견한다. 일반적으로, 성공적 결혼생활을 하는 가정 출신의 사람들이 성공적 결혼생활을 더 잘 이룩할 수 있다. 이것은 두 가지로 설명될 수 있다. 하나는 성공적인 부모가 자녀에 대해 성공적 결혼의 모델이 되어 주기 때문에, 자녀가 학습에 의해서 성공적 결혼생활에 관련된 행동들과 가치들을 더 잘 습득할 수 있다는 것이다. 다른 하나는 성공적인 부모들이 결혼한 자녀를 더 잘 지원해 주고, 따라서 자녀들이 결혼생활에 있어서 더 많은 도움을 받을 수 있다는 것이다. 자기의 부모가 이혼했거나 재혼한 자녀는 더 복잡하고 어려운 환경에 처하기 쉽다. 결혼생활에서 불행하거나 파탄된 부모들은 흔히 자녀가 결혼해서 출가한 후에도 계속 자녀에게 많은 스트레스를 줄 수 있다.

결혼연령

이른 나이에 결혼한 조혼자들이 낮은 결혼안정성을 보인다. 자기 자신과 아울러 결혼생활을 잘 이해하지 못하는 조혼자들은 "철 없는" 생각과 행동을 하기 쉽고, 그로 인해서 결혼생활을 안정적으로 유지시키기가 곤란할 수 있다.

교육수준

결혼생활의 질과 안정성에 대한 교육수준의 영향에 관한 연구들은 혼합된 결과들을 보이고 있다. 예컨대, 아내들의 교육수준은 결혼안정성에 대해 무관련한 것 같은 반면에, 높은 교육을 받은 남편들은 낮은 교육을 받은 남편들보다 더 안정적인 결혼생활을 갖는다.[29]

기타 요인들

직업, 친구들 및 종교와 같은 배경요인들이 결혼생활의 성공에 대해 약간의 예측가를 갖고 있다. 직업을 통한 경제적 성공이 안정적 결혼을 예측한다. 직업적 스트레스는 결혼성공에 대해 부정적 영향을 준다. 부부의 결혼을 지원하는 많은 좋은 친구들을 갖는 것이 또한 도움이 된다. 종교적 신념들과 활동들에 대한 참가가 성공적 가정들에 관한 연구에서 발견되고 있다.

개인특성들

몇 가지 개인특성들이 결혼성공에 관련되어 있으며, 성격요인들이 배경요인들보다 결혼성공에 더 큰 관계를 갖고 있다.

성　별

대부분의 연구들이 남편들과 아내들 사이의 결혼만족의 매우 작은 차이를 발견해 왔으며, 차이가 발견될 경우에 아내들보다 남편들의 결혼만족이 더 높았다.[30]

성격특성들

몇 개의 성격특성들과 정신건강요인들이 결혼성공을 예측한다. 일반적으로 좋은 정서적 건강, 우울증이 없음(특히 아내들), 사회성, 공감성 및 결혼생활과 가정에 대한 긍정적 태도들이 결혼성공을 예측한다. 충동적 성격(특히 남편들)은 결혼안정성에 대해 부적으로 관련되어 있다.

성역할에 관련된 특성으로서, 고정관념적인 남성적 특징들(예: 경쟁적, 공격적 및 폭력적)과 여성적 특징들(예: 수동적, 협동적, 평화적 및 양육적)을 남성성과 여성성이라고 일컬으며, 양쪽 특성들을 모두 지닌 것을 양성성이라고 일컫는다. 몇몇 연구들에서 여성성과 양성성이 결혼만족에 관련되어 있다는 것을 나타내지만, 남편들과 아내들의 여성성(또는 정서표현성)이 높은 것이 결혼만족에 관련되어 있는 것으로 일관성 있게 발견된다.

성인들의 애착스타일이 결혼성공에 관련되어 있다. 애착스타일은 안심스타일, 즉 타인들과의 관계에서 신뢰하고 행복한 경험을 보고하는 사람들, 회피스타일, 즉 타인들과의 친밀함을 두려워하는 사람들 및 양가스타일, 즉 관계에 대한 안정감이 부족한 사람들로 구분된다. 결혼생활에서, 양쪽 배우자가 안심스타일인 부부들이 한쪽이나 양쪽이 비안심스타일인 부부들보다 더 좋은 결혼적응을 보였다. 남편들에서는 안심애착과 결혼만족이 정적 관련이 있고 불안애착들과 결혼만족이 부적 관련이 있었지만, 아내들에서는 애착스타일과 결혼만족 간에 직접적 관계가 없었다.

부부관계에 대한 동기의 성질이 결혼만족에 관련 있다. 호감과 사랑에 바탕을 두면서 관계 자체의 유지동기가 높은 내재동기와 결혼으로부터 특수한 목표를 달성하거나 개인의 부정적 상황을 회피하려는 목표를 가진 외재동기가 구분될 수 있다. 예상된 대로, 결혼에 대한 내재동기가 더 높은 사람들이 외재적 동기가 더 높은 사람들보다 배우자에 대한 애정과 신뢰감 그리고 결혼만족이 더 높다.

관계의 성질들

부부관계의 성질들이나 특징들이 결혼성공에 관련되어 있다.

결혼 전의 교제기간

남녀가 첫눈에 서로 매력을 느끼고 사랑한다는 이야기가 일상적 대화나 소설에서 자주 언급되고 있다. 하나의 동물로서 남녀가 순간적으로 매력과 사랑을 느끼는 것은 생물학적인 자연적 현상일 수 있다. 그러나 순간적 매력과 사랑은 관계의 장기적 유지에 대해 불충분하다. 관계가 몇 년이나 몇 십 년 동안 원만하게 유지되기 위해서 두 사람은 서로에 대해 충분하게 알아야만 된다. 그래야만이 비로소 친밀성이 증가되고 친밀성은 관계유지와 지속의 핵심요인이다. 그 예는 가장 친한 친구들의 관계이다. 이들은 오랫 동안 사귀어 왔고, 그에 따라 상대방에 관한 중요한 정보들을 충분히 갖고 있고 따라서 상대방을 잘 이해하고 있다. 이러한 이해는 두 사람 사이에서 일어날 수 있는 잠재적 갈등의 소지들을 없애 준다. 부부관계도 이와 꼭 마찬가지이다. 부부들이 서로를 충분하게 이해하고 친밀성을 쌓기 위해서 결혼 전에 1년 이상 교제할 것이 권고된다. 그리고 여러 공동활동들을 통해 상대방의 성격을 충분히 이해할 수 있도록 하고 이를 위해 2박 3일의 기간과 같이 공동활동을 충분히 경험할 수 있는 조치들이 권고된다.

결혼 전의 관계의 성질

물론 관계의 성질들이 시간적 변화도 있지만, 일반적으로 관계의 성질들은 장기적 지속성을 갖고 있다. 결혼 전에 서로 매력을 느끼고 호감을 갖고 사랑했던 부부들은 결혼 후에도 그러한 감정을 그대로 유지시키기 쉽다. 이와 반대로, 결혼 전에 서로 매력이나 호감을 느끼지 않고, 사랑했는지에 대해 애매하고, 여러 가지 문제들에 대해 갈등이 크고 갈등해결이 기분좋고 원만하게 이루어지지 않았던 부부들은 그러한 감정들과 갈등들을 결혼 후에도 계속 갖게 되기 쉽다. 이러한 현상은 결혼 전의 관계만족이 결혼 후의 관계만족과 높은 관련성을 갖는다는 연구에 의해 강력하게 지지되고 있다.[31] 부부관계의 성질들은 하루 아침에 형성되는 것이 아니라 장기적인 역사성을 지니고 있다.

부부관계의 스타일: 전통형과 평등형

부부관계의 스타일들 중에서 전통형과 평등형이 구분될 수 있다. 전통형의 부부들은 남자는 직장에 나가서 돈을 벌고 여자는 집안에서 살림을 해야 된다는 성역할에 관한 신념들을 갖고 있다. 이에 비해서, 평등형의 부부들은 남자와 여자가 모두 직장에 나갈 수 있고 가사일들이나 과업들이 부부에게 동등하게 분배되어야 된다는 성역할에 관한 신념들을 갖고 있다. 부부 중의 한 쪽이 전통주의를 선호하고 다른 쪽이 평등주의를 선호할 때, 부부갈등의 기회들은 크게 증가된다. 성역할에 관한 신념들의 차이와 역할 형평성이나 공정성의 지각이 결혼만족에 유의하게 관련되어 있다.

부부 상호작용의 긍정성과 부정성

호감과 매력에 관한 강화이론은 관계의 성질들이나 관계만족이 파트너들이 서로 상대할 때에 경험하는 보수들(즉 즐거움이나 유쾌함)과 손실들(즉 고통이나 불쾌함)에 의해 결정된다고 주장한다. 결혼만족과 이혼에 관한 연구들은 강화이론을 강력하게 지지하고 있다. 결혼성공에 대해 긍정적 상호작용들과 부정적 상호작용들이 모두 관련되어 있다. 특히, 부정적 상호작용들이 관계성공에 대해 중요하다. 비난, 자기방어(즉 변명), 경멸과 같은 심한 부정적 상호작용들은 결혼만족을 크게 감소시키고 이것들이 많게 되면 거의 95%의 확률로 이혼을 일으킨다.[32] 부부들이 갈등이 되고 있는 주제들에 관해 토의하게끔 만든 연구들은 긍정적 상호작용들(예: 미소, 칭찬, 잘못의 시인, 양보)과 부정적 상호작용들의 발생을 관찰하고 이것들의 비율이 이혼과 어떻게 관련 있는지를 살펴보았다. 긍정적 상호작용들과 부정적 상호작용들의 비율이 5 : 1이었을 때에 부부들은 결혼만족이 높고 이혼의 가능성도 낮았다. 이들 비율이 1 : 1에 가까웠을 때, 즉 한 번의 긍정적 행동에 대해 한 번의 부정적 행동이 나타나는 경우에 이혼율은 95% 이상이었다. 이들 비율의 중간에 있는 비율들을 가진 부부들은 비율이 증가될수록 결혼만족이 낮아지게 되었다. 여기에서, 주목할 점은 부정적 상호작용이 긍정적 상호작용보다 훨씬 더 큰 영향력을 갖는다는 것이다. 결혼만족을 위해서는 5 : 1의 비율이 나타내 주는 바와 같이, 1번의 부정적 행동에 대해 5번의 긍정적 행동이 수반될 것이 요구된다. 이러한 연구들이 시사하는 것은 결혼만족을 위해 비난(예: "당신은 찌개도 제대로 끓이지를 못해, 뭐, 제대로 하는 것이 하나도 없어"), 자기방어나 변명(예: "찌게거리를 살 돈이 없잖아요") 및 경멸(예: "멍청이 같이, 게다가 말대꾸는 잘하네")의 세 가지 금기사항에 대해 특별히 조심해야만 된다는 것이다. 부부가 상대방의 부정적 행동에 대해 어떻게 해석하는가가 또한 중요하다. 상대방의 부정적 행동을 상황이나 여건보다 내부적인 나쁜 성격 때문이라고 귀인시킬 경우에, 결혼만족은 낮아진다.

함께 지내는 시간과 활동

부부가 원만하고 행복하게 살아가기 위해서, 함께 지내는 시간이 많고, 함께 있는 동안에 즐거운 활동을 많이 행해야만 된다. 연구들은 만족한 부부들이 불화한 부부들보다 더 자주 즐거운 레크레이션 활동들을 수행했고, 자신의 부정적 기분에 대해 배우자를 비난하면서 갈등에 빠지는 경향이 더 적다는 것을 보였다.[33]

부부가 함께 지내는 시간이 부부의 동반성, 의사소통 및 결혼만족을 증가시킬 수 있을지라도, 그 반대의 관계도 있을 수 있다. 즉, 결혼만족이 높은 부부들이 더 많은 시간을 함께 지낼 수 있다. 따라서, 부부가 함께 지내는 시간과 결혼만족은 서로 영향을 준다고 결론지을 수 있다.

또한 중요한 것은 함께 지내는 시간뿐만 아니라, 활동의 내용과 동기이다. 활동내용의 측면에서, 단순하게 유쾌한 활동들보다 흥분시키는 신나는 활동들이 결혼만족에 대해 더 큰 영향을 준다. 활동 동기의 측면에서, 활동 자체가 즐거움을 주는 것(즉 내재적 동기)이 활동이 어떤 것을 얻어내고자 수행되는 것(즉 외재적 동기)보다 결혼만족을 증가시키기가 더 쉽다.

부부가 함께 행하는 활동들의 가장 중요한 측면은 활동 중에 일어나는 의사소통이다. 부부가 단순히 함께 지내는 시간보다 대화를 통해 의사소통하는 시간이 더 중요하며, 아내들의 결혼만족이 부부관계에 대해 남편과 대화하는 시간과 관련 있다.[34]

부부의 태도, 기대 및 신념

결혼생활에 대한 다양한 태도들, 가치들, 기대들 및 기타의 신념들이 결혼만족에 관련되어 있다. 일반적으로, 태도들의 유사성은 상호 호감을 낳고, 비유사성은 상호 반감을 낳는다. 특히, 개인이 강한 태도를 지닌 대상들에 대한 부부 간의 불일치는 상대방에 대한 심한 싫은 감정을 일으키고, 심각한 갈등상태에 빠지게끔 만들 수 있다. 부부들에서, 시부모와 기타 가족들에 대한 대우, 자녀들의 훈육방식, 금전의 소비, 집안일의 분배, 청소나 청결, 친구들과의 모임이나 교제, 종교 등의 주제들에 대해 의견이나 태도가 불일치될 가능성이 매우 높고, 이것은 특히 결혼 전의 교제기간이 짧거나 상호 토의가 없었을 경우에 그러하다.

부부의 태도들 중의 하나로서, 사랑에 대한 시각이나 태도가 결혼만족에 관련 있을 수 있다. 사랑태도들 중에서, 에로스(열정애)와 아가페(이타애)에서 높고 루두스(게임식 사랑)에서 낮은 사람들이 관계만족이 가장 높다는 것이 밝혀졌다.[35] 또한 열정애에서 높은 아내들이 결혼만족에서 높았다.

부부관계에서 배우자들이 기대하는 것들 상에서의 차이가 결혼만족에 관련되어 있다. 예컨대, 남편은 아내가 시부모에게 고분고분하게 대해 줄 것을 기대했는데, 아내는 시부모를 모시는 일보다 시부모의 행동에 대해 행동의 올바름이나 정당성을 기준으로 옳고 그름에 대한 자기주장을 내세울 수 있다. 여기에서 남편의 자기 부모에 대한 아내의 효도의 기대는 완전히 좌절되기 쉽다. 아내 또한 남편과 비슷한 좌절을 겪을 수 있다.

부부 간의 기대들의 차이나 부조화와 관련해서, 부부들의 결혼생활과 배우자에 대한 비합리적 기대들이 부부 간의 갈등을 키우고, 결혼만족을 저해할 수 있다. 결혼생활에 관련된 몇 가지 비현실적 기대들은 다음과 같다.

"상대방은 항상 나를 위해 존재한다."
"상대방은 나의 모든 욕구를 충족시켜 줄 것이다."
"우리의 관계에서 부부싸움은 일어나지 않을 것이다."
"우리는 부부관계를 위해 노력함이 없이도 행복할 것이다."
"부부싸움은 관계에 대해 나쁘다."

맞벌이 가정들에서, 가정일과 육아일에 대한 분배가 하나의 중요한 문제이다. 전통적으로, 가정일은 아내들의 몫이었다. 시대변화에 따라, 남편과 아내가 맞벌이에 의해 경제적으로 거의 동등한 기여를 하고 있음에도 불구하고, 가정일은 계속 아내의 몫으로 남아 있고, 여기에서 가정의 노동분배의 형평성문제가 제기된다. 부부가 가정일에서의 형평성을 위해 노력할수록 결혼만족이 증가될 수 있다. 특히, 남편들이 자진해서 가정일을 분담하도록 노력하는 것이 기본적 방책이 될 것이다.

종교적 신념들이 결혼만족에 관련 있을 수 있다. 일반적으로 부부의 강한 종교적 신앙들과 교회출석이 결혼만족과 관련 있는 것 같다.

성적 만족

결혼만족이 성적 만족과 상호 관련되어 있다. 결혼만족이 부부 간의 사랑과 호감을 증가시키고 이것이 성적 만족으로 연결될 수 있는 반면에, 성적 만족이 결혼만족의 주요 근원으로서 결혼만족으로 연결될 수도 있다. 전반적인 성만족과 성교의 빈도 사이의 관계는 매우 약하다. 부부 간의 성관계에서 경험되는 긍정적 느낌들(상대방이 자기를 좋아하고, 자신이 소중한 대우를 받으며, 관심을 받고 있다는 느낌들)이 성만족에 정적으로 관련 있고, 부정적 느낌들(말다툼, 당혹감, 긴장)이 성만족에 부적으로 관련 있다. 기본적으로, 성관계에서의 즐거움들이나 불쾌함들이 성만족을 주로 결정짓는다.[36]

성활동에서의 의사소통이 성만족과 결정적으로 관련되어 있다. 아마 성적 의사소통이 성만족을 일으키고, 이것이 결혼만족에 기여할 것이다. 성만족에서의 의사소통의 중요성을 강조해서, 성만족이 성기관의 쾌감에서 오기보다 입, 즉 의사소통에서 온다는 말이 있다.

부부관계의 외부 요인들

결혼만족은 부부관계에서의 내부적 성질들이나 상호작용들뿐만 아니라, 부부관계의 외부의 생활환경이나 상황요인들에 의해 영향을 받는다.

자녀의 존재

대부분의 동물들과 마찬가지로 인간도 후손을 낳아 종족이나 유전자를 보존하려는 강력한 경향이 있고, 그 결과로 자녀가 출생한다. 자녀의 출생은 부부들에 대해 생활만족의 주요 근원인 동시에, 생활불만족의 주요 근원이 된다. 자녀가 없는 집은 싸움을 한 집안처럼 활기가 없고 대화가 부족하다는 말이 있다. 자녀는 부모와 아울러 다른 식구들에 대해 관심의 주요 대상이 되고 상호작용과 대화의 주요 근원이 된다.

이와 같은 가정을 활력화시키는 자녀의 영향에 부수해서, 어린 자녀의 돌봄과 보살핌에 필요한 많은 노력과 고통이 뒤따른다. 어린 자녀의 존재는 부부 간의 상호작용의 기회를 감소시키고 가사일에 대한 부부 간의 불형평의 지각들을 일으키거나 악화시킬 수 있다. 일반적으로, 결혼 초기연도들에서 결혼만족의 일반적 감소가 있을지라도, 결혼만족은 첫 자녀의 출생 이후에 감소된다. 따라서, 부부들은 자녀를 낳고 기르는 동안에 자신들의 결혼만족이 감소된다는 사실을 유념하고, 부부 간의 공동활동과 재미를 추구하는 노력을 게을리해서는 안 될 것이다. 자세하게 언급할 것도 없이, 이것의 불행한 결과들은 결혼불만족과 이혼의 증가이다.

기타 요인들

부부의 맞벌이나 취업, 새로운 사업의 시작 등과 같은 직업적인 측면들과 병에 걸렸거나 혼자 사는 노인들을 돌보는 것과 같은 사회봉사활동들이 결혼만족에 영향을 줄 수 있다. 이와 같은 일들에 대한 배우자의 정신적 지원은 결혼만족을 크게 향상시켜 주는 반면에, 배우자의 부정적 태도나 방해적 행동은 부정적 영향을 줄 수 있다. 결혼생활에서 배우자로부터 사회적 · 정서적 지원을 받는 것은 사회관계망의 지원보다 더 중요하다.

부가적으로, 부부가 사용할 수 있는 물질적 및 정신적 자원들이 결혼만족에 큰 영향을 줄 수 있다. 부부의 자원들은 결혼만족에 대해 직접적이거나 간접적으로 영향을 줄 수 있다. 예컨대, 많은 집안일을 처리하기 위해 파출부를 이용할 수 있는 능력은 부부가 당면하는 많은 일들을 손쉽게 처리할 수 있게끔 해 줌으로써 직접적으로 결혼만족에 영향을 주거나, 부부의 피로나 괴로움을 감소시키고, 따라서 부부의 신체 및 정신건강을 향상시킴을 통해서 간접적으로 결혼만족에 기여할 수 있다.

요 약

연애와 결혼을 포함하는 밀접한 관계는 개인생활에 대해 심대한 영향을 주며, 데이트, 배우자선택 및 결혼생활의 여러 주제들을 포함한다.

젊은 남녀가 새로운 가족을 이루기 위해 결합하는 형태로서 중매결혼과 연애결혼이 있다. 우리나라에서, 비록 데이트에 의한 결혼이 증가되고는 있지만, 아직도 많은 사람들이 중매결혼을 행하는 것으로 추정된다. 하지만 중매결혼의 형태에서도 남녀의 데이트활동이 내포되어 있다. 남녀 간의 데이트는 혼기에 접어든 젊은 성인들에 국한되어 있지는 않으며, 많은 사람들이 청년기인 고등학교 시기에 데이트를 행하고, 많은 이혼자들, 과부들 및 홀아비들, 심지어 노인들에 이르기까지 데이트를 행하고 있다.

데이트는 배우자를 선택하는 이외에도, 레크레이션, 사회화, 자아욕구의 충족, 지위상승 등 여러 기능을 수행한다. 데이트를 통해 참가자들이 서로를 충분히 이해하기 위해 장기간의 교제를 요하며, 데이트의 과정은 우연적 단계에서 결혼에 이르는 여러 단계를 거친다.

데이트 동안의 관계의 질은 결혼 후에도 지속되며, 데이트하는 남녀들의 관계향상과 의사소통에 대한 훈련이 유익할 수 있다.

남녀 간의 사랑에 대한 사회적 인정은 비교적 최근의 일이며, 사랑현상의 복잡성과 다양성은 사랑에 관한 과학적 연구를 저해해 왔다. 사랑의 여러 형태에 대한 구분들이 고대로부터 제시되어 왔으며, 현대적 연구들은 사랑의 유형들을 사랑과 호감, 열정애와 동반애, 애착스타일들, 사랑의 성분들 및 사랑의 색깔들의 주제하에서 다양하게 구분짓고 있다.

사랑의 기본 유형으로서 연구자들은 열정애와 동반애를 구분짓고 있다. 열정애에 대한 주요 설명으로서 흥분명명설과 사고설이 있다. 친밀성을 바탕으로 하는 애정형태는 동반애이다. 어린 아동이 부모에 대해 갖는 애착스타일들과 비슷하게, 성인들에게서도 타인들과 관계를 맺는 데 대한 애착스타일들이 존재한다고 주장되고 있다. 성인들의 애착스타일은 애정관계의 질에 영향을 줄 수 있다. 사랑의 다양한 유형들을 사랑의 성분들과 그 조합들로서 설명하는 이론이 있다. 이 이론에서, 사랑은 친밀성, 열정 및 의사결정 · 몰입의 세 개의 성분으로 구성되어 있다고 가정한다. 또한 사랑의 색깔이론은 사랑의 일차유형으로서 열정애, 게임애 및 친구애, 그리고 이차유형으로서 미혹애, 이타애 및 실용애를 구분짓는다.

결혼상대를 만나게 되는 사회구조적 요인들이 있으며, 이것들에서 주요한 것은 결혼상대자수의 부족과 결혼경사(marital gradient)이다. 대부분의 문화들에서 여성은 상향결혼을 행하고, 남자들은 하향결혼을 행하며, 이것의 결과로서 우리나라에서 외국인 신부들을 맞는 사회현상이 일어나고 있다.

결혼상대에 대해 원하는 특징들상에서, 문화적 및 성적 보편성과 차이가 있다. 남녀들은 결혼상대에 대해 상호 매력과 사랑, 신뢰성 있는 성품, 정서적 안정성과 성숙성, 재미있는 성격 등을 원하고 있다.

결혼상대에 대해 원하는 특징들상에서의 성차들을 설명하는 사회생물학적 이론과 사회적 학습이론이 있다. 한국 대학생들에서 결혼상대에 대해 원하는 특징들은 서로 사랑함, 서로 좋아함, 대화가 통함, 상대의 부모에게 잘 대함, 성격이나 인간성이 좋음 등을 포함한다. 여자들은 남자들보다 결혼상대의 특징들에 대해 극단적 반응을 보였다.

결혼은 사람들에 대해 매우 위험한 하나의 모험으로 되고 있으며, 따라서 철저한 사고와 준비를 요한다. 결혼성공을 위해, 배우자를 결정하기 전에 파트너들 사이의 의사소통의 용이성, 혼전 갈등해결의 원만성, 결혼생활에 지장이 될 수 있는 심리적 및 행동적 문제들의 존재 여부, 인간적 성실성 등을 꼼꼼하게 따져보아야만 된다.

결혼성공은 결혼적응, 결혼만족 및 결혼안정성을 포함하는 복잡한 개념이며, 최근에는 결혼만족과 결혼안정성의 두 가지 준거들로서 결혼성공을 정의한다. 결혼성공에 관련된 변인들은 배경요인들, 개인특성들, 관계의 성질들 및 외부요인들로서 구분될 수 있다.

일반적으로, 배경요인들은 다른 요인들에 비해서 결혼성공을 가장 적게 예측한다. 배경요인들 중의 하나로서 부모의 결혼생활의 질이 중요하다. 몇 개의 성격특성들과 정신건강요인들이 결혼성공을 예측한다. 관계요인들로서, 결혼 전의 교제기간, 결혼 전의 관계의 성질, 부부관계의 스타일, 부부 상호작용의 긍정성과 부정성, 함께 지내는 시간과 활동, 부부의 태도, 기대 및 신념, 성만족 등이 결혼성공에 관련되어 있다. 자녀와 같은 부부관계 외부의 요인들이 또한 결혼성공에 영향을 줄 수 있다.

제 7 장

가족관계의 강화: 부모-자녀관계

우리의 생명과 생활의 출발점이 어디인가를 생각할 때, 그리고 개인의 신체발달과 심리발달에 대한 결정적 영향을 고려할 때, 가족만큼 중요한 것이 드물 것이다. 대부분의 사람들에 대해 가족은 개인생활의 질이나 행복과 장래의 성공을 가장 많이 결정짓는 요인이 된다. 우리가 결혼식에 가면, 하객들은 "아들, 딸 낳고 행복하게 살아요"라고 결혼을 축하하고 행복을 기원해 준다. 어머니들이나 할머니들은 자녀나 손자녀에게 "귀여운 내 새끼"라는 말을 쓰면서 지극한 사랑과 유대감을 보인다. 자식을 잃은 부모는 슬픔을 이기지 못하고 몸부림치고 식음을 전폐하다시피 하고 애통해 한다. 자녀를 포함한 가족은 개인의 존재, 삶의 의미나 목적, 관계 및 유대의 핵심적 근원으로 간주되어 왔다.

가족(family)은 "인간의 생식과 성적 상호작용을 지원하고 통제하기 위한 어떤 체제"와 같이 폭넓게 정의되거나, "출산, 결혼 또는 입양과 동거에 의해 관련을 맺은 두 명 이상의 집단"이라고 특수하게 정의된다.

이러한 두 개의 정의보다 더 폭넓은 가족의 정의들은 정서적으로 그리고 경제적으로 상호의존적인 사람들이 함께 사는 것을 포함한다.[1] 그 한 예는 사회적 및 법적 보호를 받지 못하고 동거하는 동성애자들이다. 심지어 인간 이외의 다른 동물들, 예컨대 개까지도 가족의 일원으로 간주되기도 한다.

앞 장에서, 우리는 가족성원들 간의 관계 중에서 부부 간의 관계에 초점을 두었다. 이 장에서, 우리는 가족성원들 간의 관계 중에서 또한 매우 가깝고도 중요한 부모-자녀관계에 초점을 둔다. 특히, 가족의 가장 중요한 기능들 중의 하나가 자녀키우기(raising chidren)이므로, 자녀키우기가 초점적 주제가 될 것이다. 부가적으로, 가족들이 경제적 지원, 애정, 동반성, 사회화 및 세대 간의 문화전달과 같은 여러 기능들을 수행하므로, 이들 기능들상에서 가족들이 어떻게 기능하는가를 또한 검토할 필요가 있을 것이다.

따라서, 본 장은 가정생활의 질, 부모가 되기 위한 요구조건들, 자녀훈육의 중요성과 일반원리, 현대의 훈육전략들, 훈육방식의 결과들 및 부부관계에 대한 자녀의 영향의 주제들을 취급할 것이다.

가정생활의 질

가족을 논의할 때, 가정생활(family life)의 질에 관한 의문이 제기된다. 과연, 어떤 가정들이 다른 가정들보다 더 훌륭하고 건전한 가정들인가? 가족들은 서로 자기존중, 효능감, 주관적 기대들, 성격발달, 행복, 정서성, 가치들, 목표들과 목표달성, 대인적 의사소통, 대인관계 등의 개인적 특징들과 관계적 특징들에 대해 다른 어떤 영향원들보다 더 큰 영향을 줄 수 있다. 비록 완전한 가정은 없을지라도, 어떤 가정들은 다른 가정들보다 더 높은 수준에서 기능한다. 높은 질의 가정들은 개방적이고 융통성 있으며, 가족들이 상호 욕구들과 권리들을 충족하고 존중하도록 해 주고, 개인적인 정신적, 정서적 및 영적 성장을 허용하고, 지원하고, 격려한다. 높은 질의 가정들은 다음과 같은 특징들을 갖고 있다.[2]

1. 사랑과 애정이 있다.
2. 의사소통이 열려 있고, 비(非)평가적이다.
3. 가족원들은 품위 있게 대우받으며, 동등한 존중을 받을 자격이 있다고 지각된다.
4. 개인적 자유가 보장받으며, 가족들 간의 경계선이 유지된다. 즉, 개인적 독립성이 유지되고 권리들이 보호된다.
5. 완고하지 않고 융통성이 있다.
6. 문제들이 인식되고 해결된다.
7. 실수가 용서되고, 학습기회로 간주된다.

위와 같은 특징들을 많이 가진 가족들은 가정생활의 질이 높다고 간주될 수 있다. 이러한 특징들이나 기준들은 건전하고 강한 가족을 발전시킬 수 있는 가정

교육과 훈련의 출발점으로 사용될 수 있을 것이다.

부모가 되는 것의 요건들

인간사회에서, 부모가 되는 것은 가장 중요하고 가치 있는 것으로 간주되어 왔다. 다른 동물들과 마찬가지로 인간은 종족보존의 기본적인 생물학적 동기를 갖고 있고, 따라서 가능한 한 많은 자손이나 자신의 유전자들을 생식하려고 든다. 이러한 기본적 동기와 관련된 문화현상으로서 사람들은 부모가 되는 것을 가장 큰 책임, 보람 및 기쁨으로서 간주하고 있다. 그리하여, 사람들이 출산하거나 득남하면, 다른 가족들은 물론, 친척, 친구 및 친지로부터 축하인사를 받고, 100일이나 돌잔치를 벌이고, 선물을 받는다. 이와 반대로, 자식을 낳지 못하면, 부부로서의 역할을 다하지 못한 것으로 간주되고, 심지어 조선왕조시대 때에는 아내를 내쫓는 주요 이유들인 칠거지악(七去之惡) 중에 아들을 낳지 못한 것을 포함시켜서 아들이나 자식을 낳는 것이 결혼한 여자의 일차적 임무 중의 하나로 간주되었다.

결혼한 부부들이 자녀를 갖는 것이 개인적으로나 사회적으로 매우 중요하고 가치 있는 일이기는 하지만, 자녀를 키우고 가르치는 일은 부모의 전심, 전력을 요하는 매우 곤란한 일이다. 사람들은 어려운 일에 당면하게 될 때에 철저하게 준비한다. 예컨대, 대학입시를 목전에 둔 입시준비생들, 운동경기에 출전하는 선수들, 전쟁에 대비하는 군인들 등은 장차의 어려운 과업들을 준비하기 위해 온갖 어려움을 무릅쓰면서 최선의 노력을 기울인다. 하지만, 대부분의 사람들은 인생에서 마찬가지로 중요하고 힘이 드는 자식을 키우는 일에 대해 태만하고 게을리하는 경향이 있다. 이러한 것의 원인은 자식을 키우는 일이 20 내지 30년을 요하는 장기적인 과업이어서, 급히 서둘러서 대비할 필요가 없고 상황에 당면해서 서서히 처리할 수 있는 데에 있을 것이다. 예컨대, 40, 50년 전만 해도, 우리 사회는 대가족사회이어서, 10명 내지 20명의 가족들이 한 집에서 함께 살았고, 육아문제는 부부의 문제라기보다 전체 가족의 공동과업으로 취급되었다. 예컨대, 아이가 출생하면, 할머니와 할아버지가 돌보고, 셋째 이후의 아이는 형이나 누나에 의해 돌봄을 받았다. 이와 같이 과거의 대가족제도하에서, 자녀를 키우는 일은 많은 다른 가족들의 도움을 받을 수 있었기 때문에, 부모들은 부모가 되는 것에 대해 큰 걱정이나 부담을 갖지 않게 되었고, 부모가 되는 일이 다른 어떤 과업들을 성취시키는 것과는 달리, 자연히 성취되는 것으로 간주하였다.

하지만, 오늘날의 핵가족사회에서 자녀를 키우는 일은 부부의 전적인 책임에 속하는 것으로 되었다. 따라서, 부부들에 대해 자식을 키우는 일은 이전보다 훨씬 더 큰 부담과 노력을 요하게 되었다. 대부분의 사람들에 대해 이 세상에서 먹고 살아가는 일이 쉬운 일이 아니다. 게다가, 부부 사이에서 자녀가 태어나고, 옛날의 "흥부와 놀부이야기"에서처럼 자녀수가 많을수록 부모는 자녀를 먹여 살리기 위해 점점 더 힘든 노력을 기울이고 더 많은 고생을 겪어야만 된다. 이러한 면의 한 예로서, 우리나라에서 1960년대와 1970년대에 정부의 산아제한정책에 따라 "아들, 딸 구별말고 둘만 낳아 잘 기르자"라는 정책적 구호까지 등장했었다. 이와 같이 자녀를 기르는 것은 가정적, 사회적 및 국가적으로 매우 곤란한 과업이 되어 왔다. 최근에, 어느 일간지에서 자녀의 과외비를 벌기 위해 어떤 어머니가 성매매를 행한 일이 보도되기까지 하였다.

많은 맞벌이부부들에서, 자녀들은 탁아소, 유아원, 유치원 또는 초등학교에서 상당한 시간 동안 돌봄을 받아야만 된다. 이러한 낮 동안의 돌봄에 대해 부모들은 큰 비용을 부담해야만 된다. 게다가, 오늘날 자녀를 키우는 일은 옛날의 자녀를 키우는 일과는 매우 다른 일이 되고 있다. 과거의 대가족제도의 사회에서 아이들은 배움의 양도 많지 않았고, 여러 가지 품성들과 가치들을 여러 가족들과 함께 사는 과정에서 자연스럽게 발전시킬 수 있었다. 다시 말하면, 오늘날의 자녀들은 과거보다 다양한 지식과 기술을 더 많이 배워야만 되고(예컨대, 어떤 종류의 학원에 다니지 않는 아이들이 거의 없을 정도이다), 심한 경쟁으로 인해서 자녀들에 대한 신체적 및 정신적 성장의 기준들도 더 높게 설정되어 있다. 이와 같은 시대적 변화에 당면해서, 부모들은 자녀의 학습과 성품의 발전을 위해 점점 더 많은 책임과 자질을 필요로 하게 되었다. 이러한 증가되는 책임과 자질에 대처하는 최선의 접근은 부모가 되는 것에 대한 철저한 준비이다. 부모가 되는 것에 대한 준비사항으로써 여러 가지 과업들을 고려할 수 있겠지만, 그것들 중의 중요한 몇 가지는 부모가 되는 것의 결정, 부모역할의 학습, 육아목표를 세우기 및 육아의 책임들을 인식하고 수행하기를 포함할 것이다.

부모가 되는 것의 결정

부모가 되는 것에 대한 의식적인 의사결정이 이루어지고 있는지에 대한 의문이 제기될 수 있다. 자녀를 가진 많은 부모들이 이와 같은 문제를 공식적으로 제기하고, 이성적 방식으로 부부의 합의에 의해 의사결정을 행하지는 않았을 수 있다. 기본적으로, 결혼을 하는 것이 하나의 성적 결합이고, 성적 결합의 자연적 결과가 자녀의 출생일 수 있다. 따라서, 대부분의 사람들은 결혼을 하게 되면, 자녀를 갖는 것이 당연한 일이라는 통념을 갖게 되었을 것이고, 그에 따라 부부의 공식적 협의 없이 자녀를 가졌을 수 있다.

자녀를 갖는 것이 부부의 합의에 의해 공식적으로 결정되었거나 은연적 합의에 의해 이루어졌건 간에, 이것은 부모에 대해 많은 책임들의 장기적 수행을 수반하는 힘든 일이다. 그리고 자녀를 가진 부모들은 이러한 책임을 훌륭하게 완수해야만 될 것이며, 이를 위해 심사숙고할 필요가 있다.

오늘날, 부모들이 자녀를 갖기로 명백하게 결정하고서 자녀를 갖는지에 대해서는 의문의 여지가 있다. 하지만, 우리나라 부모의 대다수가 1, 2명의 자녀를 두고 있다는 사실은 자녀를 갖는 것에 대한 부부 간의 어떤 공식적 결정이 있음을 강력하게 시사한다. 이제, 이미 대부분의 부모들이 자녀를 갖는 것에 대해 공식적 의사결정을 행하고 있는 것이 분명하다면, 우리는 좀더 합리적 기준을 갖고서 그러한 의사결정을 행할 시점에 있다고 볼 수 있다. 이러한 합리적 의사결정은 부모들 자신의 행복과 이익을 추구하는 것만이 아니라, 출생한 자녀들의 행복에 대한 진정한 부모적 관심을 표현하는 것일 것이다.

자녀를 갖기 이전에 자기들이 과연 훌륭한 부모가 될 수 있는지를 고려하는 것은 자녀에 대한 진정한 사랑과 존중을 나타내는 것이다. 이러한 고려를 위해 몇 가시 기준들이 설성될 수 있으며, 이것늘은 기본적으로 부모로서의 자질들과 정신자세들을 포함할 것이다.

신체건강

신체적으로 건강한 부모는 건강하지 못한 부모보다 자녀양육에 대해 더 많이 기여할 수 있다. 따라서, 자신의 신체적 건강이 자녀의 양육에 방해가 되지 않는지를 검토할 필요가 있다. 심각한 질병으로 인해서 스스로 살아가기가 곤란한 사람들, 태어날 자녀에게 나쁜 유전적 질병을 물려 줄 가능성이 있는 사람들, 그리고 너무 많은 연령으로 자녀의 장기적인 양육이 곤란한 사람들은 자녀를 갖는 일에 대해 심사숙고하고 대비책을 강구해야만 될 것이다.

정신건강

부모의 정신건강은 유전적으로 그리고 환경적으로 자녀에 대해 결정적 영향을 줄 수 있다. 이상 성격을 지닌 사람들은 비록 이들이 자녀를 갖는 것에 대해 이성적 판단을 행할 능력이 있을 수 있을지라도, 자녀를 갖는 것에 관해서 심사숙고해야만 된다. 정신적 이상들은 심한 우울증, 정신분열증, 불안증, 알코올 및 약물 중독, 반사회적 성격, 경계선적 성격장애, 공격적이고 학대적인 성격, 애정이 없는 성격 등을 포함할 것이다.

부부관계

자녀의 건전한 심신의 성장을 위해서, 부모의 공동의 헌신적 노력이 필요하다. 부부관계가 장기적으로 안정적인 부부들은 이별하거나 이혼한 부부들보다 자녀를 더 잘 양육할 수 있다. 부부들에 대해 자녀의 출생은 정상적 부부관계를 가진 사람들에 대해서도 큰 스트레스를 주고 부부관계의 질을 낮추게끔 만들 수 있다. 따라서, 낮은 부부관계의 질을 높이기 위해 자녀를 갖기로 결정하는 것은 하나의 좋지 못한 방법이 될 것이다. 실제로, 연구들은 높은 부부관계의 질을 가진 부부들이 자녀양육에 대한 만족도가 더 높다는 것을 나타낸다.[3]

자녀를 위한 희생의 의사

자녀를 키우기 위해서, 부모들에 대해 엄청나게 많은 시간, 노력 및 금전이 요구된다는 것을 인식해야만 된다. 예컨대, 맞벌이부부들에서 자기들의 부모가 자녀를 돌보아주기를 원하는 사람들이 많이 있지만, 그들의 부모는 손자녀를 돌보는 것을 두려워한다. 손자녀를 돌보는 일이 그들에 대해 사랑스럽고 즐거운 일이기는 하지만, 매우 활동적인 아이들을 돌보는 일은 온종일 직장에서 일하는 것만큼 힘들고 고된 일이다. 그래서, 조부모들은 "손자녀를 보는 것이 즐거운 일이기는 하지만, 빨리 제 집으로 돌아가는 것이 더 즐겁다"라는 말이 있을 정도로 손

자녀를 돌보거나 상대하는 것에 대해 큰 부담을 느끼고 있다. 이제, 자녀양육은 국가적 정책사업으로 내세워질 정도로 많은 노력을 요하는 힘든 일이 되고 있다.

자녀양육에 필요한 경제적 비용이 엄청나게 많다는 점에 대해 유의해야만 된다. 미국에서, 2000년도에 출생한 아이를 17세 때까지 양육하는 데에 드는 비용이 하류의 소득인 가정들에서 우리 돈으로 14,000만원 이상이고 상류의 소득인 가정들에서는 이것의 두 배로 추정되고 있다.[4] 양육을 위해 사용되는 지출들은 주택, 식료품, 교통, 의복, 의료, 교육, 육아 등을 포함한다. 경제적 고려는 또한 출생한 자녀수와 관련되어 있다. 자녀수가 많을수록 경제적 비용은 비례적으로 추가될 것이다.

물론, 자녀를 키우는 것에 대해 커다란 부담이나 희생만이 수반되는 것은 아니다. 자녀를 갖는 것은 부모들에 대해 가장 큰 즐거움과 보람을 제공할 수 있다. 그것들은 자녀와 애정을 주고 받는 것, 생활에 대한 흥미와 의욕의 증가, 생활의 의미와 즐거움의 증가, 중요한 관계들의 확장 등을 포함한다.

자녀를 갖는 것과 가정생활에 대해 현실적 시각을 갖는 것은 우리를 더욱 깊게 생각하고 의사결정을 망설이게끔 만들 수 있다. 우리는 자녀를 갖지 않거나 더 적게 갖기로 선택할 수도 있으며, 이러한 선택은 점점 더 보편화되고 있다. 결정의 중요성 때문에, 우리는 자신과 자녀에 관해 심사숙고해야만 된다. 그리고 일단 당신이 자녀를 갖기로 결정했다면, 결정에 대해 철저하게 대비해야만 된다. 그러한 대비책들 중에는 자녀의 양육에 필요한 경제적 측면들(예: 저축, 교육보험 가입, 주택마련 등)과 심리적 측면들이 있을 것이다. 심리적 측면들에서, 부모들에게 우선적으로 필요한 것은 자녀양육에 관련된 지식, 기술 및 정보이다. 이것들은 부모역할수행에 관한 학습을 필요로 한다. 우리가 자동차운전을 하려면, 운전에 관한 지식과 기술을 배우고 운전면허증을 따야만 되는 것과 꼭 마찬가지로, 우리는 부모역할수행에 관해서 배워야만 된다.

부모역할수행을 위한 학습

일단 우리가 부모가 되기로 결정했거나, 실제로 부모가 된다면, 우리는 부모역할수행에서 우수해지도록 노력해서 훌륭한 부모가 되어야만 될 것이다. 이것에 필요한 가장 중요한 것은 자녀의 양육과 훈육에 관한 지식과 기술이며, 이것들은 주로 우리 자신의 학습을 통해 얻어질 것이다. "아는 것이 힘이다"라는 속담이 있다. 이러한 속담은 우리가 매우 자주 들어와서 이제는 그 뜻이 실감되지 않을 정도로 습성화되어 왔지만, 계속 진실인 것이다. 시대에 관계없이, 선진국들은 국민들의 지적 수준이 얼마나 높게 향상되어 있고, 그러한 지식들을 실생활에서 활용한 동기가 얼마나 높은가에 의해 결정된다. 하지만, 우리는 자녀양육의 측면에서 유용한 지식들을 획득하고 활용하려고 노력하지 않고 있다.

자녀양육과 부모역할수행에 관련된 지식과 기술은 다른 분야들에서처럼 관련된 교과목의 수강, 유용한 도서들의 독서와 시청각보조물들의 활용, 관련된 조직체들이나 지원집단들에 대한 가입이나 상담 등을 통해 얻어질 수 있다. 하지만, 대부분의 부모들은 이와 같은 학습기회를 이용하고 있지 않다. 인간동기에 관한 기대가치이론에 의하면, 이러한 현상은 부모들이 그러한 학습의 필요성이나 가치를 인식하지 못하고(즉 가치가 낮음), 그러한 학습이 가치 있는 것을 제공할 가능성이 작다고 생각하는 데에(즉 기대가 낮음) 기인될 것이다.

부모들이 자녀의 양육에 필요한 기초적 지식들은 매우 많을지라도, 자녀들의 심리와 행동에 관한 이해에 필요한 것들은 아래의 몇 가지 주제를 포함할 것이다.

① 유전과 환경이 아동의 발달에 미치는 영향
② 아동들이 여러 발달단계에서 심리-사회적 발달과업들을 성공적으로 성취하는 방식들과 그 결과들(예: Erikson의 심리-사회적 발달이론)
③ 아동들이 여러 발달단계에서 지식을 획득하고 사고하는 방식들(예: Piaget의 인지발달이론)
④ 아동들의 애착(또는 사랑), 자기존중과 자기효능감을 포함한 성격발달
⑤ 아동들의 학습동기와 성취동기의 육성방법들
⑥ 아동들의 사회화와 또래관계들

위와 같은 주제들에 대한 부모들의 지식은 자녀에 대해 직접 활용되어서 도움을 줄 뿐만 아니라, 부모들 자신에 대해서도 양육의 용이성과 즐거움과 같은 많은 심리적 보수를 제공할 것이다. 더 나아가서, 부모들의 학습을 통해 획득한 인간관계에 관한 향상된 기술들은 자녀들이 학습하게 될 직접적 모델이 되어 주고, 이에 따라 자녀들은 모델링과 관찰학습을 통해 그러한 기술들을 획득하게 될

것이다. 또한 부모들의 자녀양육에 관한 향상된 지식과 기술은 그들에게 부모로서의 효능감을 증가시키고 그에 따라 부모들은 부모역할수행에 대해 더 큰 자신감과 안심을 갖게 될 것이며, 이러한 결과들은 자녀의 건전한 성격형성으로 이어질 것이다.

육아목표의 설정

당신은 부모로서 당신의 자녀가 어떤 사람이 되기를 원하는가? 이러한 질문은 결국 육아의 목표에 관한 것이다. 사람들에게 이러한 질문을 제시하면, 대부분의 사람들은 책임감 있는 아이, 정직한 아이, 사랑할 줄을 아는 아이, 행복한 아이, 자신감 있는 아이, 독립성 있는 아이, 능력 있는 아이 등으로 대답한다. 물론, 대부분의 사람들이 제시하는 이러한 덕목들이나 목표들에서 하등의 문제가 있는 것은 아니다. 하지만, 이와 같은 육아목표들을 좀더 체계적으로 정리할 필요가 있다.

어린 아이들은 장차 장기적 학습경험을 통해 많은 지식과 기술을 배우고, 직업을 갖고, 타인들과 어울려 살아나갈 것이다. 따라서 어린 아이들은 장차의 개인생활과 직업생활에 바탕이 되는 기본적 태도들과 성품들을 발전시켜 나갈 시기에 당면해 있다. 삶에 대한 기본적 태도들과 성품들의 측면에서, 우리는 사람들의 삶의 기본적 요소들을 고려할 필요가 있을 것이다. 사람들의 삶은 환경과 관련해서 자기 자신에 대한 어떤 인식을 갖고서, 타인들과 어울려 지내면서, 당면한 과업을 수행하는 것으로 개요될 수 있다. 결국, 사람들의 삶의 요소는 자기, 타인 및 과업의 세 가지 요소로 요약될 수 있다. 따라서, 어린 아이들은 이러한 세 가지 측면에서 기본적 태도들과 품성들을 발전시켜 나갈 필요가 있다.

자기의 측면에서, 어린 아이들은 독특한 개인으로서 자기를 인식하고, 자기에 대해 어느 정도 만족하면서, 행복을 느낄 필요가 있을 것이다. 이것들을 위해, 어린 아이들은 자기 자신에 관해 생각하고, 자기에 대해 긍정적 시각을 갖고, 고통보다 행복을 더 많이 경험하고, 일상생활에서 만족하는 기본적 태도들이나 성품들을 가질 필요가 있다. 아마 이와 반대되는 태도들과 성품들을 발전시키는 아이들은 장차 자기 자신에 대해 불만족하고, 불행하고, 우울을 느끼고, 인생에 대해 불만을 많이 갖고 부적응한 사람으로 되기 쉬울 것이다.

타인들과의 관계의 측면에서, 어린 아이들은 가족들을 비롯한 주위 사람들과 원만하고 다정한 관계를 발전시키는 데에 기초가 되는 태도들과 성품들을 발전시킬 필요가 있을 것이다. 이것들은 다정함, 애정, 친근성, 사교성, 정직성, 타인들에 대한 배려 등을 포함할 것이다.

과업수행이나 목표달성의 측면에서, 어린 아이들은 자신이 완수해야 될 과업들에 대해 주도적으로 그리고 적극적으로 임하는 기본적 태도들과 성품들을 발전시킬 필요가 있을 것이다. 이것들은 자신감, 주도성, 적극성, 독립성, 책임감, 근면성 등을 포함할 것이다.

어린 아이들의 양육목표의 설정에서 두 가지 주의할 사항이 있다. 첫째로, 어린 아이들이 인생의 출발선상에 있으므로, 인생에 있어서 구체적이고 세부적인 사항들보다 기초적이고 일반적인 사항들에서 가르침을 받을 필요가 있다는 것이다. 부모들은 삶에 대해 많은 경험을 획득해 왔으므로, 사고에 있어서 논리적이고 구체적일 수 있다. 예컨대, 부모들은 직업으로서 의사, 과학자, 사업가 등이 바람직스럽고, 장차 보람 있는 직업생활을 위해 영어, 수학, 과학을 잘하는 것이 유익하다는 것을 알고 있을 수 있다. 이와 반대로, 어린 아이들은 장차 모든 것을 이룰 수 있는 잠재력을 가진 시기에 처해 있으므로, 이들의 무한한 잠재력을 부모들의 특수한 바램으로 좁은 틀 속에 가두지 않게끔 조심해야만 된다. 둘째로, 어린 아이들에 대해 매우 높은 목표를 설정하는 것이 그들에 대해 장기적으로 심각한 해를 끼치게 된다는 것이다. 오늘날의 경쟁시대에서 부모들은 남들에게 조금이라도 뒤지는 것이 인생의 실패를 가져 온다는 것을 잘 알고 있다. 그리하여, 자신의 자녀가 훌륭하게 되기를 바라면서, 자녀에 대해 매우 높은 목표(예컨대, 어떤 분야에서이든 간에 1등을 차지하는 것)를 설정하기 쉽다. 이것은 자녀에 대해 불필요한 압력과 스트레스를 주고, 그 결과로 자녀는 좌절을 겪고 자신감을 잃고서 물러서는 성격을 발전시키거나, 부모를 싫어하고 부모에게 반항하고 일탈된 행동을 하게끔 만듦으로서 아이를 부적응하고 무능한 사람으로 만들기 쉽다. 이것은 농작물을 빨리 키우기 위해, 성급하게 모종을 뽑아 올리거나, 모종에 대해 과도한 거름을 주어서 뿌리가 썩어버리게끔 만드는 것에 비유될 수 있다.

양육에서의 부모로서의 책임들

자녀를 키우는 데에 있어서 부모의 할 일들이나 임무들은 거의 무한하다고 간주될 수 있다. 어린 아이를 키우는 부모들은 아이를 돌보는 데에 온종일 정신없이 바쁘다. 심지어, 부모들은 아기가 아파서 열이 높거나 신음할 경우에 흔히 온 밤을 지새우기도 한다. 논리적으로 말한다면, 부모로서의 책임들은 육아의 목표들을 달성하는 데에 두어져야 될 것이다. 하지만, 육아의 목표들이 매우 일반적 성질을 갖는다는 것을 전제할 때에, 그렇게 접근하는 것이 다소 부적절한 것 같다. 따라서, 여기에서 우리는 육아를 행함에 있어서 부모들이 수행하는 중요한 몇 가지 일반적 활동에 초점을 둘 것이다.

건강의 유지와 향상

분명히 아이를 먹이고, 씻기고, 잠재우고, 놀게끔 만드는 활동들이 부모의 기초적 활동들에 속할 것이다. 거의 모든 부모가 자녀의 신체적 건강을 돌본다. 훌륭한 육아는 자녀의 건강을 유지하고 향상시키기 위해서 세심하게 자녀의 건강상태를 살필 필요가 있다. 그것들은 자녀가 신체적으로 이상이 없는지 그리고 활동적인지, 적절한 휴식을 취하는지, 건강한 식사습관을 갖고 있는지, 규칙적으로 생활하는지에 관한 것들을 포함한다.

오늘날, 많은 성인들과 아울러 아동들이 과식으로 인한 비만증과 그로 인한 합병증으로 고통을 겪고 있다. 부모들은 자신의 건강을 보살핌은 물론, 자녀의 건강을 보살피고 건강 문제나 이상이 있을 경우에 즉각 조치를 취할 수 있어야만 된다. 아동들의 비만증의 경우만 하더라도, 부모들의 책임이 크다고 할 수 있다. 부모들은 자녀의 건강습관에 관련해서 때로는 단호한 금지를 실시해야만 된다. 비만과 관련해서, 아이가 너무 과식하거나, 설탕이 많이 포함된 식품이나 음료를 너무 선호할 때에 부모는 단호하게 금지시킬 수 있어야만 한다. 아이들의 식사습관이 학업능력과 심리적 문제들에 관련되어 있다는 연구가 있다.[5] 이 연구에서 아침밥을 먹는 아동들과 먹지 않는 아동들이 비교되었다. 아침밥을 먹는 아동들은 먹지 않는 아동들보다 수학과목에서 40%의 더 높은 점수를 받았고, 학교에 결석하고 지각하는 일이 더 적었다. 이와 반대로, 아침밥을 먹지 않는 아동들은 과잉 활동적이고 여러 심리사회적 문제를 갖는 경향이 더 많았다.

애정과 신뢰감의 발전

어린 아이들은 밥을 먹고 자랄 뿐만 아니라, "사랑"을 먹고 자란다고 말할 수 있을 정도로, 아이들에 대해 부모의 사랑이 중요하다. 이러한 명제와 관련해서, 두 개의 대표적인 심리학이론들이 제시되고 연구되어 왔다. 심리사회적 발달이론은 출생 후 1세 때까지 아이의 심리적 발달에 있어서 모자관계의 질이 매우 중요하다고 주장한다. 아이를 보살피는 어머니가 아이의 배고픔, 불편함 및 고통에 대해 민감하고 믿을 수 있게 반응해 준다면, 아이는 어머니에 대해 신뢰감을 발전시키고, 안심하고 낙천적인 성격을 발전시킬 것이다. 이와 반대로, 어머니가 아이의 욕구들에 대해 둔감하고 자기중심적으로 반응한다면, 아이도 어머니에 대해 불신감을 발전시키고, 불안하고 비관적인 성격을 발전시킬 것이다. 다른 한편으로, 어린 아이들의 애착에 관한 이론은 어린 아이의 어머니에 대한 애착이나 사랑에 있어서 세 가지 유형이 있다고 주장한다.[6] 그것들은 안심애착, 불안(또는 양가감정)애착 및 회피애착이라고 일컬어진다. 어린 아이들의 애착유형들은 어머니의 반응성에 의해 크게 영향을 받는다. 어머니가 아이에 대해 민감하고 다정하게 반응하고, 아이와 이야기하고 놀고, 많은 애정을 표현하는 것은 안심애착유형과 관련되어 있는 반면에, 아이에 대해 민감성이 부족하고, 무반응적이거나 자기중심적으로 양육하는 것은 불안애착에 관련되어 있다. 불안애착에 관련해서 어머니의 반응방식들이 매우 부정적인 것은 아이가 어머니의 존재 자체를 싫어하는 회피애착의 유형에 관련되어 있다. 어린 아이들의 신뢰감과 애착에 관한 이론들의 핵심 가정들과 연구결과들은 일반적으로 아래와 같은 관계를 나타낸다.

① 사랑받는 아이→사랑을 줄 수 있는(그리고 또한 받을 수 있는) 사람
② 사랑을 받지 못한 아이→사랑을 줄 수 없는(그리고 또한 받을 수 없는) 사람
③ 미움과 학대를 받은 아이→미움과 학대를 줄 수 있는 사람(즉 타인들을 적대시하고 공격하는 사람)

어린 아이들의 초기의 애착과 추후의 발달특징들에 관한 연구들은 초기에 안심애착된 아이들과 불안애착된(어머니에 대한 양가감정적 애착과 회피애착을 포함함) 아이들 간에 다음과 같은 차이가 있다는 것을 나타냈다.

안심애착된 아동들의 특징들

- 문제해결상황에서 열성과 끈기가 있다.
- 문제해결이 곤란할 때에 어른의 도움을 요청한다.
- 또래들 사이에서 리더가 된다.
- 활동들을 적극적으로 개시하고 참가한다.
- 다른 아이들이 상대하려고 든다.
- 박력 있고 제 할 일을 알고 열심히 배우려고 든다.

불안애착된 아동들의 특징들

- 문제해결상황에서 쉽게 좌절되고 화를 낸다.
- 문제해결이 곤란할 때에 어른의 도움을 요청하는 일이 드물다.
- 문제해결을 위한 노력을 쉽게 포기한다.
- 어른들의 지시를 무시하고 거부한다.
- 사회적으로 물러서고 활동참가를 주저한다.
- 호기심이 적고 목표추구동기가 낮다.

사람들을 아동기 때부터 36년 동안 추적해서 연구했을 때, 가장 많은 온정과 애정으로 키워졌던 사람들이 비교적 행복하고 장기적인 결혼생활과 가까운 친구관계를 갖는 경향이 더 많았고, 더 큰 행복과 더 적은 스트레스를 보고한다는 것을 보였다.[7] 다른 연구들은 부모적 따뜻함과 친밀함이 신체건강과 심리건강의 향상과 관련 있으며,[8] 낙관적 태도의 발전에 기여한다는 것을 보였다. 이러한 연구들은 어린 아이들에 대한 부모의 애정적 태도들과 행동들이 그들의 개인적 성장을 촉진시킨다는 것을 나타낸다. 이와 반대로, 어린 아이에 대한 부모의 학대는 매우 부정적 결과들을 가질 수 있다. 연쇄살인범들에 대한 매스컴의 보도에서, 그들이 어렸을 적에 사랑을 받지 못하고 학대를 받고 자랐다는 것을 자주 보고한다. 그들은 다수의 힘 없는 부녀자들을 무자비하게 죽이고서도 진정한 가책이나 후회를 느끼지 않고 단지 체포된 것만을 후회한다. 미국에서, 케네디 대통령을 암살한 오스왈드(Oswald)를 비롯한 많은 암살범들이 어렸을 적에 학대받았던 사람들이라는 연구가 있다.[9]

자기존중과 자기효능감의 구축

인간의 삶의 기본적 조건들은 무엇인가? 그것들 중의 하나는 개인 자신이 이 세상에서 살아 있을 가치가 있다는 인식과 그러한 가치를 실현시킬 수 있다는 느낌일 것이다. 이것은 자기존중과 자기효능감이라는 개념들로 요약적으로 진술될 수 있다. 자기 자신이 이 세상에서 존재할 가치가 전혀 없고 존재할 능력이 전혀 없다고 생각하게 되면, 개인은 낙담과 실의에 빠지고 극단적인 경우에는 자살을 시도하거나 실제로 자살할 수 있다. 이와 같이, 자기존중과 자기효능감은 인간의 삶의 기초가 되는 것이다. 따라서, 부모는 사랑하는 자녀가 행복하고 열심히 살아가는 사람이 되게끔 돕기 위해서, 자녀의 자기존중과 자기효능감을 육성시킬 필요가 있다.

심리학에서, 개인의 주관적 체험이나 인식의 중요성을 강조하는 현상학적 이론들은 성격의 핵심요소로서 자기(self)를 제시한다. 자기를 긍정적으로 보는 사람들은 자기에 대해 만족하고 낙관적이고, 따라서 문제상황에 대해 불안이 적고 잘 적응해 나간다. 이와 반대로, 자기를 부정적으로 보는 사람들은 자기에 대해 불만족하고 비관적이고, 따라서 문제상황에 대해 매우 불안하고 잘 적응해 나가지 못한다.

자기존중과 자기효능감의 중요성은 심리건강과 스트레스에 관한 연구들에서 반영되고 있다. 심리적으로 정상적인 사람들과 이상한 사람들을 구분짓는 중요한 기준들 중의 하나는 자기존중과 자기수용이다. 잘 적응된 정상적인 사람들은 자기 자신의 가치를 인정하고 주위 사람들로부터 수용받고 있음을 느낀다. 그들은 타인들과 잘 지내고, 사회적 상황에서 자발적으로 반응할 수 있다. 그들은 또한 타인들이나 집단의 의견에 좌지우지됨이 없이 자신의 의견을 내세울 수 있다. 자기 자신의 무가치, 소외감 및 타인들의 수용의 부족을 느끼는 것은 이상이라고 진단된 사람들에서 우세하다. 예컨대, 불안증이 심한 사람들은 계속 걱정하고 긴장하며 심한 무능감을 경험하고, 그에 따라 위험을 과잉 경계한다. 또한 우울증이 있는 사람들은 자신의 미래에 대해 절망하고 불행을 느끼고 자살을 심각하게 고려하고 실제로 자살을 저지른다. 이들은 낮은 자기존중과 부적절감을 갖고, 실패를 자기의 탓으로 돌리고, 장래의 결과에 대해 절망한다.

스트레스에 관한 연구들에서도, 자기존중과 자기효능감의 중요성을 증명해 왔다. 스트레스에 대해 저항력이 커서, 많은 스트레스를 받고서도 건강을 해치지 않는 사람들에 관한 연구는 스트레스에 대해 저항력 있는 사람들의 특징들로서, 과업에 대한 적극적 몰입, 통제력의 느낌 및 변화에 대한 도전을 환영하는 태도가 중요하다는 것을 입증했다.[10] 여기에서, 통제력의 느낌은 바로 자기효능감에 해당되는 것이다.

자기존중은 또한 관계들에서도 매우 중요한 역할을 한다. 긍정적 자기존중을 가진 사람들은 자기와 타인들을 있는 그대로 수용하고, 따라서 타인들과 원만한 관계를 유지시킬 수 있다. 이와 반대로, 부정적 자기존중을 가진 사람들은 열등감과 부족감에 의해 자신을 과장하거나 감추고, 타인들의 비평에 대해 민감하고 극단적인 부정적 행동으로 반응할 수 있다. 그 결과로, 그들의 친구관계, 연애관계 및 부부관계는 문제나 트러블이 잦고, 특히 파트너가 제삼의 인물과 가까워진다고 생각될 때에는 자기 자신이 버림받게 된다는 위협감을 크게 느끼고, 그 사람을 경쟁자로 여기고서 심한 질투심을 나타내기 쉽다.

자녀의 자기존중과 자기효능감을 육성시키기 위해서, 부모는 자녀에 대한 행동들과 반응들에 있어서 조심해야만 된다. 기본적으로, 아동들을 비롯한 거의 모든 사람들은 자기관찰과 타인의 행동의 관찰을 통해 "자기 모습"을 형성해 나간다. 아동들은 자기관찰이나 자기인식의 능력이 부족하기 쉽기 때문에 타인들, 특히 부모의 행동에 대한 관찰로부터 큰 영향을 받을 수 있다. 부모의 자녀에 대한 행동들은 자녀에 대해 하나의 "거울"로서 작용하고, 이 거울을 통해 자녀는 자기와 자기존중을 형성해 나간다. 따라서, 부모의 자녀에 대한 칭찬들은 자녀에 대해 자기가 훌륭한 사람이라는 인식을 갖게끔 만드는 반면에, 부모의 자녀에 대한 비난이나 욕설은 자녀에 대해 자기가 훌륭하지 못하거나 못난 사람이라는 인식을 일으킨다. 이러한 측면에서, 부모는 자녀의 긍정적 자기존중의 육성을 위해서 자녀에 대해 사랑과 존중(심지어 무조건적인 사랑과 존중), 긍정적 칭찬과 논평, 성취에 대한 칭찬과 격려 및 문제의 극복에 관한 경험의 제공 등을 실행할 필요가 있다. 이렇게 되면, 자녀는 자기를 긍정적으로 보고, 자기에 대해 만족하고, 자율성과 주도성의 적극적 성격을 발전시키고, 나아가서 근면한 사람으로 발달할 것이다.

이와 반대로, 자녀에 대해 자주 부정적 비평과 잔소리를 하는 것과 자녀에게 심적 타격을 주는 난폭한 언어를 사용하는 것, 즉 과잉 일반화들(예: "너는 제대로

하는 것이 하나도 없다")과 폭력적 위협들(예: "만일 네가 다시 이런 짓을 한다면, 다리를 분질러 놓을테다")을 사용하거나, 자녀에 대해 말을 걸지 않는 "침묵하기 게임"을 행하는 것은 자녀의 자기개념과 자기효능감에 대해 나쁜 영향을 줄 것이다.

어린 아이들은 판단능력이 부족하기 때문에, 불가피하게 바람직스럽지 못한 행동을 저지르기 쉽다. 따라서, 자녀에 대해 부정적 비평이나 잔소리를 하게 되는 것은 자연스러운 일이 될 것이다. 하지만, 이러한 경우에 부모는 건설적 방식으로, 즉 자녀가 잘못된 행동을 깨닫고 스스로 고치게끔 비평을 해야만 된다. 자녀의 잘못된 행동을 구체적으로 지적하고, 향상시킬 수 있는 방법을 알려 주고, 자녀의 성격이나 인격에 대한 부정적인 말을 피하는 것이 좋다. 예컨대, 자녀가 식탁에서 물컵을 엎질렀을 때, "너는 물컵도 제대로 잡지 못하니? 조심하라고 얼마나 자주 일러 주었어! 너는 어쩔 수 없어, 습관이 아주 되먹지 않았어"라고 심하게 인격적으로 비평하는 것은 좋지 못하다. 그 대신에, 차분한 음성으로 "네가 물컵을 엎질렀구나, 빨리 행주로 닦아라. 앞으로는 물컵의 손잡이를 꼭잡도록 해라"와 같은 말을 하는 것이 더 좋다. 후자에서, 부모는 문제의 행동을 기술하고, 해결방법을 제시하고, 문제를 아이의 성품 탓으로 돌리지 않았음에 유의하라.

정서적 안녕과 능력의 발전

우리의 일상생활에서 적절한 정서상태를 갖는 것은 자연스러운 일이다. 우리는 즐거운 상황에서 즐거움을 느끼고, 두려운 상황에서 공포를 느끼고, 위협이 예상되는 상황에서 불안을 느끼고, 사랑하는 사람에 대해 사랑을 느끼고, 방해받거나 좌절을 당하는 상황에서 분노를 느낀다. 이와 같이, 우리는 다양한 상황에 걸맞게 정서를 경험하고 그러한 정서들에 대해 어느 정도 통제하거나 조절할 수 있다. 다양한 상황에서 적절한 정서를 경험하는 것은 개인적 행복과 대인관계에 대한 기초를 이룬다. 다소 평온하고 긍정적인 정서상태는 개인에 대한 안녕감과 대인관계에 대해 유익하고 긍정적인 영향을 주게 될 것이다. 이와 반대로, 정서적 경험에 있어서 기복이 심하거나(또는 변덕스럽거나), 극단적인 부정적 정서상태를 장기적으로 유지하는 것은 개인에 대한 안녕감을 훼손하고 대인관계에 대해 유해하고 부정적인 영향을 주게 될 것이다. 심리적으로, 이상한 사람들의 주요 특징들에는 정서적으로 편안하지 못하고 극단적인 부정적 정서들을 경험하는 것이 있다. 예컨대, 우울증이 심한 사람들은 기분이 매우 침울하고 생활과 활동에 대한 의욕이 거의 없으며, 불안증을 가진 사람들은 상황에 걸맞지 않게 근심, 걱정, 불안 및 공포가 심하다. 또한 반사회적 성격을 지닌 사람들은 타인에 대한 진정한 애정과 배려가 없고 자신의 욕심만을 채우는 사람이며, 마침내 타인들을 해치고, 결국 자기 자신도 패망하는 사람으로 된다. 따라서, 자녀가 적절한 정서를 경험하고 긍정적인 정서상태에 있게끔 만드는 것은 부모의 중요한 책임에 속한다.

앞에서 부모의 책임사항들로서 지적된 자녀의 사랑과 신뢰감의 발전 및 자기존중과 자기효능감의 구축도 또한 정서적 인간으로서의 성숙한 발달의 중요성을 지적하고 있는 것이다. 사랑을 주고 받지 못하고, 타인들을 믿지 못하는 사람은 가까운 관계의 사람들(예: 친구, 애인, 배우자 및 부모)뿐만 아니라 일상적인 공식적이거나 비공식적으로 상대하는 사람들과의 관계에서 많은 지장을 갖기 쉽다. 자기에 대한 긍정적 느낌(즉 자기존중)과 유능한 사람이라는 느낌(즉 자기효능감)을 발전시키지 못한 사람들은 매사에 대해 자신감이 부족하고 적극성이 부족하고 노력하지 않고, 그에 따라 성취가 낮거나 실패하는 사람이 되기 쉽다.

자녀의 정서적 안녕을 위해, 부모 자신의 정서적 평온을 유지하고, 사랑과 관심으로 자녀가 행복을 느끼게끔 만들고, 부정적 정서들을 발전시키지 않게끔 조심해야만 된다. 특히, 자녀의 습관적인 부정적 정서들은 자녀의 문제행동들로 연결될 수 있다. 부모의 정서상태와 정서적 반응양식들이 자녀의 정서경험과 표현들에 직접적으로 영향을 줄 수 있다. 예컨대, 부모가 정서적으로 변덕스럽다면, 자녀의 정서도 또한 불안정하고 변덕스럽게 되기 쉽다. 부모가 위협을 하거나 성질을 부리면, 자녀는 반항하거나 두려움이 많거나 소심하게 되기 쉽다. 부모가 불안이나 걱정을 많이 하게 되면, 자녀도 또한 불안이나 걱정이 많게 되기 쉽다. 부모가 냉정하거나 비정서적이면, 자녀도 또한 냉정하고 비정서적으로 되기 쉽다.

자녀의 정서적 능력의 발전을 위해, 부모는 자녀가 자신과 타인들의 정서를 민감하게 인식하고 조절할 수 있게끔 가르쳐야만 된다. 이러한 능력들은 언어, 수리 등의 인지적 능력들, 즉 IQ와 구분될 수 있는 정서적 지능, 즉 EQ라고 불린다. 정서적으로 유능한 사람들은 적응적이고 타인들과의 관계에서 유능하다. 따라서, 실생활에서 성공적인 자녀를 육성하기 위해서, 부모는 인지적 능력뿐만 아니라 정서적 능력을 발전시키는 데에 관심을 두어야만 된다. 정서적 코치로서 부

모는 다음과 같은 전략을 사용하는 것이 도움이 될 것이다.[11]

① 자녀의 미묘한 정서들과 그 변화들을 민감하게 인식한다.
② 자녀의 정서들을 친밀성을 발전시키거나 적절한 정서반응을 가르치기 위한 기회로 간주한다.
③ 자녀의 이야기를 공감적으로 듣고, 자녀가 경험하는 다양한 정서의 정당함이나 당연함을 인정해 준다.
④ 자녀가 자신의 정서를 언어적으로 명명하는 것(예: "이것은 분노, 질투 또는 동정이다")을 도와 준다.
⑤ 정서반응들이나 행동에 있어서 한계를 설정함으로써 적절한 반응을 하거나 문제를 해결하게끔 도와 준다. 예컨대, 동생이 자기의 장난감을 함께 놀지 않아서 화가 나더라도, 장난감을 강제로 빼앗아서는 안 된다는 것을 가르쳐 준다.

호감과 사랑, 공포와 불안, 분노 등의 주요 정서들을 민감하게 인식하고, 적절하게 표현하거나 통제하는 것을 가르쳐 주는 것이 자녀의 정서적 발달에 대해 중요하다. 특히, 분노와 그에 따른 공격행동이 자녀의 대인관계들에서 중요한 결과(예: 폭행)를 일으킬 수 있으므로, 분노감정을 인식하고 조절하는 것을 가르쳐 주는 것이 자녀의 적응에 대해 매우 유익하다. 자녀에게 자신의 분노를 인식한 후에, 분노를 적절하게 조절하기 위한 몇 가지 방법을 코치해 줄 수 있다. 이것들은 심호흡을 실시하기, 평화로운 장면들을 시각화하기(즉 머리 속에서 장면을 상상하기), 1에서부터 10까지 세기, 다른 신체활동들로 긴장을 해소시키기, 언어적으로나 글을 통해 상대방과 의사소통하기 등을 가르치는 것을 포함한다.[12]

긍정적 사회관계의 기초 구축

앞에서 제시된 대부분의 부모적 책임들이나 활동들이 자녀의 사회관계의 발달에 관련되어 있다. 자녀의 건강, 사랑과 신뢰감의 발달, 자기존중과 자기효능감의 구축 및 정서적 안녕과 능력의 발전의 모든 주제들이 타인들과의 관계의 발전에 관련되어 있음이 쉽게 이해될 수 있을 것이다.

자녀의 사회적 발달은 평생 동안, 즉 출생 직후부터 시작되고 아동기, 청소년기, 성인기 및 노년기를 통해 계속된다. 이미 지적된 바와 같이, 출생 후 초기의 부모에 대한 자녀의 신뢰가 자녀의 장차의 심리 사회적 발달의 기초가 되어 준다. 부모와의 안심이 되고 애정적인 관계는 자녀의 안심애착을 발전시키고, 이것은 타인들과의 다정하고 친밀한 관계로 일반화된다. 이와 반대로, 출생 후 초기의 부모에 대해 불안애착이나 회피애착된 자녀는 성인이 되어서도 가까운 관계들에서 불안정성이나 가까움의 기복을 보이고, 심지어 가까운 관계를 회피하는 고립된 인간으로 되기 쉽다.

자녀의 사회적 발달에 대한 부모의 영향은 초기 아동기에 국한되지는 않는다. 자녀가 10대 초기의 청년기가 시작될 때에도 비록 또래들의 영향이 점점 더 증가될지라도, 부모의 영향은 다른 어떤 영향원들보다 더 클 수 있다. 청년기 자녀들이 부모의 말을 따르지 않고 반항적이라는 속설이 있지만, 연구들은 90% 이상의 청년들이 반드시 문제행동을 보이지는 않는다는 것을 보인다.[13] 부모가 청년기 자녀를 최선으로 신뢰하고, 타인들에 대해 상대하는 것과 마찬가지로 존중으로 대해 주는 것이 건전한 부모-자녀관계를 발전시키는 데에 큰 도움이 된다.[14] 청년기는 자기정체성, 즉 자기 자신이 누구이며 어떤 사람이 되고자 하는가에 대한 인식을 발전시키고, 독립성을 발전시키는 중요한 시기이므로, 부모는 자녀의 독립성을 발전시키는 데에 유의하면서, 자녀가 행하는 많은 일들에 대해 독단적으로 반대하거나 간섭하는 것을 가급적 삼가는 것이 좋다.

모든 연령의 자녀가 가족으로부터 사회적 행동과 관계에 대해서 배운다. 비록 가족이 사회성발달의 유일한 주체가 되지 않을지라도, 가족은 자녀의 사회성발달의 많은 몫을 담당하고 있다. 관계들의 측면에서, 사랑과 친밀성의 대부분이 가정에서 가르쳐진다. 따라서, 부모는 자녀의 관계들의 질에 대해 많은 책임을 지니고 있다. 심지어, 결혼행복에 관한 연구들은 부모 간의 관계와 어렸을 적의 부모-자녀관계의 질이 자녀의 결혼생활의 질에 대해 영향을 준다는 것을 증명하고 있다.[15] 부모는 자기들이 친밀한 관계들에 관한 모델이 되어 줌으로써, 자녀에 대해 수된 교육자들이 되고 있음을 수지해야만 된다.

자녀 훈육의 스타일들과 전략들

부모로서 자녀를 기르는 데에 있어서, 두 가지 기본적 측면, 즉 양육과 훈육이 중요하다. 양육은 자녀의 신체적 성장의 측면을 강조하는 반면에, 훈육은 자녀의 정신적 및 행동적 측면의 발전을 강조한다. 양육의 측면에서, 부모는 자녀를 적절하게 먹이고, 씻기고, 잠재우고, 놀게끔 만드는 활동들에 초점을 두며, 대부분의 부모들은 특별한 교육이나 훈련을 받음이 없이도 이러한 활동을 비교적 능숙하게 행할 수 있다. 이와 달리, 훈육은 많은 부모들에 대해 난처하고 당혹스럽고 부모로서의 유능감에 대해 회의와 무능감을 일으킬 수 있는 활동들이다. 본래, 훈육은 가르치는 것을 뜻하므로, 부모는 자녀를 가르치는 데에 필요한 지식과 기술을 갖추고 있어야만 자신의 역할을 유능하게 수행할 수 있다. 하지만, 대부분의 문화는 훈육자로서의 부모역할에 대한 교육과 훈련을 위한 도움을 거의 주지 않고 있다. 이에 따라, 자녀교육에 관심이 적은 부모들은 자기의 주관적 생각에 따라 자녀에 대한 효과성이나 비효과성을 따져 보지도 않고서 자녀를 가르쳐 보려고 든다. 설사 자녀교육에 관심이 많은 부모들이라고 하더라도, 많은 시행착오를 겪으면서 스스로 깨닫거나, 과거에 자기 부모가 사용했던 방법들을 사용하거나, 관련된 서적을 구입해서 읽는 등으로 많은 노력을 기울일 수 있지만, 이들의 대부분도 자녀훈육의 문제에 대해 "매우 힘든 일이다"라는 주관적 느낌들을 계속 갖고 있다. 이하에서 우리는 부모들이 사용하는 훈육스타일들과 현대적 훈육전략들을 살펴볼 것이다.

훈육스타일

부모가 자녀를 어떻게 훈육해야 되는가를 가장 쉽게 이해하는 것을 돕는 방법 중의 하나는 부모들의 훈육스타일들을 분류하고 그것들의 효과를 알아보는 것이다.

부모가 자녀의 행동에 대해 규칙을 정하고 실시함으로써 자녀의 행동기준들을 내면화시키는 것에 관련된 6개의 훈육스타일이 제시되었다.[16] 이것들을 규칙 적용의 엄격성에 따라 제시하면, 아래와 같다.

완 고 형

이것은 부모 자신이 경험했던 옛날식의 규칙들을 사용하는 것이다. 부모는 규칙에 대한 순종을 얻기 위해 위협, 학대 또는 사랑의 철회의 방법들을 사용하고, 자녀의 발언권을 허용하지 않는다.

비 평 형

이것은 자녀의 행동에 대한 적절한 기준들을 설정하는 것 대신에, 자녀를 부정하고 자녀가 실패할 것을 암시하는 말을 사용한다(예: “너는 잘하는 것이 전혀 없는 녀석이야”). 이것의 극단적 형태는 자녀의 말이나 행동에 대해 심하게 조롱하거나 비웃는 것이다.

협상 불가능한 규칙형

이것은 자녀가 따라야만 되는 확고한 규칙들을 부모가 정하고, 규칙의 준수와 위반에 대해 상응되는 보수와 처벌을 실시하는 것이다. 이것은 자녀의 행복과 안전을 위해 부모가 규칙을 정하고 실시한다는 것을 자녀에게 알려 주는 것이다. 하지만, 협상 불가능한 확고한 규칙들은 완고하지는 않으며 가족과 자녀를 위해 수정될 수 있다.

협상 가능한 규칙형

이것은 자녀에게 명료한 사고와 문제해결을 가르치는 것에 초점을 둔다. 따라서 규칙들은 협상될 수 있으며 자녀의 발달과 처지에 맞게끔 조정될 수 있다. 자녀도 정해진 규칙에 대해 자신의 의견을 제시할 수 있지만, 정해진 규칙에 대해 책임을 진다. 이것은 자녀의 자기존중을 향상시키고, 자녀의 성장에 대한 부모의 기대들을 전달하고, 자녀가 책임감 있고 유능하게 되려는 동기를 향상시킨다.

방 임 형

이것은 자녀에게 많은 자유를 주고 책임을 요구하지 않는 것이다. 이것은 자녀를 위해 주고 지원하는 것 같이 보이지만, 자녀의 규칙준수에 대한 의무와 능력을 인정해 주지 않는 것이다. 따라서, 이것은 자녀의 능력을 무시하고, 자녀를 무책임하고 실패하고 무기력하게끔 내버려 두는 것이다.

유 기 형

이것은 자녀에 대해 보호하지도 않고, 인간적 접촉도 없고, 규칙도 제시하지 않는 것이다. 이것은 자녀에 대해 신체적이거나 정신적으로 도움이나 지원을 제공하지 않고, 자녀를 무시하고 괴롭히는 것이다. 이것은 자녀에게 “너는 나에 대해 없는 것과 마찬가지이다”라는메시지를 전달한다.

위의 6개 스타일들 중에서, 협상 가능한 규칙형과 협상 불가능한 규칙형은 자녀에 대해 내면화된 행동통제를 일으키는 데에 있어서 긍정적이다. 그리고 나머지 4개의 유형들은 자녀에 대해 부정적 결과들을 갖는다.

훈육스타일에 관한 다른 모형은 위에서 제시된 모형보다 더 단순한 것이다.[17] 이것은 훈육스타일들을 권위주의형, 허용형 및 민주형으로 구분짓는다. 권위주의형(authoritarian style)은 옛날식의 스타일로서 부모가 자녀에 대해 완전한 통제력을 갖는다. 부모는 독재적이고, 엄격하고, 비융통적이다. 자녀는 단지 복종한다. 심한 처벌이 흔히 사용되고, 가정분위기는 긴장되어 있고 경직되어 있으며 제약적이다. 부모와 자녀 간의 관계는 두려움, 거리감, 차가움 및 완고함의 특징이 있다. 의사소통은 폐쇄적이며, 가치들은 부모에 의해 정해진다.

권위주의형에서 보편적으로 사용되는 훈육방법들은 가혹한 체벌과 언어적 학대이다. 이러한 방법들은 자녀의 장차의 인생에서의 친밀한 파트너에 대한 폭력의 지속성, 행동문제들 및 동물학대와 관련되어 있는 것으로 밝혀지고 있다.[18] 최근의 연구들은 자녀 통제를 위해 상해는 아니지만 고통을 일으키는 신체적 힘을 사용하는 체벌(corporal punishment)에 초점을 두어 왔다. 자녀에 대한 찰싹 때리기가 보편적으로 사용되고 있지만, 이것의 사용에 대해서는 전문가들 사이에서 의견불일치가 있다.

어떤 사람들은 체벌의 사용에 대해 단호하게 반대하는 반면에, 다른 사람들은 가벼운 때리기가 특별히 해롭지는 않을 것이라고 주장한다. 하지만, 한 연구는 아동기 때의 찰싹 때리기와 불안장애, 일코올 남용 및 기타 문제들 사이에 연관이 있다는 것을 발견했다.[19] 권위주의형의 다른 문제는 가치들의 발달에 있어서 이것이 대개 효과가 없다는 것이다. 권위주의형에서 흔히 사용되는 처벌적 훈육은 흔히 불복종이나 반항을 일으켜서, 정직성과 같은 바람직스러운 성품들을 발전시키는 것을 막고, 자녀의 자기존중과 사랑하는 마음과 행동의 발전을 저해한다. 권위주의형의 훈육방식들은 장기적으로 자녀에 대해 나쁜 결과를 일으킬 수 있다.

허용형(permissive style)은 권위주의형과 정반대되는 것으로서, 부모는 자녀에 대해 방관자이며 권위가 없고, 자녀가 더 강력하고 통제력이 있다. 허용형의 부모는 자녀의 행동과 주장에 대해 우유부단하고, 양보적이고, 비일관적이다. 따라서, 자녀의 행동은 통제불가능하고 부모-자녀관계는 혼란상태 속에 있다. 몇몇 가정들에서, 훈육스타일들은 권위주의형과 허용성 사이를 신속하게 이동하고 자녀들은 균형된 훈육을 받지 못한다.

허용형은 권위주의형과 마찬가지로 부정적 효과를 갖는다. 부모가 허용적일 때, 자녀는 흔히 자신의 행동에 대해 불안을 느끼고, 행동과 그 결과들 사이의 관계를 파악하지 못하고, 성인이 되어서도 책임성이 적고 이기성과 방종이 많은 사람으로 되기 쉽다.

여기에서 주의할 점은 권위주의형이나 허용형의 부모가 반드시 자녀에 대해 100%의 확률로 부정적 결과들을 일으키지는 않는다는 것이다. 그러한 부모들은 자녀의 부정적 결과들을 일으킬 가능성이 더 많으며, 그러한 결과들을 결정짓는 다른 요인들이 있다.

민주형(democratic style)은 훈육의 긍정적 목표들의 달성과 합치되는 스타일로서, 오늘날의 민주화사회의 시대적 흐름과 조화되는 것이다. 이러한 유형의 부모는 자녀에 대해 리더, 안내자 및 교사의 역할을 담당한다. 따라서, 부모는 이성적이고, 융통성 있고, 긍정적이고, 접근할 수 있는 사람이다. 자녀는 깊게 생각하고, 가족에 대해 기여하고, 협동하도록 격려받는다. 자녀를 포함한 가족들의 권한과 발언권은 공유되며, 의사소통은 열려 있다. 따라서, 가족의 분위기는 이완되어 있고 일관성 있고, 부모-자녀관계는 가깝고 솔직하고 나눔이 있다. 민주적 훈육은 부정적 방법들보다 긍정적 방법들을 강조한다. 이것은 호된 꾸짖음과 체벌 대신에, 칭찬, 격려 및 토닥거려 줌을 강조한다. 행동규칙들은 부모의 일방적 설정보다 자녀와의 토의와 약속을 통해 정해지며, 자녀는 행동규칙의 제정에 스스로 참여하였으므로 그러한 규칙을 적극적으로 수용하게 된다.

민주형은 권위주의형과 허용형에 비해서 더 바람직스러운 결과들을 낳는다. 권위주의형의 자녀들은 두려움이 많고, 복종적이고, 권위인물에게 굴복하게 되지만, 흔히 반항적이고 공격적인 태도를 발전시키게 될 것이다. 이와 달리, 허용형의 자녀들은 버릇없고, 무책임하고, 요구가 많은 사람으로 될 가능성이 클 것이다. 이들 유형에 비해서, 민주형의 자녀들은 다음과 같은 긍정적 결과들을 갖게 될 것이다.

① 긍정적 특성들과 행동들을 발전시키고, 부정적 특성들과 행동들을 발전시킬 가능성을 줄인다.
② 자기규율이 있는 자녀들이 되게끔 자녀들을 훈육에 참여시킨다.
③ 타인들과 평화적이고 협동적으로 사는 방법을 체득한다.

④ 애정 있는 부모-자녀관계를 발전시킨다.

민주적 훈육의 이와 같은 긍정적 결과들을 고려해서, 다음 절의 현대의 훈육 전략에서 이 주제를 더 자세하게 취급할 것이다.

결론적으로, 부모의 양육스타일들이 자녀의 건전한 행동과 태도의 발달에 있어서 매우 중요한 한 요인이 된다. 훈육스타일들의 영향과 그 밖의 관련된 연구들은 또한 아래의 조건들에서 유능하고 자신감 있는 자녀들이 될 가능성이 높다는 것을 나타낸다.[20]

자녀의 행동에 대한 적절한 통제

자녀의 행동기준들을 설정하고 이것들에 따라 행동에 영향을 주려고 시도하는 정도이다. 부모는 자녀의 바람직스럽지 못한 행동들, 예컨대 의존적 행동과 공격적 행동을 적극적으로 수정하려고 시도한다.

성숙한 행동의 요구

자녀가 자신의 연령과 능력수준에 맞게끔 행동하도록 요구하고 격려하는 정도이다.

부모-자녀 간의 의사소통의 원활성

부모가 자신의 지시나 명령의 이유를 잘 설명해 주고 자녀의 의견과 기분을 고려해 주는 것이다.

부모적 비호

부모가 자녀에 대해 온정과 동정을 보여 주고, 자녀의 성취에 대해 즐거워하는 정도이다.

현대의 훈육전략들

시대와 상황에 관계없는 효과적이고 유능한 부모가 되기 위한 단일한 방법이나 절차가 없다는 것이 전문가들에 의해 인정되고 있다. 많은 전문가들이 자기들이 선호하는 훈육에 대한 특수한 접근을 옹호하고 있지만, 오랜 동안 효과적이라고 판명되어 온 3가지 전략이 있다. 이것들은 행동수정기법들, 민주적 자녀훈련 및 부모훈련이다. 부모에 대한 훈련프로그램들은 효과적 자녀훈육의 가능성 때문에 인기가 높다.

현대적 훈육전략들의 일반 특징들

현대적 훈육의 방법들이나 전략들은 세 가지 공통 특징들이나 목표들을 갖고 있다.

첫째로, 자녀의 행동통제에 대한 부모의 권력이나 영향력이 감소되고 있다. 전통적 권위주의적 전략들에서는 부모가 자녀의 행동을 통제하고 책임지는 데에 있어서 주도적 역할을 담당한다. 현대적 전략들을 전통적인 권위주의적 전략들에 부수되는 부정적 결과들을 방지하고, 가족이 기능상으로 더 높은 응집성, 독립성 및 융통성을 갖게끔 만들고자 한다. 자녀의 행동을 통제하고자 하는 부모들이 사용하는 권력 주장들은 완고함, 비평, 학대나 조건부적 보살핌, 체벌 및 경멸적이거나 수치감을 주는 말들을 포함한다. 이것들은 자녀에게 높은 불안을 일으키고, 창의적 능력을 억제시키고, 자녀의 기를 죽이고, 자기상을 손상시킨다. 현대의 훈육전략들은 자녀에 대한 규칙들의 사용, 자녀에 대한 부모의 자기주장적 돌봄과 지원적 돌봄 및 자녀들을 대하는 평등주의적 방침들을 강조함으로써, 자녀의 자기존중을 향상시키고, 부모-자녀관계의 민주적 패턴을 부모에게 가르쳐 준다.[21]

둘째로, 자녀의 자기통제력을 향상시키고 자기규율을 확립시킨다. 현대적 전략들은 자녀의 성장수준에 따라 자녀에게 자기통제력과 자기규율을 갖게끔 돕는 것에 초점을 둔다. 부모들은 자녀가 자신의 행위에 대해 더 많은 책임을 지게끔 지도함으로써, 자녀의 행동을 통제하는 데에 더 적은 시간과 에너지를 사용하고, 자녀와의 긍정적 유대를 강화시키고, 모든 가족원들의 욕구나 바램을 충족시키는 데에 집중할 수 있다.

셋째로, 자녀의 욕구와 행동을 이해하는 것에 초점을 둔다. 대부분의 전략들은 자녀의 정서상태와 행동을 이해하는 것을 강조한다. 몇몇 접근들은 부모들에게 자녀의 문제를 주의깊게 듣거나 의견을 말하게끔 도와 주는 상담자적 역할을 수행하도록 권고한다. 그렇게 함으로써, 부모는 자녀의 감정들을 실감하고 이해할 수 있으며, 자녀의 잘못된 행동의 원인을 알아낼 수 있게 된다. 부모들은 자녀의 발달단계상에서 어떤 문제들이 발생할 수 있는지와 그에 따라 자신의 훈육방식을 어떻게 수정하고 변화시킬지에 대한 가르침을 받는다. 이하에서, 우리는 두 가지 대표적인 현대적 방법을 살펴본다. 이것들은 행동수정방법과 민주적 자녀훈련방법인데, 민주적 자녀훈련방법은 이미 앞 절에서의 부모의 훈육스타일과 관련해서 그 요점들이 제시된 바 있다.

행동수정방법

부모들은 행동수정(behavior modification)의 기법들을 사용해서 자녀의 바람직스럽지 못한 행동을 약화시키고, 바람직스러운 행동을 강화시킴으로써, 자녀의 올바른 행동을 형성시킬 수 있다.[22] 기본적으로, 이 기법은 자녀의 모든 행동이 학습된 것이라고 간주한다. 부모는 자녀의 행동에 대해 특수하게 반응해 줌으로써 자녀의 행동을 형성시키고 변화시킨다.

행동수정이론의 기본 전제는 인간이 자신의 행동결과에 따라 행동을 조절한다는 것이다. 인간은 긍정적 결과를 낳는 행동을 계속하고, 부정적 결과를 낳는 행동을 중지하거나 피한다. 행동의 형성과 발전 그리고 변화와 수정에 영향을 줄 수 있는 몇 개의 주된 요인이 있다.

강화: 행동 후에 제공되는 보수(또는 강화물)가 그 행동의 재발생의 가능성을 증가시킨다. 보수는 행동이 일어난 직후에 제공될 경우에 효과적이다. 강화물은 정적 강화물과 부적 강화물로 구분되는데, 칭찬이나 돈은 정적 강화물에 속하고, 어떤 비행에 대해 잘못했다고 말하는 것에 대해 처벌을 철회하는 것은 부적 강화물에 속한다.

소거: 행동수정은 부모가 원치 않거나 불쾌하게 여기는 행동(예: 우는 것)의 소거나 제거를 포함한다. 자녀의 바람직스럽지 못한 행동, 예컨대 식사중에 장난치는 것이나, 떼를 쓰는 것에 대해 부모가 전혀 주의를 기울이지 않거나 무시하는 것이 그러한 행동을 소거시킬 수 있다. 그러나 대개 그러한 행동들은 발생 숫자가 매우 크기 때문에 소거시키기에 오랜 시간이 소요될 수 있다.

강화스케줄: 강화물은 모든 행동의 직후에 제공되거나(즉, 계속적 강화), 일부의 행동들의 직후에 제공될 수 있다(즉, 간헐적 강화). 간헐적 강화가 계속적 강화보다 더 효과적일 수 있다. 간헐적 강화는 행동의 빈도와 시간의 측면들에 대해 적용될 수 있다. 예컨대, 강화물은 아동의 행동(예: 단어를 정확하게 말하기) 중의 일정한 숫자(예: 5개의 단어마다)에서 제공되거나 일정한 시간(예: 2분 간격)에 제공될 수 있으며, 강화물이 제공되는 행동의 빈도와 시간이 또한 변화될 수 있다.

행동의 연쇄화와 조형: 행동의 연쇄화(chaining)는 행동수정기법에 의해 복잡한 행동들이 학습되는 과정을 일컫는다. 예컨대, 문법에 맞게끔 한글을 쓰는 것을 배우는 것은 한글의 철자를 쓰기, 철자에 의해 글자나 단어를 쓰기 및 단어를 문법에 맞게끔 결합하기의 과정이 필요하다.

행동의 조형(shaping)은 어떤 반응들을 강화시키고 다른 반응들을 강화시키지 않음으로써 새로운 행동을 형성시키는 것이다. 예컨대, 유아에게 말을 가르칠 때, 부모는 아이의 정확한 말들에 대해서 강화를 제공하고 정확하지 않은 말들에 대해서 강화를 제공하지 않음으로써, 새로운 말패턴을 가르칠 수 있다.

요약하면, 행동수정기법은 정적 강화의 주의깊은 제공을 통해 자녀에게 원하는 행동을 일으키는 데에 매우 신뢰로운 방법이다.

민주적 자녀훈련

민주적 자녀훈련은 가정운영의 민주적 방법들을 통해 훈육목표를 달성시키고자 한다. 이 방법들은 자녀에 대한 격려의 사용, 행동의 적절한 한계의 설정, 가족들에 대한 상호 존중의 실시 및 가족들의 집단적 의사결정을 포함한다. 이러한 접근은 하나의 부모교육과정으로서 효과적 부모역할의 수행을 위한 체계적 훈련(STEP)이라는 프로그램을 내놓았다. 이러한 접근은 훈육목표들의 달성에 대한 일관성 있는 유의한 효과를 내놓고 있다. 민주적 접근은 아래의 가정에 기초되어 있다.[23]

① 행동(또는 비행)에도 목적과 원인이 있다.
② 자녀의 행동에 대한 이해는 자녀의 사회적 맥락(또는 상황)과 사회집단에 대한 소속욕구의 이해를 요한다.
③ 자녀의 행동에 대한 이해는 자녀 자신의 해석이나 이해와 생활각본(또는 일의 과정에 대한 인지구조)에 대한 이해를 요한다.

상기의 가정들은 부모가 자녀를 대하는 것의 기초가 된다. 자녀의 행동패턴의 형성에 대해 가족체제가 큰 영향을 주며, 이것은 자녀의 타인들과의 상호작용의 모형이 되어 준다. 생활각본(life script) 또는 생활계획(life plan)은 자녀가 추구하는 목표를 달성시키기 위한 행위방식들에 대한 의사결정으로 이루어져 있다. 예컨대, 부모가 자녀의 모든 응석을 받아 주는 식으로 반응한다면, 자녀는 자신의 목표달성을 위해 부모를 조작하고, 술수를 부리고, 방종적이고, 자기중심적인 생활각본을 택하게 될 것이다. 기본적으로, 자녀의 문제행동들이나 비행들은 잘못되거나 비논리적인 생활각본들(예: 내가 울면, 엄마는 과자를 사 준다)에서 생긴다.

민주적 자녀훈련의 접근에서 사용되는 기본적 자녀훈육의 몇 가지 기법은 아래와 같다.

자녀의 행동에 대한 자연적 결과들과 논리적 결과들의 활용: 자녀는 자신의 행동의 결과들을 체험함으로써 행동에 대한 책임성을 배울 수 있다. STEP 프로그램의 하나의 핵심요소는 자녀의 행동에 대한 보수와 처벌의 사용과는 달리, 자녀의 행동에 대한 논리적 결과와 자연적 결과를 가르치는 것이다.

논리적 결과들은 부모가 자녀의 행동과 결과를 미리 설정해 주며, 따라서 논리적으로 자녀는 자신의 행동으로부터 미리 정해진 결과들을 받게 된다. 논리적 결과의 방법은 자녀에게 인정 가능한 행동의 수행을 선택하게끔 만들거나, 인정 불가능한 행동과 그에 따른 부정적 결과를 수용하게끔 만드는 것을 포함한다. 예컨대, 아이는 가지고 놀던 장난감들을 치우거나, 그렇게 하지 않으면 엄마가 장난감들을 치우고서 다음 날 아침까지 장난감을 가지고 놀지 못하게 된다. 또는 아이가 음식을 방바닥에 떨어뜨리게 되면, 엄마가 아이에게 음식을 먹여 주는 것을 감수한다. 논리적 결과들은 자녀의 문제행동으로부터 나오며, 행동에 의해 생긴 문제들을 직접 해결해 준다. 논리적 결과들은 자녀에 대한 과잉 처벌을 피하게 해 주고 부모와 자녀 간의 긍정적 관계를 촉진시킨다. 이 기법은 자녀의 행동에 대한 처벌이나 권위주의적 지도 대신에, 자녀에게 자신의 행동에 대해 스스로 책임지게끔 만들어 준다.[24] 따라서, 자녀는 자신의 행동에 대해 생각하고, 계획을 세우고, 책임지는 것을 배우게 된다.

논리적 결과와는 달리, 자연적 결과는 자녀 스스로 행동을 선택하게끔 허용하고, 자신의 선택의 결과들을 체험하게끔 만드는 것이다.[25] 행동에 대한 자연적 결과들은 행동으로부터 직접 결과되고, 부모에 의해 미리 설정되는 것이 아니다. 예컨대, 영미는 동생의 생일파티 석상에서 가족들의 관심이 주로 동생에게 쏠려 있는 것에 대해 질투심을 느껴서, 파티장소에 있고 싶지 않다고 말하면서 자기 방으로 가버렸다. 이전에 영미가 이와 비슷한 행동을 했을 때, 엄마는 바로 영미의 방으로 쫓아가서 영미에게 파티장소로 돌아오라고 간청한 바 있었다. 하지만, 이번에 엄마는 영미의 행동을 못본 체하고서 내버려 두었다. 그 결과로, 영미는 자신의 행동에 대한 자연적 결과들을 체험하게 되었다. 즉, 영미는 자신의 행동으로 인해서 맛 있는 케이크를 먹지 못했고, 다른 아이들과 즐겁게 놀지 못했다.

자연적 결과를 이용하는 방법은 자녀가 부모나 다른 가족들을 방해하지 않을 때, 즉 부정적 결과들을 당하는 것이 자녀에게 국한되어 있을 때에 가장 효과적이다. 또한 이 방법은 자연적 결과들이 자녀의 안전이나 건강을 크게 위협할 경우에는 사용되지 않는다. 마지막으로, 모든 상황에서 자녀의 부정적 행동이 나쁜 자연적 결과들을 갖지 않을 수 있다. 이러한 경우에, 부모는 자녀의 행동에 대해 논리적 결과들을 설정하고 제공해야만 될 것이다.

자녀의 행동의 결과들이 자녀의 행동학습에 도움이 되기 위해서, 그것들은 철저하고도 일관성 있게 체험되어야만 된다. 부모는 자녀에 대한 가엾은 느낌으로 인해서, 자녀에 대한 부정적이거나 불쾌한 경험을 막으려는 유혹을 강하게 느낄 수 있다. 만일 부모가 이러한 유혹에 져서 자녀가 부정적 결과들을 체험하는 것을 막게 되면, 자녀는 자신의 행동에 대해 부모와 기타의 사람들이 책임져 준다는 것을 배우게 된다.

격려의 사용: 민주적 자녀훈련의 전략 중 하나의 주요 원칙은 행동에 대한 내재적 동기가 외재적 동기보다 더 바람직스럽고 효과적이라는 것이다. 이 전략에서 보수 대신에 격려가 사용되고 처벌 대신에 논리적 결과들이 사용되는데, 보수와 처벌은 본래 개인에 대해 외재적인 것이다.

격려와 보수는 제공되는 시기와 상황에 있어서 차이가 있다. 격려는 행동이 수행되기 이전에 제공되는 반면에, 보수는 행동이 수행된 후에 제공된다. 격려는 성공적 행동뿐만 아니라 실패적 행동이나 곤란에 대해서도 제공되는 반면에, 보수는 단지 성공적 행동에 대해서만 제공된다.

한편, 처벌과 논리적 결과들은 자녀에 대한 영향에 있어서 차이가 있다. 처벌은 권력을 가진 사람이 아랫 사람에게 강제한다는 느낌을 주고 그에 따라 반항이나 투쟁을 일으키며, 보복적이라고 해석되고, 처벌받는 사람은 자신을 버림받은 사람이라고 간주한다. 처벌과 달리 행동의 논리적 결과들은 비행과 논리적으로 연관되어 있고, 과거보다 현재의 행동에 대해 관심을 두게끔 만든다. 논리적 결과들은 자녀의 행동을 효과적으로 통제할 수 있게끔 만드는 동시에, 자녀에게 건전하고 안전한 방식으로 스스로 의사결정을 행하고 책임을 지는 방법을 가르치는 좋은 기회를 제공한다.

가족회의의 사용: 민주적 자녀훈련의 전략은 가족들이 어떤 문제의 해결에 대해 합의에 도달하고, 효과적으로 의사소통하고, 가족의 일들에 대한 참여감을 증진시키는 한 수단으로서 가족회의를 이용한다. 가족회의가 정기적으로 개최되고, 자녀를 포함한 모든 가족이 동등한 발언권과 투표권을 갖는 것이 권고되고 있다.

가족회의는 가족의 규칙준수에 따른 논리적 결과들의 결정, 금전과 시간과 같은 가족의 자원들의 사용 및 가족들 간의 말다툼의 해결을 위해 개최될 수 있다.

부모 효과성훈련

부모 효과성훈련(parent effectiveness training: PET)은 부모와 자녀 간의 관계를 향상시키기 위한 인본주의적 상담전략에 기초된 하나의 훈련프로그램이다.[26] 이것은 부모들에게 효과적인 양육과 훈육의 방법을 가르치기 위해 개발되었다. 이것은 부모들의 의사소통기술과 부모와 자녀 간의 갈등의 해결에 초점을 두고 있다. 이것은 효과적 상담자로서의 행동방법을 부모적 역할기술들에 응용한 것이다. 이것의 과용은 자녀에게 부모를 무시하게끔 만들어서 부모의 훈육노력을 허사로 만들 수도 있지만, 이 기법을 배운 부모들이 부모로서의 자신감이 더 많고, 자녀를 더 많이 수용하고 이해하고 신뢰한다는 것이 발견되었다. 이 훈련을 받았던 부모들의 자녀는 더 큰 독립적인 문제해결과 더 높은 자기존중감을 갖는다.

PET는 자녀와의 더 효과적인 의사소통과 상대하는 방법을 향상시키기 위해 만들어졌으며, 아래의 특징을 갖고 있다.

부모는 자녀의 문제에 대해 상담자로서 행동한다: 부모는 많은 상담기법들에서 사용되는 공통적 치료법인 적극적 듣기를 수행한다. 부모는 자녀의 문제에 대해 해결책을 제안하는 것 대신에 자녀의 말을 경청하면서 은연적으로 전달되는 느낌들을 간파하고, 자녀의 말 속에서 표현된 느낌들과 의미들에 대해 공감을 표현하고, 자녀 문제에 대한 부모의 지각을 자녀에게 반영시켜 주고, 자녀 스스로 문제에 대한 해답을 찾게끔 도와 준다.

부모는 자녀에게 심리적 손상을 주지 않는 방식으로, 자녀의 행동문제에 대한 부정적 정서를 표현한다: 자녀가 부모를 속상하게끔 만드는 행동을 비의도적이거나 의도적으로 행할 수 있다. 예컨대, 자녀가 TV를 큰 소리로 켜거나, 동생을 때릴 수 있다. 이와 같은 문제상황에서, 이 기법은 부모가 자녀에 대해 "너"(또는 당신)중심의 메시지나 말보다 "나"중심의 메시지나 말을 사용할 것을 권고한다.

대부분의 부모들은 특히 화났을 경우에, 자녀의 부정적 행동에 대해 "너"로부터 시작되는 말을 사용한다. 예컨대, 부모는 "너는 바보같이 행동하고 있어," "너는 TV를 시끄럽게 켜서 나를 미치게끔 만들고 있어"와 같이 자녀를 비난하고 나무라는 식으로 말한다. 이 기법은 자녀가 문제가 되는 행동을 행할 경우에 부모가 "너"보다 "나"로부터 시작되는 말을 사용할 것을 제안한다. 예컨대, 부모는

"나는 네가 동생을 때릴 때에 화난다" "나는 네가 나의 말에 귀를 기울이지 않을 때에 화난다"는 식으로 말할 것이 권고된다. "나"중심의 메시지는 나, 자녀의 문제행동 및 부모 자신의 정서상태를 표현하는 말들로 구성되어 있다.

이 기법은 부정적 행동에 대해 "너"메시지를 사용하는 것이 자녀의 성격이나 자기존중감을 해치는 부정적 효과를 갖는다고 주장한다. 이와 반대로 "나"메시지는 자녀의 자기존중감을 해침이 없이 부모 자신의 의사를 효과적으로 전달한다. "나"메시지는 자녀의 행동을 변화시키는 책임을 부모보다 자녀 자신에게 두며, 자녀의 반항과 저항을 일으킬 가능성이 적다. 부모가 이런 식으로 자녀에게 의사소통하게 되면, 자녀 또한 이러한 기술을 습득해서 부모에게 손상이 되지 않는 방식으로 자신의 의사를 표현할 수 있게 된다. 부가적으로, 이러한 방법은 청년들보다 취학 전이나 취학한 자녀에 대해 더 효과적일 수 있다.

부모와 자녀가 함께 승리하는 갈등해결의 추구: 갈등이 발생될 때, 가족들은 대개 상대방의 해결방법이 자기 자신에 대해 손해가 된다는 식으로 생각하고, 따라서 자기 자신의 해결방법을 관철시키려고 든다. 이러한 접근은 가족들 간에 적대적인 상황을 조성시키고 어느 한 쪽의 패배를 요구한다. 이 기법은 부모와 자녀 모두에게 패배함이 없는 합의와 타협에 기초된 갈등해결을 강조한다. 해결책은 양측이 만족할 수 있는 것이어야만 되고, 따라서 양측의 요구를 어느 정도 충족시켜야만 된다. 이 기법은 부모와 자녀 모두가 패배함이 없이 갈등이나 문제를 해결하는 6단계를 사용할 것을 권고한다(3장과 10장의 갈등해결과 집단문제해결에 관한 장들을 참조할 것).

부모의 분노관리방법

결혼만족이 자녀의 출생과 성장단계에 관련되어 있다는 많은 증거들은, 자녀가 부모에 대해 주요한 불만족의 근원이 되고 많은 좌절과 육체적 및 정신적 고통을 제공한다는 것을 나타내 준다. 부모들은 자녀를 키우고 상대하는 과정 속에서 끊임없이 많은 좌설을 경험하며, 좌설에 수반되는 분노나 부정적 감정늘은 자녀에 대한 사랑과 혼합되고, 자녀에 대한 부모적 도리에 관한 사회규범의 제지를 받아서 쉽게 해소되지 않는다. 이러한 해소되지 못한 분노는 자녀에 대한 심리적 및 신체적 형태의 학대로 연결될 수 있다. 부가적으로, 자녀를 학대하는 부모들은 자녀지도기술이 부족할 수 있다. 이러한 문제점들을 해결하기 위한 하나의 대책으로서 RETHINK 방법이라는 하나의 프로그램이 개발되었다.[27] 이것은 또한 부모들이 자녀에게 분노를 관리하는 방법을 가르쳐 줄 수 있는 부가적 장점을 지니고 있다. 이 프로그램의 명칭은 자녀에 대한 분노를 관리하는 세부 기술들의 첫 영문철자를 사용한 것이다. 각각의 영문철자의 근원이 되는 단어들과 각 단계의 훈련내용은 아래와 같다.

- R(recognize): 부모 자신이 화날 때를 인식하는 것이다.
- E(empathize): 화나게끔 만드는 자녀와 공감하고 자녀의 시각을 이해하는 것이다.
- T(think): 화나게끔 만드는 일들에 대해 자신이 어떻게 생각하고 있는지를 자각하는 것이다.
- H(hear): 화나게끔 만드는 일들에 대한 자녀의 주장과 말을 경청하는 것이다.
- I(integrate): 자신의 분노의 표정과 애정과 존중의 표정을 통합시킬 수 있는 방법을 배우는 것이다.
- N(notice): 자신의 신체의 느낌들을 인식하고, 화날 때에 자신의 신체운동에 대해 주목하는 것이다.
- K(keep): 자녀와의 이성적 대화를 계속 유지시키는 방법을 아는 것이다.

부모들은 이 프로그램에 참가해서, 전문가로부터 상기의 기술들을 배울 수 있다. 이 프로그램에서 부모들은 유아기에서부터 청년기까지의 발달특징들, 분노유발요인들과 분노관리를 위한 기술들 및 자녀에 대한 신체적 폭력에 대한 대안적 기술들을 배우게 된다. 이 프로그램은 자녀양육기술의 향상, 분노조절의 향상, 폭력행동의 감소, 가족갈등의 감소 및 적절한 훈육방법들의 일관성 있는 사용의 긍정적 결과들을 보인다.

부모의 훈육방식과 자녀의 또래관계

부모의 훈육방식은 자녀의 행동과 아울러 또래관계의 성질에 대해 영향을 준다. 자녀에 대해 온정적이고 지원해 주는 부모들은 냉정하고 거부적인 부모들보다 자녀의 더 적은 행동문제를 갖는다. 이 밖에도, 부모의 훈육방식은 또래들과의 원만한 관계를 맺는 자녀의 능력에 밀접하게 관련되어 있다. 예컨대, 강제적 훈육(coercive discipline), 즉 위협, 고함치기, 찰싹 때리기 등과 같은 방법들을 사용하는 부모들은 놀이친구로서 덜 선호받는 자녀를 갖는 경향이 있다. 이와 반대로, 자녀에게 자녀 자신의 행동이 타인들에 대해 어떤 영향을 주는지를 설명해 주는(예: "네가 영철이를 놀리면, 그 애의 기분이 상한다") 부모들은 친구들과 잘 지내는 자녀를 갖는 경향이 있다.

또한, 부모의 훈육방식은 또래관계에서의 문제해결기술의 발달에 영향을 준다. 부모가 자녀의 행동의 영향을 설명해 주는 방법을 사용하게 되면, 자녀는 다른 아이들과의 문제를 해결할 때에 다른 아이들의 감정를 고려하는 경향이 있다. 이와 달리, 부모가 강제적 방법을 사용하게 되면, 부모와 자녀의 관계가 상호 강제적으로 되어서 부모와 자녀는 서로를 위협하게 된다. 또한 이러한 행동패턴은 자녀의 또래관계로 일반화된다.

긍정적인 부모적 행동들

부모적 책임들과 훈육에 관한 논의들은 자녀의 행동들과 태도들에 초점이 두어졌다. 이제, 자녀가 아니라 부모쪽으로 방향을 돌려서, 훌륭하거나 긍정적인 부모적 행동들에 더 직접적으로 초점을 두어 보자. 훌륭한 부모들은 자녀와의 관계에서 어떤 행동을 보여야만 되는가? 이에 대한 단일한 정답은 없을 것이지만, 아래에 제시되는 몇 가지 행동이 훌륭한 부모로서의 행동들을 나타낼 것으로 간주될 수 있을 것이다.[28]

자녀와 함께 즐거운 시간을 보낸다

자녀는 즐겁고 행복해야만 된다. 이것이 애정 있는 부모가 갖는 자녀에 대한 하나의 기본적 자세이다. 자녀의 즐거움과 행복은 먼 장래를 위한 것만이 아니다. 자녀는 현재 행복해야만 된다. 부모가 자녀와 함께 웃고 즐기는 것은 모두의 스트레스와 고통을 줄여 주고, 자녀와의 긍정적 유대를 형성하고 강화한다.

자녀와 솔직하게 의사소통한다

사람들 사이의 관계에서 의사소통이 가장 중요하다. 애정과 평화 그리고 미움과 갈등은 모두 의사소통을 통해 이루어지는 것이다. 자녀와의 솔직하고 원활한 의사소통은 다정하고 친밀한 부모-자녀관계의 초석이 된다.

부모로서의 따뜻함과 애정을 보인다

자녀의 신체적 및 정신적 발달과 성장을 위해 부모의 따뜻함과 애정이 필수적이다. 언어적으로 그리고 비언어적으로 따뜻함과 애정을 나타내는 것은 자녀의 정신적 안정, 자기존중감 및 친밀한 관계들의 발전에 있어서 매우 중요하다. 구식의 부모들이 다소 익숙해져 있지는 않지만, 포옹과 같은 자녀에 대한 애정의 신체적 표현을 쑥스러워하지 않는 것이 좋다.

고마움과 배려를 보여 준다

자녀가 제 할 일을 다하고 부모에게 잘 대할 때, 부모도 자녀에 대해 고마움을 표시하고 자녀의 심신의 안전에 대한 배려를 표시해야 된다. 우리는 "이심전심"에 의해 가족들이나 자녀에 대한 애정, 고마움, 배려가 전달된다고 믿고 있다. 물론, 언어적 표현이 없어도 그러한 정서들이 전달될 수도 있지만, 말과 행동으로 그러한 정서들을 직접 표현한다면 더 잘 전달되고 이해될 수 있다. 이러한 직접적 표현들이 부족하게 되면, 의도와는 달리 고마운 마음들은 무시되거나 묻혀버리고 기분 나쁜 점들이 주목되고 표면화되기 쉽다.

중요한 가치들을 가르치고 시범을 보인다

가정에서 많은 기본적 가치들의 기초가 형성된다. 자녀가 인간으로서 살아가는 데에 필요한 가치들을 심사숙고하고, 가르치고, 몸소 시범을 보이는 것이 자녀의 인생을 더욱 보람 있게끔 만드는 데에 도움이 될 수 있다. 그러한 방법들 중의 하나는 학교에서의 교훈처럼, 가훈을 정해서 글로 써서 걸어 놓고 자녀에게 주지시키는 것일 것이다. 자녀에 대해 중요한 가치들은 인간과 생명의 존엄성, 사람들의 자유로운 삶, 타인들에 대한 존중과 사랑, 자기 자신의 최선을 다함, 부지런함, 겸소함, 배움과 자기발전 등을 포함할 것이다.

공정성과 평등성을 보여 준다

사람들의 마음 속에 옳고 그름에 대한 판단들이 항상 진행되고 있고, 사람들은 정의를 추구하고 불의를 시정하려는 강력한 경향이 있다. 정의의 기준들 중에서 중요한 것은 공정성과 평등성이다. 부모가 자녀를 대함에 있어서 공정하거나 평등하다면, 자녀의 불평과 불만은 크게 감소될 수 있다. 하지만, 자녀를 편애로서 대하거나, 자녀를 서로 비교해서 비평하는 것은 하나의 불공정하고 불평등한 행위이다. 이것의 결과는 자녀가 서로 분개하고 미워하는 것과 심지어 부모에 대해 분개하고 미워하는 것이다.

자녀의 개성과 독자성을 존중한다

사람들은 능력과 성격에 있어서 광범한 차이를 갖고 있다. 어떤 사람은 언어적 능력이 우수한 반면에 어떤 사람은 수리적 능력이 우수한 것과 비슷하게, 사람들은 성격들이나 선호들에 있어서도 차이가 있다. 이와 같은 차이들에 대해, 부모는 자신의 선호들에 따라 어떤 특성이 다른 특성보다 더 바람직스럽고 가치 있다고 판단해서, 자신의 선호를 강요하려고 들 수 있다. 예컨대, 외향적인 어머니는 내향적인 자녀에 대해 외향적인 행동을 하게끔 강요하고 압력을 줄 수 있다.

이러한 방침은 때로는 자녀에 대해 큰 좌절을 주고 자녀의 개성 있는 발달을 방해할 수 있다. 운동선수들에 대한 비유가 개성을 존중하는 것에 대한 예로서 적절할 수 있다. 예컨대, 골프를 잘하는 박세리에게 농구를 시켰다면 어떠할 것인가? 축구를 잘하는 박지성에게 농구를 시켰다면 어떠할 것인가? 피겨스케이팅을 잘하는 김연아에게 달리기를 시켰다면 어떠할 것인가? 아마 이들은 자신의 능력을 발휘하지 못하고 좌절해서 운동선수로서 대성하지 못했을 수 있다.

성격들이나 선호들에서의 차이를 인간됨으로서, 그리고 하나의 개인적 자원으로서 존중해 주는 것이 참된 자녀존중이라 할 수 있다. 오늘날, 전통적이거나 고정관념적인 성역할들조차 변화되고 있다. 과거에 남자들은 남성적 특성들(예: 씩씩하고, 경쟁적이고, 공격적이고, 지배적인 특성들)을 갖고, 여자들은 여성적 특성들(예: 상냥하고, 친절하고, 민감성 있고, 사교적인 특성들)을 갖는 것이 요구되고 권장되었다. 하지만, 오늘날 남성적 특성들과 여성적 특성들을 모두 갖고 있는 양성적 특성들이 부모로서 그리고 리더로서 더 바람직스럽다는 주장들과 연구들이 있다. 여기에서의 요점은 성격, 선호, 취미, 성역할태도 등과 같은 여러 영역들에서 개인차들이나 개성을 존중하고 육성하는 것이 보다 더 건전한 자녀를 만드는 길이라는 것이다.

부모 자신의 실수를 인정한다

거의 모든 사람들과 마찬가지로, 부모들은 부모로서 완전하지 못하다. 많은 부모들이 입으로는 올바른 행동을 말하거나 주장하지만, 실제의 행동은 올바르지 못할 수 있다. 예컨대, 자녀에 대해 근면하고 성실한 사람이 되라고 말하면서, 부모는 게으르고 술을 너무 많이 마시고 노름에 빠져 있을 수 있다. 이와 같은 부모들은 자녀의 성장과 발달을 도와 주기보다도 방해하기 쉽다. 따라서, 부모로서 자녀에게 성실하지 못했거나 큰 실수를 저질렀을 경우에, 부모는 자신의 실수나 과실을 솔직하게 인정하고, 자녀에게 미안함을 표시할 수 있어야만 된다. 그래야만이 비로소 자녀도 부모를 신뢰하고, 부모의 뜻을 좇고, 올바르게 자랄 것을 스스로 다짐하는 사람이 될 수 있다.

자녀와의 갈등을 성공적으로 관리한다

사람들이 있는 곳에 갈등이 있다고 할 정도로 관계들에서 갈등은 필연적이다. 이것은 사람들이 기본적으로 동일하지 않고 차이가 있기 때문이다. 사람들은 성격들, 선호들, 욕망들, 사고방식들, 행동들, 심지어 체격이나 외모에 있어서 차이가 있으며, 이러한 차이들은 평화나 조화보다도 싸움과 갈등을 일으키기 쉽다.

모든 가정이 갈등을 겪는다. 부모와 자녀 간의 갈등은 부모가 현명하고 성공적으로 관리해야만 될 하나의 주요 과업이다. 부모는 자연적이고 당연하게 발생되는 갈등 자체를 없애려고 들 필요는 없다. 중요한 것은 갈등이 처리되는 방식이다. 갈등의 성공적 처리는 갈등의 존재를 상호 인정하고, 존중과 긍정의 자세로서 의사소통하고, 상호 도움이 되고 욕구충족이 이루어지는 식으로 문제를 해결하는 것이다(갈등해결에 관한 장을 참조할 것).

부부관계에 대한 자녀의 영향

자녀의 존재와 결혼생활 간의 관계는 양방향적으로 간주될 수 있다. 이 분야의 연구들은 연구의 관심이 자녀의 발달에 두어지는지와 부부와 결혼생활에 두어지는지에 따라 관계의 방향을 달리 연구해 왔다. 인간의 발달에 관심을 둔 사람들은 자녀의 성장과 발달이 부모에 의해 크게 영향받게 되므로, 부모의 특징들이 자녀에 대해 어떤 영향을 주는지에 대해 주로 초점을 두었다. 이와 달리, 부부관계와 결혼만족에 관심을 둔 사람들은 부부관계의 질과 안정성에 영향을 주는 여러 요인들을 검토하는 과정에서 부부관계에 대해 자녀가 어떤 영향을 주는지에 대해 주로 초점을 두었다.

한편으로, 자녀는 부모에 대해 관심과 즐거움의 주요 근원이 된다. 대부분의 생명체들에서 보이는 바와 같이, 자손의 번식은 생명체의 중요한 속성과 기능에 속한다. 특히, 곤충들로부터 고등동물인 인간에 이르기까지, 생식이나 자손의 번식은 갖은 고통과 심지어 생명에 대한 위협까지지도 기꺼이 감수할 정도로 중요한 기본적 욕구나 동기의 근원이 되고 있다. 이와 같은 자손번식의 기본적 동기의 충족과 더불어, 자식을 키우는 과정에서의 즐거움과 보람은 자녀가 부모에 대해 만족을 주고, 따라서 부부관계에 대해 긍정적 영향을 줄 것이라는 관점을 갖게끔 만든다.

다른 한편으로, 부모가 된 사람들에 대한 자녀양육과 교육에 대한 엄청나게 큰 부담이나 희생은 부부관계에 대한 자녀의 영향이 결코 긍정적인 성질의 것만이 아니라는 관점을 또한 갖게끔 만든다. 인간에 있어서, 자녀는 무력하게 태어나서 부모의 무한한 보살핌을 요구하고, 그에 따라 부모는 감당하기 곤란한 고통과 스트레스, 부부관계의 친밀성과 상호작용에 대한 방해, 자녀에 관련된 의견불일치들이나 갈등 등으로 부부관계에 대해 나쁜 영향을 줄 수 있다. 이러한 고려들은 자녀가 부모에 대해 불만족을 일으키고 부부관계의 안정성에 대해 나쁜 영향을 줄 것이라는 관점을 갖게끔 만든다. 여기에서, 의문은 부부관계에 대한 자녀의 긍정적 영향과 부정적 영향이 어떻게 균형되어 있는가이다. 이하에서, 우리는 자녀가 결혼생활에 미치는 두 가지 영향, 즉 부부관계의 질과 안정성에 대한 영향을 검토할 것이다.

자녀가 부부관계의 안정성에 미치는 영향

오래 전부터 자녀가 부모의 이혼을 막아 준다는 주장과 연구결과들이 제시되어 왔다. 연구들은 자녀를 가진 부부들이 자녀가 없는 부부들보다 이혼율이 더 낮다는 것을 보여 왔다. 특히, 어린 자녀들은 부모의 보호를 더 많이 요구하고, 따라서 어린 자녀를 가진 부부들은 그렇지 않은 부부들보다 이혼하는 데 대한 저지를 더 많이 받게 된다. 한 연구는 6세 이하의 자녀를 둔 부부들의 이혼율이 다른 부부들의 이혼율의 절반이라는 것을 나타냈으며, 6세 이상의 자녀를 둔 부부들의 이혼율은 그렇지 않다는 것을 발견했다.[29] 5,000명의 젊은 부모들에 관한 연구는 부모가 된지 2년 이내의 사람들의 이혼율이 남자가 4%이고 여자가 8%에 불과한 반면에, 자녀가 없었던 부부들의 이혼율이 20%나 된다는 것을 발견했다.[30]

또한 이혼한 부부들에 관한 연구는 결혼한지 5년 이내의 부부들에서 1명 이상의 자녀를 둔 부부들의 이혼율이 12%인 데 비해서 자녀가 없었던 부부들의 이혼율이 50%나 되었다는 것을 발견했다. 따라서, 자녀의 존재는 이혼을 막아 주거나 지연시켜 주는 효과를 갖는다고 결론지을 수 있다. 그러면, 자녀가 부모의 결혼안정성을 증가시켜 주는 효과는 어떻게 설명될 수 있는가? 자녀가 부모의 결혼생활의 질을 향상시켜서 부모의 이혼을 막아 줄 것이라는 설명은 다음 절에서 보는 바와 같이, 그 증거들이 반대의 방향이므로 지지될 수 없다. 아마 어린 자녀를 둔 부부들은 자기들의 이혼이 자녀에 대해 나쁜 영향을 줄 것이라고 믿고, 이것을 방지하기 위해 불만족스러운 결혼생활을 계속 유지시킬 것이다. 그 밖에도, 어린 자녀의 양육에 필요한 경제적 부담이 크고 어느 한 쪽의 부모가 이를 전부 감당하기가 곤란하기 때문에, 할 수 없이 결혼생활을 유지할 수도 있다. 하지만, 후자의 두 가지 설명은 어린 자녀를 둔 부부들이 실제로 이혼하는 현상을 충분하게 설명해 주지는 못할 것이며, 자녀의 존재가 이혼을 막아 주는 조건들에 대한 더 많은 연구가 필요할 것이다.

자녀가 부부관계의 질에 미치는 영향

자녀가 부부관계의 질에 미치는 영향은 가족생애주기(family life cycle)에 관한 연구들로부터 많은 자극을 받아 왔다. 이 이론은 자녀의 유무와 성장이 가족 역할들을 변화시키고, 자녀의 출생, 성장 및 출가가 부부의 신체적 및 정신적 부담들과 갈등(예: 부모역할과 부부역할 사이의)의 증감과 관련되어 있다고 가정한다.[31] 이 이론은 첫 자녀의 출생으로부터 막내 자녀의 출가 때까지 부부관계의 질이 초기단계에서 높았다가, 중간단계들에서 점점 낮아지다가, 막내자녀의 출가 후, 즉 빈 둥지의 시기 동안에 다시 높아진다고 주장한다. 즉, 생애주기의 단계들과 결혼만족 사이에 곡선적 관계가 있다는 것이다. 일회적 조사연구들은 이러한 곡선적 패턴을 보이기는 하지만, 곡선성이 확실치 않으며, 만족의 감소 이후의 증가가 뚜렷하지 않다고 비평받고 있다. 또한 자녀가 결혼생활의 만족에 미치는 영향도 8% 이하로서 작다고 보고되고 있다.[32]

자녀가 부부의 결혼생활의 질에 미치는 영향이 생애주기단계들에 따른 가족들의 역할변화들을 가정하고 있는 가족생애주기이론보다 더 단순하게 자녀의 유무와 결혼연수에 의해 설명될 수 있다고 주장되고 있다. 자녀의 존재 자체는 예외가 드물게, 더 낮은 결혼생활의 만족과 관련되어 있다는 것이 발견되어 왔다. 또한, 자녀가 있는 부부들은 무자녀의 부부들이나 자녀가 출가한 부부들보다 결혼만족도가 더 낮았다. 결론적으로, 비록 크기는 작을지라도 자녀의 존재의 부정적 영향이 보편적으로 발견되어 왔으며, 이것은 모든 성별, 인종, 교육수준, 종교 및 취업상태의 부부들에서 있었다.

부부들에 대한 추적연구들이나 종단적 연구들은 부모가 아기를 갖게 되는 부모기 쪽으로의 이동과 자녀가 청년기 쪽으로 이동하는 것에 따른 결혼만족의 변화양상들을 더욱 명확하게 밝혀 줄 수 있다. 한 연구는 임신 마지막 3개월부터 출산 후 9개월까지 부부의 긍정적 애정표현이 유의하게 감소되고, 갈등이 증가된다는 것을 발견했다.[33] 다른 연구는 자녀를 출산한 아내들이 남편들이나 그렇지 않은 어머니들보다 출산 후 6개월 동안에 결혼만족이 크게 감소된 반면에, 아버지가 된 남편들이 자녀가 18개월되었을 때에 결혼만족의 뚜렷한 감소를 보인다는 것을 발견했다. 이러한 자료에서, 부모가 되는 것에 따른 부정적 영향이 먼저 아내에게 오고, 그 이후에 비로소 남편에게 온다고 결론지어졌다.[34] 하지만, 부모기 쪽으로의 이동에 관련된 결혼만족의 변화의 양은 비교적 작다.

자녀가 청년기 쪽으로 성숙하는 것은 부모와 자녀 간의 심리적 거리, 청년기 자녀의 자율성 및 부모와 자녀 간의 갈등의 증가들과 연관되어 있다.[35] 하지만, 이러한 주장과 반대되는 증거들도 있다. 청년기 자녀를 둔 부모들에서, 2년간의 기간 동안에 결혼만족도의 변화가 발견되지 않았다. 이러한 연구결과들은 청년기의 발달 자체가 결혼만족의 감소를 일으킨다는 생각에 대해 의문을 제기한다. 모든 자녀가 출가기 쪽으로 이동하는 시기에 결혼만족의 증가가 있다는 조사연구들이 있다.

결론적으로, 첫 자녀가 결혼생활에 미치는 조사연구들과 추적연구들은 부부간의 긍정적 상호작용과 결혼만족이 특히 아내들에서 감소되며, 부부갈등이 증가된다는 것을 나타낸다. 그러나 이러한 변화들은 약하며, 단순한 시간경과에 전형적으로 수반되는 패턴들과 동일한 방향의 것들이다. 자녀의 청년기가 결혼생애주기에서 만족의 낮은 시점을 나타내는지는 아직 확실치 않다. 따라서, 자녀의 존재가 결혼생활의 어떤 측면들에 대해서 유해하다고 결론지을 수 있다.

요 약

가족은 개인의 존재, 삶의 의미나 목적, 관계 및 유대의 핵심적 근원으로 간주되고 있다. 가족의 가장 폭넓은 정의는 정서적으로 그리고 경제적으로 상호의존적인 사람들이 함께 사는 것을 포함한다.

어떤 가정들은 다른 가정들보다 더 높은 수준에서 기능하며, 가정생활의 질이 높은 가정들은 사랑과 애정, 의사소통, 가족들에 대한 대우와 존중, 자유와 독립성, 융통성, 문제해결 및 실수에 대한 건설적 대처에 있어서 긍정적 특징들을 갖고 있다.

부부가 자녀를 갖는 것은 개인적으로나 사회적으로 중요하고 가치 있는 일이다. 과거보다 오늘날, 자녀를 키우는 일은 시대변화와 핵가족사회의 특징들에 기인되어서 부모에 대해 더 큰 부담과 노력을 요구한다. 따라서, 오늘날의 부모들은 과거보다도 부모가 되는 것에 대한 보다 더 철저한 준비가 필요하다, 이것들에는 부모가 되는 것의 결정, 부모역할의 학습, 육아목표를 세우기 및 육아의 책임들을 인식하고 수행하기를 포함할 것이다.

자녀를 갖기 이전에 자기들이 훌륭한 부모가 될 수 있는지를 고려하는 것이 중요할 수 있으며, 고려사항들은 부모의 신체건강, 정신건강, 부부관계의 질과 안정성, 자녀를 위한 희생의 의사 등을 포함할 것이다.

부모의 역할을 성공적으로 수행하기 위해, 부모는 자녀의 양육과 훈육에 필요한 지식과 기술을 학습을 통해 획득할 필요가 있다.

자녀의 양육과 훈육에 필요한 심리학적 지식들은 자녀의 발달에 대한 유전과 환경의 영향, 인간의 심리-사회적 발달 단계들과 과업들, 아동의 지식획득과 사고방식의 발달특징들, 아동의 성격발달, 학습동기와 성취동기 및 사회화와 또래관계들에 관한 주제들을 포함할 것이다.

육아의 일반목표들로서 자기, 대인관계 및 과업성취의 영역들을 고려할 수 있으며, 자녀에 대한 부모의 지나치게 특수한 목표들이나 너무 높은 목표들은 자녀에 대해 유해할 것이다.

육아에서의 부모의 일반적 책임들은 건강의 유지와 향상, 애정과 신뢰감의 발전, 자기존중과 자기효능감의 구축, 정서적 안녕과 능력의 발전, 긍정적 사회관계의 기초 구축 등을 포함할 것이다.

부모들이 사용하고 있는 훈육스타일들이 있으며, 이것들은 완고형, 비평형, 협상 불가능한 규칙형, 협상 가능한 규칙형, 방임형 및 유기형의 6가지로 분류되거나, 권위주의형, 허용형 및 민주형의 3가지로 분류될 수 있다. 부모의 양육스타일들이 자녀의 건전한 행동과 태도의 발달에 있어서 매우 중요한 요인이 된다. 양육스타일들에 관한 연구들은 유능하고 자신감 있는 자녀들이 될 가능성이 자녀의 행동에 대한 적절한 통제, 성숙한 행동의 요구, 부모-자녀 간의 의사소통의 원활성 및 부모적 비호의 조건들에서 높다는 것을 나타낸다.

현대의 효과적 훈육전략들로서 행동수정기법들, 민주적 자녀훈련 및 부모훈련의 세 가지를 들 수 있다. 현대적 훈육전략들의 일반특징들은 자녀의 행동통제에 대한 부모의 권력이나 영향력의 감소, 자녀의 자기통제력을 향상시키고 자기규율을 확립시키는 것 및 자녀의 욕구와 행동을 이해하는 것의 강조이다.

행동수정방법은 자녀의 바람직스러운 행동을 강화시키고 바람직스럽지 못한 행동을 약화시키는 데에 학습이론, 즉 조작적 조건형성의 원리들을 적용한다. 이것들은 강화, 소거, 강화스케줄 및 행동의 연쇄화와 조형을 포함한다. 행동수정기법들은 정적 강화의 주의깊은 제공을 통해 자녀에게 원하는 행동을 일으키는 매우 신뢰로운 방법이다.

민주적 자녀훈련은 가정운영의 민주적 방법들을 통해 훈육목표를 달성시키고자 하는 민주화시대의 사회적 흐름과 일치되는 효과적 접근이다. 이것들은 자녀의 행동에 대한 몇 가지 가정에 기초되어 있으며, 자녀의 행동에 대한 자연적 결과들과 논리적 결과들의 활용, 격려의 사용 및 가족회의의 사용의 기법들을 강조한다.

부모와 자녀 간의 관계를 향상시키기 위한 부모 효과성훈련(PET) 프로그램과 부모의 분노관리 프로그램(RETHINK)이 개발되어 사용되고 있다.

부모의 훈육방식은 자녀의 행동과 또래관계의 성질에 영향을 준다.

훌륭하거나 긍정적인 부모적 행동들은 자녀와 함께 즐거운 시간을 보내는 것, 자녀와의 솔직한 의사소통, 부모로서의 따뜻함과 애정, 고마움과 배려의 표현, 중요한 가치들의 가르침과 시범, 공정성과 평등성, 자녀의 개성과 독자성의 존중, 부모 자신의 실수의 인정 및 자녀와의 갈등의 성공적 관리를 포함한다.

자녀는 부부관계의 질과 안정성에 대해 영향을 준다. 일반적으로, 자녀의 존재는 부모의 이혼을 막아 주거나 지연시켜 준다. 또한, 자녀의 존재 자체는 결혼생활의 만족이 낮은 것과 관련되어 있다.

제 3 부

조직 내 관계

제 8 장

집단 내 상호작용: 집단역학

우리는 집단 속에서 살고 일한다. 예컨대, 개인생활의 측면에서 우리는 가족들, 친구들 및 이웃들과 같은 집단들 속에서 살고 있고, 그들로부터 다양한 영향을 받고 또한 그들에게 영향을 준다. 직업생활의 측면에서, 대부분의 직장들은 집단이나 조직을 이루고 있고 개인들은 그러한 집단이나 조직 속에서 일한다. 이와 같이 우리의 개인생활과 직업생활이 집단들 속에서 이루어지기 때문에, 우리는 개인으로서, 그리고 관리자나 팀원으로서 집단 내의 상호작용이나 역학의 특징들을 이해할 필요가 있다.

집단이란 두 명 이상의 사람들의 일시적 집합이나 장기적 관계들을 포함하며, 다소 안정적이고, 자신들을 집단으로서 보거나 지각하며, 상호작용하거나 상호의존적인 것이다. 집단들은 구성원들의 숫자나 규모, 지속기간, 가치와 목표, 활동 종류나 범위, 집단 내의 역할과 사회적 지위의 측면들에서 매우 다양하다.

이 장에서, 우리는 먼저 집단의 몇 가지 중요한 특징들, 사람들이 집단에 가입하는 이유들을 간략하게 취급한다.

그 다음에 우리는 집단의 과업수행을 다소 자세하게 취급한다. 그것들은 집단과업의 유형, 타인들의 존재와 개인적 수행, 집단의 문제해결, 집단의 의사결정 및 사회적 전염과 몰아이다. 집단에서의 리더십의 주제는 많은 사람들에 대해 매우 관심 있으므로 별개의 주제로서 다른 장에서 취급할 것이다.

집단의 몇 가지 특징

집단의 응집성

집단의 응집성(group cohesiveness)은 구성원들이 집단 속에 남아 있게끔 만드는 긍정적 및 부정적 힘들을 일컫는다. 긍정적 힘들의 예는 멤버들이 서로 좋아하고 신뢰하는 정도이고, 부정적인 힘들의 예는 멤버들이 설사 그 집단에 대해 만족하지 않더라도 떠날 수 있는 대안집단이 없는 것이다. 일반적으로, 집단의 응집성이 많을수록 생산성, 의사결정의 질 및 멤버 만족도가 더 크다.[1] 예컨대, 응집성 있는 작업집단들은 직무만족이 더 높고, 전직과 결근이 더 적고, 안전기록들이 더 우수했다.[2] 또한 응집성이 많은 팀들이 적은 팀들보다 경기에서 더 많이 이긴다.[3]

집단응집성을 증가시킬 수 있는 복장의 착용이 집단의 단결과 응집성의 느낌들을 발전시켜서 집단목표나 집단노력을 성공적으로 달성시키는 데에 큰 도움이 된다. 예컨대, 노조들의 투쟁에서 노조원들은 특수한 상의나 머리띠를 착용하고, 정당원들, 특수부대원들, 소년단원들 또는 구호나 자선 단체원들은 눈에 띄고 독특한 유니폼을 착용한다.

집단응집성이 일반적으로 집단 생산성이나 수행을 향상시킬지라도, 이것은 집단의 규범에 의해 큰 영향을 받거나 역방향의 영향을 받을 수 있다. 집단의 규범은 낮은 생산성의 규범이나 집단이기주의의 규범의 형태를 취할 수 있고, 이것들에 따라 집단 생산성이나 수행은 감소되거나 방해받을 수 있다. 예컨대, 여러 작업집단들이나 노조들은 그들이 더 높은 생산성의 능력을 갖고 있을지라도, 더 낮은 생산성의 기준이나 규범을 세움으로써 생산성의 잠재능력을 발휘하지 않을 수 있다. 극단적 예로서, 경찰관들이 공모해서 소매점들에서 물건을 훔치고 훔친 물건을 팔아서 돈을 챙기고, 이러한 범죄에 가담하지 않았던 경찰관들이 범죄사실을 알고서도 은폐한 사건들이 있으며,[4] 우리나라에서도 경찰관들이 유흥업소들로부터 집단으로 수뢰를 받은 것이 들통나서 매스컴에서 널리 보도된 적이 있다. 이러한 집단의 구성원들은 조직이나 집단에 충성하기보다 집단이기주의를 더 중시하는 태도들이나 규범을 발전시킨 것이다.

또한 집단응집성이 집단생산성에 직결되지 않을 수 있는 다른 요인이 있다. 집단생산성이 집단의 응집성 이외에, 일반적 경기상태, 집단의 구조, 구성원들의 능력, 리더십 등의 여러 요인에 의해 영향받으므로, 집단응집성이 집단생산성에 필수적인 요인이 못되는 경우들이 있다. 예컨대, 어떤 스포츠팀들이나 기업들은 구성원들 간의 계속적 불화와 싸움에도 불구하고 좋은 성적이나 생산성을 올릴 수 있다. 아래에서, 집단응집성에 관련된 몇 가지 요인을 살펴보자.

집단의 동질성

집단의 동질성(homogeneity)은 집단멤버들이 유사한 특징들을 가진 정도이다. 동질적 집단은 유사한 특징들을 가진 멤버들로 구성된 반면에, 이질적 집단은 상이한 특징들을 가진 멤버들로 구성되어 있다. 어떤 집단을 새로 구성하거나 발전시킬 때에 고려할 하나의 중요한 의문은 가장 좋은 집단생산성에 대한 멤버들의 동질성이나 이질성의 효과이다. 이러한 의문을 해결하기 위한 많은 연구들이 혼합된 결과들을 내놓고 있다.[5] 실험실과제에 대한 연구에서, 동질적 성격을 가진 집단들이 우수하다는 것을 발견한 연구가 있는 반면에, 이질적 성격을 가진 집단들이 우수하다는 것을 발견한 연구도 있다.[6] 현장연구에서도, 이질적 농구팀들이 더 우수하다는 것을 발견한 연구가 있는 반면에, 동질적 농구팀들이 더 우수하다는 것을 발견한 연구가 있다.[7]

동질성이나 이질성의 정도를 더 많이 세분한 연구들은 집단들의 인종이나 성별의 비율들을 차이 있게 조작한 후에, 집단들의 수행성적을 살펴보았다. 예컨대, 농구팀들에 관한 연구에서는 백인과 흑인 선수들의 인종비율을 세분하였고, TV게임의 팀들에 관한 연구에서는 남녀의 성별비율을 세분하였다.[8] 이들 연구에서 약간 이질적 집단들이 매우 동질적이거나 매우 이질적 집단들보다 더 우수한 수행성적을 보인다는 것이 발견되었다. 이러한 결과들은 가장 우수하게 수행하는 집단들이 주로 유사하거나 동질적인 사람들로 구성되지만, 약간의 비유사성이나 이질성을 가진 사람들이 집단수행의 향상에 기여할 수 있는 긴장과 상이한 시각들을 첨가시키기 때문일 것으로 설명되고 있다.

집단구성의 동질성의 측면에서, 어떤 변인들이 중요한지는 아직 불명확하다. 동질성의 영향에 관해서 연구되어 온 인종, 성별, 성격, 지능, 태도 및 배경이나 이것들의 어떤 조합들이 어떤 과업들의 집단적 수행에 대해 큰 영향을 주는지에 대한 연구가 더 필요할 것이다. 하지만, 연구들에서 약간 이질적 집단들이 가장 우수한 집단수행을 보일지라도, 동질적 집단들이 더 큰 멤버 만족과 가장 낮은 전직을 나타내어서,[9] 집단동질성이 클수록 집단에 대한 만족도가 더 높다는 점에 유의해야 될 것이다.

멤버십의 안정성

집단의 안정성(stability)이나 지속성이 클수록 응집성이 더 크다. 즉, 멤버들이 집단 속에 장기간 머무는 집단들이 높은 이탈률을 가진 집단들보다 더 응집력 있고 더 잘 수행한다. 하나의 좋은 예가 대학 내의 서클들인데, 서클들 중에서 1, 2학년 때에 주로 가입하는 서클들과 3, 4학년 때에 취업을 도움받기 위해 가입하는 서클들의 활동성의 비교는 안정성이나 지속성이 더 큰 전자가 후자보다 더 큰 활동성을 보인다.

고 립

물리적이거나 심리적 고립(isolation)이 응집성을 증가시킨다. 물리적 측면에서, 다른 집단들로부터 고립되거나 멀리 떨어져 있는 집단들이 높은 응집성을 갖는다. 궁벽한 지역이나 산을 여행하거나 등산하는 사람들, 갑작스러운 폭우로 고립되었던 야영객들 및 일반시민들과 격리되어서 훈련받는 군인들이나 학생들은 높은 집단응집성과 친밀성을 발전시킨다. 전국적인 여러 지점들을 가진 회사에 관한 연구는 가장 가까운 지점과 150km 이상 떨어져 있는 지점, 즉 본사와 물리적 및 심리적으로 격리되어 있는 지점에서 근무하는 직원들이 가장 높은 응집성과 가장 낮은 전직률을 보인다는 것을 발견했다.[10]

외부압력

외부로부터 압박을 당하는 집단들이 매우 응집성 있고, 따라서 외부압력에 대해 큰 저항을 보인다. 이러한 외부압력에 대한 반응들은 심리적 반발이론(psychological reactance theory)에 의해 설명될 수 있다.[11] 이 이론은 우리가 어떤 사람이 우리에게 특수한 행동을 하게끔 의도적으로 영향 주려고 들 때에, 우리의 자유에 대한 위협을 느끼고 그에 대한 저항으로서 영향에 대해 반발하고 심지어 정반대의 행동을 한다고 주장한다. 이러한 주장에 대한 많은 일상적 및 과학적 연구의 예들이 있다. 일상적 예들의 하나로서 4, 5세된 아이들은 어머니가 옷을 입혀주려고 할 때에, "싫어, 내가 입을테야"라고 어머니의 간섭이나 압력에 저항하는 현상을 보인다. 젊은 남녀들의 교제에서도 심리적 반발현상이 가끔 목격된다. 젊은 남녀들은 부모가 그들의 교제를 반대하거나 방해할 때, 서로에 대한 더 높은 관심과 애정을 발전시킨다. "로미오와 줄리엣" 효과라고도 일컬어지는 이러한 현상은 부모의 교제금지의 압력에 대한 심리적 반발의 결과로 설명되고 있다. 심리적 반발에 관한 실험적 연구는 쇼핑센터의 주차장을 떠나는 운전자들의 행동을 관찰했다.[12] 운전자들은 몇 개의 조건하에서 차문을 여는 순간부터 주차장소를 떠나는 순간까지의 시간이 측정되었다. 주차장소를 떠나는 데에 걸린 시간은 타인이 경적을 울렸을 때에, 즉 외부압력이 컸을 때가 주차된 차가 없었을 때나 옆에서 차가 이동되고 있을 때보다 더 오래 걸렸다.

위와 같은 은연적인 외부압력보다 명백하게 외부압력을 받는, 즉 상대측의 비평이나 공격을 받는 상황에서 심리적 반발들과 그에 연관된 응집성의 증가가 더 크다. 노사협상에서, 노조측이나 경영자측은 상대측의 공격이나 비평에 대해 더 강경한 반발을 보여서 협상 거부의 상태에 이르기 쉽다. 심지어 이러한 현상을 이용해서, 리더들은 협상과정에서 멤버들에게 상대측의 공격이나 비평을 실제보다 더 과장해서 멤버들에게 알려 준다. 예컨대, 상대측의 요구조건에 대해 경영자측은 회사의 문을 닫으려는 고의성을 주장하고, 노조측은 경영자측의 노조말살의 저의를 주장한다. 국가 간의 관계나 협상에서도 이러한 전술들이 사용된다. 예컨대, 북한정권은 고의적 분규를 일으키면서, 이것이 미국의 침략성이나 남한 정부의 통일방해공작이라고 국민들에게 선전한다.

집단규모

집단들은 집단규모(group size)가 작을 때에 가장 응집력이 많고 가장 잘 수행한다. 연구들은 큰 집단들이 작은 집단들보다 더 적은 협조와 더 낮은 사기를 갖고, 더 적은 정보를 공유하고, 더 비평적이라는 것을 보여 왔다.[13] 연구들은 집단들이 5인 정도의 멤버를 갖고 있을 때에 가장 많이 만족하고 가장 잘 수행한다는 것을 보인다.[14] 따라서 대규모 집단들이나 조직들은 5인 정도의 작은 집단들이나 위원회들로 나뉘어질 때에 가장 효과적일 것이다.

표 8-1 과업의 유형들

과업의 유형	집단활동의 예
합산적 과업	타이핑한 것들을 합치기 릴레이 경기 볼링팀 경기 자동차 세차하기
분리적 과업	집단의 문제해결하기 머리짜내기 골프의 토너먼트경기
연결적 과업	조립대 작업 집단적 하이킹

이러한 소규모 집단들의 우수성은 집단과업의 유형에 따라 다를 수 있다. 집단과업들은 표 8-1에서 보이는 바와 같이, 합산적 과업(additive task), 연결적 과업(conjunctive task) 및 분리적 과업(disjunctive task)으로 구분될 수 있다. 합산적 과업은 멤버들의 작업성과들이 합쳐지는 과업들(예: 함께 벽돌쌓기)이며, 연결적 과업은 멤버들 중에서 가장 비효과적인 멤버의 작업성과에 집단의 과업성공이 좌우되는 과업이다(예: 단체 마라톤 경기, 즉 집단의 모든 멤버가 성공해야만 되는 과업). 분리적 과업은 집단의 수행이 가장 유능한 멤버의 수행에 의해 좌우되는 과업이다(예: 집단 문제해결). 연구들은 응집성이 큰 소집단들이 연결적 과업들에서 가장 잘 수행하고, 대집단들이 분리적 및 합산적 과업들에서 가장 잘 수행한다는 것을 나타낸다.[15] 따라서, 응집성이 큰 소집단들은 멤버들 간의 긴밀한 협동을 요하는 과업들에서 우수하다.

더 많은 멤버의 추가는 대집단보다 소집단에 대해 더 큰 영향을 준다. 이러한 현상은 사회적 영향력이론(social impact theory)에 의해 설명된다.[16] 이 이론에 의하면, 300명의 멤버들이 있는 집단보다 5명의 멤버들이 있는 집단에 대해 1명의 멤버의 추가의 영향이 더 큰 현상을 설명한다. 예컨대, 많은 프로 농구팀들에서처럼 단 한 명의 우수한 선수의 영입이 농구팀들의 성적을 크게 변화시키지만,

인원수가 더 많은 야구나 축구 팀들에서는 그렇지 않다.

집단의 사회적 지위

집단의 지위가 높을수록 응집성이 더 크다. 따라서, 많은 집단들이 자신의 사회적 지위를 향상시킴으로써 더 응집력 있게 될 수 있다. 나아가서, 집단의 응집성은 집단의 실제적 지위보다 멤버들이 지각하거나 믿는 지위에 의해 더 큰 영향을 받는다. 실제로, 시민단체들이나 사교클럽들은 자신들이 "선택된 집단" 또는 "독특한 집단"이라는 것을 광고하며, 이러한 높은 사회적 지위의 주장이나 그로 인한 지각은 집단멤버들의 응집성 증가에 대해 큰 효과가 있다.

실제로 많은 집단들은 집단가입을 엄격히 제한하거나, 가혹한 신입식을 거치도록 만들거나, 특수훈련을 실시함으로써, 자기들의 집단의 높은 사회적 지위의 지각을 확립시키려고 든다. 예컨대, 고등학교나 대학의 운동부들은 하루에 한 번만 운동해도 충분한 것을 하루에 두세 번의 가혹한 훈련을 실시한다. 이와 같은 "지옥훈련"은 집단멤버들의 특별성이나 우수성에 대한 지각이나 믿음을 증가시켜서, 집단 응집성과 수행성적을 증가시키려는 것이다. 이와 비슷한 훈련이 해병대나 특전사대원들에서 실시된다. 이러한 훈련에 의해 부대원들은 자기들이 다른 부대원들과 다른 용감하고 씩씩한 남자들이라는 자부심을 발전시킨다. 이러한 방법들은 대학의 서클들의 신입식에서 사용되고 있다. 신입회원들은 불법성과 잔인성의 비평을 받을 정도로 기존의 회원들로부터 시달림을 받으며, 이러한 시달림은 신입회원들에게 매우 곤란한 행동을 수행하도록 하고, 이것은 그들에게 자기들이 특별하고 우수하다는 믿음이나 지각을 일으킨다. 그럼으로써, 그들은 집단에 대한 매력이나 호감을 증가시키고, 멤버들 간의 응집성을 증가시키고, 나아가서 집단 탈퇴나 이탈을 방지한다.

집단의 의사소통구조

집단의 수행에 영향을 주는 다른 요인은 집단의 의사소통 구조나 연결망이다. 집단이 성공적으로 수행하기 위해 멤버들 간의 좋은 의사소통이 필수적이다. 친구들, 부부나 연인과 같은 개인적 관계들에서 관계의 만족과 유지는 의사소통의 원활성에 달려 있다. 조직들과 같이 공식적인 집단들에서도 원활한 의사소통

도 8-1 소집단들에 대한 가능한 의사소통망들(4인집단의 예)

고리형(chains)	A → B → C → D
중앙집중형(centralized)	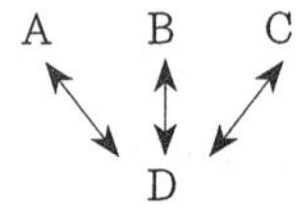
원형(circles)	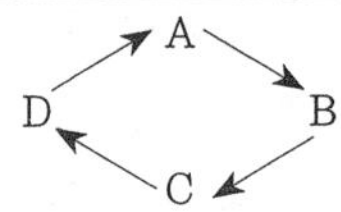
개방(열린)형(open)	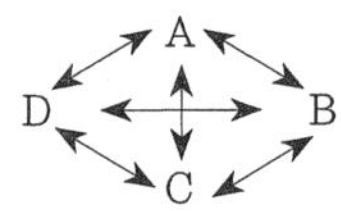

이 과업 성공뿐만 아니라, 멤버들 간의 친밀성과 직무만족에 대해 결정적이다. 다양한 의사소통망들이 소집단들에서 사용될 수 있으며(도 8-1 참조), 대집단들에서는 더 복잡한 망들이 사용될 수 있다.

집단들에 대해 가장 좋은 의사소통망들은 집단의 목표들과 상황들에 달려 있다. 예컨대, 남녀들의 교제와 배우자선택을 돕는 사교클럽들은 멤버들이 서로 잘 알 수 있는 것이 중요하며, 이것은 중앙집중형구조보다 개방형구조가 더 유익할 것이다. 이와 반대로, 집단의 목표가 신속하게 문제를 해결하는 것일 경우에 멤버들의 정보를 연결시키고 종합하는 핵심 멤버가 있는 중앙집중형구조가 개방형구조보다 더 유익할 것이다.

의사소통구조는 또한 멤버들의 만족에 영향을 준다. 의사소통의 구조 속에서 모든 멤버들과 말할 수 있는 멤버가 가장 큰 만족을 보였고, 단 한 명의 다른 멤버와 말할 수 있는 멤버가 가장 작은 만족을 보였다.[17]

문제해결에 대한 의사소통구조의 영향은 집단과업의 유형에 따라 차이 있다. 단순한 집단과업은 의사소통망의 중앙에 위치한 멤버가 효과적으로 정보를 수집하고 종합하는 것이 중요하기 때문에, 중앙집중형구조가 다른 구조들보다 더 유익할 것이다. 그러나 집단과업이 복잡해서 멤버들이 갖고 있는 정보들을 자유롭게 교환하는 것이 필요할 경우에는 의사소통의 제약이 있는 중앙집중형구조보다 제약이 적거나 없는 개방형이나 기타의 비중앙집중형구조가 더 유익할 것이다.

집단멤버들의 역할들

집단의 수행에 영향을 주는 다른 요인은 멤버들이 상이한 역할들을 갖고 있는 정도이다. 집단들 속에서 멤버들은 3종류의 역할들 중의 하나를 행한다.[18] 과업중심적 역할들(task-oriented roles)은 집단의 활동들을 통합시키는 것, 새로운 아이디어를 제시하는 것 및 새로운 정보를 찾아내는 것이다. 유지중심적 역할들(maintenance-oriented roles)은 집단의 응집성을 높이고 멤버들의 참여를 고무시키는 것을 포함한다. 개인적 역할들(individual roles)은 집단과업에 관련된 활동과 관련 없거나 개인적 행동으로서, 개인 자신에게 관심을 돌리는 것, 집단적 상호작용을 피하는 것 및 심지어 집단활동을 방해하는 것을 포함한다. 개인적 역할들의 높은 수행은 집단생산성을 저하시키기 쉽다.

집단멤버들은 흔히 자신의 성격과 경험에 기초해서 이들 역할을 맡는다. 리더들은 모든 집단멤버가 과업중심적 역할을 맡고 있을 때에, 어떤 멤버들에게 유지적 역할을 맡게끔 만들거나 새로운 집단멤버를 충원할 수 있다.

타인들의 존재

사회적 촉진과 억제

사람들이 일하거나 활동할 때에 혼자 행하는 것과 주위에서 타인들이 바라보거나 함께 동일한 것을 행하는 것이 차이 있는 영향을 준다. 이러한 현상을 처음으로 연구한 연구자(Triplett, 1898)는 사이클선수들이 자신이 정한 시간에 맞추어서 연습할 때보다 다른 선수들과 경쟁할 때에 더 빨리 달린다는 것을 관찰하고서 이러한 현상에 관심을 갖게 되었다. 그는 아동들에게 혼자 또는 다른 아동들과 경쟁하는 동안에, 낚시용 릴을 감는 작업을 시켰다. 예상대로, 혼자보다 다른 아동들과 함께 경쟁해서 작업했던 아동들이 더 빨리 과업을 완수했으며, 그 후에 이러한 현상은 사회적 촉진(social facilitation)이라고 일컬어졌다.

그러나 타인들의 존재가 반드시 사회적 촉진만을 일으키지 않고, 수행하는 과업이나 활동이 복잡하거나 숙달되지 않은 것이었을 경우에 수행이 더 나빠지는 현상이 발견되었다. 후자의 현상은 사회적 억제(social inhibition)라고 일컬어진다. 사회적 촉진과 억제는 타인들의 존재유형에 따라, 관중효과와 공동활동효과로 세부되어 연구되어 왔다.

관중효과

관중효과(audience effect)는 타인들이 개인의 수행을 수동적으로 바라보거나 관찰할 때에 일어난다. 이러한 효과의 대표적 예는 경기장에서 관중들 앞에서 실시되는 스포츠경기이다.

사회적 영향력이론(social impact theory)에 의하면, 관중효과의 강도는 관중의 규모, 과업수행자에 대한 관중의 물리적 근접성 및 관중의 중요성(예: 지위)에 의해 좌우된다.[19] 따라서, 과업 수행자에 대한 관중효과는 물리적으로 가까이 있는 다수의 전문가들에 의해 가장 크게 되기 쉽다. 부가적으로, 성격요인으로서 관중효과가 내향성보다 외향성을 지닌 사람들에서 더 크다.[20]

공동활동효과

두 사람 이상의 사람들이 동일한 과업을 수행하고 있을 때에 서로 영향을 주는 현상을 공동활동효과(coaction effect)라고 일컫는다. 예컨대, 두 명의 육상선수가 경쟁하면서 달리기연습을 하는 것, 가족들이 함께 식사하는 것, 두 사람이 함께 과일의 껍질을 벗기는 것 등이 공동활동의 예들이다. 사람들의 공동활동에서도, 사회적 촉진과 사회적 억제의 현상들이 발견되어 왔다.

사람들이 혼자보다 집단으로 쇼핑했을 때에 상점에서 더 많은 시간을 보내고 더 많은 물건을 구입한다는 것이 발견되었다.[21] 이러한 현상은 사람들이 국내나 해외의 단체 관광여행시에 많은 물건을 구매하는 현상과 일치된다. 또한 혼자 식사할 때보다 큰 집단 속에서 식사할 때에 75% 더 많은 식사를 한다는 것이 발견되었다. 또한 사회적 억제의 현상도 공동활동에서 나타난다. 공동활동이 과업수행의 창의성과 생산성을 감소시키는 것으로 나타났다.[22] 관중효과와 공동활동효과는 인간뿐만 아니라, 모이를 먹는 닭, 미로를 달리는 바퀴벌레, 모래를 파는 개미 등과 같이 다른 동물들에서도 발견된다.[23]

사회적 촉진과 억제 효과들의 설명

사회적 촉진에 관한 많은 연구들은 활동이나 과업의 수행이 타인들의 존재 속에서 항상 증가되지는 않는다는 것을 보여 왔다. 타인의 존재 속에서, 수행은 과업이 쉽거나 잘 학습되었을 때에만 증가될 것이고, 과업이 곤란하거나 잘 학습되지 않았을 때에 감소될 것이다.[24]

비록 사회적 촉진과 억제에 관한 발견들의 정확한 이유에 대해 연구자들 간에 일치가 부족할지라도 4개의 설명이 다소 경험적 지지를 받아왔다.

흥분설: 첫 번째 설명은 타인들의 단순한 존재가 개인에게 자연적인 흥분을 일으킨다고 주장한다. 이러한 흥분의 증가는 지배적이거나 강한 반응들의 발생을 높이고, 비지배적이거나 약한 반응들의 발생을 억제한다. 간단하거나 잘 학습된 과업들에서, 정답반응이 나타나기 쉽고, 따라서 이것은 지배적 반응이다. 복잡하거나 불충분하게 학습된 과업들에서, 정답반응은 꽤 약하고 비지배적이며, 오답반응이 지배적이다.

많은 연구들이 흥분모형을 지지했다. 예컨대, 관중의 앞에서 운동과업을 수행할 때에, 시초의 학습시행들에서 오답(틀린) 반응들이 지배적이고, 따라서 관중의 존재가 수행을 방해할 것이다. 그러나 학습시행들이 진행됨에 따라 정답(올바른) 반응들이 지배적이고, 따라서 관중의 존재가 수행을 촉진시킬 것이다. 연구결과는 이러한 가정들을 지지했다.[25]

비록 흥분모형이 이 분야에서 얻어진 많은 발견들은 꽤 잘 설명할지라도, 관찰된 현상들의 저변에 있는 요인들에 관해 다른 주장들이 제시되어 왔다.

사회적 비교설: 이것은 공동활동을 수행하고 있는 타인들이 개인의 수행의 비교를 위한 수단을 제공한다는 것이다. 개인이 타인들과 함께 작업할 때 개인은 자신의 수행을 타인들의 수행과 비교한다.[26] 어떤 직업들에서 이러한 비교효과는 경쟁과 생산성을 증가시키는 반면에, 다른 직업들에서는 비교효과는 직원들의 특정의 작업규범에 보조를 맞추기 위해 작업수행을 느려지게끔 만든다.

평가우려설: 우리의 과업수행의 상황들은 평가나 경쟁의 요소를 포함하고 있기 쉽다. 예컨대, 우리가 어떤 과업을 수행하고 있는 동안에 타인들의 관찰을 받게 될 때, 우리는 타인들이 자신의 수행에 대해 어떻게 생각하는가에 대해 신경쓰거나 걱정할 수 있다. 또한 집단 속에서 과업을 수행하고 있을 때에, 우리는 자신이 다른 멤버들에 비해 얼마나 잘하고 있는지에 대해 걱정할 수 있다. 이러한

평가우려(evaluation apprehension)가 흥분의 발생의 중요한 요인이 될 수 있다. 연구들은 과업수행의 한 요인으로서 평가의 중요성을 지지해 왔다.[27] 그러나 평가의 가능성이 작은 상황에서도 타인들의 존재의 효과가 계속 관찰되고 있는데,[28] 이것은 평가우려설에 의해 잘 설명되지 않는다. 아마 사람들이 주위에 있을 때에는 언제나, 우리는 무엇이 일어나는지에 대해 확실하게 알지 못하기 때문에 우리는 타인들을 주의해서 검색할 필요가 있다. 이러한 검색의 자세나 검색 자체가 타인들이 존재할 때의 흥분증가의 기초가 될 수 있다.[29] 이러한 흥분증가는 차후에 과업의 단순성이나 복잡성에 따라 촉진효과와 억제효과를 갖게 될 것이다.

주의분산설: 타인들의 존재는 과업수행자들에게 주의분산을 일으킬 것이다.[30] 단순하거나 잘 학습된 과업들에서, 그 행동들이 자동적이기 때문에 개인은 주의분산에도 불구하고 잘 수행할 수 있다. 그러나 새롭거나 복잡한 과업들에서 타인들의 존재에 의한 주의분산은 개인의 수행을 방해한다. 예컨대, 운전자들은 차 속에 승객들이 없을 때보다 있을 때에 다른 차에게 신호를 보내는 것이 더 적다.

사회적 태만

사람들은 집단 속에서 작업할 때에 부지런하게 일하기도 하고, 빈둥거릴 수 있다. 사람들은 과업에 대해 책임감을 적게 느끼는 상황에서 더 적은 동기를 갖는 것 같다. 한 연구는 사람들에게 혼자서 3인 집단 속에서 그리고 8인 집단 속에서 가능한 한 힘껏 줄을 당기라고 요구했다.[31] 그 결과, 혼자서 당겼을 때에 63kg, 3인 집단의 평균이 53kg 및 8인 집단의 평균이 31kg으로 나타났다. 즉, 집단 속에 사람들이 많을수록 개인적 수행이 감소되었다. 사람들이 집단 속에서 과업을 수행할 때에 덜 열심히 수행하는 이러한 현상은 사회적 태만(또는 사회적 빈둥거림; social loafing)이라고 일컬어진다. 이러한 현상들은 사람들이 최대의 환호소리나 박수소리를 내게끔 요구한 상황들에서도 마찬가지로 나타났다.[32]

연구들은 사회적 태만이라는 집단들 속에서의 동기감소가 멤버들의 개인적 노력들이 집단의 생산으로 합쳐질 때에 일어난다는 것을 증명해 왔다.[33] 다양한 과업들에서 사회적 태만이 일어나고 있는데, 이러한 과업들의 기본적 특징은 그것들이 과업유형에 있어서 합산적 과업(additive task)에 속한다는 것이다. 합산적 과업들에서, 집단 내의 개인들은 각각 개인적 과업을 수행하고, 모든 개인의 노력들이 합계된다. 그러한 상황의 예들은 집단적으로 줄을 당기기, 박수치기, 큰 소리로 외치기, 간단한 물건의 사용방법들을 대기, 페인트칠하기, 자동차외판의 상황들이다.

사람들이 집단적 노력에 대해 기여할 동기가 높거나 낮은 정도는 몇 가지 상황과 개인 요인들에 달려 있다. 그것들 중의 몇 가지는 아래와 같다.

① 집단과업에 대한 개인적 가치가 적은 것
② 집단과업이 재미없고 힘든 것
③ 집단과업이 비자발적 지시나 명령에 의해 선택되고 수행되는 것
④ 집단멤버들 간의 유대나 친밀성이 적은 것
⑤ 집단멤버들이 서로 태만할 것으로 기대하는 것
⑥ 집단규모가 큰 것
⑦ 집단의 성별구성이 동질적인 것, 특히 전원이 남성인 것
⑧ 집단주의보다 개인주의가 우세한 문화

사회적 태만의 기본적 이유에 관한 설명들로서, 두 개의 설명이 유용하다. 첫째로, 집단과업에 대한 개인적 기여에 대한 보수의 부족에 의한 사회적 태만의 설명이 있다. 이것은 사회적 태만이 개인적 기여가 보수받지 못하고, 필요치 않고, 너무 많은 부담이나 비용이 든다고 느껴질 때에 일어난다고 주장한다. 대부분의 사람들이 집단과업을 위한 개인적 노력에 대해 개인적 보수나 이익을 원하는데, 이러한 보수를 얻을 수 없을 경우에 사람들은 열심히 일하는 경향이 적게 될 것이다.

사회적 태만에 있어서 개인적 노력에 대한 보수를 강조하는 구체적 모형, 즉 집단노력모형(collective effort model)이 개발되었다.[34] 이 모형은 개인적 노력들과 성과들 사이의 연결이 집단과업의 수행에서 불확실한 경향이 있다고 가정한다. 우리는 두 개의 조건이 충족될 때에 비로소 열심히 일할 것으로 가정할 수 있다.

① 개인적 노력이 집단의 과업수행성적에 대해 영향력을 갖는다는 기대가 높은 것
② 집단의 우수한 과업수행이 개인적, 사회적 또는 경제적인 원하는 성과들을 일으킨다는 기대가 높은 것

따라서, 사람들은 자신의 독특한 기술과 재능이 집단과업의 수행에 필요하

거나 도움이 되고, 집단의 노력이 유용한 성과(예: 새로운 제품이나 아이디어)를 내놓을 가능성이 있다고 생각할 때에 부지런하게 일하기 쉽다. 이와 반대로, 멤버들의 많은 기술들이 중첩되어서 개인의 독특한 기술이나 재능이 집단과업의 수행에 별로 도움이 되지 않고, 집단의 노력이 중요한 성과를 내놓지 못한다고 생각되는 상황에서 사람들은 부지런하게 일하지 않게 되기 쉽다.

둘째로, 집단 내의 개인적 수행의 확인 가능성에 의한 사회적 태만의 설명이 있다. 사회적 태만이 일어나는 많은 상황들에서, 사람들의 수행은 집단의 성과나 성적으로 합쳐지기 때문에, 개인적 기여가 확인 불가능하게 될 수 있다. 개인적 기여가 확인 불가능할 때, 개인은 자신의 수행의 나쁜 질에 대해 걱정하지 않게 되고, 그 결과로 태만하게 일하게 될 수 있다. 이와 반대로, 타인들에 의해 개인적 수행이 평가될 수 있을 때, 사람들은 과업수행에 대해 더 많은 노력을 기울이려는 동기를 갖게 된다. 예컨대, 군대에서 단체적으로 작업하는 병사들은 상관이 없을 때에는 빈둥대며 작업하다가 상관이 나타났을 때에는 열심히 일하는 척한다. 또한 기업체들에서 관리자나 감독자가 없을 때에 직원들은 빈둥거리는 경향이 더 많다.

사회적 태만의 방지책들

사회적 태만을 일으키는 상황들은 기본적으로 집단과업의 개인적 가치나 중요성이 적고, 개인적 수행이 확인 불가능한 특징들을 갖고 있다. 즉 이것들은 과업수행에 대해 보수나 즐거움이 부족하고 개인적 노력이 무시되기 쉬운 상황들이다. 예컨대, 개인적 기여들이 합쳐지는 사회주의 체제들, 생활공동체들이나 집단농장들이 매우 생산적이지 못해 왔다는 것은 널리 주지되고 있는 사실이다. 이러한 체제들은 사회적 태만의 요인들이 작용하기 쉽다. 따라서, 사회적 태만의 방지책들도 이러한 상황조건들을 변화시키는 것에 초점을 둔다.

첫째로, 개인적 수행이 확인되거나 평가될 수 있게끔 만든다. 개인적 수행의 평가는 개인의 역할이나 책임의 완수 정도를 개인에게 알려 줌으로써, 집단과업 수행에 대한 개인의 책무성이나 책임감을 증가시켜 준다. 작업량에 기초해서 지불하는 공장들이나 판매량에 비례해서 수당을 지불하는 기업들에서, 사람들은 감독이나 지시가 없을지라도 열심히 일한다.

둘째로, 과업의 내재적 흥미나 중요성을 인식하게끔 만든다. 사회적 태만이 일어나는 상황들은 일반적으로 과업이 힘이 들고, 재미없고, 개인적 중요성이 적다. 사람들이 일하고 있는 과업이 독특하거나 도전적인 것으로 느낄 때에, 설사 그들의 수행이 집단수행으로 합쳐질지라도, 빈둥거리지 않는다는 것이 증명되어 왔다. 이러한 조건들에서, 사람들은 집단과업수행에 대한 독특한 공헌이나 자신의 기술의 시험 기회에 의해 높은 동기를 갸질 수 있다.

셋째로, 집단적 수행이 다른 집단들의 수행이나 이상적 기준과 비교될 수 있도록 만든다. 사람들은 자신의 집단이 다른 집단들에 비해서 우수하게 되고자 하는 동기가 있다. 이것은 집단긍지(group pride)를 느끼려는 동기라고 일컬어진다. 예컨대, 사람들은 평소에 핸드볼이라는 스포츠에 대해 높은 흥미를 갖지 않는다. 그런데 핸드볼팀이 올림픽경기에서 메달을 따는 성적을 올리게 될 경우에, 사람들은 핸드볼 경기의 관람에 몰입한다. 이것은 "우리팀"과 "상대팀"의 비교에서 우수해지려는 집단긍지의 증가의 효과일 것이다. 일반적으로, 사람들은 집단으로 구분해서 경쟁할 때에 자기 집단의 우수성에 대해 큰 관심을 갖는다. 예컨대, 남녀 간 경쟁, 학교 간 경쟁, 상점들 간이나 회사들 간의 경쟁은 사람들에게 자기 집단에 대한 애착과 긍지에 대한 관심을 증가시킨다. 집단의 수행을 다른 집단들의 수행과 비교하는 것 이외에, 이상적 기준이나 이전의 기준과 비교하는 것이 또한 멤버들의 과업수행동기를 높여서 사회적 태만을 방지한다.[35]

넷째로, 개인적 노력들에 대해 보수를 제공한다. 사회적 태만이 집단과업의 수행에 대한 개인적 기여가 보수받지 못하고, 개인적 기여가 불필요하고, 너무 부담이나 비용이 클 때에 있기 쉬우므로, 사람들이 이러한 지각들을 갖지 않게끔 만듦으로써 열심히 일할 동기를 향상시킬 수 있다.

이상적으로, 개인적 노력에 대한 보수는 즉각적이고 개인에게 가치나 높은 것이 좋을 것이다. 예컨대, 학생들이나 직원들에게 연말에 한 번 시상하는 것보다 분기별, 월별 또는 주별 시상이 더 효과적일 것이다(사회적 빈둥거림의 증감의 몇 가지 요인들이 표 8-2에 제시되어 있다).

표 8-2 사회적 빈둥거림(social loafing): 몇 가지 극복방법

사회적 빈둥거림이 발생되거나, 감소되거나 예방되는 정도는 몇 가지 요인에 달려 있다.

빈둥거림 증가요인들		빈둥거림 감소요인들
확인가능성 부족	⟷	개인적 확인가능성이 있음
개인적 평가가 없음	⟷	개인적 또는 집단적 평가가 있음
평가의 개인적 또는 집단적 기준들이 없음	⟷	평가의 개인적 또는 집단적 기준들이 있음
과업이 쉽거나, 지루하거나, 타인들의 과업과 동일함	⟷	과업이 어렵거나, 흥미있거나, 타인들의 과업과 다름
개인적 기여가 불필요함	⟷	개인적 기여가 중요함
개인적 또는 집단적 유인들이 없음	⟷	개인적 또는 집단적 유인들이 있음
큰 집단	⟷	작은 집단
서로 잘 알지 못하는 집단	⟷	서로 잘 알고 있는 집단

집단의 브레인스토밍

집단들은 많은 문제에 부딪친다. 집단 문제의 다소에는 차이가 있을 수 있지만 집단들이 유지되고, 발전하기 위해서 집단들은 문제를 확인하고, 해결을 위한 합리적이고 창의적인 전략들을 강구하고, 적극적으로 실행하고 해결노력들이 소기의 성과를 내었는지를 평가하는 일련의 과정을 효과적으로 거쳐야만 된다. 이와 같은 집단의 문제해결은 집단들에 대해 매우 중요하고 복잡하기 때문에, 별개의 장에서 다루어질 필요가 있으며 본서의 10장은 이 주제를 집중적으로 취급하고 있다. 이 장에서, 우리는 집단현상의 하나의 중요한 측면으로서, 창의적 문제해결에 있어서 주목받는 브레인스토밍(brainstorming) 또는 단어의 본래의 뜻대로 "머리짜내기"의 주제에 초점을 둔다.

대부분의 정부기관들, 기업들, 단체들, 심지어 친목단체들에 이르기까지 자기들이 당면한 문제를 해결하기 위해 "회의"라는 이름하에서 집단적 문제해결 활동을 수행한다. 일반적으로, 회의들은 과업수행에 관련된 정보를 교환하고, 일들을 사전에 조정하고, 멤버들의 친밀성을 증진시키는 목적으로 실시되기 때문에, 회의들이 바로 집단 문제해결이나 브레인스토밍을 의미하는 것은 아니다. 그러나 브레인스토밍은 각종 회의들의 중요한 부분을 이루고 있다고 볼 수 있다.

집단들은 문제들에 대한 해결책을 결정하기 위해 멤버들이 모여서 아이디어를 내놓고, 아이디어의 적절성과 효과성을 평가하는 활동을 행한다. 이러한 활동은 흔히 브레인스토밍이라고 일컬어지는 기법이다. 당신의 경험에 비추어 볼 때, 이러한 집단적 브레인스토밍은 얼마나 성공을 거두었다고 생각되는가? 아마 이것의 효과는 드물게 매우 성공적이었고, 대부분의 경우에 다소 성공적이었다고 판단될 것이다.

브레인스토밍을 효과적으로 실행하기 위해, 몇 개의 규칙이 제시되었다.[36] 집단멤버들은 서로 비평하지 않으면서 아이디어들을 자유롭게 제시할 수 있어야만 된다. 아이디어들의 수가 많을수록 더 좋다. 특이하거나, 비통상적이거나, 심지어 엉뚱한 아이디어일수록 더 좋다. 그리고 개별적 아이디어들은 더 좋은 아이디어로 개선하거나 종합하는 것이 요구된다.

브레인스토밍의 효과의 측면에서, 집단적 브레인스토밍의 효과는 개인이 혼자서 행하는 개인적 브레인스토밍의 효과와 비교해서 평가되어야만 된다. 즉, 5명의 집단이 내놓은 전체의 아이디어들과 5명의 개인들이 내놓은 전체의 아이디어들이 비교되어서 사람들의 숫자에 기인되는 효과를 일정하게 통제해야만 된다. 이러한 방식의 평가는 집단적 브레인스토밍이 초기의 열광과는 반대로, 특별하게 효과적이지 않다는 것을 보인다. 집단 브레인스토밍과 개인 브레인스토밍이 비교되었을 때, 단순하게 개인들을 합친 집단들(즉 명목뿐인 집단들; nominal groups)이 실제의 집단적 브레인스토밍의 결과들보다 아이디어의 수와 질의 측면에서 거의 항상 더 우수하다는 것을 나타냈다.[37]

효과적 브레인스토밍의 저해요인들

집단적 브레인스토밍이 개인적 브레인스토밍보다 효과가 더 적은 몇 가지 요인이 있다. 첫째로, 평가우려의 요인이 작용될 수 있다. 브레인스토밍의 규칙들 중의 하나로서 평가 금지가 있을지라도, 사람들은 자신의 아이디어들에 대해 타인들이 어떻게 생각하는지에 대해 계속 신경을 쓰거나 걱정할 수 있다. 사회적 촉진과 억제의 현상에서 취급된 바와 같이 이러한 평가 우려나 걱정들이 창의적 수행을 억제시킬 것이다. 둘째로, 사회적 태만이나 빈둥거림이 집단적 브레인스토밍에서 나타날 수 있다. 집단 속에서 아이디어를 내놓게 될 때, 사람들은 자신의 노력이 없어도 된다고 느껴서 과업수행에 대한 책무성이 적어지고, 따라서 무임승차(free ride)나 빈둥거림의 경향이 나타날 수 있다.

셋째로, 타인들의 방해효과가 작용할 수 있다. 사람들이 아이디어를 생각하려고 할 때에 타인들의 아이디어들을 듣는 것이 아이디어의 생성을 방해할 수 있다. 넷째로, 집단적 브레인스토밍의 상황들에서 사람들은 자신의 수행을 타인들의 수행과 비교하는 사회적 비교과정을 경험하고, 이것이 아이디어의 생산을 감소시킬 수 있다. 이러한 사회적 비교과정은 몇 가지 방식으로 최대의 아이디어 생산을 막을 수 있다. 그 중의 하나는 사람들이 타인들과 유사하게 수행하려는 동기의 증가이다. 즉, 사람들은 타인들의 과업수행의 목격에 의해 영향받는다. 타인들보다 생산성이 더 적은 멤버들은 자신의 수행을 증가시키려고 들고, 생산성이 더 많은 멤버들은 자신의 수행을 증가시키지 않거나 감소시킨다. 이러한 타인들과 유사하게 수행하려는 동기는, 특히 생산성이 많은 멤버들의 수행을 감소시켜서, 전체의 생산성을 감소시킬 수 있다.

다른 하나는 수행수준에 대한 낮은 집단규범의 형성이다. 집단과업수행에서 평가우려, 빈둥거림, 방해 등과 같은 몇 가지 억제요인들이 작용하고, 이것들은 집단생산성의 낮은 규범을 발전시키도록 만든다. 예컨대, 집단들은 가능한 새로운 아이디어들을 모두 내놓지 않았을지라도, 전형적으로 아이디어의 발전을 위해 배정된 시간을 다 쓰지 않고서 작업을 중지시킨다. 집단에게 더 많은 아이디어를 내놓을 수 있는 잠재력에 관한 정보를 주었을 때에, 그들의 아이디어 생산이 증가된다.[38]

사회비교과정의 부가적 효과 중의 또 다른 하나는 생산성의 착각(illusion of productivity)이다. 집단들이 우수하게 수행하지 않을지라도, 집단 속에서 작업하는 사람들은 혼자 작업하는 사람들보다 자신의 수행을 더 긍정적으로 평가하는 경향이 있다. 그들은 자신의 수행이 타인들의 수행과 유사하다고 보고서 자신의 수행에 대해 다소 만족할 수 있다. 그러나 혼자 작업하는 사람들은 타인들과 비

도 8-2 브레인스토밍에 관한 하나의 사회적 영향력 모형

억제요인들

- 평가 우려
- 무임승차 또는 빈둥거림
- 방해나 저지

↓

사회적 영향과정들

- 사회적 비교
- 수행의 걸맞추기(즉 타인들과 비슷하게 수행하기)
- 수행규범들
- 하향 비교

↓

집단 성과들

- 계속적인 낮은 수행
- 생산성의 착각

교할 기회가 없으므로, 자신의 수행의 적절성에 대해 걱정하거나 불안할 수 있다. 이러한 불안이 혼자 작업하는 사람들의 노력을 증가시킬 수 있다. 집단 브레인스토밍이 개인 브레인스토밍보다 효과적이지는 않지만, 집단 내의 수행에 대한 긍정적 지각들이 일어나는 요인들이 도 8-2에 요약되어 있다.

집단 브레인스토밍의 향상방법들

브레인스토밍의 효과를 향상시키기 위해 많은 노력이 경주되어 왔으며, 그 결과로 몇 가지 방법이 제안되어 왔다.

사전 연습

브레인스토밍에 대한 연습을 제공하는 것이 아이디어를 내놓기 위한 사람들의 정신자세와 집단 내에서의 아이디어 생산활동들의 조정을 향상시킬 수 있다.[39]

집단적 및 개인적 브레인스토밍의 종합

사람들이 집단 속에서보다 혼자서 작업할 때에 더 효과적으로 아이디어를 내놓을 수 있다는 사실을 응용할 수 있다. 이를 위해 먼저 혼자서 아이디어를 내놓고, 이것들을 집단 속에서 공유하고, 마지막으로 다시 혼자서 아이디어를 내놓게끔 만든다. 이러한 방법이 명목집단기법(nominal group technique)에서 사용되고 있다.[40] 이 기법은 아이디어들을 비평하지 않으면서 명료화시키기의 지시, 집단에 대한 문제나 주제의 제시, 개인적 아이디어의 제시, 집단 속에서의 아이디어의 공유 및 아이디어의 토의와 순위화의 순서를 따른다.

서면 브레인스토밍

아이디어의 제시 동안에 타인들의 언어적 제시에 의한 방해로 인한 집단적 브레인스토밍의 단점을 극복하기 위해, 멤버들은 말로서 아이디어를 제시하지 않고 종이 위에 아이디어를 써서 공유한다. 이러한 기법을 서면 브레인스토밍 또는 브레인라이팅기법(brainwriting technique)이라고 일컫는다. 이 기법에서, 개인은 마음대로 아이디어들을 내놓고 타인들이 종이 위에 제시하는 아이디어들을 검토할 수 있다. 이 기법은 다수의 아이디어를 내놓는 데에 효과적인 것으로 밝혀졌다.[41]

시넥틱스(synectics 또는 창조적 문제해법)

아이디어의 생성에 있어서, 사람들은 상당히 기대되거나, 논란되지 않는 아이디어들을 만드는 경향, 즉 수렴적 사고의 경향이 있으며, 이것은 창의적 성질을 갖지 않는다. 사람들에게 창의적 또는 확산적 사고를 촉진시키기 위해, 이 기법은 문제의 모든 측면들이나 전체 스펙트럼(spectrum)을 고려하는 것을 강조한다. 사람들이 제시하는 대부분의 아이디어들이 다소 좋거나 다소 나쁘며, 이것은 문제의 모든 측면들에 대한 고려의 부족에 기인된다고 가정될 수 있다. 이 기법에서, 사람들이 한동안 적극적으로 아이디어를 제시한 후에, 소수의 아이디어들이 제시되는 생산성이 없는 기간에 사람들은 생산성을 높이게끔 만들은 지시를 받는다. 이것의 내용은 집단에게 비유들, 유추들 및 공상들을 사용해서 더 많은 아이디어를 내놓게끔 만드는 것들이다.

전자 브레인스토밍(electronic brainstorming)

최근에 컴퓨터를 이용한 아이디어 생산기법에 대해 많은 관심이 있어 왔다. 이것은 컴퓨터화된 집단 의사결정 지원체계(group decision support system)의 일부분이다. 이것은 집단들이 아이디어 생산, 아이디어의 조직화, 아이디어의 순위화 및 실천방법에 관한 아이디어생산의 일련의 단계들을 통과하는 것을 돕는다.

전자 브레인스토밍은 3인 내지 18인의 집단들로 구성되며, 아이디어들이 개인의 컴퓨터 스크린의 아래에 제시되고, 집단의 앞에 있는 스크린상에서 또한 제시된다. 제시된 모든 제안들은 중앙 컴퓨터에 의해 수집된다. 이러한 컴퓨터체계의 사용은 사람들의 아이디어의 출처가 은폐되어서 사람들의 평가우려가 감소될 수 있다고 가정한다. 아이디어 생산의 언어적 방해가 없으므로 멤버들 간의 방해가 감소되고, 높은 지위를 가진 사람의 지배에 의한 아이디어 생산의 방해나 억제도 감소된다.

전자 브레인스토밍이 전형적인 집단적 브레인스토밍보다 더 많은 아이디어를 생산하고 참가자들이 긍정적 반응을 일으키는 데에 더 효과적이라는 것이 증명되어 왔다.[42] 그러나 이것은 개인적 브레인스토밍보다 더 많은 아이디어를 생산하지는 않는데, 이것은 전자 브레인스토밍에서 사람들이 자신의 작업에 몰두되어서 타인들로부터 오는 아이디어들에 관심을 기울이지 못하는 데에 기인될 수 있다. 전자 브레인스토밍에서 타인들의 아이디어에 대한 주의의 동기가 생기게 되면, 더 많은 아이디어가 생산될 수 있을 것이다. 분명히, 서면과 전자 브레인스토밍들은 관습적인 언어적 집단 브레인스토밍보다 다수의 새로운 아이디어를 내놓는 데에 있어서 더 효과적인 것 같다. 그러나 대부분의 집단상황들에서 상호작용이나 아이디어의 공유가 언어형태를 취하고, 언어적인 브레인스토밍이 집단에 대한 긍정적 감정들과 응집성을 일으키고, 최종 결정된 아이디어에 대한 몰입감을 증가시킬 수 있다.

이러한 언어적인 집단 브레인스토밍의 장점들을 활용하고, 개인적 브레인스토밍을 통합시키고, 집단들을 2인이나 기타의 소집단들로 구성하는 등으로 브레인스토밍이 개선될 수 있을 것이다. 또한 불안한 성격을 가진 사람들이 그렇지 않은 사람들보다 브레인스토밍에서 나쁘게 수행하므로, 사회적 불안이 적은 사람들에 대해서 집단 브레인스토밍을 사용할 수 있다. 브레인스토밍의 개선방법들에 관한 이상의 논의의 요점들이 표 8-3에 제시되어 있다.

표 8-3 효과적 브레인스토밍의 개선방법들[43]

- 사전에 브레인스토밍을 연습하기
- 집단적 및 개인적 브레인스토밍들을 종합하기
- 문제의 모든 측면들을 고려하는 스펙트럼의 관점을 강조하기
- 사람들의 쌍들이나 소집단들을 사용하기
- 다양한 관점, 재능, 지식을 가진 집단을 구성하기
- 집단들에게 지향할 목표를 제공하기
- 사회적 불안이 적은 사람들에 대해서만 집단적 브레인스토밍을 사용하기
- 서면 및 전자 브레인스토밍을 사용하기

집단 의사결정

대부분의 정부기관들, 대학들 및 기업들에서 주요 의사결정들이 구성원들의 집단에 의해 이루어진다. 각종의 간부나 임원회의들, 대책위원회들, 팀회의들이 그 예이다. 집단 의사결정이 이렇게 보편적으로 이루어지고 있다는 점에서, 이것들이 소수의 사람들이나 리더들에 의해 이루어지는 것보다 효과적인 것으로 가정되고 있음에 틀림없다. 그렇다면, 집단 의사결정은 과연 효과적인가? 이러한 의문에 대한 해답의 방법은 브레인스토밍의 효과성의 평가에서와 같이, 집단의 수행과 집단과 동일한 숫자의 개인들의 수행을 비교하는 것이다.

집단 의사결정의 하나의 주요 문제는 집단들이 비조직적인 경향이 있다는 것이다. 집단들은 대개 몇몇 구성원들이 제시한 그럴 듯한 아이디어들에 따르는 경향이 있다. 시초에 집단의 다수가 제시한 결정이 최종의 집단 의사결정으로 확정되기 쉽다. 이러한 현상은 집단 의사결정과 관련된 현상들인 집단극단화와 집단사고에서 작용된다.

집단 극단화

집단 구성원들에게 어떤 결정을 개인적으로 행하도록 하고, 그 후에 집단적으로 행하도록 했을 때, 집단의 의사결정은 개인들의 평균보다 더 모험적으로 된

다는 것이 여러 연구들에서 반복적으로 얻어졌다. 그러나 어떤 집단들은 개인적 의사결정들의 평균보다 더 조심스럽거나 보수적인 의사결정을 행했다. 따라서, 집단 의사결정이 모험적이거나 조심스러운 쪽으로 이동하는 것은 집단의 시초의 의견들이나 태도들에 달려 있다. 집단의 시초의 의견들이 모험적인 때에는 토의 후에 더 모험적인 쪽으로 이동하고, 조심스러운 때에는 토의 후에 더 조심스러운 쪽으로 이동한다. 이러한 현상을 집단 극단화(group polarization) 또는 집단 극화라고 일컫는다.

집단 극단화의 원인에 관한 몇 개의 설명들이 제시되고 있다. 첫 번째의 설명은 정보영향에 의한 설명이다. 정치, 종교, 사회, 직업 등의 대부분의 집단들은 가치들과 의견들이 유사한 맴버들로 구성된다. 그들은 집단에 관련된 문제들에 대해 이야기하고 토의하는 동안에, 각자의 의견들을 제시한다. 집단 구성원들이 태도나 의견의 면에서 시초부터 유사한 경향이 있기 때문에, 그들은 자기들의 입장을 찬성하는 발언들을 반대하는 발언들보다 더 많이 말하고 듣게 된다. 이에 더해서, 자신보다 더 강하게 찬성하는 입장들도 듣게 된다. 즉, 집단 의사결정과정에서 집단멤버들은 자기들의 입장에 대한 반대되는 정보보다 찬성하는 정보를 더 많이 접촉하고, 이것에 따라 영향을 받게 된다. 그리하여 집단토의들이 증가할수록 집단멤버들의 의견이나 태도는 더 강하게 확신되게 된다.

두 번째의 설명은 사회비교과정을 강조한다. 사람들이 집단 속에 있을 때에, 그들은 타인들에 비해 자신의 의견이나 입장이 어떠한가에 관심을 두게 되고, 타인들이 자기만큼 또는 자기보다 더 강하게 갖고 있다는 것을 발견하게 된다. 사람들이 어떤 입장을 갖고 있을 때에, 그 입장의 방향으로 극단적인 것에 대해 가치를 두기 때문에, 그리고 타인들의 호감과 수용을 받기를 원하기 때문에 사람들은 다소 더 극단적 방향으로 이동하게 될 것이다. 그 밖의 설명들로서, 집단 속에서 타인들과 함께 어떤 주장에 관해 토의할 때, 그들이 어떤 주장에 대해 더 많이 생각하고 적극적으로 발언하거나 행동함으로써 주장에 대한 몰입이나 개입이 증가될 수 있다. 또한 집단 속에서 자신의 행위에 대한 책임이 분산되기 때문에 더 극단적이거나 모험적인 주장을 행할 수도 있다.

집단 내 정보편향들

집단이 현명한 결정을 행하기 위해서, 멤버들은 많은 정보를 갖고 있고 이것들을 공유해야만 된다. 예컨대, 어떤 제품을 새로 만들거나 광고하는 데에 있어서 제품생산과 광고에 관련된 많은 정보를 갖고 이용할 필요가 있다. 멤버들은 관련된 독특한 정보나 전문성을 갖고 있는 정도에 있어서 큰 차이가 있을 수 있어서, 어떤 사람들이 다른 사람들보다 이것들을 더 많이 갖고 있을 수 있다. 그러나 집단들은 멤버들이 갖고 있는 많은 다양한 정보를 충분하게 활용하지 못하는 경향이 있다.

집단들이 멤버들의 정보를 공유하지 못하는 데 대한 주요 원인 중의 하나는 정보의 표본추출 편향(sampling bias), 즉 모든 정보를 최대로 획득하고 사용하지 않고 일부분의 정보들을 주로 획득하고 사용하는 것이다. 일반적인 대면적 토의들에서, 집단멤버들은 공유하거나 공통으로 갖고 있는 정보나 지식에 초점을 두고 공유하지 않고 있는 새롭거나 독특한 정보나 지식을 충분하게 사용하지 않는다. 이와 같은 정보의 표본추출상의 편향으로 인해서, 집단들을 문제의 상이한 측면들에 관한 충분한 이해에 기초된 결정을 행하기가 곤란하다.[44]

정보의 표본추출편향을 감소시킬 수 있는 방법들이 있다.[45] 첫째로, 집단의 각 멤버에게 공유되지 않거나 독특한 정보만을 제시하도록 지시하는 것이 비공유된 정보가 제시될 가능성을 증가시킬 것이다. 둘째로, 집단에게 단순하게 가장 좋은 방안을 선정하는 것 대신에, 여러 대안적 방안들을 제시하고 순위매기게끔 만든다. 이것은 이슈들의 더 충분한 토의를 자극시켜서, 비공유된 정보의 교환을 증가시킨다. 셋째로, 집단에게 멤버들이 어떤 전문성을 갖고 있는지를 알려 주는 것이다. 그러면 멤버들은 특수분야에 대한 정보를 그 전문가에게 의지하고 전체의 정보들에 더 초점을 둘 수 있다. 마지막으로, 리더십스타일이 정보의 공유에 영향을 줄 수 있다. 참여적 리더를 가진 집단들은 지시적 리더를 가진 집단들보다 공유된 정보와 비공유된 정보를 모두 토의하는 경향이 있다. 이에 비해서, 지시적 리더들은 중요한 정보, 특히 비공유된 정보를 반복하는 경향이 더 많다. 따라서, 지시적 리더들이 비공유적 정보를 사용하게끔 만드는 데에 더 적극적 역할을 취할 것이다.[46]

정보의 표본추출편향과 관련된 하나의 현상으로서, 멤버들이 독특하거나 비공유된 정보를 제시할 때에 이것은 공유된 정보보다 집단토의에서 반복되는 경향이 더 적다. 이러한 현상은 공통지식효과(common knowledge effect)라고 일컬어진다.[47] 공유된 정보의 반복의 결과로, 집단 의사결정은 집단이 공유한 이전의 의

표 8-4 표본추출편향과 공통지식효과의 감소방법들[48]

- 집단멤버들에게 독특한 정보만을 제시하도록 강제함.
- 여러 대안들의 우수성에 대한 순위를 매김.
- 멤버들에게 전문성을 부여함.
- 자신감 있는 전문가들을 포함시킴.
- 지시적 리더들을 포함시킴.

견이나 지식에 의해 주로 결정되게 된다.

독특하거나 비공유된 정보가 집단 의사결정에서 매우 작은 영향력을 갖는 한 가지 이유는 정보의 타당성과 정확성에 관한 지각과 관련되어 있다. 멤버들에 대해, 공유되고 반복된 정보는 더 타당하다고 여겨지고, 따라서 더 큰 확신감이나 자신감을 일으킨다. 이와 반대로, 비공유되고 반복되지 않은 정보는 타당성이 적은 것으로 여겨지고, 그에 따라 확신감이 감소되고 수용되지 않게 된다.

공통지식효과를 감소시키는 데에 관련된 요인은 비공유된 정보에 대한 자신감과 전문성이다. 사람들이 비공유되거나 전문적인 정보를 공유할 때에 제공자가 자신 있게 보이고 전문가로서 인식되게 되면, 그러한 정보는 반복되고 기억되기가 더 쉽고, 그에 따라 더 큰 영향력을 갖게 될 것이다. 또한 지시적 리더들이 참여적 리더들보다 독특하거나 비공유된 정보를 강조함으로써 이것들의 공유를 증가시키고 최선의 집단 의사결정의 방향으로 지도하기가 더 쉽다.[49] 정보의 표본추출편향과 공통지식효과를 감소시킬 수 있는 방법들이 표 8-4에 제시되어 있다. 표본추출편향과 공통지식효과는 집단들이 충분한 정보를 사용하는 것을 막음으로써 집단의 효과적 의사결정을 방해하는 하나의 현상이다. 이러한 문제들이 아래에서 논의되는 집단사고의 현상 속에 관여되어 있다.

집단사고

많은 집단들이 잘못된 의사결정으로 인해서 고통을 당하고, 심지어 집단이나 조직의 운명에 대해서 결정적 타격을 입는다. 이러한 예들은 많은 실패한 기업들과 국가적 사업들에서 찾아질 수 있다. 미국에서, 이러한 현상에 대한 시초의 학문적 검토가 재니스(Janis)에 의해 이루어졌다.[50] 그는 그러한 실패들이 결정적 결함이 있는 집단 의사결정과정의 결과라고 주장했으며, 이러한 현상을 집단사고(groupthink)라고 일컬었다. 미국에서 실패한 국가적 정책사업들로서 일본에 의한 진주만 공습사건, 쿠바 공산정권을 타도하기 위한 쿠바 망명인들을 중심으로 한 쿠바의 픽스만 침공작전, 패전의 참담함을 경험한 월남전 확전, 미국의 우주개발프로그램의 비극적 실패인 챌린저 우주왕복선 폭발사건 등이 집단사고의 결과들로서 분석되었다.

비록 우리나라에서 이와 같은 집단사고의 현상들이 체계적으로 분석되지 않았을지라도, 그러한 예로서 제시될 수 있는 것들이 많을 것이다. 예컨대, 대기업들에서의 비자금조성과 뇌물제공사건으로 매스미디어에서 떠들썩하게 보도된 많은 사건들이 기억날 것이다. 역사적 예들로서, 고려정권의 이성계를 사령관으로 삼은 북벌정책, 임진왜란의 발생에 대한 당시의 조정대신들의 결정, 6·25 동란, 최근의 이명박 정부의 미국과의 자유무역협정(FTA)에 관련된 쇠고기수입협상에 따른 반대시위사건 등을 들 수 있다. 물론, 많은 잘못되거나 실패한 집단 의사결정들이 반드시 집단사고의 결과는 아니며, 집단이 행하는 대부분의 결정들이 상당히 올바르고 합리적이다.

집단사고는 집단이 대안적 의사결정들을 주의깊게 평가하지 않고, 멤버들의 의견일치에 더 많은 관심을 두고 있을 때에 일어나며, 매우 중요한 복잡한 의사결정의 경우들에서 잠재적으로 심각한 문제가 된다. 집단사고의 핵심요인은 어떤 결정에 대한 멤버들의 찬동이나 의견일치의 동기이다. 많은 집단들이 멤버들 간에 서로 잘 지내고 중요한 이슈들에 대해 찬동이나 의견일치가 되는 것을 좋아한다. 그렇지 않으면, 멤버들은 갈등과 적대감의 부정적 결과들에 당면하게 될 것이다. 이러한 찬동추구(concurrence seeking)의 동기는 몇 가지 요인의 영향을 받는다.

첫째로, 집단 응집성이나 단결성이 찬동추구에 대해 중요하다. 매우 응집성이 있는 집단들은 멤버들 간의 강한 인간적 유대를 갖고 있으며, 많은 이슈들에 대해 유사한 의견과 가치를 갖고 있고, 따라서 그들은 갈등을 최소화시키고자 이슈들에 대해 찬동하려는 높은 동기를 가질 것이다.

둘째로, 집단이 다른 집단과 분리되거나 절연되어 있는 정도가 중요하다. 집단은 다른 집단들과 분리되어 있는 경우에 집단의 의견과 다른 대안적 의견들에 접할 수가 없고, 집단이 시초에 합리적이라고 여기는 아이디어나 계획을 인정하기 쉽다.

셋째로, 집단의 리더의 압력 유무가 중요하다. 응집성 있는 집단의 리더가 집단에게 조급하게 의사결정을 행하거나 어떤 입장을 지지하도록 압력을 주게 되면, 집단은 조급하게 의견일치를 행하려고 든다. 이것은 특히 리더나 영향력 있는 멤버에 의해 제안된 해결책보다 더 좋은 해결책이 없을 경우에 그러하다.

집단사고의 증후들

집단사고의 역사적 사례들에 대한 분석적 연구에서, 집단사고의 경향이 있는 집단들이 갖고 있는 특징들이나 증후들이 나타났다.[51]

첫째로, 그러한 집단들은 많은 통일성의 압력(pressure to uniformity)을 보인다. 집단멤버들은 반대자들에게 집단의 지배적 의견에 따르도록 압력을 가하고, 멤버들은 자신의 차이 있는 의견에 대한 집단의 반응에 대한 걱정 때문에 의사결정에서 자신의 반대의견을 표현하지 않는 자기검열(self-censorship)을 실시한다. 이러한 자기검열은 자신의 의견이 집단의 의견과 차이 있는가에 대한 과민성을 포함한다. 또한 집단의 몇몇 멤버들은 사람들이 집단합의에 따르도록 만들고 반대하는 의견이나 정보가 집단에게 도달되거나 전파되는 것을 막기 위한 정신경계병들(mind guards)이나 "사상검열자들"로서 활동한다. 이것들의 결과로, 공적인 반대의견의 부족이 나타나고, 집단은 만장일치의 착각(illusion of unanimity)을 발전시킨다.

둘째로, 집단사고를 갖는 집단들은 실제의 상태에 대한 상당한 오지각이나 왜곡을 갖고 있다. 멤버들이 대안적 정보들이나 반대되는 의견들과 정보들에 대한 접근을 차단시키기 때문에, 집단은 실제의 상황에 대한 안일하거나 잘못된 시각들과 지각들을 갖게 된다.

셋째로, 그러한 집단의 멤버들은 자기들이 능력적으로 취약성이 없고 도덕적으로 우수하다고 생각하며, 자기들과 반대되는 집단들을 부정적으로 생각한다.

넷째로, 일단 집단적 합의가 발전되면, 그 집단은 집단 의사결정과 불일치되는 모든 정보를 타당하지 않거나 정확하지 않은 것으로 합리화시켜 버릴 것이다.

이러한 4가지의 요인이 국가들이 전쟁이나 전투를 행하기로 결정하는 것, 기업들이 경쟁회사들의 경쟁능력을 과소평가해서 망하는 것 등에서 발견될 수 있다. 표 8-5는 집단사고의 증후들과 그 결과로 발생되는 결함 있는 의사결정의 구체적 증후들을 요약하고 있다.

표 8-5 집단사고와 결함 있는 의사결정의 증후들

집단사고의 증후들	결함 있는 의사결정의 증후들
• 취약성 없음의 착각 • 집단적 합리화 • 집단이 도덕성에 대한 믿음 • 외집단들에 대한 부정적 고정관념화 • 부동의자들에 대한 직접적 압력 • 자기검열 • 만장일치의 착각 • 정신경계병들이 있음	• 대안들의 불완전한 검토 • 목적들의 불완전한 검토 • 선호하는 안(案)들이 갖는 위험성의 검토 실패 • 정보의 불량한 탐색 • 가용 정보의 처리의 선택적 편향 • 대안들에 대한 재평가의 실패 • 연계적 계획들의 작성 실패

집단사고모형에 대한 평가

집단사고모형은 집단 의사결정에 대해 관심 있는 많은 요인을 취급하고 있으며, 모형에서 취급된 많은 역사적 사례들에 대한 그럴 듯한 설명을 제공하고 있다. 이 모형의 연구방법면에서, 대부분의 증거가 사례연구들 또는 사례들에 대한 사후분석에 기초되고 있다. 이러한 연구방법은 이 모형에서 제시된 과정들의 핵심적 역할에 대한 강력한 증거를 제시하지 못한다. 이 모형에 대한 인과적 관계들을 검증할 수 있는 실험실연구들은 단지 혼합된 결과들을 제공해 왔다.

이 모형에서 취급된 변인들의 면에서, 이 모형이 취급하지 않았던 다른 요인들이 또한 집단 의사결정의 질에 영향을 주기 쉽다. 몇몇 연구자들은 집단들에게 나쁜 의사결정을 행하게끔 만드는 변인들로서, 정치적 고려들, 과장된 집단효능성의 느낌들, 멤버들의 배척당함에 대한 두려움 및 긍정적 집단정체성의 유지를 주장해 왔다.[52] 집단 의사결정을 보다 더 충분히 이해하기 위해 이 모형에서 제시된 것보다 더 폭넓은 모형이 필요할 것이다. 그럼에도 불구하고, 이 모형은 집단들이 나쁜 의사결정을 행할 수 있게끔 만드는 요인들을 지적하고 있다.

집단사고의 방지방법

집단사고모형의 논의에서 이미 지적된 바 있는 여러 요인들이 정부나 기업의 여러 조직들과 팀들의 집단사고의 방지에 활용될 수 있다. 그것들 중에, 특히 중요한 몇 가지를 요약적으로 제시해 보자.

첫째로, 집단 의사결정의 리더들은 최소의 논란이나 의견충돌을 갖고서 합의에 도달하는 것보다 최선의 효과적인 의사결정에 도달하는 것을 강조하고, 집단멤버들에게 특수한 입장이나 견해를 취하게끔 압력을 가하지 않음으로써 유익한 역할을 할 수 있다.

둘째로, 최선의 효과적 집단 의사결정을 행하기 위해 도움이 되는 절차가 사용되어야만 된다. 의사결정에 관련된 광범한 정보를 획득하고 사용하기 위해, 제시되는 정보들에 대한 비평을 금지하고, 집단이 다양한 정보들을 얻게끔 집단을 하위집단들로 나누어서 이들이 정보를 획득하고 평가할 수 있는 기회를 갖는다.

셋째로, 주제에 관해서 잘 알고 있는 외부인들이나 전문가들을 집단 의사결정에 가담시킴으로써 집단멤버들이 빠뜨릴 수 있는 정보와 견해들을 보충할 수 있다. 또한, 중요한 의사결정의 오류들을 방지하기 위해 회의를 재차 개최함으로써 이전의 의사결정의 문제점들이나 의문점들을 개선할 수 있다.

이와 같은 방법들이 항상 훌륭한 집단 의사결정이 이루어지게끔 보장하지는 않을지라도, 이것들은 집단사고에서 생기는 나쁜 의사결정들을 방지하는 데에 도움이 될 것이다. 중요한 것은 집단 의사결정에 있어서 집단사고가 발생할 가능성에 대해 조심하고, 이것이 일어나지 않게끔 대비하는 것이다.

집단 의사결정에 관한 우리의 논의들에 기초해서, 몇 가지 훌륭한 집단 의사결정을 위한 지침들이 제시될 수 있으며, 이것이 표 8-6에 제시되어 있다.[53]

표 8-6 훌륭한 집단 의사결정을 위한 규칙들

- 명확하고 훌륭한 집단 의사소통의 목표를 정함.
- 집단 의사결정이 방법과 절차를 조지화한.
- 집단멤버들이 가진 정보를 체계적으로 수집함.
- 훌륭한 의사결정을 행하는 데에 필요한 정보를 공유하게끔 집단멤버들에게 책임을 부여함.
- 집단 내의 다양한 견해와 전문성을 반영시킴.
- 집단 의사결정의 문제점들을 점검하기 위해 재차의 회의를 개최함.

요 약

우리들의 개인생활, 사회생활 및 직업생활의 대부분이 집단 속에서 영위된다. 집단은 두 명 이상의 사람들의 일시적 집합이나 장기적 관계들을 포함하며, 멤버들 간의 상호작용이 있는 것이다.

집단들은 멤버들이 집단 내에 머물게끔 만드는 긍정적 및 부정적 힘들의 총계인 응집성, 멤버들 간의 의사소통구조 및 집단멤버들의 역할의 특징들을 갖고 있다. 집단 내의 타인들의 존재는 행동이나 수행의 촉진이나 억제를 일으킨다. 이것은 관중효과와 공동활동효과에서 발견된다. 사회적 촉진과 억제는 수행되는 과업의 난이도에 의해 큰 영향을 받는다. 사회적 상황들에서 단순하거나 잘 학습된 행동은 촉진되고 복잡하거나 새로 학습된 행동들은 억제되거나 방해된다. 사회적 촉진과 억제에 대한 설명들에는 흥분설, 사회적 비교설, 평가우려설 및 주의분산설이 있다.

사람들이 집단적으로 작업할 때에 사회적 태만이나 빈둥거림의 현상이 나타난다. 이러한 현상이 잘 나타나게끔 만드는 과업들은 멤버들의 개인적 노력들이 집단의 생산으로 합쳐지는 합산적 과업들이다. 사람들이 집단적 노력에 기여할 동기에 영향을 주는 몇 가지 요인들이 있다. 사회적 태만은 집단 내에서의 개인적 수행이 확인되거나 평가될 수 있는 것, 과업의 내재적 흥미나 중요성을 인식하는 것, 집단적 수행이 다른 집단들의 수행이나 이상적 기준과 비교되는 것 및 개인적 노력들에 대해 보수를 제공하는 것에 의해 방지될 수 있다.

집단의 문제들을 해결하기 위해, 집단적 브레인스토밍이나 머리짜내기가 많이 사용된다. 브레인스토밍을 효과적으로 실행하기 위한 몇 개의 규칙이 제시되어 왔다. 브레인스토밍에 대한 시초의 열광과는 반대로, 집단적 브레인스토밍은 개인들의 브레인스토밍을 합친 것, 즉 명목집단들의 브레인스토밍보다 효과가 더 적다. 이러한 현상은 개인이 제시하는 아이디어에 대한 타인들의 평가에 대한 우려, 집단 내의 사회적 태만, 타인들의 작업방해, 집단 내에서의 하향적 사회적 비교들에 의해 일어난다. 브레인스토밍의 효과를 향상시키기 위한 몇 가지 방법이 있는데, 이것들은 브레인스토밍의 사전 연습, 집단적 및 개인적 브레인스토밍의 종합, 서면 브레인스토밍, 시넥틱스 또는 창조적 문제해법 및 컴퓨터를 이용한 전자 브레인스토밍을 포함한다.

집단 의사결정이 보편적으로 이루어지고 있다. 이것들의 하나의 주요 문제는 집단들이 비조직적으로 의사결정을 수행하는 경향이 있다는 것이다. 이러한 현상은 집단 극단화와 집단사고에서 나타난다. 사람들이 개인적으로 의사결정할 때보다 집단적으로 의사결정할 때에, 집단의 시초의 입장들이 더 극단화되는 쪽으로 변화한다.

집단 극단화에 대한 몇 개의 설명이 제시되었다. 집단 의사결정에서 많은 정보가 사용되어야 함에도 불구하고, 집단들은 독특하거나 비공유된 정보보다 그들이 공통으로 갖고 있는 정보나 지식에 초점을 두는 경향이 있다. 집단들이 다양한 정보를 이용하지 못하는 것은 비공유된 정보를 사용하지 않는 정보의 표본추출편향과 공유정보의 과도한 영향인 공통지식효과에 주로 기인된다.

집단사고는 집단멤버들이 서로 잘 지내고 중요한 이슈들에 대한 의견일치에 이르려는 찬동추구의 동기에서 비롯된다. 집단사고의 여러 증후들과 그로 인한 집단 의사결정의 결함에 관한 증후들이 있으며, 이것들을 방지하기 위한 몇 가지 방법이 개발되어 왔다.

제 9 장

리 더 십

우리 생활의 대부분이 집단 속에서 이루어지며, 집단들에는 지도력 또는 리더십의 현상들이 보편적이다. 리더들이 어떻게 행동하는가는 집단활동에 대해 매우 큰 영향을 줄 수 있다. 국가의 정치지도자들, 종교지도자들, 경제지도자들, 학문지도자들 등은 국가의 여러 분야의 사람들에 대해 결정적 영향을 준다. 예컨대, 정치지도자는 국가의 흥망과 성쇠에 결정적 영향을 줄 수 있다. 조선시대에서 세종과 영조는 국민생활의 향상에 엄청난 영향을 준 반면에, 조선말기의 왕들은 나라를 일본에게 빼앗기는 엄청난 불행을 일으켰다. 우리나라의 현재의 대기업들, 특히 삼성과 현대를 창업한 이병철과 정주영은 기업을 발전시켜서 많은 일자리를 만들고 나라의 경제발전에 크게 기여했다. 최근에 사망한 기독교지도자인 김수환 추기경은 많은 국민들의 종교생활에 큰 영향을 주었고 봉사와 희생의 정신을 사회 전체에 진작시켰다. 이와 같은 훌륭한 지도자의 예들은 그 수를 헤아릴 수 없을 정도로 많을 것이다. 이와 반대로, 많은 집단들과 조직들은 효과적이지 못한 지도자로 인해, 결정적 타격을 입고 멤버들은 엄청난 고통을 당한다. 이와 같이 지도자가 갖고 있는 영향력은 다대하다. 그렇다면, 효과적 지도자와 비효과적 지도자를 결정짓는 요인들은 무엇인가? 우리는 이러한 의문을 이 장에서 취급할 것이다.

이미 언급된 바와 같이, 리더십이나 지도력은 모든 집단에서 존재한다. 리더십의 핵심적 속성은 사회적 영향이다. 즉, 지도자는 집단의 행동과 신념에 대해 가장 큰 영향력을 갖고 있는 사람이다. 지도자들은 집단에게 영향을 주는 많은 활동을 행한다. 예컨대, 지도자들은 멤버들에게 행동을 개시시키고, 명령을 내리고, 의사결정을 행하고, 집단활동을 고무시키고, 멤버들 간의 관계문제나 논쟁을 해결하고, 집단활동에 앞장 서고, 행동의 모델이 되어 주는 등의 많은 행동을 통해 집단에게 큰 영향을 준다.

이 장에서, 우리는 리더십에 관련된 몇 가지 주제를 살펴본다. 그것들은 리더십에 관련된 개인적 특징들, 리더와 상황 간의 상호작용, 특수한 리더십의 기술들, 카리스마의 발전에 대한 제안들, 팀 리더십기술의 개발 및 리더십능력의 개발전략이다.

집단이나 조직에서 지도자의 위치에 있는 사람들은 리더십에 관련된 주제들, 예컨대 훌륭한 리더들의 특징들, 다양한 상황에 맞게끔 자신의 리더십스타일을 적응시키는 방법들, 효과적인 특수한 리더십기술들 등에 관해 관심을 갖고 또한 배울 필요가 있을 것이다. 비록 리더의 위치에 있지 않더라도, 사람들은 리더십을 이해하는 것이 개인적으로 매우 유용할 수 있다. 사람들은 리더십과 조직행동을 이해함으로써 자신의 감독자들을 더 잘 이해할 수 있고, 따라서 더 효과적으로 일할 수 있을 것이다. 또한, 이것은 리더십과 조직행동에 관련된 행동적 기술들을 배움으로써 조직 내에서의 승진에 대해 도움이 될 수 있다. 더 나아가서, 비록 조직이나 직장에서 사람들을 직접 지도하고 관리하는 직위에 있지 않더라도 사람들은 지역사회, 사교모임들, 교회 또는 가정에서 그러한 직위에 있을 수 있으며, 이러한 직위들은 리더십에 관한 이해와 응용을 필요로 할 것이다.

리더십에 대한 이론적 접근의 필요성

리더십의 특징들과 효과들이 여러 요인에 달려 있으므로, 리더십을 이해하려는 접근들이 다양할 수 있다. 따라서, 지난 몇 십 년 동안에 많은 리더십이론들이 개발되어 왔으며, 비록 리더십의 전체의 현상들을 설명하는 이론들이 없을지라도, 각각의 이론은 다소의 경험적 지지를 받아 왔다.

리더십의 이론들을 이해하는 것은 리더십에 관련된 중요한 요인들, 즉 개인특성들, 상황의 특징들 및 부하의 특성들에 대한 주의의 초점들을 결정짓고, 이것들에 대한 응용적 조치들을 실시하는 데에 있어서 매우 중요하다. 실제의 조직이나 기업의 운영에 있어서, 우리는 리더들이나 간부들을 어떻게 선발하고 그들의 능력을 개발할 것인가? 이러한 의문에 답변하기 위해 우리는 어떤 요인들이 효과적 리더들을 만드는지를 따져 보아야만 된다. 만일 효과적 리더십이 사람들의 개인적 특성들이나 관점들에 의해 결정된다면, 우리는 이것들을 측정하는 검사들을 사용함으로써 효과적 리더들을 선발할 수 있을 것이다. 그러나 만일 효과적 리더십이 특수한 기술들이나 행동들에 의해 결정된다면, 우리는 효과적 리더를 만들기 위해 기술들이나 행동들의 훈련방법을 사용할 것이다. 또한, 만일 효과적 리더십이 상황의 특수한 특징들과 리더들의 특성들이나 행동들의 어떤 조합, 예컨대 위기의 상황에서 과업중심적 특성을 가진 리더에 의해 결정된다면, 우리는 효과적 리더십을 위해 특수한 상황에 적합한 개인적 특성들을 가진 사람들을 리더로서 임명하거나, 리더들이 상황의 특징에 따라 자신의 스타일들을 적응시키도록 훈련시킬 것이다.

이와 같이, 리더십에 관한 이론들은 리더십 자체의 이해뿐만 아니라, 리더십에 관한 지식의 응용들에 대해 매우 중요하다. 따라서, 우리는 이하의 논의들에서 효과적 리더십에 관련된 요인들을 검토할 때에 자연히 리더십에 대한 이론들을 간략하게 취급할 것이다.

리더십에 관련된 개인적 특징들

오랫 동안 리더로 되는 것과 리더의 역할수행에 관련되어 있는 개인적 특징들을 알아내기 위해 많은 노력이 경주되어 왔다.

리더로 되는 것

특성이론들(trait theories)은 리더로 될 가능성이 개인적 특성들이나 특징들의 소유에 달려 있다고 본다. 이러한 이론은 어떤 집단의 리더가 된 사람들이 그렇지 못한 사람들과 상이한 특성들을 공유한다고 주장한다. 예컨대, 이명박 대통령, 김수환 추기경, 삼성과 현대 그룹의 이병철 회장과 정주영 회장들, 국회의원들, 친목회장들, 학생회간부들 등은 그렇지 않은 일반 사람들과는 다른 특성들이나 특징들을 소유할 것이다.

이 분야의 연구들에서, 100개 정도의 특성들이 리더들과 비리더들을 구별지

표 9-1 효과적 리더십에 관련된 중요한 특징들

개인적 특징들	신체적 특징들
적응성	운동을 잘함
주장성	매력성
카리스마	
창의성	
결단성	
지배성	
정력성	
외향성	
우호성	
정직성	
지적임	
남성성	
사교성	
자신감	
현명성	

워 주는 것으로 확인되어 왔다. 이것들 중의 몇 개가 표 9-1에 제시되어 있다. 그러나 단지 3개의 특성들, 즉 지능, 지배성 및 남성성(즉, 주장성과 결단성)이 리더로 되는 것(leader energence)에 관련 있는 것으로 공통되게 발견되어 왔다. 하지만, 이들 특성과 리더로 되는 것 사이의 관계도 특별하게 강력하지는 않다.[1] 따라서, 대부분의 연구들은 특성이론들이 리더로 되는 것을 잘 예측하지 못한다고 시사한다. 연구들은 높은 자기검색자들(즉, 사회적 상황에 기초해서 자신의 행동을 변화시키는 사람들)이 낮은 자기검색자들보다 더 흔히 리더로 된다는 것을 나타낸다.[2] 남성과 여성이 똑같이 리더로 되는 경향이 있다.[3]

이와 같은 혼란스럽고 다소 모순되는 발견들은 일화적인 증거들과 연구들이 리더십행동이 다소 안정성을 갖고 있다는 것을 시사하기 때문에 당혹스럽다. 예컨대, 어떤 사람들은 할 일을 정하거나, 스포츠를 하거나, 놀거나, 식사할 때에 주도적으로 행동한다.

이와 반대로, 어떤 사람들은 이러한 일들에 있어서 뒷전에 머물러 있고 남들이 하자는 대로 따른다. 즉, 어떤 사람들은 다양한 상황에서 리더로 되는 반면에, 동일한 특성들을 지닌 다른 사람들은 결코 리더로 되는 일이 없다. 리더로 되는 것이 이와 같이 개인간에 안정성이 있거나 일정한 차이들이 있는 반면에, 개인 내에서 안정성도 있다. 사람들의 리더십이 생애 동안에 일정한 정도를 연구한 연구자는 최고위간부(CEO)를 선발하는 최선의 방법이 리더십의 자질들(예: 모험성, 혁신성, 비전)과 개인이 경력 내에서 일찍 성공하는 정도를 살펴보는 것이라고 제안했다.[4] 예컨대, 세일즈 계통과 자동차분야의 사장들은 경력의 초기에 이미 혁신적인 아이디어들을 내놓거나 걸출한 업적을 내놓았다. 이와 같은 리더십행동의 안정성을 고려할 때 리더십행동을 예측하는 개인적 특성들을 밝혀내지 못한 것은 매우 이상한 일이 될 것이다.

리더의 수행

어떤 사람이 리더로 될 가능성과는 달리, 리더의 수행(leader performance)은 리더들의 우수성을 일컫는다. 여기에서, 관심의 초점은 우수한 리더들과 열등한 리더들을 구분짓는 특징들이다. 예컨대, 우수한 리더가 열등한 리더보다 더 지적이고 주장적이고 독립적이고 우호적인 반면에, 열등한 리더가 수줍음이 많고 남과 어울리지 못하는 외톨이이고 집단 속에서 조용할 것인가? 리더수행과 개인적 특징들 간의 관계에 관한 연구들은 특성들, 욕구들 및 관점(orientation)이나 정향에 초점을 두어 왔으며, 앞에서 제시된 표 9-1은 효과적 리더십에 관련된 몇 가지 특징들을 제시하고 있다.

특 성 들

개인적 특성들이 효과적 리더십과 관련되어 있다는 가정은 인기 있어 왔지만, 연구들에 대한 고찰은 지능과 대인적 지능의 두 개의 특성들만이 리더십수행과 일관되게 관련 있다는 것을 나타내 왔다.[5] 더 극단적으로, 평생 동안 리더십을 연구한 연구자는 개인적 특성과 리더십 수행 간에 일관성 있는 관계가 없다고 결론지었다.[6]

최근에, 효과적 리더들이 적응력이나 자기검색(self monitoring)의 단 한 개의 특성들만을 필요로 한다고 제안되었다.[7] 이러한 제안에 의하면, 훌륭한 리더들은 상황적 요구나 그들이 상대하는 사람들에게 적합하게끔 자신의 행동을 끊임없이 변화시키는 사람들이다. 기업체에서 다양한 사람들을 상대하는 현장 대리들에서 자기검색이 높은 사람들이 더 효과적이라는 것이 발견되어 왔다.[8] 자기검색의 개념은 리더의 특성보다 행동에 더 많은 초점을 둔다. 예컨대, 수줍음이 많아서 타인들과 대화하는 것을 원치 않는 리더라도 자기검색의 정도가 높으면, 의도적으로 타인들과 밝게 인사하고 대화시간을 가질 수 있다. 따라서, 이 리더는 수줍음의 특성을 갖고 있지만, 상황의 요구에 맞게끔 사교적이고 자신감 있는 행동으로 적응하고 있다.

리더의 수행에 관한 하나의 확장이론은 개인적 특성들이 리더십 우수성에 대한 필요조건들이지만, 충분조건들은 아니라고 주장한다.[9] 동일한 특성들을 지닌 사람들이 우수하거나 열등한 리더로 되는 것은 상황, 즉 시대와 기회의 결과에 지나지 않을 것이다. 예컨대 조선왕조시대의 등짐장수들(보부상들)은 오늘날의 대기업체의 사장들과 동일한 사고능력, 포부 및 기술을 갖고 있었더라도 시대적 상황이 적합하지 못했기 때문에, 성공적인 기업주가 되지 못했을 것이다.

욕 구 들

리더의 개인적 특징으로 권력, 성취 및 친화의 욕구들이 다소 지지받아 왔다. 연구들은 높은 권력욕구와 낮은 친화욕구의 리더십 동기의 패턴을 갖고 있는 것이 높은 수행의 관리자들을 특징짓는다는 것을 증명했다.[10] 여기에서 욕구는 개인적 권력에 대한 것이 아니라, 조직적 권력에 대한 것이다.

높은 권력욕구와 낮은 친화욕구의 패턴을 가진 리더들은 부하들의 호감을 받기보다 근무의 결과들에 더 많이 관심을 둔다는 것을 의미한다. 여기에서, 특히 부하들의 호감을 받으려는 욕구, 즉 친화욕구가 리더의 높은 수행을 방해할 수 있다는 점에 유의해야만 된다. 자기의 부하들의 호감을 받으려는 욕구가 강한 리더들은 부하들에게 곤란이나 고통을 주는 의사결정을 행하는 것을 주저하게 된다. 예컨대, 초과시간근무나 철야근무와 같은 조치들이 조직의 생산성을 높이는 데에 필수적일 경우에도, 친화욕구가 높은 리더들은 부하들로부터 호감을 받는 것을 더 중시해서 그러한 결정을 내리지 못할 수 있다. 이러한 동기패턴은 어편 직위에서의 승진에 있어서 내부 승진보다 외부 승진이 조직관리에 더 유익하다는 것을 시사한다. 내부 승진자들은 오랫 동안 동료직원들과 함께 술을 마시고 주말 나들이나 등산을 행해 왔기 때문에, 그들로부터 호감을 받고 좋은 관계를 유지하려는 친화욕구가 상당히 강하다. 이러한 욕구를 가진 리더는 승진해서 이전의 동료들을 부하들로서 대하면서, 명령을 내리고 규율을 세우는 일을 행하기가 곤란하게 된다. 한 마디로 이들은 동료직원들에 대해 리더나 관리자로서의 악역과 친구의 역할을 동시에 행해야만 되는 곤란한 처지에 당면하게 되는 것이다.

이와 같은 사실은 리더들이 부하들과 우호적이고 배려적인 관계를 유지하지 말아야 된다는 것을 의미하지는 않는다. 단지, 리더들은 조직의 목표성취에 대한 욕구 위에 호감을 받으려는 욕구를 두어서는 안 된다. 정치지도자들 중에서, 인기에 너무 집착하는 지도자들이 효과적인 강력한 결단을 내리지 못해서 곤란에 빠진다고 시사되고 있다. 즉, 그들은 정책추진보다 대중과 언론의 호감을 받기를 더 원하기 때문에 중요한 결단에 대해 망설이게 될 것이다.

리더십의 효과성에 관련된 권력, 성취 및 친화의 욕구들은 여러 심리검사들을 사용해서 측정될 수 있다. 가장 흔히 사용되는 것은 주로 사람들에 관한 그림들을 보여 주고서, 각각의 그림에서 무엇이 일어나는가에 관한 이야기들을 만들도록 하고, 이야기의 내용이나 주제를 분석하는 주제통각검사(TAT)이다. 욕구들에 관한 주제들의 출현빈도가 계산되어서 욕구의 정도가 결정된다. 이 기법은 시간이 많이 소모되고, 검사의 실시와 해석에 대한 많은 훈련이 요구된다.

널리 사용되고 있는 다른 질문지형의 검사는 직무선택연습(Job Choice Exercise: JCE)인데, 이것은 직무들에 관한 권력, 성취 및 친화의 욕구들에 관한 기술들을 읽고서, 각각의 직무가 개인적으로 얼마나 바람직스러운지를 평정하고, 3개의 욕구들의 점수가 계산된다. 리더들의 욕구들을 알아보는 또 다른 방법은 리더들의 글들과 말들에서 나타나는 주제들을 검사하는 것이다. 이러한 연구들에서 미국 대통령들의 욕구가 분석되었는데, 높은 권력욕구를 가진 대통령이 루즈벨트, 케네디, 레이건이었고, 높은 친화욕구를 가진 대통령이 하딩, 트루만 및 닉슨이었으며, 높은 성취욕구를 가진 대통령이 윌슨, 후버 및 카터이었다.[11]

과업중심성과 사람중심성

리더십에 관한 3개의 주요 학파들, 즉 오하이오 연구들(Ohio State Studies),[12]

X이론(Theory X)[13] 및 관리격자(Managerial Grid)[14]가 리더수행의 차이들이 리더들의 과업중심성 대 사람중심성의 차이들에 기인된다고 가정해 왔다. 도 9-1에서 보이는 바와 같이, 3개의 학파의 용어들이 차이 있을지라도 이것들은 비슷한 내용을 주장하고 있다.

사람중심(person orientation)의 리더들은 골프클럽의 리더들, Y이론(Theory Y)의 리더들 및 배려성이 높은 리더들이 그 대표가 되는데, 이들은 사람들에 대해 따뜻하고 지원적인 방식으로 대하고 자기의 부하들에 대해 관심을 보인다. 이들은 직원들이나 부하들이 직무에 대한 내재적 동기를 갖고 있고, 책임을 지려 하고, 자기통제적이고, 일을 싫어 하지는 않는다고 가정한다. 이러한 가정들 때문에, 사람중심의 리더들은 부하들과 상의해서 의사결정을 행하고 부하들의 일을 칭찬하고, 그들의 가족에 관해 질문하고, 몰래 감독하지 않고 불간섭의 접근을 사용한다. 압력을 받았을 때, 사람중심의 리더들은 사회적으로 철수하는 경향이 있다.[15]

과업중심(task orientation)의 리더들은 과업에 초점을 두는 리더들, X이론(Theory X)의 리더들 및 조직구조의 운용에서 높은 리더들이 대표가 되는데, 이들은 집단의 공식적 목표의 달성을 위해 자기 자신과 부하의 역할을 규정하고 구조화시킨다. 이들은 직원들이나 부하들이 게으르고, 외재적 동기를 갖고 있고, 안전을 원하고, 규율이 없고, 책임을 기피하는 것으로 가정한다. 이러한 가정들 때문에, 과업중심의 리더들은 지시를 내리고, 목표를 정하고, 부하들과 상의함이 없이 의사결정을 행한다. 압력을 받았을 때, 과업중심의 리더들은 불안하고, 방어적이고, 지배적으로 된다.[16] 흥미있게도, 과업중심 리더들은 유머를 사용하는 경향이 있는 반면에(예: 농담과 이야기를 행함), 사람중심 리더들은 유머를 즐겨 듣는 경향이 있다(예: 농담을 들음).[17]

도 9-1과 도 9-2에서 보이는 바와 같이, 가장 훌륭한 리더들(즉, 팀)은 과업중심과 아울러 사람중심인 반면에, 가장 나쁜 리더들(즉, 무력함)은 과업중심도 사람중심도 아니다. 다소의 리더들은 양쪽의 중심들의 중간에 위치해 있다.

리더의 과업중심성과 사람중심성은 몇 개의 도구에 의해 측정되는데, 이것들 중에는 리더십 의견질문지(LOQ)와 리더 행동기술질문지(LBDQ)가 있다. LOQ는 자신의 행동스타일을 알고싶어 하는 감독자들이나 리더들에 의해 실시되고, LBDQ는 부하들이 그들의 리더의 행동을 어떻게 지각하는지를 나타내기 위해 부

도 9-1 관리격자(MG), X이론(Theory X) 및 오하이오학파(OS)의 이론들

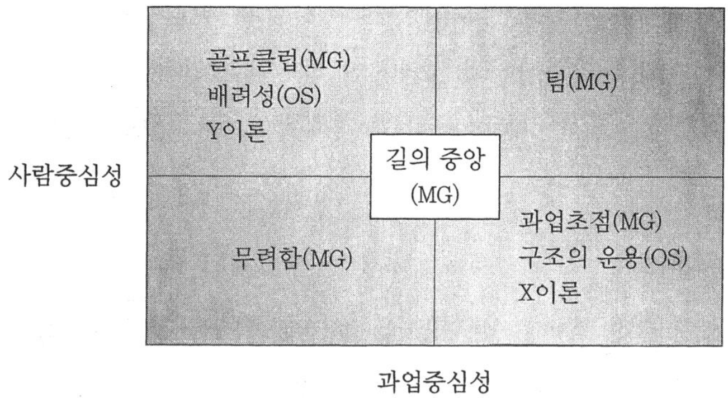

도 9-2 리더의 중심성의 결과들

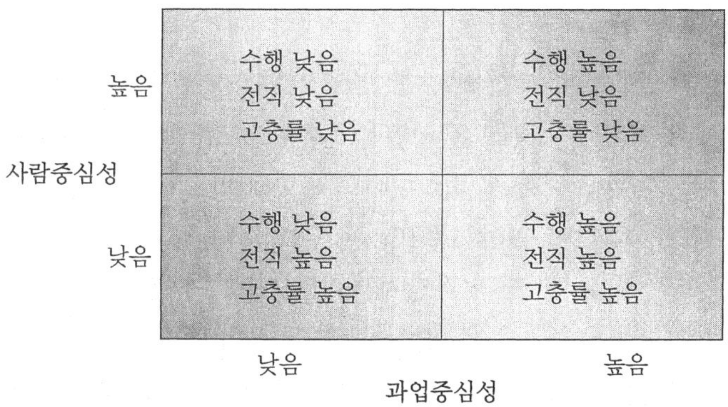

하들에 의해 실시된다. 연구들에 대한 메타(총괄)분석은 남자들보다 여자들이 사람중심성을 갖는 경향이 더 많고 과업중심성을 갖는 경향이 더 적다는 것을 나타냈다.[18]

과업중심성이나 사람중심성의 사용의 결과들에 관한 연구들은 흥미있는 발견들을 내놓아 왔다. 도 9-2에서 보이는 바와 같이, 사람중심의 리더들은 만족하는 부하들을 갖는 경향이 있는 반면에, 과업중심의 리더들은 생산적인 부하들을 갖는 경향이 있다. 이 둘에서 높은 점수를 가진 리더들(즉, 팀리더십)은 만족하고 생산적인 부하들을 갖는 반면에, 이 둘에서 낮은 점수를 가진 리더들은 불만족하고 비생산적인 부하들을 갖는 경향이 있다.[19] 이러한 결과들은 확실히 의미가 있지만, 사람중심성과 과업중심성의 결과들이 리더의 개인적 경험과 지식, 외적인 시간압력과 직무중요성에 의해서도 또한 영향받을 수 있다는 점에 유의해야만 된다.

비성공적 리더들

성공적 리더들의 특징을 알아내려는 연구들과는 달리, 비성공적 리더들의 특징을 알아내려는 데에 초점을 둔 연구자가 있다.[20] 그 이유는 경험적 연구들과 아울러 일화들에서, 대부분의 사람들이 자신의 직업에서 가장 큰 스트레스 중의 하나가 자신의 감독자의 나쁜 수행, 이상한 행동 또는 이 둘이라는 것을 나타내기 때문이다. 당신의 경험상으로도, 아마 이러한 발견들은 하등 놀랄 만한 것이 못 될 것이다. 비성공적 리더들의 원인들로서 다음의 3가지가 지적되고 있다.[21]

리더십 훈련의 부족

자신의 많은 연구들에 기초해서, 한 연구자는 불량한 리더의 행동이 3개의 주된 원인들을 갖고 있다고 결론을 내렸다.[22] 첫째는, 감독자들에게 제공된 훈련의 부족이다. 대부분의 조직들은 리더직에 대해 현재의 직원을 승진시키거나, 새로운 직원을 직접 채용한다. 비록 훈련이 제공되었더라도, 그것은 대개 승진 이후나 감독자로서의 일을 시작한지 훨씬 뒤에 실시된다. 이러한 사전 훈련이 없는 리더직의 임명은 의사들에게 훈련 없이 수술을 허용하거나 트럭운전사들에게 운전방법의 교육이 없이 고속도로를 운전하도록 허용하는 것과 비슷한 결과를 초래할 것이다. 이와 달리, 군대들은 대개 리더들이 집단을 책임지기 이전에 리더십 훈련을 실시하고 있다는 점에서 선진화되어 있다고 간주될 수 있다.

인지적 결함들

나쁜 리더십의 둘째 원인은 리더들의 인지적 결함들이다. 나쁜 리더들은 경험으로부터 배우지 못하고, 전략적으로 사고하거나 미리 계획을 세우지 못하는 것으로 가정된다.[23] 그들은 계속해서 실수를 저지르고 미리 계획을 세우지 못한다. 예컨대, 어떤 공장이나 상점의 관리자들은 직원들의 근무스케줄을 제대로 작성하지 않아서, 근무교대에 혼란을 초래하거나 직원들을 당황하게끔 만든다. 그리하여, 직원들은 직무에 대해 불만족하거나 사직하게 된다.

성 격

나쁜 리더행동의 셋째의 그리고 가장 중요한 근원은 리더의 성격이다. 비성공적 리더들이 불안하고, 3개의 성격 유형 중의 하나에 속한다고 가정되었다. 즉, 망상증이나 소극적 공격성, 높은 호감성의 주견이 없는 성격 및 자애주의 성격이다.

망상증(paranoid), 소극적 공격성(passive aggressive) 또는 이 둘을 소유한 리더들은 그들의 생활에서 배반당했다는 느낌을 가졌던 어떤 사건으로 인해 불안을 발전시킨 사람들이다. 이들은 깊은 뿌리를 가진 분노나 분개를 갖고 있다. 표면상으로, 이들은 부하들과 동료들을 자주 칭찬해 주는 매력적이고 조용한 사람들이다. 그러나 내면적으로, 이들은 타인들의 성공을 분개하고 소극적 공격의 방식으로 부하들에게 적대적으로 대하기 쉽다. 즉, 이들은 겉으로는 지원적인 것같이 보이지만, 이와 동시에 타인들을 등 뒤에서 모함한다.

불안하기는 하지만, 문제나 트러블을 일으키는 일이 드물은 높은 호감성의 주견이 없는 성격(high-likability floater)을 가진 리더의 유형이 있다. 이러한 사람들은 집단의 의견에 따르고, 모든 이에게 친절하고, 타인들의 아이디어에 이의를 전혀 제기하지 않는다. 따라서, 이들은 친구들이 많고 적이 없다. 그러나 이들이 적이 없는 이유는 전혀 아무 일도 하지 않거나 누구에게나 도전하지 않거나, 부하들의 권리를 지켜 주지 않기 때문이다. 이들은 큰 실적이 없더라도 많은 호감을 받고 있기 때문에, 승진되고 결코 해고되지 않는다. 이들의 부하들은 높은 사기를 갖지만 비교적 낮은 수행을 보인다.

자애주의자(narcissist)들은 자신의 불안을 과잉 자신감에 의해 극복하는 리더들이다. 이들은 사람들의 관심의 초점이 되기 쉽고, 집단의 성공에 대한 명예의 대부분을 차지하지만, 집단의 실패에 대한 모든 비난을 회피한다.

리더십 특성들의 개발

효과적 리더가 되기 위한 하나의 중요 부분은 성격들, 능력들 및 기술들을 포함하는 개인적 자질을 발전시키는 것이다. 이러한 발전을 이룩하기 위해, 당신은 개인적인 리더십 특성들을 인식하고 자신의 행동을 검색하거나 파악할 필

도 9-3 9개의 핵심 리더십기술들

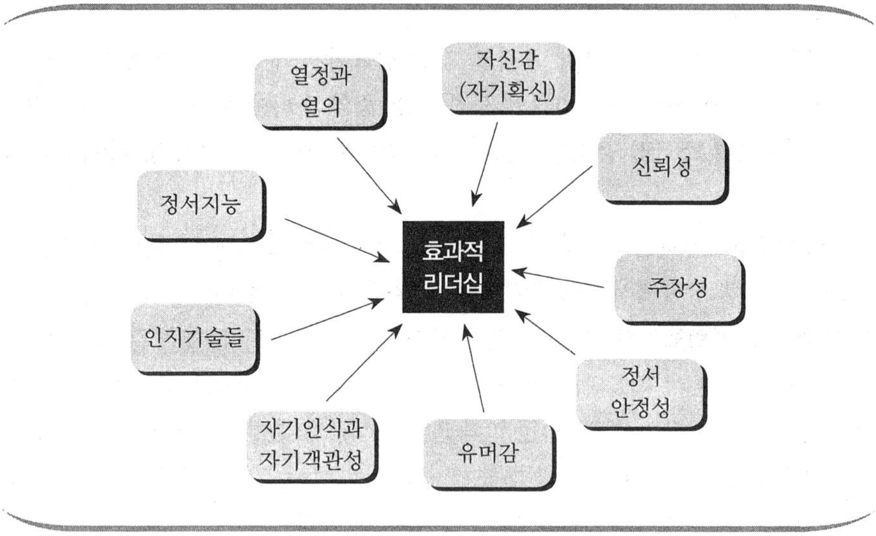

요가 있다. 효과적 리더십의 특성들로서 9개의 특성들이 제시되었으며(도 9-3 참조), 이하에서 이것들의 각각에 대한 기술과 향상방법들에 대한 제안들이 취급될 것이다.[24] 앞 절에서 다루어진 리더의 특성들과 비교해서 검토해 주기 바란다.

자신감(self-confidence)

대부분의 리더십상황에서 리더의 현실적인 자신감이 매우 중요하다. 과장되거나 거만함이 없이, 자신감 있는 리더는 집단멤버들에게도 자신감을 고취시킨다. 자신감은 하나의 성격특성인 동시에 여러 상황에서 개인이 보이는 행동들을 포함한다. 예컨대, 부도가 나는 것과 같은 위기와 압력하에서 냉정을 유지하는 것은 자신감 있는 것으로 간주될 수 있다.

집단에 대해 자심감 있게 보이기 위해, 리더는 확고하거나 단호한 말을 사용하고, 안정된 자세를 유지하고, 적절한 제스처를 사용할 수 있다. 우리의 자신감을 발전시키기 위해 일련의 다소 손쉬운 과업들에서의 성공이 필요하다. 더 나아가서, 도전적이고, 모험적인 과업들에서 성공을 거두는 것이 자신감의 발전에 있어서 큰 도움이 될 것이다.

신뢰성(trustworthiness)

집단멤버들은 리더들이 신뢰성, 즉 정직성, 도덕성 및 신빙성을 보여야만 된다고 생각한다. 리더가 멤버들에 대해 정직한 것은 신뢰 구축을 도우며, 이것은 훌륭한 협동과 팀정신을 낳는다. 경영의 권위자인 데일 랜드는 신뢰를 지식과 권력과 함께 리더십의 3개의 기초들 중의 하나라고 보았다. 집단멤버들의 리더에 대한 신뢰를 위해, 리더는 멤버들에게 더 많은 의사결정을 허락하고 그들을 믿고서 그들에 대한 자신의 통제력의 다소를 포기해야만 된다.

주장성(assertiveness)

널리 인정받는 리더십 특성은 주장성, 즉 요구, 의견, 느낌 및 태도를 직설적으로 표현하는 것이다. 자신감 있는 리더는 주장적으로 되기 쉽다. 주장성은 리더들의 과업수행과 목표달성을 돕는다. 예컨대, 리더들은 부하들의 실수에 대해 정면으로 대응하고, 그들에게 더 높은 수행을 요구하고, 높은 기대를 설정할 수 있다. 또한 리더는 집단의 과업수행을 위해 필요한 조치를 고위 경영층에게 합법적으로 요구할 수 있다.

주장적인 것은 공격적인 것과 수동적인(또는 비주장적인) 것과 큰 차이가 있다. 공격적인 사람들은 자신의 요구를 과도하게 압력적이고, 불쾌하고, 마찰을 일으키는 방식으로 표현한다. 수동적인 사람들은 자신의 아이디어, 태도, 느낌 및 생각에 대해 문제가 있는 것으로 간주해서 이것들의 표현을 억제한다. 주장성을 발전시키는 것은 수줍음을 극복하려고 시도하는 것과 비슷하다. 당신은 자기표현을 위해 적극적으로 상황에 임해야만 된다. 행복한 정서이건 괴로운 정서이건 간에, 사실대로 진솔하게 표현한다. 예컨대, 동료의 큰 도움을 받아서 과업이 달성되었을 때에는 자신의 행복한 기분과 감사를 즉각 전달하고, 동료가 자신을 괴롭히고 있다면, 그러한 행동이 자신을 괴롭게끔 만들고 있으며 그런 행동을 행하지 말 것을 단호하게 부탁한다. 자신의 요구들(예: 공정한 처우의 요구, 호의의 요구 등)을 표현하는 것은 부정적 감정을 표현하는 것보다 실행하기가 더 쉽다. 그리고 그 결과는 때로는 매우 좋을 수 있다.

정서안정성

정서안정성은 성격특성 중의 하나로서, 집단멤버들이 자신이 취급당하는 방식에 있어서 일정성을 기대하고 필요로 하고 있기 때문에, 리더에 대해 필수적인 것이다. 예컨대, 어떤 리더는 과업이 난관에 부딪쳤거나 상사로부터 비평받았을 때에, 성질을 부리지 않고 목소리를 높이는 일이 없다. 즉, 이 사람은 조용하고 절제되어 있다. 정서안정성을 발전시키기가 곤란하지만, 사람들은 자신의 정서폭발을 상당히 조절하는 것을 배울 수 있다. 예컨대, 분노관리와 같은 정신건강프로그램들이 도움이 될 수 있다.

유머감(sense of humor)

유머의 효과적 사용은 리더역할 중 하나의 중요한 부분이다. 직장에서, 유머는 긴장과 적대감을 완화시켜서, 집단에 대한 리더의 영향력이나 권력을 증진시켜 준다. 유머를 사용하기 위해, 다소의 개인적 창의성이 필요할 수 있지만, 유머있는 말을 하기 위한 훈련이나 연습이 도움이 될 수 있다.

자기인식과 자기객관성(self-objectivity)

효과적 리더들은 자신의 장단점을 잘 알고 있으며, 장단점의 인식에 있어서 객관성을 유지할 수 있다. 자기인식과 자기객관성은 자신의 장점들을 활용하고 단점들을 극복하게끔 해 줄 수 있다.

자기인식과 자기객관성은 타인들의 평가를 받고서, 자기평가와 타인들의 평가 사이의 일치 여부를 확인함으로써 증가시킬 수 있다. 예컨대, 자신의 대화스타일이 훌륭한지에 대해 알고 싶을 때에, 대화 중에 타인들의 반응(관심도, 재미있어 함 등)을 주의깊게 살펴보거나 타인들에게 직접 질문할 수 있다. 자신의 태도나 가치를 확인하고 싶을 때에는 그러한 것들을 측정하는 검사를 받아볼 수도 있다.

인지적 기술들

정신능력은 성격과 마찬가지로, 효과적 리더십에 대해 중요하다. 사람들을 고무시키고, 건설적 변화들을 일으키고, 문제들을 창의적으로 해결하기 위해, 리더들은 총명할 필요가 있다.

두 개의 기본적 인지기술들은 정신능력과 경험에 대한 개방성이다. 또 다른 중요한 인지기술은 과업에 대한 지식 또는 전문적 기술이다. 효과적 리더는 과업 수행을 위한 전문적 지식이나 기술을 갖고 있어야만이 집단멤버들을 잘 리드할 수 있다. 멤버들이 리더의 전문적 기술을 존중하지 않을 때에 리더십의 효과성은 약화되기 쉽다.

개인의 기본적 정신능력을 향상시키기는 쉽지 않다. 그러나 전문적 지식이나 기술은 계속적 공부와 도전적 문제해결을 통해 상당히 발전시킬 수 있다.

정서지능(emotional intelligence)

정서지능은 자신의 정서와 타인들의 정서를 인식하는 능력이다(1장 참조), 정서지능은 또한 듣기와 공감을 포함해서, 문제들의 해결을 위해 타인들의 정서들을 효과적으로 처리할 수 있는 것을 포함한다. 많은 회사들에서 수행된 한 연구는 훌륭한 리더들이 훌륭한 정서지능을 갖고 있다는 것을 시사한다.[25]

정서지능은 이것의 성분들을 향상시키기 위해 노력함으로써 개발될 수 있다(1장 참조). 당신 주위의 사람들의 느낌들과 정서들을 이해하려고 살펴보는 습관을 발전시키는 것이 또한 중요하다. 사람들이 어떤 이야기를 할 때에 그들이 어떤 동기에서 그러한 말을 하는지를 추측하고 추측이 맞았는지를 확인해 보는 것이 또한 도움이 될 것이다.

열정과 열의(passion and enthusiasm)

효과적 리더들은 창의적인 사람들과 비슷하게, 자신의 일에 대해 열정과 열의를 갖고 있다. 열정은 사업, 고객 및 부하들에 대한 강한 관심과 호감에서 표현된다. 열정은 또한 과업을 완수하려는 끈질긴 집념과 목표성취에 대한 강박관념 속에 반영되어 있다. 성공적인 기업가들과 소상공인들은 기업이나 가게의 성장을 위해 몰두해 있고 자신의 일, 기업 및 부하들에 대한 "사랑"의 수준에 이르고 있다.

열정과 열의는 먼저 일에서 부수되는 결과(예: 돈, 명예 등)보다 일 자체에 대한 좋아함과 재미에 기초되어야만 한다. 리더 자신의 일에 대한 열정은 부하들의 열정을 고무시킬 수 있다.

리더와 상황 간의 상호작용

앞에서 지적된 바와 같이, 리더의 효과성은 흔히 상황에 달려 있다. 지난 몇 십 년 동안에 리더십의 상황적 성질을 설명하려고 노력해 온 몇 개의 이론이 나타나 왔다.

상황유리성

가장 널리 알려져 있고 논쟁이 되는 상황이론이 피들러(Fiedler)에 의해 개발되었다.[26] 그는 개인의 리더십스타일이 평생 동안의 경험의 결과이고, 따라서 변화시키기가 극히 곤란하다고 믿었다. 그의 연계성모형(contingency model)은 특정인의 리더십스타일이 특정의 상황들에서만 효과적이라고 주장한다. 따라서, 리더의 효과성을 증가시키기 위해서는 사람들의 리더십스타일을 이해하고 이것과 상황이 합치되게끔 상황을 변화시키는 방법을 배워야만 된다. 사람들의 리더십스타일을 이해하기 위해, 그는 최소 선호 동료척도(Least-Preferred Coworker Scale; 또는 LPC척도)를 개발했다.

LPC척도를 실시하기 위해, 리더들은 그들이 함께 일하기를 가장 꺼려하는 부하나 직원을 확인한다. 그 다음에, 리더는 그 사람을 멋있다-더럽다, 친절하다-불친절하다 등과 같은 몇 개의 형용사 쌍들로 구성된 어의세분(semantic differential) 척도상에서 평정한다(표 9-2 참조). 리더들이 가장 적게 선호하는 자신의 동료직원을 더 높게 평정할수록 LPC점수는 더 높다.

그 다음에, LPC점수는 리더의 효과성을 결정하기 위해 상황의 유리성(favorableness)과 짝지우게 된다. LPC점수가 낮은 리더들은 과업중심적인 경향이 있는 반면에, 높은 리더들은 대인관계들에 더 많은 관심을 두는 경향이 있다.[27] 높은 LPC점수의 리더들은 도 9-1에 제시되어 있는 Y이론과 배려성의 리더들과 동일한 4분면에 속할 것이다. 낮은 LPC점수의 리더들은 구조의 운용(initiating structure)의 리더들과 동일한 4분면에 속할 것이다.

상황 유리성은 과업구조화, 리더의 직위권력 및 리더와 멤버 간의 관계의 3

표 9-2 최소 선호 동료척도

당신이 함께 일하기를 가장 꺼려하는 사람을 생각하라. 그 사람은 당신이 현재 함께 일하는 사람이거나, 당신이 과거에 알고 있었던 사람일 수 있다. 그 사람은 당신이 가장 덜 좋아하는 사람일 필요는 없으며, 오히려 당신이 어떤 일을 완수하는 데에 있어서 가장 곤란했던 사람이어야만 된다. 당신 자신이 그 사람에 대해 어떻게 여겨지는지를 아래의 척도 위에서 적절한 위치에 체크함으로써 표시하라.

유쾌하다	8	7	6	5	4	3	2	1	불쾌하다
친절하다	8	7	6	5	4	3	2	1	불친절하다
거부적이다	1	2	3	4	5	6	7	8	수용적이다
돕는다	8	7	6	5	4	3	2	1	돕지 않는다
비열성적이다	1	2	3	4	5	6	7	8	열성적이다
긴장한다	1	2	3	4	5	6	7	8	긴장하지 않는다
멀다	1	2	3	4	5	6	7	8	가깝다
차갑다	1	2	3	4	5	6	7	8	따뜻하다
협동적이다	8	7	6	5	4	3	2	1	비협동적이다
지원적이다	8	7	6	5	4	3	2	1	비지원적이다
지루하다	1	2	3	4	5	6	7	8	재미있다
말다툼을 벌인다	1	2	3	4	5	6	7	8	화목하다
자신감 있다	8	7	6	5	4	3	2	1	망설인다
효율적이다	8	7	6	5	4	3	2	1	비효율적이다
침울하다	1	2	3	4	5	6	7	8	쾌활하다
솔직하다	8	7	6	5	4	3	2	1	조심스럽다

위의 척도에서 점수가 더 클수록 LPC점수는 더 높다. 자신의 점수와 다른 사람들의 점수들을 비교해 보라.

도 9-4 LPC점수들과 집단수행 간의 관계

LPC 점수	상황 유리성: 낮음	상황 유리성: 중간	상황 유리성: 높음
높음	낮은 수행	높은 수행	낮은 수행
낮음	높은 수행	낮은 수행	높은 수행

개의 변인에 의해 결정된다. 과업구조화는 과업들이 분명하게 진술되고, 멤버들이 알고 있는 목표들을 갖고 있고, 문제에 대한 소수의 정답들이 있고, 단지 며칠 동안에 완료될 수 있다. 과업이 더 많이 구조화되어 있을수록, 상황은 리더에 대해 더 유리하다. 리더 직위권력, 즉 리더의 직위나 합법적 권력이 더 클수록, 상황은 리더에게 더 유리하다. 리더와 멤버 간의 관계들은 부하들이 리더를 좋아하는 정도를 나타내며, 이것이 더 많을수록 상황은 리더에 대해 더 유리하며, 이것은 3개의 변인 중에서 가장 중요한 것으로 간주된다. 도 9-4에서 보이는 바와 같이, LPC점수들과 집단수행 간의 관계는 복잡하다. 낮은 LPC점수의 리더들은 유리하거나 불리한 상황들에서 잘 기능하는 반면에, 높은 LPC점수의 리더들은 상황이 중간으로 유리할 때에 가장 잘 기능한다.

연구들은 일반적으로 이 이론을 지지해 왔다. 178개의 연구들에 대한 메타(총괄)분석은 이 이론이 연구들에 의해 잘 지지받는다고 결론지었다.[28] 피들러(Fiedler)의 리더 짝지우기(Leader Match)라는 훈련프로그램이 또한 연구에 의해 지지받았다.[29] 이 프로그램은 개인의 리더십스타일이 쉽게 변화되지 않는다는 이론가의 가정에 기초되어 있다. 따라서, 리더들은 리더십 능력을 향상시키기 위해, 4시간의 워크숍을 통해 상황을 진단하는 것을 배우고 나서, 자신의 리더십스타일에 적합하게 상황을 변화시킨다.[30] 리더 짝지우기 프로그램은 리더보다 상황을 변화시키는 유일한 프로그램일 것이다.

조직풍토

IMPACT이론(리더들의 6개의 행동스타일의 첫 번째 영문철자를 따온 것임)이라는 다른 상황이론이 개발되었다.[30-1] 이 이론은 리더들이 6개의 행동스타일들 중의 하나를 갖고 있다고 가정했다. 정보, 매력, 직위, 친화, 강제 및 전술의 행동스타일들이다. 각각의 스타일은 특정의 상황, 즉 조직풍토(organizational climate)에서만 효과적이다. 6개 스타일은 다른 연구자들이 제시한 5개의 권력의 기초들과 비슷하다.[31]

무지의 풍토에 적합한 정보스타일

정보스타일(informational style)을 가진 리더는 무지의 풍토, 즉 집단이 중요한 정보를 갖지 못한 곳에서 정보를 제공한다. 직장의 체육대회에서 부서들 간에 축구경기를 갖게 될 때, 각 팀에서 과거에 축구선수이었던 사람이 리더가 될 것이다. 이는 그가 축구경기에 필요한 가장 많은 정보나 기술을 갖고 있기 때문이다.

절망의 풍토에 적합한 매력스타일

매력스타일(magnetic style)을 가진 리더는 멤버들의 호감과 자신의 낙관주의를 통해 절망이나 낮은 사기의 풍토 속에서 효과적으로 기능한다. 매력 있고 카리스마적인 리더가 어떤 통제력을 갖고 있을 때에, 이 사람은 특히 절망의 상황에서 사람들에게 영향을 주기 쉽고 따라서 효과적일 수 있다. 우리나라의 민주화 과정에서 폭압적인 군사독재에 대항해 성공적으로 투쟁한 김영삼과 김대중 대통령들이 그 예가 될 것이다.

불안정한 풍토에 적합한 직위스타일

직위스타일(position style)을 가진 리더는 직위에 포함된 권력으로 효과적으로 기능한다. 이러한 사람들은 "나는 너의 아빠이다. 그러니까 내 말을 들어라," "나는 당신의 상관이다. 나는 당신에게 이 일을 완수할 것을 명령한다"는 식의 말을 통해 영향을 준다. 직위스타일을 사용하는 사람들은 불안정의 풍토 속에서만 효과적일 것이다. 예컨대, 회사가 망할 위협에 처했을 때, 합법적 직위에 있는 리더의 멤버들에 대한 과단성 있는 지시나 명령이 효과를 발휘할 것이다.

불안의 풍토에 적합한 친화스타일

친화스타일(affiliation style)을 가진 리더는 타인들에 대한 호감과 배려에 의해 리드한다. 이 스타일은 사람중심의 리더십스타일과 비슷하다. 친화를 사용하는 리더는 불안의 풍토 또는 사람들의 걱정이 클 때에 가장 효과적일 것이다. 예컨대, 실업자수가 증가하고 경기침체가 심한 사회불안의 상황에서 대통령은 실업과 경기침체의 문제를 자신의 최대 과업으로 삼고서, 사람들을 따뜻하게 위로하고 직접 다가갈 때에 효과적으로 기능할 것이다.

위기의 풍토에 적합한 강제스타일

강제스타일(coercive style)을 가진 리더는 보수와 처벌을 사용해서 리드하고, 위기의 풍토 속에서 가장 효과적이다. 이러한 리더는 위기의 상황에서 사람들이 지시받은 것을 수행할 때에 상이나 보수를 주고, 지시받은 것을 수행하지 못할 때에 처벌이나 해고를 제공할 수 있다. 예컨대, 전쟁터에서 장교는 자신의 명령에 불복종하는 병사를 총살하고, 용감한 행동을 보인 병사에게는 훈장이나 포상금을 제공할 수 있다. 비위기 상황들보다 위기 상황들에서 은행원들이 공식적이고 강제적 권력스타일을 더 많이 사용한다는 것이 발견되었다.[32]

무질서의 풍토에 적합한 전술스타일

전술스타일(tactical style)을 가진 리더는 전략의 사용을 통해 리드하며 무질서나 혼란의 풍토 속에서 가장 효과적이다. 예컨대, 학급을 몇 개의 소집단들로 나누어서, 학생들이 완수할 과제를 부여한다. 학생들은 과제의 완수에 필요한 모든 재로들을 잘 알고 있지만, 제한된 시간 내에 할 일이 너무 많다. 이러한 상황에서 리더가 되는 사람은 집단을 가장 잘 조직화시키는 사람일 것이다.

IMPACT이론에 따라 효과적 리더가 되기

IMPACT이론에 의하면, 사람들은 4개의 방법 중의 하나를 사용해서 효과적 리더가 될 수 있다. 첫 번째 방법은 리더들이 자신의 행동스타일과 일치되는 풍토를 찾는 것이다. 그러나 이것은 리더가 적절한 시기에 적절한 장소에 있기가 곤란하기 때문에 효과적인 것이 못될 수 있다. 두 번째 방법은 리더들이 현재의 풍토에 부합되게끔 자신의 스타일을 변화시키는 것이다. 만일 무지의 풍토가 있다면, 리더들은 정보를 획득해서 사용한다. 만일 절망의 풍토가 있다면, 리더들은 사교적이고 낙관적으로 된다. 따라서, 자신의 행동을 집단이나 조직의 풍토에 적응시키려고 들면서, 6개의 리더십스타일의 각각을 자유자재로 활용할 수 있는 능력을 지닌 리더들이 효과적 리더가 될 것이다. 리더가 되고자 하는 사람들이 상이한 리더십스타일들을 실제로 교육받을 수 있다는 것을 시사하는 연구가 있다. 리더들은 행동모델링방법에 의해서 보수, 처벌 및 목표설정 행동들을 배울 수 있었다.

개인이 리더가 될 수 있는 세 번째 방법은 집단이나 조직의 풍토에 대한 부하들의 지각을 변화시켜서, 변화된 지각이 리더의 행동스타일과 합치되게끔 만드는 것이다 예컨대, 정치적 선거들에서 후보자들은 유권자들에게 현재의 정치적 풍토나 문제를 규정하고, 자기가 그러한 풍토나 문제 해결에 가장 적임자라고 유세한다. 네 번째의 방법은 집단이나 조직의 풍토 자체를 변화시키는 것이다. 분명히, 이것은 실행하기가 곤란하지만 피들러(Fiedler)의 리더 짝지우기 훈련에서 제안되고 있으며 성공을 거둘 수 있다.

부하의 능력

리더의 행동은 부하들의 목표달성을 돕는 경우에만 부하들에 의해 수용될 것이라고 가정되었다.[33] 따라서, 리더들은 부하들의 목표달성을 위해 그들과 함께 일하고 있다고 지각되고, 그러한 목표가 부하들에 대해 좋은 성과를 제공할 경우들에서만 성공을 거둘 것이다.

부하들의 욕구가 상황에 따라 변하기 때문에 리더들은 부하들의 욕구충족을 위해 상황에 맞게끔 행동해야만 된다. 어떤 상황에서 부하들은 지도자의 지시와 목표설정을 필요로 하지만, 다른 상황에서 부하들은 이미 과업을 잘 알고 있기 때문에 정서적 지원만을 필요로 한다.

경로-목표이론

하우스(House)의 경로-목표이론(path-goal theory)에 의하면, 리더는 4개의 행동적 리더십스타일을 사용해서 각각의 상황을 취급할 수 있다. 즉, 도구적 스타일, 지원적 스타일, 참여적 스타일 및 성취중심적 스타일이다. 도구적 스타일(instrumental style)은 부하들의 활동의 계획, 조직화 및 통제를 행한다. 지원적 스타일(supportive style)은 부하들에 대한 관심을 보인다. 참여적 스타일(participative style)은 부하들과 정보를 공유하고 부하들에게 의사결정에 참여하도록 한다. 그리고 성취중심적 스타일(achievement-oriented style)은 도전적 목표를 세우고 수행향상에 대해 보수를 제공한다. 각 스타일은 부하들의 능력과 과업의 구조화 정도에 따라 어떤 상황에서만 효과적이다. 부하들의 능력수준이 높을수록 리더는 더욱 지시적이어야만 된다. 또한 상황이 구조화되어 있을수록 리더는 더욱 지시적이어야만 된다.[34]

더 나아가서 연구자들은 효과를 거두기 위해 리더는 다음과 같이 행동해야만 된다고 주장했다.[35]

- 부하들의 욕구를 인식하고 욕구충족을 위해 노력한다.
- 자기 목표를 달성하는 부하들에게 보수를 준다.
- 부하들이 특수한 목표달성을 위해 사용할 최선의 경로들을 알아내게끔 돕는다.
- 부하들이 목표달성을 이룩할 수 있게끔 경로들을 명료화시킨다.

경로-목표이론은 리더나 관리자에게 상황에 따라 행동하는 방법에 관한 충고를 제공하기 때문에 설득력 있다. 더욱이, 이 이론이 개인적 특성보다 행동에 기초된 것이기 때문에 이 이론은 훈련에 사용되기 쉽다. 그러나 지금까지 연구들은 이 이론의 실제의 적용을 지지해 오지 않았고, 따라서 이 이론은 더 많은 수정이 필요하다.

상황적 리더십이론

부하의 특징들에 대해 초점을 두는 상황적 리더십이론(situational leadership theory)이 개발되었다.[36] 이 이론은 리더가 전형적으로 위임, 지시, 지원 및 코치의 4개의 행동스타일 중의 하나를 사용한다고 가정한다. 이 이론은 가장 중요한 부하의 특징들이 부하의 준비성, 즉 특수한 과업수행에 대한 능력과 열의라고 주장한다. 부하의 준비성 정도는 관리자의 평정과 자기평정에 의해 측정될 수 있으

도 9-5 부하의 능력과 열의에 기초된 적절한 상황적 리더십스타일들

		부하의 능력수준: 무능	부하의 능력수준: 유능
부하의 열의수준	열의 없음	지시(R_1)	지원(R_3)
	열의 있음	코치(R_2)	위임(R_4)

며, 그 점수들은 4개의 준비성수준 중의 하나에 해당된다.

R_1: 무능력하고, 열의 없거나 자신 없음
R_2: 무능력하지만, 열의 있거나 자신 있음
R_3: 능력 있지만, 열의 없거나 자신 없음
R_4: 능력 있고, 열의 있거나 자신 있음

도 9-5에서 보이는 바와 같이, R_1의 부하들에 대한 가장 효과적 리더행동은 지시적 접근이다. 즉, 리더는 부하에게 할 일과 행하는 방법에 대한 지시를 내린다. R_2의 부하들은 일을 하려는 열의는 있지만 일하는 방법을 모르기 때문에, 코치가 사용되어야만 된다. R_3의 부하들은 능력은 있지만 열의가 부족하기 때문에, 많은 정서적 지원과 양방향의 의사소통 기회가 제공되어야만 된다. R_4의 부하들은 능력과 열의를 갖고 있으므로, 리더는 특수한 과업을 부하들에게 위임하고서 최소의 감독과 지도로 과업을 완수하도록 만드는 것이 성공적이다.

이 이론에서, 효과적 리더들은 먼저 목표와 과업에 대한 부하들의 능력과 동기 수준들을 진단하고 나서, 부하의 수준에 맞게끔 리더십스타일을 적용한다. 부하가 수준들상에서 발전을 보이면, 리더는 리더십스타일을 바꾸고 지시를 덜 사용한다. 리더들이 각각의 부하와 함께 이러한 전략을 토의해서, 부하들 자신이 특정 방식으로 대우받고 있는 이유를 이해하는 것이 중요하다.[37]

많은 리더십이론들과 마찬가지로, 상황적 리더십이론은 직관적 호소력을 갖고 있다. 하지만, 실제의 적용들에서는 완전한 성공을 거두지는 못해 왔다.[38] 이

이론에 대한 더 많은 연구와 수정이 필요하다.[39]

부하들과의 관계

위에서 제시된 상황이론들은 리더와 상이한 능력을 지닌 부하들 간의 상호작용에 초점을 두는 반면에, 리더와 부하들 간의 상호작용에 초점을 두는 수직적 이자간 연결(Vertical Dyad Linkage: VDL)이론이 개발되었다. 리더와 부하들 간의 상호작용은 리더-멤버 교환들(LMX)이라고 일컬어진다. 이 이론은 부하의 위에 있는 리더의 직위(수직적), 두 사람 간의 관계(이자간) 및 이들의 상호관련된 행동(연결)으로부터 명명되었다.

VDL이론은 리더들이 상이한 부하들에 대해 상이한 역할을 발전시키고, 따라서 상이한 부하들에 대해 상이하게 행동한다고 주장한다. 부하들은 두 개의 집단들, 즉 내집단(in-group)이나 외집단(out-group) 중의 하나에 들어간다고 가정된다. 내집단에 속하는 부하들은 리더와 신뢰하고 우호적인 관계를 발전시켜 온 사람들이다. 그 결과로, 리더는 내집단의 부하들에게 의사결정에 대한 참여를 허용하고 드물게 징벌한다. 외집단의 부하들은 내집단의 부하들과는 달리 대우받으며, 직접적 명령이 내려지고, 업무수행방법에 대한 더 적은 발언권을 갖게 되기 쉽다.

일반적으로, VDL이론에 관한 연구들은 지지받아 왔다.[40] 그러나 리더와 부하들 간의 관계는 내집단과 외집단 이외의 방식으로 범주화될 수 있다. 따라서, 리더와 부하들 간의 관계에 관한 더 많은 연구가 필요하다.

특수한 리더십기술들

리더십에 대해 접근하는 다른 방법은 우수한 리더들이 열등한 리더들이 소유하지 않은 특수한 행동들과 기술들을 소유하고 있다고 가정하는 것이다. 여러 연구자들이 다양한 상황에서 수천 명의 리더들을 관찰한 후에 하나의 행동이론을 제안해 왔다.[41] 이들 연구자에 의하면, 리더들은 다음과 같은 행동을 수행한다.

① 아이디어를 제시한다.
② 부하들과 비공식적으로 상호작용한다.
③ 부하들을 옹호하고 지원한다.
④ 책임을 진다.
⑤ 어떤 집단분위기를 발전시킨다.
⑥ 업무를 조직화시키고 구조화시킨다.
⑦ 부하들과 공식적으로 의사소통한다.
⑧ 부하들에게 보수를 주고 처벌을 준다.
⑨ 목표를 세운다.
⑩ 의사결정을 행한다.
⑪ 부하들의 기술을 훈련시키고 발전시킨다.
⑫ 문제를 해결한다.
⑬ 열의를 불러 일으킨다.

한 수송부의 일선 감독자들에 대한 직무분석에서, 다음의 기술들이 매우 중요하다는 것이 발견되었다.[42]

- 조직화
- 분석과 의사결정
- 계획
- 의사소통(구두 및 서면)
- 위임
- 작업습관들(높은 질의 작업)
- 용의주도성(조심성)
- 대인관계기술
- 직무지식
- 조직지식
- 강인성
- 도덕성
- 부하들을 발전시킴
- 듣기

이 이론은 새로운 특별한 아이디어를 제시하는 것이 아니고, 따라서 교과서들에서 가장 적게 다루어지고 있다. 그러나 이것은 많은 조직들에서 가장 흔히 실행되고 있는 것이다. 이 이론에 의하면, 리더십과 관리는 학습된 것이다. 효과적 리더십에 대해 중요한 특수한 행동과 기술이 확인될 수 있다면, 누구나 효과적 리더로 되게끔 훈련될 수 있다. 현재 사용되고 있는 그러한 훈련 프로그램들이 많이 있다. 예컨대, 시에서 운영되는 관리학교는 주말에 직원들에게 구두 의사소통, 보고서작성, 의사결정, 갈등관리 및 근무실적평가 등을 가르치고, 수료자에게 수료증을 준다.[43] 이와 같은 훈련내용은 리더십이 특수하고 학습 가능한 행동들과 기술들로 구성되어 있다는 아이디어를 반영한다. 이러한 행동들과 기술들이 본서에도 포함되어 있으며, 몇 가지 부가적 리더십기술이 아래에 제시되어 있다.

의사결정을 통한 리더십

의사결정은 리더가 소유해야만 될 하나의 중요한 행동이나 기술이다. 그러나 이전 연구들은 어떤 상황에서만 리더에 의한 의사결정이 가장 우수하게 이루어지고, 다른 상황에서는 의사결정에 대한 부하들이나 동료들의 참여에 의해 의사결정이 가장 우수하게 이루어진다는 것을 지적했다.[44] 이러한 상황요인 때문에 연구자들은 리더십의 수행이 리더들에게 더 훌륭한 의사결정자가 되게끔 가르치는 것에 의해 향상될 수 있다고 믿었다. 이러한 과정을 돕기 위해, 그들은 리더들이 혼자 또는 타인들의 도움을 받아서 의사결정을 행할 때를 결정짓는 것을 위한 의사결정 나무(decision tree)를 개발했다. 물론, 리더들에게 모든 가능한 상황에서 무엇을 행하는가에 대한 차트를 발전시키는 것은 불가능하다. 그러나 이들의 모형은 특수한 상황에 대한 의사결정을 내리기 위해 리더가 통과하는 과정을 지시해 줄 수 있는 흐름차트(flow chart)를 제공한다(이 이론은 10장의 집단문제해결에서 더 자세하게 논의될 것이다).

만남을 통한 리더십

방문을 통해 현장을 돌아보는 것에 의한 관리(Management by Walking Around:

MBWA)는 다른 특수한 행동이론이다. 이 이론은 리더들이나 관리자들이 자신의 집무실 밖으로 걸어나와서 직원들과 만나고, 직원들의 욕구와 향상에 관해 대화할 때에 가장 효과적이라고 주장한다. 최근에 월마트의 회장과 같은 많은 기업체의 리더들이 이러한 접근을 사용해서 큰 성공을 거두었다.

MBWA는 의사소통을 증가시키고, 부하들과의 관계를 구축하고, 부하들의 참여를 증가시키는 것으로 간주되었다.[45] 일련의 연구들에서, 은행관리자들의 행동이 효과적 및 비효과적 관리자들 간의 차이를 결정짓기 위해 관찰되었다. 이 연구의 결과들은 효과적 관리자들이 자기 부하들의 행동을 감독하고 현장을 돌아다니는 데에 더 많은 시간을 보낸다는 것을 나타냈다.[46] 따라서, 경험적 증거는 MBWA의 개념을 지지하는 것 같다.

권력을 통한 리더십

리더들이 흔히 사용하는 다른 전략은 권력(power)에 의한 관리이다. 권력이 많은 리더들은 타인들에 대한 영향력이 크므로, 권력은 리더십에 대해 중요하다. 권력이 많은 리더들은 권력이 적은 리더들보다 더 많은 자원을 얻고, 정책을 명령하고, 조직 내에서 더 잘 승진할 수 있다. 앞에서 제시된 바와 같이, 연구자들은 권력의 5개의 기본유형들, 즉 전문성 권력, 합법성 권력, 보수권력, 강제권력 및 준거권력을 확인했다.[47]

전문성 권력(expert power)

어떤 상황에서 유용한 전문적 지식을 갖고 있는 리더들이 권력을 가질 것이다. 그러나 전문성 권력의 두 가지 조건이 있다. 첫째로, 전문적 지식은 집단이나 조직 내의 타인들이 필요한 것이어야만 된다. 예컨대, 자료처리에 관한 업무에서, 통계학에 관해 잘 알고 있는 연구자가 그렇지 못한 연구자들에 대해 권력을 갖는다. 둘째로, 타인들이 리더가 어떤 것을 알고 있다는 것을 인식해야만 된다. 전문적 지식이나 정보는 타인들이 리더가 그것을 갖고 있다는 것을 알고 있거나, 리더가 그것을 사용할 경우에 강력한 힘을 갖는다.[48]

합법성 권력(legitimate power)

리더들은 그들의 직위에 기초해서 합법적 권력을 얻는다. 예컨대, 군대의 대대장은 중대장에 대해, 회사의 사장은 간부직원들에 대해, 청소반장은 청소원들에 대해 권력을 갖는다. 합법적 권력을 가진 리더들은 부하들에게 자신의 명령에 따르게끔 만들 수 있지만, 이것만으로는 낮은 부하 만족을 일으킨다.[49]

보수와 강제의 권력(reward and coercive powers)

리더들은 타인들에게 보수와 처벌을 줄 수 있을 경우에 권력을 갖는다. 보수권력은 가시적인 것들(봉급인상, 보너스 또는 승진)과 아울러 비가시적인 것들(칭찬, 더 좋은 직무배정)에 대한 통제력을 포함한다. 리더가 강제적 권력을 갖기 위해서, 타인들은 리더가 자신의 처벌능력을 사용할 의사가 있다고 믿어야만 된다. 처벌은 해고, 승진탈락과 같은 조치들과 냉대와 같은 미묘한 조치들을 포함한다.

준거권력(referent power)

리더의 준거권력은 타인들이 리더에 대해 갖고 있는 긍정적 감정들에 기초한다. 호감을 많이 받는 리더는 보수나 강제의 권력이 없을 때에도 타인들에게 영향을 줄 수 있다. 리더들은 또한 타인들을 칭찬해 주고, 호의를 제공하고, 친절하고 지원적으로 됨으로써 준거권력을 얻을 수 있다.[50] 준거권력을 가진 리더들은 부하들의 조직에 대한 몰입이 가장 크고 부하들의 직무만족이 높다.[51]

비전을 통한 리더십: 변형적 리더십

대부분의 리더십이론들이 리더와 부하들 간의 단기적 관계에 초점을 두는 반면에,[52] 변형적 리더십(transformational leadership)은 장기적 목표들에 초점을 둔다.[53] 변형적 리더들은 흔히 비전적, 카리스마적 및 영감적 리더들이라고 일컬어진다. 그들은 어떤 비전을 발전시키고, 이러한 비전에 합치되게끔 조직을 변화시키고, 이러한 비전이나 장기적 목표에 도달하게끔 부하들을 동기화시킴으로써 지도한다. 변형적 리더들은 확신을 갖고 있고, 타인들에게 영향을 주려는 욕구를 갖고 있고, 자신의 신념과 아이디어가 옳다는 강한 신념을 갖고 있다.[54] 그들은 혁신적이고, 현상태에 대해 도전하고, 사람들에 대해 초점을 두고, 융통성 있고, 미래를 바라보고, 문제를 주의깊게 분석하고, 자신의 직관을 믿는다.[55]

미국의 사우스웨스트 항공사를 전세계의 최상위 항공사로 발전시킨 허브 켈러 사장이 변형적 리더의 좋은 예로서 지적되었다.[56] 그는 카리스마적이고(한 경우에서 그는 팔씨름으로 논쟁을 해결했고, 다른 경우에서 그는 엘비스 가수와 같은 복장으로 출근했다), 부하 중심적이고(부하들이 첫 번째이고 고객은 두 번째이다, 행복한 직원들이 행복한 고객을 만들 것이라고 생각했다), 비전 있고(그의 저비용 항공사의 개념은 다른 항공사들과 육상운송과 경쟁하도록 고안되었다), 사람들에 대한 훌륭한 동기부여자이었다.

변형적 리더십을 위한 아래의 지침이 제시되었다.[57]

- 분명하고 매력 있는 비전을 발전시킨다.
- 비전의 발전을 위한 전략을 개발한다.
- 비전을 강조하고 선전한다.
- 확신 있고 낙관적으로 행동한다.
- 부하들이나 추종자들에게 확신을 표현한다.
- 확신을 심어 주기 위해 작은 단계들로 초기의 성공을 활용한다.
- 성공을 축하한다.
- 핵심적 가치들을 강조하기 위해 극적이고 상징적인 조치들을 사용한다.
- 본보기가 되어 주는 것으로 리드한다.
- 상징들, 슬로건들 및 기념식들과 같은 문화적 형태들을 만들거나 수정한다.

변형적 리더십에 관한 연구들은 이것이 가장 효과적인 리더십의 형태이고, 전세계적으로 사용되고 있고, 부하들이 가장 좋아하는 것이라는 것을 나타냈다.[58] 다양한 성공적 및 비성공적 리더들을 연구한 한 연구는 너무 많은 노력이 리더들을 변형적이거나 카리스마적이라고 명명하는 데에 소비되어 왔다고 결론지었다.[59] 그 대신에, 이 연구는 훌륭한 리더십이 구체적 실례나 본보기에 의해 정의되어야 된다고 제안했다. 이 연구는 훌륭한 리더들이 열등한 리더들이 갖고 있지 않은 5개의 특징을 갖고 있다고 가정했다. 그것들은 비전, 차별화, 가치들, 전달 및 개인적 결점들이다.

비 전

변형적 리더십의 개념과 일치되게, 성공적 리더들은 자기들의 조직체가 향해서 가고 싶은 목표에 대한 비전을 갖고, 목표를 향한 방향을 제시한다. 가장 높은 성공적인 리더들의 72%가 가장 낮은 성공적인 리더들의 34%에 비해서, 그들의 부하들에 의해 비전이 있다고 기술된다는 것이 발견되었다.[60]

차 별 화

성공적 리더들은 부하들과 차이가 있다. 그 차이는 성격이나, 카리스마, 지식 또는 기술의 차이이다. 비록 성공적 리더들이 부하들과 차이가 있을지라도, 그들은 또한 부하들과 관계를 맺고 공감하기에 충분하게 유사하다. 예컨대, 대통령선거에서, 후보자들은 지역민들이나 정당지지자들과 동일한 복장이나 모자 등을 착용하지만, 대통령후보답게 권위 있게 보이게끔 노력한다.

가 치 들

성공적 리더들은 강한 가치들을 갖고 있다. 예컨대, 미국의 월마트의 창설자는 고객서비스에 대해 강한 가치를 둔 반면에, 사우스웨스트 항공사의 한 사장은 부하관계에 강한 가치를 두었다.

비전과 가치의 전달

성공적 리더들은 자신의 비전과 가치를 타인들에게 전달할 능력을 갖고 있다. 성공적 리더들은 훌륭한 구두, 서면 및 대인관계의 기술들을 갖는 경향이 있다.

개인적 결점들

흥미있게도, 성공적 리더들은 대개 어떤 큰 결점을 갖고 있고 이것을 인식하고 있다. 이러한 결점은 리더를 더욱 인간적이게끔 만들고, 추종자들이 리더에 대해 당혹해 할 때에 초점을 둘 수 있는 하나의 표적을 제공한다. 예컨대, 미국의 대통령인 닉슨은 괴상한 매너리즘을 갖고 있고, 레이건은 두서 없이 이야기하고 잊어먹는 경향이 있고, 클린턴은 여비서들과의 정사를 갖고 있다. 이러한 결점들에 대한 사람들의 초점은 흔히 사람들에게 윤리, 경제, 대외관계 등과 같은 다른 더 중요한 문제들에 대해 비판하지 못하게끔 만든다.

카리스마를 발전시키기 위한 방법

리더십에 관한 최근의 연구들은 큰 성취의 고지를 향해서 사람들을 인도하는 감화적 리더들(inspirational leaders)의 중요성을 강조해 왔다. 이러한 리더들은 카리스마(charisma), 즉 타인들과 구별되는 리더들의 목적, 권력 및 비상한 결단을 포함하는 하나의 특별한 자질을 소유하고 있다고 일컬어진다.[61] 카리스마는 이것에 의해 영향받고 있는 사람들측의 주관적 지각을 나타내는 용어이다. 예컨대, 미국의 최대 갑부 중의 한 사람인 마이크로소프트회사의 빌게이치가 많은 사람들에 의해 카리스마적인, 즉 강력하고 감화력 있는 사람이라고 간주되고 있다. 흔히 카리스마라는 용어가 변형적 리더와 함께 그리고 비슷한 의미로 사용되지만, 이 용어는 위에서 제시된 그 밖의 의사결정, 만남 및 권력을 통한 효과적 리더십의 특징들로서 사용될 수 있다. 따라서 카리스마는 사람들이나 부하들에 의해 주관적으로 지각되는 리더의 특별하거나 우수한 특징들이나 자질들이고, 객관적 자질들과는 구분되는 것이다.

일반적으로, 카리스마는 국가적으로 그리고 국제적으로 유명한 리더들에 대해서 가장 흔히 사용된다. 예컨대, 가톨릭 지도자인 김수환 추기경의 장례식에 수십만 명의 조문객들이 추모식에 참석했고, 국민들에 대해 그가 제공한 희생과 봉사정신에 대한 감화력은 그가 매우 큰 카리스마를 갖고 있었다고 평가할 수 있을 것이다. 하지만, 일선 감독자들, 관리자들, 팀리더들, 코치들, 사교모임의 리더들, 부모들 등도 카리스마적으로 될 수 있다.

카리스마를 갖기 위해서는 천성적인 자질(예컨대, 잘 생긴 외모, 활발한 성격)이 중요하지만, 개인적 노력이 또한 중요하다. 카리스마가 있는 리더들에서 흔히 발견되는 특징들과 행동들에 기초해서, 우리는 카리스마적으로 행동하는 방법을 강구할 수 있다. 아래에, 이러한 몇 가지 행동방법이 제시되어 있다.[62]

비전을 형성하고 전달한다

집단이나 조직이 지향하는 이상적이고 흥분되는 목표와 목표의 달성방법에 관한 이미지를 형성하고 멤버들에게 전달한다. 예컨대, 자기 회사의 제품을 몇 년 이내에 세계시장에서 가장 인기 있게끔 만드는 목표를 세우고 그 달성방법을 명쾌하게 제시한다.

매우 목표지향적이고 정력적으로 된다

사람들을 어떤 목표를 향해 나가도록 만들기 위해서는 리더 자신이 그러한 목표에 몰입되어 있음을 보여야만 된다. 모든 언행이 목표(예: 봉사, 민주화)와 일치되게끔 주의한다. 사람들의 목표달성에 대한 동참과 동기를 유발하기 위해, 목표달성에 대한 리더의 낙관을 표현한다. 낙관의 표현은 리더의 확신과 자신감을 전달하고, 후자는 리더의 정력적이고 활기 있는 활동들에서 표현될 수 있다. 정력적 활동을 위해 규칙적으로 운동하고, 잘 먹고, 잘 쉰다. 활기 있는 인상을 주기 위해 침울한 표정과 느린 말씨를 피하고, 말을 다소 빠르게 그리고 억양을 변화시켜서 역동적이게끔 행동한다.

개인적 모험을 피하지 않는다

많은 걸출한 업적은 모험을 필요로 한다. 모험이 없는 성공은 가망성이 낮다. 카리스마적인 리더들은 대개 모험을 환영한 사람들이다. 예컨대, 오늘날의 현대그룹을 이룩해 놓은 정주영 회장은 강원도 산골에서 돈을 벌기 위해 가출해서, 쌀가게 점원이 되었고, 운수업을 시작했고, 오늘날의 현대자동차회사를 세계적 기업으로 만드는 모험을 감행했다.

과업 추진과 성공에 관한 과거의 성공담을 사용한다

집단이나 조직이 과거에 어려운 시기를 어떻게 성공적으로 극복해 왔는가에 대한 이야기는 집단이나 조직에 대한 자부심을 고취시키는 데에 도움이 된다. 또한 성공담들은 리더에 대한 신뢰와 호감을 증진시키며, 멤버들 간의 공통적 유대와 연결을 강화시켜 주는 고리가 되어 줄 수 있다.

사람들을 분발시키는 비유와 은유를 사용한다

사람들을 단합시키고, 좌절을 극복하도록 분발시키기 위해, 카리스마적인 리더는 화려한 언어와 흥분시키는 비유와 은유를 개발해서 사용한다. 힘들고, 지저분한 일을 하는 멤버들에게, "우리는 화장실과 같은 역할을 합니다. 하지만, 화장실이 없이는 모든 사람이 살아갈 수 없을 것입니다"와 같은 비유와 "우리는 불사조처럼 실패의 구렁 속에서 일어설 것입니다"와 같은 은유는 사람들을 흥분시키고 분발시키는 데에 강력한 도구가 될 수 있다.

상대하는 모든 사람들이 자신이 중요하다고 느끼게끔 만든다

집단이나 조직의 모든 멤버들이 자신이 중요하고 가치 있는 사람이라고 느끼도록 만든다. 카리스마적인 리더들은 만나는 모든 사람들과 악수하고, 말이나 글로 그들에 대해 자주 감사를 표현한다.

당신에 대한 신뢰와 확신을 고취시킨다

당신의 말과 행동을 일치시킨다. 당신의 약속을 반드시 이행한다. 당신의 성취들을 겸손하고 재치 있는 방식으로 알림으로써, 사람들이 당신의 능력을 믿게끔 만든다.

직설적이고 솔직하게 말한다

당신의 생각이나 원하는 것을 간접적이고 둘러대는 식으로 말하기보다 직설적으로 말하도록 연습한다. 상대방에게 도와 주기를 요청할 때에, "지금 시간이 어떻습니까?" 식으로 둘러대는 말로서 상대방을 어리둥절하게끔 만들지 않는다, 그 대신에, "나는 지금 급하게 처리할 일이 있는데 너무 바쁩니다. 이 일을 도와줄 수 있겠습니까?" 라고 직설적으로 요구한다.

자기의 정서를 표현하고 온정성 있다

카리스마적 리더들은 감정을 숨기지 않고 공개적으로 표현한다. 따라서, 자기 표현성이나 주장성은 카리스마의 한 중요요소이다. 멤버들의 신속한 목표달성으로 흥분된 리더는 "나는 우리의 목표달성에 대해 정말로 기쁘고, 여러분에게 감사합니다"와 같이 자신의 느낌을 솔직하게 표현한다. 그리고 제스처나 터치하기와 같은 비언어적 정서표현을 통해 자신의 온정성을 전달한다.

긍정적인 비언어적 행동을 사용한다

언어적인 의사전달보다 비언어적인 의사전달이 더 효과 있는 많은 경우들이 있다. 카리스마의 지각에 대해 중요한 많은 비언어적 행동들이 있다. 첫째로, 온정적 미소가 중요하다. 온정적 미소는 리더 자신의 자신감과 타인들에 대한 호감과 염려를 전달하는 데에 큰 도움을 준다. 둘째로, 타인들과의 박력 있는 악수가 중요하다. 박력 있는 힘찬 악수는 리더 자신의 역동성을 전해 주고 상대방에 대한 환영을 전달해 준다. 악수할 때에, 상대방에 대한 관심을 전달하기 위해 상대방의 두 눈을 피하지 않고 눈마주침을 갖는다. 셋째로, 바른 자세와 복장이 중요하다. 리더의 자신감을 전달하기 위해 바른 자세로 서고, 활발하게 걷고, 유행에 맞는 복장을 착용한다. 몸을 흔들거나, 긁거나, 발바닥을 두드리거나, 단조롭게 말하거나, 침울하거나 겁을 먹은 것 같이 보이는 것은 카리스마의 지각을 감소시킬 수 있다.

자기 선전을 행한다

카리스마적인 리더들은 과도하게 자기를 숨기지 않는다. 그들은 자신의 좋은 점을 자랑하고, 타인들에게 자신의 중요성을 알리고, 자신이 수행했던 훌륭한 성취들이나 역할들을 과장됨이 없이 설명한다.

위에서, 우리는 카리스마의 발전을 위해 도움이 되는 몇 가지 방법을 제시했다. 주의할 점은 카리스마적 행동들의 적절성이다. 과잉적인 행동들은 제 잘난 체하는 것으로 보여서 역효과를 낼 수 있다. 자신의 실수를 솔직하게 시인하는 것과 같은 겸손을 보이는 것이 적절한 카리스마적 행동이 될 것이다.

리더십에 대한 현재의 이론적 위치

이 장의 대부분에서 리더십의 이론들이 제시되어 왔다. 몇 개의 이론이 동일한 주제를 취급할 때에 어느 이론이 맞는가에 대한 의문이 제기된다. 그 답변은 각각의 이론이 다소의 진실을 갖고 있으며, 이론들의 어떤 조합이 가장 좋다는 것이다.

이 장에서 논의된 모든 이론을 종합한다면, 리더십은 한 세트의 상호작용들이 될 수 있다(도 9-6 참조). 즉, 리더의 특성들과 기술들, 상황적 요구들과 특징들 및 부하들의 욕구들과 특징들 사이이다.

리더의 특성들과 기술들의 측면에서, 이론들의 한 요약은 리더들이 다음과 같은 경우에 성공적 리더가 될 가능성이 많다고 시사할 것이다.

- 리더십 훈련을 받아 왔고 리더십에 관련된 특수한 기술들을 숙달해 왔다.
- 자기검색이 높은 자들이다.
- 과업중심성과 아울러 사람중심성에서 높다.
- 리더십의 동기적 패턴, 즉 높은 권력욕구와 낮은 친화욕구를 갖고 있다.
- 지적이다.
- 정서적 안정성이 있다. 즉, 호감성이 높으면서 주견이 없음, 자애주의 또는 소극적 공격의 성격과 같은 문제를 갖고 있지 않다.
- 변형적 리더들의 기술과 성격을 갖고 있다.

만일 어떤 사람이 상기의 특성들과 기술들을 갖고 있다면, 그 사람의 리더십

도 9-6 효과적 리더십: 리더, 상황 및 부하의 특징들의 상호작용

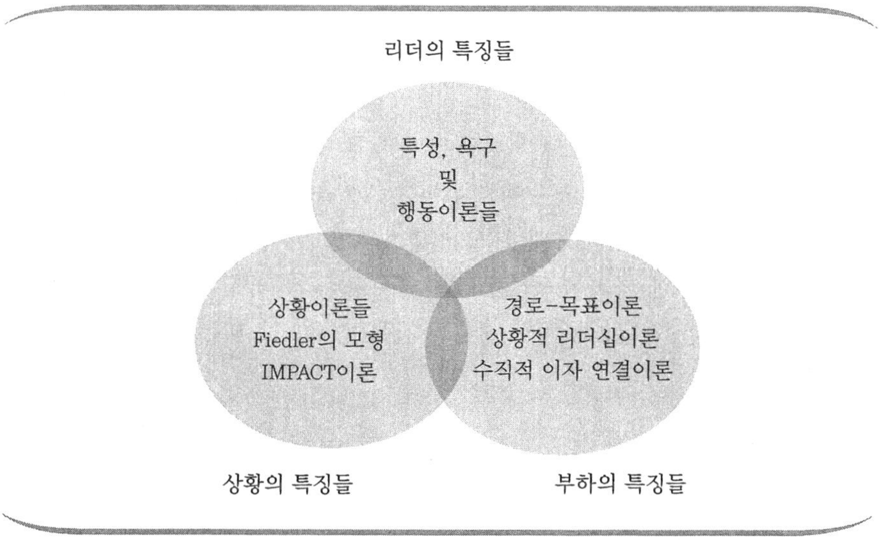

수행은 상황적 특징들에 달려 있을 것이다. 도 9-7에서 보이는 바와 같이, 리더들은 부하들의 특수한 유형들에 따라 효과적 리더가 될 것이다. 예컨대, 리더가 합법적 및 준거적 권력을 갖고 있는 구조화된 상황(즉, 높게 유리한 상황)에서, 낮은 LPC 리더가 높은 LPC 리더보다 더 우수하게 수행할 것이다. 만일 부하들이 어떤 과업을 수행할 능력이 없고 또한 의사가 없다면, 지시적 스타일이 지원적 스타일보다 더 효과적일 것이다. 만일 실망의 분위기가 있고 리더가 준거적 권력을 갖고 있다면, 정보적 스타일보다 매력적(magnetic) 스타일이 더 효과적일 것이다. 불행하게도, 우리는 현재 모든 상황에 대해 최선의 리더십을 일으키는 정확한 짝지움들을 결정할 수 있는 단계에 있지는 않다. 그러나 효과적 리더십을 위해 다음의 가정을 행하는 것이 아마 적절할 것이다.

첫째로, 상이한 상황들이 상이한 리더십 스타일들과 기술들을 요하기 때문에, 광범한 관련 기술들을 갖고 있는 사람들이 다양한 상황에서 효과적 리더가 될 능력이 가장 많을 것이다. 예컨대, 단지 우수한 계획기술들만을 갖고 있는 사람은 계획을 요하는 상황들에서만 효과적 리더가 될 것이다. 이와 달리 계획, 설득, 대인관계, 목표설정 및 동기의 분야들에서 우수한 기술들을 갖고 있는 사람은 다양한 상황에서 리드할 능력이 있을 것이다. 이러한 가정으로부터 나오는 충고는 분명하다. 효과적 리더가 되는 데에 관심을 가진 사람들은 가능한 한 많은 리더십기술을 얻어야만 된다. 리더십세미나들에 참석하고, 과정들을 이수하고, 다양한 경험을 얻음으로써 리더는 이러한 대부분의 기술을 얻을 수 있다.

둘째로, 사람들이 상이한 성격과 욕구를 갖고 있기 때문에, 부하들의 성격과 욕구에 적합하게 대인관계스타일들을 적용시킬 수 있는 리더들이 단 한 개의 스타일을 고집하는 리더들보다 더 효과적 리더가 될 것이다.

셋째로, 리더가 상이한 상황에서 상이한 기술을 사용하고, 상이한 부하에 대해 상이하게 행동해야만 되기 때문에, 리더가 상황, 부하 또는 이 둘의 요구들을 이해할 수 있고, 그에 따라 행동하는 것이 중요하다. 따라서, 상황과 부하의 요구들을 정확하게 인식하는 리더들이 상황들 간을 구별할 수 없는 리더들보다 더 효과적일 것이다.

도 9-7 상황적 리더십의 흐름차트(flowchart)

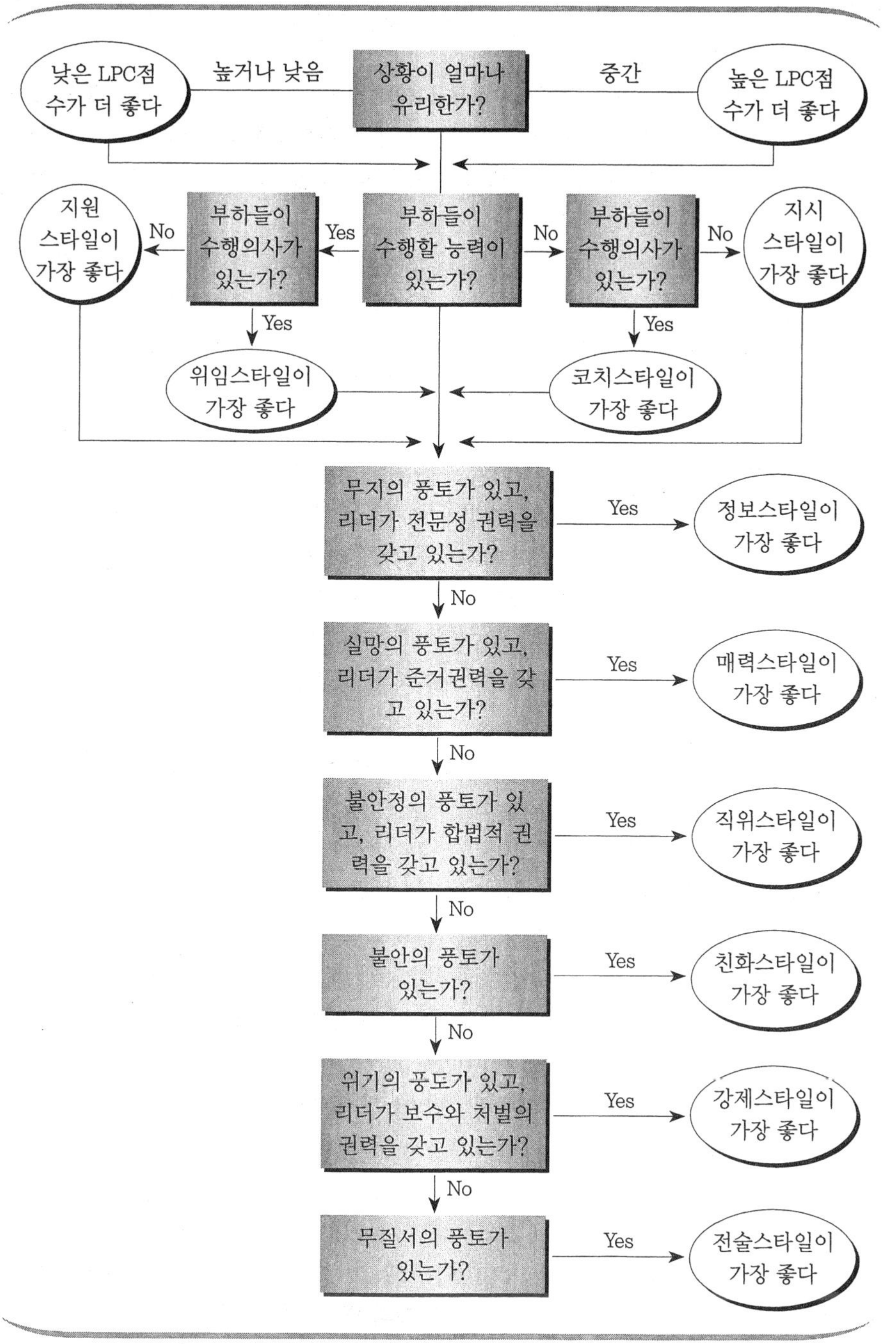

요 약

우리의 생활의 대부분이 집단 속에서 이루어지며, 집단들에서 지도력의 현상이 보편적이다. 리더들의 활동은 집단의 분위기와 생산성에 대해 큰 영향을 줄 수 있다.

리더십의 특징들과 효과들은 여러 요인에 달려 있고, 따라서 리더십의 이해에는 여러 접근들이나 이론들이 필요하다.

리더로 되는 것에 관련된 여러 개인적 특성들이 연구되어 왔으나 지능, 지배성 및 남성성의 3개의 특징들만이 관련 있는 것으로 밝혀져 왔으며, 그 관련성들 또한 매우 작다. 높은 자기검색자들이 낮은 자기검색자들보다 더 흔히 리더가 되며, 여성과 남성은 똑같이 리더로 되는 경향이 있다.

리더의 수행의 우수성을 구분짓는 개인적 특성들에 관한 연구들은 리더의 특성들, 욕구들 및 관점에 초점을 두어 왔다, 효과적 리더십과 관련된 개인적 특성들은 일관성 있게 발견되어 오지 못했으며, 최근에 리더들의 자기검색의 특성만이 관련 있을 것이라는 제안이 제시되고 있다. 리더의 개인적 특성들이 일관성 있게 리더의 수행과 관련이 없는 것은 리더십 효과성이 상황요인에 의해 큰 영향을 받기 때문일 것이다.

리더의 수행에 관련된 개인적 욕구들로서 권력, 성취 및 친화가 다소 지지받아 왔다. 높은 권력욕구와 낮은 친화욕구의 패턴이 리더십 효과성에 관련 있다.

리더들은 과업중심성과 사람중심성의 관점들에서 차이가 있으며, 3개의 주요 학파들, 즉 오하이오 연구들, X이론 및 관리격자가 대표적 접근들이다. 가장 효과적인 리더들은 과업중심과 아울러 사람중심인 반면에, 가장 나쁜 리더들은 어느 쪽도 아니다. 리더의 과업중심성과 사람중심성은 리더십의견질문지(LOQ)와 리더 행동기술질문지(LBDQ)와 같은 몇 개의 도구에 의해 측정된다.

성공적 리더들의 특징을 알아내려는 연구들과는 달리, 비성공적 리더들의 특징들을 알아내려는 연구가 있다. 비성공적 리더들의 세 가지 원인으로서, 리더십 훈련의 부족, 인지적 결함들 및 부적응적 성격들(예: 망상증이나 소극적 공격성, 높은 호감성의 주견이 없는 성격, 자애주의)이 제안되고 있다.

효과적 리더가 되기 위한 리더십의 개인적 특성들을 발전시키기 위한 방안들이 고려되고 있는데, 9개의 특성들이 중요한 것으로 제안되고 있다. 이것들은 자신감, 신뢰성, 주장성, 정서안정성 등을 포함하고 있다.

리더의 효과성은 흔히 상황적 특징들에 달려 있다. 리더십효과성에 관련된 상황적 성질들을 설명하려는 몇 개의 이론들이 있다. 이것들은 리더에 대한 상황적 유리성, 조직풍토, 부하의 능력 및 부하들과의 관계의 변인들을 취급하고 있다.

피들러(Fiedler)의 연계성모형은 특정인의 리더십스타일이 특정의 상황들에서만 효과적이라고 주장한다. 그는 리더십스타일을 최소 선호 동료(LPC)척도에 의해 측정하고, 상황의 유리성은 과업구조화, 리더의 직위권력 및 리더와 멤버 간의 관계로서 측정한다. 이론적으로, 낮은 LPC점수의 리더들은 유리하거나 불리한 상황에서 효과적이지만, 높은 LPC점수의 리더들은 상황이 중간으로 유리할 때에 효과적이다. 연구들은 이 이론이 잘 지지받는다는 것을 나타냈다. 그는 자신의 이론에 기초해서 리더짝지우기(Leader Match) 훈련프로그램을 개발했다. 다른 상황이론인 IMPACT이론은 리더들이 6개의 행동스타일 중의 하나를 갖고 있다고 가정하고, 각 스타일이 특정의 조직풍토에서만 효과적이라고 주장한다. 조직풍토는 무지, 절망, 불안정, 불안, 위기 및 무질서로 분류된다. IMPACT이론에 따라 효과적 리더가 되기 위한 4가지 방법이 제시되었다.

부하들의 특성이나 능력이 리더의 행동의 종류를 결정짓는 데에 있어서 중요하다. 경로-목표(path-goal)이론에 의하면, 리더는 4개의 행동적 리더십스타일을 사용해서 상황을 취급할 수 있다. 각 리더십스타일은 부하들의 능력과 과업의 구조화 정도에 따라 특정 상황에서만 효과적이다. 예컨대, 부하들의 능력수준이 높을수록 그리고 상황이 구조화되어 있을수록 리더는 지시적이어야만 된다.

부하의 특징들에 대해 초점을 두는 두 번째 이론은 상황적 리더십이론이다. 이 이론은 리더가 전형적으로 위임, 지시, 지원 및 코치의 4개의 행동스타일들 중의 하나를 사용한다고 가정한다. 가장 중요한 부하의 특징들은 부하의 준비성과 열의이다. 리더의 4가지 행동스타일은 부하들의 준비성과 열의의 조합들에 따라 효과의 차이가 있게 된다.

리더와 부하들 간의 상호작용에 초점을 두고 있는 수직적 이자간 연결(VDL)이론이 개발되었다. 이 이론은 리더들이 상이한 부하들에 대해 상이하게 행동한다고 주장한다. 부하들은 리더에 대해 내집단과 외집단으로 구분되며, 내집단의 부하들과 외집단의 부하들은 리더로부터 상이한 대우를 받는다.

리더십에 관한 이론적 접근들과 달리, 리더들이 소유한 행동들과 기술들에 초점을 두는 접근이 있다. 이들 연구자는 리더들이 수행하는 다양한 행동들을 기술하고 있다. 이 접근은 효과적 리더로 되게끔 행동들과 기술들을 가르치는 훈련프로그램들을 제공하고 있다. 리더의 행동들과 기술들을 강조하는 접근에서 몇 가지 부가적 리더십기술들이 제시되고 있다. 이것들은 의사결정을 통한 리더십, 만남을 통한 리더십, 권력을 통한 리더십 및 비전을 통한 리더십(또는 변형적 리더십)을 포함한다. 변형적 리더십(transformational leadership)은 리더와 부하들 간의 단기적 관계보다 장기적 목표들에 초점을 둔다. 변형적 리더들은 흔히 비전적, 카리스마적 및 영감적 리더들이라고 일컬어진다. 변형적 리더십을 위한 몇 개의 지침이 제시되었다. 한 연구는 훌륭한 리더들이 열등한 리더들이 갖고 있지 않은 5개의 특징들을 갖고 있다고 가정했는데, 그것들은 비전, 차별화, 가치들, 전달 및 개인적 결점들이다. 카리스마적 리더들의 조건으로서, 천성적 자질들과 개인적 노력이 중요하다. 카리스마적으로 행동하는 11개의 행동방법들이 제시되었다.

리더십에 관한 모든 이론들을 종합하면, 리더십은 한 세트의 상호작용들로서 개념화될 수 있는데, 그것들은 리더의 특성들과 기술들, 상황적 요구들과 특징들 및 부하들의 욕구들과 특징들 사이의 상호작용들을 나타낸다.

제10장

집단 문제해결

모든 개인들과 아울러 집단들이 문제들에 당면하고, 그것들을 해결하거나 해결책을 결정하고 있다. 특히, 집단들은 계속 개인들보다 정치적이거나 행정적이거나 기업적이거나 친목적인 목표들이나 과업들에 관계없이, 더 많은 문제를 해결하거나 해결책을 강구해야만 된다. 집단들에 의해 이루어지는 문제해결이나 의사결정은 관련된 수많은 사람들에게 생명과 아울러 행복에 큰 영향을 준다. 국가제도의 골격을 이루는 이데올로기와 선택은 모든 국민들의 일상생활에 영향을 주며, 심지어 수많은 사람들의 생명을 빼앗기도 한다. 예컨대, 공산주의 이데올로기에 의해 전세계의 수많은 사람들의 생활방식에 대해 큰 영향을 받았고, 우리나라, 캄보디아 등의 많은 나라들에서 수백만 명의 사람들이 목숨을 잃었다. 또한 국가수준에서 이루어지는 정책결정들은 국민생활에 큰 영향을 주고 국가의 흥망과 성쇠에 결정적 영향을 줄 수 있다. 그 밖에도, 기업들을 포함한 다양한 조직들의 최고위수준에서 최하위수준에 이르기까지 집단적 문제해결과 의사결정은 조직들 자체와 아울러 조직에 관련된 많은 사람들에게 지대한 영향을 준다. 예컨대, 자동차회사의 도산은 기업주들뿐만 아니라 수많은 직원들과 관련업체 종사자들, 그들의 가족들 및 인근의 상업인들에게 심대한 부정적 영향을 준다.

집단적 문제해결과 의사결정은 구성원들의 의사소통을 요하고 많은 시간과 노력을 요하는 매우 힘든 과정인 반면에, 대개 높은 질의 의사결정을 얻기가 곤란하다. 집단 문제해결과 의사결정은 집단구성원들이 긴밀하게 함께 작업하는 것을 요하고, 따라서 높은 수준의 대인관계기술을 요하며, 이 장은 바로 그러한 기술들을 취급한다.

집단 문제해결(group problem solving)이나 집단 의사결정(group decision making)

은 두 사람 이상의 사람들이 상호작용을 통해 당면한 문제를 해결하거나 판단에 이르는 과정이다. 이 장은 그러한 과정들에 관련된 중요한 여러 주제를 취급한다. 그것들은 집단 문제해결에 대한 접근들, 조직문제의 종류, 집단 문제해결의 과정, 가능한 해결책의 창출방법들, 집단 문제해결과정의 이슈들 및 문제해결의 창의성 향상이다.

집단 문제해결에 대한 접근들

개인들과 아울러 조직들이나 집단들에서 고통과 방해를 일으키는 문제의 발생은 거의 필연적이다. 집단 문제해결과 관련해서, 우리가 미리 준비를 하면, 환란이나 문제가 발생하지 않는다는 취지의 "유비무환"이라는 말이 자주 사용되고 있다. 그러나 준비를 충분히 하더라도, 문제들은 항상 예기치 못하게 발생한다. 대표적 예가 자동차사고일 것이다. 운전자가 아무리 주의를 해서 운전하더라도, 기계의 고장, 도로조건, 날씨, 다른 운전자들이나 차량들 등으로 인해서 운전자의 의지에 관계없이 사고가 발생한다. 사고는 예측되지 않고 통제되지 않는다.

이와 같은 예측되거나 통제되지 않은 문제들은 고통과 피해를 막기 위해 효과적으로 대비되고 해결되어야만 된다. 효과적 문제해결은 문제의 성질이나 심한 정도, 관련된 개인이나 조직의 능력, 사용가능한 자원들과 같은 여러 요인들에 의해 결정된다. 따라서 우리는 이 세상에서 일어나는 모든 문제의 해결에 대한 신통한 방법을 제시할 수는 없다. 그러나 문제해결에 있어서 공통적으로 중요한 한 요인으로서 문제, 문제해결 및 의사결정에 대한 사람들의 몇 가지 기본적 태도들이나 정신 자세들을 지적할 수 있다. 그러한 태도들 중에는 문제에 대한 긍정적 태도와 부정적 태도, 그리고 문제해결에 대한 이성적 접근과 이해관계적 접근이 있다.

문제에 대한 긍정적 태도와 부정적 태도

매우 힘든 일이나 문제라도, 그것을 어떻게 보는가에 따라 심리적으로 즐거울 수도 있고 고통스러울 수도 있다. 몇 년 동안 실직을 해서 일을 하지 못해 왔던 사람은 새로 구한 힘든 일자리에서도 즐겁고 만족하게 일할 것이다. 이러한 사람은 힘든 일이라는 직업적 문제를 자기에 대해 고맙고 유익한 것으로 받아들이고, 따라서 효과적으로 문제를 해결할 수 있게 된다. 이것은 문제에 대한 긍정적 태도나 자세를 나타낸다. 이와 반대로, 힘든 일에 대해 자신에게 부과되는 부정적 측면들에 초점을 두는 사람이 있다. 힘든 일이 자신을 피로하게끔 만들고, 건강을 해치고, 돈도 많이 벌지 못하게끔 만든다는 부정적 측면들을 주로 생각하는 사람은 좌절되고 짜증이나 신경질이 나기 쉬울 것이다. 이것은 기본적으로 문제에 대한 부정적 태도나 자세를 나타낼 것이다.

기본적으로, 문제에 대한 부정적 태도는 문제해결을 위해 기울이는 개인적 노력을 감소시킴으로써, 문제해결이 회피되거나 지연되고, 결과적으로 문제해결의 질이 좋지 못하게끔 만든다. 간단히 말해서, 문제에 대한 부정적 태도는 문제해결에 대한 소극적 태도를 일으킨다. 문제에 대해 부정적 태도를 지닌 사람들은 문제가 고통을 주는 하나의 방해물이라고 간주하고 가급적 피하려는 생각을 갖고 있고, 문제로 인한 고통 자체에 초점을 두고 문제대처에 따른 장차의 결과나 성과를 고려하지 않는다. 그 결과로, 문제해결에 대한 적극적 노력이 감소된다. 이와 반대로, 문제에 대한 긍정적 태도는 문제의 발생을 인생이나 사업에서 하나의 자연발생적 사실로서 인정하고, 따라서 삶의 과정에서 당연하게 대처해야만 되는 일로 간주한다. 더 나아가서, 문제에 대한 긍정적 태도를 가진 사람들은 문제해결을 하나의 가치 있는 일로서 간주한다. 문제해결을 개인과 집단의 발전과 개선을 일으킬 수 있는 하나의 좋은 기회라고 여긴다. 즉 "문제는 기회이다"라는 말이 이러한 사람들에게 해당된다. 예컨대, 반품이 많은 업체의 사람들은 그러한 문제를 반품제도를 개선해서 경쟁력을 향상시키는 기회라고 간주하고, 서비스문제를 가진 사업주들은 그러한 문제를 서비스개선의 기회로 간주한다. 부부관계에서도, 배우자들은 부부싸움을 서로 이해해서 애정을 유지하고 발전시키는 기회로 간수할 수 있다. 이들은 문제발생의 자연성과 가치를 믿고 있으므로, 문제해결에 대해 더 적극적이고, 따라서 문제해결의 성과도 더 클 수 있다.

문제에 대한 긍정적 태도의 바람직스러운 결과들은 연구에 의해 지지받아 왔다. 스트레스가 많은 기업체간부임원들의 생활스트레스와 병의 정도를 점검한 연구들은 인생에 대한 태도들, 즉 몰입, 통제력의 느낌 및 변화에 대한 긍정적 반응이 건강유지의 중요한 요인이라는 것을 증명했다.[1] 변화를 하나의 "도전"(즉, 해

볼 만한 가치가 있는 일)이라고 보는 것은 스트레스를 덜 느끼게끔 만들고 상황을 새옹지마식으로 자신에게 유리하게끔 변화시킬 수 있다. 예컨대, 실직을 하나의 심각한 패배나 실패라기보다도 하나의 새로운 경력을 열어가는 기회로서 보는 사람은 실직으로 인한 스트레스를 더 적게 느끼고 새로운 직업을 찾기 위한 노력을 더 많이 기울이고, 그 결과로 새로운 일자리를 갖게 되기가 더 쉽다. 스트레스에 대해 저항력 있는 성격특징들은 문제해결에 대한 몰입, 통제력(또는 유능감) 및 도전이라는 용어들로 요약되어 왔으며, 이것들은 기본적으로 문제와 문제해결에 대한 긍정적 태도들을 포함하고 있다.

문제해결에 대한 이성적 접근과 이해관계적 접근

조직이나 집단의 문제를 해결하거나 의사결정을 행함에 있어서, 사람들은 집단에게 유익한 목적을 갖고서 효과적 해결책이나 결정에 동의해야만 될 것이다. 그러나 사람들은 그러한 활동에 있어서 상이한 접근이나 태도를 취할 수 있으며, 그것들 중의 중요한 한 차원은 의사결정에 대한 합리적 모형(rational model)과 정치적 모형(political model)이다.[2]

합리적 의사결정모형(rational decisionmaking model)은 논리적이고 과학적인 방법들에 기초된 의사결정에 대한 접근이다. 이것은 목표를 설정하고, 대안들을 결정하고, 결과들을 검토하고, 최적의 결과들을 희망하는 것에 기초되어 있다. 여기에서, 최적의 결과들이란 집단 의사결정의 결과들에 대한 경제적 관점, 즉 사람들이 의사결정을 행함에 있어서 집단의 이익을 최대화시키고 손실을 최소화시키려는 의도에 기초된 것을 일컫는다. 예컨대, 어떤 업무팀은 팀리더의 친한 친구가 대표로 있는 회사보다도 자기들에게 최소의 비용과 최대의 품질을 제공하는 회사를 납품회사로서 결정할 것이다.

합리적 모형은 또한 각각의 대안이 의사결정의 목표들을 달성시키는 데에 있어서 얼마나 기여하는가의 측면에서 평가된다고 가정한다. 예컨대, 회사의 사옥을 건립하는 것의 목표가 건립비용을 줄이고 세금을 감소하는 것으로 설정되었고, 그 해결책들로서 A, B, C 및 D지역들이 제안되었다고 하자. 여기에서 A, B, C 및 D지역에 대한 평가들은 그 지역들이 각각 건립비용과 세금감소의 면에서 어떤 결과를 갖는가에 기초되게 된다.

정치적 의사결정모형(political decision making model)은 사람들이 집단 의사결정상황에서 개인적 이익들이나 편향들에 영향을 받는다고 가정한다. 사람들은 자기자신의 이익을 충족시키는 데에 초점을 두는 이해관계적 또는 정치적 동기를 갖고 있기 때문에, 흔히 가장 합리적인 선택을 행하지 않는다. 위의 회사건립의 예에서, 어떤 멤버는 자기 집이 가깝기 때문에 A지역을 선택하고, 다른 멤버는 자기 친구들이 많이 있어서 그들과 어울려 지내기 쉽기 때문에 A지역을 선택하고, 또 다른 멤버는 A지역에 구입해 놓은 주택의 가격상승을 위해 A지역을 선택할 수 있다. 이들 모두는 건립목표들의 달성보다도 개인적 이해관계를 중심으로 의사결정을 행하고 있다. 따라서, 정치적 모형을 사용하는 사람들은 개인적 이익들과 선호들에 불일치되는 대안들을 고려하지 않거나 적극적으로 반대할 수 있다. 예컨대, 어떤 멤버는 A지역의 땅값이 타지역보다 더 높다는 사실을 무시하려고 들거나, 더 낮다는 것을 적극적으로 주장할 수 있다.

흔히 의사결정자들이 합리적 모형이나 정치적 모형을 사용하는지를 판단하거나 결정하기는 매우 곤란하다. 이것은 정치적 모형을 사용하는 사람들이 자신의 의사결정이 개인적 이해관계나 편향들에 의해 영향받았다는 것을 사실대로 고백하려고 들지 않고 의도적으로 숨기려고 들기 때문이다. 예컨대, 국회의원들이 기업들을 비롯한 로비단체들의 로비와 뇌물을 받고서 그 단체들에게 유리한 법률을 결정하고 나서, 그 사실을 있는 대로 밝히지는 않을 것이다. 만일 사실대로 밝힌다면, 그 국회의원은 법에 저촉되거나 많은 국민들로부터 비난받고 낙선되게 될 것이다. 우리는 집단 의사결정에 있어서 사람들이 합리적 모형이나 정치적 모형을 사용하는지를 예리하게 검색해야만 될 것이며, 조직 전체를 위해 합리적 모형을 사용하려는 윤리적 방침을 세우고 지켜야만 될 것이다.

조직문제의 종류

조직들은 그 목표, 구성, 운영방침, 상황 등의 측면들에서 매우 상이하므로, 그들이 당면하는 문제들의 종류나 심도에서 큰 차이가 있다. 따라서, 조직문제들의 범위나 종류를 간단하게 제시하기가 곤란하다. 그러나 조직문제들을 조직의 운영과정과 성과의 측면에서 구분지을 수 있다.[3] 운영과정들은 관리자들의 지도

방법, 직원들의 의사소통방법, 업무의 절차, 갈등의 해결방법, 직원들이 고객들이나 납품자들을 대하는 방법 등을 포함한다. 성과들은 불충분한 이익, 부적절하거나 불만족스러운 제품들이나 서비스, 과도한 직원 결근이나 전직과 같은 조직이 목표로 삼고 있는 준거들상의 문제들을 포함한다. 이와 같은 조직의 문제들은 조직의 장기적인 운영과 성공에 지장을 주고, 따라서 조직이나 집단의 문제해결의 주제가 되어야만 된다.

조직문제들의 성질을 이해하기 위해 조직들이 당면하는 문제들의 한 표본을 살펴보는 것이 도움이 될 수 있다. 표 10-1은 자기관리 업무팀들이 취급하는 문

표 10-1 업무팀들이 취급하는 문제해결과 의사결정의 주제들[4]

팀멤버의 급료
징계 처리
팀멤버의 업무실적평가
제품의 개선과 개발
예산
시설 설계
장비 구입
팀리더의 선정
휴가 스케줄
혼성기능팀들의 구성
채용면접의 실시
팀멤버의 채용
외부 고객의 접촉
계속적 향상의 추진
품질의 책임
생산 스케줄
장비의 유지와 보수
훈련
회사의 관리

*팀에 대한 권한위임이 큰 것들에서부터 낮은 것들의 순위로 제시되었음.

제들이나 의사결정들의 한 목록을 제시하고 있다.

일반적 문제해결집단들에 대해 유용한 지침들

집단 속에서 문제를 효과적으로 해결하는 것은 집단문제해결에 관한 기술들을 요한다. 이러한 기술들은 집단문제해결의 과정(단계들을 포함함)과 문제에 대한 가능한 해결책의 창출방법들, 집단문제해결과정에서의 문제들이나 이슈들 및 집단문제해결의 창의성의 측면들을 포함한다. 이러한 기술들 중에서, 집단문제해결의 과정의 주제가 이 절에서 취급되고, 나머지 세 개의 주제가 다음 절에서 차례로 취급될 것이다.

집단 문제해결의 단계들

팀멤버들이 어떤 문제를 해결하기 위해 함께 모였을 때, 그들은 대개 공식적 문제해결기법들에 의지하기보다 일반적 토론을 실시한다. 몇몇 팀멤버들이 문제의 진정한 성질을 명료화시키기 위한 발언을 행하고 나서, 팀멤버들은 수용 가능한 해결책들을 탐색하거나 내놓는다. 비록 이러한 상식적이고 관행적인 기법이 때로는 효과적일 수 있을지라도, 문제를 잘 해결하거나 올바른 결정을 행할 확률은 팀멤버들이 체계적 절차를 따를 때에 훨씬 더 많이 증가된다.

문제해결의 체계적 단계는 크게 4단계(PDCA)로 구분된다. 즉, 계획(plan), 실행(do), 점검(check) 및 조치(act)이다.[5] 이들 단계 중에서, 가장 중요한 것은 계획단계이다. 이것은 계획단계 속에 그 다음 단계들인 실행, 점검 및 조치가 모두 포함될 수 있기 때문이다. 계획단계는 문제를 확인하거나 정의하고, 문제를 해결하기 위한 선제의 방법들이나 활동을 제시한다. 일단 계획이 작성되면, 그 다음 단계는 계획서에 포함된 방법들이나 활동을 실행(do)하게 된다. 계획서에서 제시된 활동들을 실행한 다음에, 문제해결의 목표들을 달성시켰는지를 알아보기 위해 점검한다(check). 점검단계에서, 문제해결이 완전하게 성공했는지, 부분적으로 성공했는지, 또는 실패했는지에 대한 평가나 판단이 이루어진다. 점검단계에서의 결과들에 따라, 문제해결을 완벽하게끔 만들기 위한 조치가 취해진다(act). 조치단계는 문제해결의 목표달성 정도에 따라 무조치, 작은 조치 및 큰 조치의 형태를 취할 수 있다. 무조치는 문제가 완전히 해결되어서, 발생된 변화들에 대한 더 이상의 조정이나 수정이 불필요할 경우에 취해진다. 작은 조치는 문제해결의 목표들이 기대한 만큼 충분하게 달성되지 못했을 경우에 이루어진다. 그러한 조치들에는 계획서를 재검토하고, 문제해결의 대안들이나 해결책들을 재검토하고, 실행계획을 만들어서 실천하는 것을 포함한다. 큰 조치는 문제의 정의나 확인이 잘못된 경우에 이루어진다. 문제에 관련된 자료, 평가 및 판단이 원천적으로 잘못되어 있을 경우에, 사람들은 잘못된 문제 또는 문제가 되지 않는 문제를 해결하기 위해 헛된 노력을 기울이게 된다. 문제에 대한 잘못된 정의의 이유들이 무엇이든 간에, 집단은 재소집되어서 그 다음 단계의 조치를 취해야만 되는데, 이것들은 대개 계획단계로 되돌아가고, 새로운 PDCA의 단계를 밟는 것이다.

아래에서, 우리는 문제해결의 계획단계에 포함된 9개의 하위단계들을 자세하게 살펴본다. 기본적으로, 계획단계 속에 포함된 하위단계들은 과학적 방법과 많은 공통점을 갖고 있으며, 합리적 의사결정모형과 일치된다.

문제의 확인(indentify the problem)

문제와 그것의 표출양식을 특수하고 구체적으로 진술한다. 문제는 표면적 문제와 근본적 문제로 진술될 수 있다. 예컨대, 어떤 자동차부품업체가 부품들을 납품한 후에, 대금을 받는 것이 지연되어서 자금운용에 지장을 받는다고 하자. 이 사례에서, 표면적 문제는 대금을 지연해서 지불하는 것이다. 그러나 대금지불의 지연에 따른 문제는 이 업체가 충분한 현금이 있을 경우에는 특별하게 문제가 되지 않을 것이므로, 근본적 문제는 업체의 현금 부족일 것이다.

문제의 명료화(clarify the problem)

집단멤버들이 동일하게 문제를 볼 때에, 비로소 어떤 해결책에 동의할 수가 있고 그에 따라 문제가 해결될 수 있다. 만일 집단멤버들이 문제를 상이하게 인식한다면, 상이한 해결책들이 제시되고 집단은 문제에 대한 해결책의 합의에 이르지 못할 것이다. 위의 예에서, 회사의 납품대금지불의 지연문제에 대해 납품업체의 집단멤버들은 상이한 시각에서 문제를 인식할 수 있다. 어떤 멤버들은 자기가 근무하는 업체가 영세해서, 현금이 부족하고, 그 결과로 경영실적에서 약간의 손실이 있다고 인식할 수 있다. 다른 멤버들은 이 문제를 현금흐름의 지연에 따른 약간의 괴로움이나 불편함으로 인식할 수 있다. 또 다른 멤버들은 이 문제를 납품대금을 지연해서 지불하는 상대측 회사의 횡포와 비도덕성으로 인식하고, 그 회사에 대해 보복하고 골탕을 먹이고 싶어할 수 있다.

이와 같은 시각의 차이들은 집단멤버들이 개인적 이해관계나 편향들에 의해 문제에 대한 시각들이 영향을 받을 수 있다는 것을 기억하게끔 만든다. 의사결정에서 이러한 영향들은 의사결정의 정치적 모형의 사용으로서 기술된 바 있다. 이 단계에서 중요한 것은 집단멤버들의 문제에 대한 공통적 인식이다. 앞의 예에서, 집단멤버들은 자기의 회사가 기업운영에 필요한 충분한 현금이 부족하다는 것에 대해 합의에 도달하는 것이 중요하다.

원인 분석

문제가 되고 있는 과정이나 결과를 개선하기 위해, 집단은 문제의 원인을 이해하고 그 원인을 극복하는 방법들을 찾아야만 된다. 업체에 대한 대금지불의 지연은 몇 가지 요인에 의해 발생될 수 있다. 상대편 회사는 현금 부족이나 흐름의 문제를 갖고 있거나, 지연적인 업무절차를 갖고 있거나, 담당직원수가 적거나, 납품서비스에 대한 불만으로 보복적으로 대금지불을 지연시킬 수 있다. 이와 같은 여러 원인들과 기타의 숨겨져 있는 원인들을 알아내기 위해, 대금지급담당자들과 그 밖의 관련자들을 면담하고 조사할 필요가 있을 것이다.

대안적 해결책들의 탐색

대부분의 문제들에 대해 다수의 대안적 해결책들이 찾아질 수 있다. 선택되는 해결책들은 문제의 원인분석에 달려 있다. 자동차부품을 납품받는 회사가 납품에 관련된 불만이 없는 것으로 밝혀졌다면, 대금지불의 지연에 대한 대안적 해결책들을 찾기 위해 머리를 짜내야 될 것이다. 아마 그것들은 신속한 대금지불에 대한 확인의 실시, 대금지불을 지연시키는 회사에 대한 납품거부, 납품대금지불 청구서를 신속하게 보내는 것, 대금지불을 독촉하는 전화를 거는 것, 은행계좌로부터의 자동지불, 대금지불이 지연되더라도 비용의 충당을 가능하게끔 만드는 대부의 실시 등을 포함할 것이다.

대안들의 선정

제시된 여러 대안적 해결책들을 모두 사용하는 것이 많은 노력을 요하고 따라서 비효과적이기 쉬우며, 대개의 경우에 최선의 해결책이 선정되어야만 된다. 최선의 해결책을 선정하기 위해, 문제해결의 목표달성을 위한 여러 대안적 해결책들이 얼마나 적절한지를 판단해야만 된다. 이를 위해, 판단의 기준들이나 준거들을 설정하고 제안된 해결책들의 장단점을 평가해야만 된다. 평가의 준거들은 문제해결의 목표들의 측면에서 상세하게 규정하는 것이 매우 중요하다. 예컨대, 납품대금지불의 지연에 대한 해결책들에 대해 몇 가지 준거가 설정될 수 있다. 그것들은 현금흐름을 개선하고, 비용을 적게 들이고, 고객들을 잃지 않도록 하고, 회사가 재정적으로 어려운 것으로 보이지 않도록 하는 것을 포함할 수 있다. 제시된 대안적 해결책들의 장단점들이 플립차트(flip chart), 칠판 또는 컴퓨터 스크린상에서 평가점수들에 의해 기록될 수 있도록 한다.

실행계획의 작성

선정된 해결책을 실행하기 위해 필요한 활동들을 결정한다. 예컨대, 업체의 자금흐름을 개선하기 위해 신용대출을 행하고, 신속한 지불을 위해 독촉전화를 거는 것을 해결책들로서 결정했다면, 사장과 재무과장이 만나서 은행을 방문하고, 독촉전화를 거는 프로그램을 실시하기로 작정한다.

계약의 명료화

선정된 해결책의 실행을 위해, 집단멤버들이 동의했던 사항들과 마감시간들을 명확하게 재진술하며, 이것은 집단멤버들의 활동들에 대한 하나의 집단적 약속이나 계약인 셈이다. 예컨대, 신용대출과 독촉전화에 관여된 사람들과 활동 마감시간들이 명확하게 진술된다.

활동계획의 발전

집단멤버들의 계약을 이행하기 위해, 누가, 무엇을, 언제, 그리고 어떻게 수행하는지를 상세하게 규정한다. 선정된 해결책을 실행하는 데에 관여된 모든 사람들이 필요한 활동들을 위한 활동계획을 상세하게 발전시킨다. 활동계획은 실

도 10-1 활동계획에 관한 나무 그림

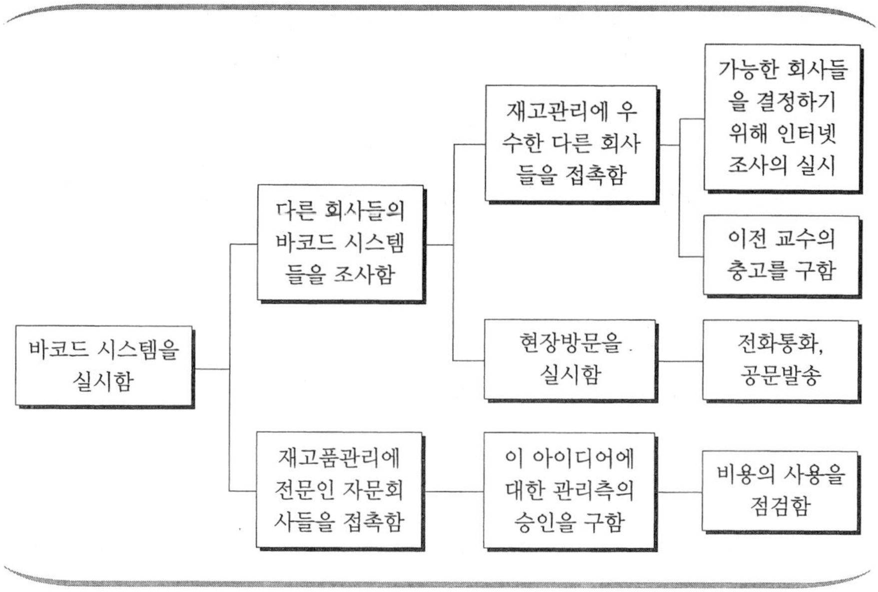

행되게 될 해결책의 성질에 따라 간단하거나(즉, 실행단계들의 한 점검목록) 복잡할 수 있다(예컨대, 단계들이 도달가능한 날짜, 스케줄들이 맞지 않을 경우의 연계적 계획 및 개인적 책임들의 포함).

목표들을 진술하고 각각의 목표를 달성하기 위해 필요한 특수한 과업들이나 활동들을 설정하는 데에 도움이 되는 하나의 도구는 나무그림(tree diagram)이다. 예컨대, 어떤 인터넷 완구판매회사에서 주문받은 완구들과 배달된 완구들이 일치되지 않아서, 많은 반품으로 경영상의 문제가 크다고 하자. 이 회사는 집단적 브레인스토밍을 통해서 여러 가지 가능한 해결책을 찾았고, 그 중의 하나는 완구들에 대해 바코드를 부착하는 것이었다. 이 경우에서 바코드시스템은 도 10-1과 같이 실천계획을 세울 수 있다.

활동계획의 수립을 위한 나무그림의 작성은 다음의 절차에 따라 이루어진다.

① 그림의 왼쪽부터 시작하면서, 직사각형 속에 주된 활동목표를 기입한다. 위의 예에서, "바코드시스템을 실시함"이라고 기입한다.

② 처음의 직사각형의 오른쪽에 주된 목적을 달성하기 위해 필요한 활동들을

연장된 직사각형들 속에 기입한다. 두 번째의 직사각형들 속에 들어갈 수 있는 활동들은 첫 번째 직사각형 속에 들어간 활동과 마찬가지로 집단멤버들의 아이디어에 의지하며, 그 다음 번의 직사각형들 속에 들어갈 활동들도 마찬가지 방식으로 결정된다.

③ 더 이상의 하위 과제들이나 활동들이 제시되지 않을 때까지 이 과정을 반복한다. 가장 오른쪽에 있는 직사각형들 속에 있는 활동들은 집단멤버들에게 쉽게 부여할 수 있는 활동항목들이다.

평가와 책임부여

활동계획이 실행된 후에, 진행사항들과 달성되지 못한 결과들에 대한 책임을 확인하기 위해 회의가 재소집된다. 활동의 결과들은 미리 결정된 준거들에 따라 객관적으로 평가된다.

위에서 제시된 효과적 문제해결의 단계들은 복잡한 문제들에 대해 가장 잘 적용된다. 사소한 결과를 갖는 단순한 문제들(예: 회사창설일의 사무실 장식)은 모든 단계를 요하지 않을 것이다.

가능한 해결책들의 창출방법: 일반적 브레인스토밍

조직의 많은 업무상황에서 집단들은 문제에 대한 효과적인 창의적 해결책들을 내놓을 것을 요구받고 있다. 집단들이 문제를 해결하기 위해 다수의 대안적 해결책을 찾고 있을 때에, 즉 집단문제해결의 4단계에서 브레인스토밍(brainstorming)이나 머리짜내기가 흔히 사용된다. 이 주제는 이미 8장의 집단역학에서 취급된 바 있는데, 여기에서는 더 자세하게 취급한다. 브레인스토밍은 비평이 없는 토의를 통해 창의적 아이디어의 생산을 촉진시키기 위한 하나의 집단문제해결기법이다. 브레인스토밍은 실생활의 문제들에 대한 대안적 해결책들을 발견하는 하나의 방법인 동시에, 하나의 창의성훈련 프로그램으로서 사용되고 있다.

브레인스트밍은 제품의 개발을 위한 새로운 아이디어들을 발전시키고, 제품의 명칭을 찾아내고, 광고 선전문구들을 개발하고, 고객문제들을 해결하기 위해 널리 사용되고 있다. 예컨대, 고급 스포츠용 자동차(SUV), 정부기관의 새로운 조직구조, 소프트웨어 등의 개발에 대해 브레인스토밍이 널리 사용되어 왔다. 브레인스토밍은 브레인스토밍을 위한 지침들이나 규칙들이 명시적 제시가 없이 실시된다. 그럼에도 불구하고, 브레인스토밍의 성공적 실시를 위한 아래와 같은 몇 개의 규칙이 제시되어 왔다.[6]

① 해결하거나 답변할 문제나 의문을 명확하게 진술한다(예: 판매감소를 막을 방법은 무엇인가? 제조비용을 절감시킬 수 있는 방법은 무엇인가?)

② 시간제한을 설정한다. 집단의 규모와 문제나 의문의 복잡성에 따라 대개 5분 내지 10분을 정한다.

③ 모든 사람이 적극적으로 참여해야만 된다. 모든 사람에게 가능한 해결책들을 제안할 기회를 제공한다.

④ 집단규모는 대개 5인 내지 7인이어야만 된다. 사람들의 숫자가 너무 적으면 충분한 제안들이 제시되지 않게 되는 반면에, 너무 많으면 회의를 통제하기 곤란하게 된다. 그러나 3인 정도로 적은 인원수로도 실시될 수 있다.

⑤ 자유로운 발상이 환영된다. 이상스러운 아이디어들이 흔히, 매우 유용한 것으로 판명되기 쉽다.

⑥ 비평이 허용되지 않는다. 모든 제안이 환영받으며, 조소하는 웃음은 금지된다.

⑦ 아이디어의 양이 많고 다양성이 커야만 된다. 이러한 조건들에서 획기적 아이디어가 나올 가능성이 크다.

⑧ 종합과 개선이 환영된다. 타인들의 아이디어들을 결합하거나 타인들의 아이디어에 기초하는 것이 생산적이다.

⑨ 서기의 역할을 맡는 사람에 의해 모든 아이디어들이 플립차트(flip chart)나 백보드(white board)상에 기록된다. 제시된 아이디어들이 녹음될 수도 있지만, 이것은 필기를 위한 많은 시간을 요한다.

⑩ 브레인스토밍 실시를 위해 외부인사들을 초청한다. 이들은 집단의 내부인들이 생각하지 못할 수 있는 새로운 관점을 추가시킬 수 있다.

⑪ 브레인스토밍 규칙들을 과잉으로 따를 필요는 없다. 브레인스토밍은 자연적인 집단과정이 되어야만 된다.

집단멤버들의 아이디어 제시의 속도가 느려지고 진전이 없게 될 때, 리더나 촉진자는 “만일 예산이나 금전의 제약이 없다면, 어떤 해결책이 있겠습니까?”와 같은 가정적인 촉진적 질문을 행할 수 있다. 아이디어 제시의 속도가 느려지고 유용한 촉진적인 가상적 질문들이 사용된 후에, 아이디어들에 대한 질문들을 제기하고, 아이디어들을 명료화시키고 통합시킨다. 괴상한 것 같은 아이디어들이 창의적이고 유용한 다른 아이디어들이나 해결책들을 낳을 수 있으므로, 비평이나 평가는 계속 최소로 유지되어야만 된다. 아이디어들에 대한 평가는 브레인스토밍이 끝난 후의 단계들에서 체계적으로 이루어지게 될 것이다.

정상적이거나 열린 마음자세를 가진 브레인스토밍은 가장 많은 아이디어, 가장 창의성 있는 아이디어 및 집단멤버들의 아이디어들의 가장 많은 시너지효과를 내놓는 경향이 있다. 하지만, 내향적이거나 말수가 적거나 조직의 고위직원들이나 상사들에 의해 억제된 느낌을 가진 사람들은 말이 많거나 지배적인 사람들에 의해 압도당할 수 있다. 집단멤버들이 브레인스토밍과정 속에 적극적으로 그리고 완전하게 참가하는 것을 보장하기 위해, 순서적 브레인스토밍, 명목집단기법 및 부전지를 사용한 브레인스토밍을 사용할 것을 고려하라.

순서적 브레인스토밍(round-robin brainstorming)

집단멤버들은 미리 정한 순서대로(예컨대, 탁자에서 시계방향으로) 아이디어를 제시한다. 이 기법은 말이 많거나 적은 멤버들에게 동등한 기회를 제공하는 것을 돕기는 하지만, 자연적 브레인스토밍과정에서 갑자기 나올 수 있는 창의적인 아이디어를 억제시킬 수 있다.

명목집단기법(nominal group technique: NGT)

이 기법은 집단 내의 지위나 권위의 차이들에서 생기는 부정적 영향을 줄이기 위한 하나의 변형이다. 이 기법은 집단멤버들의 지위나 권위의 차이들을 명목화시키거나 동등화시켜서, 멤버들이 그러한 차이들에 대해 걱정하거나, 조소당하는 두려움을 가짐이 없이 발언하게끔 해 준다.[7] 이 기법에서, 모든 멤버들은 각자의 아이디어들을 기입하는 독서카드나 종이를 제공받는다. 해결될 문제의 주제나 질문이 제시된 후에, 각 멤버는 그것에 대한 아이디어들이나 응답들을 말이 없이 가능한 한 많이 쓴다. 그 다음에, 멤버들은 자신의 아이디어들을 공유하도록 요구받고, 모든 멤버가 볼 수 있게끔 아이디어들을 플립차트(flip chart)상에 기록한다. 각 멤버에게 독특한 아이디어들을 요구하고, 전체 집단의 아이디어들을 수집한다. 만일 어떤 사람들이 자신의 아이디어가 전체 목록 속에 이미 들어 있는 것이라고 지적하면, 그 아이디어의 밑에 줄을 긋거나, 옆에 체크 표시를 한다.

부전지 브레인스토밍(Post-It Note brainstorming)

이 기법에서, 집단멤버들이 제시하는 아이디어들은 플립차트(flip chart) 대신에 부전지들상에 쪽지당 한 개의 아이디어를 기입한다.[8] 모든 멤버들이 카드들이나 종이쪽지 대신에 부전지를 제공받는다. 공개적 방법을 사용할 때, 이 기법은 각각의 아이디어가 기입된 부전지들이나 쪽지들을 벽이나 화이트보드(white board) 위에 붙이는 것을 요한다. 이 기법은 명목집단기법에서도 또한 사용될 수 있다. 부전지상에 아이디어를 기입하는 것은 전통적 방법보다 약간 더 많은 시간이 걸릴 수 있지만, 차후의 단계들에서 아이디어들을 손쉽게 처리할 수 있는 장점을 갖고 있다.

전자 브레인스토밍

전자 브레인스토밍(electronic brainstorming)의 기법이 집단들 내에서의 전통적인 브레인스토밍의 한계점들을 극복하기 위해 개발되어 왔다. 전통적인 언어적 브레인스토밍은 아이디어의 산출을 억제하거나 방해하는 요인들에 의해 제약받고 있다. 그것들은 평가염려, 무임승차 및 억제적 절차들이다. 평가염려(evaluation apprehension)는 사람들이 자신의 아이디어 제시에 대해 비평적으로 평가당하는 것을 두려워하기 때문에 아이디어의 제시를 꺼려하는 현상을 일컫는다. 평가염려는 사람들이 관찰받거나, 평가받거나, 전문가들이 있다는 말을 들었을 때에 강화되기 쉽다. 그들이 혼자 작업하고, 여러 사람들에게 자신의 아이디어를 제시할 필요가 없는 상황들에서, 그들은 평가염려를 더 적게 가질 것이다. 무임승차(free riding)는 사회적 빈둥거림(social loafing)과 동일한 행동으로서, 사람들이 집단 속에서 작업할 때에 타인들의 작업에 편승해서 열심히 일하지 않는 현상을 일컫는다. 무임승차는 집단에 대한 개인적 기여가 보수를 받지 못할 때에 일어나기 쉽다.

일반적인 언어적 브레인스토밍에서, 절차상의 하나의 억제요인이 있다. 그것은 한 번에 단 한 사람만이 아이디어를 말할 수 있는 것이다. 이것은 아이디어의 산출을 막고 멤버들의 사용가능한 생산시간을 제한한다. 그 결과로, 집단멤버들은 타인들의 말을 듣고 있기 때문에 자신이 말하고 싶어하는 바를 잊어버린다. 또한 그들은 자신이 말하고 싶어하는 바를 마음 속으로 연습하고 있기 때문에 다른 멤버들의 아이디어를 등한시하기 쉽다. 더 나아가서, 그들은 자신의 부가적인 아이디어의 제시를 유보할 수 있다.

전자 브레인스토밍방법은 일반적인 언어적 브레인스토밍에서의 생산방해문제를 극복하기 위해 개발된 것이다. 이 방법에서, 집단멤버들은 컴퓨터상에 그들의 제안들을 동시에 제시하고, 제시된 아이디어들은 다른 멤버들의 컴퓨터스크린상에 배포된다. 비록 집단멤버들이 서로 이야기하지 않을지라도, 그들은 계속해서 상호의 아이디어들에 기초하고 그것들을 종합할 수 있다. 전자 브레인스토밍에서, 멤버들은 자신의 아이디어를 익명적으로 그리고 원할 때에는 언제나 입력할 수 있다. 이것은 아이디어 제시에 있어서 타인들을 기다리는 것과 부정적 평가의 두려움에 기인된 제시의 억제를 감소시켜 준다.

전자 브레인스토밍 동안에, 대면집단 속에서 작업하는 멤버들은 전형적으로 U자 형태로 배치된 테이블 주위에 앉는다. 각 멤버는 하나의 컴퓨터터미널을 갖고 있으며, 이것은 모든 다른 컴퓨터터미널들과 하나의 모니터와 연결되어 있다. 소프트웨어 프로그램은 멤버들에게 머릿 속에 아이디어가 떠오를 때에 그것을 익명적으로 입력시키고 다른 멤버들이 입력시킨 아이디어들에 접근할 수 있게끔 해준다. 집단과 보조를 맞추기 위해, 멤버들의 훌륭한 키보딩기술이 필수적이다.

전자 브레인스토밍에 관한 한 실험연구는 이 방법이 언어적 브레인스토밍과 타인들과 상호작용하지 않았던 집단들보다 더 많은 아이디어를 내놓는다는 것을 발견했다.[9] 또한 e-메일을 사용해서 집단멤버들이 서로 직접 대면하지 않았을 때에, 그들은 창의성과제에 대해 더 많이 주의집중하고 상호작용의 대인관계적 측면들에 더 적게 주의집중할 수 있다.[10] 하지만, 전자 브레인스토밍을 위한 시설을 만드는 데에 경비가 들 수 있다.

제시된 해결책들의 분석과 평가

유사성화

브레인스토밍에서 얻어진 많은 아이디어들은 그 의미와 표현의 면에서 매우 다양하고, 따라서 그것들을 직접 사용하기가 곤란하다. 다양한 아이디어들을 종합하고 조직화시키기 위해서, 유사한 아이디어들을 범주들로 분류하는 것이 조직의 문제들을 해결하는 집단의 능력을 향상시킬 수 있다. 유사성화(affinitizing)의 절차는 매우 간단하다. 카드들이나 부전지들 위에 기록된 아이디어들에 대해 집단멤버들은 아래의 단계들을 실시한다. 여기에서는 설명의 편의상 주로 부전지들을 사용한 유사성화를 제시한다.

① 카드들을 탁자 위에 펼쳐 놓거나, 부전지들을 백보드나 벽 위에 붙여서, 각각의 아이디어들을 볼 수 있게끔 만든다.
② 집단멤버들이 서로 이야기하지 않으면서, 유사한 아이디어들을 그룹 속으로 이동시킴으로써 범주화시킨다.
③ 그룹들 속으로의 이동이 느려지게 되면, 집단 멤버들은 분류된 아이디어들을 토의하고 명료화시키고 수정한다.
④ 부전지들의 각 그룹에 대한 의미를 가장 잘 나타내 주는 제목을 브레인스토밍한다. 집단멤버들이 제목들에 대해 동의할 때, 부전지들 위에 제목이나 그 번호를 기입한다. 이러한 절차에 따르면, 20개 내지 30개의 관리가 곤란한 아이디어들이 3개 내지 8개의 아이디어들의 그룹들로 정리되게 된다.

아이디어들의 평가와 선정

언어진 아이디어들을 유사성화를 통해 분류했다고 해서, 작업이 끝난 것이 아니다. 분류된 아이디어들이 문제해결에 어느 정도로 효과적인지를 평가하고, 가장 효과적인 것을 선정하는 작업이 필요하다. 이것을 실행하기 위한 두 가지 방법이 있는데, 그것은 다수투표(multivoting)와 우선순위화 행렬(prioritization matrix)의 방법들이다.

다수투표의 방법은 아이디어들의 평가에 대해 적용되는 기준들이 한두 개로서 단순할 때에(예컨대, 문제해결의 효과성과 최소의 시간 소요) 사용된다. 그 절차는 아래와 같다.

① 유사성화 과정에서 나타난 범주들을 사용한다.
② 각각의 아이디어나 범주에 대해 번호(즉, 숫자)를 부여한다.

③ 아이디어들이나 범주들의 전체 숫자를 3으로 나눈다. 반올림을 사용해서 소수점 이하는 사용하지 않는다. 예컨대, 13개의 아이디어는 4개가 된다. 각 멤버는 평가기준들을 참고해서 가장 선호하는 4개의 아이디어들을 선택한다.

④ 집단멤버들이 선택한 아이디어들을 종합한다. 선택된 아이디어의 번호 위에 선택한 멤버들의 성명을 기록한다. 각 아이디어를 선택한 멤버들의 숫자는 멤버들의 선호도를 나타낸다. 최대의 숫자를 가진 아이디어가 선정된다. 동점인 아이디어들에 대해, 멤버들이 재투표할 수 있다.

우선순위화 행렬은 몇 개의 아이디어들을 다수의 준거들상에서 평가할 때에 사용되는 기법이다. 최상의 평가점수를 받은 아이디어가 선정될 수 있을 것이다. 예컨대, 어떤 업무팀에서 재고품관리의 문제로 큰 지장을 받아 왔다고 하자. 이 팀은 이 문제를 해결하기 위해 브레인스토밍을 실시했고, 그 결과로 몇 개의 대안적 해결책을 아래와 같이 제시했다.

- 관리인원의 증원
- 창고 임대
- 창고 증축
- 바코드시스템의 도입
- 물품 출납보고서 작성

이 업무팀은 이러한 아이디어들 중에서 어떤 것을 선택할 것인가? 최선의 결정을 행하기 위해, 고려할 몇 가지 준거 또는 우선순위화 준거가 또한 있다. 그것들은 아래와 같다.

- 비용
- 문제개선 가능성
- 해결 소요시간
- 실행 용이성
- 관리측의 승인

우선순위화의 해결단계들은 아래와 같다.

① 다수의 아이디어들이나 해결책을 평가하기 위해 사용할 준거들을 팀멤버들이 브레인스토밍한다. 이 예에서 이것들은 위에서 제시된 5개이다.

② 그 다음에, 해결책들을 여러 준거상에서 평가하기 위한 가로와 세로로 구성된 격자나 표를 만든다. 종이 위에서 종축에는 5개의 해결책들을 순서대로 기입하고, 횡축에는 5개의 준거들을 순서대로 기입한다. 따라서, 각각의 해결책이 5개의 준거들상에서 평가될 수 있는 표가 작성되게 된다.

③ 해결책들을 준거들상에서 평가하기 위해, 5점 척도를 사용한다. 여기에서 5점은 가장 높은 평가점수를 나타내고 1점은 가장 낮은 평가점수를 나타낸다. 준거들의 중요성에 대해 비중을 부여할 수도 있다. 예컨대, 다른 준거들보다 비용이 가장 중요하다면, 멤버들의 합의에 따라 이것에 대해 1.5나 2와 같은 비중을 부여할 수 있다.

④ 집단멤버들이 한 자리에 모여서, 각각의 해결책을 각각의 준거상에서 평가한다. 평가의 일치를 위해 타협할 수 있다. 평가준거를 사용하는 데에 정보가 부족할 경우가 있는데, 이 때에는 추가적 정보를 얻기 위해 평가를 연기할 수도 있다. 예컨대, 각각의 해결책의 실행을 위해 사용될 비용의 계산을 위해 추가적 시간이 필요할 수 있다.

⑤ 각 해결책에 대해 횡축, 즉 준거들상의 점수들을 합계한다. 가장 큰 점수를 받은 해결책이 우선적으로 선정될 수 있지만, 집단멤버들의 토의를 요한다.

집단 문제해결과정에서의 이슈들

집단 문제해결과 의사결정은 문제들의 해결곤란성, 집단멤버들의 상이한 개성들, 의견들 및 선호들, 관리자나 리더의 저항, 시간 부족 등의 여러 방해요인들에 의해 영향받고, 따라서 대개 논리적이거나 기계적으로 진행되지는 않는다. 우리는 몇 가지 이슈들과 이것들을 극복하기 위한 전략들을 제시한다.

시간 부족

모든 성공적인 과업수행들처럼, 성공적 집단 문제해결은 많은 시간과 노력을 요한다. 집단 문제해결은 집단회의의 목표를 명료화하고, 집단을 소집하고, 회의규칙을 정하고, 정보와 의견을 공유하고, 창의적이고 합의적인 활동들을 위한 충분한 시간이 있을 때에 비로소 성공을 거둘 수 있다. 해결될 필요가 있는 중요한 문제가 있을 때, 해결에 관여된 사람들이 사려성 있고 혁신적인 해결책을 내놓는 데에 필요한 시간을 보장해야만 된다. 만일 충분한 시간이 없다면, 조급함 때문에 몇 개의 단계를 생략하기보다 단계들을 신속하게 통과해 가는 것이 좋다. 성공적 문제해결을 위한 시간이 매우 부족할 경우에, 추가적인 시간을 확보하도록 협상하는 것이 필요할 것이다.

집단 문제해결에 대한 저항

집단적으로, 특히 합의에 의해 문제를 해결하는 것에 대해 모든 사람들이 환영하지는 않는다. 직권에 의해 타인들과 상의함이 없이 신속하게 의사결정을 행하는 데에 습관화되어 있는 관리자들은 독단적 방식에서 집단적 방식으로 바꾸는 것을 곤란하게 여길 것이다. 어떤 관리자들은 집단 속에서 자신이 훌륭한 해결책을 내놓지 못하는 것에 대해 무능성이나 허약성을 노출한 것으로 인해 기분이 상할 수도 있다. 또한 어떤 관리자들은 집단이 과정을 완수하는 것을 오래 기다려야만 되는 것에 대해 좌절을 느낄 수도 있다. 이러한 문제를 해결하기 위해, 집단이 장차 사용할 집단 문제해결방법이나 진행방법에 대해 공개토의를 갖고 합의하는 것이 필요할 것이다.

의견불일치의 관리

집단 의사결정과정에서, 집단멤버들이 상이한 견해와 선호가 자연히 표출되게 된다. 이러한 것은 각각의 멤버가 타당한 논점들을 갖고 있고 집단사고를 방지하기 때문에 문제해결에 대해 반드시 유해한 것은 아니다. 문제는 집단멤버들의 의사결정과정이 혼란되지 않고 부동의자들이 입을 다물지 않게끔 의결불일치를 효과적으로 관리하는 것이다. 의사결정에 대한 의견불일치들이나 갈등들은 부동의자들이 자신의 부동의나 의문을 자유롭게 표현하고, 그것들을 논쟁적이기보다 협력적으로 표현할 때에 긍정적 팀실적을 낳았다[11](또한 3장의 갈등해결기법들을 참조하라).

자기옹호적 태도

집단 의사결정과정에서 두 개의 상반된 접근이 나타난다. 탐구적(inquiry) 접근은 최선의 해결책을 찾으려는 태도로서, 다수의 해결책들을 제시하고 아이디어들의 교환을 고무시키고 해결책들을 숙고하는 것을 일컫는다. 하지만, 대부분의 사람들이 열린 마음을 가진 탐구적 접근을 취하지는 않는다. 어떤 사람들은 자기주장적이거나 자기옹호적(advocacy) 접근을 취한다. 자기옹호적 접근에서, 사람들은 의사결정에 대해 이기고 경쟁하려는 태도를 갖고 자기 몫을 챙기는 데에 열을 올린다. 예컨대, 어떤 집단멤버는 최대로 자기의 임무에 필요한 예산을 쟁취하려고 들고, 자기의 예산이 충분하다는 정보와 같은 집단에게 중요한 정보를 숨기려고 든다.

의견불일치들에 대해 자기옹호적 접근을 취하게 되면, 집단은 분열되고 적대적으로 되는 경향이 있다. 멤버들 간에 성격적 갈등들이 생기게 되고, 서로 편협된 사람들이라고 비난할 수 있다. 갈등해결방법들이 자기옹호적 접근을 극복하는 것을 돕는 데에 유용할 수 있다. 갈등해결의 일부분으로서, 집단의 리더는 모든 멤버들이 자신의 견해가 충분하게 고려받고 있다고 느끼게끔 만들어야만 된다.

업무수행스타일의 차이

문제해결에 대한 접근에 있어서, 논리적 유형(즉, 좌뇌형)과 창의적 유형(즉, 우뇌형)이 구분될 수 있다.[12] 집단 문제해결상황에서, 어떤 사람들은 천성적으로 너무 분석적이고 어떤 사람들은 천성적으로 너무 통찰적이어서 이들은 서로에 대해서 큰 좌절감을 갖는다. 조직화된 사고방식을 가진 논리적 유형의 사람들은 쉽게 자제력을 잃거나 타인들의 활동을 재촉하는 것을 싫어할 수 있다. 이들은 집단 브레인스토밍에서 나타나는 자유분방한 분위기에 대해서 불편함을 느낄 수 있다. 이와 반대로, 매우 분별력 있거나 통찰력 있는 창의적 유형의 사람들은 집단멤버들과의 토의가 없이도 신속하게 해결책을 내놓을 능력을 갖고 있다. 이들은 집단 문제해결과 같이 시간소모적인 과정을 싫어할 수 있다. 이와 같은 업무스타일의 차이들에 기인된 관계적 문제들을 해결하기 위해, 각 유형의 장점들을 유익하게 활용하는 것이 유익하다. 예컨대, 분석적 유형의 멤버들에게는 회의의 진행이나 시간을 지키는 것과 같이, 조직적으로 집단활동을 수행하는 일을 맡길 수 있다. 창의적 유형의 멤버들에게는 그들의 신속한 판단력을 활용하게끔 토의에서 간과되어 온 점들이나 새로운 아이디어를 제시하게끔 요청할 수 있다.

기립회의(stand-up meeting)의 활용

집단 문제해결과 의사결정은 집단멤버들이 좌석에 앉아서 회의를 하는 것보다 서서 회의를 하는 것으로 촉진되거나 향상될 수 있다. 기본적 아이디어는 집단 문제해결시에 서 있는 멤버들이 앉아 있는 멤버들보다 더 기민하게 되기 쉽고 더 신속하게 결정을 내릴 것이라는 것이다. 어떤 사람들은 서 있을 때에 더 잘 생각해 내고, 따라서 문제를 더 잘 해결할 수 있다. 또한 오랫 동안 서 있으려고 드는 사람들이 적으므로, 사람들은 서 있는 동안에 신속하게 어떤 결정에 도달할 것이다.

기립회의를 사용하는 집단리더들은 의사결정의 질의 측면에서 기립회의의 방법의 사용에 대해 만족하고 있다. 한 연구는 다수의 참가자들을 사용해서 5인 집단들을 만들고 이들을 서서 하는 회의집단들과 앉아서 하는 회의집단들로 나누었다.[13] 각 집단들에게 집단의사결정의 과제가 부여되었다. 두 집단의 회의결과들의 비교는 기립회의(stand-up meeting)가 착석회의(sit-down meeting)보다 약 34% 더 짧은 시간 동안에 의사결정에 도달했으며, 두 집단이 거의 동일한 질의 의사결정을 내렸다는 것을 보였다. 하지만 착석집단들이 기립집단들보다 더 많은 제안을 제시했고 회의에 대해 더 많이 만족했다. 이 연구에서 나온 하나의 함의는 사람들의 의사결정의 질을 희생시킴이 없이, 서 있는 동안에 더 신속하게 의사결정을 행한다는 것이다. 집단의사결정이 30분 이하 동안에 이루어질 수 있는 것일 때에, 기립회의가 효과적일 수 있다.

집단 의사결정을 위한 e-메일과 그룹웨어(groupware)의 활용

조직들에서 많은 팀들이 존재하는 것은 사람들이 집단적으로 일해야만 된다는 것을 의미하며, 집단적 작업들은 대개 회의를 요한다. 하지만, 회의가 너무 많으면, 시간낭비가 심해서 개인적 업무수행이 크게 지장을 받게 될 수 있다. e-메일과 그룹웨어의 적절한 활용은 집단멤버들 간의 상호작용과 집단 의사결정을 촉진시키는 동시에, 회의의 횟수를 감소시킬 수 있다.

회의 촉진을 위한 e-메일의 활용

통상적 회의에서는 집단멤버들이 회의에 참석하고 유인물을 돌리는 것이 하나의 관례이다. 하지만, e-메일을 활용하면, 멤버들은 이러한 관례가 없이 서로 중요한 정보를 제공할 수 있다. e-메일을 활용하면, 많은 세부사항들이 회의 전에 검토될 수 있으며, 회의 동안에는 주된 항목들만을 중점적으로 처리할 수 있다. e-메일을 통해 전달되는 정보들은 간단한 메모들과 첨부물들로서 워드프로세스 문서들과 사진들을 포함하는 복잡한 표현이나 그림들이다. 집단멤버들이 회의 전에 필요한 정보를 서로 전달하고 검토할 수 있기 때문에, 집단은 회의시간을 상당히 줄일 수 있으며, 심지어 집단회의의 필요성이 제거될 수도 있다. 하지만, e-메일의 과도한 사용은 집단멤버들의 인간적 만남과 상호작용을 막음으로써 오히려 집단 의사결정과 팀워크를 억제시킬 수도 있다.

집단 문제해결의 촉진을 위한 그룹웨어의 활용

위에서 기술된 e-메일의 활용은 이것이 집단들(groups) 속에서의 작업을 촉진시키기 위해 사용되었기 때문에 그룹웨어(groupware)의 일부분으로 간주될 수 있다. 전자 브레인스토밍도 또한 집단 의사결정을 위해 소프트웨어가 활용되고 있기 때문에 그룹웨어에 의지하고 있는 것이다.

그룹웨어의 다른 예는 공유된 백보드(shared whiteboard)이다. 이것은 두 명 이상의 사람들이 원거리에서 공유된 그림그리기 표면상에서 보고 그리는 것을 허용한다. 전형적인 공유된 백보드는 사람들 간의 비공식적 대화를 위해 고안되었지만, 그래픽디자인(graphic design)과 제조문제를 해결하는 것과 같은 더 기술적인 응용들을 제공할 수 있다. 집단멤버들에 의해 제시된 여러 그림들이나 기존의 그림에 대한 수정들이 텔레포인터(telepointers)에 의해 나타내지는데, 후자는 각 사람을 확인하기 위해 색깔이 표시된 것이다.

그룹웨어는 단일한 컴퓨터사용자를 위한 시스템보다 몇 가지 장점을 제공한다. 이것은 신속하고 명료한 의사소통을 촉진시키고, 재택근무를 가능하게끔 만들고, 여행비용을 줄이고, 다수의 관점들과 전문성을 함께 모으고, 대면하기 곤란한 다수의 공통 관심을 가진 집단들을 모으고, 집단 문제해결을 촉진시킨다. 하지만, 그룹웨어의 이러한 잠재적 응용성과 이점들에도 불구하고, 이 시스템에 관련된 모든 당사자들이 성공적으로 소프트웨어를 사용해야만 된다는 한계점을 갖고 있다.

창의성 향상

조직들과 개인들을 성공적으로 만드는 하나의 관건적 요인은 창의성과 혁신이다.[14] 값싼 흙은 그것이 벽돌로 만들어질 때에 더 비싼 물건이 되고, 도자기로 만들어질 때에는 훨씬 더 비싼 물건이 된다. 우리가 사물들을 다른 시각에서 볼 때, 전통적인 타성에서 벗어나서 새로운 해결책들과 새로운 문제들을 발견한다. 오늘날과 같이 급변하고 국제적으로 경쟁하는 시대에서, 창의적 문제해결은 조직들과 개인들을 성공적으로 만들 수 있는 가능성을 증가시킨다. 창의성은 어떤 새로운 아이디어를 창출하는 능력으로 정의된다.[15] 일반적으로, 창의성은 연령의 증가에 따라 감소되는데, 그 이유로서 사람들이 나이 먹음에 따라 여러 규칙들을 배우게 되어서 마침내 틀에 박힌 사고를 하게 되고, 결과적으로 창의성이 줄어들게 된다고 주장되고 있다.

창의성 향상전략

문제들을 창의적으로 해결하기 위해서, 우리는 수렴적 사고(convergent thinking)와 확산적 사고(divergent thinking)가 필요하다. 수렴적 사고는 어떤 문제로부터 시작하고 정답을 향해 이동하는 것이다. 대부분의 사람들은 수렴적 사고방식을 사용한다. 만일 당신이 집으로 돌아와서 집안에서 불쾌한 냄새가 난다는 것을 알았다면, 당신은 쓰레기통을 살펴보고, 수채통을 살펴보고, 화장실을 살펴볼 것이다. 마침내, 당신은 불쾌한 냄새의 원인을 알아내고 문제를 해결하게 될 것이다. 확산적 사고는 문제해결에 대해 다른 접근을 취한다. 이것은 어떤 문제를 보는 새로운 방식들을 찾고 문제에 대한 새로운 해결책들을 알아내는 것을 포함한다.

만일 당신이 근무하는 가게에서 물건들을 훔쳐가는 것이 증가되어 왔다고 하자. 이 문제에 대한 통상적 접근은 지금까지 가게들에서 도난을 방지하기 위해 사용된 방법들을 사용하는 것이다. 그것들은 가게 안에 비디오 카메라를 설치하고, 도난을 예방하기 위한 도난 경고문구를 부착하고, 물건에다가 도난방지용 딱지를 붙이는 것을 포함할 것이다. 이 문제에 대한 확산적 사고는 문제해결을 위한 사고전환들을 사용하는 것을 포함하며, 그것들 중의 하나는 비유를 사용하는 것이다. 사람들이 가게에서 물건을 훔쳐가지 못하게끔 만드는 것은 다음과 비슷할 것이다.

- 사람들이 무단 도로횡단을 하지 못하게끔 만드는 것
- 집안의 꿀단지에 자녀들이 다가가지 못하게끔 만드는 것
- 캠핑에서 보관중인 음식에 벌레들이 다가가지 못하게끔 만드는 것

위와 같은 비유문제들에 대해 여러 가지 해답을 찾아낸다. 예컨대, 무단 도로횡단의 문제에 대한 해답들은 경고표지판을 설치하는 것, 경찰관을 배치하는 것, 위반딱지를 발부하는 것, 물리적 장애물을 설치하는 것 등을 포함할 것이다. 마지막으로, 비유문제들에 대해 생각해 낸 해답들을 사람들이 가게에서 물건을 훔치는 것을 막는 문제로 전이시킨다.

문제들을 창의적으로 해결하기 위해서 수렴적 사고와 확산적 사고의 적절한 사용 이외에, 창의적 문제해결에서 밟아야 될 4개의 단계가 있다는 것을 알아야

된다.

창의적 문제해결의 4개의 단계는 아래와 같다.[16]

① 준비단계(preparation stage): 관련된 정보를 수집하고, 문제를 정의하고, 대안적 해결책들을 내놓고, 가용한 모든 정보를 검토한다.

② 부화단계(incubation stage): 문제에 대한 해결책을 알아내는 데에 있어서 무관련한 사고들을 종합하는 단계로서, 대부분이 하의식적으로 진행된다.

③ 조명단계(illumination stage): 통찰이 인식되고, 어떤 창의적 해결책이 분명해질 때이다. 이것은 “아하” 단계(Aha! stage)라고도 일컬어진다.

④ 검증단계(verification stage): 이 단계에서 아이디어가 실행될 수 있는지를 몇 개의 기준에 비추어 평가하고 검증한다. 현실의 제약들하에서 아이디어의 실행가능성을 검토해 보거나, 아이디어에 대한 타인들의 의견이나 판단을 구하거나, 실제로 아이디어의 실현가능성을 예비 테스트해 본다.

새로운 아이디어를 창출하기 위한 몇 가지 방법들

사람들 간에 창의적으로 사고하는 능력에서 차이가 있다. 어떤 사람들은 천성적으로 창의성이 있거나 창의적 사고방법을 발전시켜 왔다. 다른 사람들은 천성적으로 창의성이 부족하거나 창의적 사고기술을 발전시켜 오지 못했다. 모든 사람들이 창의적 사고의 기법들을 사용함으로써 이익을 얻을 수 있다. 그러한 기법들은 사고의 폭을 넓이는 것, 즉 확산적 사고방식을 포함한다. 새로운 아이디어를 내놓는 데 대해 도움이 되는 몇 가지 방법이 있다.

부분변화(part changing) 방법

이것은 변화가능한 부분들이나 속성들을 검토하는 것을 포함한다. 탁상용 컴퓨터에서 더 가볍고 더 이동가능한 속성들을 변화시켜서 휴대용 컴퓨터가 나타났다. 어떤 제품이나 서비스를 개선하기를 원할 경우에, 부분들이나 속성들을 열거하고, 그것들을 변화시키거나 개선시킬 수 있는 방법들을 찾는다. 이러한 과업들에 대해 브레인스토밍의 사용이 효과적일 것이다.

바둑판식(checkerboard) 검토방법

열거된 부분들이나 속성들을 종이 위에 횡축과 종축으로 바둑판 그림과 같이 나열해서, 그것들 간의 조합들이나 상호작용들을 검토한다. 부분들이나 속성들의 강제적 조합들을 고려해 봄으로써 새로운 아이디어가 나타날 수 있다. 예컨대, 사무실에서 프린터, 스캐너, 팩스 및 복사기의 기능들을 수행하는 기계를 만들면 어떠할 것인지를 검토해 본다.

점검목록(checklist) 방법

모든 변화가능하거나 개선가능한 것들을 빠뜨리거나 잊어먹는 것을 방지하기 위해서 점검목록을 상세하게 작성한다. 모든 가능성들이 고려되는 것을 보장하기 위해 질문형식의 점검목록을 작성할 수 있다.

- 이것은 다른 용도로 사용될 수 있는가?
- 이것 대신에 무엇이 사용될 수 있는가?
- 이것과 비슷한 다른 것은 무엇인가?
- 이것은 새로운 용도로 사용되거나 수정될 수 있는가?
- 이것이 더 크거나, 길거나, 두껍거나, 무겁거나, 강하다면 어떠할 것인가?
- 이것이 더 작거나, 짧거나, 얇거나, 가볍거나, 약하다면 어떠할 것인가?
- 이것은 재배열되거나 거꾸로 배열될 수 있는가?

비유(analogy) 방법

어떤 문제를 해결하거나 새로운 아이디어를 내놓기 위해 비슷한 사물을 고려하는 것이 도움이 될 수 있다. 비유방법에서, “유사한” 작동들을 수행하는 다른 제품들, 사람들, 동물들 또는 사회기관들을 고려한다. 가게에서의 도난방지를 위해 비유방법을 사용한 것이 이미 앞에서 기술된 바 있다. 다른 예로서, 한 화장품 제조업자가 립스틱 케이스의 변색을 막기 위해 변색되지 않는 총기들에서 아이디어를 구해서, 성공적으로 변색을 방지한 것을 들 수 있다.[17]

창의성 향상에 대한 경영측의 지원

조직들에서 창의적 아이디어들을 내놓고 실현시키는 것은 구성원들의 개인적 노력만으로 성취되지는 않는다. 개개 구성원들이 창의적 해결책을 내놓기 위해 앞에서 제시된 부분변화 방법, 비유방법 등을 배우고 연습하는 것으로 목표가 성취되지는 않는다. 조직들에서의 창의성 향상은 조직의 긍정적 풍토와 직접적 지원을 필요로 한다. 조직풍토에 있어서, 창의적 아이디어들을 죽이는 태도들이 있으며, 이것들은 아이디어 킬러들(idea killers)이라고 일컬어진다.[18] 아이디어 킬러들은 다음과 같은 조직 내의 태도들이나 진술들 속에서 표출되고 있다.

- 우리는 이것을 이전에 시도한 바 있다.
- 이것은 비용이 너무 많이 들 것이다.
- 이것은 내가 할 일이 아니다.
- 이것은 우리가 여기에서 업무를 수행하는 방식이 아니다.
- 당신의 생각이 옳을 수도 있다. 하지만……
- 이것은 결코 잘 되지 않을 것이다.
- 당신은 이것을 여기에서 할 수는 없다.
- 우리의 고객들은 결코 이것을 가지려고 들지 않을 것이다.
- 이것은 좋기는 하다.
- 만일 고장나지 않았다면, 고치려고 들지 마라.

창의적 제안들이나 아이디어들이 아이디어 컬러들에 당면하게 될 때, 창의성은 죽게 된다. 이러한 진술들은 관례나 규칙을 깨는 모든 아이디어가 수용되지 못할 것이라는 메시지를 보낸다. 이러한 부정적 진술을 듣는 사람들은 타인들의 거부와 조소를 피하기 위해 입을 다물게 되는 것을 배운다.

조직풍토에 있어서, 창의적 아이디어를 고무시키고 자극시키는 태도들이나 진술들이 있다. 이것들은 아이디어 글로우어들(idea growers)이라고 일컬어진다. 아이디어 글로우어들은 타인의 아이디어에 대해 귀를 기울이고 계속적 토의를 환영한다는 것을 보여 주며, 다음과 같은 질문들 속에서 표출되고 있다.

- 우리는 이것을 어떻게 개선할 수 있는가?
- 이 제안은 이전에 나왔던 아이디어에 어떻게 기초될 수 있는가?
- 우리가 빠뜨려 온 것은 무엇인가?
- 만일 이것을 한다면, 무엇이 일어날 것인가?
- 어떤 사람이 제안거리를 갖고 있는가?
- 나는 이것에 관해 많이 알지 못합니다. 당신은 어떻습니까?
- 우리는 얼마나 많은 방법들을 사용할 수 있겠습니까?
- 한 가지 질문을 해도 좋겠습니까?

아이디어 글로우어들은 창의적 문제해결에 초점을 두는 대화를 계속하게끔 도우며, 더 많은 창의적 아이디어를 자극시킨다. 어떤 멤버가 당신이 잘못된 아이디어라고 여기는 어떤 아이디어를 갖고 와서 당신에게 말한다면, 당신은 어떻게 반응할 것인가? 당신은 그 사람의 아이디어에 대한 우려를 전달하면서, 그 사람이 계속 그 아이디어를 발전시키게끔 피드백을 제공해 줄 수 있다. 사람들의 창의성을 살려 주는 반응방법들을 PPC기법이라고 일컫는다. PPC는 긍정성(positives), 가능성(possibilities) 및 우려(concerns)를 나타낸다.[19] 긍정성은 어떤 멤버의 제안이나 아이디어에 대한 호감을 표현하는 것을 포함한다(예: "나는 이 문제에 대한 당신의 관심을 좋아합니다"). 가능성은 어떤 멤버의 제안이나 아이디어의 잠재적인 성공적 결과에 관한 고무를 포함한다(예: "나는 우리팀의 매장에 관한 당신의 아이디어가 전체 매장에 적용될 수 있겠다고 생각됩니다"). 우려는 어떤 멤버의 제안이나 아이디어에 대한 문제점이나 의문점에 관한 지적을 포함한다(예: "나는 당신의 아이디어 중에서 이런 점을 어떻게 해결할지에 대해 확신을 갖지 못합니다. 당신은 이것을 어떻게 해결할 수 있다고 생각합니까?").

창의적 조직풍토를 만드는 일환으로서, 조직들은 조직의 공간 내에 창의적 사고를 위한 방을 마련하고 그 명칭을 "혁신실"(innovation chamber)이라고 명명할 수 있다.[20] 조직들에서의 대부분의 사고가 논리적이고 이성적인 성질의 것이므로, 통상적 근무의 물리적 환경 속에서는 창의적 사고가 지장받을 수 있다. 이러한 문제점을 개선하기 위해, 혁신실은 자유로운 분위기를 나타내게끔 실내장식을 하고, 필기도구들과 백보드들을 준비하고, 창의성을 고무시키는 공간 사용규칙들을 게시한다.

요 약

조직들에서의 하나의 중요한 관계적 측면은 집단들이나 팀들이 많은 중요한 문제를 해결하고 있다는 것이다. 집단 문제해결과 의사결정에 있어서 흔히 이성적 모형이나 정치적 모형이 사용된다. 조직문제들은 운영과정과 성과의 측면에서 구분될 수 있다. 일반적 문제해결집단들은 집단 문제해결을 위한 표준적 단계들을 따를 때에 더 좋은 결정에 도달하기 쉽다. 그것들은 문제의 확인, 원인분석, 대안적 해결책들의 탐색, 대안들의 선정, 실행계획의 작성, 계약의 명료화, 활동계획의 발전 및 평가와 책임부여이다.

활동계획은 실행되게 될 해결책의 성질에 따라 간단하거나 복잡할 수 있다. 목표들을 진술하고 목표달성에 필요한 특수한 과업들이나 활동들을 설정하는 데에 나무그림이 도움이 된다.

조직의 문제들에 대해 다수의 대안적 해결책을 찾고 있을 때, 브레인스토밍이 흔히 사용된다. 브레인스토밍의 성공적 실시를 위한 몇 개의 규칙들이 사용된다. 브레인스토밍의 문제점들을 극복하기 위해 순서적 브레인스토밍, 명목집단기법 및 부전지 브레인스토밍이 사용된다.

전통적인 브레인스토밍의 한계점들을 극복하기 위해 전자 브레인스토밍이 개발되어 왔다. 브레인스토밍에서 얻어진 해결책들의 분석과 평가가 실시된다. 얻어진 해결책들을 분류하기 위해 유사성화 과정이 사용되고, 해결책들에 대한 평가결과에 따라 우선순위가 결정된다.

집단 문제해결과정에서 나타나는 몇 가지 문제들이나 이슈들이 있다. 그것들은 문제해결을 위한 시간부족, 집단 문제해결에 대한 저항, 의견불일치의 관리, 자기옹호적 태도 및 업무스타일의 차이를 포함한다.

집단 문제해결과 의사결정을 촉진시키기 위해 통상적인 좌석에 앉아서 행하는 회의 대신에, 서서 하는 기립회의가 활용될 수 있다. 집단 의사결정을 위해 컴퓨터를 활용할 수 있는데, 그것들은 회의촉진을 위한 e-메일의 사용과 집단 문제해결을 위한 그룹웨어의 활용을 포함한다.

조직들과 개인들을 성공적으로 만드는 하나의 관건적 요인은 창의성과 혁신이다. 창의성은 수렴적 사고와 확산적 사고를 모두 요한다. 창의적 문제해결은 준비, 부화, 조명 및 검증의 4개의 단계로 진행된다. 새로운 아이디어를 창출하기 위해 도움이 되는 방법들을 부분변화방법, 바둑판식 검토방법, 점검목록방법 및 비유방법을 포함한다.

조직들에서의 창의성 향상을 위해 경영측의 지원이 필요하다. 창의성을 죽이는 조직풍토와 창의성을 살리는 조직풍토의 측면들이 구분될 수 있으며, 경영측은 물리적 환경(예: "혁신실")을 포함한 제도적 지원을 행할 수 있다.

제11장

동기향상

동기는 사람들의 개인생활, 사회생활 및 직업생활에 대해 큰 영향을 준다. 당신 자신은 학교에 다닐 때에 얼마나 열심히 공부했는가? 당신과 처지와 능력이 비슷함에도 불구하고, 당신과 당신의 친구들은 학업에 대해 기울인 노력에서 큰 차이가 있다. 그 결과로, 노력을 많이 기울였던 친구들은 좋은 학교에 진학하고 좋은 직장에 취직해서 성공적인 인생을 살아간다. 이와 반대로, 학창시절에 최선의 노력을 기울이지 못했던 친구들은 직업적으로 성공하지 못하고 개인적으로 침체된 인생을 살아간다. 가정주부들의 경우에서도 이와 마찬가지이다. 주부들 중에서 살림을 알뜰이 하고, 저축에 힘써 온 사람들은 경제적으로 여유 있는 안정된 생활을 하는 반면에, 살림을 알뜰이 하지 않고 저축보다 소비나 낭비를 더 많이 한 사람들은 항상 돈에 쪼들리고 불안정한 생활을 한다. 기본적으로, 주부들의 살림살이나 저축에 대한 동기가 이와 같은 차이를 낳은 것이다.

기업이나 조직에서, 관리자들이나 일반직원들은 자신의 일을 열심히 하거나 태만히 한다. 열심히 일하는 관리자들이나 직원들은 사기가 높고, 근무의 질이 높고, 생산성이 높다. 이와 반대로, 열심히 일하지 않는 관리자들이나 직원들은 사기가 낮고, 근무의 질이 낮고, 생산성이 낮다. 그 결과로, 일에 대한 동기의 높고 낮음의 정도는 개인과 조직의 성취와 성공에 대해 큰 영향을 준다.

개인과 기업뿐만 아니라, 나라의 융성과 발전도 국민들과 지도자들의 동기에 달려 있다. 국민들과 지도자들의 높은 성취동기는 나라의 발전과 직결되어 있다.[1] 국민들의 성취에 대한 사고가 많을수록 그 후에 국가생산성이 증가된다는 연구들이 있다. 이와 같이 개인, 가정, 기업 및 국가의 발전과 생산성에 큰 영향을 주는 동기의 중요성을 고려할 때, 우리는 동기의 원리들을 이해하고 일상생활

도 11-1 동기의 세 요소

동기는 목표를 향한 행동의 활력화, 안내 및 유지를 포함한다.

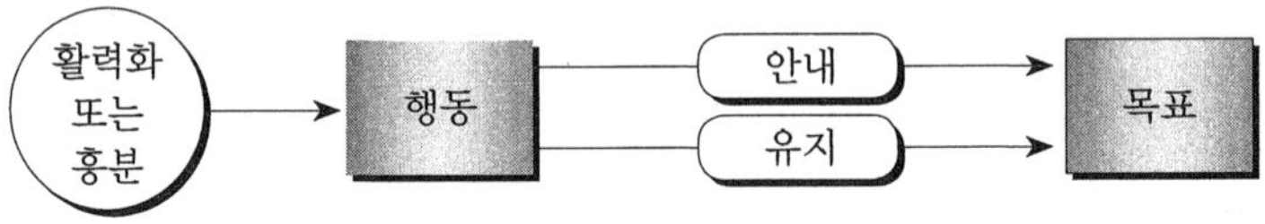

과 조직생활에 이것들을 적용할 필요가 매우 크다.

동기의 주제에 대해서 여러 관점들이 존재하지만,[2] 동기는 목표(goal)를 향한 행동을 활력화시키고, 안내하고, 유지시키는 하나의 내부적 힘이나 과정이라고 정의할 수 있다(도 11-1 참조). 예컨대, 과업의 완수에 대한 동기가 높은 사람은 힘차고 열심히 일하고(활력화), 목표의 달성에 대해 전념하고(안내), 계속 열심히 노력한다(유지).

이 장은 사람들의 동기를 향상시킬 수 있는 방법들에 초점을 둔다. 따라서, 동기에 영향을 줄 수 있는 여러 요인들이 중점적으로 취급된다. 이것들은 개인차들, 보수, 욕구, 목표설정, 피드백 제공, 타인들의 행동관찰 등이다.

개인차들

사람들 사이에 동기의 차이가 분명히 있다. 이러한 차이들이 유전적이거나 생물학적 차이들에 기인될 수도 있지만, 몇 가지 심리적 특성들상의 차이가 동기의 차이에 큰 관련이 있다. 조직들에서의 직무동기에 유의하게 관련된 3개의 개인차요인들이 제시되고 있는데, 이것들은 자기존중, 성취욕구 및 내재동기이다.

자기존중

1장에서 이미 제시된 바와 같이, 자기존중(self-esteem)은 개인이 자기 자신을 훌륭하고 가치 있다고 보는 정도이다. 한 연구자는 일관성이론의 기본 가정에 따라 자기존중과 수행이 일치된다는 가설을 세웠다.[3] 즉, 높은 자기존중을 가진 사람들과 직원들이 더 높은 동기를 갖고 더 높은 수행을 보일 것이다. 연구들은 이러한 가설을 지지했다. 즉, 자기존중과 동기 사이, 자기존중과 수행의 자기평정치 사이 및 자기존중과 실제의 수행 간에 유의한 관계가 발견되었다.[4]

이러한 일관성이론에 대한 지지에 기초해서, 우리는 자기존중을 향상시킴으로써 직원들의 수행을 향상시킬 수 있다는 확신을 갖게 된다. 자기존중의 향상을 위한 3가지 방법이 제시되었는데, 이것들은 자기존중 향상훈련, 성공 경험의 제공 및 감독자의 행동이다.

자기존중 향상훈련

사람들과 직원들의 자기존중을 향상시키기 위해, 훈련프로그램들이 개발되어서 실시되었다. 사람들은 자기 자신의 장점들에 대한 통찰을 제공받는다. 한 자기존중 훈련프로그램에서, 사람들은 긍정적으로 사고하는 방법을 배우고, 이전에 알지 못했던 자기 자신의 긍정적 자질들을 발견하고, 타인들과 함께 자신의 긍정적 자질들을 이야기함으로써 자신의 자기존중을 향상시키고자 한다.[5]

야외의 심신단련을 위한 체험훈련도 또한 자기존중을 향상시키는 다른 접근이다.[6] 이러한 야외훈련들에서, 참가자들은 자신이 성공적이고 도전들을 극복하기에 충분하게 정신적 및 신체적으로 강하다는 것을 배운다. 우리나라에서도, 해병대훈련, 특전사훈련, 특공대훈련, 전국순례 행군훈련, 회사원들의 맹인역할훈련, "가나안 농군학교훈련" 등이 이러한 부류에 속하는 훈련들이라고 간주될 수 있다.

성공경험의 제공

사람들은 믿는 대로 행동하는 경향이 있고, 그 다음에 그 행동은 역으로 믿음을 확증시키고 강화시킨나. 결국, 사람들의 믿음은 스스로 확증받는 셈이다. 이러한 원리는 자기실현적 예언(self-fulfilling prophecy)이라고 일컬어지는데, 이 용어는 사람들 자신의 믿음 또는 예언 대로 실제의 행동이 이루어진다는 것을 뜻한다.

이와 같은 믿음과 행동 사이의 일치의 가정은 일관성이론의 한 확장이라고 볼 수 있다. 이러한 원리는 사람들이 자신의 믿음, 즉 기대와 일치되게끔 수행할 것이라고 시사한다. 만일 어떤 사람이 자신을 지적이라고 믿는다면, 그 사람은 지적 검사들에서 잘 해야만 될 것이고, 만일 자신을 우둔하다고 믿는다면, 그 사람은 지적 검사들에서 열등하게 수행해야만 될 것이다.

이러한 접근에서, 사람들은 매우 쉬워서 거의 확실하게 성공할 수 있는 어떤 과업이나 과제를 제공받는다. 그러면, 그들은 과업에 성공하게 되고, 과업성공이 자기존중이나 성공기대를 향상시키고, 이것들이 수행을 향상시키고, 마침내 수행의 향상에 의해 자기존중이나 성공기대가 더욱 향상되게 될 것이다.

낮은 자기존중을 갖고 있다고 느끼는 사람들은 새로운 경험을 시도함으로써 자기존중을 향상시킬 수 있다. 자기존중의 핵심이 성공경험에 있으므로, 최대의 성공경험을 갖기 위해 단순한 과업에서 시작해서 점차 복잡한 과업 쪽으로 이동하면서 성공경험들을 쌓아가는 전략을 사용한다. 예컨대, 컴퓨터를 사용하는 기술이 전혀 없는 사람은 컴퓨터에서 간단한 게임에서 재미를 붙이고, 간단한 메모를 타이프치고, 출력하는 식으로 성공경험을 확장시켜 나간다. 수영을 못하는 사람은 얕은 물에 들어가서 노는 것, 물장구를 치는 것, 쉬운 수영법을 연습하는 것 등의 순서로 수영에 관련된 기술들에 대한 성공경험을 쌓아가도록 한다.

감독자의 행동

개인에 대해 중요한 사람들, 예컨대 교사나 감독자가 개인의 능력에 대해 확신한다고 느끼게 되면, 개인의 자기존중이 향상되고 이것에 따라 실제의 수행이 향상될 것이다. 이러한 현상은 피그말리온 효과(Pygmalion effect)라고 일컬어지는데, 초등학교의 학급들과 군대들과 같은 다양한 상황에서 증명되어 왔다. 이 효과는 교사들이나 감독자들이 타인에 대해 자신이 생각하거나 믿는 바에 따라 행동하고, 결국 타인은 그들의 생각이나 믿음과 일치되는 행동을 하는 현상을 일컫는다. 이러한 효과는 자기실현적 예언의 현상과 비슷하지만, 이 효과가 자기의 믿음이 자기의 행동으로 입증되는 것과는 달리 타인의 믿음이 개인의 행동으로 입증되는 것이라는 점에서 차이가 있다. 만일 우리가 어떤 사람이 나쁘게 일할 것이라고 생각하거나 기대한다면, 우리는 그 사람에 대해 나쁘게 일하도록 만드는 식으로 행동한다. 그러면, 그 사람은 결국 나쁘게 행동하게 된다. 예컨대, 어떤 감독자가 한 부하직원이 내재적 동기가 적다고 생각한다면, 그 감독자는 부하직원에 대해 간섭적이고 통제적으로 대우하게 되고, 그 결과로 부하직원은 더욱 피동적으로 될 것이다. 이와 반대도 또한 마찬가지일 것이다.

따라서, 교사나 감독자가 타인에 대해 긍정적 기대를 전달하고, 타인이 그러한 기대를 인식하고 자신의 기대와 일치시킬 수 있다면, 타인은 그러한 기대에 일치되는 수행을 보일 것이다.[7] 사람들은 타인에 대해 은연적으로나 명시적으로 자신의 기대를 전달한다. 예컨대, 감독자들은 미묘한 비언어단서들(예: 대화시에 귀를 기울이는 것, 눈썹을 올리는 것)과 외현적 행동들(예: 더 적은 피드백을 제공하는 것, 더 나쁜 사무기기들을 제공하는 것, 더 적은 칭찬의 말을 제공하는 것)을 통해 자신의 기대를 전달한다.[8] 그리고 부하직원들은 그러한 단서들을 신속하게 파악하고 타인들의 기대에 일치되는 식의 행동으로 적응한다.[9]

이와 같은 피그말리온 효과를 활용해서 감독자들에게 자신의 긍정적 기대를 전달하는 것을 훈련시키려는 시도들은 이론적 예상과는 달리 성공을 거두지 못해 왔다.[10] 앞으로, 더 많은 연구가 필요할 것이다.

성취욕구

집단이나 조직 내에서, 사람들의 수행에 영향을 줄 수 있는 두 번째의 개인차요인은 개인의 성취동기이다. 성취동기가 여러 직무행동들에 관련 있다는 사실은 이미 1장에서 지적된 바 있다. 강한 성취욕구를 가진 사람들은 도전적이고 다소의 통제력을 갖고 있는 과업이나 직무를 원하고, 과업이나 직무 자체에 동기화되는 반면에 약한 성취욕구를 가진 사람들은 도전이 거의 포함되지 않고 높은 성공확률을 가진 손쉬운 과업이나 직무를 원한다. 높은 성취욕구를 가진 사람들은 무모한 모험자들이 아니다. 그들은 자신이 성취하기에 과도하거나 과소하게 도전적인 목표가 아니라, 적절하게 도전적인 목표를 설정하는 경향이 있다. 그들은 또한 타인들의 인정을 구하고, 자신의 성취가 남들의 눈에 띄기를 원한다.

내재적 동기

사람들이 과업수행에 대한 동기를 갖고 있을 때 그들의 동기의 원인에서 차이가 있다. 내재적 동기를 가진 사람들은 과업수행 자체를 즐거워하거나 과업의 성공적 완수를 위한 도전을 즐거워한다. 외재적 동기를 가진 사람들은 과업수행

자체보다도 과업수행의 결과들에 주로 관심을 둔다. 이들은 보수들(예: 돈, 타인의 인정)을 받고 부정적 결과들(예: 비난, 낙제)을 피하기 위해 열심히 일하려고 한다.[11]

내재적 동기가 높은 사람들은 과업수행에 있어서 외부적이거나 외재적인 보수들을 필요로 하지 않는다. 사람들이 자신이 즐기는 어떤 활동에 대해 보수를 받게 되면, 내재동기가 오히려 감소될 수도 있다.[12]

보수의 제공

인간의 행동이 보수에 의해 강화될 수 있다는 것이 심리학의 한 일반원리이다. 이러한 이론이나 원리에 의하면, 동기를 포함한 인간의 모든 행동들이 보수에 의해 변화될 수 있다. 실제로, 우리의 많은 사회제도들이 이러한 이론에 기초되고 있다. 조직이나 기업에서, 많은 근무행동들이 보수를 받는 것과 관련되어 있다. 시간 외 근무, 주말 근무, 새로운 제안들, 입사응모자들의 추천, 회사에 장기간 근무하는 것, 출근하는 것, 사고를 저지르지 않는 것, 성공적으로 직무를 수행하는 것 등과 같은 많은 바람직스러운 근무행동들에 대해 보수들이 수반되고 있다.[13]

이와 같은 행동과 보수 사이의 관련성은 조작적 조건 형성의 원리와 기대이론에 의해 설명되고 있는데, 전자는 행동과 보수 사이의 관계, 즉 보수받은 행동이 반복되고 지속되고 보수를 받지 않은 행동이 사라지고 약화되는 것에 대한 자동적이고 기계적인 연결을 강조하는 반면에, 후자는 행동과 보수 사이의 관계에 관한 사고나 정보처리를 강조한다.

조작적 조건형성의 원리

조작적 조건형성(operant conditioning)의 원리는 인간이 좋은 결과들을 낳는 방식으로 행동하는 것을 배우고 좋지 못한 결과들을 낳는 행동을 행하지 않는다는 전제에 기초되어 있다. 따라서, 이 원리에 의하면 조직들에서 사람들은 보수나 강화를 받는 행동을 지속하고 처벌받는 행동을 중지할 것이다. 예컨대, 만일 완수된 작업량에 대해 보수를 받고 작업의 질에 대해 보수를 받지 않는다면, 작업량은 증가될 것이지만 작업의 질은 저하될 것이다. 또한 매일의 출근과 업무수행이 보수받지 못하고 결근과 근무태만이 좋은 결과로 보수받는다면, 전자의 행동들은 약화되고 후자의 행동들이 강화될 것이다. 비록 조작적 조건형성의 기본원리들이 간단할지라도, 보수와 아울러 처벌의 효과는 몇 가지 부가적 요인들에 의해 영향받는다.

결과제공의 시기

행동의 직후에 보수나 처벌이 제공될 경우에, 보수나 처벌의 효과가 크다. 이와 반대로, 행동과 보수나 처벌의 제공 사이의 시간이 너무 길 경우에, 보수나 처벌의 효과는 크게 감소된다. 예컨대, 손님을 친절하게 대한 직원이 감독자로부터 즉각 칭찬을 듣는다면, 직원의 친절한 행동이 강화되고, 따라서 직원은 친절한 행동을 계속할 것이다. 이와 반대로, 손님을 친절하게 대한 행동에 대해 직원이 주목받지 못하거나 일주일이 지난 후에 칭찬을 듣는다면, 직원의 친절한 행동이 강화되지 않고, 따라서 직원은 친절한 행동을 감소시키거나 중지할 것이다.

결과의 연계성

행동에 대한 결과들(보수나 처벌)의 즉각적 제공은 행동과 결과들 사이를 잘 관련시키거나 연계시킨다. 그런 행동에 대한 결과들의 제공이 매우 지연되거나 일관성이 부족할 때에 행동과 결과들 사이의 관련이나 연계가 약화된다. 예컨대, 아이가 부모에게 욕을 할 때에 부모가 즉각 볼기를 때리는 것은 욕을 한 행동과 볼기를 맞는 것 사이의 연계를 강화시키고, 따라서 아이는 차후에 부모에 대해 욕을 하는 행동을 억제할 것이다. 이와 달리, 아이가 부모에게 욕을 했을 때에 부모가 내버려 두었다가 3일 후에 갑자기 볼기를 때릴 경우에, 아이는 욕을 한 행동과 볼기를 맞는 것 사이의 연계를 형성시키지 못하고, 따라서 부모에 대해 욕하는 행동은 계속될 것이다. 우리 사회에서, 이러한 현상들의 한 대표적 예는 공직자들이 뇌물을 받는 문제이다. 위로는 대통령으로부터 아래의 말단 공무원들에 이르기까지 많은 공직자들이 공직에 관련된 부정한 행동으로 뇌물을 받는다는 것이 널리 알려져 있다. 뇌물을 받고 청탁을 들어 주는 행동은 행동에 대한 보수와 처벌의 연계성의 측면에서 이해될 수 있다. 공직자들의 청탁에 응하고 돈을 받는 것은 행동과 보수 사이의 연계성이 매우 강한 것으로 설명될 수 있다. 청탁을 들어 주는 행동에는 엄청나게 큰 돈이 제공되고, 행동에 대해 거의 즉각적이거나 심지어 사전에 제공된다. 행동과 보수가 찰떡궁합처럼 연계되어서 돈을 받고 청탁을 들어주는 행위의 고리는 끊어지기가 매우 곤란하다. 돈을 받고 청탁을 들어주는 행위에 대해 역사적으로 수천 년 동안 처벌이 계속되어 왔고, 오늘날 그러한 행위를 감시하는 기관들도 매우 많지만, 공직자의 뇌물수수는 사라지지 않는다.

이러한 현상은 뇌물을 받는 행위와 처벌 사이의 연계성의 강도로서 설명될 수 있다. 청탁을 받고서 반드시 발각되어 즉각 처벌받는다면, 뇌물수수행동은 근절될 것이다. 그러나 뇌물을 받고서 처벌받는 것은 확률적으로 그리 높지 않다. 열 번에 한 번 정도 또는 그 이하의 처벌확률을 가질지도 모른다. 또한 발각되었다고 하더라도, 공직자들의 자기 식구 편애하기로 처벌이 경미하거나, 이런 저런 수속으로 처벌이 매우 지연된다. 한마디로 말해서, 뇌물수수행위와 처벌 사이의 연계성이 매우 애매하거나 약하다. 따라서, 뇌물수수에 대한 처벌효과는 계속 미미한 채로 남게 된다. 요약하면, 보수와 처벌의 결과들이 행동 직후에 실시되어서, 둘 사이의 연계성이 강할 때에 비로소 행동의 결과들이 효과를 갖는다.

결과의 유형

사람들은 가치를 두고 있는 보수들이나 싫어하는 처벌들의 유형에서 차이가 있다. 어린이들은 과자나 케이크를 받는 것을 좋아하고, 어른들은 술이나 돈을 받는 것을 좋아한다. 같은 어른들에서도, 잘한 일에 대해 어떤 사람들은 돈을 받는 것을 좋아하지만, 어떤 사람들은 상사나 동료들로부터 칭찬이나 인정을 받는 것을 좋아한다. 따라서, 행동의 유지와 수정에 대해 보수가 효과적이기 위해서는 보수가 사람들에 대해 가치 있어야만 된다. 처벌도 또한 마찬가지이다. 처벌들로서, 벌금은 사람들이 돈을 필요로 할 때, 큰 소리로 고함치는 것은 그것을 듣는 것을 싫어할 때, 그리고 승진에 대한 위협은 승진에 대해 가치를 두고 승진 기회가 있을 때에만 효과가 있다. 예컨대, 죄를 여러 번 지은 전과자들은 보통의 처벌들이나 위협에 대해 습성화되어서 처벌을 두려워하는 정도가 일반 사람들과 차이가 있을 수 있다. 이들에 대해 처벌로 위협하는 것은 행동변화에 그리 효과가 없다.

조직들에서, 감독자들은 여러 유형의 보수들을 효과적으로 사용하도록 훈련받아야만 된다. 사람들에 따라 칭찬, 상장, 즐거워하는 업무, 금전 등으로 보수가 제공될 수 있다. 연구들은 경제적, 비경제적 및 사회적 보수들이 모두 업무수행의 증가를 일으킨다는 것을 발견했다.[14] 따라서, 회사들은 보수들로서 일주일 동안 콘도를 사용하는 여행상, 직원회의들에서의 상장이나 상패의 제공, 나쁜 근무지역의 근무자들에 대한 승진기회의 제공 등과 같은 다양한 방법을 제공할 수 있다. 또한 이러한 보수들은 업무수행에 대한 개인적 보상과 팀이나 집단적 보상의 형태로 제공될 수 있다. 개인적 보상의 방법을 사용할 때에, 몇 가지 문제점이 있다. 개인적 수행에 대한 객관적 측정의 곤란, 감독자들이 개인에게 손해가 되는 평가를 행하기를 꺼려하는 것 및 직원들 간의 부정적 경쟁의 조장, 조직들에서의 팀제도의 인기 등이 그것들이다. 그러나 개인과 팀 집단에 대한 보수들을 동시에 사용할 수 있으며 효과적일 수도 있다.[15] 조직들에서 개인적 보수제공의 가장 보편적인 두 가지 방법은 수행에 대한 지불과 공적평가에 의한 지불이다.

수행에 대한 지불방법

수행당 지불(pay for performance)의 방법은 개인의 생산량이나 작업량에 비례해서 지불하는 것이다. 아마 이것의 가장 보편적 형태들은 임무(commission)와 작업단위(piecework)에 따라 지불하는 것이다. 전자의 예는 특별한 업무수행에 대해 지불하는 특근수당이나 위원회참석수당이고, 후자의 예는 완수한 작업(예: 만들은 물건수, 조립한 물건수)의 개별 숫자에 대해 지불하는 것이다.

수행에 대한 복잡한 지불방법들이 고안될 수 있다. 그것은 작업의 양이나 질에 기초된 작업단위당 지불과 기본급료의 지불을 포함한다. 이러한 지불방법이 개인의 임금증가와 아울러 조직의 이익증가를 일으킨다는 연구결과들이 있다.[16] 비록 이와 같은 지불방법들이 직원 개인과 조직에 대해 성공적이라는 것을 나타낼지라도, 직원들이 이러한 방법에 대해 만족하지 않는다는 연구가 있다.[17]

공적평가에 의한 지불(merit pay)

객관적 수행측정치들에 기초된 수행에 대한 지불과는 달리, 공적평가에 의한 지불은 객관적 생산성이 측정 곤란한 직무들에서 수행에 대한 감독자들의 평가, 즉 공적평가를 바탕으로 지불하는 것이다. 직원들의 수행평가 점수들이 순위화되고, 상위의 직원들(예: 20% 또는 30%)에게 보너스가 지불된다. 공적평가에 의한 지불의 가장 큰 문제의 하나는 공적평가점수가 감독자의 주관적 판단에 기초되어 있다는 것이다. 또한 감독자는 부하들의 임금을 증가시키기 위해 일부러 평가점수들을 부풀릴 수 있다.

집단적 보수

조직이나 집단의 생산성에 기초된 보수제공의 방법이 있다. 이 방법은 직원들에게 개인적 경쟁을 시키는 것 대신에, 집단목표를 달성하는 것에 대해 보수를 준다. 집단적 보수를 주는 방법들로서 이익분배, 생산성향상분배 및 주식매입선택권(stock options)이 있다.

이익분배(profit sharing)

이 방법은 직원들에게 조직의 이익의 일부분을 제공한다. 직원들은 기본급료에 추가해서, 회사의 이익(예: 10%의 이익)의 일정 비율(예: 50%)의 보수를 제공받는다. 이익들은 보너스의 형태나 퇴직금으로 제공될 수 있다. 이익분배의 방법은 직원들이 업무수행과 이익 사이의 관련성을 이해하고, 회사가 이익을 거둘 상당한 가능성이 있다고 믿을 경우에 직원들의 동기를 향상시킬 수 있다.

생산성향상 분배(gain sharing)

이것은 조직의 생산성이나 수행의 향상에 기초해서 보수를 지불하는 방법이다. 전형적인 생산성향상에 기초된 보수의 제공은 몇 개의 단계를 거쳐서 실시된다. 먼저, 조직의 생산성의 기저선을 얻기 위해 일정 기간 동안의 생산성측정치들을 획득한다. 그 다음에, 기저선 위의 생산성 목표들이 세워지고 직원들에게 목표달성 기간에 대해 보너스가 제공된다고 공지한다. 그 다음에, 집단의 목표달성에 대한 보너스가 제공된다. 일반적으로, 생산성향상 분배는 생산성 증가, 직원과 노조의 만족의 증가 및 결근감소의 효과들을 나타냈다.[18]

주식매입선택권(stock options)

이 방법이 가장 복잡한 보수제공방법일지라도, 많은 조직들에서 다수의 직원들에게 이 방법이 사용되고 있다.[19] 이 방법에서, 직원들은 장차 주식을 구매할 기회를 제공받는다. 주식매입은 매입이 허락되는 기간 안에서 시장가격으로 이루어진다. 이것의 아이디어는 회사가 잘 될 때에 그 주식의 가격이 증가한다는 것이다. 예컨대, 어떤 회사의 주식이 증권당 5만원에 팔린다면, 회사는 직원들에게 다음 10년 동안에 아무 때나 그 주식을 5만원에 구입할 수 있는 선택권을 준다. 10년 후에 그 주식의 가격이 8만원으로 올랐고 직원이 그 주식을 매입한다면, 직원의 이익은 주식당 3만원이 될 것이다. 만일 주식가격이 5만원 이하로 떨어졌다면, 직원은 5만원으로 구입할 그의 선택권을 행사하지 않을 것이다.

주식매입선택권들은 직원들에게 조직의 장기적 성공을 분배하게끔 해 준다. 실제로, 많은 유명한 회사들이 직원들에게 주식매입선택권을 제공해서 직원들이 많은 돈을 벌고, 조직생산성도 또한 향상되었다고 보고한다.[20]

프리맥의 원리

프리맥(Premack)은 보수나 강화를 시키는 것들이 실제로는 활동들이며, 이것들은 보수나 강화의 힘에 있어서 상대적이라고 주장한다. 그리고 이러한 보수의 상대적 힘들을 강화위계(reinforcement hierachy)라고 일컫는다(강화위계의 한 예를 보기 위해 표 11-1 참조). 강화의 위계상에서 위에 있는 활동은 아래에 있는 활동을 강화시킬 수 있다. 즉, 개인이 많이 원하거나 즐거워하는 활동은 적게 원하거나 덜 즐거워하는 활동을 강화시킬 수 있다. 예컨대, 표 11-1에서 개인이 가장 적게 원하는 압착기를 닦기는 강화위계상에서 상위에 있는 어느 것(예: 기름걸레들을 던지기)에 의해 강화될 수 있다. 따라서, 압착기를 청소하는 활동은 돈을 지불받는 것과 같은 비용이 많이 드는 것 이외의 방법으로 강화될 수 있다.

강화위계에 의한 행동의 강화의 일상적 예는 어떤 학생의 공부활동에서 찾아볼 수 있다. 학생들에 대해 책의 10페이지의 내용을 외우는 것은 확실히 힘들고 하기 싫은 활동이다. 그리고 마당을 산책하는 것은 다소 원하는 활동이다. 이 경우에서, 학생이 책의 10페이지를 한번 외운 다음에, 마당을 산책하도록 허용하는 것은 외우는 활동을 더 재미있게끔 만들 수 있다.

처 벌

우리는 우리가 원하는 행동에 대해 보수를 제공하는 것으로 행동을 강화시킬 수 있다. 이와 달리, 우리는 우리가 원치 않는 행동에 대해 처벌을 제공함으로

표 11-1 프리맥의 원리: 강화위계의 예

프리맥(Premack)의 원리는 강화위계에서, 하위의 활동들은 상위의 활동들에 의해 강화될 수 있다.

가장 많이 원하는 것		
	돈을 받기	강화물들
	근무면제시간을 얻기	
	점심시간을 갖기	
	여직원의 옆에서 일하기	
	감독자의 칭찬을 받기	
	압착기(press)를 가동시키기	
	프린팅 판들을 잡기	
	기름걸레를 던지기	
	식자하기	
	압착기를 닦기	
가장 적게 원하는 것		

써 행동을 억제시키거나 변화시킬 수 있다. 예컨대, 우리는 결근하는 직원을 처벌하거나, 업무수행이 불량한 직원에 대해 정직명령에 의해 처벌한다. 비록 많은 심리학자들이 처벌에 반대하는 입장을 가질지라도, 이것은 매우 보편적으로 사용되고, 관리자들은 이것이 효과적이라고 믿는다.[21] 조직에서 처벌의 사용에 대한 지지자들은 적절하게 실시될 경우에 처벌이 직원들의 바람직스럽지 못한 행동을 감소시키고 다른 직원들에 대해서도 마찬가지 효과를 가질 것이라고 주장한다. 이와 반대로, 반대자들은 처벌이 단기적으로만 행동을 변화시키고, 직원들에게 적절한 행동을 가르치지 않고, 분개를 일으키며, 직원들에게 규칙을 위반하지 않도록 가르치는 것 대신에 규칙을 위반하는 새로운 방법을 배우게끔 만든다고 주장한다.

효과적 처벌을 위해, 직원들은 자신이 처벌당하는 이유를 이해해야만 되고, 어떤 원하는 결과들을 일으키게 될 대안적 행동방식들을 알아야만 된다. 너무 심한 처벌이 분개를 일으키고 너무 관대한 처벌이 행동변화의 동기를 일으키지 못

표 11-2 조직에서 사용하기에 적합한 보수들

다수의 잠재적 보수들이 개인들과 팀들의 동기를 향상시키기 위해 사용될 수 있으며, 이것들 중의 많은 것이 낮은 비용이나 무비용이다. 어떤 것이 보수를 주는 것이 되는 하나의 중요한 조건은 동기향상을 고무받는 사람이 그것을 가치 있다고 생각하는 것이다. 어떤 보수의 가치에 관한 보수제공자의 시각만으로는 충분치 못하다.

금 전
봉급인상
보너스 또는 이익분배
회사주식 소유
주식매입선택권
유상 휴가
회사지불 휴가여행
유급 개인축일(예: 생일)
영화, 연주회 또는 운동경기의 입장권
무료 또는 할인 비행기표
할인 우대권
회사 제품이나 서비스의 할인
목록에서 선물선택
경주차운전 야영
직무와 경력 관련
도전적인 직무부여
직원에 대한 권한 위임
임시직에서 정규직으로의 직위변화
직무안정의 약속
높은 권위의 팀이나 과업에 보임됨
유리한 업적평가
업무활동 선택의 자유
승진
재미있는 일을 맡음(build fun into work)
더 많은 좋아하는 과업
감독자 유고시, 대리인 역할

최고관리층에 대한 발표 참여
직무 교대
학습과 계속적 향상 기회제공
융통성 있는 업무스케줄

식료와 식사

회사지불의 비즈니스 점심
회사 피크닉
부서 파티 또는 특별연회
국경일 삼계탕과 과일바구니

인정과 긍지 관련

구두와 서면으로 감사표시
칭찬
격려
상사와의 동료관계
비밀정보 접근
등을 두드려 주거나 악수함
공개적 감사표현
최고관리층에 대한 발표에 기여할 기회
간부임원과의 감사표시의 모임
e-메일상에 배포된 고객으로부터의 칭찬의 글
e-메일상에 배포된 공개적 감사말씀
이 달의 직원상
성취를 증명하는 벽걸이용 기념명판
특별한 언급
특별한 칭찬
회사 인정프로그램
팀 유니폼, 모자, 티셔츠 또는 컵

지위 상징들

더 큰 책상
더 큰 사무실이나 집무장소
개인 사무실

특별장소 사무실
업무영역의 개인화 자유
잦은 업무여행

일을 쉬는 시간

3일의 주말휴가
특별한 노력이나 성공을 위해 마련된 회사의 유급 휴가
직원이 선택하는 특별한 날의 휴무

표 11-3 조직에서 사용가능한 처벌들

원치 않는 행동에 관한 피드백
불량한 업무수행의 자료제시
비평
특권 회수
가장 나쁜 장비를 갖춘 사무실에 배정하는 것을 포함해서, 좋지 못한 업무배정
동료직원과의 협조 거부
점심식사에 초대받는 것과 같은 집단 사교활동들에서 빼는 것
관리측에게 동료를 신고하기
제재의 위협
벌금
가치 있는 보수의 보류
근신
정직
해고
해고된 후에 부정적 취업정보 제공

하므로, 처벌은 잘못된 행동에 적합해야만 된다. 또한 처벌이 개인의 행동변화에 초점을 둘 경우에는 사적으로 실시되어야만 된다(조직 내에서 사용가능한 보수들과 처벌들의 예들을 보기 위해, 표 11-2와 표 11-3 참조).

기대이론

동기나 행동에 대한 보수의 효과에 관한 조작적 조건형성의 원리는 사람들의 사고나 정보처리과정을 고려하지 않는 자동적이며 기계적 설명이다. 이와 달리, 기대이론은 보수의 효과에 관한 사고과정을 강조하고 동기를 이성적이며 합리적인 사고과정과 그 결과로서 접근한다. 동기에 관한 기본적 기대이론들이 제시되어 왔고, 조직 내에서의 사람들의 근무동기를 설명하는 기대이론들이 제시되고 수정되어 왔다.[22] 이 이론들은 기본적으로 세 개의 요소를 갖고 있다.

기대(expectancy: E)

이것은 개인이 과업에 투입하는 노력의 양과 결과되는 성과 간의 관계에 대한 주관적 지각이다. "열심히 노력하면, 과업이 성공된다"는 기대나 생각이 개인의 근무동기의 한 요소가 된다. 예컨대, 자동차외판원이 "오늘 열심히 판매하면, 1개의 자동차를 팔 수 있다"고 생각한다면, 그는 열심히 일할 동기를 갖게 될 것이다.

도구성(instrumentality: I)

이것은 노력으로 생긴 성과가 특정의 결과들을 일으킨다고 기대하거나 믿는 정도를 나타낸다. 위의 자동차외판원의 경우에서, 하루에 1개의 자동차를 판매하면, 20만원의 수당이 확실히(100%의 확률) 생기고, 상사로부터 인정을 받고, 일과가 끝난 후에 기분이 좋을 것이라고 믿을 수 있다. 다시 말하면, 도구성이란 수행의 성과(즉, 과업의 성공이나 실패)가 개인이 원하는 어떤 결과들을 일으킬 수 있는 가능성 또는 도구성을 의미한다.

가(valence: V)

이것은 개인이 특정의 결과에 대해 가치를 부여하는 정도를 일컫는다. 예컨대, 위의 자동차외판원의 경우에서 하루 20만원의 수당은 100의 가치, 상사의 인정을 받는 것은 50의 가치 및 일과가 끝난 후에 기분이 좋은 것은 30의 가치를 가질 수 있다.

도 11-2 기대이론의 개관

기대이론에 의하면, 동기는 3종류의 신념들의 곱이다. 즉, 기대(노력이 수행결과를 낳을 것이다)×도구성(수행이 보수들을 낳을 것이다)×가(보수들의 가치의 지각)

기대 (Expectancy)		도구성 (Instrumentality)		가 (Valence)		동기 (Motivation)
"만일 내가 열심히 일한다면, 나는 훌륭하게 일을 해 낼 것이다."	×	"훌륭한 작업이 보수들을 낳을 것이다."	×	"나는 나의 일에서 얻을 수 있는 보수들을 중요시한다."	=	"나는 일할 동기를 갖고 있다."

위의 3개의 요소들은 개인의 동기수준을 이해하거나 예측하기 위해, 다음의 공식으로 통합될 수 있다(도 11-2 참조).

$$동기(M)=E(I\times V)$$

위의 공식에서 볼 수 있는 바와 같이, 개인의 동기(M)수준은 3개의 요소들의 점수가 높을수록 더 높다. 공식의 기호들의 순서에 따라 살펴보자. 기대(E)의 면에서, 만일 어떤 사람이 아무리 열심히 일하더라도, 요구되는 수행수준에 결코 도달하지 못할 것이라고 믿는다면(즉, 과업성공이 불가능하다고 믿는다면), 그 사람의 동기는 낮게 될 것이다. 도구성(I)의 면에서, 어떤 사람은 과업의 성과나 성패에 수반되는 어떤 원하는 결과들이 있을 경우에만 높은 동기를 가질 것이다. 예컨대, 자동차외판원이 자동차를 팔았을 때에 금전적 보수, 상사의 인정, 성취에 따른 기분이 좋음 등의 긍정적 결과들이 전혀 없다면 낮은 동기를 가질 것이다. 여기에서, 도구성의 용어가 과업의 완수가 여러 결과들을 일으키는 수단이나 도구가 됨을 일컫는다는 점을 인식하는 것이 중요하다. 어떤 과업을 수행한 성과가 금전적 손해, 상사의 불인정, 일의 완수에 따른 불쾌감과 같은 부정적 결과들만을 일으킨다면(즉, 부정적 결과들을 일으키는 도구가 된다면), 과업수행의 동기는 낮게 될 것이다. 가(valence)의 면에서, 수행의 성과가 여러 결과들이나 보수들을 제공한다면, 이들 보수는 개인이 가치를 두는 것이어야만 된다.[23] 만일 과업의 성공이 표창장에 의해 보수를 받게 된다면, 이것의 효과는 개인이 표창장을 얼마나 소중하거나 가치 있다고 여기는가에 달려 있을 것이다. 만일 과업의 성공이 돈에 의해 보수를 받게 된다면, 돈의 효과는 개인이 돈을 얼마나 소중하거나 가치 있게 여기는 정도에 달려 있을 것이다. 예컨대, 자동차외판원이 한 대의 차를 판매했는데, 아이들의 과자값도 안 되는 1,000원을 받았다면, 즉 가치가 거의 없는 것을 받았다면, 그 사람의 판매동기는 매우 낮을 것이다.

기대이론은 사람들을 동기화시키려는 다양한 시도들이나 정책들의 효과를 예측하거나 설명하는 데에 도움이 된다. 예컨대, 어떤 회사에서 현재 매월 한 명의 직원당 5명의 고객을 새로이 확보하고 있는데, 20명의 새로운 고객을 확보할 경우에 3만원의 보너스를 주기로 계획을 세웠다고 하자. 여기에서, 20명의 새로운 고객을 확보하는 것은 매우 어려운 것이었고, 매월 3만원의 보너스도 직원들의 봉급에 비해서 너무 작은 것이다. 즉, 수행-성과의 기대가 매우 낮고 가치 또한 매우 낮아서 이것의 곱은 매우 낮은 근무동기가 결과된다. 이러한 계획은 직원들의 동기를 높이는 데 대해 효과가 적고, 따라서 실패하게 될 것이다. 이와 비슷한 예측이 처벌의 사용에 대해서도 가능하다. 운전자들의 과속이나 학생들의 커닝의 경우들에서, 과속이나 커닝을 발견할 가능성, 즉 기대요소가 매우 낮고, 발견되어서 처벌이나 불이익을 당하는 결과들을 가질 위험성, 즉 도구성이 낮고, 부정적 결과들이 개인에 대해 거의 고통이 없다면, 즉 가(valence)의 -가 매우 낮다면, 사람들이 과속이나 커닝을 억제할 동기가 매우 낮게 될 것이다.

기대이론이 사람들의 동기를 예측하고 증가시키기 위한 흥미있고 유용한 것일지라도, 기대이론에 대한 몇 가지 비평이 제시되고 있다. 예컨대, 요소들의 곱셈보다 덧셈이 더 적절하며,[24] 이성적으로 행동하는 사람들이나 내부통제소재의 성격특징을 가진 사람들에 대해 이 이론이 더 잘 예측할 수 있다는 연구들이 있다. 그럼에도 불구하고, 기대이론은 사람들의 동기나 행동을 예측하는 데에 가장 유용한 것 중의 하나이다.

욕구충족

보수가 개인의 동기를 증가시킨다는 명제는 개인의 동기가 보수라는 외부요인에 의해 결정된다는 것을 전제하고 있다. 이와 같이, 사람들의 동기는 보수, 즉 외적 유인에 의해 이끌려서 증가될 수 있다. 다른 한편으로, 개인의 동기는 개인의 내부요인들, 특히 욕구들에 의해 영향을 받을 수 있다. 예컨대, 개인의 직업은 개인의 여러 욕구들을 충족시켜 주는 수단이 되며, 따라서 사람들은 자신의 욕구들을 충족시키기 위해 취업해서 일하려는 동기를 갖게 된다. 그러면, 사람들은 어떤 욕구들을 갖고 있는가에 대한 의문이 우선적으로 제기된다. 이러한 의문에 대해 답변하려는 두 개의 중요한 욕구이론이 있다.

욕구위계이론

매슬로우(Maslow)는 인간의 사고와 행동에 대해 강력한 영향을 주는 요인으로서 욕구들에 관심을 두었다.[25] 예컨대, 하루 종일 밥을 먹지 못한 사람은 밥에 대해 계속 생각하고 밥을 먹기 위해 식당으로 부지런히 갈 것이다. 이 사람의 행동을 동기화시키는 것은 배고픔을 해소시키기 위한 식사욕구이다. 따라서, 동기의 요인으로서 개인의 욕구상태가 매우 중요하다는 것을 알 수 있다.

욕구위계이론(need hierarchy theory)은 인간이 많은 욕구들을 갖고 있고 이것들이 위계나 사다리로서 존재한다고 가정한다. 또한, 위계에서 더 높은 곳에 있는 고차적 욕구들은 하위수준의 욕구들이 적어도 부분적으로 충족된 후에 비로소 동기요인들로 되고 행동에 영향을 줄 수 있다고 가정된다.

인간의 욕구들의 종류로서 그는 5개의 구별되는 욕구들을 제시했다. 최하위의 또는 가장 기본적인 욕구수준에는 생리적 욕구들이 있다. 이것들은 생명의 유지에 필수적인 음식, 물, 산소 등에 대한 욕구들을 포함한다. 욕구들의 사다리에서 두 번째에는 안전욕구들이 있다. 이것들은 사고, 부상 및 질병과 같은 위험들로부터 신체적이거나 심리적으로 안전해지려는 욕구들을 포함한다. 시대적으로 비교적 안전한 오늘날에도, 경제불황으로 인한 실식의 위험과 범죄사들로 인한 피해의 위험이 높아서 안전의 욕구들이 완전히 충족되지 않고 있다. 그는 생리적 욕구들과 안전욕구들을 합쳐서 결핍욕구들(deficiency needs)이라고 일컬었다.

세 번째 수준의 욕구들은 타인들과의 친구관계들을 형성하고, 소속하고, 사랑받고, 수용받는 것에 대한 욕구들을 포함한다. 이러한 사회적 욕구들은 여러 조직들에 가입하고 타인들과의 가까운 관계들을 형성하려는 우리의 욕망들에서 나타난다. 네 번째 수준의 욕구들은 존중욕구들(또는 자아욕구들)로서, 자기존중을 유지하고 타인들로부터 칭찬이나 존중을 얻으려는 욕망을 포함한다. 이러한 욕구들은 우리가 권위, 성취 및 지위를 추구하는 것에서 나타난다. 욕구위계의 맨 꼭대기에 자기실현(self actualization 또는 self-realization)이 있다. 이 욕구는 자기가 진정으로 누구인가를, 즉 자기정체를 발견하고 자신의 전체 잠재능력을 발전시키려는 욕망들을 포함한다. 사회적 욕구들, 존중욕구들 및 자기실현욕구들을 모두 합쳐서 성장욕구들(growth needs)이라고 일컫는다. 이것들이 충족되지 않으면, 개인적 성장이 계속될 수 없다.

매슬로우의 이론과 직업동기의 관련성

매슬로우의 이론은 몇 가지 방식으로 일과 직업상황들에 직접 적용된다. 이것은 조직들이 직원들이 만족하고 효과적으로 되게끔 직원들이 갖고 있는 다수의 욕구들에 관심을 둘 필요가 있다는 것을 강조한다. 생리적 욕구들을 충족시키기 위해, 조직들은 적절한 임금, 휴식시간 및 가능한 경우에 운동과 체력단련 프로그램들을 제공해야만 된다.[26] 안전욕구들은 안전한 근무환경과 생명과 건강 보험들을 제공함으로써 충족될 수 있다. 회사의 사교행사들과 운동활동들이 사회적 욕구들을 충족시켜 줄 수 있다. 표창식들과 개인사무실들과 주차장소들과 같은 지위의 상징들이 존중의 욕구들을 충족시킬 것이다. 개인적 창의성과 기여를 허용함으로써, 조직들은 직원들이 자신의 직무에서 자기실현을 찾고 자기실현욕구들을 충족시키게끔 만들 수 있다.

매슬로우의 이론은 또한 사람들을 동기화시키는 것이 그들의 인생을 통해 차이 있을 수 있다고 시사한다. 직업적 경력들은 일련의 단계들을 통과해 가는 것으로 간주될 수 있다. 경력의 초기에서는 경력의 후기에서와 다른 동기들을 가질 것이다. 초기 경력에서 욕구들은 흔히 더 기본적인 것들이다. 개인은 경제적 독립을 얻기 위해 돈을 벌 필요가 있다. 이러한 욕구들은 개인에게 주택과 먹고 사는 것을 허용해 주는, 즉 안전과 생리적 욕구들을 충족시켜 주는 일자리를 찾는 것을 포함할 것이다. 직장은 또한 많은 사람들이 그들의 시간의 대부분을 보내는 상황이다. 따라서 개인은 이러한 상황 속에서 많은 중요한 사회적 관계들을 발전시킬 것이다. 개인의 경력의 후기에서, 일단 기본적인 결핍욕구들이 해결되면, 성장욕구들이 가장 중요해질 것이다. 개인은 직장이 경력발전, 긍정적 자기존중 및 창의성을 허용해 주는 정도에 특히 민감해지게 될 것이다.

매슬로우의 이론은 존재하는 욕구들과 그것들이 활성화되는 순서에 대한 관점들에 대해서 상당한 지지를 받지는 못해 왔다. 많은 연구자들이 5개의 기본적 욕구들이 있다는 데 대해 반대한다. 이런 이유들로, 다른 연구자들은 매슬로우의 이론에 대한 수정을 제시해 왔다. 우리는 아래의 절에서 그의 이론에 대한 가장 인기 있는 수정을 논의할 것이다. 하지만, 매슬로우의 연구가 후자의 견해에 대한 하나의 중요한 기초를 제공했다는 점에 유의하라.

앨더퍼의 ERG이론

매슬로우의 이론에 대한 반응으로, 앨더퍼(Alderfer)는 하나의 대안적 이론을 제시했다.[27] ERG이론이라고 알려진 이 접근은 훨씬 더 단순하다. 그는 5개 대신에 3개의 욕구들을 제시했을 뿐만 아니라, 또한 이들 욕구가 특수한 순서로 활성화되지 않고 어떤 욕구이든 간에 언제나 활성화될 수 있다는 것을 발견했다. ERG이론에서 제시된 욕구들은 생존, 관계 및 성장이다. 생존욕구들(existence needs)은 매슬로우의 생리적 욕구들과 안전욕구들에 해당되며 생존에 필요한 것들이다. 관계욕구들(relatedness needs)은 매슬로우의 사회적 욕구들에 해당되며 유의미한 사회적 관계들에 대한 욕구를 포함한다. 마지막의 성장욕구들(growth needs)은 개인의 잠재능력을 발전시키려는 욕망으로서, 매슬로우의 존중욕구들과 자기실현욕구들에 해당된다(도 11-3 참조).

ERG이론은 매슬로우의 욕구위계이론보다 훨씬 덜 제약적이다. 이것은 또한 연구의 증거들과 더 잘 합치되어서 비록 욕구들의 기본적 종류들이 존재할지라도, 이것들이 매슬로우에 의해 제시된 것과 똑같지는 않다는 것을 시사한다.[28] 이론가들이 욕구들의 정확한 숫자와 욕구들 간의 관계들에 대해 완전히 일치하지 않다는 사실에도 불구하고, 그들은 인간의 욕구들을 충족시키는 것이 조직에서의 행동을 동기화시키는 하나의 중요한 부분이라는 점에 대해 일치한다.

매슬로우와 앨더퍼의 욕구이론들에서, 욕구들의 분류가 차이 있다는 것을 알 수 있었다. 욕구들의 분류방식의 다른 실제의 예를 보이기 위해, 조직 내의 직원들의 욕구들을 아래의 7개로 분류하고서, 99%의 직원들이 이것들 중의 한 개나 그 이상에 의해 동기화된다는 것을 발견했다.[29]

도 11-3 욕구이론들: 매슬로우와 앨더퍼의 이론의 비교

이 그림은 매슬로우의 욕구이론이 앨더퍼의 ERG접근과 어떤 관계를 갖고 있는지를 보여 준다.

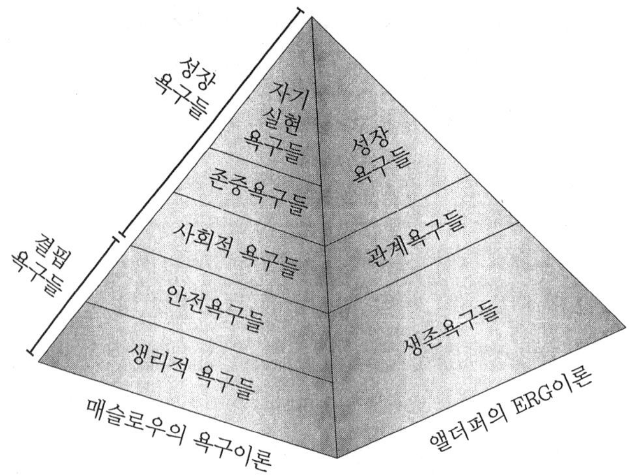

성취욕구

강한 성취욕구를 가진 직원들은 과업을 성공적으로 완수하는 것에 대한 만족을 추구한다. 그들은 성공을 거두기 위해 자신의 재능을 발휘하기를 원하고, 과업 자체의 달성에서 즐거움을 갖는다.

권력욕구

강한 권력욕구(power need)를 가진 직원들은 타인들에게 영향을 주는 것과 그들을 통제하는 것에서 만족을 얻으며, 간부임원들이 되기를 열망한다. 이들은 지도하고, 설득하며, 예산부서들과 같은 자원들을 담당하기를 좋아한다.

친화욕구

강한 친화욕구(affiliation need)를 가진 직원들은 타인들과 상대하는 것, 어떤 작업집단의 일원이 되는 것 및 친구관계들을 형성하는 것에서 만족을 얻는다. 동일한 직원들은 장기간 혼자 일하는 것을 피하려는 동기를 갖고 있다.

자율욕구

강한 자율욕구(autonomy need)를 가진 직원들은 어떤 과업에 대해 거의 완전한 책임을 지는 것과 같은 자유와 독립을 추구한다. 동일한 직원들은 장기간의 팀과업 속에서 일하는 것을 피하려는 동기를 갖고 있다. 다른 회사들을 상대해서 일하는 기업체의 많은 판매대리들이 강한 자율욕구를 갖고 있다.

존중욕구

강한 존중욕구를 가진 직원들은 자기 자신에 대해 좋게 느끼기를 원하며, 자신의 가치를 주로 자신이 받는 인정과 칭찬의 양에 기초해서 판단한다.

안전과 안심욕구

강한 안전과 안심욕구(safety and security need)를 가진 직원들은 직장 안정성, 고정소득, 충분한 의료보험 및 위험이 없는 근무환경을 추구한다.

형평성욕구

강한 형평성욕구(equity need)를 가진 직원들은 공평한 대우를 추구한다. 그들은 흔히 동료직원들과 자신을 근무시간, 직무의 책임들, 봉급 및 특전들상에서 비교한다. 그들은 동료직원들이 더 좋은 대우를 받고 있을 경우에 사기가 저하된다.

당신은 아마 앞에서 제시된 두 개의 욕구이론들과 위의 욕구분류들이 많은 중첩을 보인다는 것을 알 수 있을 것이다. 물론, 욕구들의 분류에서 약간의 차이들도 있다. 예컨대, 권력욕구, 자율욕구 및 형평성욕구는 두 개의 욕구이론들과 차이가 있다.

욕구이론들에 의하면, 사람들은 다양한 욕구들을 갖고 있고 이들 욕구를 충족시키려고 든다. 따라서, 과업수행의 동기는 과업수행이 이러한 욕구들을 충족시켜 줄 수 있을 때에 높게 되고, 이러한 욕구들을 충족시켜 줄 수 없을 때에는 낮게 된다. 사람들이 자신의 욕구충족이나 자기이익에 의해 동기를 갖게 된다는 이러한 원리는 "이것이 나에게 어떤 이익을 주는가?"(what's in it for me?; 또는 약자로서 WIIFM="위펨") 원리라고 일컬어진다.[30] 예컨대, 당신의 상사가 초과시간 근무를 요구한다면, 당신은 마음 속으로 만일 내가 초과시간을 근무한다면, 나의 상사는 나를 더 좋게 볼 것이고, 그 결과로 나는 더 좋은 근무평가를 받게 될 것이고, 더 많은 봉급인상을 받을지도 모른다고 생각할 수 있다.

"위펨"원리에 따라 사람들의 동기를 향상시키기 위해서, 우리는 사람들의 욕구들이나 욕망들의 강도를 파악해야만 된다.[31] 이를 위해서, 우리는 사람들에게 그들이 원하는 바가 무엇인지를 직접 질문하거나, 그들이 관심을 두고 있는 것이 무엇인지를 관찰할 수 있다. 그 다음에, 우리는 사람들이 갖고 있는 욕구들을 충족시킬 수 있는 제안이나 약속을 행한다. 예컨대, 권력욕구가 높은 사람에 대해 우리는 "당신이 새로운 과업을 성공적으로 완수한단면, 이사로 승진하도록 추천하겠다"고 약속할 수 있다. 또는 존중욕구가 높은 사람에 대해 우리는 우수사원들에게 수여하는 상패를 제안할 수 있으며, 자율욕구가 높은 사람에 대해 우리는 독립적 과업의 기회를 약속할 수 있다.

목표의 존재

목표설정이론에 의하면, 동기의 향상에 대해 목표설정이 중요하다. 목표설정에 있어서, 조직원은 특정의 질과 양 또는 이 둘이 조합인 어떤 목표를 부여받거나 스스로 목표를 설정한다.

목표설정이 가장 큰 성공을 거두기 위해 두 가지 조건이 필요하다. 첫째로, 목표들은 구체적이고 특수해야만 된다.[32] "오늘 나는 최대한으로 많이 물건을 포장할 것이다"라는 목표는 "오늘, 나는 500개의 물건을 포장할 것이다"라는 목표만큼 효과적이지 못하다. 전자와 같이 목표의 애매성이 크고 특수한 기준들이 부족한 것은 목표달성의 동기를 저해시킬 수 있다. 다시 말하면, 목표가 더 특수할수록 생산성이 더 크다. 또한 목표들을 더 특수한 하위목표들로 구분해서 세우는 것이 수행을 향상시킨다.[33]

둘째로, 목표들은 도전적인 동시에 합리적인 것이어야만 된다. 이것은 목표가 충분하게 높기는 하지만, 달성가능한 것이어야만 된다는 것을 의미한다.[34] 예컨대, 어떤 직원이 보통 하루에 500개의 물건을 포장해 왔는데, 400개의 포장을 목표로 정했다면, 수행은 확실히 보통 때보다 더 높게 증가되지는 않을 것이다. 이와 반대로, 이 직원이 1,500개의 너무 높은 목표를 정했다면, 이 직원은 자신이 목표를 달성할 수 없다는 것을 인식하게 되고 노력을 기울이지 않게 될 것이다. 일상생활에서, 많은 사람들이 시초에 의욕이 넘쳐서 과도하게 높은 목표를 설정함으로써 목표달성에 실패한다. 예컨대, 낙제의 위기에 처한 대학생들은 학점을 높이기로 결심하고서, 갑자기 너무 높은 목표, 즉 전과목 A학점의 목표를 설정한다. 그러나 이러한 학생들은 대개 과목들에 대한 기본 지식이나 공부기술이 부족하므로, A학점보다는 B나 C학점을 목표로 정하는 것이 온당했을 것이다. 너무 높은 목표를 세우는 것은 목표달성을 위한 노력의 과정들에서 실패와 그로 인한 좌절감을 경험하기 쉽게끔 만듦으로써, 궁극적으로 동기를 향상시키는 데에 실패한다. 따라서, 어떤 과업에서 실패를 많이 경험한 비관주의자들에 대해 단순한 격려를 제공하는 것(예: "나는 네가 잘할 것으로 믿어")은 그들에게 더 높은 목표를 설정하도록 만들기가 어렵다. 즉, 이들은 과업의 완수에 대한 자신감이나 자기효능감이 낮추어진 사람들이고, 따라서 과업의 완수에 대해 사기나 동기가 저하되어 있다. 이와 반대로, 과업에 대해 성공을 경험해서 자신감이나 자기효능감이 높아진 낙관주의자들에 대해 격려를 제공하는 것은 이들의 목표를 높이게끔 만든다.[35]

조직에서, 목표가 직원 자신에 의해 설정되는 것이 감독자에 의해 설정되는 것보다 더 큰 생산성증가를 일으킬 것으로 일반적으로 생각되었다. 즉, 목표설정에 대한 개인의 참여나 부분적 참여가 목표달성에 대한 개인의 몰입을 증가시키기 때문에 생산성증가로 이어질 것이라는 가정이 있어 왔다. 그러나 연구들에 대한 메타분석, 즉 총괄적 분석은 목표설정에 대한 참여의 효과를 보이지 않는다는 것을 나타내 왔다.[36] 그러나 실제에 있어서, 개인적 동기의 향상을 위해 타인들보다 자신에 의해 목표를 세우는 것이 훨씬 더 바람직스럽고 또한 필요할 것이다. 목표설정이 광범하게 다양한 상황들에서 생산성향상에 대해 효과적이라는 것을 보여 왔으므로, 목표설정의 주체나 참여의 의문에 관계없이 이 원리가 개인생활과 조직생활에서 널리 적용되는 것이 바람직스러울 것이다.

피드백의 제공

피드백(feedback)은 목표달성에 대한 수행의 결과에 관한 정보를 일컬으며, 목표설정의 효과를 증가시키는 데에 큰 도움이 된다.[37] 조직에서, 피드백은 직원들에게 그들이 어떻게 수행하고 있는가에 관해서 언어적으로 말해 주는 것, 벽위에 작업수행의 진전에 관한 차트를 부착하는 것, 직원의 작업속도가 목표달성을 일으킬 때에 파랑색 전구를 켜 주고 작업속도가 너무 느릴 때에 빨강색 전구를 켜 주는 등의 방법들에 의해 제공될 수 있다. 피드백은 부정적이고 통제적이기보다 긍정적이고 정보제공적일 때에 과업수행을 가장 잘 증가시킨다.[38] 예컨대, 미국에서 도미노(Domino) 피자회사는 회사 산하의 각 매점들에 대한 평균 배달수와 서비스시간을 회사의 뉴스레터에서 점수들로 보고한다. 이들 점수는 각 매점에 대해 자기의 매점이 다른 매점들에 비해 어떤 실적을 올렸는가에 관한 피드백을 제공해 준다. 이러한 피드백제공의 방법은 이 회사가 세계에서 가장 빨리 성장하는 패스트 푸드 대리점들 중의 하나가 되게끔 만든 한 이유이다.[39]

보수분배의 형평성

집단이나 조직에서 일할 때에 사람들은 일반적으로 자기와 타인들을 비교하는 경향이 있다. 특히, 과업수행과 관련해서 사람들은 자신이 타인들에 비해 공정하게 대우받고 있는지에 대해 매우 민감하다. 따라서, 대우의 공정성이나 공평성의 요인이 조직 내에서의 사람들의 동기에 대해 중요한 의미를 갖는다.

일반적으로, 공정하게 대우를 받는다고 생각하는 사람들이 그렇지 않다고 생각하는 사람들보다 자신의 직무에 대한 만족이 더 높고, 직무수행에 대한 동기도 더 높다. 공정성에 관해 가장 널리 알려진 이론은 형평성이론(equity theory)이다.[40] 이 이론은 직무만족과 동기의 수준이 사람들이 타인들에 대해 얼마나 공평하게 대우받는다고 믿는가에 관련되어 있다고 가정한다. 공평성의 지각에 세 개의 요소, 즉 투입들, 산출들 및 산출/투입의 비율에 대한 지각들이 포함되어 있다. 투입들은 개인이 자신의 직무에 투입하는 개인적 요소들이다. 그것들은 시간, 노력, 교육 및 경험 등이다. 산출들은 직무에서 얻어지는 요소들이다. 임금, 혜택들, 도전, 책임 등이 이것에 포함된다. 이 이론에 의하면, 사람들은 은연 중에 자신의 모든 투입들과 산출들을 따지고서 하나의 산출/투입의 비율을 계산한다. 그리고 나서, 사람들은 타인들이나 이전의 근무경험들에 대한 산출/투입 비율들을 계산하고서, 자기 자신의 비율과 이것들을 비교한다.

자신의 비율이 타인들의 비율들보다 더 좋지 못하다면, 그들은 불만족하고 어떤 방식으로 비율들을 동등하게끔 만들려는 동기를 갖는다. 그들은 열심히 일하지 않는 것이나 결근하는 것과 같이 투입들을 감소시키거나, 봉급인상이나 승진을 요구하는 것과 같이 산출들을 증가시키려고 들 것이다. 예컨대, 프로야구선수들이 봉급이 삭감되었을 때에 그들은 더 낮은 성적으로 수행했다.

표 11-4 형평이론에 관한 연구결과들

직원의 투입이 산출보다 더 클 때(과소 지불)
덜 열심히 일한다. 더 이기적으로 된다. 낮은 직무만족을 갖는다.
직원의 투입이 산출보다 더 작을 때(과잉 지불)
과소 지불된 동료직원들에 의해 설득될 가능성이 적다. 죄의식을 느끼지 않는다. 더 열심히 일한다. 더 팀중심적으로 된다.

조직이 직원들에 대해 행하는 약속들을 포함시켜서 형평이론이 확장되었다.[41] 즉, 이 이론은 직원들이 조직이 자기들에 대해 무엇을 약속했는가와 조직이 실제로 무엇을 행했는가를 비교한다고 주장한다. 만일 조직이 약속한 것보다 더 적게 직원들에게 해 주었다면, 직원들은 잘 수행하려는 동기가 적을 것이고, 그들이 조직에 대해 수행해 줄 것으로 약속했던 것보다 더 적게 수행함으로써 보복할 것이다.

형평이론에 의하면, 불형평성의 지각은 두 종류가 있다. 하나는 투입에 비해 타인들보다 과잉 지급받는 것이고, 다른 하나는 투입에 비해 타인들보다 더 적게 지급받는 것이다. 형평이론에 관한 연구들은 두 종류의 불형평성이 과업수행에 대한 상이한 결과들을 갖는다는 것을 증명해 왔다(표 11-4 참조).[42]

타인들의 동기수준

사회적 학습이론에 의하면, 사람들은 다른 사람들의 행동을 관찰하고 모델링한다. 따라서, 조직의 직원들은 다른 직원들의 동기와 만족의 수준들을 관찰하고 나서, 그것들을 그대로 모델링할 것이다. 만일 조직의 고참직원들이 열심히 일하고 자기들의 직무에 대해 긍정적으로 이야기한다면, 신참직원들은 그들의 행동을 모델링해서 생산적이며 만족할 것이다. 이와 반대로, 만일 고참직원들이 태만하게 일하고 자신의 직무에 대해 불평한다면, 신참직원들도 마찬가지일 것이다.

요 약

동기는 목표를 향한 행동을 활력화시키고, 안내하고, 유지시키는 하나의 내부적 힘이나 과정이다.

사람들 간에 동기의 차이가 있다. 이러한 차이를 결정짓는 요인들은 개인차들, 보수, 욕구, 목표설정, 피드백제공, 보수분배의 형평성 및 타인들의 동기수준을 포함한다.

조직들에서 직무동기에 유의하게 관련된 개인차요인들은 자기존중, 성취동기 및 내재적 동기이다. 개인의 자기존중은 자기존중 향상훈련, 성공경험의 제공 및 감독자의 행동에 의해 향상될 수 있다.

보수의 제공은 행동을 강화시킬 수 있으며, 조작적 조건형성의 원리와 기대이론에 의해 설명될 수 있다. 조작적 조건형성의 원리는 사람들이 보수나 강화를 받은 행동을 지속하고 처벌받은 행동을 중지할 것이라고 가정하고 있다. 보수와 처벌의 효과는 몇 가지 부가적 요인들에 의해 영향받는데, 그것들은 결과의 연계성, 결과의 유형, 수행에 대한 보수의 지불방법에 의해 영향받는다. 수행에 대한 지불방법들은 수행당 지불과 아울러 작업의 양이나 질에 기초된 복잡한 지불방법들이 있으며, 후자에는 공적평가에 의한 지불, 집단적 보수, 이익분배, 생산성향상 분배 및 주식매입선택권을 포함한다.

프리맥의 원리는 보수나 강화가 실제로 활동들이며, 이것들은 보수나 강화의 면에서 상대적이고 따라서 강화위계를 이룰 수 있다. 강화위계상의 상위에 있는 활동은 하위에 있는 활동을 강화시킬 수 있다.

우리는 원치 않는 행동에 대해 처벌을 제공함으로써 행동을 억제시키거나 변화시킬 수 있다. 조직들에서 사용하기에 적합한 보수들과 처벌들이 제시되고 있다.

보수의 효과에 관한 기대이론은 사고과정을 강조하고, 동기를 이성적이고 합리적인 사고과정과 그 결과로서 접근한다. 조직 내의 직무동기를 설명하는 기대이론들은 세 개의 기본요소들을 포함시키고 있으며, 그것들은 기대(E), 도구성(I) 및 가(V)이며, 이것들의 곱에 의해 동기수준이 결정된다고 제안한다.

개인의 동기는 보수와 같은 외부요인과 아울러 욕구와 같은 내부요인에 의해 영향받을 수 있다. 사람들은 여러 욕구들을 갖고 있고 이것들의 충족 여부가 직무동기에 영향을 줄 수 있다. 매슬로우의 욕구위계이론은 인간이 다양한 욕구들을 갖고 있고 이것들이 위계나 사다리로서 존재한다고 주장한다. 그는 인간의 욕구들의 종류로서 최하위에서부터 최상위에 이르는 5개의 욕구들을 제시했는데, 그것들은 생리적 욕구들, 안전욕구들, 사회적 욕구들, 존중욕구들 및 자기실현 욕구들이다. 매슬로우의 이론에 대한 하나의 수정이론이 앨더퍼에 의해 제시되었는데, 그는 5개의 욕구들 대신에, 생존욕구들, 관계욕구들 및 성장욕구들의 3개를 제시했고, 이들 욕구가 특수한 순서로 활성화되지 않고 어떤 욕구이든 간에 언제나 활성화될 수 있다고 주장했다. 조직 내의 직원들의 욕구들을 성취욕구, 권력욕구, 친화욕구, 자율욕구, 존중욕구, 안전과 안심욕구 및 형평성욕구의 7개로 분류한 연구가 또한 있다.

목표의 설정과 과업수행의 결과에 대한 피드백의 제공이 동기수준에 영향을 준다. 목표들은 구체적이고 특수하며, 높기는 하지만 적당한 곤란도일 경우에 더 효과적이다.

공평하게 대우받는 사람들이 더 잘 수행하려는 동기를 갖는다.

타인들의 동기수준에 대한 관찰이 동기의 모델링을 일으켜서 영향을 줄 수 있다.

제12장

코치하기와 멘터하기

다양한 조직들에서, 훌륭한 관리자들과 팀리더들은 그들이 소속한 조직이 성공하도록 도우며, 그들은 성공을 돕는 방법의 하나로서 그들이 거느리고 있거나 조직 내에서 함께 일하는 사람들을 성공하도록 지도하고 조언한다. 그들은 직원들과 팀멤버들에게 우수한 조직원에 관한 모범을 보여 주고, 그들에게 필요한 업무태도, 지식 및 기술을 제공해 준다. 운동선수들과 기업체의 간부들에 대해 오랫 동안 사용되어 온 코치하기와 멘터하기는 직원들에게 우수한 업무수행을 촉진시키기 위한 방법으로서 조직들에 의해 최근에 개선되고 공식화되어 온 두 가지 주요 기법이다.

코치하기(coaching)는 개인들 또는 집단들이나 팀들에게 업무수행의 향상을 위해 필요한 특수한 기술들을 가르쳐 주는 것에 초점을 두면서 지도, 강의 및 훈련을 포함한다. 멘터하기(mentoring)에서, 멘터는 1 대 1로서 도와 주는 동료나 조언자이다. 멘터들은 자신의 분야에서 전문성, 지식, 또는 경험을 가진 사람들이며, 피조언자를 후원해 주고 충고해 주는 사람들이다. 이들은 조직 내에서 성공하는 방법에 관한 조망을 제공하면서, 피조언자를 친절하게 지도해 준다.

이 장은 조직 내에서 도움을 필요로 하는 사람들에게 도움을 제공하는 방법을 취급한다. 그러한 방법들로서, 우리는 육성적 마음자세를 갖기, 코치하기, 멘터하기 및 곤란한 사람들을 돕기의 4가지 주제를 취급한다.

육성적 마음자세를 갖기

타인들의 직장생활과 경력발전을 돕기 위한 하나의 기본적 전략은 육성적인 (nurturing) 사람이 되는 것이다. 육성적인 사람들은 조직 내의 타인들의 성장과 발전을 촉진시킨다. 이들은 타인들에 대해 긍정적인 시각을 갖고 있고, 지원적이며, 타인들의 훌륭한 자질을 찾아내어 육성시키려고 든다. 이와 반대로, 비육성적인(toxic) 사람들은 조직 내의 타인들의 성장과 발전에 대해 무관심하거나 방해하려고 든다. 이들은 타인들에 대해 부정적인 시각을 갖고 있고, 비지원적이며, 타인들의 좋지 못한 자질을 찾아내어 비방하거나 기를 죽이려고 든다. 예컨대, 어떤 직원의 업무상의 문제에 대해 육성적인 사람은 도와 주는 행동을 취하는 반면에, 비육성적인 사람은 도움을 거절하는 행동을 취한다. 타인들의 성장과 발전에 대해 비육성적 태도를 지닌 사람들의 말을 오래 듣게 되면, 사람들은 냉담함이나 냉정함, 우울함, 맥이 빠지는 것을 느끼기 쉽다. 즉 이들은 사람들의 기를 살려 주기보다 죽이는 사람들이다. 이와 달리, 육성적인 태도를 가진 사람들의 긍정적이고, 지원적이고, 육성적인 말을 듣게 되면, 사람들은 이 세상의 따뜻함, 생동감, 기운이 생기는 것 같은 느낌을 느끼기 쉽다. 즉, 이들은 사람들의 억눌린 기를 해방시켜 주고 북돋아 주는 사람들이다.

타인들에 대해 긍정적이고 육성적으로 되기 위한 여러 가지 전략이 있을 수 있으며, 여기에서 우리는 그것들 중의 세 가지를 강조한다.[1]

모든 사람이 갖고 있는 성장과 발전의 욕구를 인식하기

정서문제들이나 파괴적 행동패턴을 가진 소수의 사람들을 제외하고서, 거의 모든 사람이 성장하고 발전하려는 욕구를 갖고 있다. 자기실현욕구라고 일컬어지는 이러한 욕구들은 우리 사회에서 성공을 거두었거나 걸출한 업적을 내놓은 많은 역사적이거나 현존하는 인물들에서 확인할 수 있다. 유명한 정치가들, 기업가들, 학자들, 군인들, 예술가들, 스포츠맨들은 그들이 처한 역경을 극복하고서 자신의 잠재능력을 활짝 피운 사람들로서 소개되고 기술되고 있다. 이러한 욕구들은 걸출한 업적을 내놓은 사람들만이 소유한 것이 아니라, 대다수의 보통 사람들, 심지어 정신적이거나 육체적인 장애를 가진 사람들도 마찬가지로 소유한 것이다. 일상생활 속에서, 당신은 타인들이나 조직원들의 성장과 발전의 욕구를 충족시키는 것을 도와 줄 수 있다. 그것들은 타인들에게 도움이 되는 중요한 정보를 알려 주는 것, 새로운 기술을 전해 주는 것, 성공사례를 소개해 주는 것, 도움이 되는 책들이나 교육과정들을 이야기해 주는 것 등의 형태를 취할 수 있다.

동료나 타인과의 단짝관계(buddy system)를 이룩하기

우리가 어렸을 적인 초등학교나 중학교 시절에 옆자리에 앉은 급우를 짝이나 단짝이라고 일컬어 왔다. 단짝관계의 어린이들은 힘들 때에 서로 돕고, 함께 공부하거나 숙제를 하고, 함께 노는 활동을 행한다. 그렇게 함으로써 그들은 힘든 일들을 극복하고 서로 성장하고 발전하도록 돕고, 함께 즐거움을 나눈다. 이러한 단짝관계는 성인기에서도 이루어질 수 있다. 예컨대, 군대의 훈련이나 근무에서 사수와 조수 또는 짝을 이루어 훈련하거나 근무하는 사람들은 서로 돕고, 자극하고, 정신적 지원을 제공하고, 함께 노력함으로써 어려운 난관들을 극복하고 맡은 일을 성공적으로 완수해 낸다. 이러한 관계는 여러 조직들이나 기업들에서도 존재하며, 만일 존재하지 않는다면 새로이 구축될 수 있다. 조직들이나 기업들에서, 단짝관계의 사람들은 서로에게 근무에 도움이 되는 정보를 알려 주고, 개인적 성장과 발전에 도움이 되는 활동(예: 외국어학원에 다니기, 전산기술을 배우기 등)을 함께 할 수 있다. 그럼으로써, 단짝관계의 사람들은 함께 성장하고 발전할 가능성을 증가시킬 수 있다.

타인들을 위한 역할모형이 되어 주기

타인들에 대해 긍정적이고 육성적이 되어 주는 간접적 방법은 당신 자신이 타인들이 당신의 행동을 모방하거나 본받게끔 행동하는 것이다. 우리는 타인들에게 말로서 지시하거나 정보를 제공함으로써 그들의 성장과 발전을 도와 줄 수 있지만, 타인들의 성장과 발전에 대해 본보기가 되어 주는 행동을 보임으로써 또한 도와 줄 수 있다. 타인들이 당신의 행동을 본받음으로써 성장하고 발전하도록 만들기 위해서, 하나의 역할모델(role model)로서 당신은 몇 가지 자질을 갖추어야만 된다. 그것들은 강한 시민윤리와 직업윤리를 갖는 것, 개인적 온정성, 직업적 전문성과 열의, 직업인적 또는 전문가적 외모 등을 포함한다.

코치하기

코치하기(coaching)는 관리자들이나 팀리더들이 근무성적의 향상을 위하여 조직원들에게 빈번한 상호작용을 통해 지도, 통찰 및 격려를 제공하는 것이다. 전통적으로, 코치하기는 스포츠분야에서 사용된 용어이다. 스포츠분야에서, 코치들은 효과적 운동기술들을 시범보이고, 선수들을 격려하고, 우수한 행동을 강화시키고, 나쁜 행동을 찾아내어 고쳐 준다. 이제, 코치하기의 용어는 기업체들과 같은 조직들에서 하나의 유용한 개념으로 인정받고 있다. 조직들에서 코치하기는 1년에 한두 번 실시하는 업무평가의 체제를 넘어서 매일의 과정을 통해 계속적 학습을 강화하고 향상시키고자 고안된 것이다. 코치하기는 조직원들에게 한 세트의 유익한 신념들, 가치들 및 비전을 전달해 주고, 우수한 결과를 달성하기 위한 목표설정과 활동단계들을 가능하게끔 만들어 준다.

오늘날 조직들의 합병, 조직의 축소와 비용절감의 요구들 및 끊임없는 기술변화의 시대에서, 조직들은 더 적은 인적 및 물적 자원을 갖고서 더 많은 업적을 내게끔 직원들에게 기대하고 있다. 따라서, 관리자들이나 팀리더들은 조직원들의 직무의 모든 면을 일일이 감독할 수 없으며, 조직원들이 자기들이 없을 때에라도 높은 업무수행을 보이게끔 만들 필요가 있다. 코치하기를 통해, 관리자들이나 팀리더들은 감독자나 상사로서보다 촉진자나 능력제공자처럼 행동함으로써, 조직원들의 능력과 창의성을 해방시키고, 그 결과로 조직원들의 사기와 생산성과 아울러 대인적 업무관계를 향상시킬 수 있다.

코치하기의 이점들

전통적 조직들에서, 직원들은 상사나 감독자의 지시, 의사결정 및 통제에 의지해서 일해 왔다. 오늘날의 더 유동적이고 덜 위계적인 조직환경은 다른 근무철

학이나 마음자세를 요한다. 경쟁력을 계속 유지하기 위해, 조직들은 지도적 직위에 있는 사람들만이 아니라, 모든 조직원들의 창의적이고 시너지적인 잠재능력을 활용할 필요가 있다. 리더와 직원들 간의 관계가 전통적인 상사와 부하 사이의 관계가 아니라, 파트너관계와 더 비슷한, 즉 상사가 코치와 더 비슷한 상황을 조성하고 적응함으로써, 조직원들이 잘 되고 조직들의 경쟁력과 생존을 유지시킬 수 있다. 개인들과 조직에 대한 코치하기의 몇 가지 특수한 이점은 아래와 같다.[2]

코치하기는 조직원들의 직위에 관련된 두려움을 감소시키고 팀중심적 시각을 갖게끔 만든다

코치하기에서 협력, 파트너십 및 상호 성장을 강조함으로써 "관리자 대 부하직원"이라는 위계적 지각이 감소되고 "함께 성취시킬 수 있다"는 팀중심적 시각이 증가된다.

코치하기는 조직원들에게 자신이 "피사용자"라기보다 조직의 일부분이라고 느끼게끔 만든다

위계적 조직풍토 속에서, 조직원들은 두려움과 위협에 기인된 피동적 동기원들에 의해 주로 영향받는다. 파트너십을 강조하는 코치하기의 조직풍토 속에서 조직원들은 상호 존중과 라포르(rapport; 친근한 관계)가 있는 건설적이고 존중하는 환경 속에서 즐겁게 근무한다. 그 결과로, 그들은 자신이 소속한 조직에 대해 오너십(ownership)을 갖고서 조직의 업적과 성공을 위하여 최대로 기여하려고 든다.

효과적 코치하기는 조직원들의 기술과 능력을 감소시키기보다 증가시킨다

코치하기에 있어서, 조직원들에 대한 두 가지 시각이 작용하기 쉽다. 하나의 시각은 조직원들의 실수와 단점과 같은 부정적 측면들을 주로 보는 것이다. 이와 반대되는 시각은 조직원들의 우수함과 장점이나 잠재능력과 같은 긍정적 측면들을 주로 보는 것이다. 효과적 코치하기는 후자의 시각을 취하는 사람들에서 이루어진다. 즉, 이들은 개인과 조직의 한계들보다 가능성들에 대해 더 많은 주의를 기울이고, 그 결과로 그들의 조직원들의 기술과 능력을 증가시킨다. 임진왜란 당시에, 이순신 장군은 전라남도의 울돌목전투에서 12척의 배를 갖고서도 20배가

넘는 왜군을 무찔렀다. 이순신 장군은 12척을 한계로서가 아니라 가능성과 잠재능력으로 보았고, 그 결과로 위대한 성공을 거둔 것이다.

훌륭한 코치하기는 조직원들의 성공에 대한 개인적 장애들을 극복하게끔 돕는다

훌륭한 코치들은 직원들에 대해 목표설정과 건설적 피드백을 사용한다. 그럼으로써, 그들은 성공에 필요한 자기 가치와 존중의 느낌들을 북돋아 주고 성공에 대한 걱정들과 장애들을 극복하도록 용기를 북돋운다.

팀상황에서, 코치하기는 팀 내의 의사소통을 향상시키고 갈등의 효과적 관리를 위한 틀을 제공해 준다

코치하기는 팀원들에게 팀과정들에 대한 통찰과 지원을 제공함으로써, 팀목표들과 몰입을 강화시켜 준다.

코치하기는 조직원들에게 상호 코치하기를 고무시킨다

코치하기를 통해, 조직원들이 신뢰받고 지원받는다는 것을 느낄 때, 그들은 다른 직원들을 더 많이 지원하고 관리측에 대해 더 많은 신뢰를 갖게 된다. 그 결과로, 그들은 더 많은 과업모험성을 갖고 조직문제들에 대한 창의적 해결책을 제안할 가능성이 더 많게 된다.

코치하기는 개인들과 팀들에 대한 이점을 넘어서, 조직 전체에 대해 많은 이점을 제공한다

코치하기는 사람들이 존중받고 신뢰받고자 하는 욕구를 충족시킴으로써, 사기를 진작시키고 조직에 대한 몰입을 증가시켜 준다. 그 결과로, 조직의 인력 충원과 확보가 향상되게 된다. 또한 조직 내외의 의사소통을 향상시키고, 조직의 창의성을 향상시키고, 공유된 시각의 구축을 촉진시킨다.

효과적 코치들의 특징

효과적 코치들은 조직에 대한 직원의 헌신을 구축하는 것을 돕는 정신자세, 가치 및 기술을 갖고 있다. 코치하기는 단순한 코치철학만을 갖는 것으로 충분치

못하다. 의사소통, 목표설정 및 피드백(수행결과의 정보제공)에 대한 기술들을 갖는 것이 또한 필요하다. 효과적 코치들은 아래의 특징들이나 능력들을 갖고 있다.[3]

조직원들의 최선의 수행을 낳게끔 만들려는 욕망

효과적 코치들은 조직원들의 욕구들의 충족을 지원하고, 선택들을 행하게끔 만들고, 몰입을 증진키시고, 자기표현의 기회를 제공한다.

건설적 피드백을 제공해 줄 수 있는 능력

효과적 코치는 조직원들에게 기술적 결함이나 실수와 같은 부정적 수행정보와 기술향상에 관한 긍정적 수행정보를 제공해서, 자신의 단점들과 장점들을 이해할 수 있게끔 해 준다. 그들은 수행문제들에 관해 조직원들과 대면해서 대화할 수 있고, 조직에 대한 기여를 인정해 준다.

정직성과 신뢰성

효과적 코치들은 자기 자신을 이해하고 조직원들에 대한 자신의 영향을 잘 알고 있다. 그들은 자신의 신뢰성, 높은 업무기준들, 상호적 관계의 발전능력 및 지혜의 공유 의사를 행동을 통해 보여 준다.

실패나 실수에 대해 개인보다 문제에 초점을 둠

효과적 코치들은 실패나 실수에 대해 개인의 성격보다 과정과 문제에 대해 초점을 둔다. 그들은 과정과 문제의 측면에서 해결방법을 찾으려고 들며, 해결노력에 관여되고 협력해서 해결책을 찾는다.

의사소통기술

효과적 코치들은 열린 의사소통을 유지해서, 조직원들이 비난이나 보복의 두려움이 없이 문제들과 아이디어들을 제시하게끔 고무시킨다. 이와 같은 대화들은 양자간의 신뢰와 몰입을 향상시킨다.

조직의 욕구와 개인적 욕구의 고려

효과적 코치들은 조직의 욕구와 목표의 달성과 아울러 개인들로서의 조직원들의 욕구들을 고려한다.

책 임 감

효과적 코치들은 자신의 행위와 그 결과들에 대해 전적인 책임을 지며, 조직원들도 마찬가지로 책임을 지도록 고무시킨다.

건설적 갈등관리

효과적 코치들은 조직원들 간의 개인적 갈등을 제지하고, 업무개선과 창의성을 위한 아이디어들의 충돌을 고무시킨다. 그들은 업무수행에 대한 팀접근을 강조하고 모든 당사자들 간의 이해를 촉진시킨다.

코치의 기술들과 기법들

위에서 취급된 효과적 코치들의 특징들은 효과적 코치들이 갖고 있는 일반적 자질들, 즉 정신자세, 능력들 및 태도들에 초점을 둔 것이다. 이제, 실제적 장면에서 조직원이나 팀을 코치할 때에 사용할 수 있는 특수한 기술들과 기법들을 살펴보자. 이하에서 우리는 10개의 제안을 기술한다.[4] 이러한 제안들은 당신 자신이 코치받는 사람에 대해 공식적 권위를 갖고 있고, 긍정적이고 도움을 주려는 태도를 갖고 있을 경우에 실천하기가 더 용이할 것이다. 여기에서 제시된 제안들과 의사소통에 관한 2장에서 제시된 효과적 듣기를 위한 제안들을 종합해서 사용하라.

특수한 피드백을 제공한다

개선해야 될 일반적 사항들 대신에, 관심을 두는 특수한 영역들을 지적한다. 일반적 사항의 예는 "당신은 당신의 직무에 대해 열중하지 않는 것 같아"와 같은 말이다. 동일한 문제에 대한 특수한 지적은 "당신은 몸이 불편해서 결근하는 날들에 전화를 걸지 않았어요. 이런 식으로 당신은 팀의 사기를 줄이고 있어요"라고 말하는 것이다. 일반화들을 최소화시키는 한 가지 방법은 "당신은 항상 팀의 사기를 줄이고 있어요"라고 말하는 것과 같은 과장하기를 피하는 것이다. 특수한 피드백은 때로는 행동적 피드백(behavioral feedback)이라고 일컬어지는데, 이는 이것이 개인적 특징들이나 태도들보다 행동을 지적하기 때문이다. "직무에 대해 열중하지 않아"라는 말은 어떤 태도에 초점을 두는 반면에, "전화를 거는 것을 등한시했어요"라는 말은 행동을 지적한다.

코치받는 사람에게 이야기하게끔 고무시킨다

훌륭하게 듣는 것의 일부분은 코치받는 사람에게 이야기하게끔 고무시키는 것이다. 코치받고 있는 사람에게 폐쇄적 질문보다 개방적 질문을 제시한다. 폐쇄적 질문은 "예"나 "아니오" 식으로 답변할 수 있는 것인 반면에, 개방적 질문은 자유롭게 자기표현을 할 수 있는 것이다. 예컨대, "당신은 e-메일을 사용하는 방법을 알고 있어요?"라는 질문은 폐쇄적 질문이다. 이와 달리, "당신이 e-메일을 사용하는 데에 부딪치는 가장 큰 문제들은 무엇인가요?"라는 질문은 개인의 문제들을 자유롭게 제시할 수 있으므로, 개방적 질문이다. 각각의 코치하기 세션을 시작하기 위한 하나의 유용한 기법은 코치받는 사람의 사고를 자극시키는 어떤 질문을 갖고서 시작하는 것이다.[5] 예컨대, 고객들을 상대하는 직원에게 "고객들의 불만을 줄이기 위해 당신은 어떤 아이디어를 갖고 있습니까?"라고 질문할 수 있다.

강력한 질문을 행한다

코치의 하나의 큰 역할은 코치받는 사람이 행하거나 사고하는 것의 장·단점들을 철저하게 생각하는 것을 돕는 강력하거나 핵심을 취급하는 질문을 행하는 것이다. 강력한 질문은 문제의 핵심을 파악하고 해결책을 찾게끔 만들어 주는 것이다. 예컨대, 강력한 질문은 "당신의 비용이 많이 드는 아이디어를 뒷받침하기 위해 당신은 어떤 근거들을 대려고 합니까?"일 수 있다.

정서적 지원을 제공한다

도움이 되고 건설적으로 됨으로써, 당신은 직무수행의 향상에 있어서 도움이 필요한 사람에게 매우 많이 필요한 정서적 지원을 제공해 준다. 코치세션은 심문처럼 되어서는 안 된다. 정서적 지원을 제공하는 효과적 방법은 부정적 동기원들보다 긍정적 동기원들을 사용하는 것이다. 예컨대, 팀리더는 팀멤버에게 "만일 당신이 기계의 고장의 원인을 찾아낸다면, 당신은 기계반장직의 승진후보가 될 것입니다"라고 말할 수 있다. 부정적 동기원은 "만일 당신이 기계의 고장의 원인을 찾아내지 못한다면, 당신은 업무수행평가에서 큰 감점을 받을 것입니다"라고 말하는 것이다.

약간의 건설적인 충고를 제공한다

너무 많은 일방적인 충고 제공은 두 사람 간의 양방향적 의사소통을 방해하지만, 약간의 충고는 수행향상을 일으킬 수 있다. 코치받는 사람에게 "이 문제에 대해 내가 할 수 있는 것이 무엇인가?"라는 질문에 대해 답변할 수 있게끔 충고해 준다. 어떤 질문이나 가정적 진술의 형태로 충고해 주는 것이 흔히 효과적이다. 한 예는 "당신의 문제의 근원은 당신이 제품 사용자 매뉴얼을 공부하지 않았는 데에 있지 않을까요?"이다.

당위(should)보다 선택(could)을 강조한다

코치받는 사람에게 향상하도록 지시할 때, 그 사람이 어떤 일을 "해야만 된다"라기보다 "할 수 있다"고 말한다. "해야만 된다"고 말하는 것은 그 사람에게 도덕적으로 어떤 잘못이 있다는 것을 함의한다. "할 수 있다"고 말하는 것은 그 사람에게 당신의 제안을 수용하거나 거부하고 그 결과들을 고려할 선택권을 제공한다.

일어나고 있는 바를 해석한다

코치하는 사람에 의해 제시된 해석은 코치를 받는 사람이 특정의 방식으로 행동하고 있는 이유에 관한 하나의 해석이나 설명이다. 이 해석은 코치를 받는 사람에게 문제의 본질에 관한 통찰을 제공하기 위해 마련된 것이다. 만일 이러한 해석이 정확한 것이라면, 훈련받는 사람은 문제의 행동을 용이하게 수정할 수 있을 것이다.

훌륭한 수행을 막는 장애들을 제거시킨다

좋지 못한 업무수행의 많은 문제들이 근무자의 통제력 밖에 있는 요인들에 의해 발생된다. 감독자나 팀리더는 그러한 문제들을 해결해 주려는 의사를 보여줌으로써, 도움을 주고 건설적인 태도를 보여 주고 정서적 지원을 제공한다. 예컨대, 코치받는 사람이 손이 딸려서 업무를 완수하지 못한 경우에는 보조인력을 제공해 줄 수 있다.

원하는 업무수행과 행동에 대한 모델링을 제공한다

하나의 효과적 코치기법은 코치받는 사람에게 바람직한 행동의 실례를 행동으로 보여 주는 것이다. 작업도구나 고객들을 취급하는 데에 서투른 사람을 위해, 코치하는 사람은 작업도구를 다루는 방법을 시범보이거나 고객들을 처리하는 방법을 몸소 시범보인다.

목표설정을 돕는다

코치하기의 주요 부분은 코치받는 사람들이 목표를 설정하는 것을 돕는 것이다. 조직과 관리자들은 직원들의 목표달성에 대해 결정적 영향을 준다. 직원들에 대해 목표는 유의미하고 보수를 제공하는 것이 바람직스럽다. 유의미한 목표는 직원들이 가치를 두고 흥미있는 목표로서, 직원들의 목표달성에 대한 내재적 동기를 높이는 것이다. 목표가 외부적 보수(예: 인정, 수당 또는 기타의 경제적 보수)를 줄 때, 직원들의 목표달성에 대한 외재적 동기를 높이게 된다.

목표설정은 유의미하고 보수를 제공하는 것만으로 충분하지는 않다. 기본적으로, 목표는 달성가능해야만 되며 그것은 SMART(특수하고, 측정가능하고, 달성가능하고, 현실적이고, 시간이 규정된)한 것일 때에 달성되기가 더 쉽다.[6]

멘터하기

멘터하기(mentoring)는 멘터(menter)와 멘티 또는 프로우터제이(mentee 또는 protégé) 사이의 독특한 인간관계로서 정의되어 왔다. 멘터하기는 직장에서 사용되는 하나의 전문용어가 되어 왔다. 멘터는 일반적으로 경험이 적은 사람에게 지원과 경력에 관한 충고를 제공하는 데에 관여되어 있는 고급의 경험과 지식을 가진 사람이라고 정의된다. 여기에서 경험이 적은 사람은 멘티(또는 protected; 피보호자)이다. 따라서, 멘터는 대개 멘티보다 상위의 직위에 있으며 훨씬 더 나이가 많다. 만일 당신이 직업적 측면에서 다른 직원보다 경험이 더 많고 현명하다면, 당신은 멘터의 자격을 갖고 있을 수 있다. 개인의 입장에서, 한 명 이상의 멘터를 갖는 것이 직무와 경력의 기술들을 발전시킬 기회를 증가시킬 것이다.[7]

조직들에서 멘터링을 공식화하는 것의 인기가 최근에 증가되어 왔다. 점점 더 많은 회사들이 멘터링 프로그램의 실시의 보상을 얻고자 하고 있다. 실제로, 미국의 100대 우량기업들 중의 60개 기업들이 공식적 멘터링 프로그램을 실시했다. 멘터링 프로그램들은 여러 조직들에서 일반 직원들의 성장과 발전을 돕기 위해서뿐만 아니라, 여성직원들의 성장과 확보, 신입직원들의 채용, 재능 있는 직원들의 유인과 확보, 대학생들이나 대학원생들의 취업을 위해 실시된다. 멘터링은 또한 직업상황 밖에서도 인정받는 제도가 되고 있다. 예컨대, 직장인들은 지역사회의 청년들에 대한 멘터가 되어 주어서, 학생들이 학교에서 성공을 거두고 범죄와 약물사용의 위험으로부터 벗어나게끔 도와 줄 수 있다.

멘터링의 이점들

오늘날 멘터링에 대한 관심이 증가되고 있는 것은 멘터링이 조직과 아울러 멘터링관계의 참가자들에 대해 유익하다는 사실에 기초된다. 무한경쟁의 시대에서, 조직들은 직원들을 귀중한 자원들로서 간주하고 있다. 고도로 능숙하고 헌신적인 직원들을 확보하려는 경쟁이 치열해짐에 따라, 조직들은 현재의 직원들의 성장과 발전에 대해 더 많은 관심을 기울이고 있다. 조직들의 경쟁성뿐만 아니라, 조직의 규모 축소와 급속한 기술변화들은 조직원들의 경력변화(예: 조기 명퇴)를 불가피하게끔 만든다. 그리고 이러한 경력변화들에 있어서, 멘터링관계가 도움을 줄 수 있다. 즉, 멘터들은 멘티들에게 특수한 기술을 배우고 영향력 있는 의사결정자들과의 연결을 확립시키는 데에 도움을 줄 수 있다.

기본적으로, 멘터링관계는 멘티들에게 많은 이점을 제공한다. 멘티들과 비(非)멘티들을 경험적으로 비교한 연구들은 멘티들이 더 많이 승진하고, 더 높은 소득을 갖고, 더 높은 경력만족을 갖고, 더 높은 직무만족을 갖고, 이직할 의사가 더 적다는 것을 확증했다.[8] 멘티들에 대한 멘터링의 특수한 이점은 다음과 같다.[9]

- 경력과 리더십의 발전: 경력준비와 리더십훈련
- 자신감, 자기인식 및 성장의 증가
- 지식의 상호 나눔과 관계향상
- 친구관계들의 발전: 가치 있는 접촉들을 제공해 주고 관계망들 내에서 연합들을 확장시킬 수 있다.
- 대인관계기술의 발전: 유경험자와 함께 작업함으로써, 멘티들은 관찰과 연습에 의해 배운다.
- 손상을 줄 수 있는 경험들로부터 개인과 조직을 보호함
- 조직 내의 이동에 필요한 조직의 운영에 관한 가치 있는 내부 정보, 즉 비공식적 운영에 대한 통찰의 획득
- 시간절약: 멘티들에게 타인들의 경험으로부터 배우도록 만듦으로써 그들은 스스로 배워서 깨닫을 필요가 없다. 따라서, 그들은 발전과정을 촉진시키고 학습에서 도약할 수 있다.

멘터링관계는 또한 멘터들에 대해서도 많은 이점을 제공한다. 멘터링은 배우는 중에 가르치고, 가르치는 중에 배우는 상호적 과정인 것으로 발견되어 왔다. 멘터들은 멘터링관계에서 대인관계기술을 연마하고, 자신의 아이디어와 지각에 대한 통찰을 얻고, 다양한 경험을 통해 자신의 인식을 증가시킬 수 있어 왔다. 멘터들에 대한 멘터링의 특수한 이점은 다음과 같다.[10]

- 학습의 공유와 긍정적 결과들을 경험함
- 타인을 돕는 것에서 얻는 개인적 만족
- 인내심, 통찰 및 이해를 발전시킴
- 자기 자신과 상이한 문화적, 사회적 및 경제적 특징들에 접할 수 있음
- 자신의 리더십과 의사소통 기술들을 향상시킴
- 훈련, 교육 또는 상담을 포함하는 장래의 경력선택들을 위한 개인적 경험을 얻음
- 자신의 조직에 대한 미래의 요구들에 합치되게끔 직원들을 훈련시켜서, 조

직의 미래의 경쟁성을 보장함

멘터링 프로그램들은 멘터링관계에 대한 참가의 이점들뿐만 아니라, 조직의 다양한 프로그램들을 위해 응용가능한 이점을 제공한다. 개인의 승진기회를 증가시키는 것으로 판명되어 온 멘터링 프로그램들은 이제 많은 회사들에서 모든 직원에게 제공되면서, 소수 인종들과 여성들에 대해 강조를 둔다. 기업들은 멘터링 프로그램을 제공하는 것이 소수 인종들과 여성들의 업무수행과 승진율을 증가시키고, 자신감을 구축하고 사기를 진작시키는 하나의 우수한 방법이라는 것을 발견해 왔다. 조직들과 아울러 조직원들에 대한 이러한 이점들은 대학들과 대학원들과 같은 고등교육기관들, 경찰서들, 미국의 더글라스 항공사, 모토로라 및 코카콜라와 같은 유명한 회사들을 포함하는 다수의 다양한 조직들이 그 구조와 과정들 속에서 멘터링을 통합시켜 온 현상들에서 반영되고 있다.[11]

멘터링의 문제점들과 한계점들

조직과 조직원들에 대한 멘터링 프로그램의 가치를 부인하기는 곤란하다. 특히, 계속적으로 복잡하게 변화하는 조직환경에서 그러하다. 하지만, 멘터링은 기대된 긍정적 효과를 항상 갖지는 못한다. 조직들과 조직원들은 멘터링관계의 구축과 유지에 관련된 한계점들과 가능한 장애들을 인식해야만 된다. 멘터링의 문제점들과 한계점들의 몇 가지가 아래에 요약되어 있다.

역기능적인 멘터링관계들의 존재

친구들과 애인들과 같은 가까운 관계들이 잘 되어가지 않는 것과 꼭 마찬가지로, 멘터링관계들도 잘 되어가지 않을 수 있다. 멘터와 멘티 사이에서 상호의존, 권력남용 또는 부적절한 친밀성과 같은 역기능들이 발생할 때에, 조직과 조직원들은 멘터링관계들을 재정립시키거나 해체시킬 필요가 있다. 특히, 멘티가 멘터에 대해 과도하게 복종적일 때에 멘터링관계는 원만하게 유지되지 못하게 되기 쉽다. 이러한 문제는 멘터링관계 속에 있는 두 사람이 모두 동일한 명령계통 속에 있을 때에 특히 발생되기 쉽다. 멘티는 멘터의 지위에 내재된 권력을 두려워하게 되고, 멘터에게 과도하게 복종적으로 된다. 그 결과로, 멘티는 멘터의 견해에 대해 부동의하는 것이나, 관련된 부정적 정보(예: 업무수행에 관한 걱정거리들)를 공유하는 것을 꺼릴 수 있다.

멘터링관계 속의 두 사람의 잘못된 짝지움

멘터링관계에 참가하는 두 사람의 기대들과 역할들이 불합치되는 짝지움이 발생할 수 있다. 멘터가 멘티가 원하는 기술들이나 자원들을 부족하게 갖고 있거나, 기대했거나 약속된 것보다 더 적은 시간과 관심을 멘터가 제공할 경우에 두 사람 사이의 만족스러운 관계는 유지되기 어려울 것이다.

멘터의 시간부족

멘터들이 도움을 주려는 동기가 매우 높을지라도, 여러 가지 사정으로 멘티에게 기울일 개인적 시간이 부족할 수 있다. 조직들이 멘터링 프로그램을 고안하고 실시할 때, 대개 소요되는 시간부담을 고려할 수 있다. 그러나 멘터들이 고려된 시간부담을 초과하는 직위로 승진하거나, 새로운 프로젝트에 관여될 수 있다. 그러한 경우에, 멘터들은 잘 도와 주지 못하는 것에 대해 죄의식을 느낄 수 있으며, 멘티는 자신의 지원체제가 잘 가동되지 않는 것에 대해 당황과 불만을 느낄 수 있다.

멘티의 승진과 성공이 멘터에 대해 위협이 되는 것

멘티가 승진하거나, 더 큰 책임을 맡거나, 더 높은 직위로 승진할 경우에 멘터는 위협당함을 느끼고 멘티를 하나의 경쟁자나 라이벌로서 볼 수 있다. 그 결과로, 멘터는 오히려 멘티의 경력발전을 방해하려고 들 수 있다. 이러한 현상은 두 사람이 동일한 조직과 기능 속에서 근무할 때에 일어나기 쉬우며, 멘터가 조직 내에서 개인적이거나 조직적 지위의 보장이 부족할 때에 특히 일어나기 쉽다.

멘터의 부정적 행동의 모방

멘터들이 많은 바람직스러운 장점들을 갖고 있을지라도, 그들은 완전한 모범을 보이지 못할 수 있다. 그들은 때로는 부정적 근무스타일들과 나쁜 습관들을 무심코 보일 수 있으며, 이것은 멘티에 의해 모방될 수 있다.

적절한 멘터의 부족

소수인집단들(예: 여성들)에 대해, 조직 내의 고위직의 멘터자원이 부족할 수 있다.

멘터링 프로그램에 대한 조직의 지원부족

조직들은 대내외적으로 많은 위협에 직면하기 쉽고, 그에 대한 대처에 급급하게 된다. 이러한 상황에서, 조직원들의 잠재능력을 개발하는 일은 뒷전으로 밀리게 된다.

효과적 멘터들의 특징

조직들의 내외에 있는 사람들의 잠재능력을 개발하게끔 만드는 멘터들의 특징들이나 자질들이 있을 것으로 가정되고 있다. 이 분야의 한 전문가는 효과적 멘터들이 소유한 특징들의 목록을 제시했는데, 그것들은 멘터가 되려는 의사와 욕망으로부터 우수한 대인관계기술까지의 범위를 갖는다.[12]

- 직업에 대한 전문성, 경험 및 성공
- 직업에 대한 열의와 순수한 흥미
- 타인들을 돕는 데 대한 욕망과 정력
- 타인들을 도울 수 있는 시간
- 다양한 상황에서 타인들과 관계맺는 능력
- 훌륭한 대인관계 기술들: 훌륭한 듣기기술, 높은 정서지능수준 또는 타인들과 상황들을 파악하고 적절하게 행동할 능력
- 솔직하고, 세부적이고, 건설적인 피드백을 제공하는 기술들
- 타인들을 위한 일에 있어서 지원적임
- 다양한 집단의 사람들과 함께 일을 잘하는 능력
- 자신과 타인들에 대한 높기는 하지만 성취가능한 업무수행기준들
- 지지않으려고 애쓰는 것에 대한 가치
- 자신의 멘티에게 직업인들의 폭넓은 관계망에 대해 접촉시키고 조직규범들

에 관한 정보를 나누어 주려는 의사
• 멘티와 상대하고 있을 때에 공사를 분리시키는, 즉 개인적 욕구와 직업적 태도를 분리시키는 능력

멘터링관계는 기본적으로 멘터와 멘티의 두 사람 사이의 관계이다. 따라서, 효과적인 멘터링관계는 멘터의 특징들에 의해 일방적으로 결정되지 않으며, 멘터의 특징들과 멘티의 특징들의 상호작용이나 조합의 결과들에 의해 결정될 것이다. 아마 훌륭한 멘터의 특징들과 비슷하거나 동일한 특징들이 훌륭한 멘티의 특징들을 이룰 것이다. 여기에서, 우리는 훌륭한 멘티의 특징들보다 훌륭한 멘티가 되기 위한 특수한 기법들이나 방법들에 초점을 둔다. 그것들은 다음과 같이 정리될 수 있다.[13]

① 멘터의 시간제약을 존중한다. 다수의 표면적이거나 피상적 논의들보다 소수의 질 높은 만남에 초점을 둔다.
② 항상 직업적으로 행동한다. 정규 근무시간 동안에 공적 장소에서만 만난다.
③ 현실적이다. 멘터가 멘티의 승진과 진급 기회를 보장하지는 않는다는 점을 인식한다. 멘터는 멘티에게 조직의 운영방식에 관한 통찰을 제공하고 조직과 멘티의 경력에 관한 결정방식들을 이해하는 것을 돕는 사람일 뿐이다.
④ 신중하게 선택한다. 조직 내에서 존경받고 조직과정을 잘 알고 있는 멘터를 선택한다.
⑤ 멘터링관계를 양방향적이게끔 만든다. 멘터가 조직에 대한 멘티의 이해에 도움을 주고 있는 데 대해 멘티는 자신이 재직하고 있는 조직에 대한 멘터의 이해에 대해 도움을 준다.
⑥ 신뢰성을 보인다. 항상, 멘터가 멘티에게 나누어 준 민감한 조직정보를 비밀로 유지한다.
⑦ 멘터가 멘티에게 제공하는 모든 피드백을 겸손하게 수용한다.
⑧ 개인적 문제가 아니라, 직업적 관심을 논의한다.
⑨ 두 종류의 멘터를 구할 수 있다. 한 사람은 성별이나 인종에 관계없이 조직에 관한 확실한 정보를 제공해 줄 수 있는 조직 내의 상급자이고, 다른

사람은 조직 내에서 멘티와 동일한 성별이나 인종의 사람에 대해 특히 도움이 될 수 있는 동일한 성별이나 인종의 사람이다.

멘터링관계의 유형들과 단계들

멘터링관계들은 공식적이거나 비공식적일 수 있다. 공식적 멘터링관계들은 조직의 공식화된 프로그램을 통해 조직이나 기관에 의해 임명된 관계들이다. 멘터들은 공식적으로 임명되고, 따라서 공식적 멘터들(formal mentors) 또는 조직적 멘터들(organizational mentors)이나 관리적 멘터들(managerial mentors)이라고 일컬어진다. 멘터들과 멘티들 사이의 관계는 공식적인 짝지우기 과정과 일부의 조직적 힘(예: 인사과)의 도움을 통해 이루어진다. 공식적 멘터링관계들은 대개 일정한 시간범위, 관계종식방법 및 한 개나 그 이상의 점검시점들을 갖고 있다.

비공식적 멘터링관계들은 공식적 지명이 없이 자연스럽게 이루어진 관계들이다. 우리는 어느 한 때에 비공식적 멘터링관계에서 멘터나 멘티의 역할을 행한 적이 있다. 예컨대, 우리는 나이 어린 동생이나 새로 전학 온 급우에게 자전거타기나 테니스의 기술들을 가르쳤거나, 학교생활에 적응하도록 도와 주었을 수 있다. 따라서, 우리의 대부분은 비공식적이거나 동료관계(peer relationship)에 관여되어 왔다.[14] 이러한 관계들은 특별한 계획이 없이 자연적으로 발전한다. 이것들은 멘터와 멘티가 서로를 발견하고, 자기들의 관계의 조건을 협상할 때에 시작된다. 예컨대, 어떤 사람은 다른 사람에게 충고를 구하고, 어떤 사람은 다른 사람의 잠재능력을 미리 알아채고서 자신의 지도를 받도록 제안할 수 있다. 비공식적이거나 동료관계에 관여된 사람들의 관계에 대한 몰입수준, 강도, 이슈들의 유형 및 욕구들에 기초해서 3가지 유형의 관계들이 확인되었고, 이것들은 한 개의 연속선상에서 나타내질 수 있다.[15]

정보적 동료들(informational peers)

이들은 직무나 조직에 관한 정보를 교환함으로써 가장 많은 이익을 얻는다. 이 관계는 낮은 자기개방과 신뢰의 수준들을 갖고, 시간과 지원에 대한 요구가 적다.

협의적 동료들(collegial peers)

이들은 신뢰와 공유가 더 많고 직무를 넘어서는 가족과 개인 문제들을 포함하는 이슈들을 다소 함께 나눈다. 이들은 직접적이고 정직한 피드백을 구하고 받는다.

특별한 동료들(special peers)

이들은 신뢰, 자기개방 및 자기표현의 수준이 높다. 이들은 아이디어를 함께 나누고, 여러 이슈들에 대해 충고하고, 딜레마, 공포 및 걱정을 교환한다. 비공식적이거나 동료관계가 특별한 동료관계로 발전할 때, 더 많고 깊은 멘터링기능들이 이루어진다.

공식적 및 비공식적 멘터링관계들 이외에, 공동 멘터링관계(co-mentoring relationships)의 발전이 있다. 이러한 유형의 관계에서, 각자는 멘터인 동시에 멘티이다. 경험이 더 많은 멤버는 조직과 기업체에서의 자신이 전문성과 경험을 나누어 주고, 더 신입자이거나 경험이 더 적은 멤버는 자신이 갖고 있는 새로운 기술이나 아이디어를 나누어 준다. 멘터링관계들은 대개 영원히 지속되지는 않는다. 이것들은 시간에 따라 성질이 변화되며, 4개의 단계로 기술될 수 있다.[16]

소개 및 개시(orientation and initiation)단계

이 단계에서 두 사람은 서로 역할들을 지명받거나 선택하고, 정보를 제공하고, 신뢰를 구축하기 시작한다. 이 단계는 6 내지 12개월 지속되며, 이 기간 동안에 시초의 소망들이 실현되고(예: 코치가 제공됨) 양측에 대해 관계가 중요해진다. 전통적 관계들은 한 조직 내에서 대면해서 시작된다. 그러나 기술발전에 따라 원거리의 파트너들이 e-메일이나 기타의 방법들(예: 전화 또는 비디오 회의)을 사용해서 새로운 형태의 관계들을 발전시킨다.

육성(cultivation)단계

이 단계 동안에 관계는 양측에 대해 더 많은 보수를 제공한다. 멘티들은 지식과 통찰을 얻고 멘터들은 충성심을 얻고 남을 도와 준다는 느낌을 얻는다. 이

단계는 1년 내지 5년 동안 지속될 수 있다. 양측에 대해 경력과 심리사회적 지원들, 상호 신뢰, 아이디어의 공유, 도전하기 및 학습상에서의 계속적 성장과 발달이 있다.

이별(separation)단계

대부분의 멘터링관계들은 대개 몇 년 후에 사라진다. 이 단계에서 멘티는 더 많은 독립성을 가질 준비가 되어 있고 더 자율적으로 일하며, 멘터도 또한 경력상에서 중요한 변화(예: 퇴직)를 경험할 수 있다. 그렇지 않으면, 양측이 직업을 바꾸어서 상호 간에 지리적 및 심리사회적 거리를 갖게 된다. 상대하는 기회가 제약받게 될 때, 양측은 공식적 관계에서 철수하거나, 관계에 몰입되어 있을 경우에는 관계를 지속할 수도 있다.

재정의(redefinition)단계

이별의 성질에 따라 양측은 흔히 멘터링관계를 재규정한다. 전형적으로, 멘터의 일이 완수되었으며 양측에 대해 동료로서의 지위가 성취되었다. 멘티들은 자신의 멘터에 대해 감사를 표시하고, 멘터는 자신의 멘티를 동료나 친구와 비슷하게 동등한 사람으로 대한다.

멘터링의 기술들과 기법들

기본적으로, 멘터링은 직업분야의 내외에서 경험이 적은 사람에게 믿음직한 친구, 코치 및 교사가 되어 주는 것에 관련된 광범한 돕기행동을 행하는 것이다. 멘터들이 행하는 멘터링의 특수한 기술들이나 행동들은 다음과 같이 요약될 수 있다.[17]

후원해 주기

멘터는 진급들과 좋은 직위들에 대해 멘티를 적극적으로 추천하거나 지명한다. 어떤 경우들에서, 멘터는 감독자나 팀리더 또는 특별 과업에 대해 멘티를 추천하거나 지명하도록 요구받는다.

코치해 주기

멘터는 멘티의 기술향상을 위해 현장지도를 실시한다. 코치하기는 타인들을 도와 주는 매우 중요한 행동이다.

보호하기

멘터는 멘티가 잠재적으로 유해한 상황이나 상사로부터 피해를 입지 않게끔 보호해 준다. 예컨대, 멘터는 멘티에게 "오늘 그의 상사의 기분이 몹시 나쁘므로, 모임에서의 발표에 대해 완벽하게 준비하는 것이 좋을 것"이라는 정보를 제공해 준다.

도전적 과제를 함께 수행하기

팀의 한 멤버는 대개 다른 멤버들에게 과제들을 부과하지는 않지만, 어떤 상황들에서 멘터는 자신의 멘티가 어떤 곤란한 과업을 도와 주도록 요청할 수 있다. 그 다음에 멘터는 자신의 멘티의 수행에 대한 피드백을 제공할 것이다. 이러한 높은 요구들의 목적은 멘티에게 매우 느리게 작업하는 것보다 더 신속하게 작업하도록 발전시키는 것을 돕기 위한 것이다.

소개자로서 행동하기

멘터는 때로는 어떤 특수한 문제에 대해 도움을 주기 위해 회사 내외의 도움을 줄 수 있는 사람들에게 멘티를 소개해 준다. 예컨대, 멘티는 자신이 담당한 기계설비의 개선방법을 알아내고 싶을 수 있다.

역할 모델링

멘터가 되는 것의 하나의 중요한 부분은 멘티에게 본뜰 수 있는 가치들과 행동들의 패턴을 제공하는 것이다. 역할모델이 되는 것에 포함된 몇 가지 특수한 행동들이 긍정적인 양육적인 사람이 되는 것과 관련해서 이미 앞에서 기술된 바 있다.

지원과 격려를 제공해 주기

멘터는 단순하게 지원과 격려를 제공해 줌으로써 도움을 줄 수 있다. 그 다음에, 멘티는 찬사를 제공하고 멘터의 아이디어들을 방어해 줌으로써 멘터를 지원할 것을 기대받게 된다. 예컨대, 어떤 팀미팅에서, 멘티는 "나는 김계장님의 아이디어들이 훌륭한 효과를 낼 것으로 생각됩니다. 우리는 그것들을 시도해 보는 것이 좋겠습니다"라고 발언할 수 있다.

상담해 주기

멘터는 멘티의 문제를 들어 주고 충고를 제공한다. 상담을 제공하는 것이 타인들을 돕는 데에 있어서 하나의 핵심역할을 한다.

친구관계를 제공하기

우선적으로, 멘터는 신뢰받는 친구이며, 친구관계는 양방향으로 전개된다. "신뢰받는다"는 것은 멘터가 비밀정보를 누설하지 않거나 배신하지 않는다는 것을 의미한다.

문제해결을 격려하기

멘터는 멘티가 자력으로 문제를 해결하려고 노력하고 해답을 찾아내게끔 돕는다. 멘티가 멘터에게 흔히 행해지는 말은 "나는 당신이 나 스스로 문제를 철저하게 생각하게끔 만들어 준 것에 대해 감사드립니다. 당신은 나의 사고를 자극시켜 주었습니다"이다.

비결을 설명해 주기

멘터의 하나의 일반적 기능은 멘티가 조직 내에서 적응하는 비결들을 배우게끔 도와 주는 것으로서, 이것은 조직의 가치들과 해야 될 일들과 하지 말아야 될 일들을 설명해 주는 것을 의미한다.

올바른 기술을 가르쳐 주기

기술을 가르쳐 주는 데 대한 멘터의 원래의 역할(숙련자가 견습생을 가르쳐 주는 것과 같은)이 오늘날에도 또한 그대로 유지된다. 멘티가 발전하게끔 멘터가 도와 줄 수 있는 많은 기술들 중에는 정보기술을 다루기, 고객서비스, 회사의 재무관리 및 높은 품질을 달성하기가 있다.

계속적 학습을 고무시키기

현대의 멘터의 하나의 주된 역할은 멘티가 계속 학습하게끔 고무시키는 것이다. 평생 학습을 고무시키는 것의 일부분은 오늘날의 급변하는 직장에서 공식적 교육과 가끔의 워크숍이 전문성을 유지시키는 데에 충분치 못하다는 것을 강조하는 것이다. 사람들은 특별과정들과 자습을 통해 새로운 발전들을 계속 파악해야만 된다. 멘터가 계속적 학습을 고무시킬 수 있는 하나의 특수한 방법은 멘티에게 해당 분야에서의 새로운 발전들에 관해 질문하는 것이다.

위의 목록들에서 시사하는 바와 같이, 멘터링은 다양한 돕기행동을 포함하는 복잡한 활동이다. 멘터링기술을 발전시키기 위해서 당신는 최소한 6개월간 몇명의 사람들을 도와 줄 필요가 있다.

멘터링기술들에 관한 상기의 제시들은 멘터링관계가 이미 수립되어 있다는 것을 전제한 것이다. 장차 멘터링관계를 갖게 되거나 갖기를 원하는 후보 멘터들과 후보 멘티들에 대해서, 자신의 파트너를 선택하는 것이 우선적으로 중요하고, 아마 이것이 멘터링관계에 관련된 첫 번째로 필요한 기술이 될 것이다.

멘터가 되고자 하는 사람은 자신의 멘터링관계가 성공적으로 이루어지게끔 만들기 위해 자신의 멘티가 어떠한 유형의 사람이어야 되는가에 대해 신중하게 검토해야만 된다. 멘터링관계는 하나의 친밀한 개인적 관계이고, 멘티에게 성장과 발전을 제공하는 것을 목적으로 의도적으로 실시되는 것이다. 따라서 멘터는 멘티가 자기와 함께 잘 지낼 수 있는지를 우선적으로 검토하고, 그 다음에 멘티가 자신의 충고와 코치를 잘 받아들일 수 있는지를 검토해야만 된다. 이러한 검토를 돕기 위해, 멘터는 멘티로서 자신이 선호하는 사람의 유형들이나 특징들을 종이 위에서 기술하는 것이 도움이 될 것이다. 1장의 개인차의 이해에 관한 장이 그러한 유형들이나 특징들을 기술하는 실마리로서 활용될 수 있을 것이다.

멘티는 멘터링관계로부터 가장 큰 수혜자가 된다. 따라서, 멘티는 자신의 성장과 발전에 도움이 될 수 있는 멘터를 구하는 능력이나 기술을 가져야만 된다.

만일 어떤 조직에서 공식적 멘터링 프로그램이 실시된다면, 조직의 관계자들에 의해 멘터와 멘티가 지명될 수 있다. 이와 같은 공식적 멘터링 프로그램들에서 멘티가 멘터를 구하거나 선택할 기회는 매우 제약되게 된다. 그러나 비공식적 멘터링관계에서 멘터를 구하거나 선택할 경우에, 멘티는 자신의 성장과 발전에 가장 큰 도움을 줄 수 있는 멘터를 신중하게 고려해야만 된다. 이러한 고려를 위해 당신은 멘터를 구하는 방법에 관한 이하의 몇 가지 제안을 검토하는 것이 좋을 것이다.

자신의 경력목표와 코치 필요성을 명료화시킨다

자신이 멘터를 구하고 있는 이유, 자신의 목표들, 조직 내의 상사가 아닌 어떤 고참이 어떻게 자신에게 도움이 될 수 있는지를 자문한다.

후보 멘터들을 알아낸다

자신보다 더 수준이 높고 존경할 만한 아이디어를 가진 사람과 어떤 위원회나 특별팀(task force)에서 함께 일했던 사람들을 기억해 낸다. 만일 그 사람과 친근한 관계를 발전시킨 일이 있었다면, 직접 만나서 조직에서 성공하는 데 대한 당신의 관심을 말하고, 경력충고와 조직에 대한 통찰을 제공하기 위해 가끔 당신을 만나 줄 의향이 있는지를 묻는다.

멘터를 구하는 일에 대해 상사를 관여시킨다

흔히 당신의 상사가 멘터를 구하는 데 대한 당신의 관심을 지지해 줄 수 있다. 이것은 당신의 상사가 직원들을 중시하고 직원들의 잠재능력을 개발하는 것의 중요성을 이해하고 있을 경우에 그러하다.

다른 조직원들과의 관계망을 활용한다

만일 당신이 비교적 신참이고 자신의 관계망을 발전시킬 기회가 없었다면, 친구들과 동료들이 당신에게 도움이 되어 줄 수 있는 멘터를 구하는 일을 도와줄 수 있을 것이다.

곤란한 사람들을 도와 주기

우리 모두가 때때로 당면하는 하나의 난제는 상습적으로 문제를 일으키는 조직원들을 건설적으로 대하거나 처리하는 것이다. 여러 가지 이유로, 이러한 곤란하거나 역생산적인 사람들은 나쁜 업무수행을 보이거나, 타인들의 업무수행을 방해한다. 곤란한 사람(difficult person)은 타인들에 대해 문제를 일으키기는 하지만, 기술과 정신능력에서는 문제가 없는 사람들이다. 이하에서, 우리는 곤란한 사람들의 여러 유형을 기술하고, 그들이 더 건설적으로 행동하게끔 돕기 위한 방법들을 검토할 것이다.

곤란한 사람들의 유형

많은 유형의 곤란한 사람들이 확인되어 왔으며, 유형들 간에 상당한 중첩이 있다. 예컨대, 위압적인 사람들(dictators)은 약한 자를 들볶는 사람들(bullies)과 상당한 중첩을 보인다. 여기에서, 우리는 직장들과 고객들에서 발견되는 곤란한 사람들의 대표적 표본을 제시한다[18](또한 3장 참조).

모든 것을 아는 체하는 사람들(know it alls)

이들은 자신이 모든 일에 대한 전문가라고 믿는다. 이들은 모든 문제에 대해 소견을 갖고 있지만, 자신이 틀릴 때에는 책임을 다른 곳으로 돌리거나 방어적으로 된다.

채인전가형의 사람들(blamors)

이들은 자기 자신의 문제를 결코 해결하지 않는다. 어떤 도전이나 곤경에 당면했을 때, 이들은 그 문제가 감독자나 어떤 집단멤버에게 속한다고 생각한다.

뒷공론자들(gossips)

이들은 타인들에 관한 부정적 소문을 퍼뜨리고 사람들을 이간시키려고 든다.

위압적인 사람들(dictators)

이들은 타인들을 들볶고 감언으로 속이고 겁을 준다. 이들은 자신이 모욕하고 있다는 사실을 파악하지 못한다. 이들은 직장동료들에게 계속적으로 요구한다.

불쾌한 사람들(repulsives)

이들의 나쁜 개인위생, 식사습관들, 외모 또는 기분 나쁜 언어가 타인들의 평온을 깬다.

그저 예예하는 사람들(yes-people)

이들은 어떠한 약속에 대해서라도 동의하고 어떠한 업무종결시간이라도 약속하지만, 약속을 이행하는 일이 거의 없다. 비록 지연되는 것에 대해 입으로는 미안하다고 말하지만, 약속의 이행을 신뢰할 수는 없다.

모든 것에 대해 부동의하는 사람들(no-people)

이들은 부정적이고 비관주의적이고 어떤 일이 잘 되지 않게 될 이유를 재빨리 댄다. 이들은 또한 융통성이 없고 변화에 저항하고 자주 불평한다.

분열적인 사람들(Jekyll and Hydes)

이들은 분열된 성격을 갖고 있다. 감독자들, 고객들 또는 단골 손님들을 대할 때에, 이들은 유쾌하고 애교 있는 사람들이다. 하지만, 감독자의 역할을 할 때, 이들은 폭군으로 바뀐다.

중상하는 사람들(backstabbers)

이들은 당신의 편을 들고 당신이 당면하는 문제들이나 성격에 관해 당신에게 마음 놓고서 이야기하게끔 고무시키는 척한다. 그 후에, 이들은 당신이 부정적 시각에서 언급했던 사람에게 흔히 과장된 형태로 정보를 알려 준다. 그렇지 않으면, 이들은 단순히 타인들에게 당신의 평판을 나쁘게끔 만들기 위해 당신의 등 뒤에서 부정적인 일들을 말한다.

곤란한 사람들을 상대하는 방법

어떤 곤란한 사람을 가장 효과적으로 대하는 방법은 어느 정도 그 사람의 유형에 달려 있다. 예컨대, 당신은 약한 자를 괴롭히는 사람보다 수동적인 사람을 처리하는 데에 더 많은 시간이 필요할 수 있다. 아래의 기법들은 곤란한 사람들이 더 건설적인 행동패턴 쪽으로 바뀌는 것을 돕는 데 대해 광범한 응용성을 갖고 있다. 이러한 일반적 접근은 당신이 당면하는 곤란한 사람의 각 유행에 대한 특수한 방법에 대해 관심을 갖는 것보다 더 도움이 되는 것으로 판명될 것이다.[19]

충분한 피드백을 준다

역생산적 행동을 처리하기 위한 일차적 기법은 곤란한 사람에게 그 사람의 행동이 당신에게 어떻게 영향을 주는가를 알려 주는 것이다. 그 사람의 특징들이나 가치들보다 행동에 초점을 둔다. 만일 어떤 불쾌한 유형의 사람과 당신이 함께 근무하고 있을 때에 그 사람이 끊임없이 먹음으로써 당신을 괴롭힌다면, 이러한 영향에 관한 어떤 것을 말한다(예: "나는 당신이 먹고 있을 때에 일에 주의집중하기가 곤란합니다"). 이러한 진술은 "나는 불쾌해요. 그리고 이것이 나를 괴롭혀요"라고 말하는 것보다 더 적은 분개를 일으킬 것이다. 코치하기에서처럼, "해야 됩니다"(should)라는 말이 긍정적 행동을 일으키는 것 대신에 흔히 방어성을 일으키기 때문에 사용을 피하는 것이 더 좋다. "당신은 당신이 일하고 있을 때에 먹어서는 안 됩니다"라고 말하는 것 대신에, "우리가 함께 일하고 있을 때에 당신은 다른 곳에 가서 먹을 수 있겠습니까?"라고 말하려고 노력할 수 있다.

건설적으로 비평한다

피드백은 비평의 무대를 만들어 준다. 사석에서 비평하고 미약한 비평으로 시작하는 것이 가장 좋다. 주관적 인상보다 객관적 사실에 기초해서 비평한다. 예컨대, 그저 예예하는 사람의 철저하지 못함이 1,000만원의 판매손실을 일으켰다는 것을 지적한다. 당신의 비평을 어떤 공통 목표의 측면에서 표현한다. 예컨대, "우리는 내가 보고서를 교정 보는 동안에 만일 당신이 통계자료를 확실하게 확인했다면 보고서를 빨리 작성했을 것입니다." 당신이 어떤 동료를 비평할 때,

당신이 그 사람에 대해 공식적 권위를 갖고 있는 것처럼 행동하는 것을 피한다.

곤란한 사람이 더 많은 자신감을 느끼게끔 도와 준다

많은 역생산적인 사람들은 단지 자신감과 자기효능감이 낮다. 그들은 자신이 실패하는 것을 두려워하기 때문에, 우유부단하고 얼버무리는 책략들을 사용한다. 당신의 곤란한 상사나 팀리더와 함께 일하고 있을 때, 당신은 그 사람이 성공할 것으로 당신이 알고 있다는 식으로 당면한 프로젝트나 과업을 처리할 수 있다.

작은 자기확신감과 자기효능감을 갖게 되면, 그 사람은 덜 불평하기 시작할 수 있다. 부가적 성공들에 의해, 그 사람은 곧 덜 곤란해지게 될 수 있다.[20] 자기확신감의 구축은 시간을 요한다. 그러나 자기효능감은 그 사람이 어떤 새로운 기술을 배우게 될 때에 더 신속하게 구축될 수 있다.

재치와 외교술을 사용한다

당신측의 재치 있는 행위가 때로는 문제에 당면함이 없이 동료들의 괴롭히는 행동을 처리할 수 있다. 예컨대, 만일 시끄러운 동료들이 문 밖에 모여 있다면, 방문을 닫는다. 조용한 방법이 효과를 내지 못할 때, 피드백을 제공하는 대결적 방법으로 바꾸는 것이 필요할 수도 있다.

재치와 외교술은 또한 대결과 통합될 수 있다. 그 사람에 대해 대결하는 것에 더해서, 당신은 또한 개인의 장점들 중의 하나를 지적할 수 있다. 모든 것을 아는 체하는 사람을 처리함에 있어서, 당신은 "나는 당신이 창의적이고 훌륭한 이이디어를 많이 갖고 있다는 것을 잘 알고 있습니다. 하지만, 나는 당신이 나에게 나의 의견을 표현할 기회를 주기를 바랍니다"라고 말할 수 있다.

유머를 사용한다

비적대적인 유머는 가끔 곤란한 사람이 자신의 행동이 타인들을 어떻게 방해하고 있는지를 이해하는 것을 도와 주기 위해 사용될 수 있다. 또한, 유머는 당신이 당신과 그 사람 사이의 갈등을 완화시키는 것을 도울 것이다. 유머는 그 사람의 수용불가능한 행동을 지적해 주기는 하지만 조롱하지는 않는다. 당신과 동료직원이 함께 보고서를 만들고 있다고 가정하자. 당신이 제시하는 매번의 아이디어에 대해, 당신의 동료는 모든 것을 아는 체하는 양식을 취하고 당신은 그에 대해 유머를 사용해서 중요한 사실들을 알려 준다. 동료에게 자신의 접근이 괴로움을 주고 있다는 것을 깨닫게끔 자극을 줄 수 있는 비적대적 유머의 한 예는 다음과 같다.

> "만일 CR-ROM과 상대할 수 있는 머리를 가진 인간을 고르는 경기가 있다면, 나는 당신을 추천할 것입니다. 하지만 나의 머리가 인간능력 안에 한정되어 있을지라도, 나는 그래도 우리의 보고서에 대해 소수의 사실들을 보탤 수 있다고 생각합니다."

당신의 유머는 상대방에게 자신이 마음대로 당신을 사실들로서 압도하려고 든다는 것을 인식하는 것을 도울 수도 있다. 당신은 주제넘지 않게 행동하면서, 당신의 동료에게 비평을 뒤집어 씌우지는 않는다. 주제넘지 않는 것은 하나의 입증된 유머 전술이다.

협상안을 찾아낸다

곤란한 사람에 의해 생긴 문제들을 처리하기 위한 하나의 직접적 접근은 어떤 협상안이나 협상된 해결책을 찾아내는 것이다. 자기 몫을 하지 않는 직원들은 다른 직원들에게 자신의 일을 수행하게끔 만드는 데에 성공을 거둘 수도 있다. 그러한 직원이 다음 번에 어떤 과업을 수행하고 싶어할 때, 그 직원이 당신을 도와 줄 어떤 과업을 수행함으로써 보답할 경우에 그 일을 동의해 준다. 협상안이 효과를 거두기 위해서, 당신은 협상조건들에 관해서 특수해야만 된다. 그 직원은 처음에는 당신의 호혜성의 요구들에 관해 불평할 수 있으며 따라서 요구는 확고해야만 된다.

훌륭한 시민행동과 좋은 기분들을 강화시킨다

긍정적 강화의 방침 속에서, 일반적으로 곤란한 사람이 바람직스럽게 행동하고 있을 때, 어떤 식으로 그 행동을 인정해 준다. 강화시키는 진술은 "오늘 당신과 함께 일하는 것이 재미있습니다" 그리고 "나는 당신의 직업적 태도를 높이 평가합니다"라는 말을 포함할 수 있다.

방금 기술된 곤란한 사람들을 처리하기 위한 방법들이 효과를 거두기 위해서는 연습을 요한다. 당신이 이 다음에 어떤 곤란한 사람을 만날 때, 경우에 합치되는 것으로 여겨지는 방법들 중의 하나를 시험해 보라. 사전의 역할연기들(role-plays)은 곤란한 사람들을 처리하는 방법들을 실행하기 위한 하나의 훌륭한 출발점이 되어 준다.

요 약

조직들에서 오랫 동안 사용되어 온 코치하기와 멘터하기는 조직원들에게 우수한 업무수행을 촉진시키기 위한 방법들로서 최근에 개선되고 공식화되어 온 두 가지 주요 기법이다.

타인들의 직장생활과 경력발전을 돕기 위한 하나의 기본 전략은 육성적인 사람이 되는 것이다. 비육성적인 사람은 부정적 정신자세를 갖고 있기 때문에 육성적인 사람과 대비된다. 육성적인 사람은 긍정적이고 열성적이고 지원적이다. 육성적인 사람이 되는 것을 뒷받침하는 세 가지 행동과 태도는 타인들의 성장욕구들을 인식하고, 친한 친구의 체제를 사용하고, 역할 모델이 되어 주는 것이다.

코치하기는 조직원들에게 빈번한 상호작용을 통해 직접적으로 지도, 통찰 및 격려를 제공하는 것이다. 코치하기는 조직원들 개인과 아울러 팀들에 대해 몇 가지 이점을 제공한다.

효과적 코치들의 특징들은 조직원들의 최선의 수행을 낳게끔 만들려는 욕망, 건설적 피드백을 제공해 줄 수 있는 능력, 정직성과 신뢰성 등의 몇 가지 기본적 능력들과 기술들이다. 코치할 때에 사용되는 특수한 기술들과 기법들은 피드백의 제공, 코치받는 사람에 대한 이야기의 고무, 질문의 실행, 정서지원 등의 광범위한 활동들을 포함한다.

멘터하기는 멘터와 멘티 사이의 독특한 인간관계로서 정의되어 왔다. 조직들에서 멘터링을 공식화하는 것의 인기가 최근에 증가되어 왔다. 멘터링은 조직과 아울러 멘터링관계의 양측 참가자들에 대해 유익하다. 멘터링은 멘티들에게 경력과 리더십의 발전, 자신감, 자기인식 및 성장의 증가, 지식의 상호 나눔과 관계향상 등의 많은 이점들을 제공한다. 또한 멘터들에 대한 멘터링의 특수한 이점들은 학습의 공유와 긍정적 결과들의 경험, 돕는 것에서 얻는 개인적 만족 등을 포함한다.

멘터링의 기대된 효과를 항상 갖지는 못하며, 그 한계점들과 장애들이 인식되어야만 된다. 그것들은 역기능적인 멘터링관계들, 멘터링관계들의 잘못된 짝지움 등을 포함한다.

효과적 멘터들의 특징들은 멘터가 되려는 의사와 욕망으로부터 우수한 대인관계 기술까지의 범위를 갖는다. 효과적 멘터링관계는 멘터의 특징들에 의해서 일방적으로 결정되지는 않으며, 멘티들의 특징들과의 상호작용이나 조합에 의해 결정된다. 훌륭한 멘티가 되기 위한 특수한 기법들이나 방법들이 제시될 수 있다. 그것들은 멘터들의 시간제약의 존중, 직업적인 행동, 현실적 시각, 신중한 선택 등을 포함한다.

멘터링관계들은 공식적이거나 비공식적일 수 있다. 공식적 관계들은 조직의 공식화된 프로그램을 통해 조직이나 기관에 의해 임명된 관계이다. 비공식적 관계들은 공식적 지명이 없이 자연스럽게 이루어진 관계들이다. 비공식적 관계에 관여된 사람들의 관계에 대한 몰입 수준, 강도, 이슈들의 유형 및 욕구들에 기초해서 3가지 유형의 관계들이 확인되었다. 그것들은 정보적 동료들, 협의적 동료들 및 특별한 동료들이다.

멘터링관계들은 대개 영원히 지속되지는 않으며, 시간경과에 따라 4개의 단계로 관계의 성질이 변화될 수 있다. 그것들은 소개 및 개시단계, 육성단계, 이별단계 및 재정의단계이다.

멘터링의 특수한 기술들이나 행동들은 후원해 주기, 코치해 주기, 보호하기, 도전적 과제를 함께 수행하기 등으로 다양할 수 있다. 비공식적 멘터링관계에서 멘터를 구하거나 선택할 경우에, 멘티는 멘터를 정하는 데에 신중해야만 되며, 몇 가지 제안들을 검토하는 것이 유익할 것이다.

조직들이나 집단들 내에서, 곤란한 사람들을 처리하는 것은 타인들을 돕는 데에 있어서 하나의 주요 난제이다. 곤란한 사람들의 다양한 유형들이 확인되어 왔으며, 그것들은 모든 것을 아는 체하는 사람들, 책임전가형의 사람들, 뒷공론자들, 위압적인 사람들 등을 포함한다. 곤란한 사람들을 처리하기 위한 방법들은 충분한 피드백을 제공하기, 건설적으로 비평하기, 곤란한 사람이 자신감을 갖게끔 도와 주기 등을 포함한다.

제13장

팀운영과 팀워크기술

오늘날, 대기업을 비롯한 많은 조직들이 팀과 팀워크, 또는 협력의 개념과 제도를 사용하고 있다. 이것은 오늘날의 직업의 성질이 개인의 노력보다 집단의 노력에 더 많이 의존하는 방향으로 이동해 온 데에 기인될 것이다. 본래 우리 인간은 아주 옛날부터 개인들이 지니고 있는 약점을 극복하기 위해 집단들이나 팀들을 사용해 왔다. 가축을 사육하기 위해 새로운 목초지를 찾는 유목민들, 힘든 농사일을 위해 함께 일하는 농촌마을의 사람들, 고기를 잡거나 운송을 행하는 뱃사람들은 모두 개인 혼자서보다 집단이 함께 수행하는 것에 의해 더 많은 성취와 안전을 이룩할 수 있다는 아이디어로 팀이나 집단을 이루어 작업하고 살아 왔다. 아마 팀들과 팀워크의 중요성을 예시해 주는 대표적 예는 스포츠팀들일 것이다. 스포츠팀들에서, 팀의 성적은 개인들의 재능과 아울러 팀워크에 달려 있다. 따라서, 스포츠팀들은 효과적 팀워크를 이루기 위해 가장 큰 관심을 기울인다.

직업분야에서, 오늘날의 대부분의 선진국들이 팀과 팀워크의 개념을 사용하고 있다. 미국에서, 70% 내지 80%의 회사들이 팀 개념을 사용하는 것으로 추정되어서, 팀워크기술은 직업상황에서 가장 보편적으로 요구되는 기술들 중의 하나가 되고 있다.[1] 많은 기업들이 전체 조직의 아이디어들과 전략들은 공유하는 것을 고무시키는 팀워크적 관리접근을 채택하고 있다. 이것은 팀워크가 조직체들과 아울러 개인들에 대해 많은 이점을 제공하는 데에 기인된다.

일반적으로, 팀은 어떤 공동의 집단목표를 달성시키기 위해 집중적으로 함께 작업하는 사람들로 구성된 하나의 공식적 작업집단이다.[2] 따라서, 팀워크나 팀작업의 핵심은 개인적 노력이나 몇 명의 개인들의 노력의 집합의 질을 초과하는 집단적 노력을 통해 어떤 생산물을 만들어 내는 것이다. 팀과 집단(group)의 단어들은 동의어들이 아니다. 한 팀은 어떤 공동 목적, 예컨대 제품, 서비스 또는 과정의 향상을 달성시키기 위해 함께 의식적으로 노력하는 3인이나 그 이상의 상호의존적 개인들로 구성되어 있다. 이에 비해서, 한 집단은 동일한 목표를 향해 집단적으로 함께 노력하거나 노력하지 않을 수 있는 사람들의 한 집합이다. 한 집단은 그 멤버들이 서로에 대해 그리고 최종 목표에 대해 어떤 몰입을 나타낼 때에 비로소 한 팀이 된다. 집단보다 팀에서 응집성과 성취가 더 높다.[3]

이 장에서, 우리는 팀과 팀워크에 관련된 몇 가지 주요 주제를 취급한다. 그것들은 팀의 유형, 팀의 발전단계, 팀들의 장단점, 효과적 팀들의 특징, 팀멤버의 역할, 팀플레이의 지침들 및 팀촉진(즉, 효과적 팀과정의 향상방법)이다.

팀의 유형

조직들의 목적과 목표, 구성 및 기능에 따라 몇 가지 유형의 팀들이 선택된다. 이것들은 자기관리팀, 혼성 기능팀, 프로젝트팀, 과정개선팀 및 가상(또는 사이버)팀으로 구분될 수 있다.

자기관리팀(self-managing teams)

이것은 어떤 제품생산이나 과정수행과 같은 업무에 대한 전체의 책임을 지고 있는 조직원들의 한 집단이다.[4] 이러한 유형의 팀들에서, 조직원들이 취급되고 있는 업무에 대해 전체의 책임을 지고 있다는 의미에서, 이들 팀은 자기통제적, 자기유지적 또는 자기조절적 팀들이라고 일컬어진다. 일반적으로, 자기관리팀들은 조직의 고위 관리측에 의해 직책들이 부여되고, 그 다음에 그들의 과업수행방법들에 대해 거의 완전한 자유재량권을 부여받는다. 자기관리팀들은 상위의 감독자나 관리자로부터 지시를 받음이 없이 자기들의 업무를 조정할 것을 기대받는다.

이러한 팀들은 그들 스스로 업무규범을 정하고, 작업스케줄을 만들고, 업무수행방법을 결정하고, 업무성취에 대한 책임을 진다. 또한 이것들은 팀멤버들의 채용, 훈련 및 해고에 대해서도 어느 정도의 권한과 책임을 갖는다. 오늘날의 기업체들에서 조직구조의 축소화, 즉 더 적은 위계와 관리자를 갖는 조직구조 쪽으로의 변화 추세는 자기관리팀들을 인기 있는 개념으로 만들고 있다.

대다수의 대규모와 중간규모의 기업들이 자기관리적 업무팀들을 운영한다. 이들 업무팀은 오토바이, 전화번호부, 대형 컴퓨터의 주요 부품 또는 항공기엔진을 생산하는 것을 포함하는 광범한 활동들에서 사용된다.

자기관리 업무팀의 멤버들은 전형적으로 매일의 업무에서 함께 일한다는 점에서, 임시적인 프로젝트팀(task force)이나 위원회와 구분된다. 이러한 팀들은 관리층에 의해 갑자기 만들어져서 운명되지는 않으며, 팀구축과 팀워크의 장기적 과정과 아울러 팀의 증명된 능력들과 업적들에 기초된 큰 책임의 결합에 기초된 것이다.

혼성기능팀(cross-functional teams)

혼성기능팀들이나 이(異)기능팀들은 어떤 과업을 달성시키기 위해 동일한 조직수준의 상이한 전문성을 가진 멤버들로 구성된 업무집단이다. 이러한 팀들의 구성목적은 상이한 전문성들이나 재능들을 요하는 과업을 성취하기 위해 그러한 전문성들이나 재능들을 혼합하는 것이다. 기업들에서, 이러한 팀들은 마케팅, 정보처리계통, 의사소통, PR, 운용, 인사, 회계, 재무, 기획, 연구 및 개발, 법률과 같은 여러 부서들이나 전문분야들에 소속한 멤버들을 포함한다. 혼성기능팀들은 대개 새로운 제품의 개발, 부서의 업무처리라인들(lines) 사이의 속도나 효율성의 증가, 전체 회사의 새로운 컴퓨터시스템의 개발을 담당한다.

혼성기능팀들의 장점은 멤버들의 전문성과 재능의 다양성이다. 조직의 주된 분야들에 소속한 대표적 멤버들을 포함시킴으로써 팀은 다수의 조망을 갖고서 동시에 문제를 취급할 수 있으므로, 팀은 모든 관련된 견해들이나 입장들을 고려하는 것을 보상하게 된다. 이것은 문제해결과정을 촉진시킬 수 있으며, 변화로부터 영향을 받게 되는 여러 부서들로부터 더 용이한 수용을 받게끔 만들 수 있다.

혼성기능팀의 하나의 대표적 예는 통신용(net) TV와 같은 새로운 제품을 개발하는 것일 것이다. 그러한 팀에서 필요한 전문성들은 컴퓨터학, 엔지니어, 제조, 산업디자인, 마케팅 및 재무를 포함할 것이다. 상이한 전문성을 가진 멤버들이 공동으로 일할 때, 그들은 자기 자신의 관점과 아울러 다른 사람들의 관점을 고려할 수 있다. 예컨대, 엔지니어분야의 사람은 제품의 엔지니어적 측면을 주로 담당하면서도, 재무분야에서 고려하는 제품의 가격을 또한 고려하게 될 것이다. 이와 비슷한 예는 자동차생산일 것이다.

자동차생산에 있어서 이전에는 순차적 제조과정을 따랐다. 예컨대, 엔지니어링 부서에서 자동차를 설계하고, 그 다음에 제조담당 부서로 일을 넘기고, 그 다음에 마케팅 부서로 넘기는 식으로 작업이 진행되었다. 이 과정에서, 부서간의 관점 차이들에 기인되어서 갈등이 생기고 일의 완수가 지연되어 회사는 막대한 피해를 입었던 것이다. 그러나 혼성기능팀을 사용할 경우에, 새로운 자동차의 개발에 관련된 모든 전문분야의 사람들이 한 팀에 속해서 일할 수 있게 된다. 예컨대, 마케팅, 판매, 엔지니어링, 설계 등의 여러 분야에 속한 사람들이 함께 작업했다. 이러한 동시적인 공동작업들은 많은 갈등을 겪기는 했지만, 자동차생산의 주기를 6년 이상에서 18개월로 단축시키는 커다란 성과를 거두었다.[5] 혼성기능팀의 또 다른 예는 조직의 최고위 관리팀이다. 많은 조직들에서 대개 CEO가 주요 기능분야들의 리더들과 공동으로 협력해서 전략적 결정을 행한다. 조직의 최고위 수준에서조차 다양한 관점들이 조직 전체에 관련된 의사결정을 행할 때에 도움이 된다는 것을 인식하고 있다.

프로젝트팀(task force)

프로젝트팀들이나 위원회들(committies)은 특수한 문제나, 제품, 서비스 또는 시스템을 개발하기 위해 소집되거나 만들어진 임시의 특별한 팀들이다. 많은 조직들은 일상적 업무를 수행하는 동시에, 과정변화와 제품혁신을 추진하기 위해 가용한 인적 자원들을 활용한다. 예컨대, 어떤 회사는 기존의 소프트웨어 프로그램들을 유지하고 서비스하는 동안에, 신세대의 소프트웨어 프로그램을 개발하기 위해 한 집단을 임명할 수 있다. 흔히 프로젝트팀의 멤버들은 검토되고 있는 분야에서 그들의 관심과 기술이 입증되어 온 사람들이고, 따라서 그들은 그 프로젝트에 대해 매우 열성적이다. 오늘날, 프로젝트팀들은 기업들에서 매우 보편적이다. 이것은 외부 자문가나 계약직 직원들을 고용하는 것보다 비용이 더 적게 들며, 관리측이 기업의 필요성과 아울러 직원들의 관심의 변화에 따라 인적 자원을 여러 프로젝트에 마음대로 분배하게끔 해 준다.[6]

과정개선팀(process improvement teams)

과정개선팀은 프로젝트팀의 일종으로 간주될 수 있는 반면에, 작업이나 업무의 과정에 초점을 두고 있다는 점에서 프로젝트팀과 다소 구분될 수 있다. 과정개선팀들은 특수한 방법들, 조작들이나 운용들 또는 절차들에 초점을 두면서, 특수한 요소를 향상시키려는 목표를 갖고서 소집된다. 과정개선팀들은 대개 검토하는 과정에 관한 전문성과 경험을 가진 사람들로 구성된다. 그들은 불필요한 단계의 제거, 비용절감의 방법, 질향상의 방법, 더 신속하고 좋은 고객서비스의 방법을 찾아내는 과업들을 부여받는다.[7] 과정개선팀들은 과정을 파악하고, 문제의 근본원인을 알아내고, 잠재적 해결책들의 우선성을 판단하는 것을 돕기 위한 도구들과 기법들에 관한 훈련을 받는다.

이들은 시스템을 분석하고 변화를 위한 권고를 행하기 위해, 현재의 과정의 실태를 진단하고 이것이 단계별로 발생되는 것을 차트에 그리고 관련된 여러 정보를 수집한다. 그 다음에, 이들은 과정향상방법을 찾아내고, 권고를 제시하고, 때로는 변화의 실행에 관여된 부서들이나 조작단위들을 직접 도와 준다. 과정개선팀은 대개 임시적이며, 관리측이 연구된 과정에 대해 만족하게 되면 해산하게 된다.

가상(사이버) 팀(virtual teams)

전자기술의 발전에 따라, 어떤 팀들은 대면식의 회의를 실시하는 것 대신에 멤버들이 서로 전자메시지를 보냄으로써 대부분의 일을 수행한다. 사이버 커뮤니케이션을 이용하는 가상팀들은 전자 커뮤니케이션에 의해 협력적 작업의 거의 대부분을 수행하는 사람들의 한 집단이다. 그들은 사이버회의(cybermeeting)를 수행함으로써 사이버협력을 행한다. e-메일이 정보를 공유하고 회의를 수행하기 위한 통상적 매체이다.

e-메일 이외에도, 그룹웨어(groupware)가 사이버회의를 수행하기 위해 널리 사용되는 다른 방법이다. 그룹웨어를 사용해서 몇 명의 사람들이 동시에 또는 순서에 따라 어떤 문서를 편집할 수 있다. 탁상 비디오회의(desktop videoconferencing)가 가상팀을 촉진시키는 다른 기술적 진보를 이루고 있다.

대부분의 하이테크(high tech) 회사들은 몇 개의 가상팀들과 사이버회의들을 사용한다. 지리적으로 분산된 회사들이 함께 일하는 전략적 동맹들은 하나의 자연적인 가상팀들이다. 아이슬란드의 현장 기술자가 남아프리카, 멕시코 및 미국의 캘리포니아의 파트너들과 함께 사이버회의를 가질 수 있으며, 이것은 직접 만나서 회의를 갖는 것보다 비용이 저렴하다. 예컨대, IBM회사는 정보기술시스템을 판매하는 데에 가상팀들을 사용한다. 이것은 많은 일선의 인력이 자동차와 가정에서 일하기 때문이다.[8]

지리적으로 분산된 가상팀의 멤버들에 대해 정확한 의사소통이 매우 중요하다. 가상팀의 멤버들은 대개 목적들, 직무책임들 및 팀목표들을 개요하는 공식문서를 필요로 한다. 가상팀이 건물 내 직원들과 원거리에 있는 직원들로 구성되어 있을 때에는 다른 의사소통문제가 발생한다.

팀의 발달단계

집단들이 팀들로 성장하고 발전함에 따라 일련의 단계들을 통과한다. 이론가들은 팀이 5개의 단계를 통과한다고 주장한다.[9]

형성단계(forming stage)

팀의 첫 번째의 발달단계인 형성단계에서, 어떤 특수한 과업을 달성시키기 위해 팀이 설립된다. 전형적으로, 멤버들은 서로 알지 못하고, 설사 서로 알더라도 서로를 잘 알고 집단목표를 수립할 기회를 갖지 못했기 때문에 임시적이고 불확실한 느낌들을 갖는다.[10] 이 단계에서, 멤버들은 시초의 과업들의 구분, 과업들의 분배방법, 과업의 범위와 목적의 이해, 팀이 사용가능한 자원들(시간, 장비, 인력 등)의 이해에 관련된 행동을 수행한다. 이 단계에서 팀멤버나 팀리더의 역할은 집단의 사명과 목적을 확립시키고, 작업스케줄을 정하고, 서로를 알고, 공동 작업을 위한 시초의 규범들을 확립하게끔 집단을 고무시키는 것이다.

동요단계(storming stage)

두 번째의 동요단계에서, 멤버들은 팀의 방향, 리더십, 업무수행 스타일과 접근, 최종의 성과나 기대된 질과 상태에 관한 지각들의 측면에서 차이성을 경험한다. 개인적 관계와 마찬가지로, 멤버들 간에 갈등이 불가피하다. 멤버들 간의 갈등이 처음 나타날 때, 멤버들 중의 일부나 모두가 팀에 대해 더 적은 열성을 느끼기 시작하고 팀이 합심해서 목표를 달성할 수 있는지에 대해 의심할 수 있다. 멤버들 간에 리더십, 권력 및 역할들에 대한 투쟁이 일어날 수 있다. 또한 과업이나 집단의 접근방식에 대한 저항, 역할들과 책임들에 관한 분노, 팀이나 개별적 멤버들에 대한 태도의 변화들과 같은 감정반응들이 나타난다. 동요단계에서, 팀은 멤버들 간의 차이에 관해 의사소통하는 방식을 확립시키지 못했기 때문에 갈등과 혼돈의 상태에 있게 된다. 이러한 요인들의 결과로, 팀멤버들 간의 말다툼, 하위집단들의 출현 및 집단 와해가 일어날 수 있다.

동요단계에서, 팀멤버나 팀리더의 역할은 팀멤버들 간의 갈등을 해결하는 데에 도움이 되는 활동들이다. 집단멤버들에 대한 편들기를 삼가고, 멤버들 간의 의사소통채널들을 발전시키게끔 고무시키고, 멤버들이 개인차들에 초점을 두지 않고 과업에 초점을 두게끔 돕는다. 개방적 의사소통의 환경을 조성함으로써, 불가피한 갈등이 건전하고 향상된 의사소통과 집단과업에 대한 몰입으로 전환되게끔 만든다. 적절한 긴장수준이 너무 많거나 너무 적은 긴장수준보다 팀의 동기를 높인다는 점을 인식한다. 만일 집단이 당면한 갈등을 효과적으로 해결하거나 처리할 수 없다면, 훈련받은 과정자문가나 촉진자의 도움을 구한다.

규범형성단계(norming stage)

규범형성단계에서, 멤버들은 집단의 이슈, 갈등 및 권력과 리더십 투쟁들을 직접적이고 공개적으로 처리한다. 멤버들은 인정가능한 행동들을 확립하고 지키고, 함께 작업하는 것에 대한 새로운 방법과 절차를 통합시킨다. 멤버들은 건설적 비평의 표현을 보이며 팀의 일부분이라는 것과 모든 것이 잘 될 것이라는 안심감을 느낀다. 이 단계에서, 멤버들은 상호 간에 더 친절하게 행동하고, 신뢰하고, 팀의 단합성을 느끼게 되고, 불필요한 갈등을 피함으로써 인화를 달성하고자 한다. 이 단계에서, 팀멤버나 리더의 역할은 팀멤버들이 더 많은 책임을 지고, 문제해결을 위한 수용가능한 방법을 찾기 위해 공동으로 노력하고, 도전적 목표를 세우고, 팀의 성공을 위한 개인적 책임을 지는 것을 고무시키는 것이다.

수행단계(performing stage)

수행단계에서, 팀멤버들은 멤버들 간의 차이를 극복하면서 작업한다. 그들은 과업달성을 위한 높은 동기를 갖고 개인적 이익보다 팀목표에 초점을 둔다. 팀멤버들은 함께 긴밀하게 일하는 것을 통해 상호의 장단점들을 통찰하게 되고, 팀의 진전에 대해 만족을 느끼고, 팀이 목표를 성공적으로 달성할 것이라고 믿는다. 이 단계에서, 팀멤버들은 팀의 이익을 위해 자기변화를 행하고, 상호 의사소통하고 피드백을 주는 능력이 향상된 것을 느끼고, 팀의 문제들을 예상하거나, 예방하거나, 해결할 수 있다. 그 결과로, 팀에 대한 깊은 애착을 발전시킨다.[11]

이 단계에서, 팀멤버나 리더의 역할은 멤버들이 상호지원을 제공하고 자원들로서 역할을 하게끔 고무시키는 것이다. 또한 팀이 진전을 계속하고 응집성과 사기를 유지하도록 만들고 성공을 향해 전진하도록 인도한다. 하지만, 이 단계에서 경계심을 늦추어서는 안 된다. 팀이 일단 발전단계에 이르면, 멤버들은 팀이 그대로 유지될 것이라고 믿으면서 멈추고 느슨해지기 쉽다. 부가적으로, 팀에 대한 멤버들의 깊은 애착은 팀에서 발전하고 있는 다른 문제들을 인식하지 못하게끔 만들수 있다.

해체단계(adjouring stage)

과업이나 목적을 달성한 후에, 팀들은 해산되거나 일시적으로 활동이 정지될 수 있다. 어떤 팀들은 새로운 멤버들을 받거나 새로운 목적을 부여받을 수 있다.

이 단계에서, 팀멤버나 리더의 역할은 멤버들에게 과업수행을 사후 평가하도록 고무시켜서, 새로운 프로젝트에 적용할 수 있도록 하고 유사한 문제들의 해결을 위해 노력하게 되는 새로운 팀들을 위해 팀활동의 교훈들을 반성해서 정리해 놓는 것이다. 또한 이 단계에서 팀에 대해 그 동안의 노력에 대한 공식적 인정(예: 뉴스레터상에서 팀의 성취들을 알림), 보수(예: 조직에 대한 기여의 배당금) 또는 기타의 혜택(예: 팀의 회식비)을 제공해 준다. 또한 팀멤버들에게 격려를 제공하고 성취들, 힘들었던 일들 및 노력들을 인정해 줌으로써, 차후의 유사한 활동들에 대한 동기를 향상시킨다.[12] 물론, 팀들은 물리적으로 해체되지 않고서 유지되어서, 소기의 목표를 달성한 후에도 새로운 목표를 달성하기 위해 계속될 수 있다.

집단들이 팀으로 발전할 때에, 이들 각 단계를 통과하는 것이 바람직스럽다. 모든 집단들이 모든 발달단계를 통과하지는 않으며, 어떤 팀들은 상이한 속도로 통과한다. 예컨대, 이전부터 서로 잘 알고 유사한 가치와 목표를 가진 멤버들은 규범형성단계를 신속하게 이동할 수 있다. 이와 반대로, 어떤 팀들은 단계들을 지연적으로 통과하거나, 어느 단계에서 정체되어서 다음 단계로 진행되기 이전에 해산되거나 낮은 수준에서 기능할 수 있다. 극단적인 케이스들에서, 집단은 역기능적이어서, 과업완수를 위해 외부의 개입을 요할 수도 있다. 팀들이 발달적 주기를 갖고 있다는 점을 인식하는 것은 집단이 한 팀으로 발전하는 것을 돕기 위한 전략들을 발전시키고 팀들의 모든 발달단계들에서 효과적으로 일하는 것을 도울 수 있다.

팀과 팀워크의 장단점

집단들이 조직의 핵심적 구성단위가 되어 왔다. 하지만, 최근에 집단들과 팀들은 조직의 업무를 조직화시키기 위한 기본단위들로서 중요성이 증대되어 왔다. 조직 외부의 수많은 변화에 대처하기 위해, 많은 조직들이 팀들에 대해 독립성과 융통성을 더 많이 허용해 왔다. 이와 같은 팀들에 대한 수용의 증가는 집단적 업무수행이 이점을 제공해 준다는 것을 시사한다. 그럼에도 불구하고, 집단적 작업의 몇 가지 장점들과 단점들을 검토하는 것이 유용한다. 특히, 단점들에 대한 인식은 흔히 이것들을 피하는 데에 도움을 줄 수 있다.

집단작업과 팀워크의 장점

집단 작업과 의사결정이 개인의 것들에 비해 몇 가지 장점을 제공한다. 첫째로, 혼자보다 몇 명의 전문성이 있는 사람들이 의사결정에 참여하게 된다면, 많은 우수하고 가치 있는 해결책을 발견하고 시너지효과도 거둘 수 있다. 사례들에 대한 연구들은 업무팀들로의 전환이 실제로 생산성향상, 사무실비용의 절약, 고객만족과 고객관계의 향상 및 일시적 해고의 방지를 낳는다는 것을 증명해 왔다.[13]

둘째로, 집단 의사결정은 의사결정에 대한 멤버들의 수용과 몰입을 증가시키는 데에 도움을 준다. 의사결정에 참여하거나 기여하는 멤버들은 결정의 실천에 대해 어떤 책임감이나 사명감을 느끼기 쉬울 것이다. 따라서, 멤버들은 서로의 아이디어들의 적절성을 평가하고, 그 결과로 팀은 큰 실수들을 피할 수 있다.

셋째로, 집단들과 팀들 속에서 일하는 것은 멤버들의 직무만족이나 사기를 향상시킨다. 혼자 일하는 것보다 집단의 일원으로서 일하는 것이 더 많은 개인적 욕구들을 충족시켜 줄 수 있다. 그것들은 관계, 안전, 자기존중 및 자기실현의 심리적 욕구들을 포함한다.

집단작업과 팀워크의 단점

집단 작업이나 활동은 멤버들과 아울러 조직에 대해 잠재적 단점들을 갖고 있다. 첫째로, 집단들과 팀들은 말을 너무 많이 하고 행동을 너무 적게 하기 때문에 흔히 시간을 많이 낭비한다. 예컨대, 각종 위원회들은 말만 많고 실적이 거의 없는 문제를 갖는 경향이 있다. 위원회들은 느리게 활동하고 모험을 과도하게 싫어하는 경향이 있으며, 작업의 질이 평균정도로 우수할 뿐이기 때문에 조직의 재능을 낭비시킬 수 있다고 지적되어 왔다.[14]

둘째로, 팀멤버들은 암묵적으로 업무수행과 행위에 관한 집단기준들에 대해 동조하게끔 만드는 압력을 받는다. 그 결과로, 어떤 팀들을 동료들보다 더 생산성이 높은 사람을 기피할 수 있다.

셋째로, 집단작업에서 개인적 책임을 기피하려는 경향이 있다. 팀멤버들에 대해 주의깊게 업무가 배정되지 않는다면, 동기가 낮은 멤버들은 집단업무에 대한 개인적 몫을 수행하지 않고 흔히 게으름을 부릴 수 있다. 집단상황 속에서 개인적 책임을 피하는 현상은 사회적 빈둥거림(social loafing)이나 사회적 태만이라고 일컬어진다. 사회적 태만자는 집단에 의해 기피를 당하거나 추방을 당하는 것을 모험하면서 열심이 일하는 것 대신에, 노력함이 없이 적당히 시간을 보내려고 들 수 있다. 이러한 현상이 위원회들이나 팀들에서 때때로 발견된다.

넷째로, 집단들이나 팀들은 업무상에서 갈등을 조성한다. 업무집단 속의 멤버들은 부서 내에서의 힘든 과업들의 분배에 대해 흔히 언쟁한다. 또한 응집성이 높은 업무집단들은 외부인들에 대해 기피하거나 두려움을 가질 수 있다. 그 결과로, 그들은 다른 집단들을 싫어하고, 그들과 갈등상태에 들어갈 수 있다. 예컨대, 판매부서의 멤버들은 서비스부서의 멤버들이 지킬 수 없는 고객들에 대한 약속을 행함으로써, 서비스부서의 멤버들과 갈등을 일으킨다. 그 결과로, 두 부서의 멤버들 간의 대결상황까지 발생될 수 있다.

다섯째로, 널리 알려진 집단의사결정의 단점은 집단사고(group think)이다. 이것은 응집력 있는 집단이 집단의 화합과 단결에 대한 관심으로 의사결정의 효율성, 현실검증 및 도덕적 판단이 악화되는 현상을 일컫는다. 간단히 말하면, 집단사고는 집단의 의견일치의 하나의 극단적 형태이다. 집단의 분위기는 업무수행보다 함께 잘 지내는 것에 대해 가치를 둔다. 또한 집단멤버들은 자기들의 판단이 완전하다는 착각을 갖기 시작하고, 그 결과로 자체의 비판적 분석력을 상실한다. 집단사고는 집단이기주의와 결합해서 사회적으로 큰 물의를 일으키는 의사결정들을 낳는다. 예컨대, 국회의원들이나 지역단체의원들, 정부 고위관리들이나 공기업임원들이 집단회의를 통해 여행성 출장비의 과다 책정, 봉급과 수당의 과잉 지급, 공공용 자동차의 개인적 사용, 기업의 헐값 매각 등을 결정해서 미디어 보도의 기사거리가 되고 있다.

집단들과 팀들의 잠재적 단점들을 극복하기 위한 방법은 효과적 팀이 되기 위한 방법에 관한 제안들에 따르고, 집단에게 개인들보다 집단의 노력에 의해 더 잘 수행될 수 있는 과제들을 부과시키는 것이다.

우수한 팀들과 업무집단들의 특징

우수한 팀들과 업무집단들은 우연하게 그러한 업적을 내놓지는 않는다. 그들은 가치 있는 목표, 목표달성을 위한 명확한 계획이나 방법 및 성공하려는 강한 동기를 갖고 있다. 팀멤버들과 리더들은 팀이 목표중심적이고, 높은 동기를 갖고, 성공하도록 고무시켜야만 된다. 이러한 팀들은 우수한 수행팀들(high performance teams)이라고 일컫는다. 연구들은 가장 우수한 수행팀이 이하의 특징을 갖고 있다는 것을 증명한다.[15]

공동 목적과 목표들

우수한 수행팀들은 명확하게 규정된 사명, 목적 및 목표들을 갖고 있다. 그러한 팀들은 조직의 목표들과 직결된 목표들을 갖고 있고, 자기가 속한 팀이 전체 조직과 긴밀하게 연결되어 있다고 느낀다. 멤버들은 공동 목표를 향해서 상호의지하고 협력하면서 목표달성을 위해 함께 일한다. 멤버들은 감독자가 모든 곤란한 문제를 해결해 주기를 기다리기보다 스스로 해결하는 것을 배운다. 이와 동시에, 팀은 관리측의 승인을 받음이 없더라도 여러 문제들을 해결할 권위를 갖고 있다고 믿는다.

명확한 역할들

우수한 수행팀들은 역할들과 책임들에 관해 명확하게 알고 있다. 팀멤버들은 자기들의 역할과 임무와 이것들의 전체 집단에 대한 영향을 이해하며, 분명하고 안정적인 멤버들 간의 경계선들, 과업의 상호의존성, 자신의 일의 다른 멤버들에 대한 영향 및 자신이 지향해야 될 방향에 대한 명확한 인식을 갖고 있다. 따라서, 그들은 자신의 직무, 동료들 및 주위 환경에 대해서 잘 안다 그들은 또한 팀의 내부와 외부와의 원만한 관계를 이룩하는 데에 필요한 상호 신뢰, 집단정체감 및 집단효능성에 관련된 규범들을 갖고 있다.

의사소통과정

우수한 수행팀들은 광범하고 원활한 의사소통 체계들을 갖고 있다. 그들은 멤버들과 아울러 조직 내의 다른 집단들과의 정직하고 개방적인 의사소통을 갖는다. 이를 위해, 그들은 개인적으로 또는 전화나 e-메일을 통해 정기적으로 의사소통을 행하고, 회의에 참석할 수 없는 멤버들에게 집단의 진행사항들을 알려준다. 그들은 자신의 업무계획일정을 최신의 것으로 계속 수정하고, 필요할 경우에 수정들에 관해서 의사전달한다.

수용적이고 지원적인 리더십

연구들은 관리자보다 코치로서 기능하는 팀리더들이 참여적이고 높은 동기를 가진 팀들을 만든다는 것을 발견해 왔다.[16] 관리자는 집단을 이끄는 반면에 코치는 집단을 뒤에서 상냥하게 밀어 준다. 관리자는 통제를 위해 노력하고, 코치는 통제를 포기하기 위해 노력한다. 코치로서 지도하는 리더들은 업무에 대해 적극적이었고, 팀에 몰입되었고, 팀과 멤버들에 대해 격려를 제공했다.

팀의 규모

팀의 규모가 팀성공에 대해 중요할 수 있다. 최적의 규모는 6인 내지 10인이며, 10인을 넘지 않는 것이 좋다. 이러한 규모는 업무를 완수하고 충분한 인적 자원들과 아이디어들을 제공하기 위해 충분히 크며, 팀이 단합하고 주요 이슈들에 대해 의견일치에 도달하기 쉽기 위해 충분히 작은 것이다.

전문성과 대인관계기술

우수한 수행팀들은 업무에 관한 전문성과 우수한 대인관계기술을 가진 멤버들로 구성되어 있으며, 이것들을 위한 훈련을 강조한다. 팀상황에서 가장 가치있는 기술들은 타인들과 함께 일하는 방법, 문제해결과 창의적 사고, 프로젝트의 작업흐름의 관리, 업무수행결과(즉, 질과 양)에 대한 피드백을 주고 받기, 목표설정, 시간관리, 갈등관리 등을 포함한다.

협동적 관계들과 신뢰

우수한 수행팀의 멤버들은 협동적 행동들을 발전시킨다. 이것들은 멤버들 간에 해야만 되는 일들을 이해하는 것, 프로젝트의 완수에 필요한 상호 관련된 활동들을 규정하는 것, 제때에 정확하게 그리고 높은 질을 갖고서 부과된 과업들을 완수하는 것을 포함한다. 멤버들 간의 신뢰는 서로 믿을 수 있는 것, 합의의 이행, 필요한 사실과 정보를 주지하고 멤버들에게 알려 주는 것, 비밀정보를 누설하지 않는 것 및 멤버들에게 자신의 전문적 지식과 능력을 제공하는 것을 통해 구축된다.[17]

책 무 성

우수한 수행팀의 멤버들은 그들 각자가 책임져야 할 사항을 이해한다. 팀은 조직으로부터 팀의 수행이 매우 중요하다는 메시지를 받으며, 멤버들에 대한 기대들이 명료화되고, 개인으로서 그리고 팀의 멤버들로서 업무에 대해 책임을 진다.

보수 구조

우수한 수행팀들은 업무수행에 대한 개인적 보수와 아울러 팀성취에 대한 집단적 보수를 받는다. 팀개념을 지원하는 조직들은 팀작업이 지원받고 보상받게끔 인력의 충원, 훈련, 개발, 세일즈, 사업개발, 기획, 보상, 업적평가 및 승진조건을 조직화시킨다. 하지만, 이러한 활동들과 합치되지 않는 보수의 제공이 발생될 수 있다. 예컨대, 만일 팀업적에 대해 팀원들 대신에 특정의 팀원만이 보상을 받게 된다면, 팀협력에 대한 강조는 그 힘을 잃게 될 것이다.

팀멤버의 역할

효과적 팀멤버가 되는 한 가지 요건은 팀의 활동들에서 도움이 되는 긍정적 역할을 수행하는 것이다. 자주 관찰되는 팀활동에 도움이 되는 역할들은 아래와 같다.[18]

지식기여자(knowledge contributor)

지식기여자는 팀이 수행하고 있는 과업에 대한 전문성을 갖고서, 팀에게 유용하고 타당한 정보를 제공하는 사람이다. 이들은 집단에게 필요한 지식, 전문기술 및 방법을 제공한다. 지식기여자는 팀멤버들과 기술적 전문성을 공유하는 것이 중요하다고 본다. 지식기여자는 가상(즉, 사이버)팀들에 대해 특히 중요하다. 이것은 그러한 팀들에서 많은 활동이 정보를 함께 나누는 것으로 이루어지기 때문이다. 또한 혼성기능팀(cross-functional teams)에서, 상이한 전문성을 지닌 멤버들은 자신의 특수한 분야에 관련된 전문성으로 집단에게 기여한다.

과정관찰자(process observer)

팀작업은 지식기여자가 행하는 역할 이외의 팀작업의 과정을 관찰하고 평가하는 역할을 요한다. 과정관찰자는 팀작업 동안에 팀 내에서 일어나는 과정에 관여하며, 그것들은 팀멤버들 간의 상호작용을 포함한다. 팀 내의 많은 과정들에는 팀멤버들이 서로의 감정들을 진정시키고, 동맹들을 형성하고, 문제들을 전달하고, 서로 칭찬해 주는 것이 있다. 과정관찰자는 팀과업이 어떻게 수행되어 왔는가를 지적해 주거나, 팀이 이룩해 온 우수한 진행사항들과 문제나 장애들을 지적해 줌으로써, 팀이 과업수행상에서 어떻게 가능하는지를 파악하게끔 해 준다.

협력자(collaborator)

팀과업의 수행에 있어서 중요한 역할은 자신의 공식적 책임에 관계없이, 팀 목표의 달성에 필요한 것은 무엇이든지 열심히 일하는 사람이다. 협력자는 팀에게 목표에 계속 초점을 두게끔 만들고, 팀이 제대로 일하는 데에 필요한 것은 무엇이든 간에 지적해 주는 사람이다. 팀회의 동안에 협력자의 전형적 행동은 팀이 목표달성을 향해 얼마나 많이 전진하고 있는가를 지적하는 것이다. 협력자는 팀의 이익을 위해 일하며, 직무완수에 따르는 인정에 대해서는 관심을 두지 않는다. 협력자는 흔히 배후에서 묵묵히 일하며 개인적 인정을 추구하지 않는다.

지원자(people supporter)

팀 내에서 지원자는 동료들에 대한 정서적 지원을 제공하고, 갈등해결에 있어서 리더의 책임의 일부를 맡는다. 이들은 타인들의 이야기에 대해 적극적으로 청취하고, 미소, 유머 및 이완된 행동으로 멤버들을 이완하게끔 만든다. 이 사람은 또한 자신이 동의하는 팀멤버들의 견해를 강화시켜 주는 동시에, 부동의하는 팀멤버들에 대해서도 또한 지원하고 격려해 준다.

이의제기자(challenger)

팀은 자만과 집단사고를 방지하기 위해, 좋지 못한 아이디어들에 대해 맞서고 도전하는 멤버가 필요하다. 이의제기자는 효과적 대인관계기술을 갖고 있을 경우에 그러한 역할을 성공적으로 수행한다. 하지만, 적대적이고 공격적인 스타일의 사람들이 이의제기자의 역할을 시도할 경우에, 그들의 신빙성은 신속하게 상실된다. 이의제기자는 윤리적으로 불건전하거나, 결함 있거나, 예비적인 의사결정들이나 방법들을 비평할 것이다.

경청자(listener)

타인들의 말에 대해 귀를 기울이는 것은 팀활동에서 중요한 한 역할이다. 만일 팀멤버들이 서로 자기 이야기나 주장만을 제시하고, 다른 사람들의 이야기나 주장에 귀를 기울이지 않는다면, 팀의 과업수행은 지장을 받게 될 것이다. 팀 내에서 어떤 사람들은 자신의 견해와 주제에 정신이 쏠려서 듣는이의 역할을 등한시한다. 예컨대, 회의에서 어떤 사람은 발언자가 발언을 마치기 이전에 반대주장을 제시한다. 어떤 사람들은 자신의 견해나 아이디어가 도전받게 될 때에 닫힌 마음으로 되거나 방어적으로 되어서 다른 멤버들의 말에 대해 귀를 기울이지 않는다.

팀의 리더와 멤버들은 경청자로서의 역할을 수행하도록 노력해야만 된다. 경청자의 역할은 발언자가 정보를 제시하게끔 의도적으로 촉구하고, 제시되는 의견이나 자료를 이해하고, 발언자의 만족을 증가시켜 주는 것이다. 토의나 회의에서, 경청자는 팀을 위해 토의내용과 진행상황을 요약해 줄 수 있으며, 심지어 회의중에 잊을 수 있는 회의목적을 상기시켜 줄 수 있다.

중재자(mediator)

팀멤버들이 선의의 의도를 갖고 있음에도 불구하고, 팀 내의 논쟁이 매우 강하게 지속되어서 두 명의 팀멤버가 더 이상 상대방의 말에 대해 귀를 기울이거나 반응하지 않는 경우들이 생길 수 있다. 두 명의 논쟁자들은 극단적 견해들을 발전시켜서, 상대방의 견해 쪽으로 다가가려고 들지 않는다. 더 나아가서, 그들은 화해할 수 있는 지점을 넘어서 대립할 수 있다. 이러한 경우에 팀리더나 멤버가 두 사람의 논쟁을 조정할 필요가 있다. 조정자는 대체로 다음의 단계들에 따라 갈등을 해결하고자 시도한다.

① 각 측의 입장을 해석하는 것에 대한 허락을 요청한다.
② 각 측의 입장을 해석하고나서, 각 측에게 그 해석이 정확한지를 질문한다.
③ 각 측에게 자신의 입장 진술을 고치거나 바로잡을 기회를 제공한다.

여기에서, 조정자의 해석은 논쟁중인 각 측에 대해 상대측이 무엇을 말했는가를 명료화시키는 것을 돕는다. 3단계의 중재가 완료된 후에, 팀 내의 다른 멤버들이 시각의 차이들에 관해서 토의할 수 있다. 중재는 팀에게 꽉 막혀 있는 논쟁에서 벗어나게끔 만들어 주고 더 생산적인 활동 쪽으로 이동시켜 줄 수 있기 때문에 도움을 준다.

발언감독자(gatekeeper)

팀이나 집단 토의들에서 재발되는 한 가지 문제는 지배적 멤버들이 토의시간의 대부분을 사용하기 때문에, 어떤 멤버들이 기여할 기회를 갖지 못하는 것이다. 설사 소심한 멤버가 자신의 시각을 제시했을 때에라도, 한두 명의 지배적인 멤버들 때문에 그 멤버의 제시는 주목되지 않거나 기억되지 못할 수 있다. 발언기회가 소수의 멤버들에게 닫혀 있을 때, 팀 내의 발언감독자가 의도적으로 기회의 문을 열어 준다. 발언감독자는 팀 내에서 토의시간을 과도하게 사용하는 멤버의 발언을 제지하고, 발언기회를 갖지 못했던 멤버에게 발언을 권고한다.

위에서 제시된 많은 역할들은 서로 다소 중첩된다. 예컨대, 과정관찰자는 발언감독자의 역할을 행할 수도 있다. 역할들의 중첩이 존재하는 것에 관계없이 팀활동에서 상황의 요구에 따라 여러 긍정적인 역할을 수행하는 것이 유익할 것이다.

효과적 팀이 되기 위한 비결들

효과적 팀이 되기 위한 가장 기본적인 요건은 멤버들이 모두 효과적 팀플레이어(team player)가 되는 것이다. 여기에서, 우리는 효과적 팀플레이어가 되는 데에 필요한 행동들, 즉 기술들, 활동들 및 태도들을 기술하고자 하며, 이것들은 바로 각 멤버가 갖추어야 될 하나의 자질인 동시에 개인적 향상을 위한 하나의 목표가 될 것이다.

효과적 팀플레이어의 행동들을 분류하는 하나의 기준은 그 행동들이 사람들(people)에 관련된 것이거나 과업(task)의 수행에 관련된 것으로 구분짓는 것이다.

물론, 다른 사람들과 함께 공동 목표를 향해 과업을 수행하는 것에 대해서, 어느 행동이 정확하게 사람들에 관련된 것이고 어느 행동이 정확하게 과업에 관련된 행동으로 구분짓기는 곤란하다. 이것은 기본적으로, 팀활동이 사람들과 함께 과업을 수행하는 것이므로, 사람들에 관련된 행동과 과업에 관련된 행동이 함께 연관되어 있기 때문이다. 그럼에도 불구하고, 우리는 편의상 사람들이나 관계에 관련된 측면들과 과업에 관련된 측면들로 구분해서 효과적 팀플레이어가 되기 위한 몇 가지 지침을 제시하고자 한다.

효과적 팀플레이어의 관계적 측면

여기에서, 관심의 초점은 팀의 과업수행에 있어서 멤버들 간의 우호적이고, 지원적이고 단합적인 관계들의 형성과 유지에 있다.

멤버 존중

멤버들 간의 우호적 관계는 멤버들의 상호 긍정적 평가와 대우에 의해 형성된다. 만일 팀멤버들이나 리더가 어떤 멤버에 대해 부정적으로 평가하고 대우한다면, 그 멤버는 그러한 사람들에 대해 마찬가지로 부정적으로 평가하고 대우하게 될 것이다. 대인매력이나 호감의 기본 원리 중의 하나는 상호성(reciprocity)이다. 이것은 관계에서 한 사람의 다른 사람에 대한 호감의 표현이 또한 역으로 교환된다는 것이다. 따라서, 멤버들로부터 호감을 받고 좋은 인간적 대우를 받기 위해서, 우리는 먼저 다른 멤버들에게 호감을 표현하고 좋은 인간적 대우를 제공해야 된다.

이와 같은 호감의 상호성원리에도 불구하고 우리는 이 원리에 반하는 행동을 하기 쉽다. 그것은 우리가 타인들보다 우수해지고 타인들에게 권력을 휘두르려는 욕구에 기초될 수 있다. 이러한 개인적 우수성과 권력욕은 호감을 받고 주려는 동기와 상충되는 경우들이 있다. 그러한 동기들은 팀멤버들 중에서 비우수한 멤버를 괄시하고 배척하는 것에서 표출될 수 있다. 그러면 괄시받고 배척받은 멤버는 다른 멤버들과 팀에 대해 부정적 반응으로 대응할 것이고 팀의 분위기는 부정적으로 변하게 될 것이다. 이러한 경우에, 비우수한 멤버를 포용하고, 존중하고, 더 나아가서 개선하게끔 지원하는 것이 필요할 것이다. 또 다른 우수성과 권력욕의 부작용은 멤버들의 우수한 성취에 대해 비하하는 태도와 행동이다. 사람들은 타인의 우수한 성취나 성공에 대해 열등감을 느낄 수 있고 이것은 일종의 질투심으로 나타난다. 그래서 사람들은 타인들의 성공이나 우수한 성취를 잘 인정하지 않고 깔보려고 들 수 있다. 이것은 기본적으로 존중적 태도와 행동이 아니다. 그러한 대우를 받은 사람은 상대방에 대해 긴장과 분노와 같은 불쾌한 반응들을 보이기 쉽다. 당신이 만일 팀동료들의 성공이나 우수한 성취에 대해서 진정으로 인정해 주고 지원해 준다면, 당신도 또한 차후에 그러한 대우를 받게 될 것이다.

멤버 신뢰

신뢰는 타인이 자기에 대해 해로운 행동을 하지 않고 유익한 행동을 할 것이라는 개인적 믿음이다. 따라서, 우리는 신뢰하는 사람에 대해서는 자신의 속마음과 문제를 쉽게 털어 놓고 이야기하지만, 신뢰하지 않는 사람에 대해서는 그렇지 않게 된다. 팀멤버들이 함께 생활하고 과업을 수행하기 위해서, 멤버들에 대한 신뢰가 기본이 될 것이다. 멤버들 간의 신뢰가 높은 팀은 관계들이나 과업들에 관한 의견들이나 새로운 아이디어들을 공유하기가 쉽고, 따라서 과업수행이 촉진되고 관계들이 원만하게 유지될 것이다. 그렇게 되기 위해서, 멤버들은 우선적으로 서로 상대방에게 해를 입히거나 공격적으로 행동하는 것을 삼가야만 될 것이다.

신뢰감을 조성하기 위해 유의해야 될 두 가지 사항이 있다. 그것은 솔직하고 긍정적인 의사소통과 비밀의 유지이다. 전체의 팀이 함께 과업활동에 참여하고, 팀이 새로운 것을 배우고 발전하기 위해, 지각들과 아이디어들을 이야기하고 공유함에 있어서 어떤 멤버를 조롱하고, 당황하게끔 만들고, 거부하고 처벌하지 않도록 하는 것이 필수적이다. 멤버들이 공동활동에 참여하도록 동기를 높이고, 실수를 너그럽게 허용하고, 아이디어와 신념을 솔직하고 편안하게 제시할 수 있는 심리적 안전의 분위기를 조성한다.[19] 사람들 간의 관계에 있어서 비밀을 지키는 것이 또한 매우 중요하다. 상대하고 있는 사람에게 어떤 비밀거리를 이야기했고 이것이 누설되면, 이야기한 사람에 대해 곤란하거나 당황스러운 상황이 발생될 수 있는 경우들이 있다. 함께 나누었던 사적인 정보나 견해들이 관계나 집단 밖으로 전달되지 않도록 조심하고 약속하는 것이 멤버들 간의 신뢰 형성과 유지에 대해서 매우 중요하다.

협동과 협력

팀워크의 기본적 의미가 협동과 협력일 정도로, 팀활동에서 협동과 협력이 중요하다. 팀에서의 협력은 팀의 문제들을 해결하기 위해 다른 멤버들과 함께 일하는 것을 일컫는다. 비록 어떤 과제나 문제를 해결하는 데에 있어서 타인들과 함께 일하는 것이 혼자 일하는 것보다 더 곤란하거나 오래 걸릴 수 있을지라도, 장기적인 면에서 팀에 대해 함께 일하는 습관이 유익하다. 협동적 팀정신을 조성시킴에 있어서 팀의 좋지 못한 팀워크에 대해 불평하는 것 대신에, 멤버들과 리더가 주도적으로 협동적 행동을 개시하는 것이 필요하다. 특히 팀 내에서 가장 개인주의적인 멤버에 대해 협동을 요청하는 것이 중요하다. 그러한 멤버에게 협동을 강요하거나 협동하지 않는 것에 대해 비난하기보다 팀을 위한 의견이나 아이디어를 구하고, 그 다음에 고마움을 표하는 것이 협동적 동기를 향상시키는 긍정적 방법이 될 수 있다.

팀의 동기와 사기 향상

자신과 아울러 팀원들의 업무수행동기를 향상시키기 위해 자신이 맡은 일에 대해 열성적으로 임하고 다른 멤버들도 동일하게 행동하도록 고무시킨다. 과업의 시작 무렵에 팀원들의 역할과 책임에 관해서 이야기하고, 팀원들의 스케줄을 팀과업수행에 맞추도록 만들고, 팀과업에 완전하게 참여할 가능성에 관해서 솔직한 대화를 갖는다. 모든 팀원들이 동등하게 참여하고 기여하게끔 점검사항들을 작성한다. 팀과업에 대한 멤버들의 기여의 정도를 평가하고 멤버들에게 평가결과에 대한 피드백을 제공한다. 자기 몫을 제대로 수행하지 못하는 멤버에 의한 팀의 과업수행에 대한 지장과 사기저하를 막기 위해 개인적 문제들이 있는지를 알아내고 더욱 분발하도록 격려한다.

영예 공유

효과적 팀플레이어는 설사 자기가 가장 많이 집단과업수행에 기여했다고 하더라도, 팀원들과 성취에 대한 인정받음과 보수들을 공유한다. 축구경기와 같은 스포츠분야에서, 걸출한 선수만이 팀에 기여하는 것은 아니다. 모든 선수들이 자기 몫을 제대로 할 때에 비로소 팀의 성공이 있게 된다. 이것은 팀활동에도 그대로 적용된다. 팀의 성공에 대한 인정이나 보수를 리더나 어떤 특정의 멤버가 독차지하게 되면, 소외된 팀멤버들은 불평과 불만을 갖기 쉽다. 팀성취에 대한 보수구조를 개인적 기초와 팀적 기초에서 제도화하는 것도 영예의 공유의 정신과 합치되는 것이다.

효과적 팀플레이어의 과업적 측면

효과적 팀플레이어가 되는 데에 있어서 과업적 측면들이 또한 핵심적 기여를 행한다.

과업전문성

효과적 팀활동이 이루어지기 위해서 팀의 모든 멤버들이 자기의 역할을 제대로 또는 우수하게 수행할 것이 요구된다. 더 나아가서, 우수한 과업수행은 과업에 대한 전문성, 즉 지식과 기술을 요한다. 여기에서, 과업전문성은 일반적 전문성과 다소 구분되는 개념이다. 일반적 전문성은 어떤 기초분야, 예컨대 물리학, 화학, 엔지니어 등의 분야들에 관한 전문성을 일컫는 반면에, 과업전문성은 조직이나 팀에서 수행되는 과업들, 예컨대 관리업무, 인사업무, 판매촉진과 같은 현장에서 수행되는 과업들에 대한 전문성을 일컫는다. 팀활동에서 과업전문성은 개인만이 독점하기보다 팀원들과 공유하는 것이 대개 팀의 우수한 과업수행에 도움이 된다. 따라서, 각각의 팀원은 자기 자신의 과업전문성을 팀원들과 공유할 의사를 가져야만 된다. 하지만, 개인적인 과업전문성의 공유는 개인의 전문성 권력의 기반을 허물 수 있기 때문에 사람들은 자신의 과업전문성을 타인들에게 감추려고 들 수 있다. 이러한 점에 유의해서, 팀원들은 팀의 과업수행을 위해 자기들의 과업전문성을 공유하려는 적극적 자세를 가져야만 된다.[20]

과업에 대한 책임성

효과적 과업수행은 과업전문성 이외에도, 과업에 대한 높은 동기 또는 책임감을 요한다. 과업완수에 대한 높은 책임감은 과업완수를 방해하는 문제들의 해결에 대한 책임감을 포함한다. 팀원들이 옛날의 우수한 장수들이 전공을 이루기 위해 출정을 자원하는 것처럼 과업에 대한 적극적 책임성을 가질 때, 팀과업의 성공적 완수의 가능성이 높아질 것이다.

목표에 대한 초점

팀이 수행하고 있는 과업의 성공적 달성에 모든 주의와 노력을 경주한다. 축구경기에서, 모든 선수들이 상대편의 골대 속으로 공을 넣는 것에 모든 활동들이 집중된다. 이와 마찬가지로, 팀과업의 효과적 수행은 팀원들의 모든 활동들의 집중을 요한다. 비효과적 팀들은 이와 같은 집중력이 부족하다. 그러한 팀들은 목표가 명료하게 진술되어 있지 않거나 목표에 대한 인식이 부족하고, 각 활동의 시간제한이 정해져 있지 않고, 문제해결을 등한시하거나 지연시키고, 문제해결 방법을 찾지 못한다.

합의사항의 존중

효과적 과업수행을 위해서 팀원들의 생각들, 견해들 및 아이디어의 일치가 중요한다. 손발이 맞지 않는 스포츠팀이 쉽게 패배하는 것과 마찬가지로, 의견일치나 합의가 부족한 팀들은 과업을 성공적으로 완수하지 못할 뿐만 아니라, 팀원들 간의 관계들도 해치게 된다. 팀의 과업완수를 위해 이상적인 것은 팀원들의 의견들이 만장일치하는 것이다. 그러나 의견들의 만장일치는 다수의 사람들이 모인 집단들에서 거의 불가능하다. 대부분의 집단들이 만장일치에 도달하지 못하고 민주적 방식에 의해 다수결의 원칙에 따라 의사결정이나 합의에 이른다. 이러한 경우들에서, 집단의 합의나 의사결정에 반대했던 사람들은 결정에 따르지 않거나 결정에 대한 관심이 감소될 수 있고, 심지어 집단을 이탈할 수도 있다. 이렇게 되면, 팀의 모든 노력들이 과업수행에 집중되지 못하고, 효과적 과업완수는 불가능하거나 곤란해지게 된다. 따라서, 팀의 성공적 과업수행을 위해 팀원들은 만장일치가 하나의 이상에 불과하다는 것을 인식하고, 집단의 의사결정이나 합의를 존중하고 따르는 자세를 가져야만 된다.

팀원들의 직무수행을 돕기

이미 앞에서 협동과 협력의 제목하에서 팀원들에 대한 돕기의 중요성이 지적되었다. 팀의 업무완수가 팀원들의 노력의 결과이므로, 팀원들의 기여가 클수록 그 가능성이 더 높아질 것이다. 업무완수에 있어서 멤버들의 능력을 향상시키고, 우수하지 못한 멤버들을 우수하게끔 교정시키는 것이 관건이 된다. 따라서, 우수하건 비우수하건 간에 팀멤버들의 업무수행을 돕는 것이 결국 팀의 과업완수를 돕는 것이 된다.

팀들이 직장에서 더욱 보편화되고 있으므로, 팀에서 개인이 효과적으로 기능하는 데에 필요한 기술들과 지식들을 평가하기 위한 많은 노력이 경주되어 왔으며, 그 한 예가 표 13-1에 제시되어 있다.[21]

표 13-1 팀기술들의 자기평가 질문지

여러 유형의 팀들의 효과적 일원이 되기 위해, 다양한 기술이 요구되고 있다. 몇 개의 기업체들은 우수한 팀멤버들이 되는 데에 필요한 능력을 갖추게끔 돕기 위해 아래에 제시된 것과 같은 기술평가 질문지를 사용한다. 아래의 평가기준을 사용해서 당신 자신의 기술을 평가하라.

3=강하다(기술을 효과적으로 사용할 능력이 있고 편안하게 사용한다)
2=중간이다(과거에 이 기술을 보였다)
1=초보수준이다(이 영역에서 최소한의 능력을 갖고 있다)
0=해당이 없다(나 자신이 수행하는 직무에 무관련하다)

의사소통기술	기술수준(3, 2, 1 또는 0)
• 효과적으로 말한다.	________
• 솔직한 의사소통들을 촉진시킨다.	________
• 타인들의 말을 경청한다.	________
• 발표들을 수행한다.	________
• 서면 의사소통을 준비한다.	________
자기관리기술들	
• 성실하게 행동한다.	________
• 적응능력을 보인다.	________
• 개인적 자기개발을 행한다.	________
• 결과들을 성취시키기 위해 노력한다.	________
• 일에 대한 몰입을 보인다.	________

- 사고과정에 관한 기술들을 갖고 있다. ________
- 문제들에 대한 혁신적 해결을 행한다. ________
- 건전한 판단을 행한다. ________
- 이슈들을 분석한다. ________
- 고정관념적 틀을 벗어나서 생각한다. ________

조직에 관련된 기술들

- 조직의 전체 운영방식을 안다. ________
- 기술 및 기능적 전문성을 사용한다. ________
- 전략적 기술들(폭넓은 기업적 조망)을 갖고 있다. ________
- 조직 전체에 대한 영향을 인식한다. ________
- 조직 내의 올바른 시민정신(즉, 인간적 도리들)을 촉진시킨다. ________
- 고객의 욕구들에 초점을 둔다. ________
- 높은 질을 지향한다. ________
- 수익성을 높이게끔 처리한다. ________

해석: 이 질문지에 대한 반응을 채점하는 강력한 기준을 갖고 있지 못하다. 이것의 목적은 조직 내에서 성공적 팀멤버가 되기 위해 요구되는 기술유형들에 대한 당신의 인식을 높이는 데에 있다.

팀 촉 진

오늘날, 다양한 조직들에 대해서 팀들이 제품과 서비스를 개발하고 향상시키기 위한 하나의 중요한 수단이 되고 있다. 그러나 전문성을 갖춘 팀원들로 한 집단을 만드는 것만으로 그 팀이 효과적으로 기능하거나 의사결정을 행하는 것을 보장하지는 못한다.[22] 팀멤버들의 배경, 신념, 성격 및 업무수행스타일의 차이들이 업무완수능력을 방해할 수 있다. 예컨대, 어떤 팀멤버는 지각과 조퇴가 잦고 업무에 전념하지 않는다. 어떤 팀멤버는 자기 몫 이상을 수행하지만 팀을 좌지우지해서 다른 팀멤버들과 팀화합에 방해를 준다. 어떤 팀들은 팀분위기는 좋지만 업무 진척이 적고 마감시간 내에 일을 끝내지 못한다. 또한 어떤 팀들은 요구되는 창의적 업적을 내놓지 못하고, 회의 때마다 고성으로 서로 비난하고 문제해결에 이르지 못한다. 이와 같은 팀의 문제들이 있을 때에 팀촉진, 즉 팀과정들을 더 쉽게끔 만드는 것이 필요하다.

팀촉진(team facilitation)이란 팀목표의 달성에 관여된 팀멤버들이 의사소통하거나, 의사결정을 행하거나, 갈등을 해결하는 것과 같은 팀의 내부과정들을 개선하는 데 대해 도움을 받는 하나의 과정이다. 팀촉진은 팀의 효과적 과정들이 팀의 성공적 성과들을 달성시키는 데에 필수적이기 때문에 매우 중요하다.

촉진자의 역할

촉진자(facilitator) 또는 과정고문(process consultant)은 팀과정의 효과성을 진단하고 향상시키는 역할을 공식적으로 부여받거나 비공식적으로 역할을 맡은 사람으로서, 팀과정에 관한 전문적 훈련을 받은 사람이다. 촉진자는 팀의 업무내용보다 업무과정, 즉 팀이 업무를 수행하는 방식에 초점을 둔다. 촉진자들은 의사소통, 회의관리, 의사결정, 문제해결 및 갈등해결과 같은 팀과정들에 대해 관심을 둔다.[23]

촉진자들은 팀들이 더 효과적으로 목표를 달성하게끔 돕기 위해 팀멤버들과 함께 작업한다. 촉진자의 책임들이 팀들의 기대된 성과들, 전문적 요구조건 및 팀멤버들의 구성에 따라 차이 있을 수 있지만, 그들은 흔히 팀의 과정들과 성과들을 향상시키는 것을 돕는 일이라면 무엇인든지 수행한다. 그들은 효과적 의사소통과 의사결정으로부터 관리측이나 기타 관련자들에게 팀에 관한 발견들과 권고들을 제시해서 팀을 코치하는 것에 이르는 많은 일을 수행한다.

촉진 기술과 행동

촉진자는 팀과정들을 향상시키기 위한 자질들, 즉 기술들과 행동들을 갖추어야만 되며, 이것들은 학습과 훈련에 의해 육성될 수 있다. 촉진자가 갖추어야만 되는 몇 가지 자질이 있다.

자기인식능력

촉진자의 개인적 특징들이 촉진활동의 효과에 영향을 줄 수 있다. 촉진자는 자신의 장점들, 단점들 및 편향들을 명확하게 인식하고, 자신의 개인적 특징들(예: 권력욕구, 팀멤버들의 호감을 받으려는 욕구)이 팀촉진에 대해 부정적 영향을 주지 않도록 조심해야만 된다.

팀의 업무수행과정과 성과에 대한 책임감

촉진자가 팀과정의 향상에 기여하기 위해서 이것에 대한 높은 책임감을 가져야만 된다. 팀과정의 향상에 대해 실제적 책임을 지기 위해서, 촉진자는 팀과정들을 명확하게 인식하고, 주도성을 갖고, 팀의 전진을 도우려는 높은 동기를 가져야만 된다.

의사소통 능력

촉진자의 업무의 관건적 측면은 팀멤버들의 언어적 및 비언어적 의사소통을 파악하는 능력이다. 팀멤버들이 나타내는 신념, 태도 및 행동에 관한 미묘한 지표들(예: 거부, 위협당함, 몰입 등)을 민감하게 인식하고 대처하는 것이 요구된다.

관찰기술

능숙한 촉진자는 팀멤버들의 행동을 예리하게 관찰할 수 있다. 예컨대, 촉진자는 팀회의에 드물에 참석하고 회의시에 구석에 있는 자리에 앉는 멤버를 발견하고서, 그 멤버가 과업에 대한 주인의식을 갖고 있지 않고 팀과업에 대해 비협조적이라고 해석할 수 있다.

비생산적 행동에 관한 피드백의 제공

촉진자는 멤버들의 팀활동에 대한 부정적이거나 비생산적 행동을 관찰을 통해 파악하고서, 그들에게 행동문제들을 알려 주고 개선하도록 격려한다.

의사결정과 문제해결의 방법들에 대한 이해

촉진자는 팀의 과업들에 대한 의사결정과 팀의 문제들에 대한 해결의 방법들을 잘 알고, 팀멤버들에게 가르쳐 주고, 마침내 팀이 스스로 그러한 방법들을 사용하게끔 도와 준다.

팀의 집단역동의 관리

팀멤버들이 서로 상대하거나 상호작용하는 방식을 파악한다. 팀멤버들이 팀 과정에 관해 불평하는 것들에 대해 주의를 기울인다. 예컨대, 팀멤버들은 과업에 대한 멤버들의 차이 있는 몰입수준들, 특이하거나 조화되지 않는 작업스타일들, 개인적이거나 정서적 문제들 및 비생산적인 회의시간들을 불평한다.[24]

팀촉진에 대한 장애와 한계

모든 조직들이나 팀들이 촉진자를 사용하거나 촉진의 가치를 인정하는 것은 아니다.

첫 번째의 팀촉진에 대한 장애는 비용문제이다. 만일 조직 내부에서 촉진기술을 갖춘 직원이 없다면, 외부 촉진자를 고용해야만 되는데, 많은 조직들이 외부 촉진자의 서비스를 위한 비용을 지불하기를 꺼려할 수 있다. 설사 필요한 기술을 갖춘 내부의 직원들이 확인될 수 있을지라도, 그들의 정규 임무들을 제쳐두고서 가외로 팀들을 위해서 일하게끔 만들거나 보직변경을 행하는 것이 곤란할 수 있다.

두 번째의 팀촉진에 대한 장애는 촉진자와 팀멤버들 사이의 관계문제들의 발생이다. 외부의 촉진자들이나 과정고문들이 팀에게 제공될 때에 몇 가지 문제가 발생될 수 있다. 팀들은 과정촉진의 직무가 촉진자에게 전적으로 있다고 볼 수 있다. 이러한 의존성은 팀이 자기관리의 방향으로 발전하는 것을 막는다. 이와 반대로, 팀멤버들이 외부인을 신뢰하지 않거나 외부의 개입을 수용하지 않을 수 있다. 이러한 문제는 어떤 팀이 일정기간 존속해 왔고, 임명된 외부인의 존재에 대해 거부하거나 그 가치를 의문시할 때에 발생하기 쉽다. 특히, 관리측이 팀에게 이유와 목적을 설명함이 없이 팀에게 촉진자를 임명할 경우에 이러한 문제들이 악화될 수 있다.

팀촉진이 모든 조직들의 문제들에 대한 하나의 만병통치약이 못될지라도, 훈련받은 촉진자들을 통해 많은 이익이 얻어질 수 있다.[25] 촉진기술들은 공식적으로나 비공식적으로 사용될 수 있다. 촉진자가 사용되건 사용되지 않건 간에, 모든 멤버들이 촉진기법들을 훈련받고 능숙하게 되는 것은 팀과정과 성과를 크게 향상시킬 것이다.

요 약

현대의 조직에서 성공을 거두기 위해 효과적 팀플레이어가 되는 것이 필요하다. 팀멤버들은 상호보완적 기술들을 갖고 있으며 공동 목표에 몰입되어 있다. 모든 팀들이 어떤 공통 요소들은 갖고 있지만, 주요 팀유형들은 자기관리팀, 혼성기능팀, 프로젝트팀, 과정개선팀 및 가상(사이버)팀이 구분될 수 있다.

집단들과 팀들은 시너지효과, 큰 착오들의 회피, 의사결정들의 수용과 몰입 증가와 같은 장점들을 제공한다. 집단들과 팀들은 또한 직무만족을 증가시킨다. 집단들과 팀들은 행동보다 말이 더 많은 것, 사고와 행동상의 동조, 사회적 태만 및 갈등 생성과 같은 단점들을 갖고 있다. 하나의 심각한 잠재적 문제는 집단사고인데, 이것은 나쁜 의사결정들이 강한 의견일치의 부산물로서 발생된다. 효과적 작업집단들의 핵심 특징들이 있다. 이것들은 공동 목적과 목표들, 명확한 역할들, 의사소통과정, 수용적이고 지원적인 리더십, 팀의 규모, 전문성과 대인관계기술, 협동적 관계들과 신뢰 및 보수구조를 포함한다.

효과적 팀플레이어가 되는 것의 하나의 중요한 부분은 효과적 역할들을 선택하는 것이다. 그러한 역할들은 지식기여자, 과정관찰자, 협력자, 지원자, 이의제기자, 경청자, 중재자 및 발언감독자이다.

팀플레이의 관계적 측면에 대해 중요한 것들은 멤버 존중, 멤버 신뢰, 협동과 협력, 팀의 동기와 사기 향상 및 영예 공유이다. 팀플레이의 과업적 측면에 대해 중요한 것들은 과업전문성, 과업에 대한 책임성, 목표에 대한 초점, 합의사항의 준수 및 팀원들의 직무수행을 돕기이다.

팀촉진은 팀의 내부과정을 향상시킴으로써 팀멤버들이 응집력 있고 협동적으로 일하도록 돕는 활동을 일컫는다. 팀촉진의 사용에 의해 팀들은 더 효과적으로 기능할 것이고 멤버들은 팀경험에 대해 더 많이 만족하고 새로운 기술들을 배우고, 팀의 성과가 향상될 것이다. 그러나 팀촉진은 매우 중요한 과업으로서, 효과적 촉진자가 되기 위해서 촉진자는 자기인식능력, 팀의 업무수행과정과 성과에 대한 책임감, 의사소통능력, 관찰기술, 비생산적 행동에 대한 피드백의 제공, 의사결정과 문제해결의 방법들에 대한 이해 및 팀의 집단역동의 관리에 관한 지식과 기능을 갖추어야만 된다. 팀촉진에 의해 조직들과 팀들의 효과성이 증가될 수 있다. 비록 촉진자의 도움을 직접 얻지 못할지라도, 팀멤버들이 팀촉진에 관한 지식과 기술을 갖는 것이 팀의 효과성에 대해 많은 도움을 줄 것이다.

제14장

직업적 관계의 관리

거듭 지적된 바와 같이, 우리의 개인생활과 아울러 직장생활에 있어서 관계들은 필연적인 동시에 필수적인 것이다. 특히, 직장생활에 있어서 관계들은 개인의 경력 시작과 경력기회의 획득, 근무 및 성공에 대해 결정적 영향을 준다. 경력의 시작과 성공에 있어서, 관계들의 결정적 영향에 관한 개인적 경험들과 타인들의 경험들에 관한 수많은 이야기들이 있다. 정치, 경제, 사회, 문화 등의 대부분의 분야의 많은 사람들에 대해 경력의 기회를 제공한 사람들은 개인과 인연을 맺고 있는 사람들이다. 어떤 사람이 특정 분야에 입문하고, 일하고, 성공을 거두는 과정 속에 그 사람의 가족들, 선배들, 선생들, 상사들이나 지도자들, 동료들이나 친구들, 그리고 이들을 통해 알고 있는 수많은 사람들의 영향이 포함되어 있다. 이러한 사실을 전제할 때, 우리 자신과 관련된 관계들이나 관계망들을 잘 관리하고 육성할 필요가 있다.

기본적으로 우리는 관계들이나 관계들의 망 속에서 생활하고 있으며, 특히 직장생활에 있어서 관계망을 잘 형성하고 관리해야만 한다. 이러한 면에서, 관계망구축(networking)이라는 용어가 널리 사용되고 있다.[1] 관계망구축은 개인의 생활에 도움이 되게끔 관계들을 형성하고, 유지하고, 관리하는 것을 의미한다. 관계망구축에 관련된 활동들로서, 개인의 권력(power)이나 영향력을 획득하는 활동들을 정치하기(politicking)라고 일컫는다.

권력은 가치 있는 것들을 통제하고 의사결정에 대해 영향을 주는 능력이나 잠재력이다. 직업에 있어서, 권력이 많은 것은 승진, 전보, 봉급인상 또는 불쾌한 업무의 회피와 같은 많은 긍정적 결과들을 제공해 준다. 따라서, 조직 내의 정치 또는 정치하기는 비록 이 용어가 개인적 이익을 위한 권모술수의 사용이라는 부정적 함의를 갖고 있을지라도, 사람들에 대해 필수적인 성질의 것이다. 정치하기는 권력을 획득하기 위해 개인이 직접적으로나 간접적으로 행하는 제반 활동을 일컫는다. 정치하기는 용어적 측면에서, 시민적 또는 국민적 정치활동과 다소 다른 의미를 갖는다. 이 용어는 관계들이나 조직 내에서 권력이나 영향력을 얻으려는 활동들을 주로 일컬으며, 특히 조직 내에서의 권력이나 영향력을 얻는 활동의 측면에서 정치하기는 조직 내 정치(organizational politics) 또는 조직정치라고도 일컬어진다.[2]

이 장에서, 우리는 조직 내 정치의 기술들을 취급한다. 그것들은 인상을 관리하는 것, 관계들을 구축하고 발전시키기 위해 정치적 책략들을 사용하는 것 및 정치적 실수를 피하는 것을 포함한다.

인상관리와 에티켓

자신의 일을 제대로 완수하는 것만으로 충분한 것은 아니다. 때로는 타인들이 당신의 업적뿐만 아니라 역량이나 재능을 또한 인식하게끔 만드는 것이 필요하다. 열심히 자신의 일을 완수하고서도 마땅히 받아야만 될 인정과 대우를 받지 못하는 것은 직무에 대한 개인적 불만족을 일으키는 하나의 주요 요인이 되며, 만일 그렇게 된다면 조직이나 회사에 대해서도 유익한 것이 못된다. 인상관리(impression management)란 타인들에 대한 개인적 이미지를 향상시키고자 하는 행동들을 일컫는다. 타인들에게 자신에 대해 적절하게 주목하도록 만들고, 개인적 및 업무수행적 평가들을 긍정적이게끔 만드는 것이 인상관리에 있어서 중요하다. 인상관리는 복장과 외모와 같은 피상적 측면들의 관리, 업무적 성취와 자신감에 대한 타인들의 지각의 관리 및 조직이나 기업에서의 예절을 지키는 것을 포함한다. 전자의 두 개의 범주들은 인상관리에 대한 특수한 책략들의 범주로 묶일 수 있으므로, 이하에서는 인상관리의 책략들과 아울러 조직이나 기업에서의 에티켓의 두 가지 주제를 취급할 것이다.

인상관리의 책략들

당신이 타인들에게서 일으키는 인상을 긍정적이게끔 관리하는 여러 책략들이나 방법들이 있다. 이것들은 기본적으로 개인의 성품과 능력에 관한 타인들의 긍정적 인상을 증가시키는 것을 겨냥하고 있다. 이러한 책략들에 관한 하나의 대표적 목록이 표 14-1에 제시되어 있다. 인상관리에 있어서, 관리의 목표가 사기꾼처럼 거짓된 인상을 조성하는 것이 아니라, 직장의 직원들과 외부 고객들에게 당신 자신의 긍정적인 본모습을 보여 주는 것이라는 점에 유의하라.

직장 에티켓의 준수

직장 에티켓이나 매너는 직업상황에서 요구되는 특수한 행동규범이다. 따라서, 직장 에티켓은 타인들에 대해 세련되고 수용가능한 방식으로 행동하는 것을 일컫는다. 직장 에티켓은 인상관리의 하나의 주요 요소이다. 개인적이거나 직업적 관계에서 예의 없는 "무례한 사람"이라는 평판은 그 사람에 대한 극단적인 부정적 평가를 나타내며, 그에 따라 개인적으로나 직업적으로 결정적인 피해를 입게 되고, 따라서 인상관리에 있어서 하나의 기본적 관심 대상이 된다. 적절한 에티켓을 알고 사용하는 것은 개인뿐만 아니라 조직의 성공에 기여하기 때문에 매우 중요하다. 조직 내의 타인들의 감정을 배려하고, 고객들에 대해 예의바른 사람들과 회사들은 무례한 사람들과 회사들보다 성공가능성이 더 많다.[3]

직장 에티켓은 조직 내의 대인관계들의 많은 측면을 포함한다. 직장에서 적절한 에티켓과 매너라고 간주되는 것은 시대와 상황에 따라 변화하고 사람들에 따라 차이가 있을 수 있다. 그럼에도 불구하고, 타인들의 감정을 배려하는 것이 특수한 행위보다 더 중요하다. 이하에서 우리는 몇 가지 직장상황에서의 에티켓의 지침들을 제시한다.

근무행동과 복장

근무 에티켓은 근무환경 내에서 수행하는 모든 행동들, 예컨대 시간에 맞추어서 일을 완수하는 것, 규정된 근무시간을 지키는 것, 훌륭한 팀플레이어가 되

표 14-1 긍정적 인상의 조성을 위한 책략들의 한 목록

1. 복장을 잘 차려 입는 것.
2. 호의적 외모를 만드는 것.
3. 유창한 말솜씨를 사용하는 것.
4. 쾌활한 것.
5. 단정하고 말쑥한 것.
6. 자신감 있는 외모를 갖는 것.
7. 타인들에게 인기 있도록 보이는 것.
8. 자신의 직무적 자격에 관해 이야기하는 것.
9. 자신의 성취에 관해 이야기하는 것.
10. 논의되는 주제에 관한 지식을 나타내는 것.
11. 우수하게 직무를 수행하는 것.
12. 문제를 훌륭하게 해결하는 것.
13. 팀플레이를 강조하는 것.
14. 외교관적인 것.
15. 타인들과 전문성을 함께 나누는 것.
16. 타인들과 영예를 함께 나누는 것.
17. 온정성과 지원을 제공하는 것.
18. 약속을 철저하게 지키는 것.
19. 자신의 성취들을 과시하는 것.
20. 타인들이 듣고 싶어하는 것을 말하는 것.
21. 경청하는 것.
22. 잡담하는 것.
23. 일에 관해 이야기하는 것.
24. 훌륭한 윤리를 보여 주는 것.
25. 직장 동료들에게 연하장을 보내는 것.
26. 타인들에 대해 직접적 거절을 피하는 것.
27. 압력을 받을 때에 침착한 것.
28. 타인들을 칭찬해 주는 것.

는 것, 타인들의 말을 경청하는 것, 업무를 철저하게 수행하는 것 등을 포함한다.

근무복장의 착용도 또한 일반적인 근무행동의 일부분으로 간주될 수 있으며, 많은 직장들에서 공식적 복장을 착용하는 것이 기대된다.

소개하기

소개의 기본규칙은 성별이나 연령에 관계없이 상위직의 인물에게 하위직의 인물을 소개하는 것이다. 소개되는 사람이 동일한 직위일 경우에는 연장자 순으로 소개한다. 개인을 집단에게 소개할 때에는 집단에 대해 개인을 소개하는 형식을 취한다.

소개받은 사람의 성명을 정확하게 기억하는 것이 하나의 훌륭한 에티켓이다. 만일 그 사람의 성명을 잊어버렸다면 얼버무리지 말고 "죄송합니다만 당신의 성명을 잊어버렸는데, 다시 말씀해 주시겠습니까?"라고 말한다. 소개받을 때에 너무 힘을 주지 말고서 힘찬 악수를 하고, 인사하고 있는 사람의 두 눈을 바라본다.

성별과 연령에 따른 에티켓

개인적이거나 사교적 에티켓과는 달리 직업적 에티켓은 성별과 연령에 관계없이 모든 사람들에 대한 동등한 대우에 기초되어 있다. 그러나 한국 문화에서는 연장자에 대한 우대의 전통이 있으므로 연장자에 대한 우선적 고려가 적절한 에티켓이 될 것이다.

전화의 사용

대부분의 직장 의사소통이 전화를 통해 이루어지며, 전화상의 의사소통이 활발하게 이루어져야 된다. 적절한 전화사용의 지침들은 아래와 같다.

- 지체함이 없이(세 번째 벨울림 경에) 응답한다.
- 당신의 회사, 부서 및 성명을 댄다.
- "안녕하십니까?" 또는 "안녕하세요"라는 인사말을 사용한다.
- 항상 쾌활한 음성으로 전화를 끝마치고 "안녕히 계십시오"라는 인사말을 전한다.

식사하기

식사 에티켓은 만남의 계획, 좌석배치, 식대지불, 팁주기, 적절한 식탁매너들 및 알코올음료를 적절하게 마시기를 포함한다. 몇 가지 유의사항은 아래와 같다.

- 미리 좌석배치를 점검한다.
- 식사대의 지불자를 정한다.
- 함께 식사하는 사람들과 적합하게 식사속도를 조절한다.
- 알코올의 과음을 엄금한다.

상사와 기타 중요한 인물들과의 관계구축

대부분의 조직들이 위계적 구조를 갖고 있고, 따라서 상사나 중요한 인물들은 부하나 중요하지 않은 인물들에 비해 더 많은 영향력을 갖는다. 따라서 조직체의 일원으로서 당신은 자신의 상사와 기타 중요한 인물들과의 건설적이고 긍정적 관계들을 갖게끔 노력을 기울일 필요가 있다. 상사들과의 좋은 관계를 구축하고 유지하는 것은 독립적 인간으로서 당신의 존재나 정체성을 훼손시키는 행위가 아니라, 당신과 조직의 건설적 목표를 달성시키기 위한 필수적인 건설적 행위로서 취급될 필요가 있다. 더 구체적으로 볼 때, 상사와 기타 중요인물들과의 좋은 관계는 세 가지 긍정적 결과들과 연관되어 있다.

첫째로, 그러한 관계들은 당신에 대해 긍정적인 지원적 직장환경을 조성하는 것을 돕기 때문에 중요하다. 둘째로, 그러한 관계들은 당신의 직무의 성공적 성취를 돕기 때문에 중요하다. 셋째로, 그러한 관계들은 당신이 승진이나 중요한 보직에 대한 추천이나 평가를 받는 것과 같은 권력(power)의 획득이나 정치적 목적의 달성에 도움을 줄 수 있다.

이하에서 우리는 상사들과 기타 중요한 인물들과의 관계구축을 위한 몇 가지 전략과 전술을 제시한다.

영향력 있는 인물들과의 관계를 구축하기

직업 성공의 하나의 기본적 전략은 당신의 상사를 포함한 영향력 있는 인물들과 접촉을 유지하고 관계망을 형성하는 것이다. 그러한 인물들과의 관계망을 형성하는 데에 결정적인 것은 그들의 신뢰와 확신을 얻는 것이다.

관계망 구축을 위한 기본적 작업은 그러한 인물들의 명단을 카드에 기록해 두거나 컴퓨터파일로 작성하고 자주 점검하는 것이다. 관계망을 효과적으로 유지시키기 위해 명단 속에 있는 사람들을 주기적으로 접촉할 필요가 있으며, 연하장이나 인사장을 보내는 것이 한 방법이다. 그 밖에도 더 적극적 접촉의 방법으로서 아래의 사항을 고려할 수 있다.

- 상사에게 예산전략이나 수익창출에 관련된 아이디어를 제안하는 e-메일 메시지를 보낸다.
- 고위직의 인물을 포함하고 있는 특별대책팀(task force)이나 위원회의 한 멤버로서 유능하게 일한다.
- 고위직의 인물과 자신의 경력계획을 상의한다.
- 당신이 소속한 사교모임들이나 사회단체들 속에 있는 영향력 있는 인물들과 적극적으로 어울려 지낸다.

영향력 있는 인물들은 시간적으로 바쁘기 쉬우므로 당신의 접촉이나 부탁의 내용과 시간은 명료하고 간단하게끔 세심하게 신경을 써야만 된다.

상사가 성공하도록 돕기

대부분의 조직들은 말단의 구성원들의 과업성공이 일선 관리자의 성공으로 연결되고, 일선 관리자의 과업성공이 간부임원의 성공으로 연결되고, 마침내 조직의 성공이 이룩되는 식으로 운영되고 있다. 따라서 특정 구성원에게 요구되는 직무는 그 사람의 상사의 성공을 돕는 것이다. 상사의 성공을 돕기 위해 우선적으로 필요한 것은 상사와의 적대적 관계를 피하고 우호적 관계를 유지하는 것이다. 또한 상사의 성공을 돕기 위한 명백한 방법들과 은연적 방법들을 찾아내도록 노력한다. 명백한 방법들 중에서 가장 중요한 것은 당신의 직무를 훌륭하게 수행하는 것이다. 은연적인 방법들은 당신의 상사가 상위직의 인물들이나 다른 부서의 직원들로부터 꾸지람을 듣거나 공격을 당하고 있을 때에 상사의 입장을 두둔해 주기 위해 상사에게 필요한 정보를 제공해 주는 것이다. 당신의 도움으로 상사가 성공하게 될 때, 상사는 성공을 당신과 함께 나누게 될 것이다.

자진해서 과업을 맡아 수행하기

상사의 인정을 얻는 손쉬운 방법은 부서에서 수행하는 특별한 과업들에 대해 자원해서 일하는 것이다. 이것은 회사의 사장이나 임원들에게 그들이 관심을 갖고 있는 업무에 대해 개인적 적극성을 보여줄 수 있는 좋은 기회가 된다. 당신이 자원할 수 있는 특별한 과업들은 회사기금확보운동, 프로젝트 멤버, 다른 직원들이 하기 싫어하는 초과근무 등을 포함한다. 조직에서 설치해서 운영하는 특별대책팀들이나 위원회들에 자원해서 일하는 것은 조직의 고위직인물들의 주목을 받기 쉬우므로, 당신이 그들과의 관계망을 발전시킬 수 있는 하나의 좋은 기회가 될 수 있다.

영향력 있는 인물들을 치켜 세우거나 칭찬해 주기

가장 효과적인 관계구축의 요인들 중의 하나는 센스 있고 신빙성 있게 타인들을 치켜 세워 주는 것이다. 아첨꾼이라거나 경박한 직장 내 정치꾼이라고 불릴 위험성에도 불구하고 치켜세워 주는 이들이 승리한다. 대기업체에서 승진하는 방법에 관한 한 연구는 회사의 고위직의 사람들이 업무수행의 면에 있어서 동등한 경향이 있다는 것을 지적했다. 따라서 승진은 이미지(30%)와 상사와의 접촉시간(50%)에 기초되었으며, 업무수행은 승진의 20%를 설명했다. 앞의 두 가지 주요 요인들에 대해서 칭찬하거나 치켜 세워주기가 큰 역할을 한다.[4]

한 연구는 152쌍의 감독자들과 직원들을 연구했는데, 칭찬해 주기 기법들이 ① 감독자가 머리, 재능 및 경험을 갖고 있다는 것을 지적해 주고, ② 존중을 보여 주고, ③ 감독자의 가치들과 비슷한 가치들을 표현해 주고, ④ 직원들 자신을 겸손하게 보이게끔 만들어 주었다.[5] 이 연구자는 칭찬해 주는 이들이 그렇지 못한 사람들에 비해서 긍정적 평가와 장래성에 대한 높은 평점을 받는 데에 있어서 5%의 이익을 얻었다고 결론지었다. 하나의 일반적인 목적을 가진 칭찬하기는 타인에게 당신 자신이 그 사람이 성취한 어떤 일로부터 인상을 받았다고 이야기하는 것이다. 예컨대, “당신이 만들어서 운영하는 시스템은 교과서에서 배운 대로의 완벽한 것에 가깝다고 생각됩니다”라는 식으로 타인에게 이야기하는 것은 매우 큰 효과를 가질 수 있다.

치켜 세워주기의 다른 방법은 타인의 이야기를 경청해 주는 것이다. 경청받는 이는 자신의 이야기가 가치 있는 것이 되기 위해 노력하게 되고 실제로 가치 있는 것을 제공하는 것에 대해 신경을 쓰게 된다. 치켜 세워주기는 또한 제삼자의 말을 인용하는 것이나 그 사람이 과거에 했던 말을 언급하는 것의 형태를 취할 수 있다. 일주일 이내에 당신 스스로 어떤 영향력 있는 인물을 치켜 세워 주는 것을 실천해 보라.

압력하에서 침착성을 보이기

복잡하고 곤란한 일에 당면해서 당신이 보이는 공황이나 두려움의 신호들은 영향력 있는 인물의 당신에 대한 평판을 해치게끔 만든다. 이와 반대로, 일들이 제대로 되지 않고 있을 때에 정서적 통제력을 보이는 것은 당신이 부가적 책임을 맡을 수 있는 능력이 있다는 인상을 전달하는 것을 도와 준다. 압력하에서 침착한 것은 정서안정성의 일부분이며 하나의 핵심적 리더십 특성이다. 어려운 업무상의 일들을 침착하고 성공적으로 처리하는 것은 영향력 있는 인물들에 대해 매우 긍정적 인상을 주고 당신의 경력에 대해 결정적인 좋은 계기를 제공해 줄 수 있다.

상사의 유머에 대해 재미있어 하기

상사의 유머감을 높게 인정해 주는 당신의 반응이 두 사람 사이의 친근한 관계를 확립시키는 데에 도움을 줄 수 있다. 유머는 대개 미묘한 의미들을 취급하고 있으므로 상사의 유머를 듣고서 재미있음을 나타내는 것은 두 사람 사이에서 의사소통이 잘 이루어진다는 것을 나타낸다. 사람들은 일반적으로 자기가 재미

있다고 여기는 유머를 자신도 모르게 반복하는 경향이 있다. 당신의 상사가 이미 동일한 유머를 말했더라도 다시 재미있게 들어 주는 인내심을 가져라.

건설적 부동의를 표명하기

조직이나 사무실 내에서 상사를 기분좋게끔 만드는 효과적 방법은 예스맨(yes man)이나 예스퍼슨(yes person)이 되는 것이라고 믿는 사람들이 있다. 이들은 상사가 내놓은 의견이 무엇이든 간에 동의하려고 든다. 그러나 현대의 조직에서 더 합리적이고 성공적인 대응방식은 당신이 상사가 틀렸다는 것을 진심으로 믿고 있을 때에 건설적 매너로 부동의를 표현할 자세를 갖는 것이다. 장기적으로 당신은 당신이 상사의 비위를 맞추려고 동의할 경우보다 더 많은 존중을 받게 될 것이다. 건설적 부동의는 상황에 대한 주의깊은 분석에 기초되어 있으며 동시에 재치있는 것이다.

부동의를 표현하는 올바른 방법은 큰 목소리나 공개적으로 대결함으로써 상사를 궁지에 몰아넣거나 당황하도록 만드는 것은 아니다. 만일 당신의 상사에 대해 부동의한다면, 주의깊은 말과 불쾌하지 않은 진술을 사용하라. 그렇게 함으로써 당신은 불필요한 대결이나 적대적 반응을 피할 수 있다. 그러한 진술들은 "나는 대부분의 일들에서 당신에 대해 동의할 수 있습니다만, 이 문제에 대해 당신이 갖고 있는 근거들을 재고했으면 좋겠다는 생각이 듭니다" 또는 "나는 당신의 기본적 아이디어를 좋아합니다. 그리고 그 아이디어를 좀더 좋게끔 만들 수 있는 제안을 해도 좋겠습니까?"를 포함할 수 있다.[6]

건설적 부동의가 대부분의 상사들과의 좋은 관계를 구축하는 것을 돕는 이유는 상사가 당신의 직무지식과 당신의 온당성을 존중하게 되는 데에 있다. 그러나 만일 당신이 매우 불안한 상사와 함께 일한다면, 그 상사는 부동의에 의해 매우 당황할 수 있다. 그러한 경우에 당신은 부동의의 표현에 있어서 매우 재치 있게 해야만 된다.

동료들과 기타의 업무관련자들과의 관계구축

당신의 권력(power)을 증가시키기 위한 다른 전략은 동료직원들과 기타의 업무관련자들과의 협력관계나 동맹을 형성하는 것이다. 당신은 당신의 일이 성취되게끔 만드는 데에 이들의 지원이 필요하다. 그리고 현대의 상호 평가의 풍토에서 당신이 승진이나 평가의 대상이 될 경우에 그들의 의견이 반영될 수도 있다. 동료평가체제(peer-evaluation system)하에서 당신의 업무수행에 대한 동료들의 의견이 많은 비중을 갖는다.

이하에서 우리는 동료들과 기타의 업무관련자들과의 관계발전을 위한 몇 가지 전략과 전술을 제시한다. 13장에서 취급된 팀워크기술의 발전에 관한 정보가 또한 이 주제에 관련되어 있다.

정직하고 솔직한 관계들을 유지하기

정직한 것이 조직 내 정치와 모순되는 것 같이 여겨질지라도 이것은 긍정적 정치의 대표가 된다. 동료들이 당신의 의견을 구할 때에 솔직하지만 재치 있는 응답들이 솔직한 관계를 발전시키는 유용한 한 방법이다. 예컨대, 만일 당신의 동료가 어떤 제안서를 만들고서 당신의 의견을 구한다고 하자. 당신은 그 제안서에서 다소의 문제점을 발견했다. 이런 경우에, 당신은 "당신의 아이디어는 훌륭합니다. 하지만 나는 몇 가지 점에서 재검토가 필요하다고 생각됩니다"라고 당신의 솔직한 반응을 표시하는 것이 좋다.

당신의 생각뿐만 아니라 긍정적이거나 부정적 기분들을 있는 그대로 표현하는 것이 건설적 관계에 도움이 된다. 만일 당신이 우수한 업무수행을 성취했다면, 당신 자신의 행복함과 자긍심을 솔직하게 드러낸다. 만일 당신이 개인적인 일로 인해 침울하게 느끼고 있는데, 동료가 걱정이나 관심의 말을 걸어 온다면 솔직하게 어떤 문제가 있음을 시인하는 것이 좋다. 이러한 경우에, 당신의 문제를 거짓말로 감추려고 드는 것은 동료에게 자신이 배척당한다는 생각이 들게끔 만들 수도 있다.

동료들을 중요하다고 느끼게끔 만들기

동료들과 그 밖의 사람들과 좋은 관계를 조성하는 하나의 기본원리는 그들을 중요하다고 느끼게끔 만드는 것이다. 직장상황에서 대부분의 사람들은 타인들로부터 인정받으려는 강한 욕구를 갖고 있다. 이러한 인정의 욕구를 충족시켜 주는 주된 책임이 리더에 속한 것일지라도 동료들이 또한 큰 역할을 제공할 수 있다. 동료를 중요하다고 느끼게끔 만드는 한 방법은 개인적 칭찬과 더불어 집단 앞에서 동료의 우수한 성취를 이야기하는 것이다. 동료들의 공헌과 성취를 인정해 주는 것은 동료들과의 우호적이고 협동적인 관계를 발전시키는 첩경이다.

동료들의 일에 대한 당신 자신의 관심을 표명하기

동료들이 수행하고 있는 일에 대한 순수한 관심을 표명하는 것도 또한 동료들에 대한 인정의 한 형태이다. 많은 사람들이 자기중심적이어서 자신의 일에 관해 열심히 이야기하려고 들지만, 타인들의 일에 관해서는 순수한 관심을 두지 않고 있다. 따라서 대개의 사람들은 마음 속으로 타인들이 자신의 일에 대해 관심을 두어 주기를 원한다. 이러한 목적에 적합한 말들은 다음과 같다.

• 당신의 일은 어떻게 되어갑니까?
• 회사는 당신 부서의 업무성과를 어떻게 활용하고 있습니까?
• 당신은 다수의 고객들을 어떻게 관리하고 있습니까?
• 당신은 당신의 직무에 관련된 기술들을 어떻게 습득했습니까?

부동의에 대한 합리적 이유의 제시

앞에서 상사와 기타 중요한 인물들과의 관계구축방법들에서 건설적 부동의의 표현이 지적되었다. 이것은 동료들과의 관계구축에서도 마찬가지로 필요한 것이다. 동료들과의 관계구축방법의 논의에서 맨 처음에 지적된 정직하고 솔직한 관계를 갖는 것도 때에 따라 상황에 맞게 조정되어야만 된다. 의견의 영역에서, 사람들은 정직하고 솔직한 찬성을 환영하고 기뻐하지만 정직하고 솔직한 반대를 겉으로는 환영한다고 말하면서도 내심으로는 매우 싫어한다. 따라서 의견이나 아이디어에 대한 부동의의 표현은 심사숙고해야만 된다.

부동의의 표현이 특히 관계를 해칠 경우가 있는데, 그것은 의견이나 아이디어에 대한 부동의보다 개인에 대한 부동의가 공격으로 해석될 경우들이다. "어떻게 그런 생각을 하게 되었는지 모르겠습니다. 머리가 어떻게 된 것 아닙니까?," "그런 바보같은 아이디어를 내다니요!" 또는 "나는 그런 아이디어에 대해 절대 반대합니다"라는 식의 부동의의 표현방식들은 개인적 공격이나 무시로서 해석되기 쉽다. 부동의를 표현할 경우에 상대방의 생각이나 아이디어에 대한 일차적 존중을 표현하고 그 다음에 그것에 반대하는 이유들이나 대안들을 제시하는 것이 좋다. "이 문제에 대해 열심히 생각한 것으로 여겨집니다. 하지만 그러한 의견에는 이러 저러한 문제점들이 있는 것 같습니다. 그 대안으로 나는 ~을 제안합니다"라는 식으로 부동의를 표현하는 것이 동료들과의 관계구축에 도움이 될 것이다.

호의를 주고 갚기

개인적 및 직업적 관계들에서 서로 보수를 제공하는 것이 긍정적이고 화목한 관계를 육성하는 가장 좋은 방법의 하나이다. 보수들은 사람들이 필요로 하는 금전, 물품 및 일에 대한 도움의 형태들로 제공될 수 있다. 동료들이 갑자기 다소의 금전이 필요하거나, 조력이 필요하거나, 인력이 필요할 때에 도움을 주는 것은 매우 고마운 일로서 오래 기억되고 장차 그 이상으로 보상을 받게 될 것이다. 동료들이 어려움에 처했을 때에 자발적으로 호의를 제공하는 것이 관계발전에서 하나의 결정적 계기가 될 수 있다.

충고를 구하기

직장에서 동료들에게 기술적 및 전문적 주제들에 관한 충고를 구하는 것은 그들과의 관계를 구축하는 하나의 훌륭한 방법이다. 충고를 구하는 것은 상대방의 전문성에 대한 존중과 아울러 개인적 신뢰를 전달해 줌으로써 호감과 친근감을 증가시킨다.

집단규범에 따르기

다른 직원들과 잘 지내기 위한 기본 원리들 중의 하나는 집단규범들 또는 집단멤버들에 대한 명백하거나 은연적인 기대들을 준수하는 것이다. 만일 당신이 집단규범들에서 이탈하지 않는다면, 집단은 당신과 아울러 당신의 행동을 수용할 것이다. 이와 반대로 만일 당신이 집단규범들에서 너무 이탈한다면, 집단은 당신을 배척하고 따돌리려고 들 것이다.

정치적 실수를 피하기

당신이 축적해 온 권력을 상실하지 않기 위한 하나의 전략은 권력을 약화시키는 정치적 실수를 저지르지 않도록 조심하는 것이다. 정치적 실수를 저지르는 것은 또한 당신의 권력획득을 방해할 수 있다. 몇 가지 주요 실수는 아래와 같다.

공식회의에서 상사를 비평하는 것

인간관계에서 가장 오래된 법칙은 "공적으로 칭찬하고 사적으로 비평하는 것"이다. 공적 장소에서의 개인적 의견과 주장의 제시에 열중해서 당신은 당신의 상사를 공개적으로 비평하는 충동을 억제하지 못할 수 있다. 그 결과로, 당신의 상사는 당신에 대한 분개를 마음 속에 품고 있고 결정적 순간에 당신의 성취나 승진을 방해할 수 있다.

상사를 제쳐 놓고서 일을 처리하는 것

오늘날의 조직들이 민주화되어 있으므로 많은 사람들이 권위의 위계들이나 명령계통을 존중하는 것이 중요치 않다고 믿는다. 그러나 실제에 있어서 권위의 위계들에 따르는 것이 대부분의 조직들에서 매우 중요시되고 있다. 따라서 문제해결을 위해 상사를 제쳐 놓고서 일을 처리하는 것은 매우 위험한 일이다.

당신은 자신의 경력이 손상받거나 의지할 곳을 잃게 될 것이다. 만일 당신과 당신의 상사 사이의 견해차이들이 커서 당신의 상사를 제쳐 놓고서 일을 처리하고 싶다면, 상사와의 견해차이들을 해결하기 위해 갈등해결방법들을 검토하고 사용하라.

조직에 대한 불충성의 공공연한 표현

당신의 조직에 대해 충성하지 않는 것은 하나의 기본적인 정치적 실수이다. 다른 직장으로 이직하려고 한다는 것을 알려지게끔 만드는 것은 불충성의 대표적 형태이다. 공적 상황에서 당신의 조직을 비평하는 것, 경쟁사의 제품들의 고품질을 칭찬하는 것 및 타인들에게 당신의 회사에 관한 분풀이성의 내부 e-메일 메시지를 보내는 것 등도 마찬가지이다. 당신은 해고당하지 않을 수도 있겠지만, 불충성의 외현적 신호들은 당신을 영속적으로 비호의를 받는 처지에 둘 수 있다.

골칫거리가 되는 것

일반적으로 자기 요구를 계속하는 것이 성공의 지름길이라고 여겨진다. 그러나 자기 주장을 너무 자주 사용하게 되면, 이것은 많은 사람들에게 괴로움을 준다. 외현적으로 계속 자기 주장을 내세우는 사람은 골칫거리로서 지각된다.

나쁜 팀플레이어가 되는 것

거의 모든 조직에서 협동이 집단적 노력을 가능하게 만들기 때문에 구성원은 훌륭한 팀플레이어가 될 것을 기대받는다. 만일 당신이 나쁜 팀플레이어이거나 그렇게 시사받는다면, 당신의 승진기회는 줄어들 것이다. 나쁜 팀플레이어로서 지각되게끔 만드는 것들은 사회적 빈둥거림, 많은 부서회의에 불참하는 것, 집단 성취들에 대해 자신이 너무 많은 몫을 차지하는 것, 동료들과의 상대를 최소화시키는 것이다. 간단히 말해서, 만일 당신이 13장에서 제시된 팀플레이에 관한 모든 충고를 무시한다면, 당신은 하나의 정치적 실수를 저지르는 것이다.

이전 직장의 고용주들이나 과거에 도움을 받았던 사람들을 해롭게 하는 것

사람들이 어떤 조직체를 떠날 때에 이전 고용주나 상사에게 해를 입히려고 드는 일이 흔하다. 특히, 타의에 의해 해고당한 사람들은 해고에 책임이 있는 사람들에 대해 분노를 표현하기 쉽다. 분노를 터뜨리는 것이 일시적으로 당신에게 위안이 될 수도 있겠지만 이것은 장기적으로 해로울 수 있다.

만일 당신이 저지른 실수를 극복하고 싶다면, 방어적 태도를 버려라. 당신의 실수의 결과들을 남들의 탓으로 돌리려고 들기보다도 당신 자신의 실수로부터 벗어나는 데에 당신이 더 많은 관심을 두고 있다는 것을 보여라. 탓을 찾기보다 문제해결에 초점을 두어라.

실수를 극복하는 다른 방법은 침착성을 유지하는 것이다. 당신이 실수를 저질렀다는 것을 시인하고 사과하되, 열등감을 갖고서 행동하지는 않아야 한다. 경쟁적 근무환경 속에서 실수들은 불가피한 것이다. 슬프고 마음이 산란한 것으로 보이는 것을 피하라. 그 대신에, 당신이 자신의 실수를 기술할 때에 사람들과 눈 마주침을 유지하라.

요 약

긍정적인 정치적 전술들은 훌륭한 대인관계를 구축하는 것을 돕는다. 조직정치란 공식적이거나 개인적 수단들을 통해 권력을 획득하는 것을 일컫는다. 권력은 어떤 가치 있는 것을 통제하고 의사결정들에 영향을 주는 능력이나 잠재력을 일컫는다. 인상관리는 조직정치의 한 측면이다. 당신이 형성하는 인상의 관리는 직장의 관련자들에 대해 긍정적 영향을 조성하려고 고안된 광범한 행동을 포함한다.

당신이 조성하는 인상을 관리하는 것의 하나의 주요 요소는 조직이나 회사의 에티켓이다. 에티켓의 일반원리는 근무관련자들의 감정을 배려하는 것이다. 조직 에티켓의 영역들은 근무행동과 복장, 사람들을 소개하기, 성별과 연령이 다른 사람들 사이의 관계들, 전화사용, 식사하기 등을 포함한다.

상사들과의 관계를 구축하는 정치적 전략들과 전술들은 영향력 있는 사람들과의 관계망구축, 상사가 성공하도록 돕는 것, 과업들에 대해 자원하기, 센스 있게 영향력 있는 사람들을 치켜 세워 주기, 압력하에서 침착성 있게 보이기, 상사의 유머에 대해 재미있어 하기, 건설적 부동의를 표현하기 등을 포함한다.

동료들과 기타 업무관련자들과의 관계를 발전시키기 위한 전략들과 전술들은 정직하고 솔직한 관계들을 유지하기, 타인들을 중요하다고 느끼게끔 만들기, 타인들의 업무에 대한 흥미를 표현하기, 호의를 주고 받기, 충고를 구하기, 집단규범에 따르기 등을 포함한다.

당신이 축적해 온 권력을 잃지 않기 위한 하나의 전략은 정치적 실수를 저지르지 않는 것이다. 정치적 실수는 또한 당신이 권력을 획득하는 것을 방해한다. 대표적 실수들은 당신의 상사를 공적으로 비평하는 것, 당신의 상사를 제쳐 놓고서 일을 처리하는 것, 불충성의 외현적 표현, 골칫거리가 되는 것, 당신의 이전 고용주나 은혜를 입었던 사람을 해롭게 하는 것, 나쁜 팀플레이어가 되는 것을 포함한다. 만일 당신이 어떤 실수를 만회하고 싶다면, 방어성을 피하고 침착성을 유지하는 것이 필요하다.

제15장

윤리적 행동의 향상

최근에, 우리나라의 정부각료의 임명에 있어서 병역기피, 세금탈루, 학력과 경력의 속임, 부동산구입과 자녀의 학교입학을 위한 위장 전입, 부동산투기 등의 많은 윤리문제들이 큰 국가 및 사회 문제가 되고 있다. 총리와 장관 후보자들은 개인적 윤리문제로 인해서 자진 사퇴하거나 직위에 임명되지 못하고 있다. 이러한 일련의 사건들은 일회적인 것이 아니라, 앞으로도 계속 발생될 것이다. 또한 어떤 국회의원들은 불법 정치자금을 받거나 청탁을 대가로 하는 뇌물을 받은 것에 관여되어서 자신의 정치적 생명을 마감하거나, 성희롱이나 성차별의 발언으로 지탄의 대상이 되기도 한다. 심지어, 국가의 법질서를 바로잡는 일을 맡은 수십 명의 검사들이 건설업자로부터 향응과 접대를 받은 일로 특검이 실시된 일도 있다.

특히, 조직이나 직장 생활에서도 마찬가지로 많은 비윤리적 행위가 저질러지고 있다. 근무시간에 술을 마시거나 골프를 치는 것, 공금의 개인적 사용이나 착복, 회사의 비밀 기술이나 정보를 몰래 빼돌려서 돈을 받거나 취업의 대가로 사용하기, 승진이나 입찰시에 뇌물을 주고 받기, 조직이나 회사의 비정상적 운영이나 이익을 위해 막대한 비자금을 마련해서 정·관계의 관련 있는 유력인사들에게 뇌물성의 선물이나 현금을 제공하기, 부하직원에 대한 성추행 등이 그 예들이다.

윤리나 도덕은 사람이 지켜야 될 도리와 그에 따른 행동을 일컫는다. 윤리는 개인, 사회 및 국가의 생활에서 중요한 행동을 대상으로 규정되고 있다. 환경보호나 생명존중과 같은 주제들이 윤리적 규정의 대상으로 포함되고 있지만, 인간 생활의 대부분이 타인들과의 관계 속에서 이루어지고 있으므로, 인간관계에 관한 윤리들이 큰 부분을 차지하고 있다. 예컨대, 동양에서 도덕의 기본적 덕목들인 오륜에 포함되고 있는 군신유의, 부자유친, 부부유별, 장유유서 및 붕우유신이 모두 관계적 측면들을 대상으로 삼고 있다.

그러면, 우리는 왜 윤리를 지켜야만 되는가? 가장 기본적 이유는 윤리의 본뜻대로 윤리가 인간이 마땅히 지켜야만 되는 도리이기 때문에, 즉 하나의 당위적 명령이기 때문이다. 윤리의 내용은 우리 인간이 오랫 동안 살아오면서 그 정당성과 효과가 입증되어 온 것이므로, 특별하게 이유를 따지지 않더라도 지켜서 잘못될 것이 없는 것들이다. 예컨대, 가족 간에 화목하고, 부모를 존중하고 부모의 뜻에 순종하는 것, 친구 간에 친밀한 정을 나누고 신뢰성 있는 것, 남들이나 이웃들을 위해 착한 일을 하는 것 등은 동서와 고금을 통해 인간적 삶에 대해 긍정적 효과를 주어 왔다.

윤리를 지키는 두 번째 이유는 당위적 이유 속에 내재되어 있는 효용적 이유이다. 다시 말하면, 윤리는 개인생활과 아울러 사회생활의 질을 높여 주는 효용적 가치를 갖고 있다. 윤리를 지키는 사람들은 자신의 행동에 대해 많은 긍정적 결과들을 갖는다. 그것들은 자기 자신이 옳다는 느낌, 떳떳함, 자기존중과 그에 부수되는 행복감, 즐거움 및 안심 등을 포함한다. 이와 반대로, 윤리를 지키지 않는 것에 대해서 사람들은 많은 부정적 결과들을 갖는다. 그것들은 자기 자신이 그르다는 느낌, 부끄러움, 자기 비하와 그에 부수되는 불행감, 마음의 고통, 우울 등을 포함한다. 이것들과 더불어, 윤리를 지키지 않는 사람은 타인들로부터 엄청나게 큰 처벌이나 불이익을 당할 수 있다. 동네나 이웃으로부터의 불인정, 추방, 법률적 제재 등이 그 예들이다.

사회적으로, 사람들이 윤리를 지키는 것은 그들이 소속한 사회, 직장이나 회사, 단체 등의 집단적 행복과 발전에 기여한다. 앞에서 언급된 바와 같이, 많은 윤리적 규정들이 인간관계들에 대해 초점을 두고 있는데, 그 이유는 인간관계들이나 조직들이 행복하고 효율적으로 기능하기 위해서 관계들이나 집단들에 대해 도움이 되는 규칙, 즉 윤리를 설정해 놓은 데에 있다. 사회생활에서의 윤리적 행동의 이점들은 개인생활에서의 이점들과 마찬가지로, 관여된 많은 사람들의 행복과 실제적 이익을 포함한다. 만일 조직원들이 윤리를 지키게 되면, 그들 자신과 아울러 조직 전체의 행복, 즐거움, 안심 등이 증가되고, 조직원들의 사기가 향상되고, 그에 따라 생산성이 증가되고, 조직을 상대하는 고객들과의 관계가 향상되고, 조직이 좋은 평판을 받게 되어서 조직의 실제적 이익과 발전이 향상되게 된다. 이와 반대로, 만일 조직원들이 윤리를 지키지 않는다면, 조직원들과 아울러 조직 전체의 불행감, 불쾌감, 불안 등이 증가되고, 조직원들의 사기가 저하되고, 그에 따라 생산성이 감소되고, 조직을 상대하는 고객들과의 관계가 악화되고, 나쁜 평판을 받게 되어서 조직은 실제적 손해와 발전 저해의 나쁜 결과들을 입게 된다.

우리는 개인생활과 사회생활에서의 윤리적 측면의 중요성을 인식하고서 이 주제에 대해 관심을 기울일 필요가 있다. 이 장은 사회생활이나 조직생활에 관련된 몇 가지 주제를 취급한다. 그것들은 조직에서의 윤리적 문제에 관한 두 가지 접근들, 보편적인 윤리문제들, 윤리적 딜레마들의 유형, 비윤리적 행동의 이유들 및 윤리적 행동의 향상방법을 포함한다.

조직에서의 윤리문제에 대한 두 가지 접근

능력적 관점

오늘날의 무한경쟁의 시대에서, 조직원들은 과거보다 훨씬 더 많은 능력과 소양을 요구받고 있다. 이러한 것들을 통틀어서 프로성(professionalism)이나 프로정신이라고 일컬어지며, 이것은 직무에 관련된 여러 분야에서의 고도의 능력들을 발전시키는 계속적 과정을 요구한다.[1]

표 15-1에서 보이는 바와 같이, 윤리적 행동은 그러한 분야들 중에서 중요한 하나로서 포함되어 있다.[2] 프로가 되기 위해 필요한 능력들을 알아보기 위해, 표 15-1에 기술되어 있는 내용들을 읽고 기억해 두기 바란다.

과정적 관점

이것은 의사결정모형의 관점에서, 윤리문제의 해결과정에 대해 초점을 두는 것이다. 윤리문제를 해결하는 데에 있어서, 윤리적 행동을 지식과 기술이 포함된 하나의 전반적 능력에서 보는 것에 대한 하나의 대안적 시각이 있다. 이것은 윤리적 판단이나 결정의 능력의 대부분이 일반적인 사람들에서 이미 갖추어져 있

표 15-1 프로가 되기 위한 능력들

1. 경력의 계획과 개발
자신이 희망하는 경력에 대한 자기평가, 탐색 및 목표설정의 3단계를 포함한다. 자기평가와 관련해서, 21세기를 위한 필수적인 기본기술들이 제안되고 있으며, 이것들은 기본기술들(읽기, 쓰기, 분석, 문제해결 및 문법), 컴퓨터기술(키보딩, 워드프로세싱 및 스프레드 시트), 대인관계기술(말하기와 듣기, 고객 서비스), 분석기술들 및 융통성(변화하는 기업환경들, 예컨대 기업들의 합병, 조직축소, 세계화, 재편성에 대해 적응하는 능력)을 포함한다.

2. 지 식
진정한 프로가 되기 위해, 조직원은 자신의 직업(기술지식), 조직 및 타인들과 원만하게 상대하는 방법(정서지능) 및 기초적인 업무와 의사소통에 관한 기술들을 갖추어야만 된다.

3. 자기의 제시(presentation of self)
자기의 제시는 자신의 직업에 대해 적절하게 복장을 착용하고 몸치장을 하는 것을 아는 것, 적절한 비즈니스 에티켓을 사용하는 것 및 직장 정치행위(예: 자기 몫을 일하지 않는 직원에게 불평하는 것, 들은 말을 옮기지 않는 것, 이성을 적절하게 대우하는 것)을 포함한다.

4. 공감(empathy) 능력
공감이란 타인들이 느끼고 있는 것을 이해하기 위해 심리적으로 그리고 정서적으로 타인들의 입장에서 볼 수 있는 것을 의미한다.

5. 직무수행
조직이 조직원들에게 기대하는 높은 질의 업무성적을 보이는 것이다. 이를 위해, 개인은 조직에 대해 필요한 훈련을 쌓고 높은 질의 업무수행을 제공할 책임이 있다.

6. 고객 서비스
높은 질의 고객서비스기술들(고객들과의 긍정적 관계의 유지, 예의 있고 도움을 주는 서비스의 제공 및 고객을 상대하는 효과적 기술의 함양)을 갖는 것이다. 고객서비스기술들은 고객들의 4대 욕구, 즉 이해받으려는 욕구, 환영받으려는 욕구, 중요하다고 느끼려는 욕구 및 편안하려는 욕구에 대한 이해와 제공을 포함한다.

7. 윤리적 행동
프로는 또한 직장윤리를 지키고 윤리적 의사결정을 행하는 방법을 이해하고 사용하는 것을 요한다.

는 것으로 가정한다. 우리는 사람들이 윤리적 결정과 행위를 행하지 못하는 기본적 이유로서 윤리적 문제들이나 딜레마에 대해 관련된 원칙들과 기준들을 적용하지 못하는 것으로 간주할 수 있고, 따라서 그것들은 의사결정이나 사고의 과정들의 하나의 오류로서 간주될 수 있다. 이러한 오류들은 체계적 의사결정에서 사용할 수 있는 규칙들에 대한 간단한 단계별 목록을 제공함으로써 방지될 수 있다. 그 한 예가 표 15-2에 지시되어 있다.[3] 비록 의사결정모형들이 사람들에게 항상 윤리적으로 행동하게끔 보장해 주지는 못할지라도, 이것들은 사람들이 타인들에게 영향을 줄 수 있는 의사결정을 행할 때에 자기들의 조치를 숙고하고 관련된 윤리기준들을 고려하게끔 만들어 주는 장점들을 지니고 있다.

윤리문제들의 인식과 해결을 하나의 전반적 능력으로 보는가, 아니면 하나

표 15-2 윤리적 의사결정의 한 예

1단계: 사실들과 이슈들을 확인한다.
- a. 나의 결정에 의해 영향받게 될 사람은 누구인가?
- b. 있게 될 행동코스들의 단기적 및 장기적 결과들은 무엇인가?

2단계: 적용될 수 있는 가치들을 확인한다.
- a. 있게 될 행동코스들은 잠재적 이해관련자들에 대해 어떤 영향을 줄 것인가?
- b. 나는 이하의 측면들에 대해 어떤 고려를 행해야만 되는가?
  - 이해관련자들의 권리들
  - 이해관련자들 간의 공정성
  - 이해관련자들 간의 단기적 및 장기적 이익들의 균형
  - "올바른 일"에 관한 나의 심정적 느낌
  - 나 자신이 존중하고 있는 사람들이 "올바른 일"이라고 판단하게 될 덕목에 대해 나는 무엇을 생각하고 있는가?

3단계: 필요할 경우에 도움을 구한다.
- a. 어떤 행동코스가 나를 잠못이루게끔 만들 것인가?
- b. 나의 상사나 인사부서가 이 문제에 대해 지도, 조언해 줄 수 있겠는가?

4단계: 가용한 정보에 기초해서 최선의 결정에 도달한다.
- a. 나의 결정은 합법적이고, 조직의 정책범위 내에 있는 것인가?
- b. 나의 결정에 대해 조직의 가치들과 나의 가치들이 지지해 주는가?

의 과정적이거나 상황적 오류로서 보는가는 문제에 대한 일반적 접근과 특수한 접근의 차이에 관련된 것이다. 일반적 접근에서 볼 때에, 의사결정의 오류와 수정은 하나의 능력적 요소로 간주될 수 있다. 이와 달리, 의사결정적 접근에서 의사결정의 오류와 수정에 관한 능력은 하나의 절차적 과정에 의해 향상될 수 있는 것이다. 결국, 이 두 가지 접근은 윤리문제라는 동일한 현상을 취급하며, 동전의 양면, 즉 일반성과 특수성과 같은 것이다.

보편적 윤리문제들

조직 내에서 윤리적으로 행동하기 위해, 우리는 보편적 윤리문제들을 인식하는 것이 중요하다. 윤리문제에 관한 한 조사는 직장인들이 당면하는 윤리문제들의 실상을 파악하는 데에 도움을 주는 사실을 제공해 준다.[4] 이 보고에 의하면, 직장인들 중의 76%가 지난 해에 동료들에 의한 비윤리적이거나 불법적인 행동을 목격했다고 보고했다. 그것들은 절도, 괴롭힘과 차별대우, 거짓말하기, 비밀정보의 잘못된 취급 및 무성의한 업무처리를 포함했다. 비행을 목격했던 직장인들 중의 약 50%가 그것들이 알려지게 될 경우에 조직의 공적인 신뢰를 손상시키기에 충분할 정도로 심각하다고 간주했다. 또한 60% 정도가 비윤리적이거나 불법적 행위를 저지른 사람들 중에서, 하위직보다 고위직 직원들이 더 가벼운 징벌을 받은 것으로 생각했다.

조직들에서, 비윤리적이거나 불법적 행위들은 재발한다. 이하에서, 우리는 직장인들이 당면해 왔던 몇 가지 보편적인 윤리문제를 살펴볼 것이다. 그럼으로써, 우리는 조직 내에서 윤리적으로 행동하는 데에 있어서 보다 더 능숙하게 될 것이다.[5]

불공정한 대우

대부분의 사회는 사람들을 대우하는 데 대한 이상적인 원칙들이나 공정성의 규칙들을 발전시켜 왔으며, 그것들은 형평성, 평등성, 상호성, 비편파성 등을 포함한다. 형평성(equity)은 사람들이 기여한 것에 비례해서 보상이나 이익을 받는 것을 의미하며, 평등성(equality)이나 동등성은 사람들이 동일하게 보상이나 이익을 받는 것을 의미한다. 상호성(reciprocity)은 사람들이 상대방으로부터 제공받은 것만큼 보상이나 이익을 제공하는 것을 의미한다. 비편파성(impartiality)이나 비편향성은 편견이나 편향에 따른 불이익을 제공하지 않는 것을 의미한다.

대부분의 조직들이 이와 같은 공정성의 규칙들을 중시하는 여러 규정들이나 협약들을 제정하거나 합의해 왔을지라도, 조직원들에 대한 불공정한 대우의 문제가 계속 제기되어 왔다. 예컨대, 임금인상이나 승진에 있어서 특정한 사람들에게 더 유리한 혜택을 제공하고, 조직들이나 기업들이 직원들의 노력에 의해 얻어진 이익들을 직원들에게 나누어 주지 않고, 특정 지역이나 학교 출신의 사람들에게 승진이나 채용을 제공하지 않는다.

이와같은 불공정한 대우에 대해 조직들이 공식적으로 금지하고 억제하고자 많은 노력을 기울여 왔지만, 이것은 계속 문제나 불평거리로 남아 있다. 이는 우리 인간이 자신이 좋아하는 사람들에게 더 많은 보상을 주려는 동기나 성향을 갖고 있는 데에 기인된다. 예컨대, 우리는 혈연, 지연 및 학연과 같은 연고관계들을 중시하며, 같은 질의 물건이라면 자기의 친척, 동향사람 및 동창생의 물건을 팔아 주려고 든다. 이러한 인간본성은 현대 조직의 이익과 목표에 부합되지 않으며 최대한으로 억제되고 피해져야만 된다.

직무상의 차별대우

불공정성의 하나의 주요 측면은 직무상의 차별대우(job discrimination)이다. 이것은 직무수행과 무관련한 특징들 때문에 개인에 대해 불리한 조치를 취하는 것이다. 타인들을 차별대우하는 것은 불법적인 동시에 비윤리적인 것이다. 조직들에서, 채용과 승진에 있어서 장애인들, 여성들, 노인들, 특정의 신앙인들을 차별대우하는 것에 대해 조심해야만 된다. 심지어, 직장생활에 있어서 팀멤버들이나 점심식사의 동반자로서 특정한 사람들만을 택하는 것도 차별대우에 해당될 수도 있다.

성적 괴롭힘

성적 괴롭힘(sexual harassment)은 조직 내에서 하나의 갈등원, 불법적 행위 및 윤리적 문제이다. 이것은 성적 괴롭힘이 도덕적으로 그르며, 불공정한 행위이기 때문이다. 모든 성적 괴롭힘의 행위는 윤리기준들에 저촉된다. 성적 괴롭힘의 하나의 기준으로서 "당신 자신이 사랑하는 사람이 그런 식으로 대우받기를 원할 것인가?"라는 질문을 제기하라.

공적 업무에 대한 개인적 이익의 관여

정부나 공공기관들과 아울러 기업조직들은 조직의 목표와 이익을 위해 설립되어 운영되고 있고, 따라서 조직원들은 오로지 조직의 목표와 이익을 위해 일할 것을 요구받으며, 조직원들의 개인적 이해관계는 철저하게 배제되어야만 된다. 하지만, 현실적으로 조직원들은 조직의 목표와 이익을 위해서만 맞추어 살게끔 설계된 로보트들이 아니라, 개인적 세계를 갖고 있고 그에 따른 이익을 추구하는 존재들이다. 이런 점에서, 조직의 목표와 이익과 조직원들의 개인적 목표와 이익 사이에서 필연적 갈등이 존재한다. 즉, 조직과 조직원들 간에 목표와 이익의 합치성뿐만 아니라, 이율배반성이 동시에 존재하며, 원칙적으로 조직의 목표와 이익과 조직원들의 것들이 합치되지 않을 경우에, 후자는 희생되고 배제되어야만 된다.

비록 지금은 조금 나아지기는 했지만, 우리나라는 "뇌물 공화국"이라는 좋지 못한 호칭을 받게 될 정도로, 그리고 일이 잘 진행되려면 기름(즉, 뇌물)을 쳐야만 된다고 말할 정도로, 거의 모든 조직들에서 뇌물을 통해 업무를 수행해 왔다. 관공서에 대해 사업을 신청하거나, 기업에 대해 납품하거나, 교통위반딱지를 받거나, 위법한 행위로 고발당하거나, 세금포탈로 세무조사를 받거나 간에, 개인적 뇌물을 제공해야만 일이 잘 풀리게 된다. 이러한 뇌물, 즉 비공식적 보수 제공의 만연에 대해 어떤 이들은 한국문화를 "삥땅문화"라고까지 폄하하기도 한다.

선진화된 국가들에서, 조직원들은 조직을 위한 업무수행과정에서 개인적 이익을 챙기려는 욕망을 스스로 억제할 수 있어야만 된다. 조직원들은 객관적 기준들과 사실들에 근거해서 자신의 업무적 판단과 결정을 행해야만 된다. 친분이 있는 사람들, 자신과 가까운 친·인척의 사람들에게 객관적 기준들을 무시하거나 교묘하게 조작해서 유리한 판단이나 결정을 행하는 것은 “공익우선”의 조직문화를 위반하는 행위이며, 궁극적으로 자신이 소속한 조직뿐만 아니라, 전체의 사회와 국가의 윤리를 어지럽히고, 마침내 부정과 부패로 인한 사회와 국가의 발전을 저해한다. 이제, 조직원으로서 우리는 개인적 이익을 우선시하는 직업활동이 개인적 수치와 아울러 나라의 수치라는 것을 뚜렷하게 인식하고 단호하게 저항할 수 있어야만 된다.

비밀정보의 누설

윤리적인 사람은 타인의 신뢰를 배반하지 않는다. 따라서, 개인적으로 얻은 타인에 관한 정보를 누설해서 그 사람에게 피해가 가는 일을 삼간다. 여기에서 한 가지 제한조건이 있다. 그것은 그러한 정보가 제삼자나 집단에 대해 해가 되지 않는 한에서 비밀유지가 윤리적 행위로 간주된다는 것이다. 예컨대, 만일 당신의 동료가 화나서 어떤 사람의 생명이나 신체를 위협할 것이라는 정보를 당신이 가지고 있다면, 당신은 그러한 위험스러운 정보를 수사당국에게 신고할 수도 있다. 하지만, 타인에 관한 비밀정보가 제삼자나 집단에 대해 해가 되지 않는다면, 당신은 당신을 신뢰하고서 그러한 정보를 누출한 사람에 대해 해가 되는 행위를 해서는 안 된다.

대표적인 예는 의사가 환자에 대해 알고 있는 직업적 정보를 그 환자에게 불리하게끔 사용하지 않는 것이다. 예컨대, 당신의 친한 동료직원이 회사에 대해 불만을 품고서 일주일 후에 사표를 내겠다고 당신에게 말했다고 하자. 이 경우에, 당신은 그 정보를 당신의 직속 상사에게 전달하지 않았으며, 이것은 하나의 윤리적 행위로서 간주될 것이다. 하지만, 당신의 동료직원이 자기가 사표를 내기 전에 자신의 업무에 관련된 회사의 컴퓨터파일을 파괴해 버릴 것이라고 당신에게 말했다고 하자. 이 경우에서 윤리적 행위는 무엇이겠는가? 그것은 양측에 대해 해가 되지 않는 행위이다. 아마 당신은 그 동료직원이 새로운 일자리를 찾은 후에, 회사의 피해를 막기 위해 컴퓨터파일의 파괴가능성에 관해 회사에 대해 경고할 수 있다.

비밀정보를 어떻게 취급하는가에 관한 문제는 조직의 상황들에서 빈번하게 제기된다. 그것들은 뒷공론이나 소문의 형태로 누설될 수 있다. 당신은 타인에 관한 개인적 곤란들(예: 범죄 피의사실, 성적 괴롭힘행위, 파산상태 등)에 관한 비밀정보를 누설하는 뒷공론하기와 같은 행위를 자제해야만 될 것이다.

이력의 허위 제시

사람들은 취업이나 선거의 상황에서, 자신의 자격과 능력을 증명하기 위해 자신의 이력을 서면이나 구두로 제시한다. 좋은 이력이 개인평가에 대해 큰 영향을 주기 때문에, 사람들은 자신의 목적을 달성하기 위해 관련된 이력들을 모두 제시하고, 심지어 도를 넘어서 이력을 속이거나 변조하기까지 한다.

몇 년 전에 메스컴에서 떠들석하게 보도된 이른바, "신정아사건"에서 주인공이 외국의 저명대학의 대학원을 졸업한 것으로 증명서를 위조한 것이 들통나서 사회적으로 큰 물의를 일으켰고, 이 사건과 관련해서 몇몇 유명 연예인들의 학력 위조나 과장이 널리 알려지게 된 바 있다. 심지어, 나라의 살림을 심의하는 국회의원들까지도 학력을 속이는 일로 가끔 논란되고 있다. 이력을 속이거나 이력에 관련된 증명서를 위조하거나 변조하는 것은 사회의 기본적 질서와 공정성을 해치는 것으로 분명히 비윤리적인 것이며, 취업의 경우에 해고의 결과를 일으킬 수 있다.

조직자원의 개인적 사용

관공서들이나 회사들을 포함해서, 조직의 유형 및 무형의 자원들을 개인적 목적을 위해 사용하는 것은 일종의 도둑질이며 비윤리적인 행위이다. 예컨대, 퇴직한 후에 이전 직장의 직위를 자신의 명함 속에서 계속 사용하는 것은 분명히 비윤리적인 것이다. 회사의 기구들이나 물품들을 개인적 용도를 위해 사용하는 것도 또한 분명히 비윤리적인 것이다. 조직의 소유인 컴퓨터, 녹음기, 사무기구들을 개인적 목적으로 사용하는 사람들이 있으며, 이들은 그 결과로 동료들과 부하들로부터 뒤에서 손가락질을 당하고 자신도 모르게 평생 동안 빈축을 받고 인격적 모멸을 당할 수 있다.

컴퓨터와 정보기술에 관련된 윤리적 위반

오늘날, 컴퓨터가 직장업무를 지배함에 따라 컴퓨터에 관련된 많은 윤리문제가 발생되고 있다. 하나의 면연하는 윤리문제는 컴퓨터 소프트웨어의 불법 복제이다. 소프트웨어의 무단 복제에 대해, 사람들은 자신의 행위를 재빨리 정당화시키려고 든다. 그것들은 원판에 문제가 생길 경우에 여벌로서 사용하려고 했다거나, 자신의 상사가 복제하라고 요구했다거나, 복제물을 친구가 주어서 사용했다거나, 교육목적으로 사용하려고 했다거나, 도둑질한 것으로 여겨지지 않는다거나, 구입비용이 너무 부담이 된다거나, 모든 사람이 행하고 있기 때문에 나도 했다는 등의 자기정당화들을 포함한다. 컴퓨터 소프트웨어는 저작물, 논문, 상표, 가요 등과 동일하게 지적재산권에 속한다.

다른 윤리문제는 개인이 방문하거나 구입한 웹사이트를 추적하는 것이다. 이것들에서 얻어진 수취인 명부와 같은 정보들을 돈을 받고서 판매하는 것의 정당성이 사회문제나 논란의 대상이 되고 있다. 또한 욕설을 하거나, 명예훼손을 하거나, 협박하는 등의 다른 사람들을 괴롭히는 메시지를 보내는 것, 컴퓨터 바이러스를 고의로 퍼뜨리는 것과 같은 다른 사람들의 컴퓨터 작업을 방해하는 것, 다른 사람들의 파일을 엿보는 것, 거짓된 증언을 퍼뜨리기 위해 컴퓨터를 사용하는 것 등이 윤리문제들로서 제기되고 있다.

절도, 거짓말, 속이기, 협박하기 등과 같은 선악이 분명한 문제들을 제외하고서, 대부분의 윤리문제들은 흔히 옳고 그름을 판단하기가 곤란할 수 있으며, 사람들의 판단에서 개인적 주관성이 관여될 가능성이 매우 높다. 우리가 지금까지 논의해 온 대부분의 윤리문제들은 옳고 그름의 두 가지 선택지들 중에서 선택하는 것을 요하며, 대개 선악판단이 비교적 용이하다. 이와 달리, 두 개의 선(善)들이나 건전한 가치들 중에서 하나를 선택해야만 되는 순간들이 있으며, 이러한 순간들을 결단의 순간들(defining moments)이라고 일컫는다.[6] 예컨대, 당신이 교통경찰관으로서 근무하고 있는데, 당신이 살고 있는 마을의 잘 알고 있는 아저씨가 급한 일로 무단 도로횡단을 행했다고 하자. 당신은 법을 집행하는 공무원으로서 그 사람을 교통위반자로 고발할 것인가, 아니면 못본척하고 넘어갈 것인가? 여기에서, 두 개의 선들, 즉 동네 아저씨에 대한 인정과 교통법규준수의 공정의 두 개의 긍정적 가치들이 서로 갈등되고 있다. 조직상황에 관한 한 예로서, 어떤 사장이 회사의 이익을 내야만 되고, 동시에 연공이 오래 된 직원들을 우대해야만 된다는 신념들을 갖고 있다고 하자. 이 사장은 공인으로서 회사의 발전과 이익을 도모해야 된다는 가치를 갖고 있고, 동시에 회사에 오래 봉직해 온 직원들을 우대해야만 된다는 개인적 가치를 갖고 있다. 이러한 상황에서, 이 사장은 회사의 이익을 위해 오래 봉직해 온 직원들을 해고해야만 되는가, 아니면 회사에 대해 다소 손실이 되더라도 그들을 계속 근무하도록 해야만 되는가? 또 다른 예로서, 큰 사회적 이슈들 중의 하나인 개발과 환경보호의 문제를 들어보자. 개발은 주민들에게 많은 혜택을 제공하지만, 필연적으로 환경파괴를 일으킨다. 환경보호는 장기적으로 주민들의 삶의 질을 높이는 훌륭한 일이기는 하지만, 즉각적인 불이익과 불편을 받아들여야만 된다. 여기에서, 개발과 환경보호는 사람들이 모두 높은 가치를 두는 것들이고, 사람들은 둘 중에서 하나를 선택해야만 된다. 두 개의 선들 중에서 하나를 선택해야 되는 결단의 순간(defining moment)에서 우리는 어떻게 선택을 해야만 되는가? 여기에서, 사람들의 주관성이 크게 관여되고 따라서, 선택은 용이하지 않다. 아마 그 선택의 준거들은 소중하게 여기는 기본적 가치들, 선택들에 관련된 직관적 판단들과 느낌들, 상황적 압력 등이 포함될 것이다.

윤리적 딜레마의 유형들

사람들이 자신이 옳다거나 그르다고 판단해서, 어떤 행동을 선택하거나 결정하는 것이 간단하고 용이한 상황들이 있는 반면에, 그러한 선택이나 결정이 복잡하고 곤란한 상황들이 있다. 후자의 상황들은 사람들에 대해 행동선택에 대해 고민하고 주저하게끔 만들며, 윤리적 딜레마들을 제기한다. 많은 선택들에서, 옳거나 그른 것이 이분법적으로 명확하게 구분되지 않거나, 설사 그 구분이 명확하더라도 개인적 이해관계와 같은 다른 요인들이 관여되어서 홀가분한 마음상태로 대안적 행동들 중에서 어느 하나를 쉽게 결정할 수 없다.

윤리적 딜레마들의 이러한 성질들에 주목하고서, 이것들을 아래의 두 가지의 유형으로 구분하려는 시도가 있다.[7]

A형의 딜레마들(type A dilemmas)

A형의 윤리적 딜레마들은 행동선택의 옳고 그름에 대한 불확실성의 수준이 높고 최선의 해답이 없는 것 같은 상황들이다. A형의 딜레마들은 선택에 대한 긍정적 및 부정적 결과들이 공존하는 상황들이다. 국가적 수준에서 실시되고 있는 정책적 사업들 중에서, A형의 딜레마에 속하는 것들이 예로써 제시될 수 있다. 그 중의 하나는 국가의 판매사업으로서 담배를 판매하는 것이다. 요즈음, 흡연으로 인한 폐암과 같은 많은 건강상의 해독들이 의학적으로 증명되어서, 정부기관들이나 회사들의 사무실, 그리고 버스정류장, 지하철 등과 같은 공공장소에서 흡연이 금지되고 있다. 흡연이 사람들에 해가 된다면, 윤리적 선택은 담배를 제조하거나 판매하지 않는 것이다. 하지만, 정부에서는 담배에서 얻어지는 수익 때문에 그렇게 하지 못하고, 그 대안으로서 담배값을 올리려고 시도한다. 다른 심각한 예는 정부가 각종 도박장 설치를 허가하거나 복권을 판매하는 것이다. 도박으로 인해서 수많은 사람들이 패가망신하고, 복권판매로 인해서 수많은 서민들이 실질적으로 사기를 당함에도 불구하고, 정부는 그러한 사업들에서 생기는 막대한 수익 때문에 비윤리적이라고 할 수 있는 사업들을 계속 수행하고 있다.

B형의 딜레마들(type B dilemmas)

B형의 윤리적 딜레마들은 행동선택의 옳고 그름이 명확하지만, 몇 가지 부가적 요인들 때문에 행동선택이 영향받는 상황들이다. 관련된 주된 두 가지 동기적 요인들은 아래와 같다.

① 비록 사람들이 옳은 행동이 무엇인가를 알기는 하지만, 자기 이익에 기초해서 최종적 선택을 하는 것, 즉 자기이익의 동기, 그리고
② 모든 또는 대부분의 사람들이 선택하고 있으므로, 자신의 결정이 옳다고 스스로 정당화시키는 것, 즉 자기정당화의 동기이다.

B형의 딜레마들은 사람들이 그른 행동에 대한 자신의 선택을 특수한 상황적 적절성을 사용해서 스스로 정당화시킬 수 있으므로, 합리화시키는 딜레마들

(rationalizing dilemmas)이라고 일컬어진다. 정부의 장관들과 같은 고위직 공무원의 임명을 위한 청문회에서 위장전입, 공금유용, 불법적 정치자금, 탈세 등의 비윤리적 행동들에 대한 국회의원들의 추궁에 대해 많은 후보자들이 "그것은 거의 모든 사람들이 해 온 관행"이라고 주장하거나 변명한다. 자동차 수리업체들은 고장난 부속품을 교체하는 데에 있어서 순정품 대신에 불량한 값싼 재생품을 사용하고서, 그 사실이 들통나게 되면 "그것은 모든 업소가 행하고 있는 관행이다"라고 합리화시키거나 변명한다.

비윤리적 행위의 원인들

윤리적이거나 도덕적 행동의 이유들에 관한 관심이 매우 높으며, 이에 관한 철학적 및 종교적 사색들과 심리학적 연구들이 계속되어 왔다. 몇 개의 요인들이 윤리적 행동의 이유로서 제시될 수 있으며, 이것들은 결국 개인요인과 상황(또는 환경)요인으로 대별될 수 있을 것이다.[8]

개인요인

개인생활과 사회생활에서의 비윤리적 행동을 일으킬 수 있는 개인요인들은 개인의 도덕발달수준, 공감능력, 행동의 장기적 결과를 고려할 수 있는 능력 및 과거의 학습경험을 포함한다.

도덕발달수준

신체발달이나 언어발달처럼, 개인이 도덕적으로 생각하고 행동하는 데에 있어서 발달이나 진보의 수준이 있다는 가정이 있어 왔다. 동양의 유교사상에서, 보통 사람들과 성인의 도덕적 수준들이 논의되어 왔는데, 심리학에서도 도덕적 사고능력의 수준 차이들이 관심의 대상이 되어 왔다. 하나의 도덕발달이론은 어린 아이들의 인지 또는 사고능력의 발달단계들을 가정하고서, 높은 도덕발달수준이 고급의 인지능력을 요하고 따라서 인지능력이 높은 단계로 발달하지 않게 되면, 도덕적 판단수준이 낮은 단계에 머물게 된다고 주장한다.[9] 이 이론에 의하면, 도덕판단의 수준을 처벌과 보수중심수준, 타인들과 권위인물의 인정중심수준 및 공공복지와 윤리원칙(예: 생명존중, 자유, 평등)수준으로 구분짓는다. 하지만, 도덕발달에 관한 이 이론에서 강조하는 도덕적 판단능력의 수준과 실제의 도덕적 행동이 어느 정도 관련이 있는가에 대한 의문이 제기되어 왔다. 연구들은 도덕적 판단능력수준과 도적적 행동 사이에 분명히 어떤 관계가 있다는 것을 나타낸다. 예컨대, 청소년비행자들은 동일한 연령과 지능의 청소년들보다 더 낮은 도덕적 판단수준을 보이며, 도덕적 판단능력수준이 높은 사람들이 낮은 사람들보다 고통을 당하고 있는 사람에게 도움을 주려는 경향이 더 많았다. 하지만, 양심이나 도덕성의 발달이 인지적인 도덕적 판단의 단순한 함수가 아니며, 아동의 자기 부모에 대한 동일시, 특수한 상황에의 보수나 처벌을 받은 경험 등이 아동의 도덕적 관점에 영향을 줄 수 있다는 반론이 제기되어 왔다.

공감능력

공감능력이나 타인의 입장에서 생각하고 느낄 수 있는 능력은 정서지능이나 사회적 지능의 핵심 요소들 중의 하나이다. 비윤리적인 사람들은 타인의 입장을 고려하지 않고 자기 욕심만을 채우려는 특징이 있다. 친구들과 동료들의 관계에서, 이들은 매우 자기중심적이고 따라서 이기적인 사람이라는 인상을 받고, 매력이나 인기가 적은 사람이 되기 쉽다. 남을 속이거나 사기행위를 행하는 사람들은 피해를 당하는 사람의 고통을 거의 고려하지 않고서, 자기 욕심만을 채우려고 든다. 공감능력이 극단적으로 부족한 사람의 대표적인 예는 반사회적 성격을 지닌 사람이다. 이들은 타인들의 비평이나 비웃음을 거의 고려하지 않고 체면을 가리지 않고서 돈을 요구하거나 사기행위를 저지르면서 전혀 양심의 가책이나 수치심을 느끼지 않는다. 심지어, 사람을 몇 명이나 죽이고서도 피해자에 대한 동정이나 죄의식을 거의 보이지 않으며, 설사 그러한 것을 보이더라도 입으로만 표현되는 것이지 진정성이 거의 없다.

일반적으로, 남성보다 여성의 공감성이 더 높다. 대표적인 예가 아기를 돌보는 어머니들이다. 어머니들은 자기 자신보다도 아기에 대해 온정신을 기울이고, 아기가 건강한지 아니면 몸이 아픈지, 기분이 좋은지 아니면 기분이 나쁜지를 신속하게 알아내고서, 아기가 나쁜 상태에 있으면 즉각 위로하고 안심시키고 고통을 해소시켜 준다. 아기를 돌보는 어머니들 이외에도, 친절하고 상냥한 사람들은 대개 공감성이 높고, 따라서 타인들의 기분을 상하게 하거나 피해가 되는 일을 저지르지 않게 된다.

행동의 장기적 결과를 고려할 수 있는 능력

비윤리적 행동은 대개 단기적 결과들을 가지며, 그 결과들의 유익성 또한 매우 작은 것이다. 예컨대, 생산가게를 운영하는 사람이 상한 생선을 손님을 속여서 팔았다고 하자. 그 상인은 당장 작은 돈을 손해보지 않게 되어서 기분이 좋을 수 있겠지만, 자기 스스로 떳떳한 느낌을 잃게 되고, 그런 물건을 사간 손님은 그 상인에 대한 배신감에 모든 생선가게 주인들에 대한 불신이 평생 유지되게 되고, 그 곳의 손님이 끊기게 되어서 장기적으로 영업상의 큰 손실을 입을 수 있을 것이다. 남을 사기치는 사람들, 남에게 폭행이나 폭언을 행하는 사람들, 공금을 횡령하는 사람들, 뇌물을 받고서 공무를 불공정하게 처리하는 공무원들이나 회사원들의 경우에서도 이와 다름이 없을 것이다. 이와 달리, 훌륭한 성인들이나 사람들은 자신의 즉각적 이득을 자제하고서, 장기적으로 많은 사람들에게 유익한 말씀과 행동을 행한 사람들이다. 그렇기 때문에, 그들의 인품과 행동은 먼 훗날까지도 사람들의 존경의 대상이 되는 것이다.

심리학적 연구들은 사람들이 선택이나 결정의 상황에서 비록 더 힘들고 시간이 더 많이 소요되기는 하지만 장기적으로 더 큰 이익을 얻는 것과 더 작은 노력으로 단기적으로 어느 정도의 이익을 얻는 것 사이에서 선택하는 데에 있어서 차이가 있다는 것을 알아냈다. 단기적이거나 즉각적 만족(instant gratification)을 추구하는 사람들은 자기 자신만을 생각하고 타인들에 대해 줄 수 있는 영향을 깊게 생각하지 않는다. 그 결과로, 그들은 타인들이나 사회에 대해 피해와 고통을 주는 행동을 저지르기가 더 쉽다.

과거의 학습

인간의 행동은 성숙이나 발달과 학습의 두 가지의 요인에 의해 결정된다. 따라서, 후자의 학습요인이 개인의 윤리적 판단과 행동에 있어서 매우 중요한 역할을 한다. 우리는 지적인 기술과 정보를 학습을 통해서 획득하며, 그 가운데에는 윤리적 판단과 행동이 포함된다. 윤리적 딜레마에 당면했을 때에, 우리는 그러한 딜레마를 해결하는 지식과 기술을 갖고 있어야만 건전하고 자기와 타인들에게 유익한 판단과 행동을 할 수 있다. 만일 그러한 지식과 기술이 부족하다면, 우리는 윤리문제의 해결에 있어서 무지한 상태에 있게 되고, 이 무지수준(ignorance level)이 높을수록 비윤리적으로 행동하기 쉽다. 예컨대, 여러 가지 개인적 일들로 좌절을 겪고 있는 사람은 또 다른 큰 좌절을 제공하거나 약간의 도발적 상황에 당면했을 때에, 주위 사람들에 대해 상황에 부적절한 폭언이나 폭행을 저지를 수 있다. 이 사람은 좌절상황에 대해 건설적이고 현명하게 대처할 수 있는 기술들(예: 자기 자신의 분노감정을 조절하는 것, 타인들에 대해 유화적으로 행동하는 방법)이 부족하기 때문에 비윤리적으로 행동할 수 있다.

윤리적 행동에 대한 학습은 여러 상황들에서 이루어진다. 가정에서, 부모는 자녀의 윤리적 행동을 감독하고 가르치는 데에 있어서 중요한 역할을 행한다. 자녀의 행동에 대해 자유방임식으로 내버려두는 부모들은 방종적인 자녀를 갖기 쉬운 반면에, 자녀의 행동에 대해 발달수준에 적합한 성숙성을 요구하고 적절한 통제를 가하는 부모는 자기 스스로 행동을 조절하고 비윤리적 행동을 자제하는 자녀를 갖기 쉽다. 윤리적 학습에 있어서, 부모 이외에 TV, 서적 및 또래들의 영향이 중요하다. TV와 같은 매스컴들은 많은 사람들에 대해 쉽게 접근할 수 있고 따라서 그 영향이 막대할 수 있다. TV에서 제시되는 권선징악적 프로들은 청소년들과 일반인들의 윤리의식을 높이는 데에 크게 기여할 수 있다. 관련된 서적들도 사람들에게 감명을 주어서 윤리적 행동을 유발시키고 지속시키는 데에 있어서 중요한 역할을 행하는 매스컴의 일종이다. 또한 청소년들이나 일반인들이 함께 어울리는 또래들, 친구들 및 동료들이 보이는 윤리적 행동들도 개인의 윤리학습에 대해 중요한 근원이 된다. 부가적으로, 개인이 소속한 조직들도 조직원들에 대해 중요한 윤리적 의사결정을 훈련함으로써 조직원들의 윤리적 무지를 극복하는 데에 중요한 역할을 행한다.

상황요인

비윤리적 행동을 일으키는 상황요인들은 경제적 욕구나 필요, 압력, 특수여건들 및 조직요인들을 포함한다.

경제적 욕구

매우 윤리적인 사람들이라도, 어려운 경제상황에 처했을 때에 비윤리적 행동을 선택할 수 있다. 우리 속담에 "사흘 굶어 도둑질 아니 할 놈 없다"라는 말이 이러한 경우를 잘 표현해 준다. 대부분의 공금횡령자들은 시급하게 납부해야만 될 큰 돈이 필요할 때에 범죄적 경력을 시작할 수 있다. 이런 이유로, 은행원들과 같이 금전을 취급하는 직무를 담당한 사람들에 대한 신용점검을 실시한다.

경제적 욕구는 또한 탐욕이나 일확천금에 눈이 어두운 것에 기초될 수 있다. 마약밀매자들이나 제조자들은 비록 그들의 행동이 또한 개인요인들에 의해 유발될 수 있을지라도, 비윤리적인 동시에 불법적인 행동에 대한 탐욕의 영향을 예시해 준다. 사업이 망해서 큰 빚을 지고 있는 사람들, 주식투자를 해서 큰 돈을 잃은 사람들 및 도박에서 큰 돈을 잃은 사람들 중에서, 필요한 금전을 얻기 위해 살인, 강도, 절도, 유괴, 횡령의 범죄를 저지르는 것이 매스컴에 자주 보도되고 있다.

압 력

사람들은 매일 개인생활과 조직생활에서 큰 압력(pressure)에 당면한다. 조직들에서 직무압력들의 두 가지 예는 비현실적 스케줄과 월간 책임량이다. 예컨대, 어떤 건축회사는 재정적 압박들과 임금지불의 기일에 맞추는 것과 같은 스케줄에 당면할 경우에, 지름길, 즉 저질의 건축자재를 사용할 수 있다. 오래 전에 있었던 "삼풍백화점 붕괴사건"이 하나의 대표적 예일 것이다. 그 사건에서 백화점에서 물건을 사려는 100명 이상의 고객들이 사망했다. 또는 어떤 직원은 정보가 즉각 제공되어야만 되는데, 정확한 정보를 얻기 위해 며칠 더 필요할 경우에 자신의 재무보고서에서 부정확한 자료를 사용할 수 있다. 학생들은 자신의 연구수행을 위한 시간이 충분하지 않을 경우에 다른 사람의 연구논문을 베낄 수도 있다.

특수 여건들

평상시에는 비윤리적 행동이라고 생각되는 결정을 행하지 않는 사람일지라도, 때로는 특수한 상황이나 여건 때문에 비윤리적 결정을 행할 수 있다. 이것은 "이번 한 번만"하겠다는 자기 정당화를 수반하는 상황이다. 예컨대, 어떤 사람은 고액의 납세를 부담하는 부동산을 거래하는 상황에서 자신의 실제의 거래금액을 속일 수 있다.

조직요인

비윤리적 행동에 영향을 주는 조직요인들은 조직원들 간의 관계와 조직문화를 포함한다.

조직원들 간의 관계

집단이나 조직에 소속한 사람들 사이의 관계가 상호의 비윤리적 행동에 대해 영향을 줄 수 있다. 조직원들 간의 관계들은 동료직원들 간, 직원들과 관리자 간 및 직원들과 조직 간의 관계들을 포함한다. 연구들은 비윤리적 행동이 조직원들 간의 관계들이 약하고, 단일하고, 불균형되어 있을 때에 일어나기가 가장 쉽다는 것을 나타낸다.[10] 조직원들 간의 약한 관계는 조직원들이 서로 알지 못하거나 분리된 지역에서 근무할 때에 존재한다. 이러한 관계들은 조직원들 사이의 유대감이나 신뢰감이 부족하기 때문에 속이는 것과 거짓말하는 것과 같은 비윤리적 행동을 자주 할 수 있다. 단일한 관계(singular relationship)는 조직원들이 단지 업무상의 관계만을 갖고, 업무 외의 개인적 접촉이나 사교 및 친목 활동들을 갖지 않는 것을 의미한다. 이러한 관계에서, 조직원들은 서로 개인적 유대감이 없기 때문에 비윤리적 행동을 수행하거나 합리화시키기가 더 쉽다. 예컨대, 어떤 학생은 자기의 선생에 대해 강의실에서만 만나지 않고, 강의 후의 특별활동, 가정, 자기 부모와의 동반상황 등에서 다양한 만남을 갖고 있을 때에, 시험에서 컨닝하거나 선생의 뜻에 어긋나는 행동을 하지 않게 되기 쉬울 것이다. 하지만, 사람들 간의 다수의 관계들이 오히려 비윤리적 행동을 조장할 수도 있다. 다수의 관계들은 상호 유대감과 애정을 높일 수 있고, 그에 따라 어느 한쪽의 비윤리적 행동을 묵인하거나 인정할 수 있다. 여기에서 중요한 것은 관계들 내에서 어떤 종류의 명시적이거나 암묵적 규범들이 존재하는가이다. 만일 조직원들 간에 범죄집단의 구성원들처럼 비윤리적 규범들이 존재한다면, 다수의 관계들이 오히려 비윤리적 행동을 조장할 수도 있다.

불균형된 관계(unbalanced relationship)는 관계 내의 한쪽 사람이 상대쪽 사람보다 관계에 정서적으로 더 많이 관여되어 있는 것이다. 예컨대, 어떤 남자와 그를 짝사랑하고 있는 여자 사이의 관계는 불균형되어 있다. 두 사람 사이의 관계에서 정서적으로 더 관여되어 있거나 신뢰하는 측의 사람은 비윤리적 행동에 대해 자제하게 되는 반면에, 관여되어 있지 않거나 무관심한 측의 사람은 관여된 상대측의 사람을 이용해 먹을 수도 있다. 조직 내의 관계들이 강하고, 다수이고, 균형된 정도는 조직문화와 조직이 그러한 관계들을 어떻게 촉진시키는가에 또한 달려 있다.

조직문화

조직문화(또는 회사문화나 회사풍토)라고 일컬어지는 것은 조직 내의 사람들 사이에서 존재하는 가치들, 신념들 및 전통들이다.[11] 조직문화는 조직원들과 관리자측이 서로에 대해 갖는 역할들과 기대들을 규정함으로써 윤리적 행동에 대한 조직 내의 규범들을 확립시킨다. 조직문화는 구성원들의 행동에 대해 강한 통제력을 지니며, 조직원들이 최적적으로 행동하는 것을 도울 수 있다. 예컨대, 어떤 회사에서 근무시간의 엄수와 매일의 업무량달성의 규범들이 관리자들과 아울러 조직원들 사이에서 존재한다면, 회사의 모든 구성원들이 이러한 규범을 지키기 위해 최선을 다하게 될 것이다.

조직원들은 사회화과정(socialization process)과 모델링(modeling)의 두 가지 방식을 통해 윤리적 행동을 배운다. 조직의 사회화는 신입직원들이 조직 내에서 필요한 행동과 태도를 학습하는 과정이다. 이것은 또한 신입직원들이 그들의 역할들과 직위상에서 기대되는 바를 규정하게끔 도와 준다. 조직들은 다음과 같은 활동들에 의해 사회화과정에 대해 영향을 주고, 따라서 조직의 윤리문화애 대해 영향을 줄 수 있다.

① 조직원들의 임무의 진술들, 조직의 가치의 진술들, 인사정책들 및 매일의 통신에서 사용된 언어들(예: 뉴스레터), 그리고 매년 갖게 되는 간부 퇴임식들, 피크닉들이나 소풍들 또는 월별 간부회의들과 같은 의례들이나 전통들을 통해 조직의 문화를 전달하는 것이다. 예컨대, 직원들을 위한 일과 후의 건강센터를 건립하는 것은 직원들의 건강에 대한 회사의 관심의 문화를 전달한다.

② 조직에서 선택된 해결방안들에 대해 반대의견을 허용하는 개방적 대화를 갖게끔 고무시키는 것이 관련 있다.[12] 만일 조직문화가 동료들과 감독자들에 대해 편안하게 반대의견을 제시할 수 있는 것이라면, 조직원들은 비윤리적 행동에 대해 동조하는 경향이 더 적게 될 것이다.

③ 신입직원들에게 직원들의 책임들과 역할들을 포함해서, 조직문화를 이해하기 위한 오리엔테이션 훈련에 참여시키는 것이 영향을 줄 수 있다. 이러한 오

리엔테이션은 사회화과정에 대해 긍정적으로 영향을 주고, 만일 있을 경우에는 조직의 윤리규약을 파악하게끔 만들 것이다.

모델링은 조직원들이 감독자들과 최고위 관리자와 같은 타인들의 행동을 관찰함으로써 행동을 학습하는 과정이다.[13] 예컨대, 만일 조직의 어떤 상사나 감독자가 출근과 퇴근 시간의 업무규정을 자주 어기고 자신이 맡은 일을 무책임하게 수행한다면, 그 조직 내에서 무책임이나 방종의 문화가 생성될 수 있다. 그리고 마침내 조직원들의 대다수가 그러한 방종의 문화에 물들게 될 수 있다. 조직원들은 그들에게 영향력 있는 감독자들이나 최고위 관리자와 같은 사람들의 행동들과 규범들을 눈으로 보고서 배우며, 그 중에는 윤리적 행동들과 규범들이 포함되어 있다.

윤리적 행동의 향상방법

대부분의 사람들이 윤리적 행동에 관해 특별하게 주의를 기울이지 않더라도, 개인생활과 조직생활에서 윤리적으로 행동할 수 있다. 하지만, 자신이 매우 도덕적이고 양심적이라고 믿는 사람일지라도 평생 동안에 마음에 걸리거나 스스로 부끄러운 몇 개의 비윤리적 행동을 저지를 수 있고, 그로 인해 내심으로 큰 괴로움을 겪고 불안하거나 불편한 기억과 감정을 계속 지니고 살 수 있다. 따라서, 우리는 이러한 비윤리적 행동으로 인한 개인적 문제를 해결하고, 특히 조직생활에서 비윤리적 행동을 방지하기 위해 사전에 윤리적 행동의 지침들을 이해하고 실천하는 것이 필요할 것이다.

이 절에서, 우리는 두 가지 측면에서 윤리적 행동의 지침을 취급한다. 그것들은 올바른 성품특성의 발전과 아울러 조직의 윤리프로그램의 운명을 포함한다.[14]

올바른 성품특성의 발전

성품특성들(character traits)은 어렸을 때부터 발달하지만, 개인적 결심과 자기규율을 통해 많은 사람들이 자신의 바람직스럽지 못한 특성을 수정하고 새로운 윤리적 특성을 발전시킬 수 있다. 여기에서, 성품특성들은 개인의 윤리적 및 도덕적 행동들의 지속적 특징이다. 예컨대, 어떤 사람이 신뢰성 없는 성품특성을 갖고 있다면, 그 사람은 많은 상황에서 거짓말을 할 것이다. 이와 반대로, 정직한 성품특성을 가진 사람은 대부분의 상황에서 정직하게 행동할 것이다.

미국에서, 젊은이들에게 바람직한 성품특성들을 발전시키기 위한 단체가 설립되었는데(Character Counts Coalition), 이 단체는 성품발달의 기초로서 10개의 특성을 제시했다.[15] 그것들은 아래와 같다.

정직하다

진실을 말하고, 성실하고, 신뢰하는 관계들에서 상대방을 올바르게 인도하고, 중요한 정보를 감추지 않고, 남의 물건이나 돈을 훔치지 않는다.

도덕성을 지킨다

옳고 그름에 대한 자기주장을 지킨다. 스스로 훌륭한 자기가 되려고 노력한다. 그릇된 일을 행하는 데 대한 사회적이거나 타인들의 압력에 저항한다.

신실하다

가족, 친구, 고용주, 지역사회 및 나라에 대해 보탬이 되고자 한다. 남들의 뒤에서 헐뜯는 말을 하지 않는다.

책임성이 있다

행동하기 이전에 결과들을 생각한다. 책임성을 갖고서 잘못에 대한 벌을 피하려고 들지 않는다.

우수성을 지향한다

자신의 능력을 다해서 어떤 상황에서나 최선을 다하려는 자세를 갖는다. 목표를 향해 끈질기게 노력하고 쉽게 포기하지 않는다.

친절하고 베푼다

관대하고 열성적으로 어려움에 처한 사람을 보살피고 도와 준다. 이기적이거나 천박한 사람이 되지 않도록 스스로 경계한다.

존중한다

만나는 사람들에 대해 예의를 지키고 겸손한 태도를 보인다. 타인들의 약점들보다 장점들을 보려고 노력한다. 사람들 간의 차이를 관용하고 이해해 주고 인정한다.

약속을 지킨다

자신의 말에 대해 책임을 지고 이미 행한 약속을 지킨다.

공정하다

모든 사람들에 대해 공정하고 공평하게 대한다. 열린 마음자세를 갖고서 남의 말을 경청하고 이해하려고 노력한다.

훌륭한 시민이 된다

법을 지키고, 권위를 존중하고, 남들에게 피해를 주는 행동을 엄금하고, 자연환경을 보호하고, 받기보다 줄 수 있는 사람이 되고자 노력한다.

만일 모든 사람들이 위와 같은 바람직스러운 성품특성들을 갖게 된다면, 살기 좋은 이웃, 조직, 사회 및 국가가 되기 쉬울 것이다. 하지만, 개인적 성품특성들을 강조하는 것은 조직수준에서 실제로 일어나는 비윤리적 행위를 막는 데에 있어서 한계가 있을 수 있다. 이러한 점에서, 우리는 다음 절에서 조직수준에서의 윤리적 행동의 향상방법을 살펴볼 것이다.

조직의 윤리프로그램의 운영

많은 조직들이 윤리적 행동을 향상시키기 위한 여러 가지 프로그램과 절차를 갖고 있다. 이것들은 조직의 윤리위원회들, 윤리 훈련프로그램, 윤리위반의 신고와 제재 제도들, 윤리규약의 제정과 실시 및 윤리적 의사결정의 지침에 따르기 등을 포함한다.[16]

윤리위원회의 구성

조직 내의 윤리적 행동을 향상시키기 위한 중심적 기구로서 윤리위원회를 구성해서 운영한다. 이를 위해, 윤리규정을 마련하고, 그에 따라 책임, 절차, 상벌, 훈련 등에 관한 사항들을 처리하도록 한다.

윤리 훈련프로그램의 실시

많은 조직들이 공식적인 윤리 프로그램들을 갖고 있다. 이것들은 윤리적 딜레마들을 인식하고, 윤리적 문제의 해결기술들을 발전시키고, 윤리적 판단의 애매성들을 감소시키는 방법들을 포함한다. 다른 조직들에서 발생했던 실제의 윤리문제에 관한 역할연기(role play)를 실시하는 것이 조직원들에게 윤리적 딜레마들과 윤리적 결정의 타인들에 대한 가능한 영향들을 인식하게끔 만드는 데에 효과적이라는 것이 입증되어 왔다.

윤리위반의 신고와 제재 제도들

비윤리적 행동을 행한 사람들을 내버려 두어서는 안 된다. 만일 내버려 두게 되면, 그 피해는 조직의 개인들과 아울러 조직 전체로 되돌아 온다. 실제로, 비윤리적 행동이 의심될 때에 조직원들은 실상을 파악하고 그것을 조직의 적절한 직위의 사람에게 알릴 의무가 있다. 만일 그렇게 하지 않는다면, 그러한 사람들도 또한 비윤리적이라고 간주받게 된다.[17]

조직원들이 비윤리적 행동을 억제하게끔 돕기 위한 가장 잘 확립된 프로그램들 중의 하나는 윤리 핫라인(hot lines) 또는 윤리 도움라인(assist lines)이다. 어떤 조직원이 윤리적 딜레마에 당면했을 경우에, 그 사람은 그것에 관해 상담하기 위해 상담자에게 무료로 전화를 걸 수 있다. 미국의 한 회사는 전화상담의 내용으로서, 회사정책에 대한 안내, 행동문제들에 대한 회사의 규정, 직장 내 괴롭힘, 차별대우, 판매수단, 절도, 인사문제 및 비밀이 유지될 수 없을 정도의 심한 윤리문제 등을 포함하고 있다. 이 회사의 윤리사무소는 매년 15,000회의 전화상담을 받는데, 질문과 상담에 대해 철저하게 비밀을 유지하는 방식으로 처리하고 신고된 윤리문제에 대해 사건번호를 부여해서 철저하게 처리되게끔 만든다.[18] 윤리위반에 대한 제재들은 공식적 견책, 무임금의 정직, 근신, 해고 등을 포함한다.

윤리규약의 제정과 실시

윤리규약(code of ethics)이나 윤리규칙은 조직원들, 고객들 및 조직의 목표들과의 약속에 관한 하나의 진술이다. 세부의 규칙들은 조직의 직원들과 고객들에 대한 책임사항들, 납품자들과의 관계, 환경오염을 방지하는 데 대한 약속과 같은 지역사회에 대한 책임 등에 관한 진술을 포함한다. 미국의 한 군청의 커뮤니케이션 공무원들에 의해 채택된 규약은 12개의 항목으로 구성되어 있는데, 그 중의 몇 개의 예는 아래와 같다.[19]

- 나는 텔레커뮤니케이터로서, 나 자신을 중요하고도 명예로운 직업의 일원이라고 생각한다.
- 나는 나 자신을 항상 최선의 가능한 신체적 조건으로 유지시킬 것이다.
- 나는 항상 효율적으로 나의 임무를 수행할 것이다.
- 나는 항상 나의 대민접촉에서 예의를 지킬 것이다.
- 나는 나의 행위에 대해 책임을 질 것이다.

윤리규약은 윤리적 행동에 대한 보수들과 위반에 대한 제재들을 취급할 경우에만 사람들의 행동에 영향을 줄 수 있다. 많은 조직들이 그들의 규약 속에 윤리적 행동에 대한 보수들을 포함시키고 있으며, 실제의 인사정책에서 위반에 대한 제재를 실시한다.

윤리적 의사결정의 지침에 따르기

조직에서 윤리적으로 행동하기 위한 하나의 강력한 전략은 윤리적 의사결정의 지침을 따르는 것이다. 이러한 지침은 숙고해서 윤리적 결정을 내리기 위한 것이며, 의사결정에 포함된 윤리적 문제를 검토하는 것에 초점을 둔다. 윤리적 적격심사(ethical screening)는 윤리심사를 통해 숙고된 결정과 행위를 행하는 것을 일컫는다. 윤리적 적격심사는 어떤 결정과 행위가 명백하게 윤리적이거나 비윤리적이지 않을 경우에 가장 많이 필요할 것이다.

윤리적 의사결정을 위한 몇 개의 유용한 지침들이 개발되어 왔는데, 최근에 이전의 지침들의 아이디어들을 통합한 하나의 지침이 제시되었다.[20] 이 지침은 건전한 윤리적 결정을 아래와 같이 8개의 단계로 제시하고 있다.

사실의 수집

중요한 의사결정을 위해서 관련된 자료를 수집하는 것이 필요하다. 윤리문제에 대한 의문들을 제기하고 관련된 자료를 수집한다. 제기되는 윤리적 의문들은 법적 문제의 관련성, 선례의 유무, 결정의 권한 유무, 관련된 조직의 규정들이나 규칙들의 유무 등을 포함한다.

윤리문제(ethical issues)**의 정의**

특정의 결정에서, 윤리문제들은 언뜻 보기보다 더 복잡하다. 윤리문제들은 대개 개인적 성품문제들과 업무처리방식들로 구분된다. 개인적 성품문제들은 타인들에 대해 친절하게 대하는 것, 관심을 기울이는 것, 존중해서 대하는 것 등을 포함한다. 업무처리방식들은 타인들보다 자기 자신의 이익을 우선하는 것, 비밀정보의 부적절한 처리 및 조직자원의 개인적 사용 등을 포함한다.

결정에 의해 영향받을 당사자들의 확인

복잡한 윤리적 결정의 상황에 당면했을 때, 영향받게 될 모든 당사자들을 확인하는 것이 중요하다. 만일 어떤 자동차회사가 공장을 폐업하게 된다면, 많은 사람들이 피해를 당할 수 있다. 예컨대, 수천 명의 근로자들이 일자리를 잃고, 납품업자들은 고객을 잃고, 지방의 상인들은 불경기로 인해 가게문을 닫고, 지방의 행정당국들은 큰 세금수입원을 잃게 될 것이다. 특정의 의사결정에 의해 영향받게 될 모든 당사자들을 고려하기 위해, 집단적 브레인스토밍이 도움이 될 것이다.

결정의 결과들의 확인

특정의 결정에 의해 영향받게 될 당사자들을 확인한 후에, 각 당사자에 대한 결정의 결과들을 예측한다. 모든 결과들을 확인하려고 들 수 있지만, 가장 높은 발생확률을 가진 결과들과 가장 부정적인 결과들을 확인하는 것이 중요하다. 또한, 단기적 및 장기적 결과들을 확인하는 것이 중요하다. 예컨대, 자동차공장을 폐쇄하는 것은 회사에 대해 단기적으로는 큰 혼란을 일으킬 수 있겠지만, 장기적으로 회사의 재정 건전성이 향상될 수도 있다. 어떤 행위나 결정의 상징성이 또한 매우 중요하다. 모든 행위와 결정은 어떤 메시지나 상징을 전달한다. 만일 어떤 자동차회사가 유망한 다른 사업에 투자하기 위해 공장을 폐쇄한다면, 이 결정은 공장에 관련된 모든 당사자들의 이익들보다 회사의 이익이 더 중요하다는 의미를 갖는다.

결정이 조직의 기본적 의무와 합치되는 여부의 확인

조직에서 의사결정을 행할 때에 조직이 지키고 수행해야 될 의무들을 확인한다. 고의이든 실수이든 간에, 의무들을 이행하지 않을 때에 문제들, 항의들 및 불신들이 발생된다. 예컨대, 자동차의 주요부품을 생산하는 회사는 자동차제조회사와 소비자들에 대한 안전을 특별하게 따져 보아야만 된다.

인품과 도덕성에 대한 손상의 고려

윤리적 딜레마에 봉착했을 때, 자신이 행한 결정이 자기 자신과 타인들에 대해 얼마나 떳떳하고 자랑스러운 일인지를 고려한다. 스스로 생각하기에 자신이 부끄럽게 여겨지는 결정은 최대한으로 억제되어야만 된다. 당신에게 중요한 타인들, 예컨대 가족들, 친구들, 교사들, 동료직원들 및 상사들이 어떻게 생각할지를 고려한다. 더 나아가서, 신문이나 방송 또는 e-메일상에서 보도되었을 경우에 그러한 결정에 대해 자신이 어떻게 느끼게 될 것인지를 고려한다.

윤리적 기준들을 위반하지 않는 대안적 해결책의 고려

개인적 및 조직적 의사결정들은 윤리적 기준에 단지 합치되는가의 측면에서 보다 윤리적 기준을 적극적으로 합치시키는 방향으로 수정될 수 있다. 예컨대, 물품의 구매를 조건으로 업자들에게서 금전이나 물건을 받는 것은 뇌물을 받는 것이다. 하지만, 판매업자들이 판매수단이나 비용으로서 금전이나 물건을 제공하는 것이 하나의 판매전략으로 사용하고 있다면, 그것을 불우이웃돕기나 장학금의 형태로 받을 수도 있다.

결정에 대한 자신의 직관의 점검

의사결정에 대한 논의들은 주로 결정과정의 이성적 측면을 강조한다. 윤리적 적격심사는 당신의 주관적 느낌이나 직관에 의해서도 효과적으로 실행될 수 있다. 당신과 당신의 조직이 행한 결정에 대해서 자신이 어떻게 느껴지는지를 고려한다. 그것들은 떳떳함, 긍지 및 당연함인가, 아니면 떳떳하지 못함, 부끄러움 및 부당함인가?

요 약

윤리는 인간생활에서의 좋음과 나쁨, 옳음과 그름, 공정과 불공정 및 인간이 생활 속에서 해야만 되는 행위들을 일컫는다. 결국, 윤리는 사람이 지켜야만 될 도리와 그에 따른 행동을 일컫는다. 윤리를 지켜야만 되는 이유들은 그것이 인간이 마땅히 지켜야만 되는 도리라는 당위성뿐만 아니라, 개인과 사회에 대한 여러 가지 효용성을 포함한다.

윤리문제에 대한 접근들은 직장인에게 요구되는 프로기질(professionalism)의 일부분이나 하나의 능력으로서의 접근과 의사결정이나 사고의 한 과정으로서의 접근이 있으며, 이것은 윤리문제에 대한 일반적 접근과 특수한 접근을 나타낸다.

조직들에서 많은 비윤리적 행동들이 보고되고 있다. 그것들은 불공정한 대우, 직무상의 차별대우, 공적 업무에 대한 개인적 이익의 관여, 비밀정보의 누설, 이력의 허위 제시, 조직자원의 개인적 사용, 컴퓨터와 정보기술에 관련된 윤리적 위반을 포함한다. 이것들은 옳고 그름 사이의 선택에 관련된 것이다. 이와 달리, 두 가지 선(善)들 중에서 하나를 선택해야만 되는 결단의 순간들(defining moments)도 윤리적 문제나 딜레마를 구성한다.

윤리적 딜레마들은 행동선택의 옳고 그름에 대한 불확실성의 수준이 높고 최선의 해답이 없는 A형의 딜레마들과 행동선택의 옳고 그름이 명확하지만 자기이익의 동기와 대부분의 타인들의 선택에 따라 자신의 결정을 정당화시키려는 자기정당화의 동기가 작용되는 B형의 딜레마들로 구분될 수 있다.

비윤리적 행동의 원인들은 개인요인과 상황요인으로 대별될 수 있다. 개인요인들은 개인의 도덕발달수준, 공감능력, 행동의 장기적 결과를 고려할 수 있는 능력 및 과거의 학습을 포함한다. 상황요인들은 개인의 경제적 욕구, 압력, 특수 여건들 및 조직요인들을 포함한다. 조직요인들 중에서 중요한 것들은 조직원들 간의 관계와 조직문화를 들 수 있다.

윤리적 행동의 향상방법은 개인적 수준과 조직적 수준으로 대별될 수 있다. 개인적 수준에서, 올바른 성품특성들의 발전이 핵심이 되며, 그것들은 정직성, 도덕성, 성실성, 책임성 등과 같은 덕목들을 포함한다. 조직수준에서, 여러 가지 윤리프로그램들을 통해 조직원들의 윤리적 행동을 향상시킬 수 있으며, 그것들은 윤리위원회의 구성, 윤리 훈련프로그램의 실시, 윤리위반의 신고와 제재 제도들, 윤리규약의 제정과 실시 및 윤리적 의사결정의 지침에 따르기를 포함한다. 윤리적 의사결정에 관한 하나의 통합적 지침이 제시되었는데, 이것은 건전한 윤리적 결정을 위한 8단계의 과정을 제안한다.

참고문헌

제 1 장

1 DuBrin, A. J. (2004). *Human relations: Interpersonal, job-oriented skills* (8th ed.). New Jersey: Prentice-Hall.

2 McRae, R. R., and Costa, P. T. (1997). Personality trait structure as human universal. *American Psychologist*, May, 509-516.

3 Hurtz, G. M., and Donovan, J. (2000). Personality and job performance: The Big Five revisited. *Journal of applied Psychology*, December, 869-879.

McManus, M. A., and Kelly, M. L. (1999). Personality measures and biodata: Evidence regarding their incremental predictive value in the life insurance industry. *Personnel Psychology*, Spring, 137-148.

Barrick, M. R., and Mount, M. K. (1991). The Big Five personality dimensions and job performance: A meta-analysis. *Personnel Psychology*, Spring, II.

4 Day D. V., Scheleicher, D. J., Unckless, A. L., and Hiller, N. J. (2002). Self-monitoring personality at work: A meta-analytic investigation of construct validity. *Journal of Applied Psychology*, April, 390-401.

5 DuBrin, A. J. (2004).

6 Schermerhorn, J. R. Jr., Hunt, J. G., and Osburn, R. N. (1994). *Managing organizational behavior* (5th ed.). New York: John Wiley & Sons. p.119.

7 홍대식(역) (1990). 심리학개론. 서울: 박영사.

8 James, S. P., Campbell, I. M., & Lovegrove, S. A. (1984). Personality differentiation in a police-selection interview, *Journal of Applied Psychology, 69*, 129-134.

9 Porter, L. W., and Lawler, E. E. (1968). *Managerial attitudes and performance.*

Home Wood, IL: Irwin.

10 Seta C. E., Paulus, P. B., and Baron, R. A. (2000). *Effective human relations: A guide to people at work*(4th ed.). Boston: Allyn and Bacon.

11 Ortega, D. F., & Pipal, J. E. (1984). Challenge seeking and the Type A-coronary prone behavior pattern. *Journal of Personality and Social Psychology, 46*, 1328-1334.

12 Glass, D. C., Snyder, M. L., & Hollis, J. (1974). Time urgency and Type A coronary-prone behavior pattern. *Journal of Applied Social Psycholgy, 4*, 125-140.

13 Friedman, H. S., Hall, H. S., & Harris, M. J. (1985). Type A behavior, nonverbal expressive style, and health. *Journal of Personality and Social Psychology, 48*, 1299-1315.

14 DuBrin, A. J. (2004).

15 Young, B. S., Arthur, W. Jr., and Finch J. (2000). Predictors of managerial performance: More than cognitive ability. *Journal of Business and Psychology*, Fall, 53-72.

16 Jensen, A. R. (1998). The g factor: The science of mental ability. West-Port, CT: Praeger.

17 DuBrin, A. J. (2004).

18 Sternberg, R. J. (1985). Beyond IQ: A triarchy theory of human intelligence. New York: Cambridge University Press.

19 Gardner, H. (1999). Intelligence reframed: Multiple intelligence in the 21st century. New York: Basic Books.

20 Gardner, H. (1999).

21 Goleman, D. (1998). "What makes a leader?" *Harvard Business Review*, November-December, 95.

22 Miner, J. B. (1988). *Organizational behavior: Performance and productivity*. New York: Random House.

제 2 장

1 Buscaglia, L. (1984). *Loving each other*. Thorofare, NJ: Slack.

2 Buscaglia, L. (1992). *Born for love: Reflections on loving*. Thorofare, NJ: Slack.

3 Cousins, N. (1989). Head first. New York: Penguin.

4 Aamodt, M. G., & Raynes, B. L. (2001). *Human relations in business: Developing interpersonal and leadership skills*. Belmont CA: Wadworth.

DuBrin, A. J. (2004). *Human relations: Interpersonal, job-oriented skills*. New Jersey: Prentice-Hall.

Fincham, F. D., Fernandes, L., OL., & Humphreys, K. (1993). *Communication in relationships: A guide for couples and professionals*. Champaign, Illinois: Research Press.

5 Vogt, W. P. (1997). *Tolerance and education: Learning to live with diversity and difference*. Thous and Oaks, CA: Sage.

6 Mehrabian, A. (1968, September). Communication without words. *Psychology Today*, 53-55.

Mehrabian, A. (1981). *Silent messages*. Belmont, CA: Wadsworth.

7 Mehrabian, A. (1968).

Mehrabian, A. (1981).

8 Hall, E. T. (1969). *The hidden dimension*. New York: Anchor/Doubleday.

9 Fast, J. (1970). *Body language*. New York: M. Evans.

10 Powell, J. (1969). *Why am I afraid to tell you who I am?* Niles, IL: Argus.

11 Glaser, S. (1986). *Toward communication competency*. New York: Holt, Rinehart & Winston.

12 Greenfield, S., & Thelen, M. (1997). Validation of the fear of intimacy scale with a lesbian and gay male population. *Journal of Social and Personal Relationships, 14(5)*, 707-716.

13 Dolgin, K. L. (2001). Men's friendships: Mismeasured, demeaned, and misunderstood? In T. F. Cohen (Ed.). *Men and masculinity*. New York: Wadsworth.

14 Rotenberg, K. J. (1997). Loneliness and the perception of the exchange of disclosures. *Journal of Social and Clinical Psychology, 16(3)*, 259-276.

15 Pennbaker, J. W. (1997). *Opening up: The healing power of expressing emotions*. New York: Guilford.

16 Altman, L., & Taylor, D. A. (1973). *Social penetration theory: The development of interpersonal relatonships*. New York: Holt, Rinehart & Winston.

17 Altman, I., & Taylor, D. A. (1973). *Social penetration: The development of interpersonal relationships*. New York: Holt, Rinehart & Winston.

18 McKay, M., & Fanning, P. (2000). *Self-esteem*. Oakland, CA: New Harbinger.

19 Evans, P. (1996). *The verbally abusive relationship: How to recognize it and how to respond*. Holbrook, MA: Bob Adams.

20 Glaser, S. (1986).

21 Miller, S., Wackman, D. B., Nunnally, E. W., & Miller, P. A. (1988). Connecting with self and others. Littleton, CO: Interpersonal Communication Programs.

22 Gottman, J. M. (1991). Predicting the longitudinal course of marriages. *Journal of Marital and Family Therapy, 17*, 3–7.

23 Marsh, P. (1988). Making eye contact. In P. Marsn (Ed.). *Eye to eye: How people interact*. Topsfield, MA: Salem House.

24 Ernst, F. H. (1973). *Who's listening*? Vallejo, CA: Addresso set.

제 3 장

1 Kelley, H. H., & Thibaut, J. W. (1978). *Interpersonal relations: A theory of interdependence*. New York: Wiley.

2 DuBrin, A. J. (2004). *Human relations: Interpersonal, job–oriented skills*(8th ed.). New Jersey: Prentice–Hall.

3 Seta, C. E., Paulus, P. B., & Baron, R. A. (2000). *Effective human relations: A guide to people at work*(4th ed.). Boston: Allyn and Bacon.

4 Bryne, D. (1971). *The attraction paradigm*. New York: Academic Press.

5 Monroe, C., Borzi, M. G., & Disalvo, V. S. (1989). Difficult subordinate's conflict. *Southern Communication Journal, 54*, 311–329.

6 DuBrin A. J. (2004). *Human relations: Interpersonal, job–oriented skills*. New Jersey: Prentice Hall.

7 Lulofs, R. S. (1994). *Conflict from theory to action*. Scottsdale, AZ: Gorsuch Scarisbrick, Publishers.

8 Thomas, K. W. (1970). Conflict and conflict management. In M.D. Dunnette(Ed.), *Handbook of industrial and organizational psychology*. Chicago: Rand McNally.

9 Thomas, K. W. (1970).

10 Scholtes, P., Joiner, B., & Streibel, B. (1996). *The team handbook*(2nd ed.). Madison, WI: Joiner Associates.

11 Fisher, R. (1994). Generic principles for resolving intergroup conflict. *The Society for the Psychological Study of Social Issues*, 47–63.

12 Ross, W. R. & Wieland, C. (1996). Effectiveness of interpersonal trust and time pressure on managerial mediation strategy in a simulated organizational dispute. *Journal of Applied Psychology, 81(3)*, 228–248.

13 Nicotera, A. M. (1995). *Conflict and oragnizations*. Albany, NY: State University of New York Press.

14 DuBrin, A. J. (2004).

15 DuBrin, A. J. (2004).

16 Kaye, K. (1994). *Workplace wars and how to end them: Turning personal conflicts into productive teamwork*. New York: AMACOM.

17 Aamodt, M. G., & Raynes. B. L. (2001). *Human relations in business: Developing interpersonal and leadership skills*. Belmont: Wadsworth.

18 Moore, C. W. (1987). The mediation process. San Francisco: Jossey-Bass.

19 Lulofs, R. S. (1994).
Ross, W. R., & Wieland, C. (1996).

20 DeJanasz, S. C., Dowd, K. O., & Schneider, B. Z. (2002). *Interpersonal skills in organizations*. Boston: McGraw-Hill.

제 4 장

1 홍대식 (1994). 사회심리학. 서울: 박영사.

2 Aamodt, M. G., & Raynes, B. L.(2001). *Human relations in business: Developing interpersonal and leadership skill*. Belmont CA: Wadsworth.

3 Reardon, K. K. (1991). *Persuasion in practice*. Newbury Park CA: Sage.

4 Cialdini R. B. (1985). *Influence: Science and practice*. Glenview, IL: Scott, Foresman.

5 Leventhal, H. (1970). Findings and theory in the study of fear communications. In L. Berkowith(Ed.), *Advances in experimental social psychology*(Vol.5), (pp. 120-186). New York: Academic Press.

6 Brehm, J. W. (1966). *A theory of psychological reactance*. New York: Academic Press.

7 DeJanasz, S. C., Dowd, K. O., & Schneider, B. Z. (2002). *Interpersonal skills in organizations*. New York: McGraw-Hill.

8 DeJanasz, S. C., Dowd, K. O., & Schneider, B. Z. (2002).

9 DeJanasz, S. C., Dowd, K. O., & Schneider, B. Z. (2002).

10 Asch, S. (1951). Effects of group pressure upon the modification and distortion of judgment. In M. H. Guetzkow(Ed.), *Groups, leadership and men.* (pp. 117-190). Pittsburgh: Carnegie.

11 Coleman, J. F., Blake, R. R., & Mouton, J. S. (1958). Task difficulty and conformity pressures. *Journal of Abnormal and Social Psychology, 57*, 120-122.

12 Mann, L. (1977). The effect of stimulus queues on queue-joining behavior. *Journal of Personality and Social Psychology, 35*, 437-442.

13 Moscovici, S. (1985). Social influence and conformity. In G. Lindzey & E. Aron-

son(Eds.), *Handbook of social psychology*(3rd ed., Vol 2. pp. 347–412). New York: Random House.

14 French, J., & Raven, B. (1959). The bases of social power. In D. Cartwright(Ed.), *Studies in social power.* (pp. 150–167). Ann Arbor, MI: Institute for Social Research.

15 Cialdini, R. B. (1985). *Influence: Science and practice*. Glenview, IL: Scott, Foresman.

16 Dillard, J. P. (1991). The current status of research on sequential–request compliance. *Personality and Social Psychology Bulletin, 17(3)*, 283–288.

17 Pliner, P., Hart, H., Kohl, J., & Sarri, D. (1974). Compliance without pressure: Some further data on the foot–in–the–door technique. *Journal of Experimental Social Psychology*, *10*, 17–22.

18 Cialdini, R. B. (1985).

19 Cialdini, R. B., Schroeder, D. A. (1976). Increasing compliance by legitimizing paltry contributions: When even a penny helps. *Journal of Personality and Social Psychology, 34*, 599–604.

20 Berger (1986).

21 Gregory, W. L., Cialdini, R. B., & Carpenter, K. M. (1982). Self–relevant scenarios as mediators of likelihood estimates and compliance: Does imaging make it so? *Journal of Personality and Social Psychology, 43*, 89–99.

22 Milgram, S. (1963). Behavioral study of obedience. *Journal of Abnormal and Social Psychology, 67*, 371–378.

제 5 장

1 Kelley, H. H., Berscheid, E., Christensen, A., Harvey, J. H., Huston, T. L., Levinger, G., McClintock, E., Peplau, L. A., & Peterson, D. R. (1983). *Close relationships*. New York: Freeman.

2 Aamodt, M. G., & Raynes, B. L. (2001). *Human relations in business: Developing interpersonal and leadership skills*. Belmont, CA: Wadsworth.

3 Eagly A. H., Ashmore, R. D., Makhijani, M. G., & Longo, L. C. (1991). What is beautiful is good, but …: A meta–analytic review of research on the physical actractiveness stereotype. *Psychological Bulletin, 110*, 109–128.

4 Zajonc, R. B. (1968), Attitudinal effects of mere exposure. *Journal of Personality and Social Psychology(Monograph Supply Pt.2)*, 1–29.

5 Langer, E. J. (1975). The illusion of control. *Journal of Pesonality and Social Psychology, 32*, 311–328.

6 Lerner, M. J. (1970). The desire for justice and reactions to victims. In McCauley and L. Berkowitz (Eds.), *Altruism and helping behavior*. New York: Academic Press.
7 Dougherty, T. W., Turban, D. B., & Callender, J. C. (1994). Confirming first impressions in the employment interview: A field study of interviewer behavior. *Journal of Applied Psychology, 79(5)*, 659–665.
8 Kenrick, D. T., & Guitierres, S. E. (1980). Contrast effects and judgments of physical attractiveness: When beauty becomes a social problem. *Journal of Personality and Social Psychology, 38(1)*, 131–140.
9 Aamodts, M. G., & Raynes, B. L. (2001).
10 Aamodts, M. G., & Raynes, B. L. (2001).
11 Hanna, S. L. (2003). *Person to person: Positive relationships don't just happen*(4th ed.). New Jersey: Prentice–Hall.
12 Levinger, G., & Snoek, J. G. (1972). *Attraction in relationship: A new look at interpersonal attraction*. Morristown, NJ: General Learning Press.
13 Wood, J. T. (2001). Gendered lives: Communication, gender, and culture, Belmont, CA: Wadsworth.
14 Vogt, W. P. (1997). *Tolerance and education: Learning to live with diversity and difference*. Thousand Oaks, CA: Sage.
15 Zimbardo, P. G. (1977). *Shyness: What it is, what to do about it*, New York: Jove/HBJ.
16 Rubin, Z. (1973). *Liking and loving: An invitation to social psychology*. New York: Holt, Rinehart & Winston.
17 Zajonc, R. B. (1968).
18 Byrne, D. (1971). *The attraction paradigm*. New York: Academic Press.
Rosenbaum, M. E. (1986). The repulsion hypothesis: On the nondevelopment of relationships. *Journal of personality and Social Psychology, 51*, 1156–1166.
19 Hanna, S. L. (2003).
20 Cochrane, D. L. (1992). Work–related conflict can be productive. Chicago: Dartnell.
21 Ross, L. (1977). The intuitive psychologist and his shortcomings: Distortions in the attribution process. In L. Berkowitz(Ed.). *Advances in experimental social psychology*(Vol. 10). New York: Academic Press.

제 6 장

1 홍대식 (2009). 연애와 결혼 심리학. 서울: 박영사.

2 Cox, F. D. (2002). *Human intimacy: Marriage, the family, and its meaning*(9th ed.). Belmont, CA: Wadsworth.

3 Zusman, M., & Knox. (2000). Relationship problems of casual and involved university students. *College Student Journal*. As reported in D. Knox and C. Schacht, *Choices in Relationships*, Belmont, CA: Wadworth.

4 Kelly, C., Huston, T., & Cate, R. (1988). Premarital relationship correlates of the erosion of satisfaction in marriage. *Journal of Social and Personal Relationships, 2,* 167–178.

5 홍대식 (2009).

6 Rubin, Z. (1970). Measurement of romantic love. *Journal of Personality and Social Psychology, 16*, 265–273.

Rubin, Z. (1973). *Liking and loving*. New York: Holt, Rinehart, & Winston.

7 Berscheid, E., & Walster, E. H. (1978). *Interpersonal attraction*. Reading, MA: Adison–Wesley.

Hatfield, E., Traupman, J., Sprecher, S., Utne, M., & Hay, J. (1985). Equity and intimate relations: Recent research, In W. Ickes (Ed.), *Compatible and incompatible relationships*(pp. 91–117). New York: Springer–Verlag.

8 Berscheid, E., & Walster, E. H. (1978).

9 Hatfield, E. (1988). Passionate and Companionate love, In R.J. Sternberg & M. L. Barnes (Eds.). *The psychology of love*(pp. 191–217). New Haven, CT: Yale University Press.

10 Tesser, A. (1988). Toward a self–evaluation maintenance model of social behavior. In L. Berkowitz (Ed.), *Advances in experimental social psychology*(Vol. 21, pp. 181–227). New York: Academic Press.

11 Hazan, C., & Shaver, P. (1987). Romantic love conceptualized as an attachment process. *Journal of Personality and Social Psychology, 52*, 511–524.

12 Mickelson, K. D., Kessler, R. C., & Shaver, P. R. (1997). Adult attachment in a nationally representative sample. *Journal of Personality and Social Psychology, 73,* 1092–1106.

13 Sternberg, R. J. (1986). A triangular theory of love. *Psychological Review, 93*, 119–135.

Sternberg, R. J. (1988). Triangulating love. In R. J. Sternberg & M. L. Barnes (Eds.). *The psychology of love*(pp. 119–138). New Haven, CT: Yale University Press.

14 Lee, J. A. (1988). Love–styles. In R. J. Sternberg & M. L. Barnes (Eds.), *The psy-*

chology of love(pp. 38–67). New Haven, CT: Yale University Press.

15 Hendrick, S. S., & Hendrick, C. (1986). A theory and method of love. *Journal of Personality and Social Psychology, 50*, 392–402.

홍대식 (1996). 한국대학생의 사랑스타일과 이성상대 선택준거. 한국심리학회지: 사회 및 성격, *10(2)*, 81–100.

16 Buss, D. M. et al. (1990). International preferences in selecting mates: A study of 37 cultures. *Journal of Cross–Cultural Psychology, 21(4)*: 5–47.

17 Buss, D. M. et al. (1990).

18 Symons, D. (1987). An evolutionary approach: Can Darwin's view of life shed light on human sexuality? In J. H. Geer and W. T. O'Donohue (Eds.), *Theories of human sexuality*. New York: Plenum.

19 Buss, D. M. et al. (1990).

20 Bem, S. L. (1993). *The lenses of gender*. New Haven, CT: Yale University Press.

21 홍대식 (2000). 데이트관계의 만족과 몰입에 관련된 특징들. 한국심학회지: 사회 및 성격, *14(1)*, 223–262.

22 장설희 (2000). 배우자선택의 선호요인에 관련된 변인들. 성신여자대학교 대학원 석사 학위논문.

23 Belsie, L. (2002, February 8). America's on/off relationship with wedlock. *Christian Science Monitor, 3*.

24 Gottman, J. M. (1999). *The marriage clinic: A scientifically–based marital therapy*. New York: W.W. Norton & Company.

25 Feingold, A. (1990). Gender differences in effects of physical attractiveness on romantic attraction: A comparison across five research paradigms. *Journal of Personality and Social Psycchology, 59*, 981–993.

26 Cox, F. D. (2002).

27 Spanier, G. B. (1976). Measuring dyadic adjustment: New scales for assessing the quality of marriage and similar dyads. *Journal of Marriage and the Family, 38*, 15–28.

28 Cox, F. D. (2002).

29 Whyte, M.(1990). *Dating, mating and marriage*. New York: Aldine deGruyter.

30 홍대식 (2009). 연애와 결혼 심리학. 서울: 박영사.

31 홍대식 (2009).

32 Gottman, J. M., & Krokoff, L. J. (1989). Marital interaction and satisfaction: A longidudinal view. *Journal of Consulting and Clinical Psychology, 57*, 47, 52.

Huston, T. L., & Vangelisti A. L. (1991). Socioemotional behavior and satisfaction in marital relationships: A longitudinal study. *Personal Relationships, 1*, 223–239.

33 Kirchler, E. (1988). Marital happiness and interaction in everyday surroundings: A time-sample diary approach for couples. *Journal of Social and Personal Relationship, 5*, 375–378.

34 Acitelli, L. K. (1992). Gender differences in relationship awareness and marital satisfaction among young married couples. *Personality and Social Psychology Bulletin, 18*, 102–110.

35 Hendrick, S. S., Hendrick, C., & Adler, N. L. (1988). Romantic relationships: Love, satisfaction, and staying together. *Journal of Personality and Social Psychology, 54*, 980–988.

36 Lawrence, K., & Byers, E. S. (1995). Sexual satisfaction in long-term heterosexual relationships: The interpersonal exchange model of sexual satisfaction. *Personal Relationships, 2*, 267–285.

제 7 장

1 Cox, F. D. (2002). *Human intimacy: Marriage, the family, and its meaning*(9th ed.). Belmont, CA: Wadsworth.

2 Hanna, S. L. (2003). *Person to person: Positive relationships don't just happen*(4th ed.). New Jersey: Prentice-Hall.

3 Rogers, S. J., & White, L. K. (1998). Satisfaction with parenting: The role of marital happiness, family structure, and parents' gender. *Journal of Marriage and the Family, 60(2)*, 293–308.

4 U.S. Department of agriculture. (2001). Expenditures on children by families. Retrieved September 4, 2001 from http://www.usda.gov/cnpp/Crc/Cfrc2000.pdf.

5 Carper, J. (2000). *Your miracle brain*. New York: Harper Collins.

6 Erikson, E. (1963). *The challenge of youth*. New York: Norton.

Ainsworth, M., Blehar, M. C., Waters, E., & Wall, S. (1978). Patterns of attachment: *A psychological study of the strange situation*. Hillsdale, NJ: Erlbaum.

7 Franz, C. E., McClelland, D. C., & Weinberger, J. (1991). Childfood antecedents of conventional social accomplishment in midlife adults: A 36-year prospective study. *Journal of Personality and Social Psychology, 60*, 586–595.

8 Ornish, D. (1998). *Love and Survival: The scientific basis for the healing power of intimacy*. New York: Harper-Collins.

9 Seligman, M. E. P. (1995). *The optimistic child*. Boston: Houghton Mifflin.

10 홍대식 (1990). 심리학개론. 서울: 박영사.

11 Gottman, J. M., & DeClaire, J. (1997). *The heart of parenting: Raising an emotionally intelligent child*. New York: Simon & Schuster.

12 Ginsberg, K. R., Fein, J. A., & Johnson, C. D. (1998). Violence prevention in the early years. *Contemporary Pediatrics, 15(4)*, 97–110.

13 홍대식 (1990).

14 Steinberg, L., & Levine, A. (1997). *You and your adolescent*. New York: Harper–Collins.

15 홍대식 (2005). 결혼의 질과 지속의사에 관련된 혼전 변인들. 한국심리학회지: 사회 및 성격, *19(2)*, 67–89.

16 홍대식 (2009). 연애와 결혼 심리학. 서울: 박영사.

17 Albert, L., & Einstein, E. (1983). Dealing with discipline. Available from Stepfamily Association of America, Inc., 650 J. St. Suite 205, Lincoln, NE 68508. Toll–free: 800–735–0329.

18 Swinford, S. P., DeMaris, A., Cernkovich, S. A., & Giordano, P. C. (2000). Harsh physical discipline in childhood and violence in later romantic involvements: The mediating role of problem behaviors. *Journal of Marriage and the Family, 62(2)*, 508–519.

Brenner, V., & Fox, R. A. (1998, June). Parental discipline and behavior problems in young children. *Journal of Genetic Psychology, 159(2)*. 251–256.

Flynn, C. P. (1999, November). Exloring the links between corporal punishment and children's cruelty to animals. *Journal of Marriage and the Family, 61(4)*, 971–981.

19 MacMillan, H. L. (1999). Slapping and spanking in childhood and its association with lifetime prevalence of psychiatric disorders in general population sample. *Journal of the American Medical Association, 282(21)*, 1990.

20 홍대식 (1990).

21 홍대식 (2009). 연애와 결혼 심리학. 서울: 박영사.

22 홍대식 (2009).

23 Dinkmeyer, D., & McKay, G. D. (1996). *Raising a responsible child*. New York: Simon & Schuster.

24 홍대식 (2009).

25 McKay, M., & Fanning, P. (2000).; *Self–esteem*. Oakland, CA: New Harbinger.

Nevile, H., & Halaby, M. (1984). *No–fault parenting*. New York: Facts on File

Publications.

26 홍대식 (2009).

27 홍대식 (2009).

28 Hanna, S. L. (2003).

29 Cherlin, A. (1977). The effect of children on marital dissolution. *Demography, 14*, 265–272.

30 Waite, L., Haggstrom, G., & Kanouse D. (1985). The consequences of parenthood for the marital stability of young adults. *American Sociological Review, 50*, 850–857.

31 Aldous, J. (1978). *Family careers: Developmental changes in families*. New York: Wiley.

32 Anderson, A., Russell, C., & Schumm, W. (1983). Perceived marital quality and family life cycle categories: A further analysis. *Journal of Marriage and the Family, 45*, 127–139.

33 Belsky, J., Spanier, G. B., & Rovine, M. (1983). Stability and change in marriage across the transition to parenthood. *Journal of Marriage and the Family, 45*, 553–556.

Besky, J., Lang, M., & Rovine, M. (1985). Stability and change in marriage across the transition to parenthood: A second study. *Journal of Marriage and the Family, 47*, 855–866.

Cowan, C., Cowan, P., Heming, G., Garrett, E., Coysh, W., Curtis–Boles, H., & Boles, A. (1985). Transition to parenthood: His, hers, and theirs. *Journal of Family Issues, 6*, 451–482.

34 Cowan, C., et al. (1985).

35 Steinberg, L. (1987). The impact of puberty on family relations. *Developmental Psychology, 23*, 451–460.

제 8 장

1 Reizenstein, R. M., & Burke, M. J. (1996). Another look at relationships between group cohesion and group performance. Poster presented at the 11th annual conference of the Society for Industrial and Organizational Psychology. San Diego, CA.

Mullen, B., Anthony, T., Salas, E., & Driskell, J. E. (1994). Group cohesiveness and quality of decision making: An integration of the groupthink hypothesis. *Small Group Research, 25(2)*, 189–204.

Brawley, L. R., Carron, A. V., & Widmeyer, W. N. (1993). The influence of the group and its cohesiveness on perceptions of group goal-related variables. *Journal of Sport and Exercise Psychology, 15(3)*, 245–260.

2 Geller, E. S., Roberts, D. S., & Gilmore, M. R. (1996). Predicting propensity to actively care for occupational safety. *Journal of Safety Research, 27(1)*, 1–8.

Spink, K. S., & Carron, A. V. (1992). Group cohesion and adherence in exercise classes. *Journal of Sport and Exercise Psychology, 14(1)*, 78–86.

Zander, A. (1982). *Making group efffective*. San Francisco: Jossey-Bass.

3 Matheson, H., Mathes, S., & Murray, M. (1997). The effect of winning and losing on female interactive and coactive team cohesion. *Journal of Sport Behavior, 20(3)*, 284–298.

4 Forsyth, D. R. (1999). *Group dynamics* (3rd ed.). Pacific Grove, CA: Brooks/Cole.

5 Hoffman, L. R. (1959). Homogeneity of member personality and its effect on group problem solving. *Journal of Abnormal and Social Psychology, 58*, 27–32.

6 Aamodt, M. G., & Kimbrough, W. W. (1982). Effect of group heterogeneity on quality of task solutions. *Psychological Reports, 50(1)*, 171–174.

7 Klein, M., & Christiansen, G. (1969). Group composition, group structure, and group effectiveness of basketball teams. In J. W. Loy & G. S. Keyon (Eds.), *Sport, culture, and society*(pp. 397–428). Toronto: Macmillan.

Vander Velden, L. (1971). Relationships among member, team, and situational variables and basketball team success. Unpublished doctoral dissertation. University of Wisconsin, Madison.

8 Aamodt, M. G., Alexander, C. J., & Kimbrough, W. W. (1983). A preliminary investigation of the relationship between team racial heterogeneity and team performance in college basketball. *Journal of Sports Science, 1*, 131–133.

9 Aamodt, M. G., Freeman, D. M., & Carneal D. H. (1992). Effects of group homogeneity on group performance: Two studies and a meta-analysis. Paper presented at the annual meeting of the Virginia Psychological Association, Roanoke, VA.

Nolan, J., Lee, K., & Allen, N. (1997). Work group heterogeity, performance, and turnover: Some meta-analytic findings. Poster presented at the 12th annual conference of the society for Industrial and Organizational Psychology, St. Louis, MO.

10 Aamodt, M. G., & Raynes, B. L. (2001). *Human relations in business: Developing interpersonal and leadership skills*. Belmont, CA: Wadsworth.

11 Brehm, J. W. (1966). *A theory of psychological reactance*. New York: Academic

Press.

12 Ruback, R. B., & Juieng, D. (1997). Territorial defense in parking lots: Retaliation against waiting drivers. *Journal of Applied Social Psychology, 27(9)*, 821–834.

13 Frank, F., & Anderson, L. R. (1971). Effects of task and group size upon group productivity and member satisfaction. *Sociometry, 34*, 135–149.

Carron, A. V. (1990). Group size in sport and physical activity: Social psychological and performance consequences. *International Journal of Sport Psychology, 21(4)*, 286–304.

Valach, J. S., Dennis, A. R. & Nunamaker, J. F. (1992). Group size and anonymity effects on computer–mediated idea generation. *Small Group Research, 23(1)*, 49–73.

14 Manners, G. E. (1975). Another look at group size, group problem solving, and member consensus. *Academy of Management Journal, 18*, 715–724.

Hackman, R., & Vidmar, N. (1970). Effects of size and task type on group performance and member reactions. *Sociometry, 33*, 37–54.

15 Littlepage, G. E. (1991). Effects of group size and task charateristics on group performance: A test of Steiner's model. *Personality and Social Psychology Bulletin, 17(4)*, 449–456.

Frank, E., & Anderson, L. R. (1971). Effects of task and group size upon group productivity and member satisfaction. *Sociometry, 34,* 135–149.

Steiner, I. D. (1972). *Group process and productivity*. New York: Academic Press.

16 Latané, B. (1981). The psychology of social impact. *American Psychologist, 36*, 343–356.

17 Aamodt, M. G., & Raynes, B. L. (2001).

18 Benne, K. D., & Sheets, P. (1948). Functional roles of group members. *Journal of Social Issues, 4(2)*, 41–49.

19 Latané, B. (1981).

20 Graydon, J., & Murphy, T. (1995). The effect of personality on social facilitation whilst performing a sports related task. *Personality and Individual Differences, 19(2)*, 265–267.

21 Sommer, R., Wynes, M., & Brinkly, G. (1992). Social facilitation effects in shopping behavior. *Environment and Behaviors. 24(3)*, 285–297.

22 Shalley, C. E. (1995). Effects of coaction, expected evaluation, and goal setting on creativity and productivity. *Academy of Management Journal, 38(2)*, 483–503.

23 Chen, S. C. (1937). Social modification of the activity of ants in nest–building.

Physiological Zoology, 10, 420–436.

24 Zajonc, R. B. (1980). Copressence. In P. B. Paulus (Ed.), *Psychology of group influence*. Hillsdale, NJ: Lawrence Erlbaum.

25 Martens, R. (1969). Efffect of an audience on learning and performance of a complex motor skill. *Journal of Personality and Social Psychology, 12*, 252–260.

26 Seta, J. J. (1982). The impact of comparison processes on coactor's task performance. *Journal of Personality and Social Psychology, 42*, 281–291.

27 Seta, J. J., Crisson, J. E., Seta, C. E., & Wang, M. A. (1989). Task performance and perceptions of anxiety: Avaraging and summation in an evaluative setting. *Journal of Personality and Social Psychology, 56*, 387–396.

28 Schmitt, B. H., Gilovich, T., Goore, N., & Joseph, L. (1986). Mere presence and social facilitation: One more time. *Journal of Experimental Social Psychology, 22*, 242–248.

29 Guerin, B. (1986). Mere presence effects in humans: A review. *Journal of Experimental Social Psychology, 22*, 38–77.

30 Sanders, G. S. (1981). Driven by distraction: An integrative review of social facilitation theory and research. *Journal of Experimental Social Psychology, 17*, 227–251.

31 Moede, W. (1927). Die Richtlinien der Leistungs-Psychologie. *Industrielle Psychotechnik, 4*, 193–207.

32 Latané, B. (1981). The psychology of social impact. *American Psychologist, 36*, 343–356.

33 Karau, S. J., & Williams, K. D. (1993). Social loafing: A meta-analytic review and theoretical integration. *Journal of Personality and Social Psychology, 65*, 681–786.

34 Karaus, S. J., & Williams, K. D. (1993).

35 Harkins, S. G., & Petty, R. E. (1982). Effects of task difficulty and task uniqueness on social loafing. *Journal of Personality and Social Psychology, 43*, 1214–1229.

36 Osborn, A. E. (1957). *Applied imagination*. New York: Scribner.

37 Diehl, M., & Stroebe, W. (1987). Productivity loss in brainstorming groups: Toward a solution of a riddle. *Journal of Personality and Social Psychology, 53*, 497–509.

38 Paulus, P. B., & Dzindolet, M. T. (1993). Social influence processes in group brainstorming. *Journal of Personality and Social Psychology*, *64*, 575–586.

39 Bouchard, T. J. (1972). Training, motivation, and personality as determinants of the effectiveness of brainstorming groups and individuals. *Journal of Applied Psychology, 56*, 324–331.

40 Delbecq, A. L., Van de Ven, A. H., & Gustafson, D. H. (1975). *Group techniques for program planning: A guide to nominal group and delphi processes*. Glenview, IL: Scott, Foresman.

41 Paulus, P. B., & Yang, H. Y. (1999). Idea generation in groups: A basis for creativity in organizations. Unpublished manuscript. University of Texas at Arlington.

42 Nunamaker. J. F., Jr., Dennis, A. R., Valacich, J. S., Vogel, D. R. (1991). Information technology for negotiating groups: Generating options for mutual gain. *Management Science, 37*, 1326–1346.

43 Seta, C. E., Paulus, P. B., & Baron, R. A., & Baron, R. A. (2000). *Effective human relations: A guide to people at work* (4th ed.). Boston: Allyn and Bacon.

44 Stasser, G.(in Press). The uncertain role of unshared information in collective choice. In L. Thompson, J. Levine, & D. Messick(Eds.). *Shared knowledge in organizations*. Mahweh, NJ: Erlbaum.

45 Seta, C.E., Paulus, P. B., & Baron, R. A. (2000).

46 Larson, J. R., Jr., Foster–Fishman, P. G., & Franz, T. M. (1998). Leadership stlye and discussion of shared and unshared information in decision–making groups. *Personality and Social Psychology Bulletin, 24*, 482–495.

47 Gigone, D., & Hastie, R. (1993). The common knowledge effect: Information sampling and group judgment. *Journal of Personality and Social Psychology, 72*, 132–140.

48 Seta, C. E., Paulus, P. B., & Baron, R. A. (2000).

49 Larson, J. R., Jr., Foster–Fishman, P. G., & Franz, T. M. (1998).

50 Janis, I. L. (1982). *Groupthink* (2nd ed.). Boston: Houghton Mifflin.

51 Paulus, P. B (1998). Developing consensus about groupthink after all these years. *Organizational Behavior and Human Decision Processes, 73*, 362–374.

52 Janis, I. L. (1982).

53 Janis, I. L. (1982).

제 9 장

1 Kenny, D. A., & Zacaro, S, J. (1983). An estimate of variance due to traits in leadership. *Journal of Applied Psychology, 68*, 678–685.

Lord, R. G., De Vader, C. L., & Alliger, G. M. (1986). A meta–analysis of the relation between personality traits and leadership perceptions: An application of validity generalization procedures. *Journal of Applied Psychology, 71*, 402–410.

2 Buchanan, L., & Foti, R. J. (1996). Emergent female leaders: Effects of self-monitoring, priming, and task characteristics. Poster presented at the 11th annual conference of the Society for Industrial and Organizational Psychology. San Diego, CA.

Dobbins, G. H., Long, W. S., Dedrick, E. J., & Clemons, T. C. (1990). The role of self-monitoring and gender on leader emergence: A laboratory and field study. *Journal of Management, 16(3)*, 609–618.

Kent, R. L., & Moss, S. E. (1990). Self-monitoring as a predictor of leader emergence. *Psychological Report, 66(3)*, 875–881.

3 Benjamin, A. J. (1996). Evaluation of leader emergence in a leaderless group discussion, Unpublished master's thesis, University of California at Fullerton.

4 Bruce, H. J. (1997). Looking for a CEO? Look for early career signs of "leadership without portfolio," *Directors and Boards, 21(2)*, 20–21.

5 Heslin, R., & Dunphy, D. (1964). *Work and nature of man*. Cleveland: World.

6 Fiedler, E. (1996). Research on leadership selection and training: One view of the future. *Administrative Science Quarterly, 41(2)*, 241–250.

7 Cohen, A. R., & Bradford, D. L. (1990). *Influence without authority*. New Yok: John Wiley.

Foster, M. (1989). Relationship between self-monitoring personality and supervisor performance. *Unpublished master's thesis*. University of Geogia.

8 Caldwell, D. F., & O'Reilly, C. A. (1982). Boundary spanning and individual performance: The impact of self-monitoring. *Journal of Applied Psychology, 67*, 124–127.

9 Zaccaro, S. J., Foti, R. J., & Kenny, D. A. (1991). Self-monitoring and trait based variance in leadership: An investigation of leader flexability across multiple group situations. *Journal of Applied Psychology, 76(2)*, 308–315.

10 McClelland, D. C., & Burnham, D. H. (1976). Power is the great motivator. *Harvard Business Review, 54(2)*, 102–104.

McClelland, D. C., & Boyatzis, R. E. (1982). Leadership motive pattern and long-term success in management. *Journal of Applied Psychology, 67*, 737–743.

11 Winter, D. G. (1988). What makes Jesse run? *Psychology Today, 22(6)*, 20–24.

12 Fleishman, E. A., Harris, E. F., & Burtt, H. E. (1955). *Leadership and supervision in industry*. Columbus, OH: Ohio State University Press.

13 McGregor, D. (1960). *The human side of enterprise*. New York: McGraw-Hill.

14 Blake, R. R., & Mouton, J. S. (1984). *The Manageral grid Ⅲ*, Houston: Gulf.

15 Bond, G. E. (1995). Leadership behavior: How personality, stress, and gender affect leader behavior. Unpublished doctoral dissertation. University of Washington.

16 Bond, G. E. (1995).

17 Philbrick, K. D. (1989). The use of humor and effective leadership styles. Unpublished doctoral dissertation. University of Florida.

18 Eagly, A. H., & Johnson, B. T. (1990). Gender and leadership style: A meta-analysis. *Psychological Bulletin, 108(2)*, 233–256.

19 Hutchison, S., Valentino, K. E., & Kirkner, S. L. (1998). What works for the gender does not work as well for the goose: The effects of leader behavior. *Journal of Applied Social Psychology, 28(2)*, 171–182.

20 Hogan, R. (1989, June). The darker side of charisma. Paper presented at 13th annual meeting of International Personnel Management Association Assessment Council, Orlando FL.

21 Hogan, R. (1989, June). The darker side of charisma. Paper presented at 13th annual meeting of International Personnel Management Association Assessment Council, Orlando. FL.

22 Hogan, R. (1989, June).

23 Hogan, R. (1989, June).

24 DuBrin, A. J. (2004). *Human relations: Interpersonal, job-oriented skills*. New Jersey: Prentice-Hall.

25 Goleman, D. (1998). *Working with emotional intelligence*. New York: Bantam Books.

26 Fiedler, E. (1937). *A theory of leaderhip effectiveness*. New York: McGraw-Hill.

27 Fiedler, E. (1967).

28 Fiedler, E. (1978). Recent development in research on the contingency model. In L. Berkowitz (Ed). *Group processes*(pp. 207–223). New York: Academic Press.

Rice, R. W. (1978). Psychometric properties of the esteem for Least Preferred Coworker(LPC) Scale. *Academy of Management Review, 3*, 106–118.

29 Sturube, M. J., & Garcia, J. E. (1981). A meta-analytic investigation of Fiedler's contingency model of leadership effectiveness. *Psychological Bulletin, 90*, 307–321.

30 Csoka. L. S., & Bons, P. M. (1978). Manipulaling the situation to fit the leader's style: Two validation studies of Leader Match. *Journal of Applied Psychology, 63*, 295–300.

30-1 Geier, J. G., Downey, D. E. (1980). *Attitudinal Listening Profile System*. Mineapolis,

MN: Performax Systems International.

31 French, J. R. P., & Raven, B. H. (1959). The bases of social power. In D. Cartwright (Ed.). *Studies in social power*(pp. 150–167). Ann Arbor: University of Michigan Press.

Raven, B. H. (1965). Social influence and power. In D. Steiner & M. Fishbein (Eds.), *Current studies in social Psychology*(pp. 371–382). New York: Holt, Rinehart & Winston.

32 Mulder, M., de Jong, R. D., Koppelaar, L., & Verhage, J. (1986). Power, situation, and leaders effectiveness: An organizational field study. *Journal of Applied Psychology, 71*, 566–570.

33 Manz, C. C., & Sims, H. P. (1986). Beyond limitation: Complex behavioral and affective linkages resulting from exposure to leadership training models. *Journal of Applied Psychology, 71*, 571–578.

House, R. J. (1971). A path–goal theory of leader effectiveness. *Administrative Science Quarterly, 9*, 321–332.

34 Schriesheim, C. A., & Denisi. A. S. (1981). Task dimensions as mediators of effects of instrumental leadership: A two sample replicated test of path–goal leadership theory. *Journal of Applied Psychology, 66*, 589–597.

35 House, R. J., & Mitchel, T. R. (1974, Autumn). Path–goal theory of leadership. *Journal of Contemporary Business, 3*, 81–98.

36 Hersey, P., & Blanchard, K. H. (1988). *Management of organizational behavior* (5th ed.). Englewood Cliffs, NJ: Prentice–Hall.

37 Blanchard, K. H., Zigarmi, P., & Zigarmi, D. (1985). *Leadership and the one minute manager*. New York: William Morrow.

38 Norris, W. R., & Vecchio. R. P. (1992). Situational leadership theory: A replication. *Group and organizational Management, 17(3)*, 331–342.

39 Nicholis, J. R. (1985). A new approach to situational leadership. *Leadership and Organizational Development Journal. 6(4)*, 27.

40 Gerstner, C. R., & Day, D. V. (1997). Meta–analytic review of leader–member exchange theory: Correlates and construct issues. *Journal of Applied Psychology, 82(6)*, 827–844.

41 Yukl, G. A. (1982, April). Innovations in research on leader behavior. Paper presented at the annual meeting of the Eastern Academy of Management, Baltimore, MD.

Gibbs, C. A. (1969). Leadership. In G. Lindzey & E. Aronson (Eds.). *Handbook of social Psy*chology(pp. 205–282). Reading, MA: Addison–Wesley.

42 Cooper, M., Kaufman, G., & Hughes, W. (1996). Measuring supervisory potential. *IPMA News*. December, pp. 8–9.

43 Aamodt, M. G., & Raynes, B. L.(2001). *Human relations in business: Developing interpersonal and leadership skill*. Belmont, CA: Wadsworth.

44 Vroom, V., & Yetton, P. W. (1973). *Leadership and Decision making*. Pittsburgh, PA: University of Pittsburgh Press.

45 Miller, C. W. (1998, January 18). Manages benefit from walking around, talking with workers. *The Roanoke Times*, p. 82.

46 Komaki, J. L. (1986). Toward effective supervision: An operant analysis and comparisions of managers at work. *Journal of Applied Psychology, 71*, 270–279.

47 French, J. R. P., & Raven, B. H. (1959).

Raven, B. H. (1992). A power/interaction model of interpersonal influence: French and Raven thirty Years later. *Journal of Social Behavior and Personality, 7(2)*, 217–224.

48 Benzinger, K. (1982, May–June). The Powerful woman. *Hospital Forum*(pp. 15–24).

49 Rahim, M. A., & Afza, M. (1993). Leader power, commitment, satisfaction, compliance and productivity to leave a job among U. S. accountants. *Journal of Social Psychology, 133(5)*, 611–625.

Rahim, M. A. (1989). Relationships of leader power to compliance and satisfaction with supervision: Evidence from a national sample of managers. *Journal of Management, 15(4)*, 545–556.

50 Kipnis, D., Schmidt, S., & Wilkinson, I. (1980). Intra–organizational influence tactics: Exploring in getting one's way. *Journal of Applied Psychology*, 65, 440–452.

51 Rahim, M. A., & Afza, M. (1993). Leader power, commitment, satisfaction, compliance, and propensity to leave a job among U. S. accountants. *Journal of Social Psychology, 133(5)*, 611–625.

52 Howell, J. M., & Avolio, B. J. (1993). Transformational leadership, transactional leadership, locus of control, and support of innovation: Key predictors of consolidated–business–unit performance. *Journal of Applied Psychology, 78(6)*, 891–902.

53 Howell. J. M., & Avolio, B. J. (1993). Transformational leadership, transactional leadership, locus of control, and support of innovation: Key predictors of con-

solidated-business-unit performance. *Journal of Applied Psychology, 78(6)*, 891-902.

54 Bryman, A. (1992). *Charisma and leadership*. Newbury Park, CA: Sage.

55 Bass, B. M. (1997). Does the transactional-transformational leadership paradigm transcend organizational and national boundaries? *American Psychologist, 52(2)*, 130-139.

56 Aamodt, M. G., & Raynes, B. L. (2001).

57 Yukl, G. A. (1994). *Leadership in organizations* (3rd ed). Englewood Cliffs, NJ: Prentice-Hall.

58 Bass, B. M. (1997). Does the transactional-transformational leadership paradigm transcend organizational and national boundaries? *American Psychologist, 52(2)*, 130-139.

59 Hunt, J. W., & Laing, B. (1997). Leadership: The role of the exemplar. *Business Strategy Review, 8(1)*, 31-42.

60 Hunt, J. W., & Laing, B. (1997).

61 DuBrin, A. J. (2004).

62 Aamodt, M. G., & Raynes, B. L. (2001).

제10장

1 Kobasa. S. C., Maddi, S. R., & Kahn, S. (1982). Hardiness and health: A prospective study. *Journal of Personality and Social Psychology, 42*, 168-177.

2 DuBrin, A. J. (2004). *Human relations: Interpersonal job-oriented skills* (8th ed.). New Jersey: Prentice-Hall.

3 DeJanasz, S. C., Down, K.O., & Schneider, B. Z. (2002). *Interpersonal skills in organizations*. New York: McGraw-Hill.

4 Wellins, R. S., Byham, W. C., & Wilson, J. M. (1991). *Empowered teams: Creating self-directed work groups that improve quality, productivity, and participation*. San Francisco: Jossey Bass.

Johnson, C. (1999, May). Teams at work. *HR Magagine*, pp. 30-36.

5 Kiesow, P. (1994, October). PDCA cycle: An approach to problem solving. *Ceramic Industry*, p. 20.

6 DuBrin, A. J. (2004).

DeJanasz, S. C., Down, K. O., & Schneider, B. Z. (2002).

7 Hirschhorn, L. (1991). *Managing in the new team environment: Skills, tools, and*

methods. Reading MA: Addison Wesley.

8 Rasiel, E. M. (2000, June). Some brainstorming exercises. *Across the Board*, 10.

9 Gallupe, R. B., et al. (1992, June). Electronic brainstorming and group size, *Academy of Management Journal*, 352.

Gallupe, R. B., Bastianutt, L. M., & Cooper, W. H. (1994). Unblocking brainstorms. *Journal of Applied Psychology*, 137–142.

10 Siau, K. L. (1997, April). Electronic brainstorming. *Innovative Leader*, 3.

11 Lovelace, K., Shapiro, D. L., & Weingart, L. R. (2001, August). Minimizing cross-functional new product teams' innovativeness and constraint adherence: A conflict communications perspective. *Academy of Management Journal*, 779–793.

12 Goman, C. K. (2000). *Creativity in business: A practical guide for creative thinking*. Menlo Park, CA: Crisp.

13 Bluedorn, A. C., Turban, D. B., & Love, M. S. (1999). The effects of stand-up and sit-down meeting for mats on meeting outcomes. *Journal of Applied Psychology*, 227–285.

14 Vlarari, O. (1995). Turn your organization into a hotbed of ideas. *Management Review*, 37–40.

15 Goman, C. K. (2000).

16 DeJansz, S. C., Down, K. O., & Schneider, B. Z. (2002).

17 Haefele, J. W. (1962). *Creativity and innovation*. New York: Reinhold.

Bazerman, M. H.(1986). *Judgment in managerial decision making*. New York: Wiley.

18 David G., & Houtman, S. (1968). *Thinking creatively: A guide to training imagination*. Madison, WI: Wisconsin Research and Development Center for Cognitive Learning.

Goman, C. K. (2000).

19 DeJanasz, S. C., Down, K. O., & Schneider, B. Z. (2002).

20 Goman, C. K. (2000).

제11장

1 McClelland, D .C. (1961). *The achieving society*. Princeton, NJ: D. Van Nostrand.

2 Seta, C. E., Paulus, P. B., & Baron, R. A. (2000). *Effective human relations: A guide to people at work*. Boston: Allyn and Bacon.

3 Koman, A. K. (1970). Toward a hypothesis of work behavior. *Journal of Applied Psychology*, 54, 31–41.

Koman, A. K. (1976). Hypothesis of work behavior revisited and an extension. *Academy of Management Review*, 1, 60–63.

4 Korman, A. K. (1970). Toward a hypothesis of work behavior. *Journal of Applied Psychology*, 54, 31–41.

5 Holstein, B. B. (1997). *The enchanted self*. Amsteram: Harwood Academic Publishers.

6 Clements, C., Wagner, R. J., & Roland, C. C. (1995). The ins and outs of experiencial training. *Training & Development, 49(2)*, 52–56.

7 Oz, S., & Eden, D. (1994). Restraing the Golem: Boosting performance by changing the interpretation of low scores. *Journal of Applied Psychology, 79(5)*, 744–754.

8 Sandler, L. (1986). Self–fullfilling prophecy: Better management by magic. *Training, 23*, 60–64.

9 Rosenthal, R. (1994). Interpersonal expectancy effects: A 30 year perspective. *Current Directions in Psychological Science, 3(6)*, 176–179.

10 Eden, D. (1998). Implanting Pygmalion leadership style through training: Seven true experiments. Paper presented at the annual meeting of the Society for Industrial and Organizational Pychology, Dallas, TX.

11 Deci, E. L., & Ryan, R. M. (1985). *Intrinsic motivation and self determination in human behavior*. New York: Plenum.

12 Mossholder, K. W. (1980). Effects of externally mediated goal setting on intrinsic motivation: A laboratory experiment. *Journal of Applied Psychology*, 65(2), 202–210.

13 Henderson, R. L. (1997). *Compensation management: Rewarding performance*. Englewood Cliffs, NJ: Prentice–Hall.

14 Stajkovic, A. D., & Luthans, F. (1997). A meta–analysis of the effects of organizational behavior modification on task performance, 1975–95. *Academy of Management Journal, 40(5)*, 1122–1149.

15 Steers, R. M., & Porter, L. W. (1991). *Motivation and work behavior* (4th ed). New York: McGraw–Hill.

16 Aamodt, M. G., & Raynes, B. L. (2001). *Human relations in business: Developing interpersonal and leadership skills*. Belmont, CA: Wadsworth.

17 Brown, K. A., & Huber, V. L. (1992). Lowering floors and raising ceilings: A longitudinal assessment of the effects of an earnings–at–risk plan on pay performance. *Personnel Psychology, 45(2)*, 279–311.

18 Gowen, C. R. (1990). Gainsharing programs: An overview of history and research.

Journal of Organizational Behavior Management, 11(2), 77–79.

19 Bencivenga, D. (1997). Employee–owners help boster the bottom line. *HR Magagine, 42(2)*, 78–83.

20 Aamodt, M. G., & Raynes, B. L. (2001). *Human relations in business: Developing interpersonal and leadership skills*. Belmont, CA: Wadsworth.

21 Butterfield, K. D., Trevino, L. K., & Ball, G. A. (1996). Punishment from the manager's perspective: A grounded investigation and inductive model. *Academy of Management Journal, 39(6)*, 1479–1512.

22 Vroom, V. H. (1964). *Work and motivation*. New York: John Wiley.

Porter, L. W., & Lawler, E. E. (1968). *Managerial attitudes and performance*. Homewood, IL: Dorsey.

23 Mobaraki, G. R. (1996). A study to determine effective means to motivate employees. Unpublished doctoral dissertation. Walden University.

24 Schmidt, F. L.. (1973). Implication of a measurement problem for expectancy theory research. *Organizational Behavior and Human Performance, 10*, 243–251.

25 Maslow, A. H. (1970). *Motivation and personality* (2nd ed.). New York: Harper & Row.

26 Falkenberg, L. E. (1987). Employee fitness programs: Their impact on the employee and the organization. *Academy of Management Review, 12*, 511–522.

27 Alderfer, C. P. (1972). *Existence, relatedness, and growth*. New York: Free Press.

28 Salancik, G. R., & Pfeffer, J. (1977). An examination of need–satisfaction models of job satisfaction. *Administrative Science Quarterly, 22*, 427–456.

29 Salancik, G. R., & Pheffer, J. (1977). An examination of need–satisfaction models of job satisfaction. *Administrative Science Quarterly, 22*, 247–456.

30 DuBrin, A. J. (2004). *Human relations: Interpersonal, job–oriented skills* (8th ed.). Upper Saddle River, NJ: Prentice–Hall.

31 DuBrin, A. J. (2004).

32 Locke, E. A. (1996). Motivation through conscious goal setting. *Applied and Preventive Psychology, 5*, 117–124.

Wood, R. F., Mento, A. J., & Locke, E. A. (1987). Task complexity as a moderator of goal effects: A meta–analysis. *Journal of Applied Psychology, 72*, 416–425.

33 Klawsky, J. D. (1990). The effect of subgoals on commitment and task performance. *Proceedings of the 11th Annual Graduate Conference in Industrial/Organizational Psycholgy and Organizational Behavior*.

34 Locke, E. A., & Latham, G. P. (1990). *A theory of goal setting and task performance*. Englewood Cliffs, NJ: Prentice-Hall.

35 Ladd, D., Jagacinski., & Stolzenberg, K. (1997). Differences in goal level set for optimists and defensive pessimists under conditions of encouragement. *Proceedings of the 18th Annual Graduate Conference in Industrial/Organizational Psychology and Organizational Behavior, 18*, 85-86.

37 Locke, E. A. (1996).
Locke, E. A., & Latham, G. P. (1990).

38 Zhou, J. (1998). Feedback valence, feedback style, task autonomy, and achievement orientation: Interactive effects on creative performance. *Journal of Applied Psychology, 83(2)*, 261-276.

39 DuBrin, A. J. (2004).

40 Adams, J. S. (1965). Inequity in social exchange. In L. Berkowith (Ed.). *Advances in Experimental Social Psychology*(Vol. 2, pp. 267-299). New York: Academic Press.

41 Morrison, E. W., & Robinson, S. L. (1997). When employees feel betrayed: A model of how psychological contract violation develops. *Academy of Management Review, 22(1)*, 226-256.

42 Aamodt, M. G., & Raynes, B. L. (2001).

제12장

1 DuBrin, A. J. (2004). *Human relations: Interpersonal, job-oriented skills* (8th, ed.). Upper Saddle River, NJ: Prentice-Hall.

2 Corporate Coach University International, *www.ccui.com*. May 2000.

3 DeJanasz, S. C., Down, K. O., & Schneider, B. Z. (2002). *Interpersonal skills in organizations*. New York: McGraw-Hill.

4 DuBrin, A. J. (2004).

5 Rosenbluth, H., & Peters, D. M. (1998). *Good company: Caring as fiercely as you compete*. Reading, MA: Addison-Wesley.

6 DeJanasz, S. C., Down, K. O., & Schneider, B. Z. (2002).

7 Higgins, M. C., & Kram, K. E. (2001, April). Reconceptualizing mentoring at work: A developmental network perspective. *Academy of Management Review*, 264-288.

8 Scandura, T. A. (1998, May). Dysfunctional mentoring relationships and outcomes. *Journal of Management*, 449.

9 DeJanasz, S. C., Down, K. O., & Schneider, B. Z. (2002).

10 DeJanasz, S, C., Down, K. O., & Schneider, B. Z. (2002).
11 DeJanasz, S, C., Down, K. O., & Schneider, B. Z. (2002).
12 Kram, K. E.(1996). A relational approach to career development. In D. T. Hall (Ed.). *The career is dead: Long live the career*(pp. 132–157). San Francisco: Jossey Bass.
13 DeJanasz, S. C., Down, K. O., & Schneider, B. Z. (2002).
14 Kram, K. E. (1985). *Mentoring at work: Developmental relationships in organizational life*. New York: Addison–Wesley.
15 Kram, K. E. (1985).
16 Kram, K. E. (1983). Phases of mentoring relationship. *Academy of Management Journal, 26*, 608–625.
17 Slyke, E. J. V., & Slyke, B. V. (1998, February). Mentoring: A results–oriented approach. *HR focus*, 14.
18 DuBrin, A. J. (2004).
19 Kaye, K. (1994). *Workplace wars and how to end them: Turning personal conflicts into productive teamwork*. New York: AMACOM.
20 DuBrin, A. J. (2004).

제13장

1 Chaney, L., & Lyden, J. (2000, January). Making U.S. teams work. *Supervision, 6*.
2 DeJanasz, S. C., Down, K. O., & Schneider, B. G. (2002). *Interpersonal skills in organizations*. New York: McGraw–Hill.
3 McManus, K. (2000, April). Do you have teams? *IIE Solutions*, 21.
4 DeJanasz, S. C., Down, K. O., & Schneider, B. G. (2002).
5 DeJanasz, S. C., Down, K. O., & Schneider, B. G. (2002).
6 DeJanasz, S. C., Down, K. O., & Schneider, B. G. (2002).
7 Rohlander, D.(2000, March). Building high–performance teams. *Credit Union Executive*, 36.
8 Tuckerman, B. W. (1965). Developmental sequences in small groups. *Psychological Bulletin, 63*, 384–399.
9 DuBrin, A. J. (2004). *Human relations: Interpersonal, job–oriented skills* (8th ed.). Upper Saddle River, NJ: Prentice–Hall.
10 Scholtes, P. R. (1988). *The team handbook*. Madison, WI: Joiner and associates.
11 Scholtes, P. R. (1988).
12 Leach, R. (2000, February). Supervision: From me to we. *Supervision*, 8.

13 DuBrin, A. J. (2004).

14 DuBrin, A. J. (2004).

15 Wageman, R. (1997, Summer). Critical success factors for creating superb self-managing teams. *Organizational dynamics*, 49.

16 Cunha, P. V., & Louro, M. J. (2000, February). Building teams that learn. *The Academy of Management Executive*, 152.

17 Cole, L., & Cole, M. S. (2000, April). Teamwork is spelled incorrectly: Teamwork= Communication. *Communcation World*, 56.

18 Parker, G. M. (1990). Team Players and teamwork: The new competitive business strategy. San Francisco: Jossey-Bass.

Quick, T. L. (1992). *Successful team building*. New York: AMACOM.

19 Thompson, L. (2000). *Making the team: A guide to managers*. Upper Saddle River, NJ: Prentice-Hall.

20 Parker, G. M. (1994). *Cross-functional teams: Working with allies, enemies, and other strangers*. San Francisco: Jossey-Bass.

21 DuBrin A. J. (2004).

22 DeJanasz, S. C., Down, K. O., & Schneider, B. G. (2002).

23 Sisco, R. (1993, February). What to train team leaders. *Training*, 62-63.

24 Cummings, T. G., & Worley, C. G. (2000). *Organization development and change* (7th ed.). Los Angeles: Southwestern College Publishing.

25 Tyler, K. (2000, May). "The gangs all here…." *HR Magagine*, 104-113.

제14장

1 DeJanasz, S. C., Down, K. O., & Schneider, B. Z. (2002). *Interpersonal skills in organizations*. New York: McGraw-Hill.

2 DuBrin, A. J. (2004). *Human relations: Interpersonal, job-oriented skills*, New Jersey: Prentice-Hall.

3 DuBrin, A. J. (2004).

4 Lippman, L. (1994, October). The age of obsequiousness: Flattering your way up the corporate ladder. *The Sun*.

5 Kelleher, K. (1997, February 24). *Los Angeles Times*.

6 John, W. St. (1983, January). Stressful Communications between supervisors and employees. *Personnel Journal*, 76.

제15장

1 Aamodt, M. G., & Reynes, B. L. (2001). *Human relations in business: Developing interpersonal and leadership skills*. Belmont, CA: Wadsworth.

2 Aamodt, M. G., & Raynes, B. L. (2001).

3 DeJanasz, S. C., Down, K. O., & Schneider, B. Z. (2002). *Interpersonal skills in organizations*. Boston: McGraw-Hill.

4 Sharp, B. Reports of unethical job behavior on the increase. Gannet News Service, June 12, 2000.

5 Trevino, L. K., & Nelson, K. A. (1995). *Managing business ethics: Straight talk about how to do it right*. New York: Wiley.

6 Badaracco, J. L. Jr. (1998, March-April). The discipline of building character. *Harvard Business Review*, 114-124.

7 Nash, L. L. (1993). *Good intentions aside*. Boston: Harvard Business School Press.

8 Aamodt, M. G., & Raynes, B. L. (2001).

9 Kohlberg, L. (1969). Stage and sequence: The cognitive-developmental approach to socialization. In D. A. Goslin(Ed.), *Handbook of socialization theory and research*. Chicago: Rand McNally.

10 Brass, D. J., Butterfield, K. D., & Skagges, B. C. (1998). Relationships and unethical behavior: A social network perspective. *Academy of Management Review, 23(1)*, 14-31.

11 Chen, A. Y., Sawyers, R. B., & Williams, P. F. (1997). Reinforcing ethical decision making through corporate culture. *Journal of Business Ethics, 16,* 855-865.

12 Gottlieb, B. A., & Sanzgiri, J. (1996). Towards an ethical dimension of decision making in organizations. *Journal of Business Ethics, 15*, 1275-1285.

13 Weber, Y. (1996). Corporate cultural fit and performance in mergers and acquisitions. *Human Relations, 49(9)*, 1181-1203.

14 DuBrin, A. J. (2400). *Human relations: Interpersonal, job-oriented skills* (8th ed.). Upper Saddle River NJ: Prentice-Hall.
Aamodt, M. G., & Raynes, B. L. (2001).

15 *http: www.depaul.edu/ethics/inter1.html*.

16 DuBrin, A. J. (2004).

17 Lowman, R. L. (1998). *The ethical practice of psychology in organizations*. Washington, DC: American Psychological Association.

18 DuBrin, A. J. (2004).

19 Aamodt, M. G., & Raynes, B. L. (2001).

20 Trevino, L. K., & Nelson, K. A. (1995).

색 인

ㄱ

ㄴ

ㄷ

ㅂ

ㅊ

ㅋ

ㅌ

[저자 약력]

문학박사(서울대학교)
서울대·성균관대·이화여대 강사 역임
한국교육개발원 연구원 역임
전북대학교 교수 역임
충북대학교 교수 역임
한국심리학회 산하 사회심리학회장 역임
현재 성신여대 명예교수

[역서 및 저서]

심리학개론(Hilgard 등 著, 1979)
사회심리학(Freedman 등 著, 1981)
사회심리학 이론(Shaw와 Costanzo 著, 1982)
심리학의 역사와 체계(Brennan 著, 1982)
심리학개론(Atkinson 등 著, 1983)
심리학개론 학습지침서(Atkinson 등 著, 1983)
리더십의 인간심리(Deville 著, 1984)
사회심리학(Sears 등 著, 1985)
심리학개론(Atkinson 등 著, 1987)
응용사회심리학(편역, 1989)
독학자를 위한 심리학개론(1992)
인간관계의 심리 – 호감·우정·사랑·행복(편역, 1992)
심리연구법(편저, 1993)
사회심리학(편저, 1994)
현대 심리학개론(편저, 1998)
봉도운동(2000)
연애와 결혼심리학(2002)
잘 사는 부부 못 사는 부부(2007)

성공적 인간관계

2011년 8월 10일 초판발행
2017년 8월 30일 중판발행

저 자 홍 대 식
발행인 안 종 만
발행처 (주) **박영사**

서울특별시 종로구 새문안로3길 36, 1601
전화 (733) 6771 FAX (736) 4818
등록 1959. 3. 11. 제300-1959-1호(倫)

www.pybook.co.kr e-mail: pys@pybook.co.kr

정 가 25,000원 ISBN 978-89-6454-169-2